U0895963

中国法学会后期资助项目文丛
BOOK SERIES FUNDED BY CHINA LAW SOCIETY

生态安全义务履行与人的致灾性法律控制

Research on the Implementation of Ecological Security Obligation and the Legal Control Methods of the Individual's Disaster-causing

王建平　等◎著

作者简介

王建平，法学硕士，经济学博士；四川大学法学院、灾后重建学院教授，民商法学、灾害法学博士生导师；四川省“做出突出贡献优秀专家”；四川大学自然灾害应急管理与灾后重建研究智库首席专家。主持民法方法论研究(1994)、证券交易中的民事责任问题研究(1996)、上市公司比较研究(2001)、四川汶川大地震重大法律问题研究(2008)、震后受灾人群心理抚慰与治疗—以心理救援条例制订为视角(2013)、救灾应急社会动员机制研究(2015)、灾害法学基本问题研究(2015)、防大灾救大险法治能力提升研究（2018）等课题30余项；出版《减轻自然灾害法律问题研究》等著作50余部。

秦以，加拿大西安大略大学社会学学士（Bachelor of Sociology，University of Western Ontario，Canada）；加拿大萨省大学社会学研究生（Postgraduate of Sociology，University of Saskatchewan，Canada）。参加防大灾救大险法治能力提升研究（国家社科重大项目）、韧性城市建设与防灾减灾综合机制（四川省教育厅项目）、应急管理部的职能整合研究（四川大学法学院项目）等研究。

何跃，西南大学法学学士，四川大学民商法学硕士、灾害法学博士，美国加州大学伯克利分校博士研究学者。参与防大灾救大险法治能力提升研究（国家社科重大项目）、韧性城市建设与防灾减灾综合机制（四川省教育厅项目）等课题项目。

李欢，西南科技大学法学学士，四川大学民商法学硕士、民商法学博士。参与防大灾救大险法治能力提升研究（国家社科重大项目）、韧性城市建设与防灾减灾综合机制（四川省教育厅项目）等课题项目。

中国法学会后期资助项目文丛

出版说明

为进一步落实中央《关于加强中国特色新型智库建设的意见》，充分发挥中国法学会作为党和政府联系法学法律界桥梁和纽带的作用，着力实现中国法学会作为国家法治建设领域核心智库的发展目标，为专家学者开展法学研究和成果转化提供支持，不断丰富和发展中国特色社会主义法治理论体系，中国法学会特决定设立后期资助项目，对具有重要理论和实践价值的优秀法学研究成果予以后期资助，纳入“中国法学会后期资助项目文丛”出版。2015年中国法学会后期资助项目设立以来，累计立项60余项成果，已交付出版40余部。今后每年我们还将评选确定一定数量的后期资助项目并予以出版。

中国法学会

2018年7月

序　言

选择《生态安全义务履行与人的致灾性法律控制》这样的课题进行研究，是觉得生态安全问题作为国家安全的重要内容，在总体国家安全观背景下肯定会升格。事实上，在 2015 年 7 月 1 日我国新版《国家安全法》通过并公布生效前，这个课题就曾作为四川省哲学社会科学“十二五”规划 2013 年年度项目（项目编号：SC13041）展开研究。2015 年 1 月结项通过后，该项研究成果获得“优秀”评价的成果证书。于是，研究组曾先后据此申报国家社科基金后期资助、教育部社科项目后期资助等，但均不能获得立项。2017 年 5 月抱着拼一把的心态，申报中国法学会后期资助，幸得负责人慧眼识珠而予以立项［项目编号：CLS（2017）HQZZ14］。中国法学会的这次资助立项增强了作者深入研究“生态安全义务”“人的致灾性”“人控制”项目的勇气和信心。为此，非常感谢中国法学会的鼎力资助！

研究生态安全义务的履行，首先涉及的就是国家生态功能区划，以及划分时的央地政府、地地政府之间的生态合作义务；其次是生态义务在资源管理者、资源利用人和公民等主体之间的划分和履行；最后是人的致灾性及“人控制”问题，“人的致灾性”这个问题与“生态安全义务”的界定、划分与履行，共同构成研究的两个核心问题。所以，本课题研究分成三大板块：（1）上编人的致灾性与国家生态安全战略包括三章：“第一章自然灾害、生态危机与人类社会”，“第二章人的致灾性理论的提出”以及“第三章国家生态安全战略及目标设计的冲突”；（2）中编生态安全义务设置与履行包括“第四章资源管理人的生态安全义务设置与履行”，“第五章资源利用人的生态安全义务设计与履行监督”和“第六章公民生态安全义务的渊源、设计与履行”；（3）下编人的致灾性法律控制包括“第七章人的致灾性的生态安全法律控制”，“第八章地方政府生态义务履行与人的致灾性经济控制”和“第九章人的致灾性的法治能力体系控制”等。

本课题包括三个板块，即上编、中编和下编。上编人的致灾性与国家生态安全战略之间的耦合关系主要包括：（1）人类对生态资源的过度利用，即人类社会的存在与发展对生态资源的依赖性；生态资源过度利用与生态危机；生态危机控制即人的致灾性法律控制。（2）“人的致灾性”概念的提出，即生态危机与人的致灾性来源；生态资源利用中国家与政府的致灾性；生态资源利用人——企业和公民的致灾性。（3）国家生态安全战略目标设计，即生态危机的严峻性与国家生态安全战略启动；生态危机宏观战略与政府中观职责；生态资源利用人微观义务及体系化；缺乏义务体系化保障和人的致灾性控制的国家战略。研究成果揭示出人的致灾性与国家生态安全战略的内在关系，那就是人的自利性就是人的致灾性的根源，也是国家生态安全战略提出的灾害法学理论基础依据。（4）国家生态安全战略要想被纳入国家安全范畴，需要动员全社会共同参与，在国务院办公厅发布的《关于健全生态保护补偿机制的意见》基础上，需要有效整合我国的公共安全、环境保护和资源管理等方面的法律法规，形成适合我国生态保护、生态修复和流域治理、流域内合作形势的国家生态补偿机制，此点为新增加的创新观点。

中编生态安全义务体系化后的履行主要包括：（1）资源管理人的生态安全义务设置与履行，即资源管理人的生态职责与生态安全义务来源——国家责任理论；资源管理人的生态宏观义务与微观义务；资源管理人生态安全义务设计内容及履行条件。(2)资源利用人的生态安全义务设计与履行监督，即资源利用人生态安全义务的理论基础——企业社会责任；资源管理人生态安全义务分类：环境安全、物种安全、资源安全和生命安全义务；资源利用人生态安全义务的立法设计实践；资源利用人生态安全义务的履行监督。(3)公民生态安全义务渊源、设计与履行，即公民生态安全义务的法律渊源——公民基本义务；公民生态安全义务的立法现状评价；公民生态安全义务的补充设计、履行及其完善。

下编人的致灾性法律控制的专门机制，即“人控制”法治能力建设问题主要包括:(1)人的致灾性的生态安全法律控制，即生态安全义务的体系化立法控制；生态安全执法与人的致灾性行政控制；生态安全义务履行的司法保障；人的生态致灾性后果的法律分配。(2)地方政府生态义务履行与人的致灾性经济控制，生态安全义务履行的经济保障，即管理者生态安全义务的资金投入职责；建立我国管理者生态安全义务履行的资金投入机制；不履行生态安全义务资金投入的法律责任；生态安全影响评价制度的建立，即生态安全评价标准、生态安全评价的原则和程序、生态安全评价中公众参与制度的建立。(3)依据人的致灾性的法治能力体系控制，即“人控制”的思路，作者认为，我国生态安全战略的重心，已经不是去架构宏观意义上的全国生态功能区或搞各种生态区功能规划，或者再去制定“三个十条”或者立个什么生态法之类，而是在我国现有的社会主义市场经济法律体制之下，如何重构央地政府、地地政府的行政能力，提升其法治能力这样一个增强政府效能的中心问题。换句话说，单纯的生态立法不能解决央地政府、地地政府生态安全战略层面的生态义务划分与承担、履行与监督问题。所以，本课题的研究重心已经不应当再放在立法问题上。因为许多时候立法固然重要，但是，如果法律不能得到严格遵守，社会对于法律的权威性、规范性和生态文明的倡导性不高度认同的话，法律制度也是有“事在人为”的意思了。

尽管在生态文明建设层面，全国人大和国务院法律法规以及各级地方法规的立改废任务依然非常艰巨和繁重，但是，祁连山自然保护区事件中，地方政府可以地方立法对抗中央层面立法的罕见事实告诉人们：法治能力的养成（包括央地政府的生态义务的职能合理划分以及地地政府之间生态义务的横向合作与配合、协调的能力问题）似乎更加重要和急迫，而这才是目前的第一位的问题。正因如此，作者将本课题原来的“第九章生态安全影响评价制度的建立”和“第十章生态补偿法律制度的建立和完善的内容和结构”全部舍弃，改成现在的“第九章人的致灾性的法治能力体系控制”，这是一个重大的结构调整，也是研究思路和目标的修正。进行结构即研究思路和目标重大调整的理由有三点：（1）2017 年国务院机构改革中，我国的生态文明建设成为自然资源部、生态环境部和应急管理部的重要职责；（2）中央政府职能部门生态安全义务的重大调整，意味着央地政府、地地政府生态义务的结构性变化，这种变化是未来 5 年“人的致灾性”控制即“人控制”的核心；（3）这次国务院的机构改革，是在放管服理念之下，以提升央地政府、地地政府及其职能部门的行政效能为改革目标的，而生态安全评价与生态补偿问题，前面各章或多或少都有所涉及。因此，在明确了资源管理者、生态利用者等主体及其职能之后，其间的职能配合与生态安全职责的合作机制，才是未来生态安全战略的重心之所在。由是言之，第九章的重大调整是必然的选择。

根据《国务院机构改革方案》的重大调整，“第九章人的致灾性的法治能力体系控制”的内容包括：（1）自然资源部：生态补偿长效机制的构建责任担当，即自然资源管理者与生态补偿的公共品属性、自然资源部转变职能与克服生态补偿制度建构的障碍、生态补偿长效机制的构建责任担当以及我国《生态补偿条例》立法目标及实现；（2）生态环境部：生态安全的守护者与“人控制”责任者，从环境保护部到生态环境部的蜕变、生态环境部的职能（“人控制”提升的路径、生态环境部对法律、法制和法治“牙齿”的维护），发挥我国《环境保护法》的“牙齿”功能，结合“天蓝、地绿、水清”与“两手发力”、结合人类命运共同体与《“一带一路”生态环境保护合作规划》，用法治与洋垃圾作斗争；（3）应急管理部：生态灾害应急的法治能力养成，即应急管理部的生态灾害应急职责、承灾体的逻辑结构与应急管理部的作为、应急管理部职能的运行整合。

本研究成果的主要观点按照本成果的编章，可以归纳为三个大的方面。即（1）人的致灾性与国家生态安全战略之间的耦合关系；（2）生态安全义务体系化后的履行问题；（3）“人的致灾性”法律控制以外，本研究提出了“人的致灾性”这样一个灾害法学的基本概念，这是灾害法学视野中的一个基本范畴，它所要解决的问题是“生态—人—自然灾害”之间的关系，也试图揭示自然资源作为物权客体之一，正是其特殊性引发了自然资源开发利用或生态保护过程中，资源地居民利益保障的重重困难。本成果从分析资源地、资源地居民受益权的来源、确立前提以及生态安全义务确立的基础性出发，为资源地居民受益权与生态安全义务的资源利益实现提供了一种思维路径。资源地居民在天然林禁伐政策、西部大开发和国家生态安全战略中，被赋予包括生态安全义务在内的一系列限制性义务，这在灾害法学上是欠缺可持续性的。

本研究以生态学、灾害学和法理学等理论的结合为特点，采用的方法主要有：（1）数据分析方法。将收集的资料、数据进行处理，以定量、定性分析相结合方法，把“人的致灾性”置于国家生态安全战略提出、实施和目标实现，以及生态安全义务履行的核心地位，为观点论证提供方法论支持。（2）实证分析方法。即采用国际、国内实际出现的各种生态安全问题的实例及相关经验，进行个案性研究。以祁连山事件为例，尤其要注重宏观结合微观、理论联系实际，将法律义务紧扣国家战略，细致地分析人的致灾性和生态安全义务系统化之间的对应关系。（3）比较分析方法。即使用历时性数据与资料，对照分析国内、国外的生态安全功能确定、义务界分和人的致灾性控制的制度、规则和文化差异，通过比较国内生态安全保护纵向成就与问题、经验与教训，在整理、分析和总结已有立法、执法和研究成果的基础上，形成研究成果。

本项目成果独创了“人的致灾性”及其法律控制理论，其实践价值在于:（1）为四川多地质、地震灾害背景的预防、临灾处置和灾后生态重建提供理论与实践支持;（2）建构属于四川地缘概念下的我国灾害法学;（3）国家社科基金项目的支持为在人文社科领域创建“灾害法学”，突出四川理论创新的地方特色奠定了坚实的基础。本研究成果的理论价值在于“把生态文明建设放在突出地位，融入经济建设、政治建设、文化建设、社会建设各方面和全过程，努力建设美丽中国”。十九大报告将生态文明提到“五位一体”的战略高度。生态安全是建设美丽中国的重要前提，通过人的致灾性法律控制的研究，把生态文明建设变成我国人民的生态文化观念和自觉行动，愈发凸显本成果的认识论与灾害法学的学科价值。本课题成果对承担国家生态安全战略义务的四川省而言，具有很强的政治意义、区域稳定意义和法律制度创新意义。在《全国生态功能区划》中，国家“十三五”规划将生态安全战略措施化，赋予四川省在长江上游流域生态安全保障的国家义务。为了履行这一国家义务，“人的致灾性”概念一旦得到学术界的认同，就将创建灾害法学这一新型学科，也为这一义务的承担与履行提供了可靠的理论依据和学理基础。

从 2014 年到 2018 年，自本研究成果的提出已经过去了三四年时间，诸多数据和资料都应当及时更新，尤其是近年来，我国涉及生态保护和“共享型”环境、生态和资源法律法规比如生态补偿机制办法等修改废工作都有了长足进步；再加上，国家在“一带一路”政策、亚投行、金砖银行和丝路基金等方面也出台一系列重大举措，构成了“生态安全义务赋予”“生态安全义务履行”“人的致灾性”“人控制”法治能力提升等方面的国家制度资源的供给，这些理论在供给侧改革中，已经发挥了积极作用。本成果也进行了适应性修改。在修改过程中，作者注意把研究课题与我国《国家安全法》的规定相衔接，把“人的致灾性”与区域型或者流域型生态安全义务相结合，拓展长江上游地区履行“生态安全义务”的研究思路。同时，通过积极探索，找准了灾害法学这一灾害学、生态学和法学间的交叉学科与“安全科学与技术”这一国家一级学科之间的融合点，并进行了科学系统的论证，全面更新了长江上游地区的数据和资料，同时结合我国生态保护和“共享型”环境、生态和资源法律法规尤其是生态补偿机制办法，“一带一路”政策、亚投行、金砖银行和丝路基金等重大举措，进行了“生态安全义务赋予”“生态安全义务履行”“人的致灾性”控制等方面的资料、数据和研究成果的全面更新。

具体修改与完善的情况如下：

1. 原“第一章生态危机与人类社会”标题，修改为“第一章自然灾害、生态危机与人类社会”，并增加一节即“第一节第一环境问题”，并把第三节标题修改为“生态危机控制：人的致灾性法律控制必然性”，讨论“第二环境问题与人类社会权利宣言”，即（1）环境污染与中国的环境保护；（2）发展权利与气候变化应对；（3）发展权利宣言与《北京倡议》。在“第二节生态危机的严峻性及其根源”中指出，生态危机复合性的根源在于：（1）人类“竭泽而渔”的发展范式；（2）科学技术是一把“双刃剑”；（3）人类中心主义与GDP导向发展模式。“第三节生态危机控制：人的致灾性法律控制必然性”强调了生态危机法律控制的“一案三制”、生态危机治理立法理念的偏差，并就生态安全与人的致灾性立法结合，尤其是长江上游生态保护与“川泸带内合作”的设想，进行了讨论。

2. 原“第二章人的致灾性问题的提出”标题，修改为“第二章人的致灾性理论的提出”。各节的标题由“生态危机与人的致灾性来源”、“生态资源利用中国家与政府的致灾性”和“生态资源利用人——企业和公民的致灾性”修改为：“第一节生态危机与人的致灾性相关关系”“第二节生态资源利用行政行为失当的致灾性”“第三节生态资源利用人——企业和公民的致灾性聚集、放大”。

3. 原“第三章国家生态安全战略目标设计”改为“第三章国家生态安全战略及目标设计的冲突”，“第一节生态危机的严峻性与国家生态安全战略启动”“第二节生态危机宏观战略与政府中观职责”分别改为“第一节国家生态安全战略启动”“第二节生态危机宏观战略与省级政府中观职责匹配”，对公民环境保护义务的系统性，从我国《环境保护法》第 6 条、我国《民法总则》第 9 条“绿色原则”、《全国生态功能区划》编制与修编，以“大气十条”“水十条”等法律规则出发，对公民环境保护义务的系统性以及对区域性大气污染与流域性水污染问题进行系统研究。增加“第三节祁连山事件中国家生态安全战略受损——央地区域生态义务冲突的启示”，通过祁连山生态保护义务赋予后地方政府行为的致灾性、物权观念与生态环境保护意识的偏差、祁连山保护区上下级管理职权的冲突等，进行具体分析说明。

4. 第四章资源管理人的生态安全义务设置与履行的修改点主要是在“第一节资源管理人的生态职责与生态安全义务来源——国家责任的理论演绎”中增加了“政府作为资源管理人的伦理性”“从人类价值观到‘生态中心论’”“我国资源管理人立法情况具体分析”；在“第二节资源管理人的生态宏观义务与微观义务”中增加了“厉行节约、节约用水与‘河长制’”；在“第三节资源管理人生态安全义务设计、内容及履行条件”中，增加了“资源管理人生态安全义务履行的行政监察”等内容。

5. 第五章资源利用人的生态安全义务设计与履行监督的修改点是将“第三节资源利用人生态安全义务的立法设计”中“二、我国资源利用人生态安全义务立法缺失：（二）环境税立法空白——资源利用人生态安全义务履行制度缺失”修改为“（二）环境税立法从空白转向填补空白”，将“三、资源利用人生态安全义务的立法设计”中“（二）奖励机制的运用”

修改为"(二)资源利用中的奖励与激励机制运用"等。

6. 第六章公民生态安全义务的渊源、设计与履行的修改点是将"第二节公民生态安全义务的立法现状评价"中"三、国内外公民生态安全义务的立法评价"修改为"(一)公民参与为主的生态安全义务制度的构建""(二)公民生态安全义务分层中的'积极参与能力'""(三)公民参与后的生态安全义务指向的政府作为";将"第三节公民生态安全义务的补充设计、履行及其完善"中"二、公民生态安全义务的法律责任"修改成"二、公民生态安全义务的法律责任设计",即(1)行政责任及其落实;(2)民事责任的追究与承担;(3)刑事责任的追究及其效用等。

7. 第七章人的致灾性的生态安全法律控制的修改点是将"第三节生态安全义务履行的司法保障"中"三、生态安全公益诉讼制度与环境民事公益诉讼的适用"改成"三、生态安全公益诉讼制度的完善与创新",增加"(四)生态安全公益诉讼制度的机制创新";将"第四节人的生态致灾性后果的法律分配"中"一、发达地区对落后地区的生态补偿"改成"一、发达地区对落后地区的生态补偿:平衡发展思路"、将"(三)发达地区企业征收生态补偿费"改成"(三)向发达地区企业征收生态补偿费";将"二、国家和社会对生态灾区的生态救济"中"(一)国家生态救济"改成"(一)国家的生态救济政策"、将"(二)自然人为灾害与纯人为灾害灾区救助"改成"(二)自然人为灾害与人为自然灾害灾区救助";将"四、国际碳汇交易与生态援助"改成"四、国际碳汇交易与生态援助制度",将"(一)全球生态环境责任"改成"(一)全球生态环境责任及承担人"等内容。

8. 将"第八章生态安全义务履行的经济保障"改为"第八章地方政府生态义务履行与人的致灾性经济控制",将其"第一节管理者生态安全义务的资金投入职责"改成"第一节地方政府资源管理者的生态义务履行投入职责",增加"一、地方政府生态安全义务的改革型转变:(一)国务院职能局的改革型组建；（二）中央政府生态安全职责的明晰化；（三）中央政府消极补偿与地方政府话语权缺失”，番号依次修改，即将“一、纵向的中央财政转移支付职责：（一）中央政府的资源管理人生态义务；（二）四川三州地区现状；（三）现实的困境”改成“二、纵向的中央财政生态义务转移支付职责：（一）中央政府的资源管理人生态义务；（二）中央财政转移支付下退耕还林还草政策实施效果；（三）退耕还林还草工程政策的后续困境”；将“二、横向的地方财政转移支付职责：（三）困境与现状”改成“三、横向的地方财政转移支付职责：（三）区域横向财政转移支付的制度改进”；将“三、当地政府的生态安全保障财政预算：（一）地方政府的经济与环境矛盾；（二）地方政府的可持续发展战略的经济抉择；（三）地方政府对生态安全保障的财政预算”改成“四、地方政府的生态安全保障财政预算：（一）地方政府的经济发展冲动与生态环境的压力；（二）地方政府可持续发展生态观下的经济抉择；（三）地方政府对生态安全保障的财政预算”。

将“第二节建立我国管理者生态安全义务履行的资金投入机制”“一、重点生态安全功能区的财政补贴机制：（一）大规模的生态建设工程和专项治理计划；（二）生态功能区的环境与经济的利益平衡机制；（三）中央对地方国家重点生态功能区转移支付”改成“第二节地方政府资源管理生态义务履行的投入机制”“一、重点生态安全功能区财政补贴与投入保障机制：（一）大规模生态建设工程和专项治理计划范围外的投入；（二）生态功能区自身的环境与经济利益平衡机制；（三）生态安全功能区财政补贴与投入保障机制的央地、地地政府共建”。将“二、生态安全受益区对供给区的生态补偿机制：（一）生态补偿意义；（二）生态补偿制度我国现状；（三）完善我国生态补偿机制在生态安全收益区域供给区的实施”改成“二、生态产品受益区对供给区生态补偿的地地政府均衡发展扶持义务：（一）地地政府均衡发展的扶持义务来源；（二）生态受益后的生态补偿主体不只是中央政府；（三）长江流域上下游生态补偿机制的地方合作能力”。同时，将“三、环境污染多发区的生态税收机制：（一）生态税的理论基础；（二）生态税法律机制建立；（三）生态税的监管机制”改成“三、生态税收机制能否取代生态补偿机制：（一）生态税不能解决生态补偿机制的构建；（二）生态补偿机制的结构性构建；（三）生态补偿机制结构性构建中的央地政府和地地政府法治能力”后，删除“四、发展生态安全保障产业的投融资机制：（一）生态安全保障产业投融资主体；（二）生态安全保障产业投融资的数额限制；（三）生态安全保障产业投融资中的环境责权限制”。

需要强调的是，研究组对“第三节不履行生态安全义务资金投入的法律责任”这一节进行了整体性修改。将标题修改成“第三节人的致灾性的经济控制及投入不足的法律责任”；将“一、管理者不履行资金投入职责的行政法律责任：（一）管理者不履行资金投入职责的行政责任的构成；（二）管理者不履行资金投入职责的行政责任的责任形式；（三）管理者的申诉”修改成“一、资源管理者生态投入的行政职责：（一）资源管理者投入职责的构成：（二）资源管理者投入职责的形式；（三）资源管理者生态投入职责的履行能力”。将“二、资源利用人与公民不履行资金投入义务的行政、民事责任：（一）行政相对人的行政责任形式；（二）资源利用人与公民不履行资金投入义务的民事法律责任构成要件；（三）资源利用人与公民不履行资金投入义务民事责任的承担与免除”修改成“二、资源利用人与公民的资金投入义务：（一）资源利用人的资金投入义务履行动力不足；（二）区域性生态产品利用者的‘埋单义务’：生态环境损害赔偿；（三）《生态补偿条例》出台的政府义务履行急迫性”。将“三、生态安全责任人不履行资金投入义务的刑事责任：（一）生态安全责任人不履行资金投入义务的法律责任；（二）生态安全责任人不履行资金投入义务刑事责任构成；（三）生态安全责任人不履行资金投入义务刑事责任预防”修改为“三、人的致灾性经济控制的突破:(一)地方政府生态补偿投入多种义务及其立法;(二)中央政府生态补偿投入增长的保障;(三)地地合作共创人的致灾性控制生态合作机制”等，思路已经进行了重大调整。

9. 第九章生态安全影响评价制度的建立的修改点是将“第一节生态安全评价标准：一、生态安全评价标准的作用；二、生态安全评价标准的分类；三、生态安全评价标准的制定”“第二节生态安全评价的原则和程序：一、生态安全评价的原则；二、生态安全评价的范围；三、生态安全评价的程序”“第三节生态安全评价中公众参与制度：一、公众参与制度在生态安全评价中的意义；二、公众参与制度的实现途径；三、公众参与制度的保障手段”以及“第十章生态补偿法律制度的建立和完善”中“第一节生态补偿概述：一、生态补偿的定义和内涵；二、生态补偿法律制度的原则；三、生态补偿的资金来源；四、生态补偿的多重意义”“第二节我国生态补偿制度存在的问题：一、生态补偿的资金来源及管理存在的问题；二、生态补偿的机制存在的问题；三、政策法律体系建设滞后”“第三节生态功能区划与生态补偿机制的完善：一、生态功能区划概述；二、生态功能区划与生态补偿机制；三、生态功能区划下生态补偿机制的完善”等，整合修改成“第九章人的致灾性的法治能力体系控制”“第一节自然资源部：生态补偿长效机制的构建责任担当：一、自然资源管理者与生态补偿的公共品属性；二、自然资源部转变职能与克服生态补偿制度建构的障碍；三、生态补偿长效机制的构建责任担当”“第二节生态环境部：生态安全的守护者与‘人控制’责任者：一、从环境保护部到生态环境部的蜕变；二、生态环境部的职能：‘人控制’提升的路径；三、生态环境部对法律、法制和法治‘牙齿’的维护”“第三节应急管理部：生态灾害应急的法治能力养成：一、应急管理部的生态灾害应急职责；二、承灾体的逻辑结构与应急管理部的作为；三、应急管理部职能的运行整合：‘人控制’法治能力升位”等。

10. 增加“参考文献”，将参考的主要著作、论文和各种文献列示于后，以供参照。

11. 增加“后记”，对我国《监察法》生效后，对生态安全职责承担与义务履行的影响，作了分析和评论。

本项目的参加者：

1. 王建平（灾害法学），四川大学法学院、四川大学——香港理工大学灾后重建与管理学院教授、博导（负责序言、第一章、第二章、第三章、第七章、第九章）。

2. 秦以（社会学），加拿大萨斯卡切温大学社会学院社会学硕士（负责第四章、第五章）。

3. 何跃（灾害法学），四川大学——香港理工大学灾后重建与管理学院灾害法学博士（负责目录、第六章）。

4. 李欢（民商法学），四川大学法学院法学博士（负责第八章、参考文献、后记）。

目 录
Contents

上编　人的致灾性与国家生态安全战略

中编 生态安全义务设置与履行

下编 人的致灾性法律控制

上　编

人的致灾性与国家生态安全战略

第一章　自然灾害、生态危机与人类社会

生态环境（ecological environment）是指“由生态关系组成的环境”的简称，是与人类密切相关的，影响人类生活和生产活动的各种自然（包括在人工干预下形成的第二自然）力量（物质和能量）或作用的总和，即指影响人类生存与发展的水资源、土地资源、生物资源以及气候资源数量与质量的总称，是关系到人类社会和经济持续发展的复合生态系统。《生态安全研究》课题是从生态安全义务入手研究的，那么自然灾害这一环境问题，必然是第一个切入点。

由于生态环境是由大气圈、岩石圈所组成相互制约、相互作用的庞大的物质体系，囊括自然界中各种非生物成分，以及植物、动物和微生物的成分，形成的一个统一的自然综合体，也表现为一个自然生态平衡系统。其中，大气、水、土壤、生物等因素被人们称为环境因子，从生态学角度来看，在环境因子中，对生物有作用的因子叫生态因子，而各种生态因子综合在一起对生物的作用称为生态环境，生态因子一般分为气候因子、土壤因子、地形因子、生物因子、人类因子等。在这里，我们所要探讨的是其中的一个生态因子：人类社会与自然生态环境的关系中，人类因子的作用及其应当受到的限制。

人类社会存在和发展依赖于良好的生态环境。那么，在开始进行具体的讨论之前，我们应当将自然灾害问题纳入研究的视野，因为这是一个涉

及第一环境问题起始，以及与第二环境问题分界点上的问题。继而，从第二环境问题到人类社会的《发展权利宣言》以及《北京倡议》[①]，进入到观察生态危机、生态区域安全义务赋予和确定的基础层面。

第一节 第一环境问题

第一环境问题，也称“原生环境问题”。在这里，所谓“原生环境”是指自然环境中，未受人类活动干扰的地域或者环境，如人迹罕至的高山荒漠、原始森林、冻原地区以及大洋的中心区等。在原生环境中，自然界按原有的运行过程进行物质转化、物种演化、能量和信息的传递，人类活动的因子可以忽略不计。但是，随着人类借助现代科技手段和工具，其活动范围不断扩大，原生环境的范围和领域日趋缩小或者消失，人类活动因子的效用逐渐显现出来。于是，自然界的某些变化、变异或者变动等对生态系统构成了持续性的干扰、扰乱或者侵扰，使人类社会的原生环境发生巨大改变，如火山爆发、热带风暴、地震、海啸、造山运动、滑坡、干旱、水灾和各种地方病流行等。因为这种环境问题是由自然界本身的变化所引起的，没有或很少有人为因素的参与，一般不能为人类社会所预见、

① 2016年12月4日至5日，纪念《发展权利宣言》30周年国际研讨会在北京举行。中国国家主席习近平向研讨会致贺信，研讨会由中国国务院新闻办公室和外交部共同举办，来自世界40多个国家、地区及国际组织的150余位代表出席了会议并积极参与讨论。与会人士围绕“共享发展：更好造福各国人民”这一主题进行深入思考和讨论，提出5点倡议，即《北京倡议》：（1）发展是人类社会永恒的主题，发展权利是一项普遍、不可剥夺的人权；（2）发展权利是一项综合性的基本人权，贯穿于其他各项具体人权之中；（3）发展权利既是个人人权又是集体人权，所有人单独地和集体地都享有发展权利以追求更全面的发展；（4）可持续发展是发展权利的应有之义，国家、社会和个人都应承担可持续发展的义务和责任；（5）发展权利应为各国人民共有共享，各国有义务在确保发展和消除发展的障碍方面相互合作。发展权利的实现需要国际社会坚持公平、开放、全面、创新的共同发展理念，着力促进包容性发展，建设人类命运共同体。

预防和完全控制。

由此而言，第一环境问题蕴含着一个基本规律，即自然规律。人类社会对于这种规律，只能认识、遵守和通过自然灾害的预防、应对和灾后重建，来减少其损失、损害，而不能对自然界或者原生环境下命令，甚至于不切实际地改造原生环境，做出违反生态规律的行为来。通过环境变异导致自然灾害，加上人类行为因子之后，导致第一环境问题向第二环境问题过渡，通过分析斯德哥尔摩人类环境会议，可以通过人类社会达成的共同观点，形成的共同信念，以及共同原则对地球环境的保护义务来研究我国的环境保护基本国策，这是一个从原生环境到生态环境、生态系统安全的研究方法论取舍。

一、环境问题渊源

（一）环境变异与环境问题

环境（environment）是指人类生存的空间及其可以直接或间接影响人类生活和发展的各种自然因素的总和。在社会学中，环境被认为是以人为主体的外部世界；而在生态学中，环境则被认为是以生物为主体的外部世界；在环境科学中，则被定义为以人类社会为主体的外部世界的总体，是影响人类生存和发展的各种自然因素和社会因素的总和。①

在我国环境保护法立法史上，1979 年 9 月 13 日颁行的《环境保护法（试行）》以“保证在社会主义现代化建设中，合理地利用自然环境，防治环境污染和生态破坏，为人民造成清洁适宜的生活和劳动环境，保护人民健康，促进经济发展”为立法任务，在第 3 条规定中，采用列举主义方法，把环境界定为大气、水、土地、矿藏、森林、草原、野生动物、野

① 张丽萍、张妙仙:《环境灾害学》，科学出版社 2008 年版，第 6 页。

生植物、水生生物、名胜古迹、风景游览区、温泉、疗养区、自然保护区、生活居住区15种。这是以我国1978年3月5日《宪法》第11条第3款“国家保护环境和自然资源，防治污染和其他公害”为立法依据的。其中，1989年12月26日修改的我国《环境保护法》就以“保护和改善生活环境与生态环境，防治污染和其他公害，保障人体健康，促进社会主义现代化建设的发展”的立法宗旨，并在第2条中规定，环境是指影响人类生存和发展的各种天然的和经过人工改造的自然因素的总体，包括大气、水、海洋、土地、矿藏、森林、草原、野生生物、自然遗迹、人文遗迹、自然保护区、风景名胜区、城市和乡村等。这是对环境进行了抽象定义和列举定义的产物，是法律意义上的环境。2014年4月24日，我国《环境保护法》修订时，基于“保护和改善环境，防治污染和其他公害，保障公众健康，推进生态文明建设，促进经济社会可持续发展”的立法宗旨，在环境定义列举中，增加了“湿地”要素，这样一来，我国的“环境”就包括了自然环境、人工环境等15个因素。需要注意的是，我国《环境保护法》的立法，分别代表我国的“计划经济”“市场经济”“生态文明”三个不同时期的背景，其立法依据、宗旨、宪法依据和内容结构，都是不完全一致的。（见表1–1）

表1–1　我国环境保护法的立法依据、宗旨、宪法依据和内容结构区分

环境保护法（试行） 1979年9月13日	环境保护法 1989年12月26日	环境保护法 2014年4月24日
环境是指：大气、水、土地、矿藏、森林、草原、野生动物、野生植物、水生生物、名胜古迹、风景游览区、温泉、疗养区、自然保护区、生活居住区等（第3条）	环境是指：影响人类生存和发展的各种天然的和经过人工改造的自然因素的总体，包括大气、水、海洋、土地、矿藏、森林、草原、野生生物、自然遗迹、人文遗迹、自然保护区、风景名胜区、城市和乡村等（第2条）	环境是指：影响人类生存和发展的各种天然的和经过人工改造的自然因素的总体，包括大气、水、海洋、土地、矿藏、森林、草原、湿地、野生生物、自然遗迹、人文遗迹、自然保护区、风景名胜区、城市和乡村等（第2条）

续表

环境保护法（试行） 1979年9月13日	环境保护法 1989年12月26日	环境保护法 2014年4月24日
保证在社会主义现代化建设中，合理地利用自然环境，防治环境污染和生态破坏，为人民造成清洁适宜的生活和劳动环境，保护人民健康，促进经济发展（第2条） 国家保护环境和自然资源，防治污染和其他公害（《宪法》1978年版第11条）	保护和改善生活环境与生态环境，防治污染和其他公害，保障人体健康，促进社会主义现代化建设的发展（第1条） 国家保护和改善生活环境和生态环境，防治污染和其他公害（《宪法》1982年版第26条）	保护和改善环境，防治污染和其他公害，保障公众健康，推进生态文明建设，促进经济社会可持续发展（第1条） 国家保护和改善生活环境和生态环境，防治污染和其他公害（《宪法》2004年版第26条）
第一章　总则1～9 第二章　保护自然环境10～15 第三章　防治污染和其他公害16～25 第四章　环境保护机构和职责26～28① 第五章　科学研究和宣传教育29～30 第六章　奖励和惩罚31～32 第七章　附则33	第一章　总则1～8 第二章　环境监督管理9～15 第三章　保护和改善环境16～23 第四章　防治环境污染和其他公害24～34 第五章　法律责任35～45 第六章　附则46～47	第一章　总则1～12 第二章　监督管理13～27 第三章　保护和改善环境28～39 第四章　防治污染和其他公害40～52 第五章　信息公开和公众参与53～58 第六章　法律责任59～69 第七章　附则70

表1-1中，我国的环境定义分为两个层次：一是环境是指影响人类

① 我国《环境保护法（试行）》第26～28条规定，国务院设立环境保护机构，主要职责是：（1）贯彻并监督执行国家关于保护环境的方针、政策和法律、法令；（2）会同有关部门拟定环境保护的条例、规定、标准和经济技术政策；（3）会同有关部门制订环境保护的长远规划和年度计划，并督促检查其执行；（4）统一组织环境监测，调查和掌握全国环境状况和发展趋势，提出改善措施；（5）会同有关部门组织协调环境科学研究和环境教育事业，积极推广国内外保护环境的先进经验和技术；（6）指导国务院所属各部门和各省、自治区、直辖市的环境保护工作；（7）组织和协调环境保护的国际合作和交流。省、自治区、直辖市政府设立环境保护局，市、自治州、县、自治县政府根据需要设立环境保护机构。地方各级环境保护机构的主要职责是：（1）检查督促所辖地区内各部门、各单位执行国家保护环境的方针、政策和法律、法令；（2）拟定地方的环境保护标准和规范；（3）组织环境监测，掌握本地区环境状况和发展趋势；（4）会同有关部门制订本地区环境保护长远规划和年度计划，并督促实施；（5）会同有关部门组织本地区环境科学研究和环境教育；（6）积极推广国内外保护环境的先进经验和技术。国务院和地方各级政府有关部门，大、中型企业和有关事业单位，根据需要设立环境保护机构，分别负责本系统、本部门、本单位的环境保护工作。

生存和发展的各种天然的和经过人工改造的自然因素的总体，这是抽象的总括定义；二是环境是指大气、水、海洋、土地、矿藏、森林、草原、湿地、野生生物、自然遗迹、人文遗迹、自然保护区、风景名胜区、城市和乡村等，这是列举主义的定义。其中，既有各种天然的自然因素，如大气、水、海洋、土地、矿藏、森林、草原、湿地、野生生物、自然遗迹等，也有人工改造的自然因素如人文遗迹、自然保护区、风景名胜区、城市和乡村等，还有天然因素和人工因素结合的自然因素如土地、矿藏、森林、草原、湿地、人文遗迹、自然保护区、风景名胜区、城市和乡村等。在我国，保护和改善环境，防治污染和其他公害，保障公众健康，推进生态文明建设，促进经济社会可持续发展的任务，任重而道远，所以每年6月5日这个国际环境日，也被规定为我国的“国家环境日”。我国《环境保护法》的内容结构方面的差异，主要是：1979年版的目录是：第一章总则（第1～9条）、第二章保护自然环境（第10～15条）、第三章防治污染和其他公害（第16～25条）、第四章环境保护机构和职责（第26～28条）、第五章科学研究和宣传教育（第29～30条）、第六章奖励和惩罚（第31～32条）、第七章附则（第33条）。其中，条款少即只有33条，而且是试行版，同时，第五章、第六章每章只有2条，带有明显拼凑结构或者“呼喊口号”的感觉。应当说，我国《环境保护法》1989年版的目录，有“换了人间”的感觉，不仅条款数量从33条增加到47条，净增加14条增加比例为29.79%，而且增加了“第二章环境监督管理”（共7条），并删除“第四章环境保护机构和职责（第26～28条）”、“第五章科学研究和宣传教育（第29～30条）”，第五章由“第六章奖励和惩罚（第31～32条）”修改成“法律责任”，增加到11条即第35～45条，占比23.4%。至于2014年版的目录，是我国社会不断改革和高速发展26年之后的新面孔，其最大的变化有：（1）体量增加，条款从47条增加到70条，净增23条；（2）增加了一章，即第五章信息公开和公众参与（第 53 ～ 58 条，共 6 条），这是制度创新的表现；（3）第一章中增加 1 条即“第 12 条每年 6 月 5 日为环境日”，这是“生态安全入心”和国民意识化的标志；（4）各章增加的条款构成：第一章增加 4 条；第二章增加 8 条（增加条款最多）；第三章增加 4 条；第四章增加 2 条；第五章增加 6 条（增加条款次多）；第六章无增加；第七章减少 1 条，整部法律增加条款 23 条。

早在 20 世纪 70 年代，美国就曾出现因为人类行为对于环境的侵扰或者干预而导致的环境变异现象，比如氧亏、水流污染和物种濒危等，而于 1970 年颁行《清洁空气法》（1977 年修改）、1972 年《联邦水污染法》（1977 年修改后更名为《清洁水法》）和 1973 年《濒危物种法》等。可见，这些立法反映了解决环境变异问题的国家意志，是在环境公共政策中，把受害举证责任推给受害人，并且在事后才能补偿损失的机制。这种受害人受害—受害人举证—获得赔偿的激励机制，导致国家政策几乎没有什么措施来防止环境污染，[①] 从而干预环境变异现象。

所谓环境变异，是人类社会外部的各种天然的和经过人工改造的自然因素等条件，因为纯粹自然原因和人为原因而发生的变化，尤其是非正常的、快速的和引起连锁型反应的灾害性的巨变或变化的情形。应当说，环境变异带来的环境污染和其他公害问题，让美国政府通过 20 世纪 70 年代的立法和法律修改，把受害人受害—受害人举证—获得赔偿激励机制，改成了受害人受害—加害人举证—获得赔偿举证倒置型激励机制。此外，国家通过设立大气、水的质量标准以及物种保护的最低标准，为全社会建立了最起码的环境伦理即环境道德标准，也就是设置了环境变异的“天花板”与“地板”。其中，“天花板”和“地板”的“两板论”是作者的归纳，意在强调环境的生态容量和环境质量等总量控制以及生态文明底线两大标

① ［美］戴维·贾丁斯：《环境伦理学》，林官明、杨爱民译，北京大学出版社 2002 年版，第 17 页。

准的不可穿越性。

因此，环境问题是人类为了自身的生存和发展，在利用和改造各种自然因素的过程中，对天然环境的破坏和污染，在超出环境容量及其质量底线时，必然要产生的危害人类生存的各种负反馈效应方面的问题。有时候，环境问题也叫作“生态环境问题”。其中，“生态”是指生物（原核生物、原生生物、动物、真菌、植物五大类）之间和生物与周围环境之间的相互联系、相互作用系统。当“环境”概念泛指地理环境时，是指围绕人类社会的自然因素或者自然现象的总体，分为自然环境、经济环境和社会文化环境等。当研究环境及其与人类的相互关系时，生态与环境就是两个相对独立的概念，两者又紧密联系、“水乳交融”即相互交织，出现了“生态环境”这个新概念。

（二）自然灾害与人为灾害

生态环境是指生物及其生存繁衍的各种自然因素、条件的总和，是一个大系统，是由生态系统和环境系统中的各个“元素”共同组成的。在这个系统中，人类社会只是其中的一个子系统而已，因此，环境变异尤其是生态变异性恶化，也仅仅是环境与人类关系的一个层面的运行模式的结果型表现。这当中，人类社会对于生态环境的政策、态度和行为模式等，必然表现为各种各样的环境问题。

事实上，“生态环境”与“自然环境”在含义上十分相近，有时人们将其混用的做法，一般而言并无太大不妥当。但是，严格说来，生态环境并不能等同于自然环境。自然环境的外延比较广，各种天然因素的总体都可以说是自然环境，而只有具有一定生态关系构成的系统整体，才能称为生态环境。比如，仅有非生物因素组成的整体，固然可以称为自然环境，但是并不能叫作生态环境。生态环境的核心因素是其中必然要有生物因素及其组成。于是，人类社会在开发、利用和改造自然，在与自然环境相互作用的过程中，超越了自然环境承载能力和自然环境所具有的自我调节能力，违背了自然环境的发展规律，致使自然环境的系统结构与功能遭到毁灭性破坏，以致部分或全部失去其服务于人类的功能，导致环境污染、生态和环境破坏，甚至对人类社会的生命财产构成严重威胁，并因此反作用于人类，形成导致人类社会生命财产严重损失的自然社会现象[①]，即环境灾害。

广义上的环境灾害，强调自然环境中蕴藏的对某些因素，主要是环境容量和环境质量的“天花板”和“地板”发生变化，因为自然变化或者人为因素诱发环境变化累积到相应的临界值或者临界度，导致自然环境系统的功能结构部分或全部被破坏，进而危及人类社会的生存与发展环境，引起人类社会生命财产损失的现象，其中的致灾动力包括了自然的和人为的作用。因此，在某一地区、某一时间内，由地球内部演化、外部自然和人为作用引起的，突发的或通过累积在短时间内发生的，对人类的财产和生存环境构成严重威胁的，超过环境承灾能力，致使当地社会、生态和环境的全部或部分功能丧失的自然—社会现象，可以称为灾害。其中，自然灾害是人类不能或难以支配和操纵的各种自然物质和自然能量聚集、爆发所导致的灾害，包括地质灾害、地貌灾害、气象灾害、生物灾害和天文灾害等，[②]其特点是：爆发频率低、周期长、灾害损失大、人员伤亡严重和人类难以控制等；而人为灾害则是指那些在社会经济建设和生产活动中，各种不合理、失误或故意破坏行为所引致的灾害，包括生态灾害、工程灾害和

① 张丽萍、张妙仙：《环境灾害学》，科学出版社 2008 年版，第 8 页。

② 这是环境灾害学的分类方法。在这里，地质灾害包括：地震、火山爆发、地下毒气、海啸、地火等；地貌灾害包括：山崩、滑坡、泥石流、沙漠化、水土流失等；气象灾害包括：暴雨、洪涝、台风、冰雹、雷电、龙卷风、干旱、酷热、低温、冻雨、雪灾、雾、霜等；生物灾害包括：病害、虫害、自然森林火灾、有害动物灾害等；天文灾害包括：天体撞击、太阳活动、宇宙射线等。

社会生活灾害等，[①]其特点是：爆发频率高、周期短、灾害损失大、人员伤亡严重，但是，可以人工控制。[②]不过，人为因素的诱发性固然导致人为灾害，但如果不承认或者不重视这种人为因素的破坏作用，那么，就是漠视灾害链中人为因素的决定作用。

（三）第一环境问题与第二环境问题

当环境科学以研究环境的地理、物理、化学、生物四部分内容，并以综合性、定量和跨学科方法研究环境系统，大多数环境问题涉及人类活动这样的前提的时候，经济、法律和社会科学方方面面的知识，必然要用于环境科学中，此便研究人类社会发展活动与环境演化规律之间相互作用关系，寻求人类社会与环境协同演化、可持续发展的途径与方法，并研究安全技术的基础理论、规律，以反映安全科学技术的发展要求，比如安全评价技术、网络安全技术、尘毒治理技术、机电安全技术、化工安全技术、矿山安全技术、锅炉安全技术、起重机械安全技术、生物安全技术，以及地质灾害及其减灾技术等的时候，生态安全就已经纳入了人类社会的视野。在我国，《国家安全法》第30条规定，国家完善生态环境保护制度体系，加大生态建设和环境保护力度，划定生态保护红线，强化生态风险的预警和防控，妥善处置突发环境事件，保障人民赖以生存发展的大气、水、土壤等自然环境和条件不受威胁和破坏，促进人与自然和谐发展，就在第一环境问题和第二环境问题之间，划出了法律的"红线"。

事实上，环境问题古已有之。例如，西亚的美索不达米亚、我国的

---

① 这是环境灾害学的分类方法。在这里，生态灾害包括：自然资源衰竭、环境污染、人口过程等；工程灾害包括：工程塌方、工厂爆炸、有害物质泄漏、人为森林火灾等；社会生活灾害包括：交通事故、火灾、战争、社会暴力与动乱等。

② 张丽萍、张妙仙：《环境灾害学》，科学出版社2008年版，第3页。

自1979年起，我国先后签署了《濒危野生动植物种国际贸易公约》《国际捕鲸管制公约》《关于保护臭氧层的维也纳公约》《关于控制危险废物越境转移及其处置的巴塞尔公约》《关于消耗臭氧层物质的蒙特利尔议定书（修订本）》《气候变化框架公约》《生物多样性公约》《防治荒漠化公约》《关于特别是作为水禽栖息地的国际重要湿地公约》《1972年伦敦公约》等一系列国际环境公约和议定书。在《中国21世纪议程》框架下，编制了《中国环境保护21世纪议程》《中国生物多样性保护行动计划》《中国21世纪议程林业行动计划》《中国海洋21世纪议程》等重要文件以及国家方案或行动计划，履行承诺的义务。此外，我国政府批准了《中国消耗臭氧层物质逐步淘汰国家方案》，提出了淘汰受控物质计划和政策框架，采取措施控制或禁止消耗臭氧层物质的生产和扩大使用。[①]1991年6月，我国政府发起并在北京主办了第一届"发展中国家环境与发展部长级会议"，于当年7月向大会筹委会提交了《中华人民共和国环境与发展报告》，担任筹委会和正式大会副主席，派出以国务委员、国务院环境委员会主任宋健为团长的中国政府代表团与会。1991年6月12日，李鹏总理在首脑会议上发表讲话，阐述了中国政府关于加强国际合作和促进世界环境与发展事业的五点主张：（1）经济发展必须与环境保护相协调；（2）保护环境是全人类的共同任务，但是经济发达国家负有更大的责任；（3）加强国际合作要以尊重国家主权为基础；国家不论大小、贫富、强弱都有权平等参与环境和发展领域的国际事务；（4）保护环境和发展离不开世界的和平与稳定；（5）处理环境问题应当兼顾各国现实的实际利益和世界的长远利益。1992年4月，"中国环境与发展国际合作委员会"成立。1992年7月，联合国环境与发展大会后，我国政府提出《中

---

① 国务院新闻办公室《中国的环境保护》（1996年6月），七、积极推动环境保护领域的国际合作。

国环境与发展十大对策》[①]，明确指出走可持续发展道路是当代中国以及未来的必然选择。

（二）共同信念:《人类环境宣言》的“共同治理”理念

《人类环境宣言》申明了在共同的原则下，世界各国对于“只有一个地球”的共同爱护和“共同治理”的信念。这些信念主要是:（1）人类有权在尊严和福利的生活环境中，享有自由、平等和充足的生活条件的基本权利，并相应地负有保护和改善这一代和后代环境的严肃义务和庄严责任;（2）为了这一代和后代的利益平衡，对地球上的自然资源包括大气、水、土地、植物和动物等，必须通过周密计划或适当管理给予严密保护;（3）地球的再生资源能力必须倍加爱护使之得到保持，并尽可能加以恢复或改善;（4）人类负有特殊义务和责任，保护和妥善管理受到严重危害野生生物及产地，注意保护自然界中的野生生物;（5）使用地球上不可再生资源时，必须防范其耗尽并确保整个人类能够分享从其使用中获得的好处等。[②]

所以，为了保证不使生态环境遭到严重的或不可挽回的损害，世界各国必须制止并排除有毒物质或其他物质，因为其数量或集中程度已远超过环境自净与溶解能力。各国应该采取一切可能的步骤，防止海洋受到损害生物资源和破坏海洋生物环境的污染。相关国家应当加大经济投入和技术援助，以支持发展中国家改进由于不发达和自然灾害原因而导致的环境破

---

①《中国环境与发展十大对策》是:（1）实行持续发展战略;（2）采取有效措施，防治工业污染;（3）开展城市环境综合整治，治理城市“四害”;（4）提高能源利用效率，改善能源结构;（5）推广生态农业，坚持不懈地植树造林，切实加强生物多样性的保护;（6）大力推进科技进步，加强环境科学研究，积极发展环保产业;（7）运用经济手段保护环境;（8）加强环境教育，不断提高全民族的环境意识;（9）健全环境法规，强化环境管理;（10）参照联合国环境与发展大会精神，制订我国行动计划。

②《联合国人类环境会议宣言》“共同的信念”部分，第1～26条。

坏带来的严重问题。对于发展中国家而言，必须考虑经济因素和生态保护进程中，初级产品和原料应有稳定的价格和适当的收入。与此同时，所有国家的环境政策应该有利于提高，而不应该损及发展中国家现有或将来的发展潜力，也不应该妨碍世界各国人民生活条件的改善。各国应筹集资金来维护和改善环境，同时也要照顾到发展中国家的特殊性，照顾到他们由于在发展计划中列入环境保护项目而需要的任何费用，以及应他们的请求而供给额外的国际技术和财政援助的需要。

事实上，环境问题与人口问题紧密相连。因此，在人口增长率或人口过分集中可能对环境或发展产生不良影响的地区，或在人口密度过低可能妨碍人类环境改善和阻碍发展的地区，都应采取不损害基本人权和有关政府认为适当的人口政策。为此，必须委托适当的国家机关对国家的环境资源进行规划、管理或监督，以期提高环境质量。为了扩大个人、企业和基层社会在保护和改善环境方面提出开明舆论和采取负责行为的基础，必须加强对年青一代的教育，同时应该考虑到不能享受正当权益的群体。通过从事有关环境问题的科学研究及其发展和教育，环境权益的享有和环境义务承担的对应观念进入人们的日常行为当中，并成为“绿色发展”中绿色生产、绿色生活和绿色消费的绿色文化的重要组成部分。

各国有按照其环境政策开发自己资源的主权，也有责任保证在其管辖或控制之内的各种自然资源利用活动以及社会代价的标准，不致损害其他国家的或在国家管辖范围以外地区的环境。为此，各国应进行合作，以进一步发展有关他们管辖或控制之内的活动，就他们管辖以外的环境造成的污染和其他环境损害的受害者而承担责任赔偿问题的国际法。保护和改善环境的相关国际问题，应当由所有的国家，不论其大小，在平等的基础上本着合作精神来加以处理，必须通过多边或双边的安排或其他合适途径的合作，在正当地考虑所有国家的主权和利益的情况下，防止、消灭或减少和有效地控制各方面的行动所造成的对环境的有害影响。各国应保证国际组织在保护和改善环境方面起到协调的、有效的和能动的作用。特别是，各国必须努力使人类及其环境免受核武器和其他一切大规模毁灭性手段的影响。可见，《人类环境宣言》中的“共同治理”信念，确实是能够积极为人类社会的环境保护提供规范的。

（三）共同原则：设立“6月5日”世界环境日

联合国人类环境会议于1972年6月5日至16日在瑞典斯德哥尔摩举行，这是世界各国政府共同讨论当代环境问题、探讨保护全球环境战略的第一次环境问题国际会议。1972年6月16日，这次国际会议第21次全体会议通过了《人类环境宣言》，呼吁各国政府和人民为维护和改善人类环境，造福全体人民，造福后代而共同努力。为引导和鼓励全世界人民保护和改善人类环境，《人类环境宣言》郑重宣布了人类环境会议提出和总结的7个共同观点、26项共同原则，叙述了对环境问题的看法和态度，规定了保护环境，特别是保护自然资源的要求。《人类环境宣言》是维护和改善人类生存环境的一个纲领性文件，反映了世界各国人民，特别是第三世界各国人民改善和保护人类环境的强烈愿望和主张。《人类环境宣言》及保护全球环境的“行动计划”，提出“为了这一代和将来世世代代保护和改善环境”的口号，这也是人类历史上第一次在全世界范围内研究保护人类环境的会议。出席会议的113个国家和地区的1300名代表建议将大会开幕日“6月5日”定为“世界环境日”。中国代表团积极参与了上述宣言的起草工作，并在会上提出经周恩来总理审定的我国政府关于环境保护的32字方针：“全面规划，合理布局，综合利用，化害为利，依靠群众，大家动手，保护环境，造福人民。”1972年10月，第27届联合国大会根据斯德哥尔摩会议的建议，决定成立“联合国环境规划署”，并确定将每年“6月5日定为世界环境日”。世界环境日的确立，反映了世界各国人民对环境问题的认识和态度，表达了人类社会对美好环境的向往和追求。在每年的6

月 5 日，联合国系统和世界各国政府、团体都会举行保护环境、反对公害的各类活动，宣传与强调保护和改善人类环境的重要性。而联合国环境规划署也会在每年 6 月 5 日选择一个成员国举行“世界环境日”纪念活动，发布《环境现状的年度报告书》，表彰“全球 500 佳”，并根据当年的世界主要环境问题及环境热点，有针对性地制定每年的“世界环境日”主题。

《人类环境宣言》昭示的共同原则是：（1）人类既是环境的创造物，又是环境的塑造者，环境给予人以维持生存的东西，并给他提供在智力、道德、社会和精神等方面获得发展的机会。（2）保护和改善人类环境是关系到全世界各国人民的幸福和经济发展的重要问题，也是全世界各国人民的迫切希望和各国政府的责任。（3）人类总是不断地总结经验，有所发现，有所发明，有所创造，有所前进。在地球上，可以看到周围越来越多的人为损害的迹象：在水、大气、土壤以及生物中的污染达到危害的程度；生物界的生态平衡受到严重和不适当的扰乱；一些无法取代的资源受到破坏或陷入枯竭；在人为的环境中，特别是在生活和工作环境里存在对人类身体、精神和社会健康有害的因素。（4）在发展中国家，环境问题大半是由于发展不足造成的。千百万人的生活仍然远远低于像样的生活所需要的最低水平，无法取得充足的食物和衣服、住房和教育、保健和卫生设备。（5）人口的自然增长不断地给保护环境带来一些问题，但是，如果采取适当的政策和措施，这些问题是可以解决的，随着科学技术的发展，人类改善环境的能力会与日俱增。（6）无知或不关心可能会给我们的生活幸福所依靠的地球环境造成巨大的无法挽回的损害。而有了比较充分的知识和采取比较明智的行动，就可能使我们自己和后代在一个比较符合人类需要和希望的环境中过着较好的生活。（7）各地方政府和全国政府将对在他们管辖范围内的大规模环境政策和行动，承担最大的责任。为筹措资金以支援发展中国家完成他们在这方面的责任，还需要进行国际合作。

三、第二环境问题与人类社会权利宣言

（一）环境污染与中国的环境保护

20 世纪 70 年代以来，特别是改革开放以来，经过 40 年的努力，我国成功地探索了一条具有本国特色的发展道路，国民经济快速发展，综合国力显著增强，人民生活水平大幅度提高。我国政府清醒地认识到，中国人口与发展的矛盾依然尖锐，面临诸多困难和挑战：人口数量将在较长时期内继续增长，预计未来十几年每年平均净增 1000 万人以上，经济、社会、资源、环境和可持续发展承受巨大压力；人口总体素质较低的状况在短时期内难以根本改观，与科学技术迅猛发展的要求不相适应；劳动年龄人口大量增加，就业压力居高不下；在经济尚不发达情况下进入老龄社会，给建立完备的社会保障体系增加了难度；地区间经济和社会发展不平衡现象将长期存在，消除贫困的任务依然艰巨；流动人口增加、农村人口进入城镇以及人口在不同地域间的重新分布，对传统的经济社会管理体制及相关人口政策产生重大影响；在完善社会主义市场经济体制的过程中，各种矛盾和问题将进一步显现，人口与发展问题面临的复杂性依然存在。①

自 1949 年新中国成立以来，全国人大及其常委会制定了环境保护法律 9 部、自然资源保护法律 15 部。1996 年以后，国家制定或修订了包括水污染防治、海洋环境保护、大气污染防治、环境噪声污染防治、固体废物污染环境防治、环境影响评价、放射性污染防治等环境保护法律，以及水、清洁生产、可再生能源、农业、草原和畜牧等与环境保护关系密切的法律；国务院制定或修订了《建设项目环境保护管理条例》《水污染防治法实施细则》《危险化学品安全管理条例》《排污费征收使用管理条例》

① 国务院新闻办《中国 21 世纪人口与发展》（2000 年 12 月），二、现状与前景。

《危险废物经营许可证管理办法》《野生植物保护条例》《农业转基因生物安全管理条例》等50余项行政法规；发布了《关于落实科学发展观加强环境保护的决定》《关于加快发展循环经济的若干意见》《关于做好建设资源节约型社会近期工作的通知》等法规性文件。国务院有关部门、地方人大和地方政府依照职权，为实施国家环境保护法律和行政法规，制定和颁布了规章和地方法规660余件。截至2005年年底，国家共颁布了800余项国家环境保护标准，北京、上海、山东、河南等省（市）共制定了30余项环境保护地方标准。国家对环境保护、大气污染防治、水污染防治、固体废物污染环境防治等法律实施情况进行持续检查，依法查处了7.5万多起环境违法案件，取缔关闭违法排污企业1.6万家，对1万多个环境污染问题实行挂牌督办。

1998年，中国政府将原国家环境保护局升格为国家环境保护总局（正部级），作为国务院主管环境保护工作的直属机构，负责对中国环境保护工作实施统一监管。国家建立了全国环境保护部际联席会议制度，并建立了区域环境督查派出机构，以加强部门和地区间的协调与合作。各省（自治区、直辖市）、市、县级政府设置了环境保护议事协调机构。全国有各级环保行政主管部门3226个，从事环境行政管理、监测、科学研究、宣传教育等工作的总人数达16.7万人；有各级环境监察执法机构3854个，总人数达5万多人。各级政府综合部门和资源管理部门以及多数大中型企业也设有环保机构，负责本部门和企业的环境保护工作，目前从业人员达30多万。①

在我国，工业污染防治是环境保护工作的重点。工业污染防治战略正在发生重大变化，逐步从末端治理向源头和全过程控制转变，从浓度控制向总量和浓度控制相结合转变，从点源治理向流域和区域综合治理转变，

① 国务院新闻办《中国的环境保护（1996—2005）》（2006年6月5日），一、环境保护法制和体制。

从简单的企业治理向调整产业结构、清洁生产和发展循环经济转变。与1995年相比，2004年全国单位国内生产总值（GDP）工业废水、工业化学需氧量、工业二氧化硫、工业烟尘和工业粉尘排放量分别下降了58%、72%、42%、55%和39%。与1990年相比，在2004年，全国每万元人民币GDP能耗下降45%，累计节约和少用能源7亿吨标准煤；火电供电煤耗、吨钢可比能耗、水泥综合能耗分别降低11.2%、29.6%和21.9%，具体表现是:（1）淘汰和关闭一批技术落后、污染严重、浪费资源的企业。"九五"即1996～2000年，国家关闭8.4万家严重浪费资源、污染环境的小企业。2001～2004年，国家连续三次发布淘汰落后生产能力、工艺和产品的目录，淘汰3万多家浪费资源、污染严重的企业，并对资源消耗大、环境污染重的钢铁、水泥、电解铝、铁合金、电石、炼焦、皂素、铬盐八个重污染行业进行集中整顿，停建、缓建项目1900多个。2005年，关停污染严重、不符合产业政策的钢铁、水泥、铁合金、炼焦、造纸、纺织印染等企业2600多家，并对水泥、电力、钢铁、造纸、化工等重污染行业积极开展综合治理和技术改造，使这些行业在产量逐年增加的情况下，主要污染物排放强度呈持续下降趋势。（2）开展循环经济实践。一是实行清洁生产，在企业生产的源头和全过程充分利用资源，使废物最小化、资源化、无害化，逐步建立生产者责任延伸制度，促进产品生态设计。目前，化工、轻工、电力、煤炭、机械、建材等行业5000多家企业通过了清洁生产审核，全国已有12,000多家企业获得了ISO 14000环境管理体系认证，800多个企业、18,000多种规格型号产品获得环境标志认证，年产值约600亿元人民币。二是在工业集中地区积极发展生态工业，使上游企业的废物成为下游企业的原料，延长生产链条，做到废物产生量最小，实现"零排放"，并建设生态工业区，实现区域或企业群的资源最有效利用，建立了17个不同类型的生态工业园。三是统筹规划工业与农业、生产与消费、城市与农村的发展，大力发展资源循环利用产业，实行可持续生产和消费。国家在重点行业、重点领域、产业园区和有关省市选择82家单位开展第一批循环经济试点工作。在北京、上海等24个城市开展了再生资源回收体系建设试点工作。海南、吉林、黑龙江等9省积极开展生态省建设，全国150个县市开展了生态县（市）创建工作。（3）积极防范突发环境事件。2005年，我国制定了《国家突发环境事件应急预案》，对突发环境事件信息接收、报告、处理、统计分析、预警信息监控和信息发布等提出明确要求。国家制定和完善了涉及重点流域敏感水域水环境应急预案、大气环境应急预案、危险化学品（废弃化学品）应急预案、核与辐射应急预案等九个相关环境应急预案，以及《黄河流域敏感河段水环境应急预案》《处置化学恐怖袭击事件应急预案》《处置核与辐射恐怖袭击事件应急预案》《农业环境污染突发事件应急预案》《农业重大有害生物及外来生物入侵突发事件应急预案》等突发环境事件应急预案。到2006年，我国对127个分布在全国江河湖海沿岸、人口稠密区、自然保护区等环境敏感区附近的重点化工石化类项目进行了环境风险排查，对近5万家重点企业进行了全面、拉网式检查。（4）对工业危险废物实行全过程管理制度。2003年，国家开始实施《全国危险废物和医疗废物处置设施建设规划》，强化了工业危险废物转移联单、经营许可证等各项制度。2005年，工业危险废物处置量由1998年的131万吨增至339万吨，全国31个省、自治区、直辖市建立了固体废物管理中心。（5）实行严格的核与辐射环境安全管理。2006年，我国运行的核电厂共有5座（9台核电机组）、研究堆18座，在建的核电厂2座（4台核电机组）、研究堆1座，没有出现重大核安全问题，实现了“保护工作人员、公众和环境不遭受超过国家规定限值的辐射照射和污染”的目标。此外，中国严格遵守国际原子能机构发布的《放射源安全与保安行为准则》，实行许可证制度，规定放射源进出口必须依法履行审批等有关手续。[①]

近年来，我国建立资源节约和环境保护的法律制度体系，将资源节约和环境保护确立为基本国策，不断加强环境与资源保护法制建设。制定了《环境保护法》《环境影响评价法》《大气污染防治法》《水污染防治法》《环境噪声污染防治法》《固体废物污染环境防治法》《放射性污染防治法》等9部环境保护方面的法律，以及《可再生能源法》《节约能源法》《土地管理法》《水法》《森林法》《草原法》《矿产资源法》《煤炭法》《电力法》《清洁生产促进法》等17部资源节约和保护方面的法律，出台了与环境和资源保护相关的行政法规50余件，地方性法规、部门规章和政府规章660余项，国家标准800多项。建立健全了环境影响评价、“三同时”、排污申报登记、排污收费、限期治理、总量控制和排污许可制度，以及自然资源的规划、权属、许可、有偿使用、能源节约评估等方面的法律制度。我国政府十分重视资源节约和环境保护领域的国际合作，缔结或参加了《联合国气候变化框架条约》《京都议定书》《生物多样性公约》《联合国防治荒漠化公约》等30多项国际环境与资源保护条约，并积极履行所承担的条约义务。[②]

（二）发展权利与气候变化应对

发展权是个人、民族和国家积极、自由和有意义地参与政治、经济、社会和文化的发展并公平享有发展所带来的利益的权利。发展权作为一项基本人权虽已逐步为国际社会所认同，但西方某些国家仍设置重重障碍阻挠发展权在全球的实现，甚至否认发展权的人权性质和人权地位，致使发展权问题成为当代国际人权理论和实践中一个存在严重分歧和尖锐对立的

① 国务院新闻办《中国的环境保护（1996—2005）》（2006年6月5日），二、工业污染防治。

② 国务院新闻办《中国的法治建设》（2008年2月29日），四、规范市场经济秩序的法律制度。

焦点问题。[①] 发展权的终极追求是人的自由发展。人的自由发展是指人自由地实现或满足自身各方面的需要，按照自身所固有的内在本性要求去支配自身的发展。发展权不仅存在于国家与个人之间，国家同样可以作为发展权的权利方存在，其权利的相对方就是国际社会。而国家发展权的诉求就是要求国际社会提供安全、和平、公正、公平的发展空间。发展作为国家义务，发展经济是必要的手段，为人民发展实现提供充分的社会基础。而这一过程就是人民发展权获得的过程。没有国家的发展，人们无法获得发展的权能，也就无法享有发展权。[②] 多年来，中国从实际出发，把握时代大势，坚持人民主体地位，把以经济建设为中心同坚持四项基本原则、坚持改革开放这两个基本点统一于中国特色社会主义伟大实践，遵循创新、协调、绿色、开放、共享的发展理念，走出了一条中国特色发展道路，为丰富和完善发展权理念作出了自己的贡献。联合国《2016 中国人类发展报告》显示，2014 年中国的人类发展指数在 188 个国家中列第 90 位，已进入高人类发展水平国家组。我国政府认为，对发展权的保障必须是可持续的。可持续发展是发展权的应有之义，体现着代际公平，发展不平衡、不协调、不平等，发展方式粗放，都是发展不可持续的表现。中国坚持以可持续的方式进行消费、生产，科学管理地球的自然资源，走可持续的、有复原力的经济社会发展道路，满足今世后代的需求。中国遵循平衡性、可持续性的发展思路，将人与自然和谐发展、经济与社会和谐发展视

---

① 20 世纪 60 年代以来，广大发展中国家为打破旧的国际政治经济秩序，争取政治、经济、社会和文化的全面发展进行了不懈的努力。1970 年，联合国人权委员会委员卡巴・穆巴耶在一篇题为《作为一项人权的发展权》的演讲中，明确提出“发展权”概念。1979 年，第三十四届联合国大会在第 34/46 号决议中指出，发展权是一项人权，平等发展的机会是各个国家的天赋权利，也是个人的天赋权利。1986 年，联合国大会第 41/128 号决议通过了《发展权利宣言》，对发展权的主体、内涵、地位、保护方式和实现途径等基本内容作了全面的阐释。1993 年，《维也纳宣言和行动纲领》再次重申发展权是一项不可剥夺的人权，从而使发展权的概念更加全面、系统。

② 张永和:《发展权是人类社会的永恒权利》，载《人民日报》2016 年 12 月 20 日，第 11 版。

为实现和保障发展权的新样态。[①]

我国政府于1990年成立了应对气候变化相关机构，1998年建立了国家气候变化对策协调小组。为进一步加强对应对气候变化工作的领导，2007年成立国家应对气候变化领导小组，由国务院总理担任组长，负责制定国家应对气候变化的重大战略、方针和对策，以协调应对气候变化工作中的重大问题。在2008年机构改革中，进一步加强了对应对气候变化工作的领导，国家应对气候变化领导小组的成员单位由原来的18个扩大到20个，具体工作由国家发展和改革委员会承担，领导小组办公室设在国家发展和改革委员会，并在国家发展和改革委员会成立专门机构，专门负责全国应对气候变化工作的组织协调。为提高应对气候变化决策的科学性，成立了气候变化专家委员会，在支持政府决策、促进国际合作和开展民间活动方面做了大量工作。与此同时，我国政府提出以科学发展观统领经济社会发展全局，加快建设资源节约型、环境友好型社会，促进人与自然和谐发展。“十一五”期间即到2010年，在保持国民经济平稳较快增长的同时，使重点地区和城市的环境质量得到改善，生态环境恶化趋势基本遏制。单位国内生产总值能源消耗比“十五”期末降低20%左右；主要污染物排放总量减少10%；森林覆盖率由18.2%提高到20%。将积极加快实现“三个转变”：一是从重经济增长轻环境保护转变为保护环境与经济增长并重；二是从环境保护滞后于经济发展转变为环境保护和经济发展同步；三是从主要用行政办法保护环境转变为综合运用法律、经济、技术和必要的行政办法解决环境问题。2006年，我国提出2010年单位国内生产总值能耗比2005年下降20%左右的约束性指标。2007年在发展中国家中第一个制定并实施了应对气候变化国家方案。2009年确定了到2020年单位国

① 国务院新闻办《发展权：中国的理念、实践与贡献》(2016年12月1日)，一、与时俱进的发展权理念。

内生产总值温室气体排放比2005年下降40%～45%的行动目标。2011年，我国政府发布《“十二五”节能减排综合性工作方案》《“十二五”控制温室气体排放工作方案》等文件，对“十二五”期间开展节能减排和控制温室气体排放作出全面部署。“十一五”期间，中国加快转变经济发展方式，通过调整产业结构和能源结构、节约能源提高能效、增加碳汇等多种途径控制温室气体排放，取得了显著成效，主要表现在：通过“上大压小”，累计关停小火电机组7682万千瓦，淘汰落后炼钢产能7200万吨、炼铁产能1.2亿吨、水泥产能3.7亿吨、焦炭产能1.07亿吨、造纸产能1130万吨、玻璃产能4500万重量箱。电力行业30万千瓦以上火电机组占火电装机容量比重由2005年的47%上升到2010年的71%；天然气产量由2005年的493亿立方米增加到2010年的948亿立方米，年均增长14%，天然气在中国能源消费结构中所占比重达到4.3%。煤层气累计抽采量305.5亿立方米，利用量114.5亿立方米，相当于减排二氧化碳1.7亿吨；中央财政提高了造林投入补助标准，每亩补助由100元人民币提高到200元人民币，建立了中国绿色碳汇基金会等，[①] 为应对气候变化做出了积极努力。

我国积极推进减缓气候变化的政策和行动，调整经济结构，促进产业结构优化升级，转变发展方式；大力节约能源，提高能源利用效率；发展可再生能源，优化能源结构；发展循环经济，减少温室气体排放；减少农业、农村温室气体排放；推动植树造林，增强碳汇能力；加大研发力度，科学应对气候变化等方面采取了一系列政策措施，取得了显著成效。具体表现在：（1）我国2007年发布13个行业“十一五”淘汰落后产能分地区、分年度计划，关停小火电机组1438万千瓦，淘汰落后炼铁产能4659万吨、落后炼钢产能3747万吨、落后水泥5200万吨，关闭了2000多家不符合产业政策、污染严重的造纸企业和一批污染严重的化工、印染企

① 国务院新闻办《中国应对气候变化的政策与行动（2011）》（2011年11月），一、减缓气候变化。

业，累计关闭各类小煤矿 1.12 万处。（2）我国发布的《"十一五" 规划纲要》（2006 ～ 2010 年）指出要把建设资源节约型、环境友好型社会作为一项重大的战略任务，提出到2010年单位GDP能耗比2005年降低20%左右，并将其作为重要的约束性指标。国务院成立了节能减排工作领导小组，印发了《节能减排综合性工作方案》《节能减排统计监测及考核实施方案和办法》等，对重点企业能耗及主要污染物减排目标完成情况进行考核，实行严格的问责制。（3）截至 2007 年年底，中国水电装机容量达到 1.45 亿千瓦，年发电量 4829 亿千瓦时，电力装机和发电量均居世界第一位，其中 2006 年、2007 年两年平均新增装机 2600 万千瓦，年均增长 12%。风电规模成倍增长，装机容量超过 600 万千瓦，居世界第五位，其中 2006 年、2007 年新增装机 305 万千瓦，年均增长 148%，太阳能热水器集热面积达到 1.1 亿平方米，多年位居世界第一。（4）据估算，1980 ～ 2005 年，中国造林活动累计净吸收约 30.6 亿吨二氧化碳，森林管理累计净吸收 16.2 亿吨二氧化碳，减少毁林排放 4.3 亿吨二氧化碳，有效增强了温室气体吸收汇的能力。（5）2007 年制定《中国应对气候变化科技专项行动》，提出了应对气候变化科技工作在"十一五"期间的阶段性目标和到 2020 年的远期目标，就气候变化的科学问题、控制温室气体排放的技术研发、适应气候变化的技术和措施、应对气候变化的重大战略与政策等方面进行了重点部署。"十五"（2001 ～ 2005 年）期间，中国通过攻关计划、"863" 计划和 "973" 计划等国家科技计划投入应对气候变化科技经费逾 25 亿元。截至 2007 年年底，"十一五" 国家科技计划（2006 ～ 2010 年）已安排节能减排和气候变化科技经费逾 70 亿元。①

① 国务院新闻办《中国应对气候变化的政策与行动》（2008 年 10 月 29 日），四、减缓气候变化的政策与行动。

（三）发展权利宣言与《北京倡议》

1986年12月4日，联合国大会第41/128号决议通过的《发展权利宣言》确认，人是发展的主体，应成为发展权利的积极参与者和受益者；所有的人单独地和集体地都对发展负有责任；国家有权利和义务制定适当的国家发展政策，不断改善全体人民和所有个人的福利；各国对创造有利于实现发展权利的国家和国际条件负有主要责任；各国应在国家一级采取一切必要措施实现发展权利，并确保除其他事项外所有人在获得基本资源、教育、保健服务、粮食、住房、就业、收入公平分配等方面机会均等；应采取步骤以确保充分行使和逐步增进发展权利，包括拟订、通过和实施国家一级和国际一级的政策、立法、行政及其他措施。① 发展是人类社会永恒的主题，《发展权利宣言》将发展权利确定为一项不可剥夺的人权。作为一个拥有13亿多人口的世界最大发展中国家，发展是解决中国所有问题的关键。多年来，我国坚持把人权的普遍性原则同本国实际相结合，坚持生存权和发展权是首要的基本人权，坚持以人民为中心的发展思想，把增进人民福祉、保障人民当家做主、促进人的全面发展作为发展的出发点和落脚点，有效保障了人民发展权益，走出了一条中国特色人权发展道路。我国积极参与全球治理，着力推进包容性发展，努力为各国特别是发展中国家人民共享发展成果创造条件和机会。②

中国坚持绿色发展理念，加快推进生态文明建设进程，让中华大地天更蓝、山更绿、水更清、环境更优美，让良好生态环境成为人民生活的增长点，让可持续发展成果惠及全体人民，让基本国策保障绿色发展。1973年，中国召开第一次全国环保工作会议。1979年，通过第一部环境保护法。

---

①《发展权利宣言》第2、3、8、10条。

② 2016年12月4日，习近平致“纪念《发展权利宣言》通过30周年国际研讨会”的贺信。

1983 年，将保护环境确立为基本国策。1994 年，审议通过《中国 21 世纪议程》，成为世界上第一个制定实施本国可持续发展战略的国家。2000 年，将保护生态环境全面纳入国民经济与社会发展规划。2013 年以来，全面加快推进生态文明建设，提出《关于加快推进生态文明建设的意见》。目前，已经形成了资源节约和环境保护法律体系，包括 32 部法律、48 部行政法规、85 件部门规章，设立各级环保系统机构 14,257 个。截至 2015 年年底，全国森林面积达 2.08 亿公顷，森林覆盖率达 21.66%，草原综合植被覆盖率达 54%，城市建成区绿化覆盖率为 40.1%。自然保护区建设实现统筹发展，全国自然保护区总数达到 2740 个，总面积约 14,703 万公顷。

环境治理改善绿色发展。建立国家生态环保综合决策机制和区域协调机制，形成政府、企业和公众共治的生态环境治理体系。生态环保技术研发水平不断提高，生态环境监控强度和环境污染治理能力不断增强。大气污染控制呈现良好发展趋势，煤炭消费量占能源消费量的比重显著下降，水电、风电、核电、天然气等清洁能源消费量不断上升。“十一五”以来，万元国内生产总值能耗累计下降 34%，累计节能 15.7 亿吨标准煤，累计形成的节能量占全球同期节能量一半以上。2015 年，城市污水处理率达到 91.9%，城市生活垃圾无害化处理率达到 94.1%，人均公园绿地面积达到 13.35 平方米。

生态经济推动绿色发展。全国建成由 2 个国家站、33 个省级站、300 多个地市级站和 1700 多个县级站组成的农业环境保护工作体系。先后在太湖、巢湖、洱海和三峡库区等污染防治重点流域，建设了农业面源污染综合防治示范区，设立了 106 个国家级绿色防控示范区，带动绿色防控面积达 5 亿亩以上。建设了两批国家级生态农业示范县共计 100 余个，带动省级生态农业示范县 500 多个，建成生态农业示范点 2000 多处。农业高新技术产业长效发展，农业灌溉水利用系数提高到 0.536。持续加大技术改造投资力度，积极推动新型工业发展进程。2016 年 1 ～ 9 月，全国工业完成技术改造投资达 6.6 万亿元，同比增长 13.4%，占工业投资的比重达到 40%。此外，我国大力发展第三产业以增加绿色国内生产总值，拓展网络经济空间，2015 年全国网上零售额达 38773 亿元，与 2014 年相比增长 33.3%。

政策扶持促进绿色发展。国家通过整体规划、分类治理、强化补偿，积极保护生态脆弱区可持续发展，区域生态环境已步入良性循环轨道。中国中度以上生态脆弱区占全国陆地国土空间的 55%，其中约 2/3 集中分布在西部地区。2005 年国务院明确提出生态脆弱区实行限制开发，2008 年制定实施《全国生态脆弱区保护纲要（2009—2020 年）》。到 2015 年，生态脆弱区战略环境影响评价执行率达到 100%，新增治理面积达 30% 以上，生态产业示范已在生态脆弱区全面开展。

履行国际公约推进全球绿色发展。中国率先制定实施应对气候变化国家方案，先后向国际社会承诺 2020 年应对气候变化目标任务和 2030 年国家自主贡献，多年来积极采取强有力的政策行动，探索低碳发展道路。颁布实施《中国淘汰消耗臭氧层物质国家方案》，超额完成《蒙特利尔议定书》规定的含氢氟烃（HCFCs）第一阶段淘汰任务，累计淘汰的消耗臭氧层物质约占发展中国家的 50%。在《斯德哥尔摩公约》26 种受控持久性有机污染物中已全面淘汰了 17 种的生产、使用和进出口，三个行业二噁英排放强度降低超过 15%。成立"中国生物多样性保护国家委员会"，发布实施《中国生物多样性保护战略与行动计划（2011—2030 年）》，签署并批准《关于汞的水俣公约》，积极建设性参加气候变化国际谈判，认真履行《联合国气候变化框架公约》，积极推动《巴黎协定》的达成和生效，使《巴黎协定》成为历史上批约生效最快的国际条约之一，为全世界可持续发展作出了新贡献。①

① 国务院新闻办《发展权：中国的理念、实践与贡献》(2016 年 12 月 1 日)，七、加快落实绿色发展。

2016年12月4日至5日，纪念《发展权利宣言》30周年国际研讨会在北京举行。中国国家主席习近平向研讨会致贺信，中共中央政治局委员、中央书记处书记、中央宣传部部长刘奇葆出席研讨会并致辞。研讨会由中国国务院新闻办公室和外交部共同举办，来自世界40多个国家、地区及国际组织的150余位代表出席了会议并积极参与讨论。与会人士表示，联合国《发展权利宣言》对促进人类社会发展进步发挥了重要作用。与会人士高度评价包括中国在内的发展中国家在保障本国人民发展权利方面取得的成就，充分肯定中国对推动落实《发展权利宣言》以及千年发展目标、2030年可持续发展议程所发挥的积极作用。应当说，我国在绿色能源等方面实现了快速发展。比如，电动汽车发展非常快，超过了很多国家。我国政府已经制定了非常高的目标，人们都希望看到发展目标能够实现，我国已经实现了大规模人口脱贫，这个成绩也应该受到赞赏。不过，环境问题是很大的挑战，需要动员整个社会来更好地实现可持续发展。

与会人士围绕"共享发展：更好造福各国人民"这一主题进行了深入思考和讨论，并提出如下倡议(《北京倡议》)：(1)发展是人类社会永恒的主题，发展权利是一项普遍、不可剥夺的人权。拥有平等的发展机会，共享发展成果，实现充分的发展权利，使每个人的尊严得到尊重，使每个人都得到全面发展，是人类社会的理想追求。当前，人类社会发展正处在承前启后的重要时期，充分保障各国人民的发展权利，实现更高水平的发展，任重道远。(2)发展权利是一项综合性的基本人权，贯穿于其他各项具体人权之中。发展权利的保障，既表现在经济、社会、文化、环境权利的实现之中，又表现在公民权利和政治权利的获得之中。国际社会应对促进和保护经济、社会、文化、环境权利和公民、政治权利予以同等重视。(3)发展权利既是个人人权又是集体人权，所有人单独地和集体地都享有发展权利以追求更全面的发展。各国政府有义务不断改善全体人民和所有个人的发展条件，让每个人都能更有尊严地发展自我和奉献社会，共同享有人生出彩的机会，共同享有梦想成真的机会。（4）可持续发展是发展权利的应有之义，国家、社会和个人都应承担可持续发展的义务和责任。实现和保障发展权利，需要遵循平衡性、可持续性的发展思路，促进人与自然和谐发展、经济与社会和谐发展。各国应以可持续的方式进行消费、生产，科学管理地球的自然资源，走可持续的、有复原力的经济社会发展道路。（5）发展权利应为各国人民共有共享，各国有义务在确保发展和消除发展的障碍方面相互合作。发展权利的实现既需要各国政府根据各自国情制定符合本国实际的发展战略和发展政策，也需要国际社会坚持公平、开放、全面、创新的共同发展理念，加强发展合作，加强对发展中国家特别是对最不发达国家的支持，着力促进包容性发展，建设人类命运共同体。

第二节　生态危机的严峻性及其根源

1972 年，罗马俱乐部发表了第一份报告《增长的极限》，曾因论点“冒天下之大不韪”而引起激烈争议，在世界上引起了巨大反响。该书第一次系统地考察了人类科学技术、生产力的增长和自然资源、生态环境以及其他一些要素的关系，指出在这些条件不变的情况下增长是有极限的，并作出了“如果目前世界人口、工业化、资源消耗、环境污染、粮食生产的趋势继续不变，下一个 100 年的某个时刻，就会达到这个行星增长的极限——出现不可控制的灾变”的判断。这一观点对西方许多国家的未来预测及长期战略的制定产生了重大影响。

如今，40 多年已经过去了，人类社会正处在一个前所未有的高速发展时期，网络世界的架构，高科技的大量应用，尤其是我国机动车大量普遍进入家庭，加上高铁和出国旅游热的推动等，使人类对自然环境的改造能力，在感受上更加得心应手，在决策上更加率性而为。但是，自然规律构筑的生态规律，尤其是环境容量、环境质量的“天花板”和“地板”的“两板限制”[①]，使人们对伴随而来越发严重的生态危机，有了更加直观切实的体验和感受，罗马俱乐部的预言似乎正在被无情的事实验证着。20世纪70年代的经典之作，47年后重读与观察，同样的问题极其相似地摆在了中国面前，如何认识经济增长、社会发展及生态环境客观约束的问题，成为考验中国智慧的试金石。

美国著名社会心理学家马斯洛曾经提出很著名的需求层次理论，由低到高为：生理需求、安全需求、社交需求、自尊和受人尊重的需求、自我实现需求。粮食、适宜的大气、健康的水资源以及社会发展所需的能源、资源等都是人类最基本的生理需求，人类社会是否存在和发展，人类种群是否能够延续，都要取决于地球生态环境是否适宜人类生存。然而，人类社会的进步和经济的发展，往往又以牺牲一定的生态环境为代价，如果在这个过程中控制不好“度”的问题，地球环境生态持续不断地遭到破坏，人类的生存基础必然会荡然无存。那么，不仅仅是人类社会的长远发展受到威胁，甚至会直接影响到人类的生存问题。当宜居的环境一旦变成人类无法生存的环境时，人类就会消失，这是生态规律。没有人类就没有人类组成的社会，其他由于人类存在而产生的危机，也就没有随之而消失了。所以，可以说生态危机使人类社会存在的最大危机，也是最根本的危机。

一、当代生态危机的严峻性

（一）当代生态危机发生的常态化

生态环境有其变化和演化的规律。在人类社会出现之前，生态环境按

① 这是作者归纳的一个名词。所谓“两板限制”，是指生态环境层面上，环境容量构成的大气、水和土壤排污的总量限制规则和环境质量层面形成的清洁大气、干净水和土壤净化的基本发展要求。

照其固有的规律运动、变异，生态系统自身可以调适在一个平衡稳定的状态，在没有重大的外力介入的前提下，生态环境总体上可以维持在既是平衡的又是稳定向前发展的状态。人类产生并组成社会之后，人便不再等同于其他植物、动物、微生物等自然要素，人类作为一种高级的智力动物，在分工明确的社会中，能够懂得去利用环境、改变环境和创造环境，当代生态危机几乎离不开人类活动的全方位影响。

在欧洲中古时期，因城市的兴起而产生的环境卫生问题和空气污染问题，促使一些国家进行了以保护公众健康和生命财产的安全为目的环境立法活动。在现代社会发展较早且经济发达的罗马，5 世纪就发生了控告城市污水造成泰比亚（Tibia）河严重污染，以及抗议反对从城市各处的手工作坊发出臭气等事件。现在可以找到的最早欧洲环境法律，是英国国王爱德华一世在 1306 年颁布的禁止在伦敦使用露天燃煤炉具的条例。[①] 到近代，以第一次产业革命为起始点，人类社会的生产力在蒸汽机动力的带动下，与传统的手工作坊相比得到巨大提升。紧随其后的第二次、第三次产业革命，更是彻底改变了整个人类社会的生存与发展面貌，但衍生的各种生态问题，却往往被社会高速发展的亮丽光环所遮蔽。不过，就在人们总是津津乐道文明取得的瞩目成就时，各种环境问题和生态危机事件的频繁出现也给人们敲响了警钟。

20 世纪受产业革命惠及最大、发展最快的国家，正好也是各类环境问题和生态危机最为集中爆发的地区。例如，20 世纪 30 年代比利时马斯河谷烟雾事件、20 世纪四五十年代美国洛杉矶光化学烟雾事件、20 世纪 50 年代伦敦烟雾事件，以及日本的四大公害事件等的发生，大抵上都是缘于人类社会的发展，触碰了生态环境的“两板限制”的底线，灾害只是“两板限制”的表现形式而已。

---

① 汪劲：《论现代环境法的演变与形成》，载《燕园法学文录》2002 年。

作为新兴发展中国家的中国，也正面临着更加严峻的生态危机问题。在中国进入新时代，注入了新思想，社会发展出现新矛盾和新目标的背景下，自20世纪80年代改革开放以来，经济以年均9.8%的速度增长，经济社会得到快速发展，国内生产总值由1978年的3645亿元迅速跃升至2012年的519,322亿元，再到2016年的744,127亿元。[①]相比之下，我国社会的主要矛盾，已经转化为人民日益增长的美好生活需要和不平衡不充分的发展之间的矛盾。现在，我国人民的温饱问题解决了，全面小康社会也要建成了，而“美好生活”不仅包括吃饱穿暖，更是吃好穿好行好住好，而且，还有“非物质”的需求，比如民主、法治、公平、正义、安全、环境等。我国已经是世界第二大经济体，社会生产力水平总体上显著提高，很多方面都进入了世界前列。现在更加突出的问题是发展不平衡不充分的矛盾问题，主要是西部和东部在生态环境保护与经济社会发展的不均衡等矛盾。值得注意的是，这个主要矛盾的两方面，已不仅仅是经济发展的领域，而是拓展到社会发展的领域，这也意味着未来对经济发展、社会建设中，新目标即“在本世纪中叶建成富强民主文明和谐美丽的社会主义现代化强国”中，在“富强民主文明和谐”之外，又增加了“美丽”的目标要求。这一目标，围绕的是经济、政治、文化、社会和生态文明建设这“五位一体”总体布局，强化的是新发展理念中“绿色发展”“生态文明”的提法。[②]

中国的“绿色发展”“生态文明”是否会让环境问题更加便于处理，

---

① 2016年比2015年GDP增长6.7%，数据资料来源：国家统计局《中华人民共和国2016年国民经济和社会发展统计公报》(2017年2月28日)，一、综合。

② 对于“社会主义现代化强国”，十九大报告中是这样定义的：物质文明、政治文明、精神文明、社会文明、生态文明将全面提升，实现国家治理体系和治理能力现代化，成为综合国力和国际影响力领先的国家，全体人民共同富裕基本实现，我国人民将享有更加幸福安康的生活，中华民族将以更加昂扬的姿态屹立于世界民族之林。

或者得到更有效的改进，是需要认真思考和系统应对的。尽管我国早就提出不能走西方国家“先污染，后治理”的老路，但是，频繁发生的污染事件，使我们不得不担心是否走了西方国家的发展老路。据作者简单罗列显示，进入 21 世纪短短的十余年时间来，我国已先后发生重大环境污染事故 35 起，平均每年至少 3 起重大环境污染事件发生。这些信息仅是在公开报道有据可查的，一些较为隐蔽且不易监测的环境污染现象则往往容易被忽略。在国土资源方面，我国全国范围内已受到不同程度污染的耕地达上亿亩，其中，包括重金属污染，污水灌溉引起的耕地污染和因堆存固体废弃物所导致的耕地占用和毁坏，更是触目惊心。① 资料显示，截至 2012 年 6 月 5 日世界环境日，我国有 2000 万公顷耕地受到重金属污染，约占耕地总面积的 1/5。其中，受矿区污染耕地 200 万公顷，占 10%；石油污染耕地约 500 万公顷，占 25%；固体废弃物堆放污染约 5 万公顷，占 0.25%；“工业三废”污染近 1000 万公顷，占 50%；污灌农田达 330 多万公顷，占 16.5%。② 在水资源方面，中国的水资源存在超限利用、水环境恶化和水质被污染的双重压力。环保部公布的《2012 年中国环境状况报告》显示，198 个城市 4929 个地下水监测点位中，较差和极差水质的监测点比例达 57.3%。长江、黄河、珠江等十大流域的国土面积中，劣 V 类水质断面比例为 10.2%。在监测的 60 个湖泊（水库）中，富营养化状态的占 25%。广州今年首次公布 50 条河涌水质，其中劣 V 类水质 39 条，占公布河涌数的 78%。

在大气环境保护方面，由于工业发展、生活取暖需要和全国汽车保有量的迅速增加，2013 年以来，北京和中国北方大部分地区出现了长时间的严重的雾霾天气，其中，PM2.5 经常在 100 微克以上，有的高

---

① 王树义：《中国土壤污染防治立法问题探讨》，载中国环境法网，http：//www.riel.whu.edu.cn/index.php/index-view-aid-4542.html，最后访问日期：2017 年 2 月 10 日。

② 李禾：《中国“毒地”占耕地两成，治理修复迫在眉睫》，载《科技日报》2012 年 6 月 5 日，第 1 版。

达350～500微克，下半年这种雾霾天气甚至在南方城市中也普遍发生。2013年1～2月，成都市先后两次出现严重雾霾天气，1月8日至20日的雾霾波及成都及17个地级市，两次雾霾天气过程中，成都市上空平均每天漂浮着相当于791.7吨的污染物，PM2.5超标现象严重。[①] 热电排放、工业尤其是重化工生产、汽车尾气、冬季供暖、餐饮油烟，以及地面扬尘导致的雾霾天气正无时无刻不影响着我们的生活，威胁着我们的身体健康。土壤污染、水质恶化、雾霾笼罩都只不过是整个地球生态环境恶化的一个表现，背后所折射出的是：人类的经济生产活动，已逐渐逼近甚至超过生态负荷承载力，触及了“两板限制”的底线。

（二）生态危机与“生态承载力”极限

中共十九大定义的我国进入“新时代”是“五个时代”：（1）承前启后、继往开来、在新的历史条件下继续夺取中国特色社会主义伟大胜利的时代；（2）决胜全面建成小康社会、进而全面建设社会主义现代化强国的时代；（3）全国各族人民团结奋斗、不断创造美好生活、逐步实现全体人民共同富裕的时代；（4）全体中华儿女勠力同心、奋力实现中华民族伟大复兴中国梦的时代；（5）我国日益走近世界舞台中央、不断为人类作出更大贡献的时代。这“五个时代”包括的内容非常丰富，其中的关键词是：中国特色社会主义、现代化强国、共同富裕、民族复兴、世界舞台。五个关键词回答这样五个问题：我们要走什么样的道路？我们要建设什么样的国家？我们要实现什么样的发展？我们要达到什么样的目标？我们要做出什么样的贡献？

事实上，我国的经济体制改革、社会发展和全面法治社会建设，在“绿色发展”“生态文明”发展理念和“五位一体”总体布局中，需要解决发展欲望无止境与生态环境资源有限的内在制约问题。早在1950年，法

---

① 刘宇男：《成都雾霾相当于漂浮着791.7吨污染物》，载《四川日报》2013年3月12日，第10版。

国经济学家弗郎索瓦·佩鲁（Francois Perroux）就首次提出了经济增长极理论。这个理论认为：一个国家要实现平衡发展只是一种理想，在现实中是不可能的，经济增长通常是从一个或数个“增长中心”逐渐向其他部门或地区传导。因此，应选择特定的地理空间作为增长极，以带动经济发展。经济增长极理论被认为是西方区域经济学中经济区域观念的基石，是不平衡发展论的依据之一。[①]法国另一位经济学家布代维尔认为，经济空间是经济变量在地理空间之中或之上的运用，增长极在拥有推进型产业的复合体城镇中出现。他认为，增长极是指在城市配置不断扩大的工业综合体，并在影响范围内引导经济活动的进一步发展。他主张通过“最有效地规划配置增长极并通过其推进工业的机制”，来促进区域经济的发展。增长极理论从物理学的增长极的内容“磁极”概念引申而来，认为受力场的经济空间中存在若干个中心或极，产生类似“磁极”作用的各种离心力和向心力，每一个中心的吸引力和排斥力都产生相互交汇的一定范围的“场”。这个增长极可以是部门的，也可以是区域的。该理论主要观点是，区域经济发展主要依靠条件较好的少数地区和少数产业带动，应把少数区位条件好的地区和少数条件好的产业培育成经济增长极。增长极理论的基本点包括：（1）其地理空间表现为一定规模的城市；（2）必须存在推进性的主导工业部门和不断扩大的工业综合体；（3）具有扩散和回流效应。狭义经济增长极有三种类型：（1）产业增长极；（2）城市增长极；（3）潜在的经济增长极。相比之下，广义经济增长极则是指凡能促进经济增长的积极

---

① 经济增长极理论，是20世纪40年代末50年代初西方经济学家关于一国经济平衡增长抑或不平衡增长大论战的产物。最初由法国经济学家佩鲁（Francois Perroux）提出后，许多区域经济学者将这种理论引入地理空间，用它来解释和预测区域经增长极的传导济的结构和布局。后来法国经济学家布代维尔（J. B. Boudeville）将经济增长极理论引入到区域经济理论中，之后美国经济学家弗里德曼（John. Frishman）、瑞典经济学家缪尔达尔（Gunnar Myrdal）、美国经济学家赫希曼（A. O. Hischman）分别在不同程度上进一步丰富和发展了这一理论，使区域增长极理论的发展成为区域开发工作中的流行观点。

因素和生长点，其中包括制度创新点、对外开放度、消费热点等。增长极体系有三个层面：一是先导产业增长；二是产业综合体与增长；三是增长极的增长与国民经济的增长。此理论框架下，经济增长被认为是一个由点到面、由局部到整体依次递进，有机联系的系统。其物质载体或表现形式包括各类别城镇、产业、部门、新工业园区、经济协作区等。无疑，我国的经济体制改革和经济社会发展，是以经济增长极理论指导下的非均衡发展理论为引导的。

我国区域经济发展战略经历均衡（20 世纪 50 ～ 70 年代）到非均衡（20 世纪 80 年代）再到非均衡协调（20 世纪 90 年代～ 21 世纪 10 年代）的动态发展过程，经济增长极具有的相对性和变异性，我国这一典型的发展中大国和区域经济发展的不平衡性这一国情和区情，决定了我国必然采用以增长极理论为基础的非均衡型区域经济发展战略，在“新时代”以“新思想”和“新目标”为导向，解决“新矛盾”即“人民日益增长的美好生活需要和不平衡不充分的发展之间的矛盾”。从而，不论是区位经济、规模经济还是外部经济，经济增长极作为一个区域的经济发展的新的经济力量，其自身不仅形成了强大的规模经济，对其他经济也产生着支配效应[①]、乘数效应、极化效应与扩散效应[②]。这三种效应的产生，充分显示出经济增长极对于一个国家经济社会发展的重大理论意义和指导价值。所以，面临严重的生态危机，我国未来几十年的发展思路中，如何避免触碰“生态承载力”极限或者

---

① 佩鲁认为，“一个单位对另一个单位施加的不可逆转或部分不可逆转的影响”的效应，就是“支配效应”，即经济拉动效应。

② 极化效应，又称回波效应，是指迅速增长的推动性产业吸引和拉动其他经济活动，不断趋向增长极的过程。在这一过程中，首先出现经济活动和经济要素的极化，然后形成地理上的极化，从而获得各种集聚经济，即规模经济。规模经济反过来又进一步增强增长极的极化效应，从而加速其增长速度和扩大其吸引范围。而所谓“扩散效应”，是指增长极的推动力通过一系列联动机制不断向周围发散的过程。扩散作用的结果，是以收入增加的形式对周围地区产生较大的乘数作用。扩散效应促成各种生产要素从增长极向周围不发达地区的扩散，即通过建立增长极带动周边落后地区经济迅速发展，从而逐步缩小与先进地区的差距。

发生"两板限制"才是最为关键的考虑要素。

如果说经济发展在物质条件上需要自然资源强有力的支持，那么在制度条件上则需要绿色原则的落实和生态文明的具体化，尤其是把经济、社会和文化三方面的发展统一到如何规避生态危机，防范经济发展进入"生态承载力极限"中去。所谓生态承载力，是指单位土地面积可承载的人口经济规模，是一个区域环境质量好坏的重要基础，表征着区域生态系统功能的自我维持和调节能力。区域生态承载力越强，可承载的经济活动和人口就越多；反之，生态承载力较低，且承载的经济规模和人口较多，则其环境质量必然较低；再者，如果几个区域的人口密度、经济密度相差无几，但它们的环境质量相差甚大，那必定是由于它们的生态承载力不同。从逻辑关系来看，某区域的"环境质量"水平，主要是由其"生态承载力""生态负载"（人口经济规模）所决定的。我国现行的东部—中部—西部区域划分，仅仅是从经济发展程度进行的分类，如果用于讨论生态—经济的协调发展，则有明显的缺陷。从生态承载力角度来看，我国全域可划分为三个存在明显差异的区域：生态承载力小于30的区域、生态承载力在30～90的区域、生态承载力大于90的区域，即以"瑷珲—腾冲线"（胡焕庸线）、与"胡焕庸线"平行的"烟台—河池线"①为基准，按生态承载力大小，将中国全域划分为"生态东部""生态中部""生态西部"三区域。②按照生态承载力差异划分的东部、中部、西

① 以生态承载力为90，作一条与"胡焕庸线"平行的直线，以作为"生态中部"与"生态东部"的分界线。因烟台、河池在该线两端较近处，故命名"烟台—河池线"。

② 生态东部区域：烟台—河池线以东的地区，包括山东黄海沿岸、江苏大部、上海、安徽大部、浙江、江西、福建、湖南大部、湖北东部、广东、广西大部、海南；生态中部区域："胡焕庸线"以东、烟台—河池线以西的地区，包括黑龙江大部、内蒙古东南部、吉林、辽宁、北京、天津、河北、山西、陕西、河南、重庆、贵州、云南大部、山东大部、江苏徐州、安徽北部、湖北大部、湖南西部、广西西北部；生态西部区域："胡焕庸线"以西的地区，包括黑龙江大兴安岭地区、内蒙古大部、宁夏、甘肃、青海、新疆、西藏、四川西北部、云南西北部。

部，可以更好地兼顾经济发展与生态承载力的匹配关系。落实区域发展战略，应充分重视各区域的生态承载力。①

2017 年 2 月 7 日，中共中央办公厅、国务院办公厅印发《关于划定并严守生态保护红线的若干意见》(以下简称《生态红线意见》)。该文件指出在划定各区域生态空间、生态红线过程②中，应适当考虑各区域生态承载力的差异，对于生态承载力较低的生态西部、生态中部，其生态红线的划定范围宜适当扩大，以使相关区域的生态负载相对降低，才能更有效地实现“改善生态环境质量”的核心目标。

（三）生态危机揭示我国社会发展的生态理念缺失

生态危机的发生，不仅将影响了我们经济发展的质量，更会导致人类生存机会的丧失。近年来，我国大量发生的环境污染事件，一次又一次地证明，没有生态安全的保障，再好的经济发展成果也终将成为泡影，如果在生态危机出现以后仍置之不理，失去的将是整个人类社会的生存基础。(见表 1–2)

表 1–2　我国 2002 ~ 2014 年重大环境污染事故一览

序号	发生时间	污染事件	后　果
1	2002	南盘江水污染事件	2002 年 10 月，云南省南盘江柴石滩以上河段突发严重水污染事件，造成上百吨鱼类死亡，下游柴石滩水库 3 亿多立方米水体受污染。此水污染事件不仅造成巨大经济损失，且社会影响十分恶劣

① 钟茂初、孙坤鑫:《依据生态承载力重新划分区域》，载光明理论网，http：//theory.gmw.cn/2017-04/12/content_24187075.htm，最后访问日期：2017 年 11 月 11 日。

② 生态空间，是指具有自然属性、以提供生态服务或生态产品为主体功能的国土空间，包括森林、草原、湿地、河流、湖泊、滩涂、岸线、海洋、荒地、荒漠、戈壁、冰川、高山冻原、无居民海岛等。生态保护红线，是指在生态空间范围内具有特殊重要生态功能、必须强制性严格保护的区域，是保障和维护国家生态安全的底线和生命线，通常包括具有重要水源涵养、生物多样性维护、水土保持、防风固沙、海岸生态稳定等功能的生态功能重要区域，以及水土流失、土地沙化、石漠化、盐渍化等生态环境敏感脆弱区域。

续表

序号	发生时间	污染事件	后　果
2	2003	重庆开县井喷事故	12月23日21时55分，四川石油管理局川东钻探公司在气井起钻时发生井喷，导致离气井较近的4个乡镇9.3万余人受灾，6.5万余人被迫疏散转移，243位无辜人员遇难，直接经济损失达8200余万元
3	2004	沱江“3·20”特大水污染事故	2004年2月底3月初，四川化工股份有限公司第二化肥厂将大量高浓度氨氮废水排入沱江支流毗河，导致沱江江水氨氮超标竟达50倍之多。直接导致50万公斤网箱鱼死亡，直接经济损失3亿元左右。沿江简阳、资中、内江三地被迫停水4周，影响百万民众。据当时测算，沱江被破坏的生态至少需要5年时间来恢复
4	2004	龙川江楚雄段水污染事件	2004年6月初，楚雄市龙川江发生严重镉污染事件，楚雄水文站、智民桥、黑井等断面的总镉超标36.4倍。经过对沿河入河排污口进行排查，硫酸厂、海源新业公司、滇东冶炼厂的入河污水是造成此次镉污染事件的主要污染源
5	2005	重庆綦河水污染事件	2005年1月3日起，因取水点被上游重庆华强化肥有限公司排放的废水所污染，导致水厂停止供水，重庆綦江古南街道桥河片区近3万居民断水两天，綦江齿轮厂也因此暂停生产
6	2005	松花江重大水污染事件	2005年11月13日，中石油吉林石化公司双苯厂苯胺车间发生爆炸事故，造成5人死亡、1人失踪，近70人受伤。爆炸发生后，约100吨苯、苯胺和硝基苯等有机污染物流入松花江，导致江水严重污染，沿岸数百万居民的生活受到影响，吉林省松原市、黑龙江省哈尔滨市先后停水多日。顺流而下的污染甚至威胁到俄罗斯哈巴罗夫斯克边疆区，造成严重的国际负面影响
7	2005	广东北江镉污染事故	2005年12月15日，广东北江韶关段出现严重镉污染，高桥断面检测到镉浓度超标12倍多。北江是珠江三大支流之一，也是广东各市的重要饮用水源，因韶关地处北江上游，此次污染直接威胁下游近千万群众的饮水安全和成千上万企业的正常用水，部分城市自来水供应停止
8	2006	白洋淀死鱼事件	2006年2月和3月，白洋淀因水体污染较重、水中溶解氧过低，发生大面积死鱼事件。这次事件造成任丘市所属9.6万亩水域全部污染，水色发黑，有臭味，网箱中养殖鱼类全部死亡，淀中漂浮着大量死亡的野生鱼类，部分水草发黑枯死

续表

序号	发生时间	污染事件	后果
9	2006	湖南岳阳砷污染事件	2006年9月8日，湖南省岳阳县城饮用水源地新墙河发生水污染事件，砷超标10倍左右，8万居民的饮用水安全受到威胁和影响。最终经核查发现，污染发生的原因为河流上游3家化工厂的工业污水日常性排放，致使大量高浓度含砷废水流入新墙河
10	2006	甘肃徽县血铅超标事件	2006年3月至8月，甘肃省陇南市徽县水阳乡新寺村、牟坝村、刘沟村共查出368人血铅超标。调查表明，徽县有色金属冶炼公司是此次污染事件的直接责任单位，自1996年建成到2004年，该企业违反有关法律法规，长期不按规定运行治污设施、超标排放是事件发生的主要原因
11	2006	湖南岳阳饮用水源砷超标事件	2006年9月8日，湖南省岳阳县城饮用水源地新墙河发生水污染事件，砷超标10倍左右，8万居民的饮用水安全受到威胁。这起事件的直接原因为临湘市岳阳浩源化工有限公司和桃矿化工有限责任公司违反国家法律法规，超标排放高浓度含砷废水
12	2006	贵州遵义钛厂氯气泄漏事故	2006年9月12日，贵州省遵义市南部工业区内的遵义钛业有限公司厂区有刺激性气体泄漏，导致周围158名民众先后出现流泪、头晕、呕吐、胸闷等症状，被分送到遵义市各医疗机构救治
13	2007	太湖水污染事件	2007年5月29日开始，无锡市市民家中自来水水质突然发生变化，并伴有难闻的气味，无法正常饮用。无锡市民饮用水水源来自太湖，造成这次水质突然变化的原因是：入夏以来，无锡市区域内的太湖水位出现50年以来最低值，再加上天气连续高温少雨，太湖水富营养化较重，从而引发了太湖蓝藻的提前暴发，影响了自来水水源水质
14	2007	巢湖、滇池蓝藻暴发事件	安徽巢湖西半湖出现5平方公里左右的大面积蓝藻，随着持续高温，巢湖东半湖也出现蓝藻，威胁当地饮水安全。云南昆明滇池也因连日天气闷热，蓝藻大量繁殖。在滇池海埂一线的岸边，湖水如绿油漆一般，并伴有阵阵腥臭
15	2007	江苏沭阳水污染	2007年7月2日下午3时，江苏省沭阳县地面水厂监测发现，短时间、大流量的污水侵入到位于淮沭河的自来水厂取水口，城区生活供水水源遭到严重污染，水流出现明显异味。经过水质检测，取水口的水氨氮含量为每升28毫克左右，远远超出国家取水口水质标准。由于水质经处理后仍不能达到饮用水标准，城区供水系统被迫关闭，城区20万人口吃水、用水受到不同程度影响

续表

序号	发生时间	污染事件	后　果
16	2008	贵州独山县重大水污染事件	2007年10月，瑞丰公司擅自将国家明令淘汰、闲置近2年的落后硫酸生产线投入生产。在当地环保部门明令停产的情况下，该企业于11月24日至12月9日私自开工，生产过程中将1900吨含砷废水直接排入都柳江。12月，下游部分群众相继出现呕吐、恶心、头昏、浮肿等症状，经卫生部门确诊，林盘村和群建村两地患轻度砷中毒病人13例，亚急性砷中毒病人4例，病因是饮用了受污染的河水
17	2009	中石油渭河污染事件	2009年12月30日零时30分左右，中石油兰郑长成品油管道渭南支线发生柴油泄漏，泄漏量为150立方米，泄漏点位于华县赤水镇赤水村赤水河边，距赤水河岸约40米，距离赤水河入渭河口约3公里，赤水河入渭河口距离渭河入黄河口约70公里
18	2009	江苏盐城特大水污染事件	2009年2月20日早晨，江苏省盐城市城西水源遭酚类化合物污染，两家自来水厂关闭，数十万市民饮水受到影响，当时尚未发现有人中毒。据环保部门查明，盐城水污染事件是取水口上游一家化工厂偷排污水所致
19	2009	武冈千人铅超标事件	此次事件中有1354人被查出体内铅含量超标人数
20	2009	湖南浏阳镉污染事件	2003年，湖南省浏阳市镇头镇双桥村通过招商引资引进长沙湘和化工厂，次年4月，该厂未经审批建设了1条炼铟生产线，并长期排放工业废物，在周边形成大面积的镉污染，进而导致植被大片枯死，部分村民因体内镉超标出现头晕、胸闷、关节疼痛等症状，两名村民因此死亡。2009年7月29日、30日，当地上千名村民因不堪污染之害，围堵镇政府、派出所。事后，与制造污染有关的企业负责人、政府官员等受到刑事追究、停职等处理
21	2009	多地爆发儿童血铅超标事件	2009年8月，陕西凤翔县接受检测的1016名儿童中，共查出851名儿童血铅超标，进而引发恶性群体性事件。随后，湖南武冈市被查出1354名儿童血铅超标，福建上杭县被查出121名儿童血铅超标。12月下旬，广东清远市数十名儿童也被集体查出铅中毒。经调查，这些铅中毒事件均与当地企业的污染排放有关，重金属污染问题由此引起有关部门高度重视
22	2010	广东普宁化工发生液体泄漏	2010年4月26日晚上8时，揭阳市普宁南溪镇竹浦村发生一起化工厂气体泄漏中毒事件，造成该村200多名村民中毒住院

续表

序号	发生时间	污染事件	后　果
23	2010	湖北荆州化工有毒物质泄漏	2010年5月16日下午4时许，位于荆州沙市区的湖北三才堂化工科技有限公司发生甲基氯化物泄漏事故，致附近胜利村26名居民中毒住院，其中11名儿童的肝脏、心脏出现异常
24	2010	兰州石化液化气爆炸	2010年1月7日17时30分，中石油兰州石化公司303厂316烃类罐区发生爆炸，随即起火，爆炸事故造成了6人遇难，1人重伤，5人轻伤，遇难者全部为公司职工
25	2010	大连输油管道爆炸事故	2010年7月16日18时50分，中石油大连大孤山新港码头一储油罐输油管线发生起火爆炸事故。处于储油罐与输油管线之间阀门已经被烧化，油路无法切断，10万立方米石油从油罐中流出，造成附近海域50平方公里的海面污染
26	2010	紫金矿业铜酸水渗漏事故	2010年7月3日15时50分左右福建省上杭县紫金山（金）铜矿因连续降雨造成厂区溶液池区底部黏土层掏空，污水池防渗膜多处开裂，厂发生铜酸水渗漏事故，9100立方米的污水顺着排洪涵洞流入汀江，导致汀江部分河段污染及大量网箱养鱼死亡
27	2011	血铅超标事件频发事件	2011年1月，安徽怀宁县高河镇新山社区检测出228名儿童血铅超标；3月，浙江台州市路桥区峰江街道上陶村检测出172人血铅超标，其中儿童53人。浙江湖州市德清新市的海久电池股份有限公司被曝造成332人血铅超标，其中儿童99人；5月，广东省紫金县的三威电池有限公司被曝造成136人血铅超标，其中达到铅中毒判定标准的59人；9月，上海康桥地区25名儿童被测出血铅超标
28	2011	渤海蓬莱油田溢油事故	2011年6月4日，中海油与康菲石油合作的蓬莱19-3油田发生漏油事故。截至12月29日，这起事故已造成渤海6200平方公里海水受污染，大约相当于渤海面积的7%，其中大部分海域水质由原一类沦为四类，所波及地区的生态环境遭严重破坏，河北、辽宁两地大批渔民和养殖户损失惨重
29	2011	哈药总厂陷“污染门”事件	2011年6月5日，中央电视台曝光哈药集团制药总厂长期违规排污：工厂周边废气排放严重超标，恶臭难闻；部分污水处理设施因检修没有完全启动，污水直排入河，导致河水变色；大量废渣要么不分地点简单焚烧，要么直接倾倒在河沟边上。对药厂相邻区域空气质量检测结果显示，硫化氢气体超标1150倍，氨气超标20倍

续表

序号	发生时间	污染事件	后　果
30	2011	江西铜业排污祸及下游事件	2011 年 12 月，江西铜业在江西德兴市下属的多家矿山公司被曝常年排污乐安河，祸及下游乐平市 9 个乡镇 40 多万民众。乐平市政府的调查报告显示，自 20 世纪 70 年代开始，上游有色矿山企业每年向乐安河流域排放 6000 多万吨“三废”污水，废水中重金属污染物和有毒非金属污染物达 20 余种，由此造成 9269 亩耕地荒芜绝收，1 万余亩耕地严重减产，沿河 9 个渔村因河鱼锐减失去经济来源，当地民众重金属中毒病症和奇异怪病时有发生
31	2012	广西龙江河镉污染事件	2012 年 1 月 15 日，因广西金河矿业股份有限公司、河池市金城江区鸿泉立德粉材料厂违法排放工业污水，广西龙江河突发严重镉污染，水中的镉含量约 20 吨，污染团顺江而下，污染河段长达约 300 公里，并于 1 月 26 日进入下游的柳州，引发举国关注的“柳州保卫战”。这起污染事件对龙江河沿岸众多渔民和柳州 300 多万市民的生活造成严重影响
32	2012	江苏镇江水污染事件	2012 年 2 月 3 日中午开始，江苏镇江市自来水出现异味，镇江自来水公司最初的解释是“加大了自来水中氯气的投放量”，但此后两天，镇江发生了抢购饮用水风波。2 月 7 日，镇江市政府承认：水源水受到苯酚污染是造成异味的主要原因
33	2013	中石化东黄输油管道泄漏爆炸事故	11 月 22 日 10 时 30 分许，位于山东省青岛经济技术开发区的中石化东黄输油管道发生泄漏爆炸特别重大事故。事故共造成 62 人遇难，医院共收治伤员 136 人
34	2013	北京雾霾事件	自进入 2013 年，北京雾霾天气频频发生。中国气象局国家气候中心 4 月 16 日发布的数据显示，从当年 1 月 1 日至 4 月 10 日 100 天里，北京雾霾天数达 46 天，较常年同期偏多 5.5 倍，为近 60 年最多。而到了 6 月，北京雾霾天数为 18 天，比同期多了 6 天
35	2014	兰州城区自来水苯超标事件	兰州威立雅公司 4 月 10 日 17 时对出厂水的检测数据显示苯含量高达 118 微克 / 升，根据事后调查，造成兰州自来水苯超标的源头直指中国石油天然气公司兰州石化分公司的管道泄漏，是其污染了供水企业的自流沟所致

从表 1-2 中可以看出：2002 年 10 月到 2014 年 4 月，我国的水污染、土壤污染、空气污染事件的发生情况是触目惊心的。这种触目惊心，一方面说明治理环境污染、保护生态环境仍未得到各级政府部门的高度重视。

如果未来我国的环境治理思路，仍停留在西方发达国家“先污染，后治理”或者“头痛医头，脚痛医脚”的外部治理模式，将为此付出高昂的生态成本和经济成本。另一方面说明环境问题背后暴露的是经济发展模式的不可持续性，这与十九大强调的“美丽中国”的生态文明建设目标是相悖的。不可否认，西方发到国家治理环境的经验的确有许多值得借鉴之处，但是，必须要清楚的是，要从根源上解决当代我国的生态环境问题，仅仅重复西方的治理思路是不够的，我们需要真正从十八大就提出的生态文明建设的高度，在启动东方智慧的背景下，以十九大的“新时代”“新思想”“新矛盾”“新目标”为指导，探索具有中国特色的生态文明，走出西方轮回的生态治理道路。[①]

二、我国生态危机的特征

（一）生态危机来源的广泛性

生态危机对整个生态环境的影响是颇为广泛的，因为生态环境是一个紧密联系的系统，不同的物种之间有着千丝万缕的联系，任何一个点发生的变动都可能会起到牵一发而动全身的效果。因此，当一个生态环境的因子受到影响，很可能波及与其联系紧密的其他相关因子。例如，2008 年 5 月 12 日发生在四川省汶川的特大地震不仅造成了严重人员伤亡和财产损失，还对当地的生态环境造成了严重破坏，森林大片损毁，野生动物栖息地丧失与破碎，生态功能退化。与此同时，生态环境恶化，植被、水体、土壤等自然环境被破坏，次生灾害隐患增多，余震频繁，导致生存发展条件变差。尤其是，部分地区可供建设的空间狭小，不少地方失去基本生存条件，异地新建城镇、村庄选址及其人员安置难度很大。还有不少灾区群

---

① 张孝德、梁洁：《从伦敦到北京：中英雾霾治理的比较与反思》，载《学术前沿》2014 年 2 月上，第 51 ~ 71 页。

众成为无宅基地、无耕地、无就业的人员，加之灾害造成的恐惧心理，医治灾区群众心理创伤需要较长过程。[①]

有时候，生态危机的影响是没有界限的，以河流生态系统为例，上游如果发生水污染事件，下游迟早也是在劫难逃，尤其是国际性的河流，可能由河流生态危机进一步演化为国际政治危机。例如，2005 年 11 月 13 日，吉林石化公司双苯厂一车间发生爆炸，约 100 吨苯类物质（苯、硝基苯等）流入松花江，造成了江水严重污染，因为松花江属于黑龙江的支流，所以直接对黑龙江（中俄界河）的水质产生影响，并引发外交事件，中国政府向俄罗斯公开道歉，并提供清理污染援助。而我国另一条重要的国际性河流雅鲁藏布江也因水资源利用问题引发印度的担忧。2010 年 9 月 27 日，中国在雅江修建的第一座水电站藏木水电站开工，该电站坝高 116 米，水库正常蓄水位 3310 米，库容达 0.866 亿立方米，并于 2011 年 11 月 18 日成功实现截流。而印度方面的担忧也不是没有道理，在一条国际性的河流上兴建一座水电站，势必会对下游地区的生产生活用水和生态环境带来一定的影响。因此，虽然筑坝的行为发生在中国境内，但由于河流是一个整体的生态系统，生态环境发生变化的结果则会跨越国境，对下游的印度造成影响。另一条著名的国际性河流是流经瑞士、德国、法国、卢森堡、荷兰等 9 个欧洲国家全长 1300 多公里的莱茵河。20 世纪 50 年代末，德国开始了大规模的战后重建工作，大批能源、化工、冶炼企业同时向莱茵河索取工业用水，同时又将大量废水排进河里，导致莱茵河整条河流的水质急剧恶化，城市附近的河水中溶解氧几乎为零，鱼类完全消失。

可见，生态危机的致灾因子可能在国内，也可能在国外；既可能是自然变异或者自然灾害的致灾因子，也可能是人为的活动或者人类相关活

① 《汶川地震灾后恢复重建总体规划》（国发〔2008〕31 号，2008 年 9 月 19 日），第一章重建基础；第二节灾害损失和第三节面临挑战。

动的不良结果性产物。所以，生态危机来源的广泛性就是指各种综合性因素，最终导致了生态危机的产生，包括增长极理论指引下的我国东西部地区的非均衡发展，以及虽然《生态红线意见》已经颁行，但是相关的具体政策、措施和规则的落实、实现的条件与保障等，都是需要相应的条件保证的。

（二）生态危机影响的持久性

生态系统处于一种相对稳定状态，称为生态平衡（ecological equilibrium）。在这一状态下，生态系统内生物之间和生物与环境之间相互高度适应，种群结构和数量比例长久保持相对稳定，生产与消费和分解之间相互协调，系统能量和物质的输入与输出之间接近平衡。这种平衡，构成对生态危机的系统性制约。实际上，生态系统平衡是一种动态平衡，因为能量流动和物质循环仍在不间断地进行，生物个体也在不断地进行更新。因此，一旦发生严重的生态平衡失调，从而威胁到人类的生存时，生态危机（ecological crisis）便发生了，而且具有未持货者持续相当长时间的属性。

生态危机影响的持久性，主要是指生态危机在时间、空间和作用对象上的长期属性特征。其表现在两个方面，一是生态环境一旦遭到破坏这种破坏状态便会长时间地持续下去；二是在生态危机发生之后，生态环境的修复所花费的成本高、周期长、治理难度大。生态危机发生后对当地生态环境造成的严重损害一般是不会立刻显现出来的，而需要经过一定时间的积累，这种隐蔽性和累积性尤体现在土壤污染灾害中。比如，土壤污染后的“毒地”被用于开发建设住宅后，基于土壤污染危害的缓发性、迟延性或滞后性，要经过十年、数十年甚至更长时间才会显现出来。如美国拉夫运河事件，深刻地表明土壤污染造成的生态危机是非直观的。20世纪中叶发生在日本的水俣病等四大环境灾害，也充分证明了多数的环境灾害需要经过较长周期的积累，才会显现出其危害性。即便是一些突发性的环境灾害，其对生态环境的最终影响，也是需要经过一个长期的过程才能显现出来的。

生态危机之后的生态修复是一项系统工程，具有长期性、复杂性和艰巨性，生态环境的恢复要依靠自身的客观运作规律。“生态环境恢复的长期性”的“恢复”是指生态基本功能的恢复。生态环境是一个复杂的系统，这个整体是由包括各种生物在内的个体有机组合而成，其中任何一类的缺少，都意味着这个生态系统是不健全的。比如，地震导致的山体裂缝、崩塌、滑坡、泥石流、堰塞湖等次生灾害一般要在很长时间之后才能趋于稳定，而且还会因地形、气象条件等差异而产生不同的危害后果。生态修复任务，首要要做到的就是尊重规律、尊重自然，人在生态修复中只起到一个引导、补充或推动的作用，这也就决定了灾后生态修复是一项长期性的工程。

日本“3·11”大地震中，海啸在迅速席卷了沿岸居民生产生活区之后，被冲走的房屋、汽车等各种残骸被卷入太平洋，形成长达111公里的巨型垃圾岛，并依靠洋流的推动漂向太平洋深处，当时有专家估计，这堆漂浮的海啸残骸2年内会漂至夏威夷，3年后漂到美国西海岸。这些残骸不但会危及海洋航线的安全，还会对沿线的海洋生态环境带来不利影响。因福岛第一核电站的核泄漏事故，导致日本3%的国土受到核辐射污染，遭受放射性污染的土地一般只有在放射性物质衰减之后才能恢复生产功能，即在自然环境的状态下恢复，而很多放射性物质的衰减周期动辄数十年、数百年甚至更长时间，核灾害危害的长期性可见一斑。此外，“3·11”大地震灾区属于日本主要的农业产区，农业在当地经济比例中占有重要地位，并对日本农产品市场有一定影响。由于大范围的农作物、动物等可能遭受辐射物质污染而引发公众担忧，使灾区当地食品等各类商品在市场上面临销售困难等现象，而致使灾区经济在遭受强震和海啸摧残后再次雪上加霜。这种境况将伴随福岛核事故发展，很难在短时间内得到外界的理解和支持。

事实上，根据《汶川地震灾后恢复重建对口支援方案》（以下简称《汶川支援方案》）第三部分“对口支援的内容、方式和任务”的规定要求，支援方应坚持“硬件”与“软件”相结合，“输血”与“造血”相结合，当前和长远相结合，调动人力、物力、财力、智力等多种力量，优先解决灾区群众基本生活条件。对口支援的内容和方式包括：（1）提供规划编制、建筑设计、专家咨询、工程建设和监理等服务；（2）建设和修复城乡居民住房；（3）建设和修复学校、医院、广播电视、文化体育、社会福利等公共服务设施；（4）建设和修复城乡道路、供（排）水、供气、污水和垃圾处理等基础设施；（5）建设和修复农业、农村等基础设施；（6）提供机械设备、器材工具、建筑材料等支持，选派师资和医务人员，人才培训、异地入学入托、劳务输入输出、农业科技等服务；（7）按市场化运作方式，鼓励企业投资建厂、兴建商贸流通等市场服务设施，参与经营性基础设施建设；（8）对口支援双方协商的其他内容等。各支援省市每年对口支援实物工作量按不低于本省市上年地方财政收入的1%考虑。具体内容和方式与受援方充分协商后确定。①但其中，并没有提及“生态修复”和“生态重建”的内容。可见，汶川大地震之后的生态危机的消除，不是一朝一夕的投入就可以完成的。

（三）生态危机损害的隐蔽性

生态危机不仅造成的危害后果是非常严重的，而且，生态危机还往往因其具有潜伏性，不容易受人察觉，使人们疏忽对其的防范。有些致灾行为不会直接导致损害后果的发生，而是通过一定的媒介传播之后，在某类

---

①《汶川地震灾后恢复重建对口支援方案》（国办发〔2008〕53号，2008年6月11日）。

生态终端上发生。另外，还有一些生态危机是在各种致灾因素长期发展的情况下，逐渐显现成灾的，如因森林破坏导致的土地沙漠化、水土流失、环境恶化等，这类灾害通常要几年或更长时间的发展，并在一定的自然条件催生下，才能显现为次生灾害。如日本的水俣病事件，此案缘于1923年新日本窒素肥料（由人粪与猪粪于酒窖发酵而产成）于水俣工场生产氯乙烯与醋酸乙烯，其制程中需要使用含汞的催化剂。由于该工厂任意排放废水，这些含汞的剧毒物质流入河流，并进入食用水塘，转成甲基汞氯（化学式 CH_3HgCl）等有机汞化合物。当人类食用该等水源或原居于受污染水源的生物时，甲基汞等有机汞化合物通过鱼虾进入人体，被肠胃吸收，侵害脑部和身体其他部分，造成生物累积。直至20世纪50年代初，当地出现了一些患口齿不清、面部发呆、手脚发抖、神经失常的病人，这些病人经久治不愈，就会全身弯曲，悲惨死去。经数年调查研究，1956年8月经日本熊本国立大学医学院研究报告证实，这是由于居民长期食用了八代海水俣湾中含有汞的海产品所致。

由此可见，这类生态危机的表现形式极其隐蔽，如果不是因为其大面积爆发又有科学严谨的研究报告加以证明，很难发现这是一起工业生态危机事件。又如，2010年位于汶川地震极重灾区的绵竹清平乡持续发生强降雨，并在8月13日诱发文家沟特大泥石流灾害，泥石流冲塌绵远河上游幸福大桥后堵塞老清平大桥，致使绵远河河道堵塞、水位抬高、河水改道，此次灾害造成7人死亡、5人失踪和39人受伤的严重后果，多户农房以及卫生院、学校等设施严重受损或者被掩埋，水、电、通讯全部中断，清平至汉旺公路被泥石流冲毁掩埋。几乎在同一时间，处于汶川地震震中地带的映秀镇爆发泥石流导致岷江改道淹没映秀场镇重建区，造成人员失踪和建筑破坏。从绵竹清平乡泥石流灾害和映秀镇泥石流这些由地震次生灾害引发的生态破坏中可以发现，生态环境问题通常会在隐藏很长一段时间后爆发，这使生态危机的预防和治理工作更加具有挑战性。

例如，我国水土流失面积急剧增加，全国水蚀、风蚀和冻融面积达356万平方公里，全国沙化土地174万平方公里，涉及全国30个省（区、市），黄河流域年入河泥沙16亿吨，长江流域每年土壤流失量24亿吨。随土壤流失的还有各种营养元素，仅黄河流域每年流失的泥沙中，就含有N、P、K三种元素总量约4000万吨，超出2003年全国化肥需求量（3990万吨）。尤其应当注意的是濒危物种的增加往往不为人们明显感知。联合国《国际濒危物种贸易公约》列出的740种世界性濒危物种中我国占189种。中国濒危或渐危高等植物4000～5000种，占我国高等植物总数的15%～20%。栖息地环境改变、生存环境破碎化，以及大型水利工程是造成物种濒危或灭绝的重要原因。此外，天然湿地大量消失的事实让人触目惊心。在北方，河北省过去50年湿地消失90%，即便侥幸存留的湿地，八成以上也变成污水消纳场所；陕西关中一带30多个县，几十年来消失上万个“涝池”（池塘）。而在南方，我国最大的淡水湖鄱阳湖，水域面积从最高4000平方公里减少到不足50平方公里。值得警醒的是，干旱、半干旱区湿地状况更不容乐观，比如内蒙古阿拉善盟由于上游地区过度开发黑河水，进入绿洲的水量由9亿立方米减少到不足2亿立方米，致使东西居延海干枯，数百处湖泊消失。湿地被誉是地球之肾，而这些地球之肾的大量萎缩，大大降低了其调节气候、调蓄洪水、净化水体的能力，在一定程度上必然会加重旱涝灾害的发生及其致灾程度。

（四）生态危机构成的观念性

我国是世界上唯一囊括全球生态系统类型的国度。然而，我国自然生态系统都处在不同程度的退化过程之中。例如，青藏高原草地生产力由20世纪60年代300公斤/亩下降到100公斤/亩以下，地下鼠量由过去的8～10只/公顷增至30只/公顷，土地裸露率由不到10%增加到30%以上。全国90%的可利用天然草原出现不同程度的退化，并以每年200万公顷的速度递增。红树林由历史上最大面积25万公顷，下降到目前不足1.5万公顷。只是很可惜，许多人并没有认识到生态危机的观念性特征。

近几十年来，我国大量发展人工纯林的植树传统，不但未彻底改观，反而有愈演愈烈之势。以杨树为例，现已发展成“东西南北中，全是杨树影”之势。而且，杨树南下江南，接近南岭。整个大西北、华北平原，甚至江南一些地区，都以杨树为主要人工植树树种。事实上，高密度、单一树种的人工纯林对国土生态是贻害无穷的，其理由是，单一树种形成的树木种群，实质上是借助人类“无知型植树”行动，极端性地、大幅度地降低树木树种的生物多样性，从而破坏了生态结构，引发的后果是树种单一的“绿色荒漠”。

此外，现代农业过分强调技术，重视用地而忽视养地，特别是农业生产的“化学化”尽管带来产量上的快速提高，但是，耕作的土地地力严重退化，农产品的品质堪虞，食品安全受到严重冲击。也就是说，现代社会大化肥、大农药、除草剂、激素、添加剂、农膜，甚至反季节种植、转基因技术的滥用等，使土壤板结、环境污染、生物多样性下降、病虫害加剧、产量下降。尤其是，从前要1年才能长大的猪，现在4个多月就能催肥出栏。长了两只翅膀的鸡，在激素的作用下可以长出3～6只翅膀，以满足人们的鸡翅使用需要。显而易见，这样的食品进入食物链的生态后果，是可想而知的。农业生态系统退化，必然危及粮食安全和食品安全的物质基础和制度基础。但是，这种危害仍然是观念性的，在这类食品进入食物链的法律制度安排，以及相关措施的措施层面，缺乏严格的保障手段和强制措施，特别是缺乏观念转变的共识，因此，生态危机的消除就是不可能的。

生态危机观念在构成上，也是存在问题的，人类活动导致的局部地区甚至整个生态系统结构和功能的严重破坏威胁着人类的生存和发展。但是，受制于不在局部地区或者远离局部地区的事实，一个世纪以来，世界人口快速增长，工农业生产不断发展，再加上形形色色的战争和各种类型的社会动乱，人类干预自然界的规模和强度不断地扩大、强化和深化。应当说，这些因素是生态系统发生危机的结构性原因。在人们的生态危机观念中，似乎缺少这样的意识和共识。于是，全球多处出现的森林覆盖面积缩小、草原退化、水土流失、沙漠扩大、水源枯竭、环境污染、环境质量恶化、气候异常、生态平衡失调等现象，却被认为是个别地方的个别现象。

例如，20 世纪 30 年代美国西部由于滥垦滥牧，植被遭到破坏，导致三次“黑色风暴”的发生。1934 年 5 月 9 ～ 11 日“黑色风暴”以每小时 100 多公里的速度，从美国西海岸一直刮到东海岸，带走 3 亿多吨表土，毁坏数千万亩农田；20 世纪 50 年代苏联盲目开荒，也先后出现过几次“黑色风暴”，使 3 亿亩农田受害；非洲撒哈拉大沙漠在 1968 ～ 1974 年，每年向南延伸 50 公里，使萨赫勒地区生态平衡遭到严重破坏，直接威胁当地人民的生活和发展。由此而言，观察生态危机构成的观念性、结构性，必须要有全球视角，而不能只局限于部分地方或者一个地方的情况。生态危机孕育、发生和发展的过程，其潜伏时期往往不易察觉。但是，生态危机一旦酝酿成形，则几年、几十年甚至上百年都难以消除、恢复。当生态危机与人类的不当行为关联起来，尤其是还处在潜伏状态时，人类社会就应该透过其结构性原因，警觉起来，控制人类社会对生态系统的破坏，防范生态系统因人为干预而失衡并致灾。

三、生态危机的复合性根源

（一）人类“竭泽而渔”的发展范式

当代生态危机的根源与人类活动有着密不可分的联系。人类社会的生产生活都需要从生态环境中获取资源，人类社会的发展也需要把生态环境中的各种资源转化为对自己有用的物质，其他没有用的则通过各种形式排放到自然界中。因此，人类社会如果要获得发展，必须要生态环境保持持续不断的供给能力，同时，也需要生态环境的自我修复能力足够强大，以至于可以完全吸收人类社会所产生的生产生活废弃物质。然而，实际情况是人类采取“竭泽而渔”的发展范式，完全不顾及脆弱的生态环境。

世界自然基金会（WWF）发布的《地球生命力报告2012》显示，40多年来地球生命力指数下降了28%。马西斯·瓦科纳格尔和威廉·里斯曾指出，粗略估计表明：现今对于自然资源和服务的占用早已超出了地球的长期承载能力。如果地球上的每一个人都享受与北美同样的生态标准，那么在目前技术水平下我们就需要三个地球来满足总的物质需求。为了可持续地适应未来40年人口和经济的预期增长，我们需要另外6～12个星球。[①]然而，这是不可能实现的假设。人类经济并不是在可持续地利用地球的存量资源，土壤、森林、地表水、地下水、湿地、大气，以及自然界的多样性正在退化，即便在可再生资源存量看上去还算稳定的区域，如北美的森林或是欧洲的土壤，存量的质量、多样性或健康状态都处在问题之中，环境污染正在累积，生态系统的危机和危害正在溢出。[②]

人类社会要发展，要保持和提高自己的生活质量，必然要对生态环境提出更多、更高和更大量的要求。尤其是，像中国、印度这样庞大的新兴发展中国家不断崛起，意味着人类对生态资源的攫取更加不计后果。长期以来，我国经济发展以GDP论英雄，各级地方政府把GDP最大化作为经济增长的唯一目标，在黑色GDP的恶性竞争中，地方政府不惜一切代价牺牲环境、破坏生态，在发展的道路上越走越远。比如，我国众多大中小

① ［美］德内拉·梅多斯、乔根·兰德斯、丹尼斯·梅多斯:《增长的极限》，李涛、王智勇译，机械工业出版社 2013 年版，第 116 页。

② 同上书，第117页。

城市连续多年持续遭遇雾霾袭城，便是对我国在经济发展道路上迷失于生态环境保护换得恶果的最好证明。雾霾在我国发生、肆虐的影响范围非常广泛，最初雾霾比较频繁出现于冬季北方城市，因为冬季北方城市进入供暖期后会消耗大量的燃煤，从而使大气中的可吸入颗粒物含量大增，引起雾霾。

自2013年以来，南方城市也普遍发生雾霾袭城事件，PM2.5指数屡创新高，主要原因则是重化工生产、机动车尾气排放、餐饮油烟，以及地面扬尘。为了治理雾霾，各地的应急预案启动后响应不断，停驶公务车、实行区域限行或尾号限行、企业减排停产、施工工地停止作业、大面积内人工降雨等。然而，空气质量却未见明显好转。“冰冻三尺，非一日之寒”，雾霾天气绝非一朝一夕便能治理的，要想缓解并根除雾霾天气，需要从工业企业污染治理、机动车排气污染防治、面源污染治理、能源结构调整、落后产能淘汰、环保准入、重污染天气应急和区域联防联控工作机制建立等方面同时入手，建立成本内化、利己利他的生态文明模式，降低人类社会发展带来的致灾程度。

（二）科学技术是一把“双刃剑”

科技是一把“双刃剑”。20世纪以来，科学技术迅猛发展，网络和海量信息的上线传播，还有网络购物、快递和滴滴打车、共享单车、机动车快速进入家庭，高铁出行成为常态等，不但促进了经济的快速发展，提高了人民的生活水平，而且，也改变了社会结构和人们的行为方式、生活习惯。然而，与此同时，人类也为了这些方便、快捷和出行效率等付出了惨重的代价。理由是，由于工业“三废”的排放增多，农药、除草剂、化肥等大面积滥用还有矿产业的非理性发展，严重地污染了大气、土壤、水、湿地、森林、草原和一切环境介质，于是，各种环境污染型灾害和公害便接踵而至。

当人为造成的污染严重危害人类的生存时，只有通过调整人类自身的行为以期改变这一状况。具体可依据技术路径、行为路径和体系性路径实现对高污染、高耗能、高成本经济发展模式的规制，于是，科学技术又被当成了“防治污染”的法宝。在这里，技术路径是指通过先进的科学技术，降低每一单位的污染物排放，如加快重点行业脱硫、脱硝、除尘改造工程建设，对锅炉烟气实施综合治理，推进挥发性有机物综合治理；全面提升车用燃油品质，发展新能源机动车；严格控制燃煤消费总量，优化能源消费结构，提高能源利用效率；在淘汰落后产能，推动产业升级方面，严控“两高”行业新增产能，压缩过剩产能。而行为路径着重于调整人们的行为模式，减少居民生活废弃物的排放以及遏制居民过度消费，提高环境保护意识。至于体系性路径，则是通过立法确立技术和非技术措施，规制各方经济主体，实现对经济发展的科学、系统的一体化规制。例如，严格立法遏制工业污染是伦敦在前期治理雾霾的首要措施。1954 年伦敦出台《伦敦城法案（多项赋权）》，控制烟雾排放；1956 年，英国出台了世界上首部空气污染防治法——《清洁空气法》，采取了一系列举措来控制空气污染，规定城镇使用无烟燃料，推广电和天然气，冬季采取集中供暖，发电厂和重工业设施搬迁至郊外等；1974 年英国出台《控制公害法》，全面规定了空气、水、土地及噪音等的控制条款；到 1995 年，英国又通过了《环境法》，旨在制定一个治理污染的全国战略；2001 年英国出台《空气质量战略草案》，致力于进一步提高伦敦的空气质量，消除大气污染对公众健康和日常生活的影响。[①] 可见，工业革命的发源地英国，在享受工业革命的科技成果时，也深受科学技术带来的副作用的危害。面对这种危害，只能借助于法律规范的约束作用了。

1972 年 6 月 5 日，联合国人类环境会议开幕，在该会议上通过的《人

① 张孝德、梁洁:《从伦敦到北京：中英雾霾治理的比较》，载《学术前沿》2014 年第 2 期。

类环境宣言》称："人类既是他的环境的创造物，又是他的环境的塑造者，环境给予人以维持生存的东西，并给他提供了在智力、道德、社会和精神等方面获得发展的机会。生存在地球上的人类，在漫长和曲折的进化过程中，已经达到这样一个阶段，即由于科学技术发展速度的迅速加快，人类获得了以无数方法和在空前的规模上改造其环境的能力。""我们决定在世界各地的行动时，必须更加审慎地考虑它们对环境产生的后果。由于无知或不关心，我们可能给我们的生活和幸福所依靠的地球环境造成巨大的无法挽回的损害。反之，有了比较充分的知识和采取比较明智的行动，我们就可能使我们自己和我们的后代在一个比较符合人类需要和希望的环境中过着较好的生活。改善环境的质量和创造美好生活的前景是广阔的。"因此，科学技术的快速发展，一方面，极大地提高了人们认识自然和改造自然的能力，为人类创造了更多的社会财富；另一方面，则使生态环境无论在广度上还是深度上，都受到了人类更加深刻的影响尤其是负面影响，导致生态安全问题日益突出。

随着科学技术的不断发展，人类运用科学技术手段控制自然、改造自然的能力，也越来越强。比如，核能的和平利用即核能电力设施的研发和投运，让人类用上了高效率的清洁能源。然而，核电站的运行一旦出现任何失误，如核反应堆的运行故障或核泄漏，就会带来灾难性后果。且不说苏联的切尔诺贝利核灾害，就是 2011 年的福岛核电站事故，也足以让人对科学技术的负效果畏难三分。因此，科学技术的应用不当，必然会对自然生态系统产生无法估量更不可挽回的重大损失。这种损失，当时可能没有显现但会产生深远的影响甚至影响几代人。同时，科学技术的发展极大地刺激和膨胀着人们的欲望，被用于从事超越自然规律活动的科学技术，便会沦为人类浪费自然资源、破坏自然环境的工具，造成生态破坏和环境污染。此外，在认识和改造自然的过程中，尤其要避免出现"科技万能主义"的倾向，即认为所有的生态破坏或环境污染，都可以借助科学技术的最新成果加以消除。早在“日本核信用”破产时，就意味着现代社会对科学技术的迷信或“科技万能主义”应该收场了。

应当说，科学技术始终处于不断自我完善中，不可能一劳永逸地解决所有的科学疑难问题。尤其是，不可能解决一切我们破坏生态系统和污染环境带来的自然规律惩罚人类社会的问题。也就是说，科学技术不可能违背自然规律，而成为让人类社会可以随意突破“两板限制”。理由是，在我们的认知范围之外，存在着广泛的科学尚未触及的领域，如果一味地使用现有的科学技术，必然导致另一个误区的出现。比如，按照目前人类的认知能力，任何科学技术还不能使资源得到最大限度的利用，一旦科学技术没有得到很好的运用，不仅会造成极大的资源浪费，还会加大环境的承载压力，甚至破坏生态、污染环境，成为生态安全和环境保护的“杀手”。

（三）人类中心主义与 GDP 导向发展模式

亚里士多德曾说：“植物或者是为了动物，所有其他动物或者是为了人类，训化动物是为了能役使它们，当然也可作为食物；至于野生动物，虽不是全部可食用，但有些还是可吃的，它们还有其他用途；衣服和工具都可以由它们而来。若我们相信世界不会没有任何目的的地造物，那么自然就是为了人而造的万物。”[①] 在人类经济开发活动的大肆碾压下，一些动植物或灭绝，或濒临灭绝，或苟延残喘。20 世纪 80 年代，据生物学家爱德华·O. 威尔逊曾估计，自然发生的“本底”灭绝率，即与人类行为无关的灭绝速率，大约是每几年一个物种。[②] 而在当今时代，他更新了这个数据，

---

① Aristotle, The Politics, book1, ch.8, p. 1256b, in Basic Works of Aristotle, ed. Richard McKeon (New York: Random House, 1994).

② Edward O. Wilson, "Threats to Biodiversity", Scientific American, 261, September, 1989, pp. 108-116.

据他估计，每年有4000～6000种生物濒临灭绝，或者说每天有十余种，这一灭绝率是没有人参与情况下的1万倍。[①]

人类中心主义总是作为一种价值和价值尺度而被采用的，它是要把人类的利益作为价值原点和道德评价的依据，有且只有人类才是价值判断的主体。人类中心主义者的核心观点，归纳起来主要有以下三点:（1）在人与自然的价值关系中，只有拥有意识的人类才是主体，自然是客体。价值评价的尺度必须掌握和始终掌握在人类的手中，任何时候说到“价值”都是指“对于人的意义”。（2）在人与自然的伦理关系中，应当贯彻人是目的的思想，最早提出“人是目的”这一命题的是康德，这被认为是人类中心主义在理论上完成的标志。（3）人类的一切活动都是为了满足自己的生存和发展的需要，如果不能达到这一目的的活动就是没有任何意义的，因此一切应当以人类的利益为出发点和归宿。

当前这种“竭泽而渔”即以GDP为导向的经济发展范式，不顾及生态环境的承载能力，不顾及人类与动、植物界的生态平衡，一切出发点皆以满足人类的需求为目的，这是一种典型的人类中心主义发展模式。人类中心主义只考虑人类发展的需求，把人类作为整个生态环境的主体，把生态环境中的其他因子作为客体，作为人类认识和改造自然的对象。在这种哲学指导下，经济社会发展必然以过度消耗能源资源和破坏生态环境为代价，不仅会直接影响当前的经济社会发展，也严重制约长期可持续发展。经济发展所遭遇的“瓶颈”告诫我们，决不能以牺牲资源、环境为代价去追求经济的一时发展，必须改变人类中心主义的发展模式，调整经济结构，转变经济发展方式，走科学发展、可持续发展之路。

---

①［美］戴斯·贾丁斯:《环境伦理学》（第3版），北京大学出版社 2002年版，第 105 页。

第三节　生态危机控制：人的致灾性法律控制必然性

生态安全直接关系到一国的国家安全，是国家安全的重要内容之一。因此，保障生态安全应成为国家的一项基本义务。我国，在总体国家安全观之下，以非传统国家安全观察，经济安全、资源安全、环境安全和生态安全等作为非传统领域国家安全的重要内容，必然受到国家越来越多的重视。如《俄罗斯联邦宪法》就已将保障生态安全规定为俄罗斯联邦及其各主体共同管辖的重要事项。[①]同时，应在环境基本法中，规定公民的生态安全权利，这也是公民环境权利的题中应有之义。据此，公民对任何污染和破坏生态环境的行为不能仅限于以往作为严格意义上的受害者主张损害求偿权，而且，可以生态安全权利受到侵害或威胁为理由请求法律保护。[②]然而，在这个方面，我国的生态立法和环境保护立法，似乎依然有很长的路要走。

一、生态危机加重与法律控制的必然性

（一）生态危机中人的过度行为及致灾性

全球性生态危机肇始于第二次科技革命发生的19世纪70年代。第二次工业革命以电机发明为起点，以电力的广泛应用为标志，推动生产技术由机械化到电气化、自动化转变，改变了人们的生活方式。“三电”即电机、电力和电气化层面的科学技术发展，让人类社会认识到了“改天换地”或者说“战天斗地”的可能性。人类凭借日益强大的科学技术控制和改造自然，掠夺性地开发自然资源、破坏生态环境，大自然成了人类取之

① 王树义：《俄罗斯生态法》，武汉大学出版社2001年版。

② 周珂：《生态安全应纳入环境资源法学的调整对象》，载《2001年全国环境资源法学研讨会论文集》。

不尽、用之不竭的资源宝库，地球则是人类天然的排污场。相伴而来的，则是全球气候变暖、土地沙化、湿地缩减、水土流失、干旱缺水、洪涝灾害、物种灭绝等一系列严重的生态危机，这些生态危机日益加剧并成为气候剧烈变化的诱因。也就是说，人类一味地向大自然索取，违反自然规律和生态规律，在创造空前的物质繁荣和高度发达的工业文明的同时，也埋下了自我毁灭、生态危机的祸种。

第二次工业革命历史影响是：（1）经济方面，除了生产力迅猛提高，生产关系改变及垄断与垄断组织形成，经济结构上重工业逐步占主导地位，形成西欧和北美两大工业地带，能源结构方面，人、畜、风、水、煤变更成电、石油为主。（2）政治方面，形成以代议制民主、政党政治和公民自由为特征资本主义政治模式，社会主义运动新发展和列宁主义诞生，资本主义世界体系最终形成，第一次世界大战爆发和持续。（3）思想文化方面，垄断主义、竞争意识和参与意识增强，与此同时，奢靡浪费在一次性消费物品方面泛滥成灾。（4）生活方式方面，改善了人们的日常生活，尤其在衣和行方面和思想观念方面，人们只讲方便、快捷和舒适、美观，不考虑“两型社会”——环境友好型、资源节约型社会中个人担负的义务。（5）环境方面，汽车的出现促进石油的大规模使用，大气中氮氧化合物、碳氢化合物的浓度逐步增加，光化学烟雾等大气污染问题产生。第二次科技革命后，由于人类社会对自然灾害更加敏感，加上人类社会大规模改造自然的失当活动，以为依靠科学技术人类无所不能，从而走进以牺牲生态环境为代价，单纯追求经济增长的误区，进一步助长了自然变异，使人类社会的致灾因子跃居自然因子之上，成为自然灾害增加的主要因素。[①]由此，人口爆炸、粮食短缺、土地沙漠化、各种动植物的生存特性被人为

① 周魁一：《防洪减灾观念的理论进展——灾害双重属性概念及其科学哲学基础》，载《自然灾害学报》2004年第1期。

破坏、工业事故和环境污染日益严重，这些严重的生态危机背后，无一不露出人类的“黑手”，即人类社会发展欲望的过度索取的贪婪本性。

本来，生物圈（Biosphere）是地球上所有生态系统的统合整体，也是一个复杂的、全球性的开放系统，更是一个生命物质与非生命物质的自我调节系统。人类作为主要成员的生物圈[①]只是生态四圈即大气圈、水圈、岩石圈（土圈）、生物圈之一。然而，应当形成的生物圈义务文化而没有形成时，人类就成为生态圈文化的破坏者、修补者和“还账者”。这种多重身份当中，唯有生态学意义上的身份，最具有说明价值。生物圈中各种生物，按其在物质和能量流动中的作用，可分为：（1）生产者，主要是绿色植物，能通过光合作用将无机物合成为有机物。（2）消费者，主要指动物（人当然也包括在内）。有的动物直接以植物为生，叫作一级消费者，比如马牛羊主要是食草动物；有的动物则以捕食动物为生，叫作二级消费者；还有的捕食小型肉食动物，被称作三级消费者；至于人，则是杂食动物。（3）分解者，主要指微生物，可将有机物分解为无机物。这当中，作为杂食动物的人类，可以运用科学技术和各种工具，向生产者、一级消费者、二级消费者、三级消费者和分解者等索取自己的食物和满足各种需求的产物。于是，人类社会便以发展科学技术，建设物质文明和精神文明，创造幸福生活为由，肆意向生态圈攫取所需要的各种各样的物质资源。

资料显示，海洋储存了地球上约93%的二氧化碳，据估算为40万亿吨，是地球上最大的碳汇体，并且每年清除30%以上排放到大气中的二氧化碳。海岸带植物生物量虽然只有陆地植物生物量的0.05%，但每年的固碳量却与陆地植物相当。我国有约300万平方公里的主张管辖海域和1.8万公里的大陆岸线，是世界上少数几个同时拥有海草床、红树林、盐沼这

① 理论上，生物圈主要由生命物质、生物生成性物质和生物惰性物质三部分组成。生命物质又称活质，是生物有机体的总和；生物生成性物质是由生命物质所组成的有机矿物质相互作用的生成物，如煤、石油、泥炭和土壤腐殖质等；生物惰性物质是指大气低层的气体、沉积岩、黏土矿物和水等。

三大蓝碳生态系统的国家之一，670 万公顷的滨海湿地也为蓝碳发展提供了广阔空间。我国海水养殖产量常年居世界首位，贝类和大型藻类产量占总产量 85% 左右，不仅吸收了大量二氧化碳，还能消氮除磷、净化海水，贡献了优质的食物和工业原料。[①] 为保护蓝碳，《中共中央国务院关于加快推进生态文明建设的意见》（以下简称《生态文明意见》）第 16 条规定："增加森林、草原、湿地、海洋碳汇等手段，有效控制二氧化碳、甲烷、氢氟碳化物、全氟化碳、六氟化硫等温室气体排放。"然而，2011 年 6 月 4 日的蓬莱 19-3 油田的溢油灾害中，康菲石油中国有限公司（以下简称康菲公司）因为 B 平台没有执行总体开发方案规定的分层注水开发要求，C 平台作业未进行安全性论证，擅自将注入层上提至接近油层底部，导致 2 个溢油点扩大到 16 个，油基泥浆从 1000 桶飙升到了 2500 桶，劣Ⅳ类海水面积从 840 平方公里扩展到了 870 平方公里。溢油不止，污染不断，3 个月持续泄漏，累计 5500 平方公里的海面被污染，蓬莱 19-3 油田附近海域海水石油类平均浓度超过历史背景值 40.5 倍。[②]

生物圈是地球上凡是出现并感受到生命活动影响的地区，是地表有机体包括微生物及其自下而上环境的总称，是行星地球特有的圈层，也是人类诞生和生存的空间。生物圈是自然灾害主要发生地，它衍生出环境生态灾害。由于人类对自然的地位和作用的片面理解，在行动上迅速毁坏了地球生命圈中的大部分生物，也侵犯了自己的生存基地。对生态环境的过度开发，是人类对自然界的认识和改造出现偏差的必然：毫无顾忌地向自然界排放污染物，使全球生态系统受到人类行为的毁坏和污染，从而使人与自然关系激化，造成了严重的生态危机。在全球日益严峻的生态危机面前，几乎可以肯定地认为，人类是生态环境恶化的"罪魁祸首"。人类的

① 刘诗瑶:《你知道"蓝碳"是什么吗？》，载《人民日报》2017 年 12 月 4 日，第 13 版。

② 涂露芳:《蓬莱 19-3 油田溢油属于责任事故》，载《北京日报》2011 年 9 月 3 日，http://china.huanqiu.com/roll/2011-09/1972479.html，最后访问日期：2018 年 2 月 6 日。

需求边界显然已经越过了自然界或者生物圈的环境安全的容许范围，人类自私自利的本性，以及肆无忌惮不当利用生态资源的行为，促成各种环境问题的集合发生，加剧了原本就脆弱的生态环境的紧张性。因此，要缓解当前的生态危机，维护人类社会的生态安全，首要的任务就是让人们认识到自己的生态环境资源利用的行为，是具有致灾性的一种不当行为。然后，再来谈改善和修复被人类破坏的生态环境问题，这无疑是一个漫长且艰巨的任务。正如专家王志刚强调说："我们很可能是踏着环境资源的红线，盲目、乐观地开展经济社会活动，即使进行了大量的环境修复活动，也是脚痛医脚、头痛医头，有很大的区域分割性、盲目性和生态危险性。"他认为，对京津冀环境资源承载力的分析与研究，不仅对京津冀区域健康发展有影响，还维系着首都乃至国家的国际形象、政治安全和经济安全。[①]

（二）人的行为的两面属性

"行为"就一般意义而言，又称作举止行动，是指受思想支配而表现出来的外表活动。同样，人的行为对自然、社会也会造成不同的影响。按照对生态环境造成的影响，可以发现人对自然界进行认识和改造的行为具有两面性，即灾害法学层面的致灾性与治灾性。这种人类行为属性的判断，是基于人类利用自然资源的过度行为的逻辑前提的假定和判断而来的。

所谓人的行为致灾性，是指由于人的不当行为，而诱发、加快或加重对生态环境的危害，继而导致严重后果甚至引发自然灾害、人为灾害或者重大事故灾难的属性。事实上，人类总是以自己的意志，在对自然进行改造，通过开发矿山、砍伐森林、开垦荒地、捕杀野生动物等行为来获取各

① 王志刚：《开展环境资源承载力定量分析研究》，载《光明日报》2013年3月18日，第7版。

种自然资源，暂时满足人对自然资源的需求。人类需求可分为正当的基本需求、过当的奢侈需求和完全不应当的浪费需求。例如，一个3口之家居住500平方米以上的住房即属于完全不应当的浪费需求；而人类对于自然无止境的需求显然也是不合理的，这种违背自然规律的人类非正当需求满足活动，必然会在越过生态红线或者自然规律底线的时候，转化成自然灾变的诱发因子或者致灾因子，从而在实际的自然灾害尤其是重大自然灾害发生时，引发生态危机。

以土壤污染行为的致灾性为例来说明。土壤污染是人类活动或自然过程产生的有害、有毒物质进入土壤，积累到一定程度，致使某种有害成分的含量明显高于土壤原有含量，而引起土壤环境恶化的现象。其中，人类行为的“致灾性”是强调，土壤污染后有害物质进入土壤，超过土壤本身的自净能力，导致土壤性状和质量变化，构成对人体和生态环境的影响和危害的属性。这种属性的出现，即是一种环境哲学属性，也是一种法律属性，因为是人的土壤污染行为，导致大量的土壤污染物进行入土壤。于是，土地被污染后，土壤也会受到伤害，其出产物也会带毒，也就是说，土壤严重被污染会导致土壤陷入不健康、会死亡的境地，其出产物必然也就具有致害性，这种致害性便是人的行为的致灾性。例如，2013年5月18日被媒体披露的“湖南镉大米”事件，即是人的土壤污染行为致灾性的有力证明。

所谓人的行为治灾性，是指人的正确或者正当、适当的行为，可以避免生态危机的发生或减轻因发生的生态危机而带来的危害，或者人类社会有意识地利用人类的主观能动性，治理环境污染和生态破坏，控制自然灾害或者人为灾害等各种灾难发生的属性。在人类命运共同体理念之下，这种人的治灾性，便体现在人类社会面对气候变暖带来的灾难性后果，共同签署的《巴黎协定》中，即全世界各个国家和地区一起来减排，从而控制气候变化的灾难性后果。所以，在生态环境或者生态文明建设中，人的行为治灾性源自于生态系统中人的主观能动性当中，对于人与自然关系的正确认识，以及在改造生态系统是人类本能的驱动背景下，倡导人与自然和谐相处，建构环境友好型、资源节约型两型社会，不断提高人类生存质量的要求。人具有能动性表明：人类能够不断深入地认识自然界中的客观规律，认识所依存的生态环境对于人类乃至整个生物圈的重大价值，以此来调整自己的自然利用行为，减少对自然环境的不当利用与破坏，积极采取正当或适当行为改善与生态系统的关系。例如，我国为减轻荒漠化、保持水土和涵养水源而实行的“三北防护林”工程、天然林保护工程、退耕还林还草工程等，就是减轻或避免森林灾害中，一种人的治灾性行为。

在前述阐述中，我们探讨人的行为的两面属性，目的在于让人类社会发扬人的治灾性，抛弃人的致灾性。而最有效最根本的实现途径，就是通过法律的规范和指引作用，引导人们正确地认识和改造自然。也正是因为有这样的价值追求，本书提倡设立“生态安全义务”这一法律概念，并以此概念为基础，勾勒我国生态安全法律体系的轮廓。

（三）华北雾霾连片及持续现象——《北京市大气污染防治条例》出台

1960～2010年，我国中东部地区雾霾日数的时空变化特征是：(1）雾霾日数大值区主要分布在人口众多的四川盆地、京津冀地区、长江中下游地区，以及两广中部；(2）季节变化上，雾霾日数冬季较多，其中京津冀地区中部和西南部、四川盆地和东北地区东部和南部等地超过20天，夏季最少；(3）雾霾日数气候趋势系数在京津冀地区、长三角、珠三角地区趋势系数高达0.8；(4）雾霾日数呈现明显的上升趋势，其气候趋势系数为0.82，通过了99.9%的信度检验；(5）我国中东部气溶胶光学厚度和对流层NO_2的空间分布与年平均雾霾日数的分布基本一致，近51年来能源消耗量的稳定上升趋势也表明：人为因素导致的大气污染物排放量增加，是引起雾霾天气出现频率上升的重要因素。[①]2013 年 1 月 11 ～ 14 日，华北地区经历重雾霾过程。学者利用大气化学模式系统 Weather Research and Forecasting（WRF）–Chem 模拟 2013 年 1 月华北地区气溶胶时空变化。结果表明：1 月 11 ～ 14 日，细颗粒物高值分布于河北省南部和东部、天津地区以及北京地区，其日均值为 400 ～ 500μg/m^3。与历史气候数据相比发现：2013 年 1 月 10 ～ 15 日华北地区[②]的气象条件表现为较大的相对湿度正距平（20% ～ 40%）以及风速的负距平。1 月 11 ～ 14 日，近地面南向风和东向风将水汽输送到华北地区，上层大气（850hPa）的西北风则将沙尘输送到华北地区。这些气象条件有利于气溶胶吸湿增长和浓度聚集；而硝酸盐收支分析表明：在北京地区，与 1 ～ 9 日相比，10 ～ 14 日夜间化学生成和传输的显著增加都贡献于硝酸盐浓度，是重雾霾形成的主要原因。[③]学者的研究表明，华北雾霾成片及其持续现象本身，其根本原因并不是大气条件本身，人们的“等风来”“盼风吹”只不过是外在的意向，高数值的细颗粒物 PM2.5 的产生，才是导致雾霾日数大值区盘踞在华北地区的主要原因。

其实，早在 1988 年 7 月 7 日，北京市第九届人大常委会第三次会议即通过《北京市实施〈中华人民共和国大气污染防治法〉条例》；1990 年 5 月 28 日，北京市人民政府发布《北京市实施〈中华人民共和国大气污染防治法〉条例行政处罚办法》；1989 年 8 月 23 日，北京市人民政府发布《北京市防治机动车排气污染管理办法》（1997 年 11 月 25 日修改）；2000

---

① 符传博等：《重污染下我国中东部地区 1960—2010 年霾日数的时空变化特征》，载《气候与环境研究》2014 年第 2 期。

② 华北地区，包括北京、天津、河北省中南部（河北东北部秦皇岛市、承德市属东北地区）、山西和内蒙古中部（呼和浩特市、包头市、鄂尔多斯市、乌兰察布市等）。

③ 高怡等：《2013 年 1 月华北地区重雾霾过程及其成因的模拟分析》，载《气候与环境研究》2014 年第 2 期。

年12月8日，北京市十一届人大常委会第二十三次会议通过《北京市实施〈中华人民共和国大气污染防治法〉办法》；2014年1月22日，北京市第十四届人大第二次会议通过《北京市大气污染防治条例》（以下简称《北京大气条例》），并于2014年3月1日施行。[①]《北京大气条例》分为总则、共同防治、重点污染物排放总量控制、固定污染源污染防治、机动车和非道路移动机械排放污染防治、扬尘污染防治、法律责任、附则等，共8章130条。其中，第二章共同防治理有35条（占26.92%）、第七章法律责任有40条（占30.77%），这两章的条款共75条，占57.69%之多。然而，事实证明，这个《北京大气条例》的施行效果并不理想。也就是说，并没有达到大气污染防治立竿见影的效果。

2015年12月5日17时，北京市提前发布空气重污染橙色预警。12月6日，针对新一轮空气重污染过程，北京市全面动员各区、单位，全力以赴落实各项应急措施，并派出多个联合督查组，对落实强制性减排措施不到位等情况，实施最严格的执法措施。12月7日00：00至9日24：00北京全市实施空气重污染橙色预警措施，全市各区、各单位已全面动员，切实落实环境保护党政同责、一岗双责，实施最严格的执法，加大执法检查力度，派出多个联合督查组，对措施落实不到位的情况给予严肃查处。同时，北京市与河北、天津进一步加强联合应对。京津冀三地环保部门加强空气重污染预警会商，密切跟踪空气质量变化趋势，及时采取相应措施，严格落实各项要求。2015年12月19日以后，华北、黄淮、东北、江淮等地14省市遭遇2015年下半年最强雾霾天气，范围大、持续时间长、强度较大。冷空气持续偏弱和地域间空气污染物互相影响，导致此次雾霾

① 《北京市大气污染防治条例》共8章130条，即第一章总则（第1～5条）；第二章共同防治（第6～40条）；第三章重点污染物排放总量控制（第41～48条）；第四章固定污染源污染防治（第49～62条）；第五章机动车和非道路移动机械排放污染防治（第63～79条）；第六章扬尘污染防治（第80～89条）；第七章法律责任（第90～129条）；第八章附则（第130条）。

较为严重。本次雾霾天气持续长时间的原因有两个：其一，华北、黄淮等地冷空气势力持续偏弱，静稳天气控制范围广、持续时间长，空气污染物较易累积，导致雾霾不断加重；其二，在静稳天气下，近地面空气仍有一定流通性，造成地域间空气污染相互输送和影响。①

事实上，华北地区的大气中，气溶胶浓度长期处于较高水平，因此易于形成雾霾。所谓大气气溶胶，是指悬浮在大气中的大小为 0.001 ～ 100 微米，分散介质为气体的固态或液态颗粒物总称。主要包括沙尘、碳（有机碳和黑碳）、硫酸盐、硝酸盐、铵盐和海盐六大类。在冬季，华北地区有燃煤采暖、春秋季农村地区秸秆焚烧等习惯，必然造成碳气溶胶浓度明显增加。加上，华北地区重工业相对发达，工业生产排放二氧化硫多，由于高气温可使二氧化硫加速转化为硫酸盐，所以夏季华北地区硫酸盐气溶胶浓度较其他季节和地区都高。因城市汽车使用量大大高于农村，所以城市中硝酸盐和硫酸盐气溶胶浓度大大高于农村。气溶胶浓度高是雾霾天气多发的主要原因，而冬季华北地区采暖燃煤释放的大量黑碳、工业企业排放的粉尘和汽车尾气的排放则加剧了雾霾的形成。

2016 年 6 月 17 日，环境保护部联合北京市、天津市和河北省人民政府印发《京津冀大气污染防治强化措施（2016—2017 年）》（环大气〔2016〕80 号，以下简称《大气强化措施》），要求京津冀以及保定、廊坊、沧州、唐山市组织制定本地 2017 年达到空气质量目标细化方案，切实落实党委政府环保“党政同责”“一岗双责”，及时分解落实任务措施。京津冀三地要按照《大气强化措施》要求，提前部署“电代煤”“气代煤”工程，“散、乱、污”企业聚焦群排查、禁煤区设定、挥发性有机物（VOCs）治理等工作，传输通道城市提前对煤电机组超低排放改造、钢铁行业提标

① 佚名：《华北地区雾霾形成的原因和治理措施》，载中国清洁门户网，http：//www.zgqjmh.com/mation_show_32979.html，最后访问日期：2018 年 2 月 7 日。

改造、排污许可证发放、工业企业生产调控措施等工作进行安排，明确每项工作具体措施和时间进度表，倒排工期。各部门要按照职责分工，加快政策配套进程，在"电代煤""气代煤"工程、中央财政专项资金安排、化解过剩产能、船舶污染治理、扬尘综合整治、城镇生活污染治理等方面给予支持。环保部建立月调度、季考核机制，每月调度各地区各部门工作进展，量化任务进度；对京津冀区域空气质量改善情况实施季度考核，对工作进度缓慢地区实行预警、约谈，督促加大改善力度。《大气强化措施》的总体目标是：到 2017 年，北京市细颗粒物（PM2.5）年均浓度达到 60μg/m^3 左右，其中，南部四区（丰台、通州、房山、大兴区）均达到 65μg/m^3 左右。天津市 PM2.5 年均浓度达到 60μg/m^3 左右，其中，武清区、宝坻区、蓟县分别达到或低于全市平均水平。河北省 PM2.5 年均浓度达到 67μg/m^3 左右，其中，保定、廊坊市分别达到 77μg/m^3 和 65μg/m^3 左右。①

事实证明，2016 年秋冬季以来，华北地区域内先后多次发生重污染天气过程，影响范围大、污染程度重、持续时间长，成为人民群众的"心肺之患"，也大幅抵销了前期改善成果。受 2017 年一二月重污染天气影响，京津冀大气污染传输通道城市上半年细颗粒物（PM2.5）平均浓度同比增长 5.4%，是 2013 年以来首次出现不降反升的情况，太原、石家庄等城市甚至上升 30% 以上。②但是，2017 年 10 月～2018 年 3 月，"2+26" 城市③

① 全国大气污染防治部际协调小组：《环境保护部出台〈京津冀大气污染防治强化措施（2016—2017 年）〉》（2016 年 7 月 1 日），载《大气污染防治工作简报》2016 年第 23 期。

② 环保部《京津冀及周边地区 2017—2018 年秋冬季大气污染综合治理攻坚行动方案》（2017 年 8 月 21 日），一、充分认识秋冬季大气环境形势的严峻性和紧迫性。

③ "2+26" 城市，是指京津冀大气污染传输通道城市，包括北京市，天津市，河北省石家庄市、唐山市、廊坊市、保定市、沧州市、衡水市、邢台市、邯郸市，山西省太原市、阳泉市、长治市、晋城市，山东省济南市、淄博市、济宁市、德州市、聊城市、滨州市、菏泽市，河南省郑州市、开封市、安阳市、鹤壁市、新乡市、焦作市、濮阳市（以下简称 "2+26" 城市，含河北省雄安新区、辛集市、定州市，河南省巩义市、兰考县、滑县、长垣县、郑州航空港区）。

空气质量改善目标既然已经确定，那么，北京市作为首善之区，自然要积极行动起来，加大大气污染的治理力度。数据和资料表明，2017 年我国华北地区圆满实现《大气污染防治行动计划》(《大气十条》)，开展了多项京津冀及周边地区秋冬季大气污染综合治理攻坚行动，组织强化督查和巡查，"2+26" 城市 PM2.5 平均浓度同比下降 11.7%，北京市 PM2.5 平均浓度达 58μg/m^3。①

2018 年 1 月 11 日晚，北京市空气重污染应急指挥部发布该年度首个空气重污染橙色预警：1 月 13 日 00：00 至 1 月 15 日 24：00 实施橙色预警措施，以应对北京经历的空气重污染过程。按照环境保护部联防联控统一部署，区域启动空气重污染天气预警。② 橙色预警期间，北京在实施工作日高峰时段区域限行交通管理措施基础上，国Ⅰ、国Ⅱ排放标准轻型汽油车（含驾校教练车），建筑垃圾、渣土、砂石运输车辆禁止上路行驶；在常规作业基础上，对重点道路每日增加 1 次及以上清扫保洁作业；停止室外建筑工地喷涂粉刷、建筑拆除等施工作业；列入橙色预警期间工业企业停产限产名单企业实施停产限产措施；禁止燃放烟花爆竹和露天烧烤；建议中小学幼儿园停止户外活动，提醒民众做好健康防护。③ 国家气候中心、中国环境监测总站针对 2018 年 2 月大气污染扩散气候条件，组织联合会商后的判断：根据会商，2 月京津冀和珠三角大气污染扩散条件整体接近正常，长三角正常至偏差。其中，京津冀大气重污染日数低于近 3 年

① 李彪等：《环保部：汾渭平原首次纳入大气污染防治重点区域》，载每日经济新闻，http：//finance.sina.com.cn/china/dfjj/2018-02-05/doc-ifyremfz4954340.shtml，最后访问日期：2018 年 2 月 7 日。

② 环保部 2018 年 1 月初发布信息显示，根据中国气象局、中国科学院等多单位的预测分析，2018 年 1 月至 2 月气象条件总体不利，中国北方地区静稳天气发生概率较高，京津冀大气污染扩散条件偏差，大气重污染日数或将接近 3 年平均。其中，1 月上旬冷空气偏强，京津冀污染天气过程少；1 月下旬至 2 月上旬冷空气偏弱，大气污染天气过程较多。

③ 尹力：《北京发布 2018 年首个空气重污染橙色预警》，载中国新闻网，http：//news.163.com/18/0111/23/D7TIQ1K800018AOQ.html，最后访问日期：2018 年 2 月 7 日。

平均，长三角较近3年平均偏多，珠三角接近正常。2018年2月上旬冷空气强，大气污染扩散条件较好。京津冀、长三角和珠三角地区大气自净能力在月内有明显的波动性变化。其中，2月上旬冷空气偏强，京津冀、长三角和珠三角大气污染天气过程少；中旬后期至下旬冷空气转弱，大气污染天气过程增多。[①]显然，大气污染治理的目标需要“2+26”城市参与，作为一项综合区域协调、央地协调和公众参与的整体性行动，大气污染治理活动依然任重而道远。

二、生态危机法律控制的“一案三制”

（一）生态危机立法的成效

在我国，面对以雾霾（大气污染）、水污染和土壤污染为核心的生态危机，国家立法机关早就展开了用法律武器与生态危机作斗争的工作。据统计，自1949年新中国成立以来，全国人大及其常委会制定了环境保护法律9部、自然资源保护法律15部。1979年颁布《环境保护法（试行）》，1989年正式通过《环境保护法》，2014年修订后沿用至今。我国自20世纪80年代实行改革开放以来，经济社会都得到持续快速的发展。这种持续快速的发展事实本身，说明我国经济社会发展的高速度，实际上也带来了高污染和生态高恶化。发达国家上百年工业化过程中，分阶段出现的环境破坏与生态危机问题，在我国则是呈现集中爆发和聚合性出现的模态，环境保护与经济社会发展的矛盾日益突出。到今天，已经成为东西部发展不平衡不充分的主要矛盾。为了应对经济发展过程中出现的严重环境污染和生态破坏现象，国家进一步加快了生态环境保护的立法工作。

① 刘辰瑶：《京津冀2月大气重污染日将少于近三年平均》，载中国新闻网，http：//news.china.com.cn/2018-02/07/content_50444797.htm，最后访问日期：2018年2月7日。

我国《宪法》第26条规定:“国家保护和改善生活环境和生态环境，防治污染和其他公害。”1996年以来，国家加快了制定环境保护法律法规的步伐，先后制定或修订了包括水污染防治、海洋环境保护、大气污染防治、环境噪声污染防治、固体废物污染环境防治、环境影响评价、放射性污染防治等诸多环境保护法律，以及清洁生产、可再生能源、农业、草原和畜牧等与环境保护关系密切的法律。国务院制定或修订了《建设项目环境保护管理条例》《水污染防治法实施细则》《危险化学品安全管理条例》《排污费征收使用管理条例》《危险废物经营许可证管理办法》《野生植物保护条例》《农业转基因生物安全管理条例》等50余项行政法规；发布了《关于落实科学发展观加强环境保护的决定》《关于加快发展循环经济的若干意见》《关于做好建设资源节约型社会近期工作的通知》等法规性文件。国务院有关部门、地方人民代表大会和地方人民政府依照职权，为实施国家环境保护法律和行政法规，制定和颁布了规章和地方法规660余件。另外，在环境保护标准建设方面，我国已建成国家和地方环境保护标准体系：国家环境保护标准包括国家环境质量标准、国家污染物排放（控制）标准、国家环境样品标准及其他国家环境保护标准；地方环境保护标准包括地方环境质量标准和地方污染物排放标准。

（二）雾霾是否一种灾害？生态危机治理立法理念的偏差

从20世纪70年代后期进入改革开放开始，由于没有树立正确的国家生态义务观，因此面对生态危机的治理任务，我国在立法方面表现出相当的滞后甚至是消极。比如，1979年9月13日[①]，我国《环境保护法（试行）》出台。但是，在20世纪70年代的最后一年，这部法律竟然没

---

① 1979年9月13日这一天，第五届全国人民大表大会常委会第十一次会议通过决议，各省、市、自治区可在1979年设立人民代表大会常务委员会，恢复这一在“文化大革命”中一度被取消的权力机构，同时将“文化大革命”中成立的“革命委员会”（简称“革委会”）改称为“人民政府”。

有激起任何“浪花”。[①]可以理解的是，在那个岁月里，“生态”“生态文明”“生态危机”等字眼，还没有进入国人的眼目和文化视野。1978 年 3 月 5 日，我国《宪法》[②]第 11 条第 3 款规定了“国家保护环境和自然资源，防治污染和其他公害”[③]的条款，算是“污染公害”观念进入中国了。但是，生态安全的立法宗旨不可能真正成为一种理念，因而也就不可能得到贯彻落实。纵观我国 20 世纪 70 年代到 80 年代的环境保护法律制度，甚至连基本的生态安全字样都没有出现过，这充分说明：我国生态环境保护立法的理念、指导思想和行为规范，尤其是制度建设和环境执法等，存在明显的偏差。

到 2018 年 3 月为止，我国也没有生态文明或者生态安全直接而系统的立法，只有一部综合性的环境保护法律即《环境保护法》以及相关的《环境保护税法》[④]，此外还有各种环境要素的单行立法等。1979 年 9 月 13 日，《环境保护法》以七章 33 条的形式试行，10 年之后，于 1989 年 12 月 26 日以六章 47 条的正式法律面目出现，再到该法在 2014 年 4 月 24 日第一次修订并于 2015 年 1 月 1 日施行，成为七章 70 条的法律。其间，法律的结构在调整，条款在增加，制度在完善，沿着“环境保护—环境污染—

---

① 1979 年，普遍被认为是 20 世纪 70 年代末期，也是中国正式开始社会主义现代化建设，走改革开放正确道路的第一年。这一年是农历己未年（羊年），也是中华人民共和国成立 30 周年；这一年，我国的计划生育基本国策开始普遍实施，尤其是中美建立外交关系，积极促进了世界多极化发展的趋势形成，向世界展示一个开放的和日渐走向复兴强盛繁荣的中国。

② 如果从《共同纲领》算起，到 2018 年 3 月，我国有 1954 年、1975 年、1978 年和 1982 年四部宪法，并经历过五次大的修改。

③ 我国《宪法》第 26 条规定，国家保护和改善生活环境和生态环境，防治污染和其他公害。国家组织和鼓励植树造林，保护林木。

④ 我国《环境保护税法》2016 年 12 月 25 日通过，2018 年 1 月 1 日施行。其章节构成是：第一章总则第 1 ~ 6 条；第二章计税依据和应纳税额第 7 ~ 11 条；第三章税收减免第 12 ~ 13 条；第四章征收管理第 14 ~ 24 条；第五章附则第 25 ~ 28 条。附表一：环境保护税税目税额表；附表二：应税污染物和当量值表。

环境管理—环境责任—生态环境安全”的技术路线在摸索前进。2013年1月，我国东部地区发生了强度高、持续时间长、发生范围广的雾霾天气。当时，东亚冬季风异常偏弱，在我国东部区域，对流层中低层的异常南风有利于水汽向我国东部地区输送，500hPa高压异常抑制了对流的发展。表面风速的减弱，不利于近地面附近的雾霾向区域外输送，水平风垂直梯度的减小减弱了天气尺度扰动的发展和大气的垂直混合，对流层低层异常逆温层的存在，使大气近地层变得更加稳定，这些气象背景场，为雾霾天气的维持和发展提供了有利的气象条件。①2013年1月7～13日，我国中东部地区出现持续雾霾天气。② 其中，北京市雾霾天气情况更为糟糕。③2013年10月20日，即哈尔滨市④年度冬季燃煤取暖系统开启第二天一直到23日，以东北地区哈尔滨为中心，吉林、黑龙江、辽宁在内的东北地区发生

① 张人禾等:《2013年1月中国东部持续性强雾霾天气产生的气象条件分析》，载《中国科学：地球科学》2014年第1期。

② 从2013年1月上旬开始到2018年3月，我国雾霾天气逐渐增多，影响范围大，引起了广泛关注。比如，2013年1月23日09：00，北京城区空气质量再次达到最严重的6级严重污染。雾是由大量悬浮在近地面空气中的微小水滴或冰晶组成的，是使能见度降低到1千米以内的自然现象，霾是指大量细微的灰尘、硫或氮氧化合物等粒子悬浮在空中，使水平能见度小于10千米的现象，霾的形成条件出现后，会导致空气中有大量尘埃、烟粒等凝结核存在，水滴容易凝结在上面而起雾，因此，雾和霾往往相伴出现。

③ 中国环境监测总站的全国城市空气质量实时发布平台显示，2013年1月12日，北京、河北、山东等多地空气质量达严重污染，PM2.5指数直逼最大值。截至1月13日00：00，在74个监测城市中，有33个城市的空气质量达到了严重污染，北京城区PM2.5值甚至一度逼近1000。中央气象台1月13日06：00继续发布大雾黄色预警：当日早晨到上午，京津地区、河北中南部、河南东北部、江苏中北部、四川盆地、重庆西部、湖南中南部、贵州南部、云南东南部、广西中北部等地有能见度不足1000米的雾，部分地区能见度不足200米。北京市气象台1月13日10：35发布北京气象史上首个霾橙色预警，1月13日白天，北京平原地区将出现能见度小于2000米的霾，空气污浊。这对北京糟糕的空气质量来说，无疑是雪上加霜。

④ 哈尔滨市PM2.5日平均值一度达到每立方米1000毫克，超出世界卫生组织安全标准40多倍，甚至比北京还要严重。当地能见度降至20米，机场被迫关闭，两千多所学校停课。这次严重的雾霾，也导致黑龙江省境内多条高速公路被迫关闭。

大规模雾霾污染，成东北地区大面积被浓密雾霾困扰的事件。[①] 而 2013 年 12 月 2 ～ 14 日重度雾霾事件，则是 2013 年入冬后，我国最大范围的雾霾污染，几乎涉及中东部所有地区。[②] 于是，减少全社会大气污染的生态安全问题，急迫地摆在了人们的面前。

那么，雾霾到底是气象灾害还是人为污染？ 2016 年 12 月中旬，北京市将霾写入《北京市气象灾害防治条例（草案）》引发了气象、环保专家们的争议与讨论。有专家认为，人类活动排放大量污染物，是造成霾的根本内因，霾的本质是大气污染，与自然灾害有着根本区别。甚至有专家提出，将霾列为气象灾害，会造成污染者认为可以"依法脱责"等问题，从而导致法律适用的混乱。理由是，雾霾是因为人类活动造成的大气污染现象，并非自古以来就存在的气象灾害，理应属于大气污染防治的范畴，不能将其纳入气象灾害的范畴。不过，作者认为，北京立法部门为了强化全社会的防灾减灾意识，健全本市防灾减灾体系，提升应急处置和城市治理能力，将霾列入气象灾害范畴，不改变"政府统筹、部门各负其责"现有治理的工作格局。这样的立法意图，并不能消除将产生雾霾"嫁祸于天"的质疑声音，随着表达民众不满情绪的"治霾只能等风来"式调侃深入人心，引发舆论关注的"治霾资金被挪用"事件让群众越来越质疑政府治理雾霾的诚意与决心。固然，纯粹的气象灾害属于不可抗力因素，无法从根本上消除，只能通过防灾减灾救灾机制减轻其损害。但是，雾霾属于人祸——人的致灾

① 佚名：《2013 年中国东北雾霾事件》，载百度百科，https：//baike.so.com/doc/8612147-8933094.html，最后访问日期：2018 年 2 月 11 日。

② 天津、河北、山东、江苏、安徽、河南、浙江、上海等多地空气质量指数达到 6 级严重污染级别，使京津冀与长三角雾霾连成片。首要污染物 PM2.5 浓度日平均值超过 150 微克 / 立方米，部分地区达到 300 微克 / 立方米至 500 微克 / 立方米。其中，上海市在 2013 年 12 月 6 日污染达到 600 微克 / 立方米以上，局部至 700 微克 / 立方米以上。此次重霾污染最为严重的区域位于江苏中南部，南京市空气质量连续 5 天严重污染、持续 9 天重度污染，12 月 3 日 11：00 PM2.5 瞬时浓度达到 943 微克 / 立方米。

性带来的人为自然灾害或者人为灾害并非天灾即自然灾害，是能够从根本上治理的。北京市立法将雾霾视为一种人为灾害，并无不当。

尽管我国早在2013年就印发《大气污染防治行动计划》，但实事求是地讲，整个中国社会对于雾霾的认识以及治理还停留在一个相对低级的阶段，远远没有达到科学系统知晓的程度。雾霾本质上是对公民健康权和生命权的侵害，任何国家都有责任用最严肃的态度、尽最大的努力来捍卫这种权利。①其实，把雾霾定义为灾害或者气象灾害或者人为自然灾害，并不见得是脱离实际，或者立法的违法问题。理由是，由于我国各种大气污染的气体排放时间过长，排放量过多，加上，目前我国大气污染物的成分非常复杂，已经形成了一个污染物生态系统，②导致大气自净系统的自我恢复能力已经很弱，单靠某些污染物的减排，已经可能不能根治雾霾形成的根源。抛开各种不同的解读和意见，单看《北京市气象灾害防治条例》本身，北京将雾霾划入气象灾害，可能真的没有人们想得那么糟糕。就目前而言，我国对于雾霾的检测、预警和响应水平，都还比较低和差，也都有待进一步提高和提升。如果将雾霾划入气象灾害的范畴，那么，就有可能正式纳入我国气象灾害检测预警和应急系统，从而被有关职能部门重视，以专业设备、方式对雾霾进行检测与预警，并在启动应急预案后，采取应对措施。从而，降低和减少雾霾灾害发生后导致的各种损失。尤其是，我

① 彭健:《雾霾不是气象灾害，人祸大于天灾》，载深圳新闻网，http://news.ifeng.com/a/20161221/50450446_0.shtml，最后访问日期：2018年2月11日。

② 以2013年1月北京雾霾天PM2.5来源为例，其构成原因为：外地传输27.6%；机动车21.5%；燃煤18.7%；餐饮8.3%；土壤尘2.8%；其他为21.2%。其中，机动车+燃煤共为40.2%；如果再加上餐饮则为48.5%，即1/2弱。在我国，不少地区将雾并入霾一起作为灾害性天气现象进行预警预报，统称为“雾霾天气”。雾霾是特定气候条件与人类活动相互作用的结果，水汽、静风、逆温、凝结核等条件缺一不可。高密度人口的经济及社会活动，必然会排放大量细颗粒物（PM 2.5），一旦排放超过大气循环能力和承载度，细颗粒物浓度将持续积聚，此时如果受静稳天气等影响，极易出现大范围的雾霾。可见，雾霾天气的成因复杂。

国在气象检测手段和方法方面相对比较发达，是世界上同时拥有双轨气象业务卫星少数国家之一，将雾霾纳入气象灾害的检测预警与应急系统，无疑将大大提高我国的雾霾监测和防控水平。雾霾监测技术和方法的相对发达，也有利于有关部门及时知会灾情，并及早启动应急预案，从而能够快速作出诸如停工、停课和封路、关闭机场等决定。①

有学者认为，人类生产生活活动造成的雾霾，属于大气污染防治的范围。我国《气象法》《气象灾害防御条例》明确规定，气象灾害，是指台风、暴雨（雪）、寒潮、大风（沙尘暴）、低温、高温、干旱、雷电、冰雹、霜冻和大雾等所造成的灾害，并未明确将雾霾列入气象灾害的范围。因此，北京市地方性法规擅自将雾霾纳入气象灾害范畴，显然违反立法法的基本规定，将构成与上位法相抵触的情况，属于违反立法的情形。② 客观地说，确认雾霾是灾害或者气象灾害，实际上就是承认雾霾有自然因素的原因，这并不妨碍我们治理雾霾。同时，之所以很多人以强烈反对的态度，不允许把雾霾列入“气象灾害”，就是担心立法机关通过雾霾以灾害面孔入法，会混淆“人为灾害”和“自然灾害”的界限。应当说，这也是与作者提出“灾害法学”概念之后，遭到学术界疑问和诘难型反问，而并不给任何解释与辩解的余地一样的问题。这让作者想起了当年“《物权法草案》违宪的巩献田争议”，③ 也是一个典型混淆物权立法与贫富分化根源的问题，与这个雾霾灾害是否一种气象灾害的命题争议极其相像。

---

① 王阳：《定义为“气象灾害”，不一定有大家想象中那么坏》，载时政新闻，https：//news.qq.com/a/20161217/012500.htm，最后访问日期：2018 年 2 月 11 日。

② 刘勋：《将雾霾纳入气象灾害违法》，载《法制日报》2016 年 12 月 16 日，http：//opinion.people.com.cn/n1/2016/1216/c1003-28955194.html，最后访问日期：2018 年 2 月 11 日。

③ 2005 年 8 月，北京大学法学院教授巩献田教授写了一封致全国人大常委会委员长吴邦国及全国人大常委会的公开信，称《物权法（草案）》“背离社会主义基本原则、开历史倒车”。巩的公开信在网上广为流传，挑起了关于“姓社姓资”的争论。而被认为“替穷人说话”的郎咸平，更是得到了网络舆论几乎一致的声援。新浪等网站的民意调查表明，支持郎咸平的网民约占 90%。

（三）环境保护立法中消极生态治理理念的转化缓慢

2017年9月29日，由中国社会科学院城市发展与环境研究所、中国城市经济学会和社会科学文献出版社共同主办的《城市蓝皮书：中国城市发展报告No.10》（以下简称《城市报告10》）在京举行。《城市报告10》以“大国治霾之城市责任”为主题，分专题讨论了当前雾霾治理过程中所面临的重点和难点，对全国重点地区主要城市采取的治理措施进行总结。《城市报告10》认为，从近年来的城市环境空气质量监测数据来看，我国的雾霾治理已经取得了初步成效，总体情况有所改善，但污染状况尚未得到有效遏制，局部地区污染依然严重，形势不容乐观，仍面临着诸多问题与挑战。[①]即（1）以化石能源为主的能源消费结构是产生雾霾的重要原因；[②]（2）经济结构转型滞后是雾霾重污染地区面临的普遍挑战；（3）有法不依、执法不严导致部分地区环保责任弱化；（4）区域协调治理机制仍有待进一步深化；[③]（5）部分污染源控制工作缺乏配套技术支撑；（6）不科学的城市

---

① 饶竹青：《中国雾霾治理取得初步成效，仍面临六大挑战》，载人民网—国际频道，http://world.people.com.cn/n1/2017/0929/c190972-29568065.html，最后访问日期：2018年2月11日。

② 我国是全球第一大能源生产和消费国、第一大煤炭消费国，也是全球第一大环境污染物和温室气体排放国，生产和生活高度依赖煤、石油等化石燃料。2015年，我国原煤、原油、天然气、一次电力及其他能源占能源生产总量的比重分别为72.1%、8.5%、4.9%和14.5%，占能源消费总量的比重分别为64.0%、18.1%、5.9%和12.0%，煤炭占能源消耗的比重远远高于发达国家（发达国家能源消耗中煤炭仅占20%左右）。不合理的能源生产和消费结构及其使用过程中所产生的污染物排放是形成雾霾天气的重要原因。特别是我国使用的煤炭大多是高硫煤，在燃烧过程中会产生大量的二氧化硫排放到大气中，进一步促成了雾霾的形成。

③ 从雾霾构成来源看，上海市来自外地输送的污染源约占20%，北京市来自外地输送的污染源则超过30%，浙江省自身的大气环境质量状况相对良好，但是受到外地大气环境污染的影响，雾霾天气仍然时有出现。这说明加强联防联控对于区域雾霾治理具有重要作用。但是，目前我国部分区域如京津冀、长三角等地区虽然已经形成了协调治理机制，但是这种松散型的行政合作，缺乏强有力的组织保障和财力支持，致使涉及跨行政区域的环境规划、生态保护等难以落实。当地区经济发展与区域生态环境建设发生矛盾时，地方政府经常会选择牺牲环境、追求GDP。同时，这种松散的合作机制也很难保持长效化，联合执法机制则更加弱化，缺乏强有力的约束性。

规划建设导致自然生态功能下降。对雾霾治理的关注主要集中在化石燃料和污染物减排方面，而忽略了自然生态环境系统本身也具有自净功能。实际上，当自然生态环境系统相对完整、生态环境容纳能力和自净功能较强时，很多大气污染物都会被森林、草地、水体等自然生态系统所吸收、消纳。但我国在快速工业化、城镇化过程中，因为不科学的城镇建设开发模式，往往导致区域生态环境容量下降。①

于是乎，从立法者到普通社会公众，似乎又都想到了《环境保护法》和《大气污染防治法》等环境要素法的效用，立法或者法律修改对于雾霾控制的渴望，便成为"法律工具论"的"替代品"。②换句话说，当严重的雾霾灾害已经在侵蚀着人们的健康的时候，柴静的《穹顶之下》的雾霾纪录片也会成为下线的牺牲品。③理由是，迄今为止，整个社会对于严重的雾霾成灾也不承认它是一种灾害或者人为灾害（以为人具有致灾性，而带来的人为自然灾害问题）。应当说，我国《环境保护法》三大立法元素

---

① 主要表现为：一是随着工业化和城镇化发展，大量森林、水体、林地、草地等被开发占用，导致各类生态用地减少，自然生态环境系统遭到破坏；二是中国城市普遍存在过度建设与过度硬化的问题，城市集中连片大面积硬化建设，使自然降水不能渗入地下，水土交换功能丧失，大量污染物无处消纳，只能悬浮于大气中，遇有局部静稳天气就会形成雾霾；三是盲目的城市扩张导致城市规划不合理，建设用地大量占用耕地，既破坏了生态环境，也阻碍了大气流通，人为造成了局部静稳天气，更易促成雾霾的形成。

② 法律工具论使民众迷信熟人、迷信关系；选择性执法和弹性执法背离了"法律面前人人平等"原则，法律一旦成为可左可右、摇摆不定的家什，那么必然导致一种恶劣现实——遇到麻烦找熟人、搞关系。通过搞定掌握工具的人，便可利用关系和熟人减少处罚甚至是谋取法外的利益。所以，"法律工具论"必然使民众信访不信法。参见申友祥：《依法治国应彻底摒弃"法律工具论"》，载《人民法院报》2014年11月29日，第2版。

③《穹顶之下》是由原央视记者柴静自费拍摄的，聚焦空气污染的深度调查视频，也是柴静辞职后首度公开亮相之作。这部时长达103分钟55秒的视频聚焦时下热点的雾霾问题，片中，继续柴静的深度调查风格，用将近一年的时间深度解析了雾霾的生成原因和解决之道。她也首度透露当时辞职的原因是由于女儿在其怀孕期间就被诊断患有良性肿瘤，自己才辞职专程陪伴女儿。柴静走访多个污染现场寻找雾霾根源，也赴多国了解治理污染经验，还从国家与个人层面提出行动方案。

的变化中，恰恰缺少生态危机治理的指导思想，也就是积极的生态治理理念。即在积极的生态治理理念之下，把我国《环境保护法》制定成为一个基本的生态保护的综合性法律。（见表 1–3）

表 1–3 我国环境保护法生态理念、环境定义与环境保护义务对比

法律名称	生态理念、环境定义与环境保护义务
环境保护法（试行）1979 年 9 月 13 日通过	（1）根据《宪法》第 11 条关于“国家保护环境和自然资源，防治污染和其他公害”的规定，制定本法。 （2）环境是指大气、水、土地、矿藏、森林、草原、野生动物、野生植物、水生生物、名胜古迹、风景游览区、温泉、疗养区、自然保护区、生活居住区等（第 3 条）
环境保护法[①] 1989 年 12 月 26 日通过	（1）为保护和改善生活环境与生态环境，防治污染和其他公害，保障人体健康，促进社会主义现代化建设的发展，制定本法。 （2）环境是指影响人类生存和发展的各种天然的和经过人工改造的自然因素的总体，包括大气、水、海洋、土地、矿藏、森林、草原、野生生物、自然遗迹、人文遗迹、自然保护区、风景名胜区、城市和乡村等（第 2 条）。 （3）一切单位和个人都有保护环境的义务，并有权对污染和破坏环境的单位和个人进行检举和控告（第 6 条）。地方各级政府应当对本辖区的环境质量负责，采取措施改善环境质量（第 16 条）
环境保护法 2014 年 4 月 24 日修订；2015 年 1 月 1 日施行	（1）为保护和改善环境，防治污染和其他公害，保障公众健康，推进生态文明建设，促进经济社会可持续发展，制定本法。 （2）环境是指影响人类生存和发展的各种天然的和经过人工改造的自然因素的总体，包括大气、水、海洋、土地、矿藏、森林、草原、湿地、野生生物、自然遗迹、人文遗迹、自然保护区、风景名胜区、城市和乡村等（第 2 条）。 （3）一切单位和个人都有保护环境的义务。地方各级政府应当对本行政区域的环境质量负责。企业事业单位和其他生产经营者应当防止、减少环境污染和生态破坏，对所造成的损害依法承担责任。公民应当增强环境保护意识，采取低碳、节俭的生活方式，自觉履行环境保护义务（第 6 条）

① 有些内容也已不适应当前形势发展的需要：（1）环保法（试行）是依据 1978 年《宪法》第 11 条“国家保护环境和自然资源，防治污染和其他公害”的规定制定的。1982 年《宪法》第 26 条规定“国家保护和改善生活环境和生态环境，防治污染和其他公害”，因此，环境保护的立法依据发生了变化。（2）对许多在实践中行之有效的制度没有加以确认。例如，只规定超标准排污要征收排污费，没有规定对排放某些污染物，虽然没有超标准排放，也应当征收排污费；没有规定排放污染物许可证制度，没有设专章规定法律责任，只是对惩罚作了一条笼统的规定。（3）有些内容已不适应当前形势发展的需要。例如，环保法（试行）具体地规定了环境保护机构的设置和职责，这样规定不利于深化机构改革。此外，对超标准排放污染物的企业限期治理，逾期达不到国家标准的，只规定要限制企业的生产规模，也不够妥当。

从表1–3中可以看出，我国《环境保护法（试行）》规定了环境保护法的任务，即保证在社会主义现代化建设中，合理地利用自然环境，防治环境污染和生态破坏，为人民造成清洁适宜的生活和劳动环境，保护人民健康，促进经济发展（第2条）；环境保护工作的方针是全面规划，合理布局，综合利用，化害为利，依靠群众，大家动手，保护环境，造福人民（第4条）。其中，我国《环境保护法》任务与方针的规定，虽然涉及了“防治环境污染”“防止生态破坏”的内容，但其逻辑前提是“综合利用”“合理地利用自然环境”“促进经济发展”，也就是“利用第一”，防止“生态破坏”，显然是没有积极的生态保护理念。在此之后，2014年4月24日我国《环境保护法》修订后，增加了保护环境是国家的基本国策。国家采取有利于节约和循环利用资源、保护和改善环境、促进人与自然和谐的经济、技术政策和措施。使经济社会发展与环境保护相协调（第4条）；环境保护坚持保护优先、预防为主、综合治理、公众参与、损害担责的原则（第5条）；每年6月5日为环境日（第12条）；国家实行环境保护目标责任制和考核评价制度。县级以上政府应当将环境保护目标完成情况纳入对本级政府负有环境保护监督管理职责的部门及其负责人和下级政府及其负责人的考核内容。作为对其考核评价的重要依据。考核结果应当向社会公开（第26条）；国家在重点生态功能区、生态环境敏感区和脆弱区等区域划定生态保护红线，实行严格保护（第29条）；国家建立、健全生态保护补偿制度（第31条）等重要的规则和制度。显而易见的是，整个消极生态理念转化成积极的生态理念——生态环境转向生态文明是在26年之后[①]才发生的。

比较我国计划经济、市场经济前和市场经济下三个不同时代背景下

① 从我国1989年12月26日《环境保护法》颁行，到2014年4月24日我国《环境保护法》修订，期间是整整26年时间。

的《环境保护法》，[①]不难发现：（1）生态文明的积极理念从无到有；（2）新增加的环境对象包括"海洋""自然遗迹""人文遗迹""湿地""风景名城区""城市和乡村"等，被修改或者删除的有"野生植物""水生生物""名胜古迹""风景游览区""温泉""疗养区""生活居住区"等；（3）增加了"一切单位和个人都有保护环境的义务""地方政府环境保护责任""公民低碳生活义务"等规定。不过，因为生态理念的立法消极化，导致我国《环境保护法》修订4年而实施整整3年后，雾霾灾害依然经常肆虐全国各地。2018年2月11日，中国气象局公布2017年大气环境气象公报。公报显示，2017年全国大气环境改善，雾霾天气减少幅度为近年最大。2017年大气环境明显改善，霾天气过程明显减少，只有6次，比去年的11次少5次；霾日数也明显减少，平均全国是27.5天，比去年少了10.5天，比13年少了19.4天。就2017年整年来说，大气环境明显改善。主要原因有两点：一是大气污染防治行动计划实施有效；二是供暖季气象条件明显扩散有利。尽管大气环境呈现向好趋势，但在秋冬春季，受静稳天气等不利气象条件影响，冬季持续性、区域性霾和重污染天气过程仍时有发生，大气污染防治措施的落实力度不能放松。[②]这也就意味着，在雾霾灾害防治领域，本着"人类命运共同体"的思维，要注重国际合作研究，防止韩国媒体将韩国自身的雾霾灾害的原因归结到中国头上。[③]

---

① 我国《环境保护法》第2条对环境下的定义，是指影响人类生存和发展的各种天然的和经过人工改造的自然因素的总体，包括大气、水、海洋、土地、矿藏、森林、草原、湿地、野生生物、自然遗迹、人文遗迹、自然保护区、风景名胜区、城市和乡村等。采用"环境保护法"而不是"生态法"或"生态安全法"，实际上是对环境的概念做了扩大解释。

② 范思忆：《中国气象局：2017年全国大气环境明显改善，雾霾日减少幅度为近年最大》，载中国新闻网，https：//www.chinanews.com/m/gn/shipin/cns/2018/02-11/news756373.shtml，最后访问日期：2018年2月12日。

③ 最近一段时间韩国遭遇严重的雾霾，许多韩国媒体表示，这些造成雾霾的粉尘都是来自中国，认为中国应该更努力地控制粉尘的产生。韩国方面不断的质疑这些造成雾霾的粉尘来自中国，不过最近中国的雾霾天气整体减轻了许多，而韩国的却在加重，这些指责显得苍白无力。许多韩国民间人士

三、生态安全与人的致灾性立法结合

（一）人的致灾性立法在国家安全法中的地位

前文关于雾霾能否成为“气象灾害”之一的争议和讨论说明：至少到目前为止，我国社会是不承认“人的致灾性”这个概念的，作者以此概念为基础，申请的各种类型、各种级别和各种前期资助的社科课题，从来就没有“中签”的事实表明，这种概念和理论意义上的创新太难了。事实上，“人的致灾性”这个概念作者在下一章专门讨论。在这里，作者想说的是，“人的致灾性”实际上是一种人的需求或者欲望的正当性，在超过了自然界或者自然规律的可容许度之后，所产生的一种集合性、聚合性或者合成性现象。在传统中国文化中，之所以讲“天地人和”“天人合一”主要是强调人的需求和欲望，不能超出自然界的容许度，超出了这个容许度即自然规律，必然就会产生各种各样的“人的致灾性”即带来自然灾害、自然人为灾害和人为自然灾害、人为灾害的问题。

应当说，“天人合一”思想是中华民族5000年来的思想核心与精神实质。“天人合一”的根本表述是天与人是世间万物矛盾中，最核心最本质的一对矛盾，“天”代表物质环境或者自然世界，“人”代表调适物质资源或自然世界的思想主体，“合”是矛盾间的形式转化，“一”是矛盾相生相依的根本属性。所以，“天人合一”构成了人类社会中最根本矛盾对立统一体。生态文明的最高境界，无非就是人类社会的活动，能够遵从自然规律，在每个具体的个体即公民那里，以保护环境、节约资源为基本的行

认识到了该问题，纷纷站出来表示，这是政府在推卸责任。韩国外交部工作人员也表示，已经积极与中国协商，讨论在环保问题上共同作出努力，控制日益增加的雾霾问题，其中，包括粉尘、水还有空气污染。其中，一位工作人员表示，我们不应该互相指责，而应该共同努力来创造一个有利的环境。参见佚名：《韩国遭遇多日雾霾，韩媒：这些都是来自中国》，载《东方头条》，https://sh.qihoo.com/949fc90a8e5d9fc16?sign=look，最后访问日期：2018年2月12日。

为准则，不奢侈浪费、不挥霍无度、不肆意妄为，从而，让大自然和自然环境、生态系统等能容纳人类社会各种活动与行为的后果，既要解决发展不充分不平衡的问题，又要解决环境保护和生态安全维护的问题。即所谓"人法地，地法天，天法道，道法自然"，人以地为法则，地以天为法则，天以"道"为法则，"道"则是自然规律，以其本来的样子为法则。"道"是产生万事万物的本源，是无形无象的一切"物质"世界的根本，是"天地万物之母"。一切有形的物质形态，一切无形的物质形态，都是从"道"中分离出来的。"道"是有形物质形态和无形物质形态的混合体，人类的一切活动和行为，必须符合"道"——自然规律的约束要求。惟其如此，生态文明和生态安全才有可能实现。

生态环境遭到破坏，国家生态安全受到损害，直接的原因都是由民众或其他社会主体的不当行为所引起。正是因为人的致灾性是当前生态危机发生的重要原因，所以建立健全法律制度是治理生态危机、维护生态安全的治本之策。在我国，《环境保护法》仍以环境要素整体立法为主，并没有把这些环境要素区分层次和等级，并以此为基础形成综合性的生态保护法。作者前述指出的刻意以"环境保护法"囊括生态安全的内容，实际上造成立法范围的过于狭窄，甚至可以将《环境保护法》看作生态安全保护法律体系中的单灾种法。而水污染防治、海洋环境保护、大气污染防治、环境噪声污染防治、固体废物污染环境防治、环境影响评价、放射性污染防治等都是以单灾种立法的模式。但是，这些单灾种立法缺乏与综合生态环境保护法的协调与配合。也就是说，我国目前仍然没有制定一部什么灾害都能管的综合性防灾减灾救灾基本法，即《灾害基本法》，由此，造成我国目前的灾害防治工作中头痛医头脚痛医脚局面。[①] 也就是说，生态危机或者生态安全、生态文明方面的问题往往都不是单独发生的，一般都伴

① 王建平:《汶川抗震启示：中国还缺一部什么灾难都能管的基本法》，载《南方周末》2009年5月20日。

随各类的群发生态问题和环境灾害。比如，森林火灾的发生通常与旱灾有关，2008 年一二月我国南方的雨雪冰冻灾害，不仅造成了森林冻害的后果，实际上也对农作物、交通、电力等领域造成了巨大的损失。所以，如果只关心某类环境损害而忽视其他生态问题，往往会顾此失彼，事倍功半，生态安全和环境保护立法，应当有一个综合性的法律进行统筹和协调。

2015 年 7 月 1 日，我国《国家安全法》颁行。这个新版的《国家安全法》第一次把“生态安全”规定在法律中，即（1）国家安全与总体国家安全观。国家安全是指国家政权、主权、统一和领土完整、人民福祉、经济社会可持续发展和国家其他重大利益相对处于没有危险和不受内外威胁的状态，以及保障持续安全状态的能力（第 2 条）；国家安全工作应当坚持总体国家安全观，以人民安全为宗旨，以政治安全为根本，以经济安全为基础，以军事、文化、社会安全为保障，以促进国际安全为依托，维护各领域国家安全，构建国家安全体系，走中国特色国家安全道路（第 3 条）；维护国家安全，应当与经济社会发展相协调。国家安全工作应当统筹内部安全和外部安全、国土安全和国民安全、传统安全和非传统安全、自身安全和共同安全（第 8 条）。（2）资源能源安全。国家合理利用和保护资源能源，有效管控战略资源能源的开发，加强战略资源能源储备，完善资源能源运输战略通道建设和安全保护措施，加强国际资源能源合作，全面提升应急保障能力，保障经济社会发展所需的资源能源持续、可靠和有效供给（第 21 条）。（3）生态安全。国家完善生态环境保护制度体系，加大生态建设和环境保护力度，划定生态保护红线，强化生态风险的预警和防控，妥善处置突发环境事件，保障人民赖以生存发展的大气、水、土壤等自然环境和条件不受威胁和破坏，促进人与自然和谐发展（第30条）。（4）核安全。国家坚持和平利用核能和核技术，加强国际合作，防止核扩散，完善防扩散机制，加强对核设施、核材料、核活动和核废料处置的安全管理、监管和保护，加强核事故应急体系和应急能力建设，防止、控制和消除核事故对公民生命健康和生态环境的危害，不断增强有效应对和防范核威胁、核攻击的能力（第31条）。（5）外空、国际海底[①]和极地安全。国家坚持和平探索和利用外层空间、国际海底区域和极地，增强安全进出、科学考察、开发利用的能力，加强国际合作，维护我国在外层空间、国际海底区域和极地的活动、资产和其他利益的安全（第32条）。

在前述5个层面，我国以人民安全为宗旨，以政治安全为根本，以经济安全为基础，以军事、文化、社会安全为保障，维护各个领域、各个层次的国家安全，从而构建全新的国家安全体系，以全面提升我国在国家安全方面的应急保障能力。尤其是，国家通过立法，增强从中央政府到各级地方政府以及公务员，还有全民的法治意识和法治能力体系，全面依法治国，以社会主义核心价值观构建生态文明的“山水论”，即习近平的“绿水青山就是金山银山”现代“生态文明观”，保障生态安全。进而不断完善国家生态环境保护制度体系，加大生态文明建设和环境保护力度，划定生态保护红线，强化生态风险的预警和防控、治理，妥善处置各类突发环境事件，包括认真细致地应对雾霾灾害，控制人的致灾性，从而全面保障人民赖以生存发展的大气、水、土壤等自然环境和条件不受各种致灾因子的威胁和破坏，促进人与自然和谐发展，按照人类命运共同体的理念，承担核安全、外层空间安全、国际海底和极地安全的保障义务。应当说，我国的《国家安全法》已经将“人的致灾性”控制提到了国家安全保障的高

---

① 1991年1月17日～2月28日以美国为首的多国部队，在联合国安理会授权下，为恢复科威特领土完整而对伊拉克进行的局部战争即海湾战争（Gulf War）。这次战争，是人类战争史上现代化程度最高、使用新式武器最多、投入军费最多的一场战争。海湾战争主要战斗，包括：历时42天的空袭；在伊拉克、科威特和沙特阿拉伯边境地带历时100小时的陆战。多国部队以较小的代价取得决定性胜利，重创伊拉克军队。伊拉克最终接受联合国660决议，并从科威特撤军。海湾战争中，有500万至1000万桶石油被倾注到波斯湾水域，于是，政治上的国际冲突对生态资源的损害，尤其是国际海域的生态安全，再度引起国际社会的高度重视。

度来进行立法。

（二）生态安全保障法律义务的初步设立

当代的生态危机具有极强的人为性特征，而法律的调整对象就是人们的外在行为，在法治社会，法律机制是调整人的行为最主要同时也是最有效的方式，这在生态安全的法律控制中同样不例外，即依靠制度和机制的优势进行生态危机防范是现代生态环境保护活动的发展趋势。只不过，这里要进一步论证的是：法律通过什么方式控制和减轻生态危机的不利影响？作者的分析如下：

1. 法律的公开性。法律通过明确的规范向社会传达其在生态环境保护的目标、策略和价值取向，通过法律的权威和明示的规定，告知行为人什么可以做、什么不可以做以及什么应当做、什么不应当做，通过规范人的致灾性行为来防止破坏环境、危害生态事件的发生。

2. 法律的指引功能，即法律通过鼓励人的治灾性的发挥来提高对生态环境问题的预防和应对能力。法律要求人们主动地采取措施预防发现潜在的生态危机，做到事先有准备，临阵不慌乱，杜绝传统的环境治污过程中临时抱佛脚的治理方式。

3. 法律的确定性，法律规范的确定性给人们定出防范生态危机统一的行为标准。法律作为人们行为的标准和尺度，能够客观地评价和判断人们的行为。同时行之有效的生态环境保护措施通过法律的规定，成为人们固定的行为模式，使人们可以正确的评价自己的行为是否恰当。

4. 法律的强制性。因为法律是依靠国家的强制力来保证实施的，是以大公无私、不偏不倚的司法制度来体现其权威的。对于违反法律的行为，法律不仅会给予否定性的评价，还会施以严厉的制裁，震慑那些对法律的效力持怀疑态度的人，从而保证法律所追求的目标和价值得以实现。

任何一部法律的设立，实际上是要确立相应的法律关系，表现出来为一定权利义务为内容的社会关系。生态安全法律则是在人类中心主义发展模式主导下，规范人们在认识、改造自然界活动中的不当行为，是对传统发展模式的一种调适，追求的是一种可持续的人类中心主义发展模式。从权利与义务的关系来看，二者既是相互依存又是相互独立的。从“权利是权利主体必须且应该从义务主体那里得到的利益，义务是义务主体必须且应该给付给权利主体的利益”来看，权利与义务实为同一种利益，它对于获得者是权利，对于付出者则是义务。因此，一方有什么权利，他方便有什么义务；一方有什么义务，他方便有什么权利。①这是说权利义务之间相互依存的关系。权利与义务又是互相区别的，权利是授益性的，义务则是负担性的，权利主体可以放弃对权利的行使，义务主体则不能放弃承担法律义务。义务作为一种法律设定的行为模式与权利具有最大的相关性。即义务规则应是针对某一权利并为保证这种权利实现而设定。换句话说，如果一种行为与权利没有相关性，法律就不能强行为之设定义务。②生态安全保障法律义务同样具有以上的性质和特征。只不过，在生态安全法中重在设定生态安全保障法律义务，以及对这一义务严格履行的保障措施。生态安全保障义务的履行可以具体到每一个自然人、单位和团体，但生态安全的权利的享有却难以具体化到每一个对象，而是直接惠及整个人类社会，具有明显的公益性。通过制定生态安全法，设立生态安全保障法律义务，可以将各级政府、各类团体和公民在生态建设中的责任和义务以法律或法规的形式固定下来。

设立生态安全保障法律义务目的就是要维护国家的生态安全，改善生态环境，将维护和改善生态环境作为一切经济和社会活动的基本原则。以湖南稻米重金属污染土地治理为范例，面对农用地土壤污染致灾性的不断

---

① 孙英:《权利义务新探》，载《中国人民大学学报》1996 年第 1 期。

② 王人博、程燎原:《法治论》，山东人民出版社 1992 年版，第 174 ~ 175 页。

扩张，要保卫湖南稻作区的土壤，减少土壤污染，必须从污染经济学—灾害经济学—环境经济学的角度，即从制止土壤污染的经济激励机制的积极角度，以及法律义务、法律责任体系化的消极角度，把握利益得失的关键，以土地伦理为基点，以可持续发展为目标，结合湘江流域重金属污染治理的国家行动，具体细分和明晰的义务体系如下：（1）第一义务：为农民、各种农业用生产资料提供者，如农药、化肥和有机肥生产者、城市污水和工业污水排放者为土壤重金属第一防控义务。（2）第二义务：为各级政府承担的农业生产监管义务，即为农民提供合格的低重金属含量的农药、化肥和有机肥，灌溉污水和清洁生产用水，[①] 以及对已经发生的土壤污染，提供土壤治理即土壤修复、土壤净化、土壤冲洗和土壤恢复的技术、资金和扶持措施等。（3）第三义务：为社会公众对农业生产过程中，土壤污染的监督和减少不良生活习惯性水体、大气和固体废弃物等土壤污染物的排放等方面，寻找突出困境的突破口的义务。[②]

（三）长江上游生态保护与“川沪带内合作”的设想

“川沪带内合作”设想的提出，基础是全国主体功能区的构想，以空间协调与平衡的理念，在制订规划时，中央政府和地方政府不仅要考虑产业分布，还要考虑空间、人、资源、环境的协调，顾及生态安全和生态补偿，增强规划的空间指导，确定主体功能与生态安全的协调思路。全国主体功能区的概念借助《全国主体功能区规划》，使我国的国土空间开发利用模式发生了重大转变，国土空间开发与国家生态安全义务的空间配置目标和战略格局，已经发生了重大调整。具体而言，有三个方面的理由：（1）长江上游是四川省承担国家生态安全义务即长江流域国家生态安全战

---

① 王建平：《土壤污染致灾性控制的逻辑理路》，载《四川大学学报》2013 年第 6 期。

② 同上。

略实现任务的基础。(2)在“一路一带”或者“两路一带”[①]发展战略之下，长江流域的带内合作义务被提到国家战略的高度，也就是说，四川省与上海市的带内合作，已经提到了议事日程上了。(3)央地冲突和地地合作机制形成。也就是说，2017年7月祁连山生态环境事件被中央政府查处后，从1月至10月，甘肃省检察机关经审查，共批准逮捕祁连山破坏环境资源犯罪案件8件16人；建议行政执法机关移送破坏环境资源犯罪案件23件30人，监督公安机关立案侦查破坏环境资源犯罪案件14件15人。同时，甘肃省检察机关侦监部门共向民行部门移交公益诉讼案件线索13件，向反贪反渎部门移交职务犯罪案件线索13件。[②]央地政府在生态安全层面的冲突表面化，使川沪的地地生态安全带内合作具有了必要性、可行性和急迫性。

长江干流宜昌以上为上游，绝大部分属于四川省；宜宾以上称金沙江流域，是我国重要的成矿带，蕴藏着煤、铁、钒钛、铜、铅锌、稀土、石灰石等丰富的矿产资源。随着梯级水电站群建设和密集的矿山开采，2300多公里金沙江峡谷江段上分布着众多的矿山和排污点，河水污染严重，地质灾害频繁，生态安全局面严峻。长江上游是国家生态安全战略的实施地以及生态安全义务的主要承担地，川沪合作具有必要性、可行性和急迫性，具体表现在:(1)长江经济带国家战略落实。长江经济带肩负着国内改革的任务，而“一带一路”则肩负着对外开放的使命，《长江经济带发展规划纲要》颁行后，首次将改善生态环境放到了长江经济带发展战略的

---

① “两路一带”，是在“一带一路”即“丝绸之路经济带”和“海上丝绸之路经济带”的基础上，增加了一个“长江经济带”的叫法，即丝绸之路经济带、海上丝绸之路经济带和长江经济带。其中，“一带一路”战略是“走出去”国家战略，而“长江经济带”则更强调国内的“带内合作”或者“区域合作”或者“区际合作”，也就是地地合作机制。

② 佚名:《最高检督导祁连山环境案：10个月批捕16人》，载《北京青年报》2017年11月21日，https：//news.qq.com/a/20171121/001439.htm，最后访问日期：2018年2月13日。

第一位，并按此要求则长江上游地区要建立硬约束，长江流域的生态环境只能优化、不能恶化。要发挥长江黄金水道作用，产业发展要体现绿色循环低碳发展要求，而在这一点上，四川尤其需要上海的产业对口支援。（2）“一轴、两翼、三极、多点”格局需要四川全方位参与。长江经济带涉及省份多，区域面积大，上中下游间经济社会发展很不平衡，而四川的“三州地区”经济社会发展则很不充分，《全国主体功能区规划》中，四川地区的空间布局生态功能区的实现，是落实长江经济带功能定位及各项任务的载体，也是长江经济带规划的重点，经反复研究和论证，才形成“生态优先、流域互动、集约发展”思路，并提出了“一轴、两翼、三极、多点”的格局。其中，“一轴”即长江黄金水道交通轴；“两翼”中的北翼以沪蓉运输通道为依托，促进交通互联互通，加强长江重要支流保护，增强省会城市、重要节点城市人口和产业集聚能力，夯实长江经济带的发展基础；至于“三极”，则是指以长江三角洲城市群、长江中游城市群、成渝城市群为主体，发挥辐射带动作用，打造长江经济带三大增长极。长江经济带区域发展不平衡问题突出，尤其地区间基本公共服务水平差距明显。长江经济带区域发展不平衡问题突出，尤其地区间基本公共服务水平差距明显。（3）“生态优先”必须上下游合作。《长江经济带发展规划纲要》将生态环境保护居于压倒性的战略地位，长江经济带发展的战略定位必须坚持生态优先、绿色发展，共抓大保护，不搞大开发，以期改变长期以来生态建设与经济社会发展“两张皮”的问题。

所以，应当坚定不移实施主体功能区制度，促进人口经济和资源环境承载能力相适应，落实水生态环境功能分区管理制度，加强流域生态系统修复和环境综合治理，积极推进全流域城镇污水处理设施建设，处理好长江航运建设与生态环境保护的关系，坚决淘汰落后污染产能，确保“一江清水”绵延后世，力求实现“一江同体，齐头并进”。推动长江经济带发展，必须坚持走生态优先、绿色发展之路，着力打造“一道两廊三群”，即大力构建绿色生态廊道、建设综合立体交通走廊和现代产业走廊、发展沿江三大城市群，新开工建设一批重大项目，充分发挥协商合作机制作用，推动长江经济带发展迈上新台阶。[①]（见表 1–4）

表 1–4　四川省国家重点生态功能区构成[②]

区域	类型	综合评价	发展方向
若尔盖草原湿地生态功能区	水源涵养	位于黄河与长江水系的分水地带，湿地泥炭层深厚，对黄河流域的水源涵养、水文调节和生物多样性维护有重要作用。目前湿地疏干垦殖和过度放牧导致草原退化、沼泽萎缩、水位下降	停止开垦，禁止过度放牧，恢复草原植被，保持湿地面积，保护珍稀动物
川滇森林及生物多样性生态功能区	生物多样性维护	原始森林和野生珍稀动植物资源丰富，是大熊猫、羚牛、金丝猴等重要物种的栖息地，在生物多样性维护方面具有十分重要的意义。目前山地生态环境问题突出，草原超载过牧，生物多样性受到威胁	保护森林、草原植被，在已明确的保护区域保护生物多样性和多种珍稀动植物基因库
秦巴生物多样性生态功能区	生物多样性维护	包括秦岭、大巴山、神农架等亚热带北部和亚热带—暖温带过渡的地带，生物多样性丰富，是许多珍稀动植物的分布区。目前水土流失和地质灾害问题突出，生物多样性受到威胁	减少林木采伐，恢复山地植被，保护野生物种

在表 1–4 中，四川居于黄土高原—川滇生态屏障关键部位，且川西、川北属于国家重点生态功能区，有 23 个国家级自然保护区，[③]四川省当然

① 亢舒:《〈长江经济带发展规划纲要〉出台在即，"一道两廊三群"浮出水面》，载中央政府门户网，http://www.gov.cn/xinwen/2016-02/16/content_5041408.htm，最后访问日期：2018 年 2 月 13 日。

②《全国主体功能区规划》，第八章限制开发区域（重点生态功能区）——限制进行大规模高强度工业化城镇化，第三节发展方向；表 1–4 国家重点生态功能区的类型和发展方向。

③ 四川省内的 23 个国家级自然保护区是：四川画稿溪国家级自然保护区、四川王朗国家级自然保护区、四川雪宝顶国家级自然保护区、四川米仓山国家级自然保护区、四川唐家河国家级自然保护区、四川马边大风顶国家级自然保护区、四川长宁竹海国家级自然保护区、四川花萼山国家级自然保护区、四川蜂桶寨国家级自然保护区、四川卧龙国家级自然保护区、四川九寨沟国家级自然保护区、四川小金四姑娘山国家级自然保护区、四川若尔盖湿地国家级自然保护区、四川贡嘎山国家级自然保护区、四川察青松多白唇鹿国家级自然保护区、四川海子山国家级自然保护区、四川亚丁国家级自然

要实行分类管理的区域政策，形成经济社会发展符合各区域主体功能定位的导向机制。而对四川省域内的天然林保护地区、退耕还林还草地区、草原退化、沙化、碱化地区、荒漠化地区、水土流失严重地区等，在原则上确定为重点生态功能区后，发展不充分与不充分的矛盾会进一步加重。为此，必须着力推进国家重点生态功能区、禁止开发区域开展生态补偿，引导生态受益地区与生态保护地区、下游地区与上游地区开展横向补偿。探索建立主要污染物排放权交易、生态产品标志等市场化生态补偿模式。开展碳排放权交易试点，逐步建立全国碳交易市场。优先将重点生态功能区的林业碳汇、可再生能源开发利用纳入碳排放权交易试点。[①] 与此同时，在“两路一带”发展战略中，四川省的经济、社会发展思路，应当在川沪合作的大格局下，借助上海市的对口支援和合作发展政策进行重大调整，具体建议如下：

1. 统筹五位一体总体布局与四川省因“长江经济带内合作”而承担的国家生态安全义务。十八大将“生态文明建设”纳入“五位一体总体布局”，是国家生态安全战略在长江上游地区，主要是对四川省生态文明建设和经济发展模式的新要求。特殊的地理区位，得天独厚的自然资源优势，使长江上游成为国家生态屏障建设的重点区，承担着国家生态安全战略即生态安全义务履行的职责。借助“两路一带”国家发展战略，融合长江上游生态文明建设的目标，在四川省金沙江流域矿产资源开发利用、生态环境保护和新型城镇化过程中，开展与上海市的新一轮“长江经济带内合作”，并通过签署上海市对口帮助四川省开展投资型、技术型和智力型（三型合作）发展协议，将长江上游的四川省和长江下游的上海市的“代内合作”力量联合起来，共同承担长江上游国家生态安全义务，推动共同

保护区、四川美姑大风顶国家级自然保护区、四川长沙贡玛国家级自然保护区等。

① 国家发展改革委《贯彻落实主体功能区战略推进主体功能区建设若干政策的意见》（发改规划〔2013〕1154号，2013年6月18日），七、建立实施保障机制，（五）健全生态补偿机制。

保护长江上游的森林资源、水土资源和水资源，以及国家长江上游生态安全义务的合作承担机制的形成。

2. 长江上游生态安全义务的履行必须建立“长江经济带内合作”机制。长江上游生态安全国家战略的承担，是没有条件的。为此，四川省不能向国家提出任何交换条件，或者索要任何特殊政策。但是，四川的长江上游地区森林覆盖率下降，河流泥沙含量增加，水质恶化，已经危及城市饮用水，加上若尔盖湿地退化和川西北高原严重沙化，生态环境急剧恶化，而且，金沙江流域长期采矿，流域内水污染和水土流失严重。长江上游生态安全义务非均衡性承担与履行，导致川沪两地“长江经济带内”经济、社会发展非均衡现象非常明显，长此以往，不利于国家“康巴安西藏安，西藏安天下安”战略的实现。面对生态文明建设任务，长江上游大力推进森林保护、水土保护（包括湿地保护）和水资源保护等投入型发展，借助外力的投资型、技术型和智力型（三型合作）发展的合作资源，把四川省的资源比较优势与上海市的经济发达、市场庞大和视野开阔、管理精细，尤其是金融证券市场等制度资源、人力资源和管理资源等比较优势相结合，形成发展合力。

3. 四川省和上海市“长江经济带内合作”的基本思路。在四川省和上海市进行“长江经济带内合作”思路下，借鉴汶川灾后重建的对口援建模式，以投资型、技术型和智力型（三型合作）发展协议的签署为导向，在种植/养殖、矿山开发和尾矿利用、长江流域污染治理、长江水道的物流发展协调、川沪旅游合作、垃圾分类和利用、养老等社区建设、金融证券合作以及自贸区政策西延四川九个方面，开展川沪深度合作，带动四川省经济社会发展质量的提升，推动上海经济社会发展的增量快速增加。其中，投资型合作包括种植/养殖、矿山开发和尾矿利用、长江流域污染治理三个方面，按照三型合作协议，相关收益和利益归属于上海方；技术型合作包括长江水道的物流发展协调、川沪旅游合作、垃圾分类和利用三个方面，由四川省投入资金、人力和土地等，上海方面投入管理技术，提升四川省在这三个方面的合作效率，相关合作收益，按照三型合作协议约定处理；智力型合作包括养老等社区建设、金融证券合作和自贸区政策西延四川三个方面，比如，自贸区的多地通关即长江经济带通关一体化等，由上海市将其经验和智力资源投入四川省相关领域，包括地方债的发行担保等，取得的收益，大部分归上海市方面。

4. 四川省和上海市“长江经济带内合作”的路径与措施。长江经济带目前正着力构建防洪减灾体系、河道综合治理体系、水资源综合利用体系、水资源与水生态环境保护体系、流域综合管理体系五大体系，从2020年至2030年，长江流域将进入治理开发与保护并重、更加侧重保护的阶段。带内合作应通过“上下游协调承担生态安全义务模式”开展“协作性公共管理”，构建长江口与长江上游地区相互支撑、良性互动的新格局。

四川省主动寻求与上海市的“带内合作”路径，以四川省的优势资源，换取上海市对口支援发展的市场、资金和管理经验等“带内合作”路径。四川省与上海市借助长江经济带政策达成对口支援发展共识，探索出一种互助合作的良好模式，即“对口发展支援模式”即四川省开出对口支援政策的利益回报清单①并与上海市签署“对口支援协议”②，在四川省与

① 利益回报清单：（1）上海市场的农副产品，可以在四川三州地区种植、养殖的，形成上海市的专用和植、供应基地；（2）四川三州地区的优势资源，优先供应上海市场；（3）双方在四川三州地区开展循环经济、生态化生产的税收权，通过双方协议，转让一部分给上海市；（4）上海市在四川三州地区投资的公司，享有四川省的特殊优惠和鼓励政策；（5）两地共建上海市对口支援四川三州地区发展基金，优先使用权主要由上海市享有，以投资四川三州地区；（6）上海市对口支援四川三州地区发展尤其是生态保护的目标奖励基金，由中央政府设立，四川省配套资金，奖励上海市方面；（7）设立并运营四川三州地区对于上海市的优惠政策和利益回报的“绿色通道”；（8）四川为上海市在资金、服务和管理方面作出突出成绩的单位和个人，给予奖励和把发奖金；（9）四川省为上海市开放旅游优惠服务活动等。

② “对口支援协议”基本框架：（1）基本原则；（2）合作基础；（3）支援方权利义务；（4）受援方权利义

上海市在“对口支援协议”签署后，四川省还应当将相关政策性措施，通过地方立法，变成地方性法规，即《四川省长江上游生态安全条例》[①]《上海市对口支援四川三州地区发展条例》[②]《四川省三州地区对口受援发展条例》[③]等。

务;（5）资源政策约定;（6）市场政策约定;（7）资金政策约定;（8）中央政府配套政策;（9）双方配套政策;（10）实施监督等。

①《四川省长江上游生态安全条例》主要内容是:（1）总则;（2）长江上游生态安全战略;（3）长江上游地区的生态脆弱区红线;（4）长江上游地区的矿产资源开发;（5）长江上游地区的土地资源保护;（6）长江上游地区的水资源保护;（7）长江上游地区的对口支援发展;（8）长江上游地区的旅游业发展;（9）法律责任等。

②《上海市对口支援四川三州地区发展条例》的基本内容:（1）总则;（2）对口支援原则;（3）四川三州地区的市场支援;（4）四川三州地区的资金支援;（5）四川三周地区的服务支援;（6）四川配套政策;（7）对口支援回馈政策;（8）保障与配合措施;（9）附则等。

③《四川省三州地区对口受援发展条例》基本内容:（1）总则;（2）受援发展原则;（3）上海的市场支援;（4）上海的资金支援;（5）上海的服务支援;（6）上海对口支援决策机构;（7）对口受援配合政策;（8）受援地保障与配合措施;（9）附则等。

第二章　人的致灾性理论的提出

人的致灾性问题是灾害法学的基本范畴，这个基本范畴的发现得益于作者对世界各国在工业文明时代超越自然规律（大气的容量和空气质量标准）而导致的严重自然灾害的分析（包括伦敦雾霾灾害和美国的毒雾事件）。在我国，从1978年十一届三中全会之后，经济体制改革和进一步深化经济体制改革带来的巨大变化，除了体现在物质文明不断发展之外，还体现在精神文明的长足进步。然而，自然规律尤其是大气质量的“天花板”和生态文明的底线，却屡屡为国人敲响致灾警钟，也就是说，不管人们是否喜欢，是否承认或者是否乐意，“人的致灾性”理论问题都是在自然灾害、自然人为灾害、人为自然灾害和自然灾害的多重现实背景下，灾害领域必须承认的基本客观事实。在这里，现代社会应当首先转变对“灾害”一词的理解（包括其内涵和外延），即把灾害等同于自然灾害的观念转变过来并继而承认灾害在自然变异和人类行为两大因素之间，具有的自然界的客观性与人的行为的主观性的组合可能性。唯其如此，才能理解现代社会“灾害学”领域，才能理解为何灾害越来越多而不是越来越少——现代社会人的欲望的不恰当扩张，必然导致自然界的资源、能源的供给出现严重的短缺，而大气、水和土壤这三大基本环境要素所能承担的人类行为的消极后果也是非常有限的。

“致灾性”本身，按照作者的理解，其中的“致”就是“导致灾害”。

远的不说，就说2013年1月以后北京雾霾成灾的问题，与市民的日常生活就有很大的关系，具体表现在：（1）北京人口众多。根据2017年年初人口统计的数据，北京人口已达到2172.9万人。[①]从人的致灾性角度来看，虽然每一个人身上的致灾性可能微弱得可以忽略不计。但是，人口过多了之后，聚集在一起，就会有很多问题。这是人的超微致灾性的聚集现象，与大气中PM2.5的含量和气候条件密切相关。（2）北京的家庭油烟排放量大。按照我们中国人的饮食习惯，每日中午、晚上的饭点，人们要在家中做饭。于是，使用抽油烟机便是习惯做法。结果，人们在家中做饭时把烹饪的油烟都排出去了，厨房里很干净。那么，这些烹饪的油烟被排到哪里去了呢？排到大气里去了，成了气溶胶类大气污染物的重要组成部分。（3）北京机动车过多。据统计，2016年年末北京全市机动车保有量571.8万辆，比上年末增加9.9万辆。民用汽车548.4万辆，增加13.4万辆。其中，私人汽车452.8万辆，增加12.5万辆；私人汽车中轿车316.2万辆，减少0.3万辆。然而，从2012年的520.0万辆，到2013年的543.7万辆、2014年的559.1万辆、2015年的561.9万辆，再到2016年571.8万辆，[②]机动车的增加也意味着大气PM2.5的数量增加。大气本身有一个非常重要的特点，即大气自净能力的限制。也就是说，大气的这个自净能力非常有限，当超过一定容量的时候，什么方法都不能改变它。最简单的一个实证事例，就是2014年的新词“APEC蓝”。“APEC蓝”离不开众多企业停工、市民放假，以及机动车单双号限行等。问题是：北京市能不能坚持一个月、两个月、三个月，半年或者一年都放假？肯定不行。真要是这么坚持一个季度的话，那么，北京市就要有许多人失业了。可见，人的致灾性问题的提出，不是作者的杜撰，而是生态环境外部性的一种必然性结论。这

① 北京市统计局《北京市2016年国民经济和社会发展统计公报》（2017年2月25日），一、人口。

② 北京市统计局《北京市2016年国民经济和社会发展统计公报》（2017年2月25日），五、交通运输和邮电；图7北京市2012~2016年机动车保有量。

其中，北京市的超负荷人口、市民日常生活餐饮习惯、机动车过多以及冬季供暖持续大量燃煤等因素的汇合，是人的致灾性的典型证明。

第一节　生态危机与人的致灾性相关关系

在第一章行文中，作者强调了生态危机发生的必然性。这种必然性本身，是一种以必然性表现出来的人对外部环境的外部性。也就是说，生态安全作为一种社会公共品，大家都需要它，但是，大家都不想为它的维护支付成本。因此，当大家为自己的产品或者生活利益，而无节制地利用生态环境时，必然会导致生态安全被破坏或者受到威胁的情形出现。

在这里，“外部性”作为一种制度经济学上的概念，所要表达的是边际私人成本与边际社会成本、边际私人收益与边际社会收益的不一致和不对应的情形。也就是说，在没有外部效应时，边际私人成本就是生产或消费一件物品所引起的全部成本。当存在负外部效应时，由于某一生产者的环境污染行为，导致另一生产者为了维持原有的产量，必须增加诸如安装治污设施等所需的成本支出，这就是外部成本。于是，边际私人成本与边际外部成本之和，就是边际社会成本。当存在正外部效应时，企业决策所产生的收益并不是由本企业完全占有的，还存在外部收益，外部收益等于边际私人收益与边际外部收益之和。

就生态安全而言，任何环境保护法意义上的民事主体或者商事主体、行政主体等，其实都不见得能够积极主动和自觉承担大气、水或者土壤等环境介质的污染成本。于是，我国《公司法》上才有公司要“承担社会责任”的条款。而这种条款，恰恰是限制和控制公司这种民商主体在利用各种环境介质时的“搭便车”行为的。只有公司承担了社会责任，政府才能管理好生态安全事务。

一、生态环境的外部性

（一）市场失灵与生态环境的外部性

生态安全是人的一种生态利益需求的表现，而市场并不能当然提供生态环境的正外部性，即只有边际私人收益和边际社会收益，而不需要支付负外部性，即边际私人成本和边际社会成本。其原因在于市场失灵现象，也就是说，市场不见得会把人的生态安全需求当成一种公共品提供给社会。但是，市场主体却并不放弃对生态与环境资源的利用，不计成本的利用导致了严重后果的发生。于是，“人的致灾性”——如同前文的导致雾霾灾害发生一样，与具有致灾性的个人出行行为、生活方式和社会生产模式等有关。

在作者看来，每个人身上导致雾霾灾害的致灾性都很微弱几乎可以忽略不计。但是众多致灾性因素的聚集、就可能会造成灾难性的后果。就如同太湖的污染一样，太湖流域那么多的企业向太湖中排放污水，可能全部或者大部分排放污水的企业，都是达标排放或者合法排污，但是，由于水体接纳污水的能力和其自净能力有限，所以会经常爆发“水华”。这种水华污染，其实就是水体被各种污染物充填之后，导致的水中蓝藻、绿藻过量繁殖现象，即水富营养化之后，或者过度富营养化之后的情况，不仅观感上很难看，治理难度还很大。

再举一个例子：昆明滇池水体污染从 20 世纪 70 年代中后期开始，到 80 年代特别是 90 年代，滇池水体富营养化越来越严重。其原因是：（1）滇池位于昆明城区下游，是昆明地区水平面最低地带；（2）城市和乡村生活污水和工业废水大量排入滇池；（3）滇池环湖地带城镇化发展迅速；（4）滇池属于半封闭性湖泊，缺乏充足和干净的河流水进行水量置换；（5）在自然演化过程中，滇池湖面逐渐变小，湖床变浅，内源污染物堆积，污染严重。从“九五”开始，4个滇池水污染防治“五年规划”，投入不下200亿元。到2016年7月，环保部发布2016年上半年全国空气和地表水环境质量状况。数据显示，重点湖泊中，滇池湖体水质平均为Ⅴ类，同比明显改善。与2015年同期相比，滇池保持污染减轻、水质转好的势头。在水质获得大幅改善的背后是滇池治理持续20年的成果。具体表现在:（1）滇池草海营养状态由重到轻。根据监测，2016年1～7月，滇池草海水质类别为Ⅴ类，其中一个月达Ⅳ类，综合营养状态指数为59.9，营养状态为轻度富营养。与2015年同期比较，草海水质类别由劣Ⅴ类转为Ⅴ类；营养状态由重度富营养转为轻度富营养。综合营养状态指数下降15.1%，水体透明度上升52.6%。（2）滇池外海水质转为Ⅴ类。根据监测，2016年1～7月，滇池外海水质类别已由2015年同期的劣Ⅴ类转为Ⅴ类，综合营养状态指数为59.5，营养状态也由中度富营养下降为轻度富营养。与2015年同期比较，综合营养状态指数下降2.6%，水体透明度的平均值下降13.1%。（3）滇池流域生态状况改善。随着滇池环湖生态建设持续开展，湖泊生态系统持续修复，生态功能和稳定性得到提升，滇池流域生物多样性逐渐恢复。滇池湖滨湿地植物物种数量呈明显增加的趋势，从建设前期的232种增加到建设后期的约290种，物种数量增加了约25%。在滇池栖息、越冬的鸟类明显增多，在滇池周边记录到鸟类140多种，消失多年的海菜花等水生植物、金线鲃等生物也都重新出现。[①]2016年8月，央视微博举行“全国最美湿地”投票，滇池湿地荣获第一名。[②]应当说，滇

① 在2017年，昆明市狠抓滇池治理并取得新突破，生态环境保护取得新成效。建立“四级河长五级治理体系”，设立河长3489名，6个湿地项目加快建设步伐；滇池流域生态补偿金达4.86亿元，实施滇池保护治理项目100个，25条入湖河道水质达标，滇池全湖水质稳定保持在Ⅴ类；滇池流域及西山重点区域“五采区”关停采矿采砂采石点72个；新增城市绿地360.8公顷；昆明全市环境空气质量达到国家二级标准；石林成为国家生态文明示范县。

② 罗媛:《持续治理20年，滇池水污染防治工作取得明显成效》，载中国金融信息网，http://www.yn.xinhuanet.com/2016hot/20160914/3441992_c.html，最后访问日期：2018年2月18日。

池截污治污系统基本建成，滇池及其水系周边已建成97公里截污主干渠、22座水质净化厂、17座雨污调蓄池，入湖污染物大幅削减，点源污染物入湖量减少了70%，这是了不起的成绩。滇池入湖河道综合整治工程成效显著，铺设改造截污管道1300公里，完成河道4100多个排污口的截污及雨污分流改造，清除淤泥101.5万立方米，河道水质和生态景观明显提升，国家考核的16条河流有14条达到考核要求。生态清淤等内源治理效果明显，在滇池草海、外海18平方公里范围内实施底泥疏浚1213万立方米，去除总氮约两万吨、总磷约0.54万吨；开展生物治理和蓝藻清除等内源污染治理工程，滇池内源存量污染不断削减。外流域引水及节水工程作用显现，建成520座分散式和9座集中式再生水利用设施，日处理总规模29.67万立方米各类污水，成功创建国家节水型城市；牛栏江—滇池补水工程建成通水，每年可向滇池外海和草海补水5.66亿立方米。[①]

滇池的水污染到2018年3月末为止，有所改善但并没有根本缓解的事实表明：当任何一种水体污染物，从微弱、微小或者极微的量，通过合法排污或者达标排放的路径，一点一滴地汇聚到滇池的时候，这个滇池的“池中水”，根本不能指望大把治理费用的高强度投放，就能短时间里有效地遏制滇池水污染的速度的。经过昆明市20多年坚持不懈推进以六大工程为重点的滇池流域水污染防治，实现国家规划确定的“三基本”目标，滇池全湖水质由重度富营养转为中度富营养。2018～2020年，昆明经开区实施15个重点项目，持续投资12.4亿元，采取控制面源和雨季合流污染、治理主要入湖河道及支流沟渠、完善流域截污治污系统等一系列措施，努力实现水质和污水削减达标。此外，2018年则从城市扬尘污染、工业大气污染、机动车污染等方面积极采取有效措施，确保全年空气质量优

① 蒋朝晖：《昆明推进滇池治理六大工程》，载《中国环境报》2016年9月28日，http://www.xinhuanet.com/energy/2016-09/28/c_1119635799.htm，最后访问日期：2018年2月18日。

良天数大于362天，轻度污染天数不超过3天。①

客观地说，北京雾霾的多发、太湖流域与滇池污染的长期和巨额投入治理本身，一方面，说明大气环境、水环境的生态安全出现了严重的问题；另一方面，也说明在市场失灵背景下，利用生态与自然资源的各类利益主体，只知道享有这些资源的权利或者获取其收益，而不知道承担义务或者负担与履行自己的生态义务，从而导致生态环境的负外部性——不履行保护生态环境的义务，必然导致生态环境的边际社会收益降低，而边际社会成本增加的现象。这种现象，虽然目前在很大程度上被遏制，但是，市场机制不能有效发挥其积极作用的“市场失灵”，是生态环境的负外部性不断被强化的根源所在。

（二）政策失灵与生态环境的外部性

所谓政策失灵，是指相关国家政策对于相关主体行为干预的效力减弱或者无效的情形。在我国，政策失灵最典型的实例就是垃圾分类、秸秆禁烧和禁塑等国家政策，通过相应的方式发布之后，并没有让社会公众形成良好的垃圾分类、秸秆禁烧和禁塑的生活与生产习惯，从而让这些政策的法律效用，变成社会现实中的生态环境保护的积极型或者正外部性层面的效用、效果或者效力，即人的约束力、控制力或者社会责任与权利、利益享有的对称能力的情形。

2007年12月31日，国务院办公厅发布了《关于限制生产销售使用塑料购物袋的通知》（国办发〔2007〕72号，以下简称《限塑料袋通知》），规定：为落实科学发展观，建设资源节约型和环境友好型社会，从源头上采取有力措施，督促企业生产耐用、易于回收的塑料购物袋，引导、鼓励

① 参见佚名：《昆明经开区打响滇池保护治理攻坚战，3年计划投入12.4亿元》，载昆明信息港，http：//kunming.fangdd.com/news/34156263.html?fromType=fddweb，最后访问日期：2018年2月18日。

群众合理使用塑料购物袋，促进资源综合利用，保护生态环境，进一步推进节能减排工作，经国务院同意，严格限制塑料购物袋的生产、销售、使用。2008年4月16日，商务部第五次部务会议审议通过《商品零售场所塑料购物袋有偿使用管理办法》(以下简称《塑料袋有偿办法》)，并经发展改革委、国家工商总局同意，于2008年5月15日公布，自2008年6月1日起施行，我国“限塑令”开始实施。但是，限塑令的实施效果，却是非常有限的。[①] 到2017年6月12日时，是“限塑令”正式施行的第9年。调查结果显示，限塑令处境尴尬：小商铺直接提供免费塑料袋，大商店卖塑料袋，更是司空见惯之事。在一些地方，限塑令可以说早已名存实亡，已几乎沦为“卖塑令”。面对塑料袋产业的各个相关方，政策执行陷入监管之难：(1) 塑料袋几乎渗透到普通人生活的方方面面，再强大的监管力量，面对洪水般的生活细节也难免捉襟见肘，这就必然导致政策的执行效率较低；(2) 塑料袋生产商和零售商家有着利益最大化的诉求，也就有了逃避监管的动机；(3) 消费者由于享受着塑料袋带来的便利，已养成短期内难以割舍的消费依赖。监管有难度，生产有利益，消费有依赖，各方行为的交叉地带，恰恰为限制的塑料袋留下生存空间，使限塑令陷入空转、难以落实。

有人做过一个统计：按照每个订单平均使用两个餐盒估算，目前国内互联网订餐平台1天使用的塑料餐盒量约达4000万个。快递行业一年需要120亿个塑料袋、247亿米的封箱胶带。在互联网经济高歌猛进之时，小小塑料袋的问题已经不能不引起全社会的高度重视。既有监管层面的问题，也有利益关系的掣肘，再加上经济发展带来的新情况新问题，限塑令执行中的困境，如同我国当下环境治理的一个缩影：共享经济不能变成共担义务和责任的尴尬。对政府部门而言，加强监管力量、创新监管方式，

① 参见佚名:《“限塑令”为何作用相当有限》，载《北京晚报》2008年6月11日，https://internal.dbw.cn/system/2008/06/11/051312063.shtml，最后访问日期：2018年2月18日。

是加强源头治理的题中之意。限塑令也应该延长监管链条，不仅要限用，也要限售、限产，在需求侧和供给侧两端同时发力。[①]由此，作者提出“人的致灾性”这个概念，实际上是从人的环境影响行为的负外部性，或者人的环境消极影响行为当中，对于相应的政策性、法律性和道德性义务的自觉承担、履行与实现的特性进行归纳后，理论抽象的产物。它旨在表达这样的理论抽象：（1）环境介质的质量限定，意味着各种排污后污染物量的积累，必然触及环境质量“天花板”；（2）对环境介质大气、水、海洋和土地等的利用，能源的消耗，必然积聚消极性环境影响的能量；（3）环境污染的末端治理习惯，决定了环境介质的自然变异和人为变异，必然以致灾因子聚焦的机制，最终演绎成环境灾害、城市灾害和各种人为灾害，等等。

科斯认为，如果人利用环境或者资源的交易费用为零，无论权利如何界定，都可以通过市场交易和自愿协商达到资源的最优配置；如果交易费用不为零，则制度的安排与选择，就是最重要的。也就是说，解决生态环境的外部性问题，可以用市场交易形式即自愿协商实现其正外部性的转换。20世纪70年代以来，世界资源环境问题的日益加剧，市场经济国家开始积极探索实现生态环境问题外部性的内部化具体途径，科斯定律随之被投入实际的生态安全战略的应用中。比如，在环境保护领域，排污权交易制度就是科斯定律的具体运用。科斯理论的成功实践进一步表明，“市场失灵”并不是政府干预市场的必要条件，政府干预市场也并不一定是解决“市场失灵”的唯一方法。在生态环境所代表的生态安全利益的改革调整过程中，外部性问题要解决的主要是如何在社会成员中，分配生态资源利用制度变革所带来的新增利益的两个问题。即一是“搭便车”——为生态安全义务承担付出努力的主体，不能获得相应的全部报酬，应当如何处

① 王石川：《限塑令为何遭遇尴尬》，载《人民日报》2017年6月12日，第5版。

理；二是“牺牲者”——在生态安全义务承担中，某些主体承担了别人应该承担的生态安全成本，对于这些“牺牲者”应当如何补救其利益，从而协调其中的利益关系。理由是，前一种情况即“搭便车”使生态安全义务的承担缺乏动力，而后一种情况即“牺牲者”过多的话，则可能为生态安全义务承担增加阻力。

（三）北京雾霾与机动车政策的相关关系

在北京，自2013年1月以来，连续5年多雾霾成灾的原因是：北京的西北部有燕山，其整体大环境里面，河北省环绕北京市，它的东北部是东北地区，主要是辽宁，它的东南部是山东，它的西部是山西，它的正南部除河北之外，还有河南。这些地方在我们国家经济发展中，算是经济发展比较好的，或者经济发展比较快的，正是整个华北和华中经济总量和工业布局量大污染重的一些地方。恰恰是这个环境也就意味着，大气里的污染物排放太多，尤其是京内京外的机动车数量过多，导致北京的大气环境想变好都好不了。除了北京市人口太多聚集外，还有冬季采暖，大气PM2.5已经超标，很多的企业要开工，北京还有那么多的建筑工地，而且，风又大，周边甚至有远一点的地方如北部的内蒙古，这个区位环境，便是一个典型的致灾因子聚集或者雾霾灾害的孕灾环境，这就决定了北京要想有“APEC蓝”持续，必须大量企业长久停工。但是这能做到吗？北京市的城市运行和正常的生产、生活以及国事活动，决定了北京市不可能为了大气干净、蓝天白云常在，而放弃国民经济的增长率。那么，北京霾灾常发，危害持续，在北京市域就有可能成为常态了。

在这里，北京市的机动车政策，虽然很早就处于数量收缩状态，但是，因为机构多、人员多，收缩很不容易，加上机动车废气绝对排放量，属于刚性的排放量，控制非常不易。至少在机动车政策层面，北京市减霾的愿望就很难轻易或者顺利地实现，这说明什么呢？这说明：北京的各种大气污染物的排放源，包括北京市拥有全中国如果不是排在第一，就是排在第二的机动车数量。每一部机动车只要它开动，除了那种电动的，一般烧油的都要排放各种各样的废气，尽管每一部车排放得并不多，但是，有几百万辆机动车都在排放废气，这是微量、超微量的大气污染物的聚集。机动车是污染“大户”——机动车排放尾气占北京空气污染来源 22.2%，是“第一大户”。根据《北京市 2013—2017 年清洁空气行动计划重要任务分解》[①] 方案，到 2017 年，北京全市机动车保有量将控制在 600 万辆以内，淘汰 100 万辆老旧机动车，在控制机动车数量的同时，不断提升机动车的环保品质。控制机动车保有量是北京市治理大气污染的有力举措，主要是：（1）外埠车进六环须办进京证；[②]（2）重污染日车辆单双号限行；（3）小客车分区域分时段限行。[③] 事实上，这些机动车政策是有明显效用的。不过，如果把北京机动车 600 万辆作为定量的话，其雾霾灾害的出现次数和强度，与人们出行对机动车的依赖程度是呈现正相关关系的。

所以，北京市的京内京外机动车政策本身，不能积极发挥政策的正外部性，让北京市的人少开点车，有多少人会响应呢？作者感觉到：很少！这就涉及生态安全战略实现中，人的因素——包括人的素质因素、人的义务承担因素和人的舒适要求与大气容量的矛盾与冲突因素等。为此，2014 年 11 月 10 ～ 11 日 APEC 召开的时候，作者特别研究了一下，北京市政

---

① 《北京市 2013—2017 年清洁空气行动计划重要任务分解》方案中“重点任务分解”一共 84 条措施，其中，“机动车排放污染防治任务分解”占 22 条，篇幅最多，这与北京市的 PM2.5 来源的占比一致。2017 年年底，北京全市机动车保有量将控制在 600 万辆以内。为完成此目标，北京研究制定了货车、大中型客车及其他车型调控措施；制定了更为严格的小客车新增数量控制措施，引导购置电动车、小排量客车，并自 2014 年 1 月 1 日起实施。这也是继小客车实施购车摇号后，又将货车等大型车也纳入调控。

② 自 2014 年起，凡进入北京市 6 环路内（不含）的外埠车辆必须办理进京证，外埠车辆高峰时段不得进入 5 环路内和远郊区县城关镇。

③ 佚名：《2017 年北京市机动车保有量达到 600 万以后将不再新发牌照，存量牌照将开放过户买卖》，载北京车牌网，http：//www.bjchepai.cn/?p=1911，最后访问日期：2018 年 3 月 28 日。

府采取的一系列措施：放假、停工和机动车限行等，于是，北京的天就蓝了，习近平总书记称为“APEC蓝”。但是，这种“APEC蓝”不具有长时间的可持续性。这就和北京2008年8月开奥运会时采取的一系列应对措施一样，其中有一项，就是北京为了开奥运会，保证奥运村的运动员可以随时洗澡，而让十三陵水库地区、官厅水库附近的农民，不准用水浇地、不准敞开用水洗澡和不准过量使用水库中的水，等等。北京这些机动车政策的生态环境负外部性，以及限制农民用水的政策等，要通过减量、更换电动车和大力发展公共交通、改变出行方式，尤其是社会公众的参与意识等来满足，共同来实现其顺利转化就有很大的困难。

二、人的致灾性理论阐释

（一）人的致灾性的定义

所谓人的致灾性，是在自然人为灾害、人为自然灾害或者人为灾害，包括自然灾害中，人的因素即人对自然资源、自然环境和生态资源的破坏性利用或者不当行为，导致或者诱发灾害发生，以及在灾害发生后处置不当或者不力，广义上包括灾后重建缓慢或者措施不到位等，引发灾区发生严重的次生灾害，如疫病流行、灾民外逃或者难民成群等，含有人的因素的灾害属性。[①] 这种属性，是人类社会对于经济发展速度的过度追求，对于奢侈浪费的无度宣传和放纵，导致的对于生态资源的竭泽而渔、挥霍无度等不良人性释放的表现。有时，也是人类利用自然资源时，对于生态规律、自然规律等认识不足导致的破坏性利用，在自然灾害发生时，给人类社会造成严重的人员伤亡、财产损毁和社会秩序遭受破坏的情形。比如，2008年“5·12”汶川大地震，导致四川省北川县老县城的

① 王建平:《减轻自然灾害的法律问题研究》(修订版)，法律出版社2008年版，第23页。

完全毁灭，就是人类没有认识到北川县城建在龙门山地震带上这一规律，日积月累之后带来的灾难性后果。而在这样一个表面上看起来纯自然的地震灾害事件中，因为灾前期防灾减灾或者备灾的不足，以及临灾期对医疗资源调集的能力有限，而导致在抢险救灾、临时安置和过渡安置的过程中，竟然发生灾民院内死亡数千人的悲剧性情形，于是，便有了受伤灾民紧急跨省疏散和治疗的严重事件发生。前述情形与事件的发生，应当说，就是人类社会应灾力量不足，或者减灾能力不足所带有的致灾性的具体表现形式。

人的致灾性从内涵上讲，是强调在各种灾害，广义上包括各种事故灾难当中，人的因素的诱发性或者致害性，是非常重要的致灾因子，与各种自然性致灾因子一起，构成了灾害发生的孕灾环境。也就是说，孕灾环境不可能是指纯粹自然因素或者自然性致灾因子的聚集，而人类的致灾性行为尤其是破坏生态环境的行为，可以置身事外。而从外延上讲，人的因素作为应对自然灾害和各种生态灾难的一种制度资源，或者人的逃生本能借助社会制度，演化成防灾减灾救灾能力，包括各种各样的立法、守法和执法、司法，以及追究失责者法律责任的应对机制，则是人的致灾性转化成人的治灾性。即需要人类社会以积极作为和科学应对、协同合作，承认人的致灾性是灾害——自然灾害、自然人为灾害、人为自然灾害和人为灾害的致灾因子，以及可控制的关键因素，让各种人类社会的应对力量和资源，得到恰当的整合，从而形成积极的防灾抗灾救灾和减灾的制度力量，便是人的治理灾害成控制灾害的属性。继而，通过生态功能区的界分，生态义务的分层次、全方位的赋予，来达到生态安全保障的目标。这当中，对于生态安全义务的确认、承担与履行而言，“人的致灾性”概念提出本身，实际上，就是强调相应的生态安全义务的承担者与“牺牲者”利益的均衡问题，本质上是一个非常严肃的法律问题。

人的致灾性问题，表现在立法时公众的社会意识或者公众参与的责任感层面，便是一个深层次的社会法治能力问题。2016年11月23日，《北京气象灾害防治条例（草案）》（以下简称《气象灾害条例》）开始进行第三次审议，这次《气象灾害条例》维持了将雾霾列入“气象灾害”定义的条款和内容。很多人一看见把雾霾定义为“气象灾害”就“炸”了：这不显然是替有关部门脱责吗？不仅是普通人，也有一些专家表示不满，认为雾霾更倾向于人祸而非天灾。比如，北京公众与环境研究中心主任马军就表示：“将霾列入气象灾害，从科学角度来看站不住脚。”雾霾与人类活动不当造成的环境污染有极大的内在关联性，这一点是板上钉钉的事实。当然，也有许多人认为：中国的雾霾多发是一个纯粹的自然现象。因为，数据表明，在我国的许多城市，正在进行的各项减排措施并没有真正改善空气质量。这种观点是存在问题的，大抵上可以分为三个层次理解：（1）大气环境容量此消彼长。一定区域的大气接纳污染物的容量是有总量限制的。这个总量，在一定区域空间内，存在此消彼长的关系。各地实施减排措施后没效果，并不能证明雾霾不是由人类的污染行为导致的。（2）大气环境污染容易改善难。有专家表示，从我国目前全国各地的情况看，由于各种污染性气体排放时间过长，排放量过多，导致我国空气污染物的成分非常复杂，已经形成了一个污染物生态系统。其自我恢复能力已经很弱，单靠减排措施已经不能根治了。[①] 也就是说，我国各地的大气污染的累积，实际上就是人的致灾性的微量性积累，生态规律的破坏已经到了临界点，所以，治理起来非常不易。（3）大气质量的改善需要需求侧改革[②]。抛开人们

① 王阳：《把雾霾定义为“气象灾害”，不一定有大家想象中那么坏》，载时政新闻，https：//news.qq.com/a/20161217/012500.htm，最后访问日期：2018年2月18日。

② 我国经济的结构性问题，主要包括产业结构、区域结构、要素投入结构、排放结构、经济增长动力结构和收入分配结构6个方面的问题。这6个方面的结构性问题既相对独立又相互叠加，需要通过结构性改革去有针对性地解决。所谓“需求侧改革”即在我国社会面临的发展不平衡、不充分新矛盾之下，要对人们高大上——无限制的大房子需求、出行机动车依赖需求和资本无节制转换财富需求等的文化型、文明型结构调整——生命长宽高教育和人生幸福观教育、公民社会责任和生态义务

对大气环境的“搭便车”心态和人们承担社会责任，对大气生态安全担负的法律义务不论，单看北京《气象灾害条例》本身，将雾霾划入“气象灾害”范畴，应该没有反对者想象得那么糟糕。理由之一是：一方面，我国对于雾霾成分、结构和消散过程的检测、预警和应急响应水平都亟待提高。如果将雾霾划入气象灾害的范畴，就有可能正式进入我国气象灾害检测预警系统，继而引起有关职责部门的高度重视，以专业的设备和方式对其进行检测与预警。而我国在气象检测方面较为发达，是世界上同时拥有双轨气象业务卫星的少数国家之一，将雾霾纳入气象灾害检测预警系统，无疑将大大提高我国的雾霾监测水平。雾霾监测技术和手段的发达，也有利于有关部门及时知会灾情，从而能够快速作出诸如停工、停课之类的决定。[①]

另一方面，需求侧改革本身，需要我国的宣传、文化和社会公众生产、生活、生存的幸福感管理部门，要相应地做出适应性安排。自 1978 年 12 月 18 ～ 22 日十一届三中全会后的改革开放 40 年来，我国注重经济体制改革和社会结构调整，相对而言，比较忽视社会公众生产、生活、生存的幸福感的研究、提升和拓展。为此，2015 年 11 月 10 日，习近平同志主持召开中央财经领导小组第 11 次会议，研究经济结构性改革和城市工作。2016年1月27日，习近平同志主持召开中央财经领导小组第12次会议，研究供给侧结构性改革方案。2017 年 10 月 18 日，习近平同志在十九大报告中指出，深化供给侧结构性改革。这些会议的中心主题就是提升社会公众的幸福感。为此，就要建设现代化经济体系，把发展经济的着力点放在实体经济上，把提高供给体系质量作为主攻方向，显著增强我国经济质量优势，开启需求侧改革的先声，为“绿水青山就是金山银山”这一“生态

教育等进行需求调整和改革。

① 王阳:《把雾霾定义为“气象灾害”，不一定有大家想象中那么坏》，载时政新闻，https：//news.qq.com/a/20161217/012500.htm，最后访问日期：2018 年 2 月 18 日。

安全论”奠定需求侧改革的政治基础。

（二）人的致灾性的特征构成

人的致灾性的基本特征，作者站在法律关系的构成因素，从法律角度分析，主要有如下几个方面：

1. 主体性。即这种人的致灾性，存在于生态安全义务主体身上，是他们的逐利性表现出来之后，通过个体致灾性微量、超微量的聚集或者生物富集、汇集等情形，变成了强有力的致灾因子或者灾害致灾性。比如，1991 年 6 ～ 7 月的长江流域大洪水，在几年之后的 1998 年 5 ～ 9 月又一次重来[①]的时候，终于激发出中国政府采取天然林禁伐和“退耕还林还草”国家政策的强制推行。应当说，这些国家政策的发布和实施，就是针对长江流域中上游地区，尤其是上游地区的生态安全义务的确认和承担、履行而言的，是对人的治灾性的激发与主体性的积极肯定，也是对国家生态功能区职责的落实。

2. 必然性。人的致灾性在任何一次自然灾害、自然人为灾害和人为自然灾害当中，都会看到其影子。比如，2003 年非典疫病灾害之后，从 2004 年开始到 2006 年时，各级政府和政府部门制定了一大批综合性应急预案和专项性应急预案。那么，应急预案启动之后，该怎么做才是合法的或有效的呢？ 2012 年 7 月 21 日北京洪水灾害事件中，人们开玩笑说“到北京看海”。当时，北京发生特大暴雨，说实在的，北京关于大暴雨致灾的应急预案启动后，其实施效果并不理想。所以，“7 · 21 大暴雨”引发的城市水灾已经来临，社会各界和社会公众都不知道该怎么做。于是，警察照样给在洪水中路边抛锚的车辆贴罚单，而其他的应急措施，也乱成了

① 1998 年 5~9 月的长江发生的又一次全流域型特大洪水，其水位之高、次数之多和高水位持续时间之长，都是空前的。这次大洪灾中，溃决洲滩民垸 1975 座、淹没耕地 358.6 万亩、受伤人口 231.6 万人，因在死亡 1562 人。

"一锅粥"！首善之区的北京尚且如此，其他省市面临各种各样灾害的应急预案启动后，其效果就可想而知了。于是，2013 年 10 月上旬的余姚大水灾中，当地政府启动了 3 个应急预案，[①] 尚且也没有避免"菲特"强台风和"丹娜丝"超强台风"双台风效应"聚集，带来的余姚市域水漫金山，公众被困在家中大多数无法外出，整个城市，生产生活全面受到严重影响的悲剧。当时，公众对政府虽然启动了 3 个应急预案，但是相关的应急行为迟滞、无力和处置失当，根本无法"情有可原"。[②] 加上，余姚市域的灾害信息传递不畅，媒体灾情报道迟缓与不实，灾民救护不及时，发放的救灾物品放在闹市区，众多社会公众被洪水堵在家中不能及时获取食物和饮用水，跟"闹着玩儿似的"。[③]结果，严重的水灾损失，就是必然要发生的了。

3. 可控性。所谓可控制性，即人的致灾性的可控制属性，是指在防灾减灾法律体系之下，通过减灾义务的体系化配置，把灾区政府、非灾区政府和社会公众、各种组织等主体所应当承担的法律义务，进一步明确化和措施化。继而，通过灾区政府各个职能部门的有效合作，也就是说，灾区政府职能部门的职责协同化，形成强有力的防灾减灾救灾能力的情形。这种"可控制性"本身，就是通过"一案三制"来有效地制约人的致灾性，转化成灾害发生的原因和根源，从而为减轻灾害损失作出不懈努力。

与此同时，人的致灾性控制在体制、机制和法制这"三制"的有效

---

① 这三个应急预案分别是：(1) 2007 年 4 月 3 日发布的《余姚市气象灾害应急预案》；(2) 2007 年 7 月 16 日发布的《余姚市防台风应急预案》；(3) 2009 年 10 月 13 日发布的《余姚市自然灾害救助应急预案》。

② 2013 年 10 月 6 日开始，余姚洪水灾区每天有新灾情传出：有灾民两天没有吃喝，买一点花生白菜需 100 多元；待产孕妇 3 天没吃饭；灾民裹着报纸在交通局大厅过夜；志愿者运送救灾物资遭灾民哄抢；交通全部瘫痪；全城水淹 70%；加油站汽油泄漏；灾民围堵电视台报道车；养猪场死猪需要处理等状况扎堆发生，说明余姚"双台风"致灾的应急措施，存在严重不足。

③ 根据商务部《生活必需品市场供应应急管理办法》(2011 年 11 月 7 日) 第 27 条的要求，余姚市政府并没有完全做到灾害应急状态下的灾民生活必需品的"保障供应"。

运行之下，成为生态安全义务分配即生态资源利用负外部性控制的有效路径。在这种路径被发现之后，通过路径选择、路径固定和路径维持，从而形成有效的路径依赖——在灾害法学概念之下，以防灾投入为前提，并以灾害应急预案的制定为基础，不断形成依靠灾害预案形成的灾害应对体制、机制和法制，从根本上控制人的致灾性向灾害的损失性转化。

4. 义务性。对于生态安全战略的实现而言，国家可以通过国家政策以及法律法规的规定等，来界分地方政府对国家的义务，这就是所谓的央地政府职责与义务的划分，由此，形成明晰的地地政府之间的职责划分，以及合作协同配合义务的边界。而这种义务，是一种抽象义务，要明晰化、具体化和体系化，并以具体的保障措施，以及相应的工程建设、实际的工作与具体的行动，转化成实实在在的政策导向性效用。

从这一点上看，地方政府在面对中央政府的全国生态功能区规划时，除了通过“转发文件型”地方政府行为，将国家政策下转之外，地方在立法或者地方政府职责性措施的细化、具体化，都应当有具体落实相应的目标任务及保障措施。作者反对地方政府对中央政府的国家政策“阳奉阴违”或者表面上“坚决执行”，但是，实际行动上总是地方利益至上，“以我为核心”，把地方义务或者地方职责抛诸脑后，此外似乎没有别的路径可以选择。所以，当生态安全战略体现为地方政府义务时，其人的致灾性含义就是要把政府行为尤其是政府职责性行为，纳入其战略目标实现的过程当中去。

需要强调的是，如果当地政府不进一步把生态安全战略分解，或者进行地方政府义务化处理，变成当地政府的义务、政府部门的义务即具体职责分工，当地社会组织的义务和社会公众的义务，并形成体系化的义务和保障其实现的话，那么，生态安全战略的实现，必然是无从谈起的。因此，“义务性”本质上是针对人的致灾性控制的五个层次，即人的个体层次、群体层次、整体层次和政府层次、社会组织层次而言的。其中，人的致灾性控制的义务，站在生态安全战略实现的角度来看，就是这些体系化的义务，变成一种生态资源利用层面的正外部性而已。

（三）人的致灾性与传统生态危机治理

“人的致灾性”概念的提出，是灾害法学理论上，对于灾害“倍增效应”[①]“海恩法则”“墨菲定律”等灾害学理论认同的基础上，揭示出人的过度行为或者危害生态安全的行为，作为一种致灾因子，在灾害发生、持续和消除等灾害发生周期中的重要作用。即（1）人在利用自然资源以及生态资源的过程中，趋利性使人们误以为，自然资源或者生态资源可以被无限制地利用，各种环境要素的自净能力或者环境容量是完全可以被忽视的。（2）人类社会可以无限制地增加物质财富和各种人工设施，以无限制地展示人类社会的创造力。不过，这些人类社会的物质财富以及人工设施的大量增加本身，也就意味着作为灾害学上的承灾体的数量，在大量地增加着。结果，每当灾害发生时，灾害损失就加剧、蔓延或者当然地要扩大了。这大抵是灾害学上“灾利互变原理”在发挥其作用了。（3）人的致灾性启示人们，它就蕴藏在无限制的自然资源与生态资源的利用当中，这种利用本身，按照“海恩法则”[②]强调的任何灾害，第一是人的致灾性“量”的积累的结果，第二是再好的技术，再完美的规章制度，在实际

---

① 所谓灾害的“倍增效应”，是指随着人类社会物质财富的快速积累和各种人工设施的大量增加，每当灾害发生时，必然加剧灾害的蔓延并扩展灾害的危害程度的情形。参见车安宁、尚峰:《灾害学新论》，中共中央党校出版社 2011 年版，第 6 页。

② “海恩法则”是飞机涡轮发动机的发明者德国人帕布斯·海恩在航空界提出的一个关于飞行安全的法则，海恩指出：每一起严重事故的背后，必然有 29 次轻微事故和 300 起未遂先兆以及 1000 起事故隐患的存在。这些“事故征兆”“事故苗头”是事故发生的“量”的积累的结果，所以，再好的技术，再完美的规章制度，在实际操作层面，都无法取代有素质的人以及其良好的责任心，对于事故的控制能力。参见车安宁、尚峰:《灾害学新论》，中共中央党校出版社 2011 年版，第 99 页。

操作层面，都无法取代人自身的素质和责任心[①]——人的生态安全义务在“制度末端”[②]的承担与履行的自觉性，以及人的致灾性自我控制能力养成后，对灾害的控制能力的实际效用等。

事实上，2014 年 12 月 31 日晚上海外滩的“跨年踩踏事故”这一人为灾害事件本身，就是“墨菲定律”[③]在我们现实生活中的一次活生生的展示。也就是说，作为上海外滩陈毅广场这个“灯光秀”的观景点，它只能在特定的时间里容纳有限数量的观景者。并且，各位观景者的观景行为，应当严格遵守相应的观景规则。可是，在事实上，大量的人群和过少的警力，加上广大观景者对于防止拥挤、踩踏事故规则的漠视，导致在陈毅广场前的台阶处，发生了严重的上下楼梯的踩踏事件，继而，局面失控之中出现 36 人死亡、49 人受伤的严重踩踏事件。作为把这个事件，定义为人为灾害——每个人的身上都带有超微量的不守规则的“致灾性”，在因为人员过多、没有进行人数限制，从秩序控制角度限制人流或者疏导观景者，而诱发了现场人员的行为失序、失范的失控，从而导致了人为灾害的惨剧。

从前述分析可以看出，人的致灾性是把人作为一种重要的致灾因子来看待的。与传统的生态危机治理基本理论的最大差别，“人的致灾性”理论是把人作为致害体、承灾体等综合体来进行研究分析，并强调灾害预防和控制协同理论的效用的。传统的生态危机观中，往往把人的致灾性尤其是人的致灾性聚合或者聚集抽象出来，或者往往将生态危机的治理责任，

---

① 车安宁、尚峰:《灾害学新论》，中共中央党校出版社 2011 年版，第 6 页。

② “制度末端”是制度经济学中的一个术语。此处借用“制度末端”，是想强调，任何一个好的制度，包括一个好的法律即所谓“良法”在制定时，设想成假设的制度与立法目标，在制度投放或法律生效后，人们往往会发现，这个制度实施或法律生效，并没有完全达到最初设定的目标。这种现象，制度经济学称为“制度末端低效用”现象。

③ 这个定律，就是一个量变到质变的定律，是一个叫墨菲的人提出的，所以叫“墨菲定律”。

归于环境保护部门的“单一治理突进”的基本理论，是忽视了环境协同治理在实践层面上，需要合作主义或者协同理论的文化系统、组织结构、制度设计，以及权力开放性的引导与塑造的。其中，在生态主义与生态政治基础上发展而来的生态行政的理念对地方性的思考，对平行权力体系的追求、对自然生态的呵护，对经济政策的低碳性调适，可以有效扭转生态危机和环境保护领域的“末端治理”趋势，避免地方政府“底线竞争”扩大化，从而，必须实现人身安全战略形成的政策、法律法规等规则的内化，从而逐步实现协同与合作行为的制度化和合作关系的稳定化。[①]只有这样，才能有效地克服传统生态危机治理基本理论单头突进的问题，把灾害预防和控制协同理论，变成克服地方权力冲突的基础因素，继而，成为人的致灾性控制的制度文化的基础。

三、人在生态危机中的致灾性因素及其聚集、释放与放大

（一）人的行为属性二分法：人的致灾性与人的治灾性

人的行为具有致灾性与治灾性，这是人与自然关系的两个层面。按照生态伦理学的人类中心主义和非人类中心主义两大派别的观点，人类中心主义在认识论、价值观等方面存在不能有效制约和控制人的致灾性的问题，要让人的致灾性转化成治灾性，就必须采用非人类中心主义的立场，走出人类中心主义或者走向非人类中心主义，强调自然生态系统与人类社会之间相互影响的关系的生态伦理整体价值观，以及人与自然物的存在都有其特定的内在价值，人类应该在尊重其内在价值的基础上，处理人与自然的关系的自然价值观，对于非人存在物应有同样的道德关怀，[②]从生态安

---

① 杨华锋：《论环境协同治理——社会治理演进史视角中的环境问题及其应对》，南京农业大学 2011 年博士学位论文，第 3 页。

② 王顺玲：《生态伦理及生态伦理教育研究》，北京交通大学 2013 年博士学位论文，第 4 页。

全战略的角度，认识人的生态资源以及环境资源利用行为的法律属性，即人的资源利用行为的致灾必然性，以及控制这种致灾性或者把这种致灾性转化成治灾性的可能性、必要性和急迫性，是非常需要认真思考的。

事实上，人的行为具有的致灾性根源，就是人的无限需求。有人认为，生态危机本身是因为人的活动应当以人的利益为中心而造成的，与人类中心主义的生态伦理观有关。[①]也就是说，人的行为的致灾性的本质是其趋利性，这种趋利性强调为了自利而不顾及其他，因此，人的趋利性往往就是致害性而不是避害性。要让人的这种致灾性转化成治灾性的话，其激发钮结就是人与自然关系的和谐化：合理化、科学化和制约化，即人的法律职责义务化。这种法律义务化，首先是在肯定人类改造自然能力的同时，肯定和承认人对自然资源包括生态资源利用时必然带有的危害性和致灾性，对这种改造自然能力，要看到其致害性和人为控制的必要性。

因此，人的治灾性的出现，是在工业文明或者科技文明的背景下，认真审视和反思人的自然资源和生态资源利用行为的后果以及环境效应，并把生态安全战略实现过程中的社会利益调控关系，放到社会利益已经分裂化的大背景下，如何有效协同和协调关系的层面下考虑的。唯有如此，人的致灾性转化为治灾性才有可能。应当说，我国《民法总则》在“民法典编纂”过程中，以其第 9 条“民事主体从事民事活动，应当有利于节约资源、保护生态环境”对民事主体在民事活动时，提出倡导性的原则要求，便是人的行为属性二分法：人的致灾性与人的治灾性可以互相转化的立法上的具体表现。因此，人的治灾性的培育，已经成为我国“民法典编纂”的重要任务之一。

---

① 陶庭马:《生态危机根源论》，苏州大学 2011 年博士学位论文，第 2 页。

（二）人的致灾性及其生态危机必然性

由于人类中心主义在生态伦理层面上的异化，让人类尤其是人类次级概念下的国家，或者某一个国家的中央政府误以为，可以超越生态规律或者生态伦理的边界，而肆意妄为或者任性而为，根本不必考虑自然规律尤其是生态规律的不可忤逆性。在这里，生态规律的不可忤逆性本身，就是指生态规律是任何人、任何组织或者任何政府都不能改变的。于是，在政府失灵、市场失灵和法律失灵的背景下，人的致灾性的聚集、聚合或者汇集，就成为生态安全义务承担与履行的重大制约因素。尤其是，当我国在社会主义市场经济体制下，对于我国的生态资源的利用，包括城乡环境的发展因素等进行规划时，如果缺乏一种生态伦理学的考量要素，让太多的享受型、奢侈型和城市空心化与城市病任意蔓延的话，那么，这种发展战略本身就是一种先发展后治理的战略，必然让长江上游的金沙江河段，成为万里长江上水污染最为严重的河段之一。

从这一点上说，人的致灾性与我国的经济体制改革本身的关系，如果不讲法律基础或者打破既有的法律秩序过程中，没有加进生态安全理念，遵守生态规律的意识等作为内在密切联系的话，在各种各样的改革口号或者经济体制改革理念之下，人的“无底线需求”或者“无边界欲望”[①]被激发起来之后，没有任何的限制或者法治制约的发展下去，在权益层面上看，似乎无可厚非。但是，如果在生态安全义务等层面看，则大成疑问。理由是：当经济发展或者经济体制改革当中，出现权利义务分割或者割裂的时候，任何重大的经济发展，都会以生态资源的超量付出或者过度消耗为代价。而这种代价本身，有时候，就表现为发展权利或者改革理念或者

① 这是作者的归纳，即人的欲望被市场化之后，市场上可以提供任何人的欲望满足的产品或者服务这样一种现象。比如，卖淫嫖娼、赌博吸毒和各种非法的、奢侈性和浪费性的欲望，就被无底线的激发起来，然后，通过各种非法和违法路径得到满足，就是这种现象的反证。

经济体制改革政策本身，包含了超越生态安全边界的政策缺陷问题，即人的致灾性的激发、选择、固定和依赖的问题，形成了作者强调的人的致灾性的“路径依赖”。

于是，人的致灾性有时候成为经济发展的动力，这看起来似乎是一种悖论。但是，这种悖论的背后，是一种内在的利益联系或者发展权利与生态安全保护义务割裂的必然性。这种必然性，有时候也可以看成一种人的个体层面，人的自利性或者人的自私性的必然表现。客观地讲，自 1978 年 12 月 18 ～ 22 日十一届三中全会以来，我国的经济体制改革，以及进一步深化改革都在如火如荼地进行。但是，毋庸讳言的是，各种自然灾害、自然人为灾害、人为自然灾害和人为灾害等，都有灾害后果层面损失大大增加的问题。各种灾害损失增加这个问题本身，就是穿越了生态危机底线之后，必然出现的问题。由此而言，人的致灾性被激发、固定和选择的必然性，便是导致生态危机的必然性了。

（三）人的治灾性与生态危机治理基础

对人的致灾性的揭示本身，是为人的治灾性的发现，继而选择、固定和路径依赖提供理论依据的。事实上，人的致灾性作为人在生态规律面前，认识到生态危机的危害后，能够运用协同理论，控制人的个体、群体和整体，以及各种社会组织和中央政府、各级地方政府等的互相矛盾或者不能协调的发展冲动，并把这些发展冲动，在生态伦理价值观层面上，以非人类中心主义为指导，而变成体制、机制和法律控制的制度文化等属性。这种属性，是一种“生态人”的价值观之下，协调生态资源利益与生态规律，利用环境资源发展和保护环境资源等各个层面的利益关系，以及各级各类权力划分关系，还有各个层面的利益主体之间的资源利用关系等人类社会的制度效果属性。人的治灾性作为一种生态伦理学上，对于人的致灾性研究的“二元结构型”成果，[①] 需要从这种属性，其实也是与人的认识水平密切相关这一角度上，寻找灾害损失控制的突破点。

也就是说，人的治灾性只要能够变成一种社会规律层面的社会意识或者生态伦理意识，那么，对生态自然规律和社会规律的认识越深刻、越全面，社会实践即社会经济发展与生态安全维护的预期性就越好，人们就越能控制生态危机的发生或者加重。理论上，尽管生态危机不能绝对被克服，但是，只要有了生态伦理意识的推广和普及，形成生态安全文化，并以这种文化培育社会的生态义务意识且履行义务受鼓励，以及良好的生态文明文化氛围，那么，就可以在最大限度内控制生态危机的发生，这是不言而喻的。所以，当“人的致灾性”概念被提出后，作者感到欣喜的是，二元结构型的研究成果，让作者看到了人的身上也具有的治灾性。这种治灾性是生态危机的克星，也是我们在生态安全义务确认、界定和履行过程中，必须认真考量的一个法律因素即法律文化意义上的一种人类社会能动性的变量。

第二节　生态资源利用行政行为失当的“致灾性”

“公地的悲剧”是加勒特·哈丁在《公地的悲剧》一文中，在论述个人追求利益最大化的行为，如何导致公地成为牺牲者的公地负外部性，并以牧场的草地退化而导致沙漠化环境问题的产生为例来证明的。如今，“公

① 人的致灾性的“二元结构型”成果，即人向自然资源或者生态资源谋求利益或者获得利益的行为，一旦超出自然规律或者生态规律的边界，必然演绎成人的致灾性。于是，人的致灾性的聚集、汇聚和聚合，就成为一种必然现象。其结果，各种自然灾害、自然人为灾害和人为自然灾害，甚至于人为灾害等，必然频繁发生和出现。与此同时，一旦当学术界或者立法者或者社会管理者即社会安全“守夜人”的各级政府等，意识到发展权利的边界或者发展权利的生态规律限制时，那么，人的治灾性也就必然相伴而生，构成了人的资源利用行为的“二元结构”：人的致灾性与人的治灾性，前者是权利需求层面的无限制表现，而后者，则是义务强加层面——生态规律需求层面的表现。

地的悲剧”已经成为资源环境问题中，人的致灾性或者生态资源负外部性的一个代名词。现实生活中，许多制度设计或者立法中的前端目标即立法设想目标，与中端措施和保障措施环节，以及后端效果即法律实际效果评价当中，许多人为环节或者制度末端（制度效用评价）的问题，的的确确如哈丁所分析的那样发生着。①

在这里，需要特别说明的是，之所以把生态资源的利用与“公地的悲剧”联系起来分析，是因为我国没有专门的生态保护法律法规。而我国《环境保护法》中的大气、水、海洋、土壤四大环境介质，被我国社会公众和各个生产性企业、事业单位，以及各种各样的机构等都当成国有资产，都想“搭便车”而都不想承担其应当承担的社会责任。于是，任何一个好的法律制度设计，笼统地看，总体上效果非常不错。但是，在被分解成前端目标、中端措施和后端效果时，立马就显然出窘境来——那就是制度末端的低效用。②这一点，作者曾以“制度末端无效用”为题，分析我国相关单灾种立法的效果不佳，结果，这类稿件投稿后没有刊物愿意发表。这种情形，作者将其归纳为人的自利性法律制度约束不能。(见图2–1)

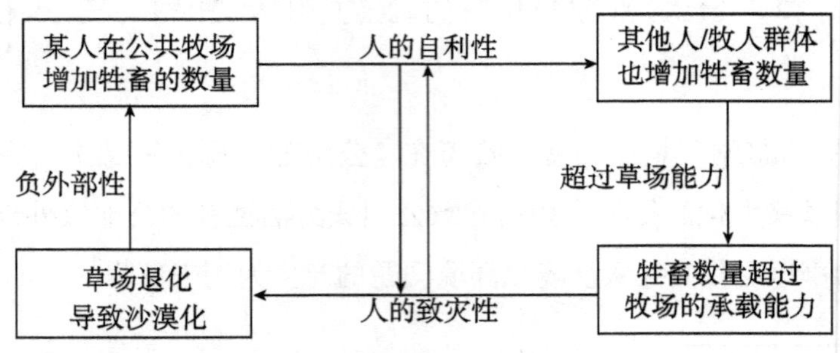

图 2–1　草场沙漠化过程中人的自利性与人的致灾性转化

---

① 参见景天魁:《环境社会学》，北京师范大学出版社2010年版，第53页。

② 这是作者从制度经济学分析得出的结论。在法律文化学上，法律制度文化如果不与法律观念文化密切结合，不能形成有效的结果评判的正相关事实和实例支持，制度经济学上往往会做出“制度末端无效用”的判断。面对我国社会主义市场经济背景下的法治体系建设成果，从“四个自信”角度看，应当进行法律文化的“自信型分析和评价”，只有这样，才能让我国生态安全机制有所托付和依靠。

在图 2-1 中，人的自利性导致某个人或某些人以“搭便车”的心态，增加公共牧场上自有牲畜的数量，于是，其他人或者牧人群体也效仿这个人的样子，释放各自的“搭便车”行为。结果，“搭便车”利用公共牧场行为的后果必然是：牲畜数量超过牧场的承载能力即牧场量一定时，牧场上的羊单位量的不断增加，于是，人的致灾性因为这种群体自利性而出现了——草场退化导致沙漠化情形。这种情形，反馈给某人就便是“公地的悲剧”。例如，2004 年 3 月 2 日，四川省沱江流域发生严重的水污染事故，导致四川省内江市、资阳市等沿江社会公众断水 26 天，直接经济损失约 3 亿元，沱江生态环境需要 5 年时间，才能恢复到事故之前的水平。又如，2005 年 11 月 13 日，中石油吉林石化公司双苯厂发生爆炸事故，造成松花江水域严重污染，8 人死亡，60 人受伤，直接经济损失 15 亿元的恶性事故。再如，2010 年 7 月 16 日，大连新港附近中石油的一条输油管道发生爆炸，超过50平方公里海域受到污染，等等，都是我国《水污染防治法》[①]和《海洋环境保护法》[②]效用不足即不能有效控制这些灾难性事故发生的实例。

应当说，这样的实例俯拾皆是。这些事故或者事件，按照海恩法则，在理论上讲并不是必然要发生的，而是相关法律制度末端低效用的产物。换句话说，由于某人“搭便车”的“人的自利性”，对于生态资源利用的负外部性，是以牧人的群体自利性被聚集起来，导致草场上承载的牲畜数量，超过了牧场的承载能力即羊单位超限，从而演化成人的致灾性，才是导致“公地悲剧”的根源之所在。

---

① 我国《水污染防治法》早在 1984 年 5 月 11 日通过，1984 年 11 月 1 日实施。共第 5 条明文规定：“一切单位和个人都有责任保护水环境。”该法 1996 年 5 月 15 日第一次修正；2008 年 2 月 28 日修订，2017 年 6 月 27 日第二次修正后，第 5 条规定“建立河长制”，分级分段保护水资源。

② 我国《海洋环境保护法》1982 年 8 月 23 日通过，1983 年 3 月 1 日施行。1999 年 12 月 25 日修订，2013年12月28日、2016年11月7日、2017年11月4日三次修正，无法当然防止大连新港海洋油污。

一、生态资源利用的外部不经济性

（一）生态资源利用的外部不经济性特征

生态资源利用的外部不经济性，是引入经济学的原理来解释生态资源安全问题产生的根源的。所谓外部性，是指实际经济活动中，生产者和消费者的活动对其他生产者和消费者产生的超越活动主体范围的利与害影响属性。或者说，外部性是指某种经济交易所产生的成本或收益，由第三者承担，而交易双方并不予以考虑的情形。也就是说，外部性是指一种物品或活动给社会带来某些成本或者效益，而这些成本和效益，却不能在决定该物品或活动的市场价值中得到反映，当市场交易的额外成本和收益并未被完全包括到价格中去时，外部性就必然产生了。外部性的存在，意味着市场交易并不能准确地反映交易的全部成本与收益情况。

所以，外部性的产生，在实质上是因为社会边际收益或社会边际成本与私人边际收益或私人边际成本之间存在差异。在理论上，外部性分为负外部性和正外部性。前者即所谓的不经济性或者消极收益性，后者即所谓的经济性或者积极收益性。在生态学上，外部不经济性作为负外部性，即某项活动对周围环境造成了不良影响，而行为人并未就此付出任何补偿费用的情形。因此，避免具有负外部性的交易行为，能减少整个社会的成本，进而提高社会的整体福利。由于在纯市场调节下交易双方都不会考虑外部性，市场经济既无法鼓励具有正外部性的经济社会行为，又无法抑制具有负外部性的经济社会行为，因而，在解决外部性问题上，市场往往会发生失灵的现象。

生态资源利用层面上安全问题的根源，则正是由于这种外部不经济性的存在。即在生态资源产权也就是生态资源居住地居民和公有产权不存在权利义务明晰界限的情况下，国家所有权、集体所有权等制度安排，尤其是环境资源的“市场化交易”即生态安全义务的确认、界定和承担、履行边界不清晰的时候，无法有效地解决环境外部性特别是负外部性问题。

于是，个体、群体和整体利用生态资源的利益性取向，很明显，都喜欢“搭便车”或者不支付“牧场维护成本”地利用它。但是，都不想把自己的自利性本身带有的“人的致灾性”加以有效地控制，于是，生态资源利用的不经济性也就不可避免地发生了。“公地的悲剧”体现了私人成本与社会成本、私人收益与社会收益的不一致性，往往是必然的，也是需要严格的协调规则及其执行，加以有效实施和执行加以有效控制的。

（二）生态资源利用外部不经济性的影响因素

因生态资源利用而引发的环境问题和生态资源利用的不经济性问题，都存在这样几个共同的发生根源。

1. 环境资源缺乏明确、清晰的产权。由于市场一般不会对没有产权的物品进行交易，使日益稀缺的环境资源，成为人人可以免费开采和竞争使用的公共物品。长此以往，必将造成资源的短缺和环境的污染与破坏。以海洋生态资源利用为例，长久以来，海洋资源与环境空间被当作“公共物品”，人们往往过度使用和浪费海洋资源，人为造成海洋资源短缺。这是由于海洋资源使用费过低或不需要支付，造成大量海洋资源被浪费或过度使用。这是资源利用中的“乌托邦”，即现代环境危机的真正根源是人类发展过程中逐渐导致的与自然基础的脱离。自然变成了外在于人类的需要征服的异在，对自然的完全控制和自由支配成为人类理性一个真正空幻意义上自然征服主义乌托邦。[①] 例如，海洋中的鱼类资源是一种具有竞争性无排他性的公共物品，某一段时间内有的人捕的鱼多了，有的人捕的鱼就少了，而不可能对任何从海洋中捕到的鱼类进行收费，就是具体例证。

---

① 郇庆治：《绿色乌托邦：生态主义的社会哲学》，泰山出版社 1998 年版，第 25 页。

2. 被过度利用的生态资源的集体消费特征。如果没有人拥有环境的一部分，或者一个拥有者不能对它进行有效监督管理或不能使它得到有效的监督管理，那么，人们就可能把一条河流、一个湖泊、空气或者地面作为垃圾箱而不必为此支付费用或者受到罚款处罚。因为没有人拥有城市街道和高速公路上的空气，汽车的拥有者，可以任意地把汽车油箱燃料燃烧的废气，排放出去而不必为此承担什么成本或者缴纳罚款。同样，一家造纸厂也可以把废水排入河流中，而不必为此交任何罚款，因为没有人拥有这条河流的所有权或者有效的管理权尤其是监督型管理权。但是，即便是环境资源有所有权，也不足以防止环境污染的发生。理由是，许多环境资源的公共品特性，决定了利用这些环境资源，尽管相关的法律制度设计，比如大气环境保护、水环境保护或者土壤环境保护等制度设计，可能很完善或者在制度前端“很有效”即制度的法律文本意义上的设计很完美，看起来效力非常强。但是，在制度的职能化中端和措施化、实施化的“末端低效”或者“末端无效”的话，那么，也是集体消费而无人付费，或者集体排污引发雾霾而无人担责，或者利用持续收益不断而监督松懈诱发各种事故灾难或者环境灾害事件发生。

比如，2015年1月2日13：00，哈尔滨市北方南勋陶瓷大市场仓库（以下简称“北方市场”）发生火灾，由于失火地点周边房屋密集，且地下一层、地上一至三层全部为仓库，仓库内又没有隔离墙，存放着大量易燃物品，加上消防通道不畅，灭火救灾人员难以到达有效位置，导致“火烧连营”持续20多个小时，结果，造成5名消防员遇难、[①]14人受伤（包括13名消防员和1名仓库保安）。据初步统计，此次火灾过火面积约1.1万

① 殉职的5名消防员依其年龄排列，为：（1）杨小伟，男，1992年2月9日出生（23岁）；（2）侯宝森，男，1994年7月29日出生（21岁）；（3）张晓凯，男，1995年5月24日出生（20岁）；（4）傅仁超，男，1995年10月28日出生（20岁）；（5）赵子龙，男，1996年7月25日出生（19岁），这5名烈士，为清一色的“90后”。

平方米，楼房坍塌面积3000平方米左右，紧急疏散居民549户共2000余人，其中楼体垮塌部分涉及7个单元150户居民。关键的一点就是，失火的“北方市场”，竟然是“非消防安全重点单位”。[①]这也就意味着在“北方市场”火灾中死亡的5名消防员，竟然成为我国《消防法》等法律法规，以及《黑龙江省消防安全重点单位界定标准》等技术规范运行和调整下的“制度末端无效用”的牺牲品。“北方市场”的消防安全这种公共品的集体消费特征，其人为致灾性过于明显而独特！

另外，很多环境服务是集体消费或使用的，很难区分和确定一个人或一辆汽车使用的空气的价值，当然就不能确定任何一个人所使用的环境服务的价值，这时，很难通过收费来使人们不去污染环境，以及不去过度利用生态资源。就如同前文中，“北方市场”的消防安全这种公共品，其市场安全的边际收益，并不直接与失火后的建筑物、货物和经营收益损失等相关联。于是，商户们不关心经营场所的火灾问题或者消防安全隐患，市场管理者或者消防职能部门也可以不理不睬这个问题。结果，“北方市场”成为又一个“公地的悲剧”发生的场所，只是，这个“公地的悲剧”以“北方市场”失火和5名消防员死亡的形式表现而已。可见，如果生态资源的利用者，不把利用其环境资源的成本计入自己的成本，那么，其资源利用行为就会完完全全“自利化”，并不总是采取最高效而无害的方式，而总是不计代价地利用生态资源，当这种过度利用生态资源的行为表现出一种“群体消费”特征时，生态危机或者人为灾害的发生，也就

---

① 按照《黑龙江省消防安全重点单位界定标准》的规定，建筑面积超过 1000 平方米以上，且经营可燃商品的商场（商店、市场），均属于消防安全重点单位。但是，哈尔滨市政府发布信息称，这次起火的北方南勋陶瓷大市场为“非消防安全重点单位”。消防部门也表示，这类单位通常是抽查单位并不属于重点监管单位。该仓库因未列入“消防安全重点单位”，消防安全抽查责任归哈尔滨市道外区冬莱派出所管辖。但是，多年来，并没有任何执法部门来进行消防安全检查或者“抽查”，更没有对商家们提出消防整改要求，或进行过消防隐患的处罚或者处罚。于是，2015年跨年的又一场灾难——“1·2北方市场火灾”就这样必然发生了。

为时不远了。

3. 政府干预失败是另一个重要的影响因素。当市场机制失灵时，政府就应当运用其公权力重新配置市场资源，使其被高效可持续的利用。如因海水养殖不当造成赤潮发生，政府就应该向养殖户征收海洋环境保护税，来补贴环境污染的治理费。如果政府干预不当，不对养殖户征收资源保护费也不对海洋环境进行治理，或者征收海洋资源保护费却不用于海洋环境污染治理，会鼓励破坏海洋资源者的行为动机，从而加重海洋环境污染。

在“北方市场”火灾事件中，有一个值得注意的现象，那就是：政府行政管理或者行政干预在“灰色领域”或者“灰色地带”的不作为、不积极而为也就是消极不作为的问题。这个问题，一方面，可以表现在我国《环境保护法》本身，把 14 项环境资源的保护职责，仅仅赋予给环境保护部门，而这些环境资源的利用职能机构恰恰又至少有 14 个以上的部门。这种多部门有职权而一部门承担职责的“多对一”职权界分模式，恰恰是一种相反思路上——职权效能配置上的“一对多”模式。也就是说，一个部门即环境保护部门管理和干预环境资源的利用，但是，多数环境资源利用部门不配合或者消极配合，必然导致政府内部的职权协调不灵即职能协同失灵。另一方面，消防职能部门对于消防“灰色领域”或者“灰色地带”，不想作为或者不愿作为的问题在“北方市场”火灾事件中，也表现“突出”。

事实上，各级行政职能部门中，个别部门或机构存在“多一事不如少一事，少一事不如没有事”的“消极怠工行政”的现象，这是由行政效能及其职责考核制度决定的。[①] 于是，政府干预生态资源利用失败的又一个

① 行政效能（Administrative Effectiveness）中，效能是指事物所蕴藏的有利的作用。行政效能所指的“事物”是指行政组织结构、行政行为和相关制度的集合；“蕴藏”的含义是指蓄积或潜在的由于多种主客观因素的制约而并未显现的意思；“有利的作用”是指应达到的理想状态，在这种秩序状态下，能以较小的行政资源的投入实现最佳的政府工作目标。所以，简而言之，行政效能是指行政主体在实施行政行为时，以较小的行政资源投入来实现最佳的行政工作目标，达到资源配置的最优状

层面，便是政府职能部门对于“灰色领域”或者“灰色地带”的不作为、不积极而为或者消极不作为，这是政府职能在生态安全义务界分层面的效用不足问题。

（三）外部不经济性的内部化

要使生态资源利用的外部不经济性内部化，必须要认识到：生态资源利用的负外部性，对于生态安全国家战略构成严重的威胁。因此，必须实现地方政府的生态安全义务的确认、界定和承担、履行，就要从以下几个方面入手。

1. 建立明确的产权制度。生态资源产权的明晰化，将使政府从相关利益人变成第三人，变为环境保护制度的创立者，从而，注重整体利益的提高。萨缪尔森认为，由于公共品消费的边际成本（额外一单位产量所引起的总成本的增加）为零，消费者没有给社会带来边际成本，因此，应收取的价格为零。企业是生态领域产权交易的重要主体，是有效交易生态产权的制度条件。① 所以，公共品的供给只能由政府来提供，所有的费用由税收来弥补。政府供给的另外一个重要理由，是公共品消费中的排他性是不可能的。

在生态资源利用问题上，企业的所有者和职工是没有治理污染的内在动力的，而其他居民，由于无法排除他人的“搭便车”（指得到一件物品的利益但避开为此支付费用）现象，则必然导致个人的理性选择行为，只能是任其污染并蔓延而不会去治理。要想让社会主体自觉的从利己的角度去利用生态资源，只有建立使其有利己倾向的制度，才使这种行为有持续有效和普通实施的动力。换句话说，建立生态资源明晰的产权制度，就是

态。而行政管理活动的效能，主要从能力、效率、效果、效益这四个方面体现出来，其中，行政管理能力是实现行政管理高效能的基本条件。我国个别地方政府的行政低效能，是由其行政管理能力中，责任意识不足和监督处罚效率低下的本质决定的。

① 参见廖卫东:《生态领域产权市场制度研究》，江西财经大学 2003 年博士学位论文，第 59 页。

试图构建一种权利与义务协调对应，并且，义务的履行是权利实现的根本保障因素的机制，让生态资源的所有权人、管理人和利用人等主体意识到：生态资源利用中的生态安全义务的承担与履行，不仅是一种义务，也是获得其相关权利实现的根本条件和基础之所在。

2. 税收制度。政府作为社会公众利益的代表，解决生态资源配置的问题，最有效率的方法应当是通过税收手段，来改善生态资源利用存在的外部不经济性问题。对此，波斯纳说："每一种污染物质的税率将等同于它在某地受影响，地区导致污染所产生的估计社会成本，它不同于旨在以刑事制裁这种通常方法威慑污染的罚金。受污染税制约的企业会将其税收成本与购买污染控制设施的成本或降低产量的成本或其他减少污染的成本相比较。如果通过其中的一种方法可能节约净税收，那么，企业就会采用它；否则，企业将选择支付污染税而继续排污。"波斯纳采用经济学方法中，必不可少地会存在一些假设，而这些假设往往与实际不大相符。[①]

所以，按照波斯纳的观点，税收制度设计中，生态资源税制的完善和科学化，将是我国生态资源利用中的根本制度之一，其理由是，生态资源税的设计及其完纳，实际上是在利用经济杠杆或者生态资源利用的义务分配或者义务体系化，实现生态资源权利的利用型界分。这样一来，就可以在很大程度上，把生态资源利用的外部不经济性变成相关主体利益选择的内部化，从而，想要减轻负外部性的话，就通过生态资源税收的实际负担，来完成主体利用行为的利益化改造。这一点，为我国《环境保护税法》的颁行、实施[②]提供了强有力的理论支撑。

---

① 史晋川、潘晓松：《波斯纳与〈法律的经济分析〉》，载《浙江社会科学》2005 年第 1 期。

② 我国《环境保护税法》2016 年 12 月 25 日通过，2018 年 1 月 1 日施行，共五章 28 条，其（第 1 条）开宗明义规定"为了保护和改善环境，减少污染物排放，推进生态文明建设，制定本法"。为此，其（第 26 条）还专门规定：直接向环境排放应税污染物的企业事业单位和其他生产经营者，除依照本法规定缴纳环境保护税外，应当对所造成的损害依法承担责任。

3. 许可证制度。当然，税收制度也存在很大的局限性，主要在于：难以确定一个幅度来衡量这种生态资源利用的外部不经济性的成本效应。如果确定过低，达不到原本设想的刺激和规制作用，而如果过高，则必然会影响企业投资的积极性，甚至对整个社会的产出水平、经济增长状况等，产生不良的负面影响。

因此，对许可证制度的使用，可以在一定程度上弥补税收制度的不足与弊端，更加明确生态资源的使用者和保护者的义务，将二者结合起来，效果会更好。例如，在矿产资源领域，我国就实行了采矿许可证制度。在许可证制度之下，将受益者与保护者的权利义务更好地统一起来，而不是让社会公众承担少数收益个体所造成的生态资源不利影响或者负外部性带来的后果。但是，资源利用的许可证制度，也并非尽善尽美，在某些生态资源领域，如大气领域，人人可得呼吸空间的权利。不过，清洁空气和健康呼吸的权利，似乎已经成为奢侈品。那就是，少数人在为自己的利益，实施趋利性行为而使所有的人即不特定的社会公众承受其污染大气空间的不良后果。

又如，在湄公河这种跨国河流的流域，没有一个超越国家之上的政府来进行流域内生态资源的法律化整合，以及生态资源权利义务的规制性设定，虽然有政府间的新湄公河委员会（MRC）签署的《湄公河流域可持续发展合作协定》，四个国家决定在湄公河流域开发和管理的一切领域，包括河流资源、河上航运、洪水控制、渔业、农业、发电及环境保护等所有可能产生跨越国界影响的领域进行合作。并且，也承认“湄公河流域和相关的自然资源及环境，是沿岸所有国家争取经济和社会富足以及提高本国人民生活水平的具有巨大价值的自然资产”。[①] 但是，由于 MRC 没有中国

① 新湄公河委员会（MRC）是在 1957 年成立的“湄公河下游调查协调委员会”（老湄公河委员会）的基础上产生的。1995 年 4 月，湄公河下游的泰国、老挝、柬埔寨和越南四国，在泰国清莱签署《湄公河流域可持续发展合作协定》，承认“湄公河流域和相关的自然资源及环境，是沿岸所有国家争

政府参与，相关国家会以本国的利益优先最大限度利用生态资源，而不顾邻国生态资源利用或者发生生态危机的情况，比比皆是。

1992年，在亚洲开发银行的倡议下，澜沧江—湄公河流域的6个国家，包括柬埔寨、越南、老挝、缅甸、泰国和我国云南省，共同发起“大湄公河次区域经济合作”（GMS）机制，以加强各成员国间的经济联系，促进次区域的经济和社会发展，实现区域共同繁荣。当下，GMS面临的一些问题，主要包括面临禽流感和植物病虫害等跨境动植物疫病的严峻威胁，以及生物安全和食品安全问题；人力资源开发和跨领域信息共享的需求，以及新兴技术的获取；自然资源的可持续利用，以及寻找替代能源，诸如从油料作物和生物质中提取生物燃料等日益增长的需求等。① 对于湄公河流域的GMS而言，生态资源利用的协同与合作理念的养成，在生态危机成为跨区域的灾害时，协同合作包括在许可证领域的国际合作，比任何时候都显得必要和迫切。

取经济和社会富足以及提高本国人民生活水平的具有巨大价值的自然资产"。MRC由三个常设机构组成：理事会、联合委员会和秘书处。理事会由每个成员国派一名级别不低于司长级官员组成，每年至少举行两次会议；秘书处负责为联合委员会和理事会提供技术和行政服务，其工作在首席执行官（CEO）的领导下进行，而首席执行官的任免则由理事会决定。MRC 各成员国还成立本国负该国湄公河开发和协调任务的具体机构。MRC会自成立日起，邀请上游两国家即中国、缅甸加入该组织，并于 1996年开始与两国定期举行对话会，迄今已举行过不下6次。1992年，在亚洲开发银行的倡议下，澜沧江—湄公河流域的 6 个国家和地区，包括柬埔寨、越南、老挝、缅甸、泰国和我国云南省，共同发起“大湄公河次区域经济合作”（GMS）机制，以加强各成员国间的经济联系，促进次区域的经济和社会发展，实现区域共同繁荣。亚行作为参与方和出资方，主要负责为有关会议及具体项目的实施提供技术和资金支持。GMS 区域总面积 256.86 万平方公里，总人口约 3.2 亿。前后发布和出台并签署《次区域发展未来十年战略框架》《大湄公河次区域便利运输协定》谅解备忘录、《大湄公河次区域政府间电力贸易协定》《实施次区域跨国电力贸易路线图谅解备忘录》《经济走廊可持续与均衡发展谅解备忘录》等。

①《大湄公河次区域经济合作计划 GMS 农业部长会议部长联合声明》（2007 年 4 月 9~10 日）第 4 条。

二、行政行为失当的致灾性

（一）政府职能与权责的错位及根源

权力与责任的对等关系，从生态危机控制的角度看，必须反映在立法和执法两个方面，也就是说，不论哪一方面都要求权力与责任，在基本表现形式上应当是一致的。如关于权力的规定是清晰的，那么，同时要求关于责任的规定，也应当是清晰而不能是边界不清的。[①] 权力规定是具体的，同时，要求责任的规定也是具体的，甚至在立法行文中，将二者对应起来加以规定。例如，规定某一环境行政职位的权力时，同时，应规定该职位中该权力享有、行使的法律责任。

事实上，我国的环境行政法治中，权力的清晰化与责任的模糊化形成了巨大反差，法律条文中所反映出来的，都是环境行政主体行使权力的规定，没有责任尤其是责任追究和责任承担的具体规定。权力清晰化与责任模糊化，还表现在一些法律条文对权力采取概括规定的方式，即通过一句话便赋予了环境行政公职人员多种权力，而并没有为这些权力规定具体的法律后果和行使的条件或者控制措施，等等。占有权力、享受权力、行使权力等自然支配力的握有，往往是环境行政主体和公职人员完成环境行政职务所必须的。然而，权力的占有并不意味着义务的赦免，正是基于环境行政公职人员对权力的占有，才产生了其在法律上广泛的义务，而我国立法中权责对等的一大错位，就是环境行政主体和公职人员对权力的占有和义务的赦免。在一些地方性立法中，环境行政法律规范在赋予环境行政主体和公职人员权力时，却同时赦免了其义务、职责和不利法律后果的承受要求。可以说，政府权责的脱节、错位或者分离，成为我国某些中央立法

① 高小平：《我国政府生态公共服务的基本属性、存在问题与对策建议》，载《四川大学学报》（哲学社会科学版）2015 年第 5 期。

以及个别地方立法的非正常的“常态”。

此外，生态资源保护的法律法规的有效性不足，成为生态法治建设的大问题。对此，蔡守秋先生指出，中国的环境质量并没因环境保护法数量的增多，而成正比相应改善。[①] 我国目前生态资源利用及环境保护，虽然取得了很大的成效，但是，立法的增幅较大、增速较快，而生态资源有效利用改善的增幅较小、增速较慢。统计结果表明：随着生态资源法律法规数量的增加，生态资源利用层面，危害性适用生态资源的问题，并没有得到有效遏制，有些地区环境污染程度不降反增。由此看来，生态资源保护法的有效性，并不令人满意。

从目前看来，生态资源法律法规和国家政策的效能不足，主要是由于建规立制中对生态资源责任的界定不完整，生态资源法律法规和国家政策在执行过程中，还存在找不到责任主体，或者政府职能部门缺失的某些情况。从诉讼角度看，生态资源利用案件的原被告主体资格，界定明确还存在一定的困难和麻烦，由此导致环境公益诉讼所面临的困境，并没有彻底打破，也是政府职能错位的一种表现形式。

（二）行政行为失当的 GDP 导向性

按照社会契约论的观点，政府权力来源于社会契约。因此，公共性是政府的唯一属性，政府产生与存在的目的是实现公共利益，提供公共服务和创造公共价值。政府作为社会公共利益的代表，其行为目标必须与社会公共利益相一致，只有在符合公共利益的情况下，政府履行行政职能、干预市场活动的行为，才是有效的。在我国这样的社会主义国家，政府的公共性还体现为人民主权特色。传统观点中，政府被视为“公共人”。不过，新政治经济学观点认为，政府组织或政府官员具有独立的利益，并按照

---

① 蔡守秋：《论政府环境责任的缺陷与健全》，载《河北法学》2008 年第 3 期。

“成本—收益”核算追求部门效用最大化。

在我国，环境资源作为公共资源，地方政府比其他社会组织拥有管理支配该资源的先天优势。也就是说，在我国，地方政府对公共资源甚至市场机制运作的影响，非常巨大，它能够通过制定地方环境政策，甚至于地方性环境立法，决定环境资源的使用方式与利用程度。[①] 在唯 GDP 的导向性中，可以不顾环境资源尤其是生态资源的环境容量限制，不择手段，竭泽而渔或者不计后果的利用本地有限的资源的现象，在我国某些地方普遍存在。改革开放以来，中央政府开始围绕着以经济建设为中心，一切行为充分调动地方政府推进体制改革和发展经济的积极性主动性与创造性。转变地方政府的政绩考核方式，主要体现在经济指标上，即主要以 GDP 作为政绩考核的核心要素。例如，我国《环境保护法》第 7 条前两款规定，国务院环境保护行政主管部门，对全国环境保护工作实施统一监督管理。县级以上地方人民政府环境保护行政主管部门，对本辖区的环境保护工作实施统一监督管理。从条文中可以看出，我国《环境保护法》对各级政府及其责任人的权力规定很清晰，而责任规定却比较模糊，不具有可操作性。

在法律无硬性义务或者职责规定的情况下，地方政府将经济增长指标作为硬指标，将环保指标尤其是节能减排指标视为软指标。由于将 GDP 增长作为政府官员政绩考核和升迁的主要标准，导致政府重视经济责任，淡化甚至牺牲地方政府环境责任，无视企业对环境的破坏以及对生态资源的掠夺，甚至出现地方保护主义，对污染破坏环境的纳税大户、GDP 重要贡献者放纵姑息，处罚力度很小，缺乏强有力的制裁措施约束。这样的做法，必然进一步助长重经济发展、轻环境保护的错误执政理念，给当地的

① 唐建荣在《生态经济学》（化学工业出版社 2005 年版）中，就对我国地方政府利用环境资源的方式和“能量”提出了自己的不同看法。

生态环境带来不可逆转的巨大损害。

我国的财政分权改革，使传统“统收统支”“收支分离”的机制发生重大改变，引入分成制后，使地方政府在经济增长过程中，可以获得更多的经济利益。这样一来，地方政府就把主要精力和政策供应，放在如何创造财税收入的经济增长目标上。加上，地方政府官员为了增加政绩与晋升机会，也会努力发展经济，而不顾生态资源的合理、合法与科学利用。在财政分权与职务晋升密切关系的激励机制下，地方官员整合一切有利于经济增长的经济资源与生态资源，努力推进经济的单一增长，而不去过多考虑生态环境是否可以承受，或者经济发展与增长是否能够可持续。在 GDP 导向的激励机制下，地方政府不仅没有弥补市场失灵，解决生态资源利用的外部性问题，而且，还导致形成更大的政府失灵，为了实现短期利益，地方政府甚至与企业结成特殊的“利益连带关系”，对环境污染以及生态资源的过度利用现象，表现出行政不作为这种明显的地方保护主义倾向。这不仅损害不同地方的区域间良性竞争，而且，让国家生态功能区规划目标的实现，出现严重困难。

所以，要克服市场失灵、政府失能，[①] 就必须使企业环境保护责任不断增强，作为一种强制性的制度安排，这种增强，只能由国家通过环境生态立法来实现。从我国《环境保护法》第 29 ～ 30 条修订规定来看，国家在重点生态功能区、生态环境敏感区和脆弱区等区域划定生态保护红线，实行严格保护。这是第一次把国家的环境责任或者生态安全保障职能，以生

① 政府失能，是作者的归纳，指的是行政机关及其工作人员履行职责的失效与无能力状态。尽管各地都按照“行政效能八项制度”即（1）岗位责任制;（2）政务公开制;（3）首问责任制;（4）限时办结制;（5）服务承诺制;（6）绩效考核制;（7）效能告诫制;（8）行政过错责任追究制等，进行行政效能建设，但是，并不能保证政府生态资源利用过程中，政府的监控职能失效。因此，“行政效能八项制度”中的行政效能告诫制，就是按照一定程序对行政部门及其工作人员，不作为、慢作为、乱作为等，尚未构成党纪政纪处分的，应当进行批评教育、诫勉的一种方式。

态保护红线制度固定下来。与此同时，这个带“牙齿”的《环境保护法》还强调：各级政府对具有代表性的各种类型的自然生态系统区域，珍稀、濒危的野生动植物自然分布区域，重要的水源涵养区域，具有重大科学文化价值的地质构造、著名溶洞和化石分布区、冰川、火山、温泉等自然遗迹，以及人文遗迹、古树名木，都应当采取措施予以保护，严禁破坏。特别是，开发利用自然资源，应当合理开发，保护生物多样性，保障生态安全，依法制定有关生态保护和恢复治理方案并严格予以实施。如果引进外来物种，以及研究、开发和利用生物技术，都应当采取措施，防止对生物多样性的破坏。

理论上看，我国《环境保护法》这些规定主要强调政府在第一层面上的生态资源保护责任，但对政府违反第一层面的责任，如何承担否定性法律后果，则缺乏明确而具体的规定。实践中，很少有政府官员因为生态环境问题或者生态危机而被追究法律责任，一般情况下，只有在引起极端严重的生态资源利用问题时，才承担一定的政治责任而已。应当说，如果脱离了法律控制的法治国家的底线，政府这个法律责任的重要承担者，在应当承担生态安全保障职责与义务，而不能有效地承担和履行时，或者不能被追究法律责任时，权力的滥用或者权力的低效率运行就会成为一种必然，这也就成为制约我国生态资源保护事业发展的严重障碍。

（三）行政行为失当与生态危机加剧的关联性

政府作为生态资源保护的守夜人，是生态安全战略的实施人和义务承担人，主要观察其职责和职能的实际效果，而不是只仅仅观察其法律上的义务规定或者职责的界定。虽然，从理论上讲，政府行为与生态危机加剧之间，应该不存在正相关关系。也就是说，政府行为本身，并不能导致生态危机的发生或者加剧。但是，政府行为也有其边际效用尤其是负边际效用。比如，全国各地大量存在的各种开发区，在不适宜进行大量大气、水、土壤等环境资源与生态资源过量消耗的区域，进行生产资源的投放，那么，必然导致生态危机的发生或者加剧。尤其是，川西北的若尔盖湿地，因为当地政府的不当开发政策和经济发展思路，导致这个湿地明显退化，并成为不断荒漠化区域的趋势，就是一个现实的例证。

事实上，这种相关性还表现在根据我国《环境保护法》第 67 ～ 68 条的规定，上级政府及其环境保护主管部门，负有对下级政府及其有关部门环境保护工作的监督职责。如果发现有关工作人员有违法行为，应当依法给予处分，具体操作程序是：向其任免机关或监察机关提出处分建议。如果依法应当给予行政处罚，而有关环境保护主管部门不给予行政处罚的，上级政府环境保护主管部门可以直接作出行政处罚的决定。这种规定，是政府行为的末端或者“结果端”的处理规则。与此同时，地方各级政府、县级以上政府环境保护主管部门和其他负有环境保护监督管理职责的部门，如果存在履行职责层面的违法行为，对直接负责的主管人员和其他直接责任人员给予记过、记大过或者降级处分；造成严重后果的，给予撤职或者开除处分，其主要负责人应当引咎辞职。[①] 这些立法的处置措施选择本身，也就从反面证明了政府行为与生态危机加剧之间，确实存在某种关联性。不过客观地说，祁连山事件本身证明：我国《环境保护法》和《自

① 我国《环境保护法》第 68 条规定了地方各级政府、县级以上政府环境保护主管部门和其他负有环境保护监督管理职责的部门的 9 种违法行为，即（1）不符合行政许可条件准予行政许可的；（2）对环境违法行为进行包庇的；（3）依法应当作出责令停业、关闭的决定而未作出的；（4）对超标排放污染物、采用逃避监管的方式排放污染物、造成环境事故以及不落实生态保护措施造成生态破坏等行为，发现或者接到举报未及时查处的；（5）违反本法规定，查封、扣押企业事业单位和其他生产经营者的设施、设备的；（6）篡改、伪造或者指使篡改、伪造监测数据的；（7）应当依法公开环境信息而未公开的；（8）将征收的排污费截留、挤占或者挪作他用的；（9）法律法规规定的其他违法行为等，对直接负责的主管人员和其他直接责任人员给予记过、记大过或者降级处分；造成严重后果的，给予撤职或者开除处分，其主要负责人应当引咎辞职等。

然保护区条例》[①] 等法律法规的具体规定本身，并不必然对地方政府违反法律法规的错误行为，构成强有力的规范约束和党纪约束。对此，期待监察委全面运行之后，能够形成切实有效的法律约束机制。

三、行政行为失当存在致灾性的根源

（一）价值观念与思想根源

从思想意识层面上说，政府缺乏生态资源利用中的生态系统保护与生态问题防范意识，是一个普遍现象。

所谓生态资源利用问题防范意识，是指每个社会成员面对社会中大量存在的生态资源利用问题，而应当具备的一种思想观念。具体说来，这种思想观念，包括正视生态资源利用问题的心理状态、应对生态资源利用问题的积极态度、认知和鉴别生态资源利用问题的能力，以及防御生态资源利用问题的知识储备等。生态资源利用问题防范意识，包含了多层次的内容：它是一种忧患意识，人们应该处于居安思危的状态，感知生态资源利用问题的存在，提前加以预防；它又是一种理性意识，即不仅要认识到风险的消极、灾难的一面，还应该看到风险的存在，给人们提供了选择的机会和发展的可能，人们在不断应对生态资源利用问题的同时，也可以促进社会的进一步发展。同时，它也是一种责任意识。生态资源利用问题，已经成为每个社会成员生存和发展所必须面临的问题，抵御生态资源利用问题人人有责。在生态资源利用问题频发的现代社会中，具备敏锐的生态资

① 我国《自然保护区条例》第 7~8 条规定，县级以上政府应当加强对自然保护区工作的领导。一切单位和个人都有保护自然保护区内自然环境和自然资源的义务，并有权对破坏、侵占自然保护区的单位和个人进行检举、控告；国家对自然保护区实行综合管理与分部门管理相结合的管理体制。国务院环境保护行政主管部门负责全国自然保护区的综合管理。国务院林业、农业、地质矿产、水利、海洋等有关行政主管部门在各自的职责范围内，主管有关的自然保护区。县级以上地方政府负责自然保护区管理的部门的设置和职责，由省、自治区、直辖市人民政府根据当地具体情况确定。

源利用问题防范意识，已经成为生态资源利用问题防范和治理的重要前提。

“一个社会是否具有很强的风险意识，是衡量其整体文明水平高低的重要标准，也是影响这一社会风险应对能力的重要因素之一。”长期存在的“安全主义”行政文化，严重制约了政府生态资源利用问题防范意识的增强。在我国的行政文化中，“安全主义”的思想可谓根深蒂固，这种思想表现为一种“维稳”的心态，即政府一切行政行为，都以维持社会秩序稳定为目的。[①] 许多政府部门在社会管理中，常常处于消极被动的地位，只要不发生突发事件和重大事故就对企业和组织的行为放任自流。一些政府官员也是如此，个别官员只考虑自己的政绩，而害怕承担责任，因此，他们大多奉行一种不求有功但求无过的为官思想，这乃是最深层次的政府“安全主义”思想的根源之所在。

（二）制度经济学根源

政府环境义务法律化的缺失，是政府行为具有一定成分致灾性的制度根源。众所周知，“保护环境，人人有责”这是一个已经喊得非常熟悉的口号。但是，在人们潜意识中，所认识到的公民环境责任，首先是一种道德责任即是环境道德责任，而并不是法律责任。所以，在我国公民环境意识普遍偏低的情况下，这种道德责任的约束力十分有限。唯有将必要的公民环境道德责任法律化、制度化，才可以在公民生态资源保护意识逐步提高的过程中，保证公民环境责任的具体落实，以达到切实保护环境的目的。

理论上，公民在与环境资源的关系中，扮演的是一个“消费者”的

---

① 张建伟在《政府环境责任论》（中国环境科学出版社 2008 年版）中，揭示了“安全主义”所掩盖的生态资源利用中存在的严重问题。

角色，即“消费”或者“消耗”各种环境资源要素的主体角色。而生产与消费，存在密不可分的关系，生产决定消费，消费又反过来刺激生产。所以，没有生产就没有消费，没有消费也就没有生产。在环境问题日益严重的今天，环境的超负荷承载力或者不堪承载的严峻现实，要求公民必须转变原来那种奢侈、浪费和掠夺式的消费方式，逐渐养成节约、环境友好型和可持续发展型的消费习惯或者消费方式。也就是说，良好的消费方式是公民保护环境、履行环境责任的基本方式之一。

为此，立法者应该积极确立相应的法律制度和规则，通过法律对人们的消费行为加以规范和引导，使人们的消费行为朝着有利于环境保护，有利于协调人与自然环境，使之和谐发展的方向转变，即环境保护立法的生态化方向转变。在环境保护与生态安全领域，政府因公共利益的需要而负有保护环境、维护生态安全，防范环境风险和生态安全受损的法定义务，也就是直接承担环境保护和生态安全维护的法律责任。政府环境责任的履行，直接影响社会公共利益的实现。于是，环境与生态安全立法当中，问责制度是针对政府环境责任缺失的情况而专门设立的。政府环境责任问责机制的目的，不在于限制政府利用环境与生态资源的行政权力，而是为了督促政府更好地行使环境权力，解决环境问题。正如谭功荣先生所说，问责机制的目的“在于对公共权力进行监督以及对过失权力进行责任追究，是责任政府的具体体现形式”。①

建立与政府问责制度相结合、完善的生态管理体制，是我国生态资源保护的最终选择。首先，在国家生态安全战略的框架下，各级政府应当建立有力的统一的生态监管体制，生态监管机制，重在监督，除了要对生产企业和资源开发单位的生态文明建设进行监督之外，还要对有关行政主管部门的生态职能、生态责任的履行和落实情况进行监督，对生态执法部门

① 谭功荣:《问责制：责任政府最基本的实践形式》，载《中共福建省委党校学报》2004 年第 7 期。

的执法行为进行监督，对政府有关的生态决策和管理行为进行监督，突出生态环保部门和地方政府的生态职能实现以及生态责任的实际履行。

其次，合理的生态补偿，能够推动经济社会发展中对资源环境的再生，实现可持续发展。近年来，我国政府积极努力的探索建立生态补偿机制。但是，我国的生态补偿机制还很不完善，特别是针对具体区域和具体资源的生态补偿，还没有比较科学的技术路径和政策体系。政府要建立生态利益协调与整合体系，政府可以通过法制建设、政策调整等方式，协调各方面的利益，使地方政府、生态管理部门、企业、矿产资源管理部门、水利农业管理部门之间相互协调，建立合理的生态补偿分担机制，在保护生态环境的基础上，尽可能实现各方面利益的最大化。

最后，在协同理论的指导下，形成流域内、区域内和大区域内的生态安全义务承担与履行的分担机制。这种机制的具体含义，作者认为，应当分成:（1）生态安全是流域安全、区域安全和大区域安全的集中体现，相关地方政府和企业、事业单位，以及属地居民即所谓的资源地居民，应当积极承担相互合作、协调和配合的法律义务，在联动机制的形成过程中，应当扮演互利者和配合者的角色;（2）在特定的流域内、区域内和大区域内的各个地方政府的具体职能部门，应当首先要协调好自己内部的关系，然后，把自己内部的有效协调与配合，尤其是富有成效的协调与配合，当成检验地方政府生态安全义务履行能力的核心标志;（3）各个地方的生态安全义务的承担主体之间，应当是良好的互助合作关系。在资源有限和可持续发展的宗旨之下，把生态安全当成长久的战略，从而，在生态安全战略文化思想之下，积极开展政府行为携带致灾性的控制工作。

（三）经济利益及立法根源

纵观人类社会的发展，人类史无前例的技术创造和高速的经济增长，一方面，带来了高度进步的物质文明；另一方面，也使人类陷入了由市场失灵、政府失灵等因素所造成的新的发展困境。当人类根据资源承载能力和环境容量进行适度的经济活动，遵循自然规律与经济规律，实现对自然资源合理的开发与利用时，就能够获得较高的经济效益。而且，进一步不断增加环保投入，使污染物的积累量少于环境容量，环境状况就不断改善实现良性循环，就可以实现经济系统与环境的相互协调。但是，当人类经济活动超过了环境再生能力和环境容纳废物的承载力，违背经济规律与自然规律时，则环境就会被严重破坏，从而制约人类自身的生存与发展，经济与环境就会陷入相互掣肘的恶性循环状态。现在，当现代社会的物质文明以塑料的过度使用为标志时，人类生存依赖的海洋，已经成为微塑料的接纳场。[①] 而微塑料本身含有增塑剂，并能从环境中吸附有毒有害物质，浮游动物、贝类、鱼类、海鸟和哺乳动物等不同营养级海洋生物摄食后，将影响生长、发育和繁殖等。尤其是，微塑料还涉及跨界污染、国际海洋治理等诸多生态安全问题。[②]

生态环境的恶化和生态资源的不当利用，往往是伴随一个国家经济起飞和工业化过程开始而出现的。我国的工业化与其他工业化国家不同，基本上处于环境资源承载力的边缘。也就是说，在人口、资源和环境的矛盾已十分尖锐的情况下，要顺利完成工业化过程，在环境问题上，无疑比早先实现工业化的国家要面临更多的挑战。因此，重复发达国家“先污染，后治理”的模式风险太大。我们必须在迅速工业化与环境保护之间实现一

① 2004 年，发表在 Science 的一篇文章首次提出微塑料的概念。目前学术界对微塑料的尺寸还没有共识，但通常认为是粒径小于 5 毫米的塑料颗粒，它也被科学家形象地比作海洋中的“PM2.5”。21 世纪初，随着令人震惊的太平洋“塑料垃圾带”、无处不在的微塑料及其对海洋生态系统潜在影响的报道，国际国内社会对海洋塑料垃圾的研究和关注复苏。2014 年召开的首届联合国环境大会上，塑料垃圾污染被列为全球亟待解决的十大环境问题之一。2015 年召开的第二届联合国环境大会上，微塑料污染被列入环境与生态科学研究领域的第二大科学问题，并成为与全球气候变化、臭氧耗竭和海洋酸化并列的重大全球环境问题。

② 陈瑜：《当心微塑料！这是海洋中的“PM2.5”》，载《科技日报》2017 年 9 月 7 日，第 3 版。

种动态的平衡，而这往往是一个两难的抉择。其中一个重要原因，是地方保护主义导致环境公共产品的有效供给不足。

事实上，在我国的中央与地方的分权，使地方政策执行主体负有双重的角色，地方政策执行主体既是中央政策供给主体在地方上的代理者，又是地方利益的代表者，当中央与地方出现利益差别的时候，地方政策主体倾向于：从自身利益和本地区利益最大化出发，进行环境政策的制定、推行和措施活动，在经济增长和环境保护的选择偏好上更倾向于前者，从而导致“上有政策，下有对策”的地方保护主义倾向日益严重。于是，就必然出现祁连山事件这种央地冲突的典型事例。尤其是，为了保障地方税源和各行政部门的利益，地方政府会有意疏忽不当开发利用生态资源给社会造成负效应的企业，地方政府有很强的生态安全换发展利益的动机，去保护那些污染严重的纳税大户。在公平问题方面，政府难以克服代内公平的目标偏好。当政府面对着解决代内公平的政策问题的现实压力的情况下，“从政治上讲，增加效益也许要比降低成本容易些”，效益的增长意味着政府及其政策“运作得更有效或会得到更高的评价”，出于功利的考虑政府倾向于忽视代际公平，偏于代内公平。[①]

第三节　生态资源利用人
——企业和公民的致灾性聚集、放大

所谓生态资源利用人，即实际使用自然资源或者利用生态资源从事生产、生活的企业或者公民个体的总和。这些人，不论是基于法律的规定

① 这是张贤明在《论政治责任——民主理论的一个视角》（吉林大学出版社 2000 年版）中，对我国个别地方政府行为即代内公平意识的描述。

而承担环境保护与生态安全的社会责任，还是基于道德中的公共道德——公众爱护环境和保护生态资源的道德义务，都应当是生态资源的主要维护人。从这个意义上说，维护生态资源本身，就是维护企业和公民生产、生活所需要的自然资源或者生态资源的永续利用，或者可持续利用。为此，我国《物权法》第3条规定的“发展权利”就是这种要求的一种直观揭示。也就是说，在解决了企业和公民的生存权利——所有权、用益物权和担保物权等的确认之后，如何利用这些所有权、用益物权和担保物权，在积极发挥物的效用的宗旨之下，不断地通过发展权利——带有环境要素的节约型、环境友好型和可持续发展型的要求，或者资源利用人的行为控制义务色彩。

事实上，在我国企业和公民对于自然资源或者生态资源的利用，还存在严重的利用浪费，以及挥霍或者奢侈性消费的不良习惯，这些行为习惯的聚集或者聚合，实质就是其致灾性的聚集或者聚合。对此，我国《公司法》不仅在第5条规定了公司的社会责任，从法律义务的角度，对公司型企业提出了爱护和保护环境的义务要求，同时，在我国《环境保护法》第4～6条规定了资源利用人的义务与职责，即（1）保护环境是国家的基本国策。国家采取有利于节约和循环利用资源、保护和改善环境、促进人与自然和谐的经济、技术政策和措施，使经济社会发展与环境保护相协调。（2）环境保护坚持保护优先、预防为主、综合治理、公众参与、损害担责的原则。把资源利用人的义务分解成五个层次：一是环境资源和生态资源的保护优先；二是预防各种环境污染和生态危机；三是各个地方政府要综合治理环境污染；四是“公众参与”就是资源利用人要参与环境资源和生态资源的保护；五是对导致环境资源与生态资源方面损害的利用人要承担相应的法律责任等。（3）一切单位和个人都有保护环境的义务。地方各级政府应当对本行政区域的环境质量负责。企业事业单位和其他生产经营者应当防止、减少环境污染和生态破坏，对所造成的损害依法承担责任；而公民应当增强环境保护意识，采取低碳、节俭的生活方式，自觉履行环境保护义务，等等。[①]可见，在我国《环境保护法》第一次修订后，对公民、企业和当地政府的环境保护义务以及生态安全职责，从义务系统化的角度，进行了划分和分配。应当说，这不单单是一种立法技术的进步，更重要的，是一种生态危机之下不得已而采取的资源利用人义务体系化之后，对其致灾性的自我控制机制的系统构建。

相比之下，在我国《民法总则》第9条，则规定为“民事主体从事民事活动，应当有利于节约资源、保护生态环境”，其指导性原则的要求，直白明确地指向了自然人、营利法人、非法人组织等民事主体。应当说，其义务指向虽然明确，但是，因为整部法律没有相应的措施性规范的具体规定，使民事主体的义务性规定，有陷入“制度末端低效用”窠臼的危险。

一、资源的有限性与欲望的无限性

（一）生态资源的性质、本质和特质

在人类生存与发展的生态系统中，一切被生物和人类的生存、繁衍和发展所利用的物质、能量、信息、时间和空间等资源，被视为生物和人类共有的生态资源。这种资源，是人类生存和发展所不可或缺的。所以，生

① 相比之下，我国《环境保护法（试行）》（1979年9月13日）第8条规定，公民对污染和破坏环境的单位和个人，有权监督、检举和控告。被检举、控告的单位和个人不得打击报复。我国《环境保护法》（1989年12月26日）第6条的规定是：一切单位和个人都有保护环境的义务，并有权对污染和破坏环境的单位和个人进行检举和控告。显然，我国《环境保护法》在2014年4月24日修订后，在第6条规定：一切单位和个人都有保护环境的义务。地方各级人民政府应当对本行政区域的环境质量负责。企业事业单位和其他生产经营者应当防止、减少环境污染和生态破坏，对所造成的损害依法承担责任。公民应当增强环境保护意识，采取低碳、节俭的生活方式，自觉履行环境保护义务。其义务的层次性和系统性初见端倪。

态资源在理解时，可以分解为两个层面：一是“生态环境”，二是“生态资源”。

所谓生态环境，是指由生物群落及非生物自然因素组成的各种生态系统所构成的整体，主要或完全由自然因素形成，并间接地、潜在地、长远地对人类的生存和发展产生影响的外在因素系统。如果生态环境被破坏，那么，最终必然会导致人类生活环境的恶化，甚至于出现生态危机。生态环境层面上，人类只是其中的一部分，必须尊重生态规律，在资源有限性的背景下，控制自己过多的奢侈性、浪费性消费的欲望。

而所谓生态资源，即生态系统背景下，可以为人类的生产、生活所利用的物质、能量和空间等互相关联和制约的资源。这些资源，就其性质而言，具有有限性、价值性、维护困难性和多样性、受保护性等特点。其中，有限性是说，生态资源在不可再生意义上，是非常有限的。当然，对于可再生性的生态资源而言，这种属性似乎不明显。而价值性，即生态资源对于利用者而言，是有用的和可以带来相应的交换价值的。

理论上，把这种价值性又称为生态价值性。生态价值是区别于劳动价值的一种价值，指的是诸如空气、水、土地、生物等资源具有的价值，生态价值是自然物质生产过程创造的，是“自然—社会”系统的共同财富。随着日益严重的生态环境问题的发生，生物多样性[①]的价值已经逐渐被人类所发现和认识。生物多样性的价值，其表现为：（1）潜在价值。潜在价值，是指人类尚不清楚的生态系统的价值。（2）直接价值。直接价值，

① 生物多样性，指的是一定范围内动物、植物、微生物有规律地结合所构成稳定的生态综合体。这种多样性，包括物种多样性、遗传与变异多样性、生态系统多样性等。在此基础上，形成了生态系统多样性。所谓生态系统多样性，是指不同生境、生物群体，以及生物圈生态过程的总和，表现为生态系统结构多样性，以及生态过程的复杂性和多变性。保护生态系统多样性非常重要，其理由是：无论是物种多样性还是遗传多样性，都是寓于生态系统多样性之中，生态系统多样性保护直接影响物种多样性及其基因多样性。

是指生态资源对人类的医药、仿生、文艺、旅游等非实用意义的价值。（3）间接价值。间接价值亦称“生态功能”，指的是对生态环境起稳定调节作用的功能，常见的有：湿地生态系统的蓄洪防旱功能、森林和草原防止水土流失的功能等。在理论上，生物多样性的间接价值，要远远地大于其直接价值。

此外，生态资源在其性质上，还具有维护困难性和多样性、受保护性等特点。其中，维护困难性是指生态资源的保护与利用本身，就是一种很难调和的矛盾，这种矛盾往往表现为是要发展还是要生态安全。而生态资源的多样性本身，属于生物多样性本身的特性及其要求，生态资源的受保护就是围绕这种多样性而展开的。为此，我国从20世纪末期到本世纪的前15年，先后制定了《全国生态环境建设规划》（国发〔1998〕36号），《全国生态环境保护纲要》（国发〔2000〕38号），《国务院关于落实科学发展观加强环境保护的决定》（国发〔2005〕39号），《全国生态保护“十一五”规划》（环发〔2006〕158号），《国家环境保护“十一五”规划》（国发〔2007〕37号），《国家重点生态功能保护区规划纲要》（环发〔2007〕165号），《全国生态功能区划》（环境保护部公告2008年第35号），以及《全国生态脆弱区保护规划纲要》（环发〔2008〕92号）、《全国生态保护与建设规划（2013—2020年）》（发改农经〔2014〕226号）等一系列国家规划。还有，国务院先后于2013年9月10日《大气污染防治行动计划》（《大气十条》）、2015年4月2日《水污染防治行动计划》（《“水十条”》）、2016年5月28日《土壤污染防治行动计划》（《土壤十条》）三个“十条”连续发布，持续性地表达国家保护生态资源，维护生态资源多样性的决心。

不过，生态规律违反的控制，并不是密集颁发了有关计划、规划、纲要、决定等就能解决的。在制度末端低效用的现实背景下，我国依然生态灾害频发。近些年，干旱、暴雨、雨雪冰冻、沙尘暴等极端天气事件多发，加之生态破坏，导致山洪、泥石流、滑坡等灾害增多。海洋污染、富营养化严重，局部海域溢油呈加重趋势。赤潮年均灾害面积超1.4万平方公里，绿潮（浒苔）最大影响面积约3万平方公里。生态环境问题在国际政治、经济活动中的地位越来越重要，往往成为世界可持续发展首脑会议、联合国气候变化峰会、亚太经合组织峰会等国际会议的重要议题。我国是《联合国气候变化框架公约》《生物多样性公约》《湿地公约》《联合国防治荒漠化公约》《濒危野生动植物种国际贸易公约》《国际植物新品种保护公约》《联合国海洋法公约》《保护世界文化和自然遗产公约》等一系列国际公约的重要履约国，生态保护与建设肩负着我国实现绿色发展、履行国际义务、维护国家形象的重任。①为此，"2016年度全球十大环境热点"为："《巴黎气候协定》正式生效""第二届联合国环境大会关注绿色可持续发展""二十国集团（G20）峰会引领可持续发展""空气污染侵扰全球多个国家""全球就HFCs②提出减排要求，推动保护臭氧层和减缓气候变化协同应对""美国《清洁电力计划》悬而未决，新一届政府环保立场恐有变""中国共产党力推生态文明，成为全球最具环保意识政党""中国出台

① 《全国生态保护与建设规划（2013—2020年）》（发改农经〔2014〕226号），第一章全国生态保护与建设形势；二、面临形势。

② 2016年10月10~14日，在卢旺达基加利召开《关于消耗臭氧层物质的蒙特利尔议定书》第28次缔约方会议。会议以协商一致的方式，达成了历史性的限控温室气体氢氟碳化物（HFCs）协议。该协议是继气候变化《巴黎协定》后又一里程碑式的重要文件。协议明确了发达国家和发展中国家不同的HFCs限控义务，同时发达国家将为发展中国家履约提供必要的资金支持和技术援助，切实体现了"共同但有区别的责任"的原则。HFCs是氢氟烃Hydrofluorocarbons的缩写，虽然其ODP为零，但大气停留时间较长，GWP较高，大量使用会引起全球气候变暖；HFC-134a分子中含有CF3基团，在大气中解离后易与OH自由基或臭氧反应形成对生态系统危害严重的三氟乙酸；此外作为制冷剂HFC-134a与许多常用的润滑剂不互溶，其制冷系统必须使用价格昂贵的酯类润滑剂，增加了使用成本；且HFC-134a制冷效率也较低。欧盟的《移动空调指令》（Mobile Air-Conditioning Directive）已要求从2011年开始，所有新的汽车平台要淘汰氢氟烃HFC-134a；而美国也计划在2008年开始逐步淘汰汽车用HFC-134a冷媒。

多项重磅环保新政，迎来环保制度大变革时代”“英国重启大规模核电建设，用清洁能源应对气候变化”“2016 年成为史上‘最热年’，气候变化带来更多的极端天气变化”等，涵盖了2016年度全球环境领域最热的话题，[①]涉及与环境相关的政治、经济、社会、文化等若干重要领域，包括了气候变化、空气污染（雾霾）、生态文明、可持续发展、清洁能源等诸多关键词。可见，生态资源利用引起的生态安全问题，具有广泛的国际性质；在本质上，则是生态规律的尊重问题。对于中国而言，其特质是生态文明意识与环境保护制度的落地问题。

（二）生态环境费用效益分析

生态环境的维护，需要成本的支付和承担计算，这是生态资源利用的代价。对于生态资源这些成本的支付和承担，在理论上，学者提出应当进行“费用效用分析”。而所谓费用效用分析，是指在对生态资源利用或者生态环境保护时，在若干替代选项中，作出费用投入与产出即效用的计算与分析的技术与方法。作为生态经济学或者环境经济学的一种经济分析方法，其价值和意义在于：法学理论上的生态保护或者生态资源维护，是必须要进行成本核算的。也就是说，当我国经济比较落后，整个社会的“温饱”与“生存”问题是第一位的，于是，在“发展是硬道理”或者一切为了发展，一切以 GDP 为核心，一切以本地的经济繁荣为第一要务，由此而言，竭泽而渔、不择手段般地“饮鸩止渴”发展经济，根本用不着进行生态资源的“费用效益分析”。

问题是，生态资源的保护成本的支付与承担，如果采用“费用效益分析”，可能导致人们比较相应费用的效益并追求相应策略以最大化净效益。

① 2017 年 4 月 6 日，环境保护部宣传教育中心和中国日报社共同主办的“2016 年度全球十大环境热点问题”在环境保护部环境发展中心揭晓，这次“2016 年度全球十大环境热点”评选活动，是由环境保护部宣传教育中心和中国日报社共同主办，《世界环境》杂志和中国日报网承办的。

人们会质疑生态资源的价值里，是否需要或者值得这样的消费或者保护费用的花费。[①] 这种只追求净效益即经济利益，而不追求生态效益的做法，当然是一种人的致灾性的个体表现，其聚集便是群体或者整体的聚合了。由于生态资源的不可交易性或者交易价格的不易确定性，导致人们在分析生态资源的价值时，往往缺乏纯粹的生产性行为的投入产出的经济效益的直观分析与比较，从而，导致人们在进行生态资源利用时，对其投入经济的行为和活动，因为看不到产出或者这种“彻底的人类中心主义”而忽视了重要的价值负担问题。[②]

因此，我国从 20 世纪 90 年代后期开始的生态环境建设和生态环境保护，所具有的价值和意义，本来是不应当质疑的。但是，生态文化和生态文明建设的欠账，让生态资源利用的“费用效益分析”成为揭示人的致灾性的重要方法之一。由此而言，我国《大气十条》实施以来，全国城市空气质量总体改善，PM2.5、PM10、二氧化氮（NO_2）、二氧化硫（SO_2）和一氧化碳（CO）年均浓度和超标率均逐年下降，大多数城市重污染天数减少。2015 年，全国 74 个重点城市 PM2.5 平均浓度为 55 微克 / 立方米，相对于 2013 年的 72 微克 / 立方米下降 23.6%；日均值超标天数的比例由 2013 年的 33.2% 降至 2015 年的 20.8%。全国 PM10 平均浓度（338 个城市平均浓度为 87 微克 / 立方米），相对 2013 年（330 个城市平均浓度 97 微克 / 立方米）下降 10.3%；日均值超标天数的比例由 2013 年的 14.5% 降至 2015 年的 12.1%。74 个重点城市共发生 846 天次重度污染和 238 天次严重污染，较 2014 年和 2013 年降幅分别为 28.1%、24.9% 以及 49.9%、63.7%。京津冀、长三角、珠三角和成渝地区 NO_2 浓度相对 2013 年分别下降 9.8%、11.9%、19.5% 和 15.8%，SO_2 分别下降 44.9%、30.0%、38.1%

① [美] 戴斯・贾丁斯:《环境伦理学》，林官明、杨爱民译，北京大学出版社 2002 年版，第 60 页。

② 同上书，第 61 页。

和 48.3%。卫星资料反演显示，2013 ～ 2015 年，全国 NO_2 和 SO_2 垂直柱浓度年均值和颗粒物光学厚度（AOD）总体呈下降趋势，与地面监测数据分析结果一致。根据《环境空气质量标准》（GB 3095—2012）进行评价，2015 年全国 338 个地级及以上城市中有 73 个城市空气质量达标，占 21.6%；平均超标天数比例为 23.3%，重度及以上污染占 3.2%，其中 67.4% 发生在冬季。全部重度及以上污染天次中，以 PM2.5、PM10、O_3 为首要污染物的天次分别占 83.4%、15.3% 和 1.3%。京津冀及周边地区是全国重污染天气高发地区，占全国总天次的 44.1%。冬季重污染对全年 PM2.5 平均浓度有明显的拉升作用。2013 ～ 2015 年，重污染天气对京津冀、长三角和成渝地区 PM2.5 年均值的贡献分别为 40%、10% 和 20%。但是，空气质量面临形势依然严峻，冬季重污染问题突出，重点区域大气臭氧（O_3）污染问题显现。[①] 可见，生态环境费用效益分析方法，对于我们找出生态环境问题的根源以及解决路径，是有巨大的好处的，也必然成为我国生态文明建设的重要方法。

（三）市场失灵与政府失灵“双失灵效应”激发

由于生态资源不具有可交换的经济价值，所以，市场对于生态资源的保护性投入，是不会积极选择的。从这个意义上看，市场失灵本身，就是对人的致灾性的一种默认或者一种容忍。相比之下，这种市场失灵并不是最可怕的，最可怕的是，政府对于生态资源的利用，是不能积极、有效的干预和控制的。事实上，前文提到的那么多的国家生态环境建设与保护规划本身，并不能说没有效用，但是，其实际的效用确实比较低。这一方面，属于人的致灾性这个文化层面的问题，能在多大程度上为我国社会所认可。也就是说，人作为生态资源的利用者，当然会给生态资源带来众多

---

① 佚名：《〈大气污染防治行动计划〉实施情况中期评估报告》，载中央政府门户网，http：//www.gov.cn/xinwen/2016-07/06/content_5088795.htm，最后访问日期：2018 年 2 月 18 日。

的不利影响，这些不利影响的积累，最终会成为生态危机或者生态灾害发生的重要原因。这是必须要强调的；另一方面，则是政府对于企业和社会公众的市场行为尤其是对于生态资源利用行为的保护、管理与控制的失措，即政府失灵。这种失灵与市场失灵相结合，便出现了所谓的“双失灵效应”——虽然相关的生态资源的规划，以及相应的法律法规多如牛毛，但是，实际的生态安全尤其是表现为生态资源的利用层面上，相关的生态事故或者生态危机治理的效用上，却是不能尽如人意的情形。

应当说，这种“双失灵效应”的本质，在于人的自利性过多，以及自控性的不足和外控性的无效。这种人的个体性自利性过多，聚集成群体自利性和整体自利性，即人的致灾性被“双失灵效应”激发，其结果是人的致灾性就是必然的。也就意味着，人的自控性需要强有力的外控性，特别是生态文化和生态文明意识的高强度关注。比如，戴斯·贾丁斯在《环境伦理学》中认为，不能再把土地当成只是个物体，是“死”的，可被人们随心所欲地利用和改造的东西。土地应当被看作有机体，有健康与不健康之分，它会受到伤害，也会死。我们应当将道德考虑，即生物权利拓展到鸟类、土壤、水体植物和动物等。生态意识告诉我们，人类只是生物群落中的一个成员，是“生物公民”而不是自然的“统治者”。[①] 土地伦理学是彻底的非人类中心主义的，人类在生态群落中没有特权，他们从“统治者”降到了普通成员。对许多环境主义者来说，这是一个环境观点的最重要的前提要求。[②] 这也意味着市场失灵与政府失灵这种双失灵必然发生，其直接的效应就是——好好地反思人类的行为，然后，把利用生态资源的欲望的无限性，尽可能地控制在生态系统允许的范围之内。

对“双失灵效应”激发的反向控制，首先是利用生态文明或者生态文

---

① [美] 戴斯·贾丁斯:《环境伦理学》，林官明、杨爱民译，北京大学出版社 2002 年版，第 211 页。

② 同上书，第 214 页。

化包括“绿水青山就是金山银山”理论，进入人们的发展观、财富观和幸福观，干预、控制和抑制人的自利性过多，生态安全义务意识和民事活动中“节约资源、保护生态环境”自控性不足，改变法律法规和国家政策等规范体系，尤其是法治能力体系的外控性无效的局面。显然，这种“双失灵效应”激发的反向控制我国已经在行动。

比如，2017 年 9 月，为认真贯彻《水污染防治行动计划》即“水十条”的工作要求，推动各地按期完成 2017 年目标任务，环境保护部以长江经济带为重点，赴辽宁、黑龙江、安徽、江西、湖北、湖南、贵州、云南、宁夏 9 个省（区），开展为期 1 个月的专项督导工作。本次督导的主要内容，包括重点城市黑臭水体整治、饮用水源规范化建设、集聚区污水集中处理设施建设、重点行业清洁化改造、加油站地下油罐防渗改造、敏感区域污水处理厂提标改造、沿海港口码头污染防治等“水十条”明确的 2017 年重点任务实施情况，以及协调调度、台账管理、信息报送和公开等制度落实情况。本次专项督导后，对发现的重大问题将按照工作程序统筹实施挂牌督办、公开约谈、区域限批等督政措施，必要时纳入中央环保督察范畴。[①] 具体来说，2017 年 9 月 17 ～ 21 日，环保部会同商务部、卫生部及相关专家一行 20 人，分为水环境质量组、加油站地下油罐双层罐更新或防渗池设置组、黑臭水体组等 6 个督导组对 2017 年贵州省“水十条”贯彻执行情况进行专项督导检查。督导组在贵阳市进行了 3 天检查，共计抽查现场点位 22 个。其中，水环境质量组现场检查了青山污水处理厂、市西河、贯城河、新庄一期污水处理厂、新庄国控断面、南明河干流 6 个现场点位，对贵阳市南明河水环境综合治理取得的成绩给予了充分肯定。督导组根据环保部卫星中心遥感数据，发现贵阳市有 13 段河道疑似存在黑

① 新华社:《环保部将对 9 省区开展“水十条”专项督导》，载新华网，http：//www.xinhuanet.com/politics/2017-09/08/c_1121632793.htm，最后访问日期：2018 年 2 月 18 日。

臭水体，检查组随机抽取了科创北路河段、西部化工路北河段，观山湖区南门河、麦西河、小湾河等7段进行了现场核实，确认该市无黑臭水体。督导组还对贵阳市加油站地下油罐双层罐更新或防渗池设置组对机场路加油站、观山加油站和阳关加油站进行了现场检查。在其后召开的贵州省现场督导总结交流会上，环保部督察专员周宪政指出，贵州省良好水体优良比例优于2017年目标2个百分点，劣Ⅴ类水体比例下降3.6个百分点，抽查的疑似黑臭水体和黑臭水体整治全面完成。同时，他要求各地要积极采取措施，确保完成“水十条”规定目标。[①] 应当说，环保部的这些督察行动需要常态化和不断坚持，那么，“双失灵效应”激发的反向控制一定能实现。

二、生态资源利用人的致灾性

（一）生态资源利用人的致灾行为界定

所谓生态资源利用人，即生态系统中的非生物和生物两大部分或者非生物环境、生产者、消费者和分解者四种基本成分的分类[②] 中，企业、公民和政府作为生态资源的直接支配者或者处置者的情形。比如，对于大气资源的利用人，就是所有的能够自主呼吸的公民这种自然人，而水资源的利用人，则在水资源被分为工业应用、农业应用和景观应用、生活应用等层面上，其使用水资源进行工业生产、农业生产、美化环境和生活中的饮用等企业、农业生产者、政府和公民个人等。

可见，“生态资源利用人”是各个复杂的概念，其界定的逻辑前提是：（1）基于各种正当理由比如生产、生活等，根据生态资源的特性加以使用；

① 周大梅：《环保部水十条督导组检查贵阳市水污染防治行动贯彻执行情况》，载搜狐网，http：//www.sohu.com/a/194431561_398095，最后访问日期：2018年2月18日。

② 曲向荣：《环境生态学》，清华大学出版社2012年版，第105页。

（2）生态资源的使用带有很强的功利色彩和处置即决定某项生态资源一定量的命运；（3）生态资源的利用属于个体人的自利性范畴，其汇聚和聚集必然带来重大的或者严重的生态系统后果，如生态损害、生态危害或者生态危机等。由于生态资源利用人的自利性，导致了其“目的—手段—结果”行为模式的出现，也就是人的致灾性行为模型的出现。对于生态系统而言，人作为“生物公民”而不是“统治者”，但是，社会的现实恰恰是：从公民个体到企业，到企业群体，再到企业整体，以及当地政府，这些主体普遍都认为：生态系统中的生态资源，是可以人为肆意利用，或者低成本、无成本利用而不必承担具体后果的。所以，在这种意识和生态文化背景下，生态资源利用实施致灾性行为，就是必然的。

所谓生态资源利用人的致灾行为，是指生态资源利用的公民个体、企业个体和当地政府等主体，在利用生态资源的过程中，因为利用不当、过度利用或者聚集性利用行为等产生的危害生态系统效果，并引致自然灾害、自然人为灾害、人为自然灾害或者人为灾害发生，或者灾害的酿灾潜势已经形成的行为。这种行为，显然是不符合生态规律的，是应当受到约束和控制的危害生态系统的行为。

因为我国生态系统保护存在严重的“双失灵效应”激发问题，导致了这种致灾行为的发生，不但量多面广，而且，成为一种不良生态文化的重要组成部分。在“人定胜天”观念的误导下，人们总认为向大自然、向生态和向物质世界的无穷尽的攫取，都是被允许和被接纳的，都是可以合法的。于是，生态资源利用人的掠夺性、致害性和奢侈性的利用行为，必然带有当然的致灾性。这种致灾性具有普遍性，人数众多和行为类型化等法律特征。

（二）生态资源利用人的致灾行为类型

根据我国生态环境立法的宗旨，我国《宪法》第 26 条明文规定，国家保护和改善生活环境和生态环境，防治污染和其他公害。应当说，这是我国政府向全体国民的庄严承诺。但是，生态资源利用人的行为，并不因为有了这些庄严的承诺，就不具备致灾性了。换句话说，人的自利性本身，在没有有效控制或者自我有力制约的情形下，很容易演化成人的致灾性。于是，根据灾害的“倍增效应”，随着人类社会各种人工设施的大量增加，人的欲望会被扩大或者无限激发，导致各种人工设施的受灾概率，大大增加的同时，人员、各种设施和社会秩序等作为承灾体，所受到的冲击会蔓延并扩展其危害后果。

由此而言，作者认为，生态资源利用人的致灾行为，如果根据其行为是否正当及其具体后果，分成利用型致灾行为、侵占型致灾行为和破坏型致灾行为三种。其中，所谓利用型致灾行为，即正当利用生态资源的行为，因为每个行为当中的微量、超微量的危害因子或者致害因子的聚集、聚合或者汇聚，导致其正当利用生态资源的行为，也必然带有致灾性。这就是为什么我国《环境保护法》在第 29、44 条[①]规定“生态保护红线”以及“环境容量制度”的根本原因。

而所谓侵占型致灾行为，是指非法占有或者侵占国家、集体或者他人所有或者管理的生态资源，继而违法使用并导致使用中致灾行为的发生的情形。比如，非法盗猎藏羚羊，危及藏羚羊种群的生存；而金沙江流域大量开采各种矿产，尤其是非法盗采盗挖等采矿行为，其生产过程中的尾矿或者矿渣的排放，就成为长江金沙江段河流被污染的重要原因等。应当说，现实生活中，这种侵占型致灾行为并不少见。只是，这种侵占型致灾行为在被查处时，人们往往看重的是生态资源的侵占或者侵权，而对这些侵占行为下的生态资源致灾性，疏于追究。

---

① 我国《环境保护法》第 29 条规定，国家在重点生态功能区、生态环境敏感区和脆弱区等区域划定生态保护红线，实行严格保护。而第 44 条又强调：国家实行重点污染物排放总量控制制度，对超过国家重点污染物排放总量控制指标或者未完成国家确定的环境质量目标的地区，省级以上政府环境保护主管部门应当暂停审批其新增重点污染物排放总量的建设项目环境影响评价文件。

所谓破坏型致灾行为，是指生态资源利用人采取破坏型方法或者技术，损毁生态资源或者危害生态系统的资源利用行为。比如，蓬莱 19-3 油田，在美国康菲公司作为作业人的背景下，康菲公司就采用了破坏油田地质结构的开采方法，导致了严重的溢油灾害，即累计 5500 平方公里的海面被污染。[①]虽然，康菲公司赔偿了受害人 16.83 亿元的经济损失。但是，康菲公司的破坏型致灾行为带来的生态危害是无法估量的。可见，这种破坏型致灾行为，不论是有意识的破坏型或者掠夺性地利用生态资源，还是无意识地不当利用生态资源，而造成的生态资源的破坏，其法律后果都是同样的。那就是，都可能造成严重的生态系统危害的后果。

因此，为了实现生态资源利用人致灾行为控制和有效干预的目的，我国《宪法》在强调“防治污染和其他公害”的同时，还规定：（1）国家保障自然资源的合理利用，保护珍贵的动物和植物。禁止任何组织或者个人用任何手段侵占或者破坏自然资源。（2）厉行节约，反对浪费。（3）国家保护名胜古迹、珍贵文物和其他重要历史文化遗产。（4）植树造林，保护林木等。[②]这些规定，都是试图从生态资源利用人各类致灾行为的角度，加以调整的思路上制定的。

（三）生态资源利用人致灾行为的多维影响

生态资源利用人的致灾行为，在我国 1979 年 9 月 13 日颁行《环境保护法》时，立法者其实是有明确的认识的。换句话说，立法者确实也是试

① 2011 年 6 月，中海油渤海湾蓬莱 19-3 油田发生漏油事故，事故持续数月，该油田是中国海洋石油总公司（以下简称中海油）与美国康菲石油中国有限公司（以下简称康菲公司）的合作项目，溢油事故发生后，导致污染海洋面积 6200 平方公里，对当地养殖、旅游、生态等的影响非常严重。后来康菲公司和中海油支付了 16.83 亿元人民币的污染赔偿金。其中，康菲公司承担 10.9 亿元人民币以赔偿溢油事故对海洋生态造成的经济损失；中海油和康菲公司分别出资 4.8 亿元人民币和 1.13 亿元人民币，承担保护渤海环境的社会责任。

② 我国《宪法》第 9 条第 2 款、第 14 条第 2 款、第 22 条第 2 款、第 26 条第 2 款。

图通过立法行为，全面干预生态资源利用人的致灾行为。比如，具体的立法技术包括，一方面，确立了“合理地利用自然环境，防治环境污染和生态破坏”的基本宗旨，以及“防止污染和其他公害的设施，必须与主体工程同时设计、同时施工、同时投产”的“三同时制度”，还有“谁污染谁治理的原则”等；另一方面，在“第二章保护自然环境”[①]中，大量使用“防止”“严禁”“禁止”等立法术语，形成了一系列的禁止性规范体系。作者将其归纳为生态资源保护的“七防止”和“四严禁”体系，让我国的《环境保护法》成为名副其实的“强制性规范”为主的立法。

然而，非常遗憾的是，“七防止”和“四严禁”的立法制度设计及其立法技术的运用，并没有从根本上扭转我国生态系统生态问题恶化的趋势。也就是说，“防止破坏资源和恶化自然环境”的立法目标，并没有完全地实现。为此，“七防止”和“四严禁”规定，具有的重要意义不容小视。其中，“七防止”即（1）防止土壤侵蚀、板结、盐碱化、沙漠化和水土流失；（2）开垦荒地、围海围湖造地、新建大中型水利工程等，采取措施防止破坏生态系统；（3）保护、发展和合理利用水生生物，禁止灭绝性的捕捞和破坏；（4）合理开采地下水，防止水源枯竭和地面沉降；（5）保持和改善草原的再生能力，防止草原退化，防止草原火灾；（6）开发矿藏资源，严禁乱挖乱采，防止破坏资源和恶化自

① 我国《环境保护法试行》第二章保护自然环境条款有 6 条，即第 10~15 条。应当说，条款的数量比较少。1989 年 12 月 26 日，我国《环境保护法》第一次大范围修改，原第二章变成“第三章保护和改善环境”，增加了“改善环境”的意思，条款由原来的 6 条，增加到 8 条，即第 16~23 条。2014 年 4 月 24 日，我国《环境保护法》第二次大修即修订时，章节名称未变，仍然是“第三章保护和改善环境”，但是，这一章的条款增加到 12 条，是 1979 年 9 月 13 日法律的 2 倍，即第 28 ~39 条。新增加和具体法律制度包括：政府的环境质量责任（第 28 条）、生态保护红线制度（第 29 条）、保护生物多样性（第 30 条）、生态补偿和修复制度（第 31~32 条）、统筹城乡环境保护（第 35 条）、废弃物利用（第 36~38 条）和环境与健康监测制度（第 39 条）等。

然环境;(7)保护和发展森林资源，合理采伐，防止森林火灾等。而“四严禁”即(1)开发矿藏资源，严禁乱挖乱采，防止破坏资源和恶化自然环境;(2)严禁毁林开荒、乱砍滥伐;(3)严禁滥垦草原，防止草原火灾;(4)对于珍贵和稀有的野生动物、野生植物，严禁捕猎、采伐等。并使用“必须”“切实”“保护”“维持”“发展”“合理利用”或者“合理开采”或者“妥善处理”，以及“严格管理”等字眼，强化严禁、防止等术语的法律含义，以及生态资源利用人的义务、责任和对于其利用行为法律后果的预期。

为此，我国《环境保护法》这个“史上最严”的法律，试图与我国《宪法》中“防治污染和其他公害”的郑重的宣言性的规则相结合，形成中国特色的控制和制约人的致灾性的法律机制。应当说，这种机制的法律设定在国家层面，已经通过灾害应急和突发事件应急“一案三制”的国家应急机制，作为应急层面人的致灾性控制的尝试，得到了实践的检验。[①]

三、生态资源利用人致灾行为的聚合、集合与放大效应

(一)生态资源利用人致灾行为的样态——聚合性特征

在灾害社会学上，人的致灾性不是一个人或者单个人的生态资源利用行为就可以转化或者显现出来的。当生态体系中某种生态资源本身，其环境容量或者自净能力或者自我愈合能力，远远地高于单个人或个体人的致灾性或者致害性的时候，其生态资源的利用大多处于致灾性低于自净能力的状态。于是，生态平衡或者生态系统的均衡状态就是一个持续的过程。

---

① 作者认为，我国的突发事件应急机制中的“一案三制”，强调事先制订应急预案即“一案”，并在应急事件发生前，强调应急体制、机制和法制的建设。这种思路和制度构想，用于灾害应急是完全适用的。

在这种情况下，生态系统的良好状态必然得以保持。但是，当生态资源利用人的行为带有致灾性，并且这种致灾性被聚集、聚合和汇集的时候，则必然导致生态系统失衡，继而出现各种各样的灾害。

换句话说，当霾灾成为一种新型的合成型人为灾害时，人类呼吸清洁空气的权利被严重侵害。但是，这种基本生存权利，又是被谁侵害的呢？从这个思路上讲，作者认为，生态资源利用人的致灾行为的样态，可以从行为主体的数量角度，以其行为的后果分为：单一行为样态、群体行为样态、整体行为样态和复合行为样态等类型。这些样态的划分，其目的是为了观察和分析利用人行为的后果，也就是寻找行为动机和结果之间的因果关系，继而为主体行为配置相应的法律义务。

所谓单一行为模式，即单个主体的生态资源利用行为，因为其侵占性、破坏性而导致的资源受到损害或者引发灾害的行为模型。应当说，这种行为样态相对比较少见或者很少发生，因为一个人或者单个主体能够在生态资源利用中，发生危害或者致害生态资源的行为，尤其是“能量”毕竟是有限的。但是，单一行为模式并不限于一个自然人，在社会学上，一个组织或者一个大型或者超大型的企业完全可能导致严重的生态资源致灾后果。从这个意义上讲，任何时候的生态资源立法，都应当针对单一行为模式进行限制性或者禁止性立法。

所谓群体行为模型，即若干个单个主体的生态资源利用行为，因为其带有的侵占性、破坏性或者利用性的聚集、集合或者汇集，而导致的资源受到损害或者引发灾害的行为模型。这种模型的出现，在我国应当以霾灾的社会认识或者共识为核心标志。在单之蔷《谁偷走了北京人的骄傲？》一文中，作者认为，河北不仅用版图环绕着北京，而且也用一个个钢铁厂、水泥厂、电热厂、玻璃厂包围了北京，这些工厂被公认为是雾霾的制造者。[①]所以，当河北省的支柱产业是钢铁、水泥、玻璃这些高污染产业时，到2013年时，北京的雾霾已经严重到危机的地步，河北还有8座炼钢高炉上马，水泥工业的发展也高于全国平均速度。[②]这就是群体行为模式的典型事例和诠释，从这个意义上说，只要我国的产业结构不调整或者调整不到位，并破解雾霾已经由点发展到面，最后在我国东部地区连成一片的窘境的时候，霾灾在北京是不可能减轻或者消失的。理由是：霾灾作为群体行为模式的产物，只能靠打破这种行为模式寻找出路。

所谓整体行为模型，即全部的单个主体的生态资源利用行为，成为群体行为模型之后，因其带有侵占性、破坏性或者利用性的进一步聚集、集合或者汇集，而导致的国家全部版图的资源受到损害或者引发灾害的行为模型。这种模型的典型实例，便是我国东西南北都发生的霾灾之外，普遍存在的土壤污染灾害。[③]这种以面上灾害为特征的霾灾或者土壤污染灾害，是我国经济发展过程中，只讲经济发展速度，只讲经济效益和只讲GDP，而不讲生态效益和长远效益的恶果。

对于我国社会而言，高速公路和城市道路的大力发展国家政策，总体上是正确的。但是，高速公路对于物流、人流和资本流的引导，带来的生

---

① 河北的钢产量占我国钢产量的1/4，并且连续13年为中国第一。这是中国经济地理和产业布局不科学结下的苦果。当雾霾已经由点发展到面，最后在我国东部地区连成一片的时候，盼风是没用的，也是不道德的。参见单之蔷：《谁偷走了北京人的骄傲？》，载《中国国家地理》2014年第12期。

② 单之蔷：《谁偷走了北京人的骄傲？》，载《中国国家地理》2014年第12期。

③ 全国土壤总的点位超标率为16.1%，其中轻微、轻度、中度和重度污染点位比例分别为11.2%、2.3%、1.5%和1.1%。从土地利用类型看，耕地、林地、草地土壤点位超标率分别为19.4%、10.0%、10.4%。从污染类型看，以无机型为主，有机型次之，复合型污染比重较小，无机污染物超标点位数占全部超标点位的82.8%。从污染物超标情况看，镉、汞、砷、铜、铅、铬、锌、镍8种无机污染物点位超标率分别为7.0%、1.6%、2.7%、2.1%、1.5%、1.1%、0.9%、4.8%；六六六、滴滴涕、多环芳烃3类有机污染物点位超标率分别为0.5%、1.9%、1.4%。资料来源：《环境保护部和国土资源部发布全国土壤污染状况调查公报》，载环境保护部网，http：//www.zhb.gov.cn/gkml/hbb/qt/201404/t20140417_270670.htm，最后访问日期：2014年4月17日。

态资源破坏与生态危机，我们的预估与法律层面上的制度控制，做得是很不够的。于是，当我国生态体系和生态系统的脆弱性，没有为轿车大量进入家庭做好准备的时候，过多的人口和过高的人群轿车需求，加以过于简便的程序控制，实际上导致了机动车尾气的排放，是引发我国各地霾灾普遍发生的重要原因。而我国公民的消费文化当中，奢侈、浪费和日常生活当中，饮食只为“色香味形”等外在感受性消费观念的错误，而根深蒂固。一方面，带来我国菜系林立和各种各样千奇百怪的“中华美食”存在和繁荣；另一方面，各种餐桌上的“只为好吃”而不顾饮食健康的烹饪方法和习惯，比如烧烤被认为是制造 PM2.5 的来源之一，也成为导致或者加重霾灾的重要原因。这种全民喜欢开车、开豪车以及飙车，全民喜欢美食和更爱“舌尖上的中国”的饮食习惯，[①] 尤其是这种“只为好吃”不思健康和生态安全习惯的引导，成为土壤污染灾害另一个全民性的致灾行为的根源。

（二）单个行为的灾害聚合效应——生活型集合性特征

应当说，在我国，生态资源利用人的单个行为的灾害聚合效应，作为北京市民是已经通过霾灾而深刻领教了的。在这里，所谓单个行为的致灾行为的灾害聚合效应，即任何单一个体的生态资源利用行为，都可能是合法的或者正当的，但是其微量、超微量致灾行为的聚集、聚合或者汇集，必然导致相关灾害发生，并因为其生活型的理由和原因，而持续存在或者反复发生的“行为一聚集一灾害一后果一持续”的“行为一后果效应”。这种效应本身，应当从三个层面分析。

1. 生活型行为的反复实施或者复制。对于任何人而言，只要活着就需要生活资料的不断提供和供给或者获取，这个过程本身，是生存的生态

① 应当说，对于《舌尖上的中国》这样的饮食文化传承的电视片而言，其发行人、导演和编剧们，肯定没有想到这一点：当人们为了“好吃”，仅仅是为了享受美食而不顾一切的时候，“舌尖的感觉”及其体验，是否也成为一种人的致灾性的聚集呢？

逻辑以及法律上的生存权的表现。不过，单一主体的生存权利的享有与实现，在生态学上，是一种生态资源的利用或者消耗，如果超出了生态系统或者生态体系的资源容量限度的话，必然导致生态系统的变化或者变异，这种生态规律是没有人可以改变的。于是，单一主体的生存权利的享有与实现，尤其是生活型行为反复实施与复制，比如，只要出行时，人们必须要开车，而这成为大多数人或者绝大多数人的出行第一选择时，那么，大气对于汽车尾气的环境容量可能很快被填满，于是，霾灾的出现就成为一种必然了。

2. 单一致灾行为的“三聚特征”。所谓单一致灾行为的“三聚特征”，即单一主体致灾行为的聚集、聚合和汇聚现象，以及这种“三聚现象”之中，单一行为只是一个个的个体观察样本，而群体行为和整体行为，则是可供研究和分析的“三聚样本”。当“三聚现象”出现后，必然要研究和分析“三聚样本”，并从中找出这些样本当中，人的致灾性的聚集效应的根源来。那就是，生态资源的利用，不可能只是某个单一主体为之，其他主体或者另外的主体不为之。于是，群体主体或者全体主体的共同利用，就具有必然性。这种群体主体或者全体主体对于生态资源的共同利用，在时间性、空间性层面上的重叠、竞合和不断的持续，必然带有微量、超微量的人的致灾性“三聚特征”，所以，这种“三聚特征”是一种必然要出现的生态资源特征。对此，作者认为，这也可以被认为是生态资源利用人致灾行为的复合行为模型的产物。

3. 行为持续引发“行为—后果效应”。既然有“三聚特征”，那么，“三聚样本”一旦出现，那么，只要群体主体或者全体主体生态资源的共同利用行为不断持续，则灾害发生、持续的危害后果就必然出现，必然发生“行为—后果效应”。这种效应，就是从单一主体的生态资源利用行为表面上的合法性、正当性，渐变成群体行为、整体行为后面意义上的危害性和致灾性。面对这样的人的致灾性的分析和论证，任何人都不应当忽略、否认或者漠视这种“行为—后果效应”的存在，尤其是其危害性的发生事实。所以，一旦单一主体的生态资源利用行为，被大量复制或者无序引发而成为群体行为或者整体行为的时候，其微量或者超微量的利用行为的致灾性就会被聚集、聚合和汇聚，而成为一种显现出来的致灾性，或者“合成型的致灾性”。这个意义上的人的致灾性，最典型的就是我国汽车工业国家政策决策时，根本就没有很好地计算或者推演一下：当一辆机动车的微量或者超微量的尾气污染，以几百万辆在几十、几百平方公里或者几十万、几百万平方公里的大地上，同时奔跑的时候，其尾气微量、超微量的致灾性，如何会演绎成各种雾霾尤其是严重雾霾的致灾性？这中间，大气环境的容量与自净能力的底线，很快被人类触摸到了。

（三）合法行为所产生的危害后果——合法性掩盖危害性的放大效应

可以说，我国的生态系统退化和环境污染问题日益突出，生态环境呈现持续恶化的趋势，让我们不得不反思我们的生态资源保护政策，不得不重视生态资源利用人的致灾性法律控制，尤其是不得不考虑通过国家政策即“生态红线制度”，[①] 来制约生态资源利用人的致灾性。不过，这个2011年10月才首次出台的“生态红线制度”，直到2014年1月19日，我国环境保护部印发《国家生态保护红线——生态功能基线划定技术指南（试行）》（环发〔2014〕10号）时，我国生态保护的国家立法，尚且还没有转入生态资源利用人行为合法性的系统定性、控制和致灾性限制的系统工作状态。换句话说，长期以来，我国生态资源利用人的合法行为，包括缴纳

---

① 2011年10月17日，《国务院关于加强环境保护重点工作的意见》（国发〔2011〕35号文）发布，规定“国家编制环境功能区划，在重要生态功能区、陆地和海洋生态环境敏感区、脆弱区等区域划定生态红线，对各类主体功能区分别制定相应的环境标准和环境政策”。这是我国首次提出“生态红线政策”，参见陈海嵩：《“生态红线”的规范效力与法治化路径——解释论与立法论的双重展开》，载《现代法学》2014年第4期。

排污费、排污登记和污染减排等系统性工作即相关制度的落实工作，并没有被纳入人的致灾性控制范畴。

事实上，长期以来，生态资源利用人的合法行为也具有致灾性，是被掩盖起来了的。主要是，人们误以为缴纳了排污费，就是合法排污，就不会承担任何环境污染的法律责任；或者，整个社会误认为只要缴纳了环境使用费或者环境使用税，就可以利用环境资源或者生态资源而不会产生任何危害后果；甚至，人们可以没有任何节制的开车上路，或者任意挥霍浪费生态资源，只要是付了费的，就可以任意使用，而不受任何限制或者不能进行不良使用或消费习惯的控制。这种把合法等同于没有致灾性的观点，是长期以来主导我们生活的生态资源利用观念，于是，生态容量和生态红线，或者生态危机、生态灾害的观念或者理论，被许多人认为是杞人忧天，或者是阻碍经济发展的原因。肯定地说，这种看法是非常错误的！

应当说，我国是在严重的生态危机和生态系统问题日益严重的背景下，才想到了“生态红线制度”的，且不说这个制度的设计，是不是有些太晚，关键是，这个制度的积极意义在于：终于承认人的致灾性是存在的。也就是说，任何时候，人的致灾性不管多么微弱或者超微弱，只要这种生态资源利用人的致灾性存在，那么，我们就应该把这种致灾性的控制，通过建立系统化和体系化的制度，来进行全方位的生态文明建设——从生态文明意识到生态文明法律制度，再到生态文明文化体系，继而生态文明的生态伦理建设等，为生态资源利用人的致灾行为的合法化或者不受控制，提供终结的社会制度基础。

在本章中，作者讨论了人的致灾性的基本问题，这是一个新的领域即灾害法学领域基本范畴层面的问题。对于这个问题的研究，是本课题立项的主要目标。当生态资源利用人的致灾性，导致了严重的生态危机的时候，我国通过《环境资源法》的修订，在其第 29 条对生态红线制度加以确认，并强调“实行严格保护”。为此，环境保护部基于我国《环境保护法》的修改，于2014年12月19日发布《环境保护主管部门实施按日连续处罚办法》（环境保护部令第28号）、《环境保护主管部门实施查封、扣押办法》（环境保护部令第29号）、《环境保护主管部门实施限制生产、停产整治办法》（环境保护部令第30号）和《企业事业单位环境信息公开办法》（环境保护部令第31号）4个文件，开启了我国生态红线制度建设的系统化路径。不过，“人的致灾性”问题的研究依然任重而道远，需要我们从国家生态安全战略的角度，进行系统化的研究和分析。

第三章　国家生态安全战略及目标设计的冲突

所谓国家战略，即综合一国之力而行之方略。“战略”一词是正规军事用语，“国家战略”则是政治用语。在本书中，国家战略是作为生态安全国家根本利益层面的政治用语使用的。一般而言，国家战略运用的基本原则，是国家综合力量的宏观调配运用，往往有长期性的安排和考虑，对国家各种资源进行配置，做“行之方略”性设计。比如，我国1964年开始到1980年的“三线建设”[①]战略，就是我国中西部地区进行的一场以战备为中心，以国防科技、工业和交通工程为主的大规模基础性国家建设活动。在“三线建设”国家战略实施后，便有成昆铁路、攀枝花钢铁集团、酒泉卫星发射中心、西昌卫星城、葛洲坝水电站……这些“三线建设”的成就与产物。“长虹”电视机、“风帆”蓄电池、“东风”汽车、“嘉陵”摩托车都是军民转型中最为人熟知的民用产品，也都是我国“三线建设”的

① 根据我国当时的地理区域划分：“一线”地区指位于边疆沿海的前线地区；“二线”地区指一线地区与京广铁路之间的安徽、江西及河北、河南、湖北、湖南四省的东半部；“三线”地区指京广铁路以西、甘肃乌鞘岭以东的广大地区，主要包括四川（重庆）、贵州、云南、陕西、甘肃、宁夏、青海等省区以及山西、河北、河南、湖南、湖北、广西等省区的部分地区。而“三线”又有大、小之分，中部及沿海各省偏远腹地称为“小三线”，西南、西北地区的川、贵、云、陕、甘、宁、青称为“大三线”。《青红》《山楂树之恋》《二十四城记》三部电影的背景，就是“三线建设”实施的年代。

产物。[①]

应当说，“三线建设”包括中央决定建设第二套完整的国防工业和重工业体系，将国防、科技、工业、交通等生产资源，逐步迁入西南、西北地区的川、贵、云、陕、甘、宁、青等“大三线”和中部及沿海各省偏远腹地等“小三线”地区。“三线建设”实现了国家建设重点由东部向西部迁移，建成了巩固的战略后方；合计新修8000多公里铁路线；完成上千个建设项目；十堰、六盘水、攀枝花等多个新兴工业城市平地而起；超过400万人迁移到“三线建设”工地，涉及数百万个家庭。“三线建设”者们从上海、沈阳等工业重镇，向西部偏僻深山里转移，支援“三线”发展，在穷乡僻壤之地扎下了根。20世纪80年代后，“三线”企业由于位置过于分散、偏僻闭塞而难有大的发展。在向社会主义市场经济转型时，部分企业经过“军转民，以民养军”的调整改造实现了凤凰涅槃，有些成为了新一代大国重器的摇篮。而有些“三线”企业或搬迁、合并，或破产、重组，逐渐从历史舞台上消失。[②]

美国人把国家战略列为军事术语，的确把握住了国家战略的实质与

① 佚名：《中国这项战略工程影响深远，当下年轻人却少有所闻》，载新浪新闻，http://news.sina.com.cn/c/nd/2018-02-18/doc-ifyrrhct9260356.shtml?cre=sinapc&mod=g，最后访问日期：2018年2月20日。

② 当时，交通部队从北京、河北、河南、山东等省市，抽调1500多辆汽车、几千名驾驶员，同四川、云南的运输队伍一起，组成“钢铁运输线”，将数十万吨建设物资及时运到工地，保证了攀钢一号高炉按时出铁。贵州六盘水，10多万人参加的煤炭大会战，按期拿下了年产近1000万吨的矿井建设任务。在四川、湖北、河南等省，40多万建设者夜以继日地奋战在荒山野岭，架起一个又一个钻探井，打出一口又一口产气井，找到了江汉、南阳两大油田。然而，由于历史的原因，“三线建设”在当时是个带有神秘色彩的字眼，直到20世纪80年代建设结束才公开见诸报端，让更多人知晓。“三线建设”，绝不仅仅是一段尘封的历史，那是一段无数人的拼搏岁月，是默默奉献的家国情怀，是我们现在所有安稳、和平和幸福生活的国家战略基础。参见佚名：《中国这项战略工程影响深远，当下年轻人却少有所闻》，载新浪新闻，http://news.sina.com.cn/c/nd/2018-02-18/doc-ifyrrhct9260356.shtml?cre=sinapc&mod=g，最后访问日期：2018年2月20日。

本质。但是，在中国，国家“三线建设”战略成为今日中国立足于世界民族之林重要的综合一国之力而行之方略。在当时，这种方略确实是军事方略，但是，在今天看来，它已经实际转化为国之立足的成功而伟大的政治方略。中国战略的布局，建立在两大主要“忧虑”之上，即一是经济发展，需要安全不动荡的国际环境和国内秩序；二是国家安全，需要总体国家安全观指引下的“人类命运共同体”的广泛国际认同，以及“一带一路”战略和“生态文明”建设战略的顺利实现。①

国家安全②战略，是从国家和国际全局高度筹划和指导维护国家安全利益的方略。国家安全战略是维护国家根本利益的集中体现，国家的政治、军事、经济、外交、科技、社会发展等方面的战略决策，都应受其指导并与之协调。我国国家安全战略的目标，是依据党的领导集体的国家安全思想和理论，其主要目标是：坚持总体国家安全观，以人民安全为宗旨，以政治安全为根本，以经济安全为基础，以军事、文化、社会安全为保障，以促进国际安全为依托，维护各领域国家安全，构建国家安全体系，走中国特色国家安全道路。国家制定并不断完善国家安全战略，全面评估国际、国内安全形势，明确国家安全战略的指导方针、中长期目标、重点领域的国家安全政策、工作任务和措施。中国的国家安全战略可概括为：卫主权、求和平、保稳定、谋合作、促发展。所谓卫主权，即捍卫和维护国家领土主权的完整和统一，维护各领域国家安全；所谓求和平，即反对霸权主义、强权政治，维护周边、亚太地区和世界和平；所谓保稳

① 欧洲国家外交政策中，无处不在的文化传教士般的热忱，在中国的战略思维中是不存在的。中国很自然地利用散居在全世界各地的华人，服务于国家的战略目标，却不寻求有系统地推广文化和语言。但是，近几年，中国实施的旨在向海外推广中文教育的“孔子学院”计划，显示出中国有了新的觉悟，认识到了文化在国际交往中的重要性。于是，每年春节的“中国年国际文化”“四海同春”型展开，显示出“四个自信”背景下的“文化自信”。

② 国家安全，是指国家政权、主权、统一和领土完整、人民福祉、经济社会可持续发展和国家其他重大利益相对处于没有危险和不受内外威胁的状态，以及保障持续安全状态的能力。

定，即确保稳定的政治环境和社会秩序，致力于稳定周边环境；所谓谋合作，即在人类命运共同体理念和公认的国际关系准则基础上，谋求与所有国家在经济、科技、军事、环保、跨国犯罪等领域建立和发展友好合作关系；所谓促发展，即以“一带一路”战略为导向，进一步深化经济体制改革，推行国家创新和知识产权发展战略，推动科技和教育事业，发展社会主义文化，建设生态文明，走“坚持节约优先、保护优先、自然恢复为主”方针引领下的可持续发展道路。应当说，面对资源约束趋紧、环境污染严重、生态系统退化的严峻形势，树立尊重自然、顺应自然、保护自然的生态文明理念，是生态文明建设国家战略的必然选择。

第一节　国家生态安全战略启动

早在2012年11月8日，党的十八大报告从新的历史起点出发，做出“大力推进生态文明建设”的战略决策，强调建设生态文明，是关系人民福祉、关乎民族未来的长远大计。面对资源约束趋紧、环境污染严重、生态系统退化的严峻形势，必须树立尊重自然、顺应自然、保护自然的生态文明理念，把生态文明建设放在突出地位，融入经济建设、政治建设、文化建设、社会建设各方面和全过程，努力建设美丽中国，实现中华民族永续发展。坚持节约资源和保护环境的基本国策，坚持节约优先、保护优先、自然恢复为主的方针，着力推进绿色发展、循环发展、低碳发展，形成节约资源和保护环境的空间格局、产业结构、生产方式、生活方式，从源头上扭转生态环境恶化趋势，为人民创造良好生产生活环境，为全球生态安全作出贡献。

为此，全面落实经济建设、政治建设、文化建设、社会建设、生态文明建设“五位一体”总体布局，促进现代化建设各方面相协调，促进生产关系与生产力、上层建筑与经济基础相协调，不断开拓生产发展、生活富裕、生态良好的文明发展道路。坚持以经济建设为中心，以科学发展为主题，全面推进经济建设、政治建设、文化建设、社会建设、生态文明建设，实现以人为本、全面协调可持续的科学发展。加快建立生态文明制度，健全优化国土空间开发格局、全面促进资源节约、加大自然生态系统和环境保护力度，形成生态环境保护的体制机制，推动形成人与自然和谐发展现代化建设新格局，要更加自觉地珍爱自然，更加积极地保护生态，努力走向社会主义生态文明新时代。①

从2013年1月开始，以北京雾霾灾害的频繁发生为标志，生态危机以自然人为灾害的形式，向人们昭告生态文明建设的急迫性。直到两年后的2015年4月25日，《中共中央、国务院关于加快推进生态文明建设的意见》（以下简称《生态文明意见》）才出台。《生态文明意见》中，强调生态文明建设是中国特色社会主义事业的重要内容，关系人民福祉，关乎民族未来，事关"两个一百年"奋斗目标和中华民族伟大复兴中国梦的实现。党中央、国务院高度重视生态文明建设，先后出台了一系列重大决策部署，推动生态文明建设取得了重大进展和积极成效。但总体上看，我国生态文明建设水平仍滞后于经济社会发展，资源约束趋紧，环境污染严重，生态系统退化，发展与人口资源环境之间的矛盾日益突出，已成为经济社会可持续发展的重大"瓶颈"制约。加快推进生态文明建设是加快转变经济发展方式、提高发展质量和效益的内在要求，是坚持以人为本、促进社会和谐的必然选择，是全面建成小康社会、实现中华民族伟大复兴中国梦的时代抉择，是积极应对气候变化、维护全球生态安全的重大举措。要充分认识加快推进生态文明建设的极端重要性和紧迫性，切实增强责任

---

① 胡锦涛：《坚定不移沿着中国特色社会主义道路前进，为全面建成小康社会而奋斗》（十八大报告，2012年11月8日），一、过去五年的工作和十年的基本总结、八、大力推进生态文明建设。

感和使命感，牢固树立尊重自然、顺应自然、保护自然的理念，坚持绿水青山就是金山银山，动员全党、全社会积极行动、深入持久地推进生态文明建设，加快形成人与自然和谐发展的现代化建设新格局，开创社会主义生态文明新时代。①

加快建立系统完整的生态文明制度体系，引导、规范和约束各类开发、利用、保护自然资源的行为，用制度保护生态环境。包括：健全法律法规、完善标准体系、健全自然资源资产产权制度和用途管制制度、完善生态环境监管制度、严守资源环境生态红线、完善经济政策、推行市场化机制、健全生态保护补偿机制、健全政绩考核制度、完善责任追究制度等10个方面。②2015年10月，十八届五中全会后，“增强生态文明建设”首度被写入国家五年规划。此后，我国大力度推进生态文明建设，全党全国贯彻绿色发展理念的自觉性和主动性显著增强，忽视生态环境保护的状况明显改变。生态文明制度体系加快形成，主体功能区制度逐步健全，国家公园体制试点积极推进。全面节约资源有效推进，能源资源消耗强度大幅下降。重大生态保护和修复工程进展顺利，森林覆盖率持续提高。生态环境治理明显加强，环境状况得到改善。引导应对气候变化国际合作，成为全球生态文明建设的重要参与者、贡献者、引领者。经过五年的艰苦奋斗，我国生态文明建设取得显著的成效。③

建设生态文明是中华民族永续发展的千年大计。必须树立和践行绿水青山就是金山银山的理念，坚持节约资源和保护环境的基本国策，像对待生命一样对待生态环境，统筹山水林田湖草系统治理，实行最严格的生态

---

①《中共中央、国务院关于加快推进生态文明建设的意见》（2015年4月25日），序言。

②《中共中央、国务院关于加快推进生态文明建设的意见》（2015年4月25日），六、健全生态文明制度体系（第17~26条）。

③ 习近平：《决胜全面建成小康社会，夺取新时代中国特色社会主义伟大胜利》（十九大报告，2017年10月18日），一、过去五年的工作和历史性变革。

环境保护制度，形成绿色发展方式和生活方式，坚定走生产发展、生活富裕、生态良好的文明发展道路，建设美丽中国，为人民创造良好生产生活环境，为全球生态安全作出贡献。① 从2017年到2020年，是全面建成小康社会决胜期。要按照十六大、十七大、十八大提出的全面建成小康社会各项要求，紧扣我国社会主要矛盾变化，统筹推进经济建设、政治建设、文化建设、社会建设、生态文明建设，坚定实施科教兴国战略、人才强国战略、创新驱动发展战略、乡村振兴战略、区域协调发展战略、可持续发展战略、军民融合发展战略，突出抓重点、补短板、强弱项，特别是要坚决打好防范化解重大风险、精准脱贫、污染防治的攻坚战，使全面建成小康社会得到人民认可、经得起历史检验。综合分析国际国内形势和我国发展条件，从2020年到21世纪中叶可以分两个阶段来安排。②

到那时，我国物质文明、政治文明、精神文明、社会文明、生态文明将全面提升，实现国家治理体系和治理能力现代化，成为综合国力和国际影响力领先的国家，全体人民共同富裕基本实现，我国人民将享有更加幸福安康的生活，中华民族将以更加昂扬的姿态屹立于世界民族之林。③ 加

---

① 习近平:《决胜全面建成小康社会，夺取新时代中国特色社会主义伟大胜利》(十九大报告，2017年10月18日)，三、新时代中国特色社会主义思想和基本方略;(九)坚持人与自然和谐共生。

② 第一个阶段，从2020年到2035年，在全面建成小康社会的基础上，再奋斗15年，基本实现社会主义现代化。到那时，我国经济实力、科技实力将大幅跃升，跻身创新型国家前列；人民平等参与、平等发展权利得到充分保障，法治国家、法治政府、法治社会基本建成，各方面制度更加完善，国家治理体系和治理能力现代化基本实现；社会文明程度达到新的高度，国家文化软实力显著增强，中华文化影响更加广泛深入；人民生活更为宽裕，中等收入群体比例明显提高，城乡区域发展差距和居民生活水平差距显著缩小，基本公共服务均等化基本实现，全体人民共同富裕迈出坚实步伐；现代社会治理格局基本形成，社会充满活力又和谐有序；生态环境根本好转，美丽中国目标基本实现。第二个阶段，从2035年到21世纪中叶，在基本实现现代化的基础上，再奋斗15年，把我国建成富强民主文明和谐美丽的社会主义现代化强国。

③ 习近平:《决胜全面建成小康社会，夺取新时代中国特色社会主义伟大胜利》(十九大报告，2017年10月18日)，四、决胜全面建成小康社会，开启全面建设社会主义现代化国家新征程。

快生态文明体制改革，建设美丽中国，首先从人与自然是生命共同体，人类必须尊重自然、顺应自然、保护自然。人类只有遵循自然规律才能有效防止在开发利用自然上走弯路，人类对大自然的伤害最终会伤及人类自身，这是无法抗拒的规律入手，明确我们要建设的现代化是人与自然和谐共生的现代化，既要创造更多物质财富和精神财富以满足人民日益增长的美好生活需要，也要提供更多优质生态产品以满足人民日益增长的优美生态环境需要。必须坚持节约优先、保护优先、自然恢复为主的方针，形成节约资源和保护环境的空间格局、产业结构、生产方式、生活方式，还自然以宁静、和谐、美丽。主要是:（1）推进绿色发展；①（2）着力解决突出环境问题；②（3）加大生态系统保护力度；③（4）改革生态环境监管体制。④

---

① 加快建立绿色生产和消费的法律制度和政策导向，建立健全绿色低碳循环发展的经济体系。构建市场导向的绿色技术创新体系，发展绿色金融，壮大节能环保产业、清洁生产产业、清洁能源产业。推进能源生产和消费革命，构建清洁低碳、安全高效的能源体系。推进资源全面节约和循环利用，实施国家节水行动，降低能耗、物耗，实现生产系统和生活系统循环链接。倡导简约适度、绿色低碳的生活方式，反对奢侈浪费和不合理消费，开展创建节约型机关、绿色家庭、绿色学校、绿色社区和绿色出行等行动。

② 坚持全民共治、源头防治，持续实施大气污染防治行动，打赢蓝天保卫战。加快水污染防治，实施流域环境和近岸海域综合治理。强化土壤污染管控和修复，加强农业面源污染防治，开展农村人居环境整治行动。加强固体废弃物和垃圾处置。提高污染排放标准，强化排污者责任，健全环保信用评价、信息强制性披露、严惩重罚等制度。构建政府为主导、企业为主体、社会组织和公众共同参与的环境治理体系。积极参与全球环境治理，落实减排承诺。

③ 实施重要生态系统保护和修复重大工程，优化生态安全屏障体系，构建生态廊道和生物多样性保护网络，提升生态系统质量和稳定性。完成生态保护红线、永久基本农田、城镇开发边界三条控制线划定工作。开展国土绿化行动，推进荒漠化、石漠化、水土流失综合治理，强化湿地保护和恢复，加强地质灾害防治。完善天然林保护制度，扩大退耕还林还草。严格保护耕地，扩大轮作休耕试点，健全耕地草原森林河流湖泊休养生息制度，建立市场化、多元化生态补偿机制。

④ 加强对生态文明建设的总体设计和组织领导，设立国有自然资源资产管理和自然生态监管机构，完善生态环境管理制度，统一行使全民所有自然资源资产所有者职责，统一行使所有国土空间用途管制和生态保护修复职责，统一行使监管城乡各类污染排放和行政执法职责。构建国土空间开发保护制度，完善主体功能区配套政策，建立以国家公园为主体的自然保护地体系。坚决制止和惩处破坏生态环境行为。

生态文明建设要牢固树立社会主义生态文明观，推动形成人与自然和谐发展现代化建设新格局，为保护生态环境作出这代人应有的努力！①

一、公民环境保护义务的系统性——以我国《环境保护法》第6条为例

（一）国家生态安全的基础：绿色原则

我国《环境保护法》第6条规定，一切单位和个人都有保护环境的义务。公民应当增强环境保护意识，采取低碳、节俭的生活方式，自觉履行环境保护义务。可见，我国《环境保护法》在修订后，采取了公民行为尤其是生态资源利用人的公民个体行为的全面干预主义，从确认个人有保护环境的义务，到“公民应当增强环境保护意识”，这意味着公民环境保护义务的内在化，属于公民环境义务的高级层次的立法确认。

与此同时，我国《环境保护法》第6条还规定，公民应当“采取低碳、节俭的生活方式”。应当说，这一规定实际上就是对公民自然资源利用的致灾性行为有意识干预，要求行为人自觉履行环境保护义务。为了让公民承担环境保护义务，我国《环境保护法》第6条又规定，地方各级政府应当对本行政区域的环境质量负责，而企业事业单位和其他生产经营者应当防止、减少环境污染和生态破坏，对所造成的损害依法承担责任。这些规定，把公民的环境保护义务，变成了政府职责的组成部分。

应当说，我国公民的环境保护义务，在国家生态安全战略背景下，又以生态功能区中的生态资源利用人义务的形式，加以具体表现了。为此，2008年由环保部和中科院联合编制的《全国生态功能区划》的正式出台，标志着国家生态安全战略的全面启动，这是从国家层面控制人的致灾性的

① 习近平：《决胜全面建成小康社会，夺取新时代中国特色社会主义伟大胜利》（十九大报告，2017年10月18日），九、加快生态文明体制改革，建设美丽中国。

开始。

《全国生态功能区划》以增强区域生态支撑能力，促进经济社会可持续发展为目标，详细划分生态功能区划，明确对国家生态安全有重大影响区域的保障，是涉及区域生态安全维护及生态环境建设的首部国家级生态安全战略保障规划；早在《全国生态功能区划》出台之前，就由原国家环保总局会同国土资源、水利、农业、林业等部门联合编制了《全国生态环境保护纲要》，并首次将生态保护提升到与污染防治并重的地位，提出关于"重点生态功能区、重点资源开发区及生态良好区""三区"的生态环境保护战略；① 成为国家推进生态安全保障及可持续发展战略的制度保障工具及价值评判标准，并以此为基础，先后颁布实施了《全国生态功能区划》《国家重点生态功能保护区规划纲要》《全国生态脆弱区保护规划纲要》等法律文件，成为后来国家生态安全战略的启动依据及相关生态环境保护法律政策的制定基础；也是关于国家生态安全战略的启动标志，以及国家生态安全保障最早的战略规划，这个规划的出台本身，意味着公民的环境保护义务，已经成为一种法定的义务。

将绿色原则确立为我国《民法总则》的基本原则，规定为民事主体从事民事活动，应当有利于节约资源、保护生态环境。这样规定，既传承了天地人和、人与自然和谐共生的我国优秀传统文化理念，又体现了党的十八大以来的新发展理念，与我国是人口大国、需要长期处理好人与资源生态的矛盾这样一个国情相适应。②

（二）低碳生活与节约资源

低碳生活（low carbon living），就是指生活作息时要尽力减少所消耗

---

①《国家环保总局关于深入贯彻落实〈全国生态环境保护纲要〉的通知》（环发〔2000〕235 号）。

② 李建国：《关于〈中华人民共和国民法总则（草案）〉的说明——2017 年 3 月 8 日在第十二届全国人民代表大会第五次会议上》，三、关于民法总则草案的主要内容：（一）关于基本原则和法律适用规则。

的能量，特别是二氧化碳的排放量，从而以低碳减少对大气的污染，减缓生态恶化的情形。主要是从节电、节气和回收三个环节来改变生活细节。在这里，“低碳”意指较低（更低）的温室气体主要是二氧化碳的排放，所以，低碳生活可以理解为：减少二氧化碳的排放，低能量、低消耗、低开支的一种生活方式。如今，这股良好的节约型风气逐渐在我国一些大城市兴起，潜移默化地改变着人们的生活。理论上，低碳生活代表着更健康、更自然、更安全，返璞归真地去进行人与自然和谐的相关活动。

随着人类经济社会的发展，生活物质条件的提高，随之，人类生活的资源需求量当然就增加了，对人类周围环境带来了不利影响与不良改变。对于普通人来说，低碳生活既是一种生活态度，也是一种生活方式，同时，更是一种可持续发展的环保责任。低碳生活这种生活方式已经悄然走进中国，不少低碳网站开始流行一种有趣的计算个人排碳量的特殊计算器，如中国城市低碳经济网的低碳计算器，以生动有趣的动画形式，不但可以计算出日常生活的碳排放量，还能显示出不同的生活方式，住房结构以及新型科技对碳排放量的影响，包括机动车的驾驶和使用的碳排放巨型增量。所以，人们要减少开车或者使用机动车，以减少碳排放量。低碳生活给人们提出的是一个“愿不愿意和大家共同创造低碳生活”的问题，并不是禁止人们使用机动车或者其他增加碳排放量的资源或者生活工具。积极提倡并实践低碳生活，对于任何人而言，其实很简单就是从注意节电、节气、熄灯 1 小时，少使用一次性用品点滴做起，在不降低生活质量的情况下，人们尽其所能的节能减排。

“节能减排”，不仅是当今社会的流行语，更是关系到人类未来的战略选择。提高“节能减排”意识，对自己的生活方式或消费习惯进行简单易行的改变，共同参与减少全球温室气体（主要减少二氧化碳）排放，其生态意义十分重大。“低碳生活”的节能环保，有利于减缓全球气候变暖和环境恶化的速度。从我国《环境保护法》第 6 条、《民法总则》第 9 条的规定来看，减少二氧化碳排放，选择“低碳生活”，是每位自然人、营利法人和其他组织应尽的法律义务和法律责任。低碳生活是一种经济、健康、幸福的生活方式，它不会降低人们的幸福指数，相反会使我们的生活更加幸福。[①]

低碳生活导向贯彻落实科学发展观的战略部署即资源节约型社会建设。所谓资源节约型社会，是指通过对资源的合理配置、高效和循环利用、有效保护和替代，使经济社会发展与资源环境承载能力相适应，使污染物产生量最小化并使废弃物得到无害化处理，构建人与自然和谐共处的社会。[②]建设资源节约型社会是统筹人与自然和谐发展和促进可持续发展的重大举措，也是实现节约发展、清洁发展、安全发展的重要任务。在中国经济社会发展进入新的历史阶段，中共中央明确提出了建设节约型社会，就是要在社会生产、建设、流通、消费的各个领域，在经济和社会发展的各个方面，切实保护和合理利用各种资源，提高资源利用效率，以尽可能少的资源消耗获得最大的经济效益和社会效益。这是关系到我国经济社会发展和中华民族兴衰，具有全局性和战略性的重大决策。

资源节约型社会具体包括三个方面：（1）要确立节约资源的重要战略地位，将节约资源提升到基本国策的高度，将“控制人口，节约资源，保护环境”作为我国新时期的基本国策。并以此为依据建立综合反映经济发展、社会进步、资源利用、环境保护等因素和体现科学发展观的指标体系，彻底改变片面追求 GDP 增长的行为。（2）要尽快扭转高消耗、高污染的粗放型经济增长方式，逐步建立资源节约型国民经济体系。要通过技

① 佚名：《低碳生活》，载百度百科，https：//baike.so.com/doc/1529148-1616629.html，最后访问日期：2018 年 2 月 21 日。

② 另一种定义是，资源节约型社会是指在生产、流通、消费等领域，通过采取法律、经济和行政等综合性措施，提高资源利用效率，以最少的资源消耗获得最大的经济和社会收益，保障经济社会可持续发展的社会。

术进步改造传统产业和推动结构升级，尽快淘汰高能耗、高物耗、高污染的落后生产工艺。逐步形成有利于资源持续利用和环境保护的、合理的国际产业分工格局。推动高新技术产业和第三产业的发展和升级。（3）要倡导资源节约型的消费方式，以资源节约型的产品满足人民群众的需要。在满足群众物质文化需求的同时，倡导适度、节俭、公平和绿色的可持续消费模式，尽可能减少对资源的依赖和生态的破坏。[①]

对于我国经济发展过程中，尤其是在生产活动中存在的巨大浪费现象，党中央、国务院一直高度重视。早在1995年十四届三中全会上，就提出实现“经济增长方式”和“经济体制”两个根本性转变的战略要求。2003年10月，十六届三中全会明确提出“坚持以人为本，树立全面、协调、可持续的发展观”的科学发展观的要求。此后，针对我国经济生活存在的突出问题，一系列关系中国经济社会发展大局、促进中国经济增长方式改变、降低生产过程中的消耗的改革措施相继出台。2005年6月27日，胡锦涛指出：“节约能源资源，走科技含量高、经济效益好、资源消耗低、环境污染少、人力资源优势得到充分发挥的路子，是坚持和落实科学发展观的必然要求，也是关系中国经济社会可持续发展全局的重大问题。”2004年5月1日，国际发改委《节能中长期专项规划》（发改环资〔2004〕2505号文）发布，2005年6月27日，《国务院做好建设节约型社会重点工作通知》（国发〔2005〕21号）颁发，对建设节约型社会工作进行部署。资源节约型社会是一个复杂的系统，包括：资源节约型观念、资源节约型主体、资源节约型制度、资源节约型体制、资源节约型机制、资源节约型体系等。即（1）资源节约型观念。资源节约型观念，是指人们从节省原则出发，克服浪费，合理使用资源的意识。节约意识或者节约观念作为

① 奚洁人：《科学发展观百科辞典》，上海辞书出版社2007年版，载人民网，http：//dangshi.people.com.cn/GB/165617/166499/9981548.html，最后访问日期：2018年2月21日。

客观存在的反映，是建立在对资源严重稀缺的认识基础上的。建立资源节约型社会，必须在全社会树立节约资源的观念，形成节约光荣、浪费可耻的社会风气，养成人人都乐于节约一张纸、一度电、一滴水、一粒米、一块煤的良好习惯。（2）资源节约型主体。资源节约型主体包括：资源节约型政府、资源节约型社会团体、资源节约型军队、资源节约型企业、[①]资源节约型事业单位、资源节约型家庭等。（3）资源节约型制度。资源节约型制度，是指约束人们浪费资源，规范人们合理使用资源的经济制度、政治制度、法律制度以及有关道德规范等相互联系、互为补充的各种制度的总称。（4）资源节约型体制。资源节约型体制，是指资源节约型制度的实现形式和组织方式，包括资源节约型经济体制、政治体制、法律体制等。（5）资源节约型机制。它是资源节约型制度、体制在经济运行过程中形成的互为关联、相互作用、彼此约束、协调运转的各种机能的总和。用系统论的观点来看，资源节约型机制是一个大系统，它通过资源节约型管理系统来具体运作。[②]由此，有了所谓两型社会的建设。

所谓两型社会，是指“资源节约型、环境友好型社会”。其中，资源节约型社会，是指以能源资源高效利用的方式进行生产，以节约的方式进行消费为根本特征的社会。它不仅体现了经济增长方式的转变，更是一种全新的社会发展模式，它要求在生产、流通、消费的各个领域，在经济社会发展的各个方面，以节约使用能源资源和提高能源资源的利用效率为核心，以节能、节水、节材、节地、资源综合利用为重点，通过采取技术和管理等综合措施，厉行节约，不断提高资源利用效率，尽可能地以减少资

---

① 资源节约型企业，是指既追求企业生产成本节约又兼顾企业生产的社会成本节约，既考虑企业自身效益又兼顾社会效益、生态效益，既考虑当前利益又兼顾长远利益，能使企业自身效益与社会效益之和达到最大值，使企业生产成本和社会因企业生产而必须支付的社会成本之和达到最小值的企业。

② 佚名：《资源节约型社会》，载百度百科，https：//baike.so.com/doc/480516-508788.html，最后访问日期：2018 年 2 月 21 日。

源消耗、降低环境损害代价，获得尽可能大的经济和社会效益，从而保证经济社会的可持续发展，从而满足人们日益增长的物质文化需求。资源节约型包含了探索集约用地方式、建设循环经济示范区、深化资源价格改革；环境友好型则囊括了建立主体功能区，制定评价指标、生态补偿和环境约束政策和完善排污权有偿转让交易制度等。

而环境友好型社会，是指一种人与自然和谐共生的社会形态，通过人与自然的和谐来促进人与人、人与社会的和谐。其核心内涵是人类的生产和消费活动与自然生态系统协调可持续发展。具体来说，它是一种以人与自然和谐相处为目标，以环境承载能力为基础，以遵循自然规律为核心，以绿色科技为动力，坚持保护优先，开发有序，合理进行功能区划分，倡导环境文化和生态文明，追求经济、社会、环境协调发展的社会体系。两型社会建设，就是资源节约型和环境友好型社会建设的简称。其内涵主要是:（1）“两型社会”建设的理念转变和创新，关键在于领导思维的不断提升。从大局出发，积极转变政府职能，跳出局部利益的思维模式，将思想统一到“两型社会”的决策和整体部署上来，提高认识，切实做好本地区的节能、环保工作。（2）“两型社会”建设的推进速度和质量，关键在于发展方式的不断转变。必须转变经济发展方式，走又好又快和供给侧改革的发展路线。（3）“两型社会”建设的推进动力，关键在于生态、节约和惠民。能源、环境是经济社会赖以发展的两大基础性要件。以大量消耗有限的能源资源和自然环境的破坏为代价换取经济发展是得不偿失的，也是人民群众所不愿意看到的，只有将“两型社会”建设和社会公众的现实需求有机地结合起来，实现人与自然和谐发展，才是构建和谐社会的内在要求。①

① 佚名:《两型社会建设》，载百度百科，https：//baike.so.com/doc/1748314-1848408.html，最后访问日期：2018年2月21日。

（三）公民作为生态资源利用人的义务及系统化

绿色原则，首先表现在我国《环境保护法》第5～6条规定，环境保护坚持保护优先、预防为主、综合治理、公众参与、损害担责的原则。一切单位和个人都有保护环境的义务。地方各级人民政府应当对本行政区域的环境质量负责。企业事业单位和其他生产经营者应当防止、减少环境污染和生态破坏，对所造成的损害依法承担责任。公民应当增强环境保护意识，采取低碳、节俭的生活方式，自觉履行环境保护义务。

1. 人的欲望无限与民事活动的负面后果。我国《民法总则》第9条规定，民事主体从事民事活动，应当有利于节约资源、保护生态环境。这一规定，被确定为“绿色原则”即“人与自然和谐发展的生态原则”。这是我国民法立法史上，第一次将环境保护法当中的基本原则，通过立法技术向民法领域转移的先例。其根源在于：控制民事主体在民事活动中的不当欲望和过于不受控制的欲望，会转化成对自然和生态强有力的破坏因素。

所谓欲望，是由人的本性产生的想达到某种目的的要求。一般意义上，欲望可以理解成：（1）对能给予愉快或满足的事物或有意识的愿望；（2）强烈的向往；（3）肉欲或性欲等。欲望是我们如此熟悉的事物，一切欢乐皆由此来，一切痛苦也皆由此来，这是我们无由来的生命和人生都要承受的。人即欲望体，人类哲学智慧所取得的成就是巨大的，但最根本、最重要、最刻骨铭心的命题仍然是：我们当下直觉到的客观存在的欲望，如何认识它，驾驭它，而这并不需要多么复杂的哲学研究或学习，也不需要像某些宗教一样要经历艰难痛苦的顿悟。它需要的仅仅是你对你的生命真诚友善的态度，以及不断反省的精神。弗洛伊德说：“本能是历史地被决定的。”因此，欲望的有效性与必要性也是有限度的。换句话说，人类欲望的满足不是绝对的，因为，总有新的欲望会无休止地产生出来。于是，人类的欲望当中，就带有一定的负面效果或者效用。由于欲望具有不知餍足的特性，所以，对民事主体获取民事利益欲望的过度释放，会成为造成环境破坏和生态退化的一种力量。叔本华说过，欲望过于剧烈和强烈，就不再仅仅是对民事主体自身存在的肯定，相反，会进而否定或取消别人的生存条件或者生存环境。虽然，用“上帝的命定”或“天理”来取消或压制人类或者别人的欲望，是不合理的。但是，过度推崇与放纵自己的欲望，比如，国人中个别人的“五子登科”——大房子、豪车子、多票子、高位子和无数儿子的意识中，就明显地潜藏着挥霍和浪费、无度消费以及不计后果的欲望，就是非常错误的。因此，人类的欲望尤其是民事主体的欲望不是纯粹的、绝对的东西，它需要理智的调控与法律的节制。民事主体在民事活动中，必须深刻认识民事活动的负面后果，然后，变成从事民事活动的“人与自然和谐发展”原则，从而控制自己的不当或过度欲望。只有这样，才能避免 2016 年 6 ～ 8 月江淮水灾中，武汉市汤逊湖“长岛湖景别墅区”被洪水淹到湖中央的悲剧[①]一再发生。

2. 人与自然和谐发展的生态原则——绿色原则。人与自然和谐发展的概念，是党的十六届三中全会上提出的科学发展。人与自然和谐发展问题可以从环境及其未来发展等四个方面来研究:（1）环境问题是全球经济和社会可持续发展的主要障碍。（2）环境问题研究本身就是环境演化的研究，而环境演化在研究未来的时候，更需要认识现在和过去。（3）环境问题导致人们把地球作为一个整体系统来研究；在地球科学里面把现在或者说最近这一个时代，看作环境问题的时代；并将其作为一个单独的、有特

① 2016 年 7 月 7 日，武汉连遭暴雨袭击，汤逊湖水猛涨，湖东北岸的长岛湖景别墅区——这个武汉最奢华的私家领地（1 套别墅最低价 8000 万元）被洪水围困，与外界唯一连通的道路被淹没，湖景别墅被泡在水里，居民只能依靠小艇出入。从图片中可以看到，长岛湖景别墅区被浩淼的湖水环抱型淹没，整个形状如同古代钱币状原生罕见的独岛场景。这便是人们住大房子（以别墅为最）欲望无限的悲剧一例。

殊含义和内容的地质时代来研究，这个新的地质时代就是“人类世”。[①]（4）“人类世”是人与自然关系研究的新视角，也是从地球环境科学和人文科学中寻求自然科学的走向和实践的新途径。在这里，一个非常重要的人与自然和谐发展的理念中，包含一个基本的生态原则——可持续发展原则。

所谓可持续发展理论，是指既满足当代人的需要，又不对后代人满足其需要的能力构成危害的发展，是科学发展观的基本要求之一。可持续发展理论的形成，经历相当长的历史过程。20世纪五六十年代，人们在经济增长、城市化、人口、资源等所形成的环境压力下，对“增长 = 发展”的模式产生怀疑并展开讨论。1962年，美国女生物学家蕾切尔·卡逊（Rachel Carson）发表了一部引起很大轰动的环境科普著作《寂静的春天》，描绘出一幅由于农药污染所产生的可怕景象，惊呼人们将会失去“春光明媚的春天”，在世界范围内引发了人类关于发展观念上的争论。10年后的1972年，两位著名美国学者巴巴拉·沃德（Barbara Ward）和雷内·杜博斯（Rene Dubos）享誉全球的著作《只有一个地球》问世，把人类生存与环境的认识推向一个新境界，即可持续发展的境界。1972年，罗马俱乐部发表研究报告《增长的极限》，明确提出“持续增长”和“合理的持久的均衡发展”的概念。1972年6月，斯德哥尔摩召开的“联合国人类环境会议”上，通过了《人类环境宣言》（《斯德哥尔摩宣言》）、《人类环境行动计划》和其他若干建议和决议。其中，《人类环境宣言》主要包括两个部分：一是宣布对与环境保护有关的7项原则的共识；二是公布26项指导人类环境保

① “人类世”是指地球的最近代历史，人类世并没有准确的开始年份，可能是由18世纪末人类活动对气候及生态系统造成全球性影响开始，这个日子正与詹姆斯·瓦特（James Watt）于1784年发明蒸汽机吻合。一些学者则将“人类世”拉到更早的时期，如人类开始务农的时期。2010年6月，澳大利亚国立大学微生物学著名教授、人类消灭天花病毒的功臣弗兰克·芬纳称，人类可能在100年内灭绝，“人类世”将终结。人类活动已经对整个地球产生了深刻而且重大的，并不可逆转的影响，尤其是人类的可持续发展层面的负面影响。然而，对于是否需要在全新世之后，划分出专门的“人类世”，尽管学界众声喧哗，但鉴于事关重大，地质学家们目前还尚未作出决定。

护的原则。1987年，以挪威首相布伦特兰为主席的“联合国世界与环境发展委员会”发表《我们共同的未来》[①]报告，正式提出可持续发展概念，并以此为主题对人类共同关心的环境与发展问题进行全面论述，受到世界各国政府组织和舆论的极大重视。1992年6月，联合国里约热内卢“环境与发展大会”上，通过了以可持续发展为核心的《里约环境与发展宣言》《21世纪议程》等文件，“可持续发展理念”得到与会者广泛共识与承认。1994年3月25日，国务院第十六次常务会议通过了《中国21世纪议程——中国21世纪人口、环境与发展白皮书》，首次把可持续发展战略纳入我国经济和社会发展的长远规划，同时还制订了《中国21世纪议程优先项目计划》。1997年9月12日，江泽民总书记在中共十五大报告中，明确提出“实施科教兴国战略和可持续发展战略”，主要包括社会可持续发展，生态可持续发展，经济可持续发展。

可持续发展，是人类对工业文明进程进行反思的结果，是人类为了克服一系列环境、经济和社会问题，特别是全球性的环境污染和广泛的生态破坏，以及它们之间关系失衡所做出的理性选择，经济发展、社会发展和环境保护是可持续发展的相互依赖，互为加强的组成部分，这是中国政府对这一问题的共识。可持续发展的基本原则包括：（1）公平性原则。即一是代际公平性；二是同代人之间的横向公平性，可持续发展不仅要实现当代人之间的公平，也要实现当代人与未来各代人之间的公平；三是指人与自然，与其他生物之间的公平性。（2）可持续性原则。即生态系统受到某种干扰时能保持其生产率的能力。人类应做到合理开发和利用自然资源，保持适度的人口规模，处理好发展经济和保护环境的关系。（3）和谐性原则。可持续发展的战略，就是要促进人类之间及人类与自然之间的和谐，

① 《我们共同的未来》报告中，将“可持续发展”定义为：“既能满足当代人的需要，又不对后代人满足其需要的能力构成危害的发展。”

如果我们能真诚地按和谐性原则行事，那么，人类与自然之间就能保持一种互惠共生的关系，也只有这样，可持续发展才能实现。（4）需求性原则。人类需求是由社会和文化条件所确定的，是主观因素和客观因素相互作用，共同决定的结果，与人的价值观和动机有关。可持续发展立足于人的需求而发展人，强调人的需求而不是市场商品，是要满足所有人的基本需求，向所有人提供实现美好生活愿望的机会。（5）高效性原则。即不仅是根据其经济生产率来衡量，更重要的是：根据人们的基本需求得到满足的程度来衡量，是人类整体发展的综合和总体的高效。（6）阶跃性原则。随着时间的推移和社会的不断发展，人类的需求内容和层次将不断增加和提高，所以，可持续发展本身，隐含着不断地从较低层次向较高层次的阶跃性过程。

2002年11月8日，在中共十六大上，确立了“可持续发展能力不断增强，生态环境得到改善，资源利用效率显著提高，促进人与自然的和谐，推动整个社会走上生产发展、生活富裕、生态良好的文明发展道路”，作为全面建设小康社会的目标之一。在我国，可持续发展的基本内涵：（1）突出发展的主题，发展与经济增长有根本区别，发展是集社会、科技、文化、环境等多项因素于一体的完整现象，是人类共同的和普遍的发展权利；（2）发展的可持续性，人类的经济和社会的发展不能超越资源和环境的承载能力；（3）人与人关系的公平性，当代人在发展与消费时应努力做到使后代人有同样的发展机会，同一代人中一部分人的发展不应当损害另一部分人的利益；（4）人与自然的协调共生，人类必须建立新的道德观念和价值标准，学会尊重自然、师法自然、保护自然，与之和谐相处。应当说，可持续发展是从忽略环境保护受到自然界惩罚，到最终选择可持续发展理念，是人类文明进化的一次历史性重大转折。

3. 保护—节约资源的义务化。在我国，由于人口众多、资源相对不足，所以，在现代化建设中必须实施可持续发展战略。具体包括：（1）坚持计划生育和保护环境的基本国策，正确处理经济发展同人口、资源、环境的关系；(2)资源开发和节约并举，把节约放在首位，提高资源利用效率；(3)统筹规划国土资源开发和整治，严格执行土地、水、森林、矿产、海洋等资源管理和保护的法律，实施资源有偿使用制度；(4)加强对环境污染的治理，植树种草，搞好水土保持，防治荒漠化，改善生态环境。由此而言，"保护—节约资源"的义务化，不但成为我国《环境保护法》第6条规定的基本原则，更应该成为我国民事立法的一项基本原则。其理由是：我国社会节约习惯的养成，可以使民事主体的整体的年资源消耗量大为减少。比如一次性筷子和各种一次性餐具的使用，如果能有效减少的话，每年我国节约的资源可以成千上万元甚至于亿元来计。

我国《宪法》第33条第3款规定，任何公民享有宪法和法律规定的权利，必须履行宪法和法律规定的义务。民事主体"保护—节约资源"义务化或者法律化的理由：(1)民事权利是有限的，不是无限的；(2)民事利益的承载体即民事客体是有限的，不是无限的；(3)民事主体的利益需求或者个体欲望的满足，应当是正当的和具有合法性的，而不应当是非正当的或者完全违法的现代社会在注重"公众参与"[①]和"共同分享"即"共享"的本质，就是共同分担法律义务，而不是一味地只共同享有权利。

2009年8月27日，十一届全国人大常委会第十次会议通过《关于积

① 公众参与，是指社会群众、社会组织、单位或个人作为主体，在其权利义务范围内有目的的社会行动。公众参与是一种有计划的行动；它通过政府部门和开发行动负责单位与公众之间双向交流，使公民们能参加决策过程并且防止和化解公民和政府机构与开发单位之间、公民与公民之间的冲突。作为现代社会的一项法治化政策，它是解决环境安全问题的重要途径，为提高公众环境风险意识，必须帮助公众获得环境风险信息和参与环境安全监督的有效机制。根据《环境保护公众参与办法》(2015年7月2日)第4条规定，环境保护主管部门可以通过征求意见、问卷调查，组织召开座谈会、专家论证会、听证会等方式征求公民、法人和其他组织对环境保护相关事项或者活动的意见和建议。公民、法人和其他组织可以通过电话、信函、传真、网络等方式向环境保护主管部门提出意见和建议。

极应对气候变化的决议》，其第5条规定，加强对全社会尤其是青少年应对气候变化的教育，提高全民对气候变化问题的科学认识，增强企业、公众节约利用资源的自觉意识。坚持勤俭节约，倡导绿色低碳、健康文明的生活方式和消费方式，动员全社会广泛参与到应对气候变化的行动中，营造积极应对气候变化的良好社会氛围，推动整个社会走上生产发展、生活富裕、生态良好的文明发展道路，努力提高全社会应对气候变化的参与意识和能力。

二、《全国生态功能区划》编制与修编

（一）区域性大气污染与流域性水污染应对——“大气十条”和“水十条”目标

近年来，随着生态危机与环境安全问题的不断加剧，生态破坏与环境污染问题日益成为制约国家经济社会发展的重要因素。面对严峻的生态危机形势，我国应在国家层面启动国家生态安全战略，设计《全国生态功能区划》，转变经济发展模式，提高生态建设投入，从根本上扭转生态环境持续恶化的总体趋势。与生态危机的长期性和潜伏性不同，区域性大气污染所反映的是更为急迫、直观、表象以及能够为人们的感官所即时感受到的生态环境问题。通常条件下，区域性大气污染与生态安全的关联性是很难被人们所察觉的，但是近年来，由于持续发生的区域性大气污染影响范围广、持续时间长、危害影响大等因素，使人们越来越认识到其背后所隐藏的严峻的生态危机和生态安全问题。

2014年年初发生的雾霾天气，其特征具有影响范围大、污染程度深、持续时间长、污染物的累积速度快等因素，[①] 已经形成雾霾灾害。这显然与

① 《环保部副部长吴晓青等回答中外记者提问》，载新华网，http：//www.news.cn/politics/2014lh/live/20140308b/，最后访问日期：2018年2月21日。

整个区域的生态危机，以及生态安全遭受严重破坏有关，环保部直接联合各相关省市启动应急预案机制，试图从整个区域生态安全的全局性角度来处理影响整个华北地区的霾沙天气灾害。

而我国的流域性水污染问题，则反映的是更为深层次的生态危机问题，其具体还涉及饮用水安全以及沿岸地区的土壤污染问题，这些生态环境问题的治理更加需要国家生态安全战略的保障；根据2012年编制的《重点流域水污染防治规划（2011—2015年）》，截至2010年，处于重点流域规划区的398个河流国控断面中，属于劣Ⅴ类断面的有93个，占到总量的23.4%，具体包括淮河、松花江、太湖环湖河流属轻度污染，辽河、黄河中上游属中度污染，海河、巢湖环湖河流、滇池环湖河流属重度污染；[①]这些流域水污染状况还受到区域经济社会发展压力增大、重金属污染危害增多以及石化等高风险行业沿江分布等因素的影响。与流域水污染问题相生的还有饮用水安全问题的日益严峻。

例如，2014年5月9日发生的江苏省靖江市水污染事故就由于长江水源出现水质异常而导致靖江市全市暂停供水，在这起水污染事故中最让人恐慌的就在于跨流域水污染应急机制的缺失而导致的污染主体无从查起，相关的污染处置措施也无法有效实施的状况，这对长江流域跨区域治理联合应对机制提出了新的要求。[②]可见，大气和水这两个最重要的环境资源，都出现了比较严重的问题，意味着我国生态资源利用，在人的致灾性方面，必须给予应有的重视和关注。

（二）《全国生态功能区划》对生态服务功能区划定

根据《全国生态功能区划》的规定，全国生态服务功能包括了生态调

---

① 《环境保护部关于印发〈重点流域水污染防治规划（2011—2015年）〉的通知》（环发〔2012〕58号）。

② 张若渔：《构建长江流域水污染跨区域应急机制》，载《法制日报》2014年5月10日，第7版。

节功能、产品提供功能和人居保障功能三种类型；而根据生态系统的自然属性以及其所具有的主导服务功能类型，又进一步将全国的国土划分为生态调节、产品提供和人居保障三类生态功能一级区。其中生态调节功能区包括水源涵养、土壤保持、防风固沙、生物多样性保护、洪水调蓄等功能；产品提供功能区包括提供农产品、畜产品、水产品、林产品等功能；人居保障功能区包括大都市群以及区域重点城镇群等。设立生态功能区划的目的在于明晰各种生态功能区类型存在的主要生态问题，并明确该类型区域生态环境保护工作的主要方向，以此为国家和地区进一步推行生态安全保障战略提供科学依据。

具体而言，四川省的生态服务功能区划涉及生态调节功能、产品服务功能以及人居保障功能三个方面。其中，生态调节功能区主要集中在“三州一市”（甘孜州、阿坝州、凉山州和攀枝花市）地区，包括秦巴山地、岷山、若尔盖、甘南地区的水源涵养生态功能区，四川盆地丘陵区、金沙江干热河谷的土壤保持生态功能区，秦巴山地、岷山—邛崃山的生物多样性保护生态功能区等；产品服务功能区则分布在四川盆地以及“三州一市”即阿坝州、甘孜州、凉山州和攀枝花市的部分地区等，包括四川盆地的农产品提供生态功能区，四川东部丘陵的林产品提供生态功能区；人居保障生态功能区则主要是指成都城镇群这一重点城镇群。

应当强调的是，生态功能区的设定与划分，只是生态文明建设的制度设计，并不等于生态文明的实际建设效果，所以，重点生态功能区的建设，并不是生态区自己单方面的义务，而应当是在国家生态安全战略之下，全国一盘棋的义务或者任务。尽管，这种义务的立法确认和承担，任务尚且非常艰巨。

（三）《全国生态功能区划》与重点生态功能区建设

2000年编制的《全国生态环境保护纲要》提出“要对重要生态功能区

实施抢救性保护”，“重要生态功能区包括江河源头区、重要水源涵养区、水土保持的重点预防保护区和重点监督区、江河洪水调蓄区、防风固沙区和重要渔业水域等，这些区域对保持流域、区域生态平衡，确保国家生态安全方面具有特别重要的作用”。[①]继而，2005年国务院出台《关于落实科学发展观和加强环境保护的决定》，提出“以实施国家环保工程为重点”，落实科学发展观。而其中的国家重点环保工程，就包括“重要生态功能保护区和自然保护区建设工程”。[②]到了2007年，《国家重点生态功能保护区规划纲要》发布，首次对加强生态功能保护区建设，维护流域、区域生态安全规定了具体的实施措施；提出“以保障国家和区域生态安全为出发点，以维护并改善区域重要生态功能为目标，统筹规划、分步实施、保护优先、限制开发，建立符合我国国情的生态功能保护区格局体系”。[③]

而2008年编制的《全国生态功能区划》，则对全国生态功能区域进行了详细的规划，并按照各区域主导生态服务功能对国家和区域生态安全的重要性将其划分为极重要、重要、中等重要、一般重要四个等级。其中，关于全国重要生态功能区域的划定，则根据各生态功能区对保障国家生态安全的重要性，以水源涵养、土壤保持、防风固沙、生物多样性保护和洪水调蓄五类主导生态调节功能为基础，初步确立了50个重要生态服务功能区域。[④]

涉及“三州一市”的重要生态服务功能区域，包括：秦巴山地水源涵养重要区、若尔盖水源涵养重要区、川滇干热河谷土壤保持重要区、岷山—邛崃山生物多样性保护重要区等；在生态功能区划的实施方面，《全国生态功能区划》还要求对国家和区域生态安全有重大意义的水源涵养、

① 《全国生态环境保护纲要》（国发〔2000〕38号）。

② 《国务院关于落实科学发展观和加强环境保护的决定》（国发〔2005〕39号）。

③ 国家环境保护总局《国家重点生态功能保护区规划纲要》（环发〔2007〕165号）。

④ 《环境保护部、中国科学院关于发布〈全国生态功能区划〉的公告》（〔2008〕第35号）。

土壤保持、防风固沙、生物多样性保护、洪水调蓄等重要生态功能区建立国家和地方两级重点生态功能保护区，并健全和完善涉及重点生态功能保护区建设的相关财政税收、环境政策等。对于四川省而言，重点生态功能区建设的任务已经明确，但是，要实际完全承担这一生态安全战略下的义务，则是需要研究和分析的。

（四）《全国生态功能区划》修编

全国生态功能区划是在全国生态调查的基础上，分析区域生态特征、生态系统服务功能与生态敏感性空间分异规律，确定不同地域单元的主导生态功能，制定全国生态功能区划，对贯彻落实科学发展观，牢固树立生态文明观念，维护区域生态安全，促进人与自然和谐发展具有重要意义。全国生态功能区划是生态保护工作由经验型管理向科学型管理转变、由定性型管理向定量型管理转变、由传统型管理向现代型管理转变的一项重大基础性工作，是科学开展生态环境保护工作的重要手段，是指导产业布局、资源开发的重要依据。党中央、国务院高度重视生态功能区划工作。2000 年，国务院颁布了《全国生态环境保护纲要》，明确了生态保护的指导思想、目标和任务，要求开展全国生态功能区划工作，为经济社会持续、健康发展和环境保护提供科学支持。2004 年，胡锦涛总书记强调指出："开展全国生态区划和规划工作，增强各类生态系统对经济社会发展的服务功能。"2005 年，《国务院关于落实科学发展观　加强环境保护的决定》再次要求"抓紧编制全国生态功能区划"。国家"十一五"规划纲要明确要求对 22 个重要生态功能区实行优先保护，适度开发。

为贯彻落实党中央、国务院编制全国生态功能区划的有关要求，从 2001 年开始，原国家环境保护总局会同有关部门组织开展了全国生态现状调查。在调查的基础上，中国科学院以甘肃省为试点开展了省级生态功能区划研究，并编制了《全国生态功能区划规程》。2002 年 8 月，原国家环境保护总局会同国务院西部开发办公室联合下发了《关于开展生态功能区划工作的通知》，启动了西部12省、自治区、直辖市和新疆生产建设兵团的生态功能区划编制工作。2003年8月，开始了中东部地区生态功能区划的编制。2004年，我国内地31个省、自治区、直辖市和新疆生产建设兵团全部完成了生态功能区划编制工作。在此基础上，综合运用中华人民共和国成立以来自然区划、农业区划、气象区划，以及生态系统及其服务功能研究成果，2005年，中国科学院汇总完成了《全国生态功能区划》初稿。之后，原国家环境保护总局会同中国科学院先后召开了十余次专家分析论证会，对《全国生态功能区划》初稿进行了反复修改和完善。2006年10月，《全国生态功能区划》再次征求国务院各有关部门和各省、自治区、直辖市的意见后，又进一步得到充实与完善。2007年7月，原国家环境保护总局与中国科学院又联合主持了专家论证会，对修改完善的《全国生态功能区划》进行了全面系统的评估，并得到了由16位院士、专家组成的专家组的充分肯定。最后，2008年7月18日，环保部、中国科学院联合公告了这个《全国生态功能区划》。①

2015年11月26日，为落实我国《环境保护法》《中共中央关于全面深化改革若干重大问题的决定》《中共中央、国务院关于加快推进生态文明建设的意见》等关于加强重要区域自然生态保护、优化国土空间开发格局、增加生态用地、保护和扩大生态空间的要求，环境保护部和中国科学院在2008年7月18日印发的《全国生态功能区划》基础上，联合开展了修编工作，形成《全国生态功能区划（修编版）》。修编后，前后两个全国

① 2008年版《全国生态功能区划》已不能适应新时期生态安全与保护的形势，主要问题：（1）近10年来我国部分区域生态系统变化剧烈，生态系统服务功能格局已经改变；（2）现行划定的重要生态功能区范围，不能满足国家和区域生态安全的要求，保护比例普遍较低；（3）受当时多种因素影响，生态功能区划分不完善，一些具有重要生态功能的地区未能纳入重要生态功能区范围。为此，环保部和中国科学院决定，以2014年完成的全国生态环境十年变化（2000~2010年）调查与评估为基础，由中国科学院生态环境研究中心负责对《全国生态功能区划》进行修编，完善全国生态功能区划方案，修订重要生态功能区的布局。

生态功能区划的差异，见表 3-1、表 3-2 和表 3-3。

表 3-1　全国生态功能区划区分方法和区划方案比较

全国生态功能区划 2008 年 7 月 18 日	全国生态功能区划 2015 年 11 月 26 日
1. 分区方法。 按照我国的气候和地貌等自然条件，将全国陆地生态系统划分为 3 个生态大区：东部季风生态大区、西部干旱生态大区和青藏高寒生态大区；然后依据《生态功能区划暂行规程》，将全国生态功能区划分为 3 个等级： （1）根据生态系统的自然属性和所具有的主导服务功能类型，将全国划分为生态调节、产品提供与人居保障 3 类生态功能一级区。 （2）在生态功能一级区的基础上，依据生态功能重要性划分生态功能二级区。生态调节功能包括水源涵养、土壤保持、防风固沙、生物多样性保护、洪水调蓄等功能；产品提供功能包括农产品、畜产品、水产品和林产品；人居保障功能包括人口和经济密集的大都市群和重点城镇群等。 （3）生态功能三级区是在二级区的基础上，按照生态系统与生态功能的空间分异特征、地形差异、土地利用的组合来划分生态功能三级区	1. 分区方法。 根据生态系统服务功能类型及其空间分布特征，开展全国生态功能区划。 （1）按照生态系统的自然属性和所具有的主导服务功能类型，将生态系统服务功能分为生态调节、产品提供与人居保障 3 大类。 （2）在生态功能大类的基础上，依据生态系统服务功能重要性划分 9 个生态功能类型。生态调节功能包括水源涵养、生物多样性保护、土壤保持、防风固沙、洪水调蓄 5 个类型；产品提供功能包括农产品和林产品提供 2 个类型；人居保障功能包括人口和经济密集的大都市群和重点城镇群 2 个类型。 （3）根据生态功能类型及其空间分布特征，以及生态系统类型的空间分异特征、地形差异、土地利用的组合，划分生态功能区
2. 区划方案。 全国生态功能一级区共有 3 类 31 个区，包括生态调节功能区、产品提供功能区与人居保障功能区。生态功能二级区共有 9 类 67 个区。其中，包括水源涵养、土壤保持、防风固沙、生物多样性保护、洪水调蓄等生态调节功能，农产品与林产品等产品提供功能，以及大都市群和重点城镇群人居保障功能二级生态功能区。生态功能三级区共有 216 个。全国生态功能区划体系见表 1，区划方案见附 1 和附图 4。总数量：314 个，其构成： 生态功能一级区 31 个 生态功能二级区 67 个 生态功能三级区 216 个	2. 区划方案。 全国生态功能区划包括生态功能区 242 个，其中生态调节功能区 148 个、产品提供功能区 63 个，人居保障功能区 31 个。全国生态功能区划体系见表 1，区划方案见附 1 和附图 5。 总数量：242 个，其构成： 生态调节功能区 148 个 产品提供功能区 63 个 人居保障功能区 31 个

《全国生态功能区划》2008 年版即表 3-2 中，表头的提示区别明显，即生态功能一级区（3 类）、生态功能二级区（9 类）和生态功能三级区举

例（216个）[①]，由此，改成生态功能大类（3类）、生态功能类型（9类）和生态功能区举例（242个）。但是，其区分全国生态功能区为生态功能一级区、生态功能二级区和生态功能三级区，被后来的修订放弃，而是采用了生态功能大类、生态功能类型和生态功能区举例的分类方法。其中，生态功能大类，基本上与生态功能一级区可以等同，其生态调节功能区、产品提供功能区、人居保障功能区的大类划分，基本没有变化；而生态功能类型9类，分别为水源涵养、土壤保持、防风固沙、生物多样性保护、洪水调蓄、农产品提供、林产品提供、大都市群、重点城镇群，除了“生物多样性保护”上调为第2个类型之外，基本上没有调整了。（见表3-2）

表3-2 全国生态功能区划修订版“全国生态功能区划体系”[②]

生态功能大类（3类）	生态功能类型（9类）	生态功能区举例（242个）
生态调节	水源涵养	米仓山—大巴山水源涵养功能区
	生物多样性保护	小兴安岭生物多样性保护功能区
	土壤保持	陕北黄土丘陵沟壑土壤保持功能区
	防风固沙	科尔沁沙地防风固沙功能区
	洪水调蓄	皖江湿地洪水调蓄功能区
产品提供	农产品提供	三江平原农产品提供功能区
	林产品提供	小兴安岭山地林产品提供功能区
人居保障	大都市群	长三角大都市群功能区
	重点城镇群	武汉城镇群功能区

2008年版即表3-3中，表头的提示区别明显，即主导生态服务功能、

① 水源涵养：大兴安岭北部落叶松林水源涵养；防风固沙：呼伦贝尔典型草原防风固沙；土壤保持：黄土高原西部土壤保持；生物多样性保护：三江平原湿地生物多样性保护；洪水调蓄：洞庭湖湿地洪水调蓄。农产品提供：三江平原农业生产；林产品提供：大兴安岭林区林产品。大都市群：长三角大都市群；重点城镇群：武汉城镇群。

②《全国生态功能区划（修编版）》（2015年11月26日），三、全国生态功能区划方案；表3-1 全国生态功能区划体系。

三级区数量（个），具体差别如下：水源涵养 50 个，2015 年版为 47 个；生物多样性保护 34 个，2015 年版为 43 个；土壤保持 28 个，2015 年版为 20 个；防风固沙 27 个，2015 年版为 30 个；洪水调蓄 9 个，2015 年版为 9 个；农产品提供 36 个，2015 年版为 58 个；林产品提供 10 个，2015 年版为 5 个；大都市群 3 个，2015 年版为 3 个；重点城镇群 19 个，2015 年版为 28 个。这些数量的变化，说明了我国生态功能区划的调整和完善。所以，2015 年版生态功能区类型，是将全国生态功能区按主导生态系统服务功能归类，分析各类生态功能区的空间分布特征、面临的问题和保护方向后，形成全国陆域生态功能区。（见表 3–3）

表 3–3　全国生态功能区划修订版“全国陆域生态功能区类型统计”①

主导生态系统服务功能		生态功能区（个）	面积（万平方公里）	面积比例（%）
生态调节	水源涵养	47	256.85	26.86
	生物多样性保护	43	220.84	23.09
	土壤保持	20	61.40	6.42
	防风固沙	30	198.95	20.80
	洪水调蓄	8	4.89	0.51
产品提供	农产品提供	58	180.57	18.88
	林产品提供	5	10.90	1.14
人居保障	大都市群	3	10.84	1.13
	重点城镇群	28	11.04	1.15
合　计		242	956.29	100.00

2015 年 11 月 26 日修编后的《全国生态功能区划》包括 3 大类、9 个类型和 242 个生态功能区。确定 63 个重要生态功能区，比 2008 年 7 月 18

①《全国生态功能区划（修编版）》（2015 年 11 月 26 日），四、生态功能区类型及概述；表 3–2 全国陆域生态功能区类型统计表。

日确定的50个重要生态服务功能区多出了13个，覆盖了我国陆地国土面积49.4%。这个修编版的《全国生态功能区划》进一步强化生态系统服务功能保护的重要性，强化了与《全国主体功能区规划》的衔接，对构建科学合理的生产空间、生活空间和生态空间，保障国家和区域生态安全具有十分重要的意义。[①]

三、生态危机对国家生态安全战略的影响

（一）生态危机与环境安全的内在关系

2014年4月15日，习近平总书记在中央国家安全委员会第一次会议上首次提出总体国家安全观，并系统提出了“11种安全”，即“构建集政治安全、国土安全、军事安全、经济安全、文化安全、社会安全、科技安全、信息安全、生态安全、资源安全、核安全等于一体的国家安全体系”。[②]其中，“生态安全”与“资源安全”都是“总体国家安全观”的重要内容，而且从某种意义上讲，这两种国家安全形势的严峻性都与生态危机有关。生态危机是一种与生态安全相对应的概念，它是由对自然生态系统造成破坏而引发危机的状况。所谓生态危机，是指人类活动及自然灾变引起生态环境因子的一系列变异，从不同尺度上改变了生物个体的生长发育、种群动态、群落演替，以及生态系统结构与功能等，对生态系统的稳定性产生了深刻影响，并对人类生产生活构成威胁；[③]生态危机主要表现为对生态系统结构及功能造成的破坏，以及由此引发的生态系统结构变异、功能退化、环境质量下降等危机。

---

①《全国生态功能区划（修编版）》（2015年11月26日），前言。

② 谷树忠、李维明：《实施资源安全战略 确保我国国家安全》，载《人民日报》2014年4月29日，第10版。

③ 曲向荣：《环境生态学》，清华大学出版社2012年版，第219页。

因此，发生生态危机必然会引发生态安全问题；而由生态危机是否会导致环境安全问题，则取决于对生态安全概念的理解范畴，以及发生生态危机后所可能对自然生态环境造成的危害程度等因素。一方面，广义的国家生态安全概念包括非传统安全、环境安全、物种安全、生命安全、城市安全、核安全与辐射、自然遗产安全、资源安全与可持续发展等内容。[①]其中，环境安全属于国家生态安全概念的一个重要内容，包括大气污染、水污染、固体废弃物污染、海洋污染以及环境公害类事件等因素；发生生态危机以超过国家生态系统的安全阀值为要件，因此，生态危机的发生自然包括对环境安全与环境保护构成威胁的情况。例如，由于自然生态系统遭受破坏而对人居环境造成的损害等。

另一方面，生态危机自然会引起大气、水、土壤这些基本的环境要素发生改变，而当这些环境异变积累到一定程度的情况下，就会对人类健康和环境安全产生致害性作用，从而引发更为严重的环境安全问题。例如，由于病毒、微生物变异而引发的流行病疫情爆发，由于过度排污和生物富集作用而导致的环境公害事件发生等；从某种程度上讲，生态危机是大规模环境安全问题集中爆发的深层次原因，正是由于长期存在的生态安全问题得不到有效解决，才会在积累到一定程度的情况下集中爆发。例如，区域性的大气污染以及流域性的水污染问题等，正是由于长期存在的环境污染问题得不到有效解决，以及各种环境问题相互作用的集聚效应，才导致其大范围发生和在一定时间内大规模爆发的，其背后都有着深层次的生态安全因素。

（二）生态危机与资源安全的关联关系

生态危机对资源安全的影响，主要包括两个方面。即一种是对不可再生资源的影响，主要表现为生态危机对不可再生资源的过度消耗；另一种

---

① 蒋明君等:《2011 国际生态安全年度报告》，世界知识出版社 2012 年版，第 4 页。

是对可再生资源的影响，主要表现为生态危机对自然生态系统恢复力的破坏。所谓对不可再生资源的过度消耗，是指不可再生资源在总量上是一定的，人类现在对不可再生资源的利用量越多，就意味着将来可供利用的资源量越少，在对资源的循环利用率不变的情况下，将来对不可再生资源的利用压力也会越大，从而对人类经济社会发展的可持续性产生不利影响；而所谓自然生态系统的恢复力，是指生态系统在遭受某种干扰时总会趋向于维持它的功能完整性的能力，而当具有可恢复力的自然生态系统遇到某种冲击后总能继续存在，并且以同等重要的方式继续发挥作用。①

生态危机与资源安全问题是一对并生性的问题，当生态危机导致资源消耗和生态系统恢复能力丧失的时候就会引发资源安全问题。这首先表现为对不可再生资源的消耗上，对不可再生资源的开发利用会产生废物排放，而在废物的回收利用率一定的情况下，对资源的消耗量越大就意味着污染物的排放率越高，从而对不可再生资源的持续利用以及对支持这种利用的自然生态系统的安全性都会产生严重威胁，并进而影响到自然资源的安全利用以及自然生态系统的稳定运行。例如，对煤炭、石油、天然气等化石能源的过度开发利用会伴随资源消耗以及温室气体的排放，这会引发资源危机和温室效应问题，并继而影响资源安全以及整个地球的自然生态系统。

自然生态系统恢复力的丧失，也是造成资源安全问题的一个重要因素，具有可恢复力的自然生态系统在遭受环境污染和资源消耗的情况下，会存在一个自然恢复的过程，当资源开发量与自然增长量相等的情况下，自然资源的存在量就会满足人类持续开发利用自然资源的需要；这对水、林木资源、生物资源这类可再生资源而言，具有非常重要的价值。例如，

① [英] 迈克尔·康姆、西格里德·斯塔格尔:《生态经济学引论》，金志农等译，高等教育出版社 2012 年版，第 42 页。

在水资源开发利用的过程中注重生态危机问题会直接影响水资源的可持续性利用；在森林资源开发利用过程中避免对森林生态系统造成的破坏，也会直接影响到林木资源、野生动植物资源、遗传基因资源的可持续性利用。

（三）生态危机与国家经济安全的正相关关系

1972 年《增长的极限》通过为世界经济建立一种“世界模型”而得出结论：在模拟的世界经济中，直到 21 世纪还达不到一种可持续发展的水平。该书认为，由于世界经济不可能无限增长下去，因此，只有在尽快实施以促进经济可持续增长为目标的相关政策的情况下，才能够满足所有人类发展的需要及期望。在 1992 年出版的续篇《超越极限》一书中，作者又进一步提出：“人类使用资源并产生工业废物，这已经超越了自然可持续发展所能承受的水平，并直接导致了能源利用水平与工业生产的下降，但这种下降并非不可避免，社会的可持续发展在技术上和经济上仍然可行。”[①]应当说,《增长的极限》和《超越极限》等著作，都提出了经济增长受到资源存量及环境生态的约束，并提出了解决问题的方法，即人类应当寻求一种不损害生态环境和有利于资源可持续性利用的经济增长方式。而对人类可持续发展方式的探索中，有关生态安全性与经济有效性的兼容问题，则是实现这一发展方式的关键所在。

所谓生态安全性，是指人们在发展经济的过程中，应当保护生态系统及其中的自然资源，使其能够继续存在和保持可更新的能力；而经济的有效性，则是指人们在积极发展经济的过程中，需要最有效地利用自然资源和能源，使其满足人们生存和发展的物质需求。[②]可见，生态安全不仅是

---

① Donella H. Meadows, Dennis L. Meadows, et al., Beyond the Limits, New York: University Books, 1972, p.xvi.

② 曹明德:《生态法新探》(第 2 版)，人民出版社 2007 年版，第 101 页。

实现经济发展和保障经济安全的重要基础，更是实现经济有效性原则与保障可持续发展的基本前提及必要条件；生态危机会影响生态安全，并进而威胁到经济安全；因此，只有在保障生态安全的情况下，才能够实现经济发展，而只有在强调经济有效性的同时，才能够节约资源、减少污染，保障生态系统的稳定性与安全性，并进而实现经济社会的可持续性发展。

现阶段，我国面临的主要生态问题有：（1）生态空间遭受持续威胁。城镇化、工业化、基础设施建设、农业开垦等开发建设活动占用生态空间；生态空间破碎化加剧，交通基础设施建设、河流水电水资源开发和工矿开发建设，直接割裂生物环境的整体性和连通性；生态破坏事件时有发生。（2）生态系统质量和服务功能低。低质量生态系统分布广，森林、灌丛、草地生态系统质量为低差等级的面积比例分别高达43.7%、60.3%、68.2%。全国土壤侵蚀、土地沙化等问题突出，城镇地区生态产品[①]供给不足，绿地面积小而散，水系人工化严重，生态系统缓解城市热岛效应、净化空气的作用十分有限。（3）生物多样性加速下降的总体趋势尚未得到有效遏制。资源过度利用、工程建设以及气候变化影响物种生存和生物资源可持续利用。我国高等植物的受威胁比例达11%，特有高等植物受威胁比例高达65.4%，脊椎动物受威胁比例达21.4%；遗传资源丧失和流失严重，60%～70%的野生稻分布点已经消失；外来入侵物种危害严重，常年大面积发生危害的超过100种。

同时，环保部门在履行指导、协调、监督生态保护工作职责时，还存在以下体制机制和管理上的突出问题：（1）统一监管的管理体制不健全。目前仍按生态要素分别设置生态保护管理机构，难以对生态系统实施整体性保护。由于权责一致的统一管理体制和协调联动机制尚未建立，未能实

① 生态产品，是指维系生态安全、保障生态调节功能、提供良好人居环境的自然要素，包括清新的空气、清洁的水源、舒适的环境和宜人的气候等。生态产品同农产品、工业品和服务产品一样，都是人类生存发展所必需的产品。

现所有者和监管者分离以及一件事情由一个部门负责，直接影响生态保护效果。（2）全社会共同监督的机制尚未建立。部分地方领导干部保护生态环境的意识较为薄弱，还未牢固树立尊重自然、顺应自然、保护自然的理念。社会公众参与生态保护和监管的机制有待健全，企业生态保护和监管责任还不明确，部分地方环保部门履行生态监管职能时只能单打独斗、被动应对。（3）监督管理的基础能力薄弱。尚未建立统一的生态监测监控网络，难以准确监测我国重要生态区域生态状况，不能及时主动发现重大生态破坏行为。大部分县级环保部门没有设置独立的生态保护科室，难以开展常态化监管。市县环保部门生态保护人员队伍和装备严重不足，导致执法力量薄弱。生态保护科技支撑不够，生态大数据集成应用尚待发挥作用，生态保护法律法规和标准体系尚需完善。

因此，我国生态保护面临着严峻的挑战：（1）经济发展与生态保护之间的矛盾依然存在，传统发展方式带来的资源环境约束日益趋紧，生态环境风险逐步凸显。（2）人民群众对优质生态产品需求不断增加与现有供给能力不足之间的矛盾日益明显。（3）生物多样性丧失速度短期内难以根本遏制，国际履约压力不断加大。① 这些生态问题、生态保护体制机制问题以及生态保护面临的严峻问题，实际上就是国家经济安全面临的具体而实际的问题。可见，生态危机与国家经济安全呈全面而复杂的正相关关系。

（四）国家生态安全战略的全面启动及目标设计评价

2000 年 11 月 26 日，国务院发布《全国生态环境保护纲要》（以下简称《生态保护纲要》）出台，标志着国家生态环境保护工作进入历史性转折阶段；我国对生态环境的保护首次提升到与污染防治并重的位置，国

① 《全国生态保护“十三五”规划纲要》（2016 年 10 月 27 日），一、全国生态保护基本形势；（二）主要问题、（三）机遇与挑战。

家在应对生态危机，保障生态安全方面也首次拥有了行政法规层面的纲领性文件。《生态保护纲要》对生态危机及生态安全问题进行了深刻的分析，并对生态保护工作提出了全新的要求。在随后制定的《全国生态保护“十一五”规划》和“十二五”规划中，都对环境安全与生态保护进行了安排，2008 年编制的《全国生态功能区划》更是对我国生态安全状况进行了科学的界定，随后，又以此为依据先后制定了《重点区域大气污染防治“十二五”规划》与《重点流域水污染防治规划（2011—2015）》等区域性生态安全战略规划，初步完成了国家生态安全战略目标的顶层设计。

1.《全国生态环境保护纲要》与《全国生态功能区划》的衔接、协调。《生态保护纲要》是关于生态安全保障方面，首部由国务院发布的规范性法律文件，它构成了国家生态安全战略的法律基础和依据，它与其后制定的《关于深入贯彻落实“全国生态环境保护纲要”的通知》，一同构成了启动国家生态安全战略的纲领性文件，《生态保护纲要》确定了关于“三区”的生态环境保护战略；并对全面部署生态安全战略进行了前瞻性的制度设计与尝试，《生态保护纲要》要求各省、市、自治区、部委转变经济增长方式，采取具体的生态保护措施，特别是对个别重点生态功能区（三区）转变经济发展模式提出了要求。

《全国生态功能区划》是落实《生态保护纲要》规定的一个阶段性成果，标志着我国的生态保护工作向科学化、定量化的方向发展，而不仅限于对生态保护的定性分析，更加具体明确，具有可操作性。并且，依此为依据先后制定了《国家重点生态功能保护区规划纲要》与《全国生态脆弱区保护规划纲要》，对重点生态功能区，特别是生态脆弱区的生态保护工作进行了规定，提出了在这些地方进行生态保护工作的要求，特别提出要加强西部的生态建设。

2.《全国生态保护“十二五”规划》与“三个十条”出台。从“十一五”开始，要将国家重点环保工程纳入国民经济和社会发展规划及有关专项规划，认真组织落实。国家重点环保工程包括：危险废物处置工程、城市污水处理工程、垃圾无害化处理工程、燃煤电厂脱硫工程、重要生态功能保护区和自然保护区建设工程、农村小康环保行动工程、核与辐射环境安全工程、环境管理能力建设工程。《全国生态保护“十一五”规划》和“十二五”规划中，都对环境安全与生态保护进行了规划，生态保护“十二五”规划自然首先是沿袭以前的环境保护国家计划制度，其次，还反映了“十二五”期间生态保护的一些特殊要求。

2013 年 9 月 10 日，《国务院关于印发大气污染防治行动计划的通知》（“大气十条”）（国发〔2013〕37 号）印发，具体指标：到 2017 年，全国地级及以上城市可吸入颗粒物浓度比 2012 年下降 10% 以上，优良天数逐年提高；京津冀、长三角、珠三角等区域细颗粒物浓度分别下降 25%、20%、15% 左右，其中北京市细颗粒物年均浓度控制在 60 微克 / 立方米左右。

这个“大气十条”大条款共 10 条，小条款则有 35 条，具体构成是：（1）加大综合治理力度，减少多污染物排放（第 1 ～ 3 条）；（2）调整优化产业结构，推动产业转型升级（第 4 ～ 7 条）；（3）加快企业技术改造，提高科技创新能力（第 8 ～ 11 条）；（4）加快调整能源结构，增加清洁能源供应（第 12 ～ 15 条）；（5）严格节能环保准入，优化产业空间布局（第 16～18条）；（6）发挥市场机制作用，完善环境经济政策（第19～21条）；（7）健全法律法规体系，严格依法监督管理（第 22 ～ 25 条）；（8）建立区域协作机制，统筹区域环境治理（第 26 ～ 28 条）；（9）建立监测预警应急体系，妥善应对重污染天气（第 29 ～ 31 条）；（10）明确政府企业和社会的责任，动员全民参与环境保护（第 32 ～ 35 条）。我国大气污染防治任务繁重艰巨，必须坚定信心、综合治理，突出重点、逐步推进，重在落实、务求实效。各地区、各有关部门和企业要按照本行动计划的要求，紧密结合实际，狠抓贯彻落实，确保空气质量改善目标如期实现。

2015年4月2日,《国务院关于印发水污染防治行动计划的通知》("水十条")(国发〔2015〕17号)印发，其主要指标：到2020年，长江、黄河、珠江、松花江、淮河、海河、辽河七大重点流域水质优良（达到或优于Ⅲ类）比例总体达到70%以上，地级及以上城市建成区黑臭水体均控制在10%以内，地级及以上城市集中式饮用水水源水质达到或优于Ⅲ类比例总体高于93%，全国地下水质量极差的比例控制在15%左右，近岸海域水质优良（一、二类）比例达到70%左右。京津冀区域丧失使用功能（劣于Ⅴ类）的水体断面比例下降15个百分点左右，长三角、珠三角区域力争消除丧失使用功能的水体。到2030年，全国七大重点流域水质优良比例总体达到75%以上，城市建成区黑臭水体总体得到消除，城市集中式饮用水水源水质达到或优于Ⅲ类比例总体为95%左右。

这个"水十条"大条款也共10条，小条款有35条，具体构成是:(1)全面控制污染物排放（第1～4条）;(2)推动经济结构转型升级（第5～7条）;(3)着力节约保护水资源（第8～10条）;(4)强化科技支撑（第11～13条）;(5)充分发挥市场机制作用（第14～16条）;(6)严格环境执法监管（第17～19条）;(7)切实加强水环境管理（第20～23条）;(8)全力保障水生态环境安全（第24～28条）;(9)明确和落实各方责任（第29～32条）;(10)强化公众参与和社会监督（第33～35条）。我国正处于新型工业化、信息化、城镇化和农业现代化快速发展阶段，水污染防治任务繁重艰巨。各地区、各有关部门要切实处理好经济社会发展和生态文明建设的关系，按照"地方履行属地责任、部门强化行业管理"的要求，明确执法主体和责任主体，做到各司其职，恪尽职守，突出重点，综合整治，务求实效，以抓铁有痕、踏石留印的精神，依法依规狠抓贯彻落实，确保全国水环境治理与保护目标如期实现，为实现"两个一百年"奋斗目标和中华民族伟大复兴中国梦作出贡献。

2016年5月28日，《国务院关于印发土壤污染防治行动计划的通知》

（“土壤十条”或“土十条”）（国发〔2016〕31号）印发，其工作目标：到2020年，全国土壤污染加重趋势得到初步遏制，土壤环境质量总体保持稳定，农用地和建设用地土壤环境安全得到基本保障，土壤环境风险得到基本管控。到2030年，全国土壤环境质量稳中向好，农用地和建设用地土壤环境安全得到有效保障，土壤环境风险得到全面管控。到21世纪中叶，土壤环境质量全面改善，生态系统实现良性循环。也就是，到2020年，受污染耕地安全利用率达到90%左右，污染地块安全利用率达到90%以上。到2030年，受污染耕地安全利用率达到95%以上，污染地块安全利用率达到95%以上。

这个“土十条”大条款共10条，小条款还是35条，具体构成是：（1）开展土壤污染调查，掌握土壤环境质量状况（第1～3条）；（2）推进土壤污染防治立法，建立健全法规标准体系（第4～6条）；（3）实施农用地分类管理，保障农业生产环境安全（第7～11条）；（4）实施建设用地准入管理，防范人居环境风险（第12～14条）；（5）强化未污染土壤保护，严控新增土壤污染（第15～17条）；（6）加强污染源监管，做好土壤污染预防工作（第18～20条）；（7）开展污染治理与修复，改善区域土壤环境质量（第21～24条）；（8）加大科技研发力度，推动环境保护产业发展（第25～27条）；（9）发挥政府主导作用，构建土壤环境治理体系（第28～31条）；（10）加强目标考核，严格责任追究（第32～35条）。我国正处于全面建成小康社会决胜阶段，提高环境质量是人民群众的热切期盼，土壤污染防治任务艰巨。各地区、各有关部门要认清形势，坚定信心，狠抓落实，切实加强污染治理和生态保护，如期实现全国土壤污染防治目标，确保生态环境质量得到改善、各类自然生态系统安全稳定，为建设美丽中国、实现“两个一百年”奋斗目标和中华民族伟大复兴的中国梦作出贡献。

3.《重点区域大气污染防治“十二五”规划》的推陈出新。《重点区域大气污染防治“十二五”规划》是由环保部、国家发改委、财政部印发，并于2012年9月27日获国务院批复。这是我国第一部综合性大气污染防治的规划，标志着我国大气污染防治工作逐步由污染物总量控制为目标导向逐渐向以改善环境质量为目标导向转变，由主要防治一次染向既防治一次污染又注重二次污染的转变。该规划规定在包括北京、上海、天津、重庆等直辖市以及包括成都在内的47个省会和较大城市，将严格限制钢铁、水泥、石化、化工、有色等行业中的高污染项目。

该规划创新了三项大气环境管理政策，一是要把污染物排放总量作为环评审批的前置条件，以总量定项目；二是对“三区十群”控制煤炭消费总量，也就是能源消费总量的扩张只能以加强天然气等清洁能源利用为前提；三是在过去新增污染物“等量替代”的基础上提出了“倍量削减替代”，比如新项目增加1吨污染物，老项目就要同时减少1.5吨或者2吨污染物，实现既增产又减污。该规划还提出了更高要求——建立重大项目的环评会商机制，即对区域大气环境有重大影响的火电、石化、钢铁、水泥、有色、化工等项目，要以区域规划环境影响评价、区域重点产业环境影响评价为依据，综合评价其对大气环境质量的影响，评价结果向社会公开，并征求项目影响范围内公众和相关城市环保部门意见，作为环评审批的重要依据。

4. 国家生态安全战略的目标设计导向。中国特色的社会主义已经进入新时代，这意味着：近代以来久经磨难的中华民族迎来了从站起来、富起来到强起来的伟大飞跃，迎来了实现中华民族伟大复兴的光明前景；意味着科学社会主义在21世纪的中国焕发出强大生机活力，在世界上高高举起了中国特色社会主义伟大旗帜；意味着中国特色社会主义道路、理论、制度、文化不断发展，拓展了发展中国家走向现代化的途径，给世界上那些既希望加快发展又希望保持自身独立性的国家和民族，提供了全新选择，为解决人类问题贡献了中国智慧和中国方案。这个新时代，是承前启后、继往开来、在新的历史条件下继续夺取中国特色社会主义伟大胜利的时代，是决胜全面建成小康社会、进而全面建设社会主义现代化强国的时代，是全国各族人民团结奋斗、不断创造美好生活、逐步实现全体人民共同富裕的时代，是全体中华儿女勠力同心、奋力实现中华民族伟大复兴中国梦的时代，是我国日益走近世界舞台中央、不断为人类作出更大贡献的时代。中国特色社会主义进入新时代，我国社会主要矛盾已经转化为人民日益增长的美好生活需要和不平衡不充分的发展之间的矛盾。我国稳定解决了十几亿人的温饱问题，总体上实现小康，不久将全面建成小康社会，人民美好生活需要日益广泛，不仅对物质文化生活提出了更高要求，而且在民主、法治、公平、正义、安全、环境等方面的要求日益增长。同时，我国社会生产力水平总体上显著提高，社会生产能力在很多方面进入世界前列，更加突出的问题是发展不平衡不充分，这已经成为满足人民日益增长的美好生活需要的主要制约因素。①

由此而言，国家生态安全战略的目标设计导向，已从过去的消极应付型环境保护，或者“末端治理”向“前端治理”转变。这是因为，我国要坚持总体国家安全观，统筹发展和安全，做到居安思危，坚持国家利益至上，以人民安全为宗旨，以政治安全为根本，统筹外部安全和内部安全、国土安全和国民安全、传统安全和非传统安全、自身安全和共同安全，把生态文明建设提升到国家安全的高度，坚持推动构建人类命运共同体，统筹国内国际两个大局，始终不渝走和平发展道路、奉行互利共赢的开放战略，坚持正确义利观，树立共同、综合、合作、可持续的新安全观，谋求开放创新、包容互惠的发展前景，促进和而不同、兼收并蓄的文明交流，构筑尊崇自然、绿色发展的生态体系，始终做世界和平的建设者、全球发

① 习近平：《决胜全面建成小康社会，夺取新时代中国特色社会主义伟大胜利》（十九大报告，2017年10月18日），一、过去五年的工作和历史性变革。

展的贡献者、国际秩序的维护者。[①]

尤其是，要改革生态环境监管体制。加强对生态文明建设的总体设计和组织领导，设立国有自然资源资产管理和自然生态监管机构，完善生态环境管理制度，统一行使全民所有自然资源资产所有者职责，统一行使所有国土空间用途管制和生态保护修复职责，统一行使监管城乡各类污染排放和行政执法职责。构建国土空间开发保护制度，完善主体功能区配套政策，建立以国家公园为主体的自然保护地体系，坚决制止和惩处破坏生态环境行为。[②]

第二节　生态危机宏观战略与省级政府中观职责匹配

生态危机的宏观战略，主要是从宏观上看，对国家生态安全的保障进行谋篇布局，这一点，能够做到的主要是中央政府。然后，通过政府的中观职责，由中央政府的职能部门以及省级政府，通过具体措施和其职责任务的完成，加以具体落实与实施。应当说，生态安全宏观战略的内容，就是把环境法领域中，传统的重视经济社会发展的理念，转变为重视生态安全保护的理念，把生态文明的理念和生态安全的保护放在第一位的位置。党中央、国务院高度重视生态文明建设和生态环境保护工作，“十二五”以来，坚决向污染宣战，全力推进大气、水、土壤污染防治，落实“大气十条”“水十条”“土十条”等中的具体措施，持续加大生态环境保护力

① 习近平:《决胜全面建成小康社会，夺取新时代中国特色社会主义伟大胜利》(十九大报告，2017年10月18日)，三、新时代中国特色社会主义思想和基本方略;(十)坚持总体国家安全观、(十三)坚持推动构建人类命运共同体。

② 习近平:《决胜全面建成小康社会，夺取新时代中国特色社会主义伟大胜利》(十九大报告，2017年10月18日)，九、加快生态文明体制改革，建设美丽中国;(四)改革生态环境监管体制。

度，生态环境质量有所改善，完成了“十二五”规划确定的主要目标和任务。“十三五”期间，经济社会发展不平衡、不协调、不可持续的问题仍然突出，多阶段、多领域、多类型生态环境问题交织，生态环境与人民群众需求和期待差距较大，提高环境质量，加强生态环境综合治理，加快补齐生态环境短板，是当前核心任务。

虽然，生态文明建设上升为国家战略，党中央、国务院更是高度重视生态文明建设。习近平总书记多次强调，“绿水青山就是金山银山”，“要坚持节约资源和保护环境的基本国策”，“像保护眼睛一样保护生态环境，像对待生命一样对待生态环境”。十八大以来，党中央、国务院把生态文明建设摆在更加重要的战略位置，纳入“五位一体”总体布局，作出一系列重大决策部署，出台《生态文明体制改革总体方案》，实施“大气十条”“水十条”“土十条”。把发展观、执政观、自然观内在统一起来，融入执政理念、发展理念中，生态文明建设的认识高度、实践深度、推进力度前所未有。[①] 但是，在中观层面也就是中央政府的各个部委和省级政府层面，生态安全国家战略的定位目标，在利益层面并不完全一致。换句话说，央地冲突或者央地矛盾在省级政府的央地政府职责匹配，以及地地政府协调和配合方面，还存在一些问题和矛盾，由此，把发展不平衡、不充分的矛盾解释了出来。

也就是说，至少在特定的生态功能保障区内，对生态危机的处理，以及对生态安全的保障，是处于所有经济社会建设工作中最为重要的地位，关键是需要省级政府在具体的地方工作中，要高度认同和自觉行动；在某些特定的区域内，政府的政绩观以及政绩考核评定标准，都必须以生态安全保障为第一要务，否则，就必须进行相关责任的追究。

---

① 国务院《“十三五”生态环境保护规划》(2016年11月24日)，第一章全国生态环境保护形势；第一节生态环境保护取得积极进展。

一、生态安全宏观战略的内容归纳

（一）生态功能保障区与重点生态功能区的建设目标

自《全国生态功能区划》颁布以来，我国先后出台的《全国生态保护“十二五”规划》《重点区域大气污染防治“十二五”规划》《重点流域水污染防治规划（2011—2015）》标志着国家生态安全战略的全面启动；综合已经出台的生态安全战略规划，对生态安全宏观战略的构建主要包括三个方面内容：（1）要建设特定的生态安全保障区域，为生态安全宏观战略的实施提供物质载体；（2）要对生态安全的保障活动进行具体的制度规制，明确生态功能区域的经济活动原则以及生态安全保障活动的责任体系；（3）要对现实中具体的跨区域、跨流域生态安全问题，进行地地协调、配合型规制。

《全国生态功能区划》与《国家重点生态功能区规划纲要》规定，西部地区、长江中上游地区以及四川三州一市地区的生态功能保障区、重点生态功能区的分布，对维护国家生态安全及提供生态服务功能保障，发挥着重要作用，地方政府应认真贯彻落实国家的生态安全政策，制定符合区域特色生态保护措施；国家最早的退耕还林还草政策就是在这一地区实行的，包括长江中上游地区的生态林保护工程建设，这些最早见于朱镕基时期，有稳定的中央财政支持，四川三州一市实行的木头经济向生态财政的转变，九寨沟建设的兴起就是一个成功的案例。《国务院关于落实科学发展观和加强环境保护的决定》第17条规定：要“以实施国家环保工程为重点，推动解决当前突出的环境问题”。国家环保重点工程是解决环境问题的重要举措，从“十一五”开始，要将国家重点环保工程纳入国民经济和社会发展规划及有关专项规划，认真组织落实。国家重点环保工程包括：危险废物处置工程、城市污水处理工程、垃圾无害化处理工程、燃煤电厂脱硫工程、重要生态功能保护区和自然保护区建设工程、农村小康环保行动工程、核与辐射环境安全工程、环境管理能力建设工程。表现出对国家生态安全战略的遵从，以及生态功能区实际划定目标的明确。

例如，国务院《“十三五”生态环境保护规划》（以下简称“十三五”生态规划）中，根据各生态功能区对保障国家与区域生态安全的重要性，以水源涵养、生物多样性保护、土壤保持、防风固沙和洪水调蓄 5 类主导生态调节功能为基础，确定 63 个重要生态系统服务功能区（以下简称重要生态功能区）。各重要生态功能区的名称、主导功能和辅助功能列表 3，其中，序号 17 号“祁连山水源涵养重要区”（编号为 I–01–39 祁连山水源涵养功能区）的重要生态功能区类型为：水源涵养 ++、生物多样性保护 +、土壤保持 +、防风固沙 ++、“洪水调蓄”没有要求，其中，“水源涵养 ++”“防风固沙 ++”各为两个加号，属于极重要级别。[①] 即祁连山水源涵养重要区的定位是，该区位于青海省与甘肃省交界处，包含 2 个功能区：青海湖水源涵养功能区、祁连山水源涵养功能区，是黑河、石羊河、疏勒河、大通河、党河、哈勒腾河等诸多河流的源头区，行政区主要涉及甘肃省的张掖、酒泉、武威和青海省的海南、海北、海西和海东等地市，面积为 130,989 平方公里。该区生态系统类型主要有针叶林、灌丛及高山草甸和高山草原等，具有重要水源涵养功能。同时，在生物多样性保护等方面也具有重要作用。但是，祁连山保护区的主要生态问题是：山地森林、草原生态系统破坏较严重，生态系统质量低。水源涵养和土壤保持功能受损较严重，生物多样性受到破坏。省级政府及当地政府担负的生态保护主要职责和措施：加强生态保护，停止一切导致生态功能继

① 在国务院《“十三五”生态环境保护规划》中，＋表示该项功能较重要；＋＋表示该项功能极重要。两个加号为最高等级。

续退化的人为破坏活动；对已超出生态承载力的地方应采取必要的移民措施；对已经受到破坏的生态系统，要结合生态建设措施，开展生态重建与恢复。[①] 显而易见，祁连山水源涵养重要区的生态功能区的建设目标，是非常明确和清晰的。

而根据《四川省主体功能区规划》的规定，国家层面重点生态功能区包括:（1）若尔盖草原湿地生态功能区，幅员面积 28,724 平方公里，户籍人口 19.2 万人;（2）川滇森林及生物多样性生态功能区，幅员面积 240,060 平方公里，户籍人口 291.5 万人;（3）秦巴生物多样性生态功能区，幅员面积 17,757 平方公里，户籍人口 274.8 万人。省级层面重点生态功能区是：大小凉山水土保持和生物多样性生态功能区，幅员面积 31,697 平方公里，户籍人口 326.2 万人。[②]

（二）《全国主体功能区规划》后对“限制开发区”的规制

2011 年 6 月发布的《全国主体功能区规划》，是《国民经济和社会发展第十一个五年规划纲要》所确定的全国国土空间最新布局办法。根据这一布局，全国国土空间将被统一划分为优化开发、重点开发、限制开发和禁止开发四大类主体功能区。全国主体功能区规划，就是要根据不同区域的资源环境承载能力、现有开发密度和发展潜力，统筹谋划未来人口分布、经济布局、国土利用和城镇化格局，将国土空间划分为优化开发、重点开发、限制开发和禁止开发四类，确定主体功能定位，明确开发方向，控制开发强度，规范开发秩序，完善开发政策，逐步形成人口、经济、资源环境相协调的空间开发格局。

① 国务院《“十三五”生态环境保护规划》（2016 年 11 月 24 日），附 2 全国重要生态功能区：1. 水源涵养重要区。

②《四川省主体功能区规划》（2013 年 4 月），第六章限制开发区域（重点生态功能区）；第二节功能定位和保护重点；专栏 14 重点生态功能区。

生态功能保护区属于限制开发区，应坚持保护优先、限制开发、点状发展的原则，因地制宜地制定生态功能保护区的财政、产业、投资、人口和绩效考核等社会经济政策，强化生态环境保护执法监督，加强生态功能保护和恢复，引导资源环境可承载的特色产业发展，限制损害主导生态功能的产业扩张，走生态经济型的发展道路。对于四川省来说，四川位于我国西南内陆腹地，地处长江上游流域，与滇黔渝藏青甘陕西部七省区市接壤，地理区域重要，地形地貌复杂，气候复杂多样，自然资源丰富。即地形可分四川盆地、川西北高原、川西南山地三大部分；气候类型复杂多样，亚热带类型集中成片于盆地区，温带、寒带气候类型出现在盆周山区、川西南山地；土地幅员面积48.6万平方公里，占全国国土面积的5.1%，居全国第5位；水资源丰富，居全国前列。水资源以河川径流最为丰富，境内河流众多，有流域面积在100平方公里以上的河流1229条；矿产资源丰富种类较齐全，已发现矿产132种，占全国总数的70%。其中钒钛、硫铁矿等7种矿产居全国第1位，钛储量占世界总储量82%、钒储量占世界总储量1/3；生物资源丰富，有许多珍稀、古老的动植物种类，是全国乃至世界珍贵的生物基因库之一。植物种类占全国30%以上，是全国植物资源最丰富省份之一，有森林、灌丛、草原、草甸、竹林、沼泽等植被。当然，四川的自然灾害类型多、发生频率高、危害严重，为全国自然灾害最严重的省份之一。灾害的区域性、季节性和阶段性特点突出，并具有显著的共生性和伴生性。①四川省是“5·12”汶川大地震、“4·20”芦山大地震和“8·8”九寨沟大地震的发生地。

所以，《四川省主体功能区规划》综合评价四川全省国土资源、环境容量、生态环境重要性、自然灾害危险性、人口集聚度及经济社会发展水

① 《四川省主体功能区规划》（2013年4月），第一章规划基础；第一节自然状况。

平等，从工业化、城镇化开发角度看，四川省国土空间[①]的特点是：（1）国土空间广阔，但适宜开发的面积少；（2）水资源总量丰富，但时空分布不均衡；（3）能源矿产资源丰富，但总体上相对短缺；（4）生态环境较脆弱；（5）自然灾害频发，灾害影响面较大。也就是说，四川生态类型多样，森林、湿地、草原等生态系统均有分布，地处长江、黄河源区，生态战略地位重要，但生态系统较为脆弱，中度以上生态脆弱区域占全省国土面积83.2%。与此同时，四川省自然灾害种类多、发生频率高，巨灾风险大，造成的人口和经济损失大。70%以上县市区位于自然灾害危险严重的区域内。受气候变化、地震活跃等因素影响，自然灾害可能呈现分布范围扩展、活动频率增强、危害程度提高的趋势，给人民群众生产生活和生命财产安全带来隐患。[②]

四川省国土开发和空间布局存在一些较为突出的问题，主要是：（1）国土开发空间结构[③]矛盾突出，利用效率较低；（2）城乡和区域发展不均衡，基本公共服务差距大；（3）部分地区耕地减少过快，保障粮食安全压力较大；（4）部分地区资源开发强度过大，环境破坏较突出。四川省由于自然因素和人为活动等原因，尤其是部分地区粗放式开发，导致对生态环境的破坏日益突出。全省水土流失面积15.65万平方公里（不含冻融侵蚀面积6.47万平方公里），金沙江、嘉陵江和岷江多年平均输沙量约占长江上游85%。流经成都平原的沱江干支流水污染严重，主要工业城市均有酸雨出现，污染范围较大，程度较严重。[④]

《四川省主体功能区规划》根据《国务院关于编制全国主体功能区规

---

① 国土空间，是指国家主权与主权权利管辖下的地域空间，是国民生存的场所和环境。包括陆地、水域、内水、领海、领空等。

②《四川省主体功能区规划》（2013年4月），第一章规划基础；第三节综合评价。

③ 空间结构，是指不同类型空间的构成及其在国土空间中的分布，如城市空间、农业空间、生态空间的比例，以及城市空间中城市建设空间与工矿建设空间的比例等。

④《四川省主体功能区规划》（2013年4月），第一章规划基础；第四节存在的主要问题。

划的意见》（国发〔2007〕21号）、《全国主体功能区规划》编制，是全省科学开发国土空间的行动纲领和远景蓝图，是全省辖区国土空间开发的战略性、基础性、约束性规划，是省级其他空间性规划和其他省级规划空间开发和布局的基本依据。规划以县级行政区划为基本单元，规划主要目标确定到2020年，规划任务是更长远的，实施中将根据形势变化和评估结果适时调整修改。本规划的规划范围包括全省陆地和水域的国土空间。其中，第五章限制开发区域（农产品主产区）之"第七节安宁河流域"被确定为"限制开发区"，理由是：（1）发挥光热资源和生物资源优势，重点发展优质稻、马铃薯、特色水果、烟叶、反季节蔬菜、麻疯树、核桃等优势特色产业，形成全省高品质水稻生产基地、亚热带优质水果基地、优质烟叶生产基地、马铃薯生产基地、蔬菜生产基地和木本生物质能源基地。（2）构建农产品加工产业体系，加强对糖业、蚕业、烟业等传统优势农产品加工业的技术改造和产品创新，重点发展烟草、中药、乳制品、软饮料、酿酒、制糖、粮油制品、肉食品等农产品深加工业优势产业链和产品链。（3）合理开发利用安宁河谷土地资源，治理干热河谷和沙化、石漠化土地，大力发展太阳能，在做好生态保护的前提下有序开发小水电资源，推进生态工程建设。为此，专栏13"安宁河流域"地区情况是：（1）会东县3225平方公里40.7万人；（2）德昌县230,020.3万人；（3）米易县2110平方公里，21.5万人。合计：7634平方公里，82.5万人。合计幅员面积7634平方公里，户籍人口82.5万人。[①]

四川省将国土空间按照开发方式划分的主体功能区，分为重点开发区域、限制开发区域和禁止开发区域等。[②]限制开发区分为两类：一类是

① 《四川省主体功能区规划》（2013年4月）中，人口为2010年统计数据；未扣除其中分散的禁止开发区域面积。本规划涉及全省各县（区、市）的行政区划情况截至2012年12月31日。

② 四川省另外的两种国土空间划分主体功能区的方法是：（1）按开发内容分类，分为城市化地区、农产品主产区和重点生态功能能区；（2）按层级划分，分为国家生态功能区和省级生态功能区。

农产品主产区，即耕地较多、农业发展条件较好，尽管也适宜工业化城镇化开发，但从保障国家农产品安全以及中华民主永续发展的需要出发，必须把增强农业综合生产能力作为发展的首要任务，从而应该限制进行大规模高强度工业化城镇化开发的地区；另一类是重点生态功能区，即生态系统脆弱或生态功能重要，资源环境承载能力较低，不具备大规模高强度工业化城镇化开发的条件，必须把增强生态产品生产能力作为首要任务，从而应该限制进行大规模高强度工业化城镇化开发的地区。①

相比之下，四川将安宁河流域的会东县、德昌县和米易县部分地区作为限制开发区，是国家优质商品猪战略保障基地，现代农业示范区，现代林业产业基地，优势特色农产品加工业发展的重点区域，农民安居乐业的美好家园的主体功能定位，发挥光热资源和生物资源优势，重点发展优质稻、马铃薯、特色水果、烟叶、反季节蔬菜、麻疯树、核桃等优势特色产业，形成全省高品质水稻生产基地、亚热带优质水果基地、优质烟叶生产基地、马铃薯生产基地、蔬菜生产基地和木本生物质能源基地。构建农产品加工业产业体系，加强对糖业、蚕业、烟业等传统优势农产品加工业的技术改造和产品创新，重点发展烟草、中药、乳制品、软饮料、酿酒、制糖、粮油制品、肉食品等农产品深加工业优势产业链和产品链。合理开发利用安宁河谷土地资源，治理干热河谷和沙化、石漠化土地，大力发展太阳能，在做好生态保护的前提下有序开发小水电资源，推动生态工程建设，②就是落实国家生态安全战略目标的具体举措，对限制开发区进行具体的发展方向规制。

---

①《四川省主体功能区规划》(2013年4月)，第二章指导思想和原则；第二节主体功能区划分。

②《四川省主体功能区规划》(2013年4月)，第五章限制开发区域(农产品主产区)；第七节安宁河流域。

（三）区域性大气污染防治与流域水污染的治理——“双十条”的落地生根观察

四川省在流域水污染治理方面，主要表现为长江流域的水污染治理的工作落实。《全国生态功能区划》规定了在四川地区三州一市的生态功能保障区和重点生态功能区建设，以保障长江上游地区的生态安全；在区域性大气污染防治方面，包括北京、上海、天津、重庆等直辖市以及包括成都在内的47个省会和较大城市，将严格限制钢铁、水泥、石化、化工、有色等行业中的高污染项目，以配合华北地区雾霾的联防联控机制；与上述政策相适应的是流域性水污染防治“十二五”规划的制订以及区域大气污染的防治的“十二五”规划，以及后来的各种“十三五”规划。

2013年9月12日，国务院颁行“大气十条”后，我国空气质量改善情况如下：通过整合环境保护部、中国科学院、中国气象局和有关科研院所的地面长期定位观测、典型过程综合观测、卫星遥感反演等数据，采用多种技术方法对全国空气质量状况、变化趋势和污染特征进行了评估和印证。主要结果是：

（1）“大气十条”实施以来，全国城市空气质量总体改善，PM2.5、PM10、二氧化氮（NO_2）、二氧化硫（SO_2）和一氧化碳（CO）年均浓度和超标率均逐年下降，大多数城市重污染天数减少。比如2015年，全国74个重点城市PM2.5平均浓度为55微克/立方米，相对于2013年的72微克/立方米下降23.6%；日均值超标天数的比例由2013年的33.2%降至2015年的20.8%。全国PM10平均浓度（338个城市平均浓度为87微克/立方米），相对2013年（330个城市平均浓度97微克/立方米）下降10.3%；日均值超标天数的比例由2013年的14.5%降至2015年的12.1%。74个重点城市共发生846天次重度污染和238天次严重污染，较2014年和2013年降幅分别为28.1%、24.9%以及49.9%、63.7%。尤其是，京津冀、长三角、珠三角和成渝地区 NO_2 浓度相对 2013 年分别下降 9.8%、11.9%、19.5% 和 15.8%，SO_2 分别下降 44.9%、30.0%、38.1% 和 48.3%。卫星资料反演显示，2013 ～ 2015 年，全国 NO_2 和 SO_2 垂直柱浓度年均值和颗粒物光学厚度（AOD）总体呈下降趋势，与地面监测数据分析结果一致。

（2）空气质量面临形势依然严峻，冬季重污染问题突出，重点区域大气臭氧（O_3）污染问题显现。根据《环境空气质量标准》（GB 3095—2012）进行评价，2015 年全国 338 个地级及以上城市中有 73 个城市空气质量达标，占 21.6%；平均超标天数比例为 23.3%，重度及以上污染占 3.2%，其中 67.4% 发生在冬季。全部重度及以上污染天次中，以 PM2.5、PM10、O_3 为首要污染物的天次分别占 83.4%、15.3%、1.3%。京津冀及周边地区是全国重污染天气高发地区，占全国总天次的 44.1%。冬季重污染对全年PM2.5平均浓度有明显的拉升作用。2013 ～ 2015年，重污染天气对京津冀、长三角和成渝地区 PM2.5 年均值的贡献分别为 40%、10% 和 20%。

（3）多数省份 PM2.5 或 PM10 年均浓度下降幅度达到或超过“大气十条”规定的中期目标要求，可望实现 2017 年的考核目标。个别省份 PM10 年均浓度有所上升，北京市完成 2017 年终期目标需要付出努力。考核 PM2.5 的 10 个省（区、市）和广东省珠三角地区 PM2.5 年均浓度下降幅度均达到或超过“大气十条”中期目标的要求，多数省份展示提前实现终期目标的势头。北京市空气质量改善较为明显，但实现 PM2.5 年均浓度达到 60 微克 / 立方米左右的目标，需要付出努力。考核 PM10 的 21 个省（区）中，黑龙江、安徽、福建、江西、湖南、广东、广西、海南、四川、贵州、云南、西藏、青海和新疆 14 个省（区）PM10 年均浓度下降幅度达到了“大气十条”中期目标的要求，辽宁、吉林、河南、湖北、陕西、甘肃和宁夏 7 个省（区）PM10 年均浓度有所上升。

“大气十条”带来上述变化，是因为采取了一系列主要措施，其执行效果相对较好。也就是说，基于“大气十条”详细配套政策及各省

（区、市）实施细则、目标责任书、年度自查报告等数据资料，核算了2013～2015年各部门各行业主要污染物减排情况，解析了各项政策措施对减排量和PM2.5浓度下降的贡献。主要结果是：

（1）各省（区、市）均基本完成了阶段性重点任务，总体落实情况良好。重点行业提标改造、产业结构调整、燃煤锅炉整治和扬尘综合整治四类措施是对PM2.5浓度下降贡献最为显著的措施。评估测算结果显示，实施“大气十条”使全国主要大气污染物排放量明显下降。分解各措施对减排量的贡献发现，重点行业提标改造、产业结构调整和燃煤锅炉整治是对减排量整体贡献显著的措施。SO_2减排效果最明显的措施是重点行业提标改造、燃煤锅炉整治和产业结构调整，分别贡献SO_2减排量的39%、29%和22%；NO_x减排效果显著的措施有重点行业提标改造、产业结构调整和黄标车及老旧车辆淘汰与油品升级，分别贡献NO_x减排量的63%、20%和9%；PM2.5浓度下降贡献最为显著的措施是重点行业提标改造、产业结构调整、燃煤锅炉整治和扬尘综合整治，分别贡献了PM2.5浓度下降的31.2%、21.2%、21.2%和15.2%。机动车的减排贡献在城市更为显著。以北京市为例，2013～2015年北京共淘汰黄标车122.2万辆，NO_x、PM2.5减排量为3.47万吨、0.26万吨，分别贡献了两种污染物减排量的71%和16%，说明“大气十条”在控制机动车污染的方向是正确的，措施是有效的。

（2）北京市及周边省份的重污染应急措施能够有效降低PM2.5浓度，两次启动红色预警使得重污染期间北京市PM2.5日均浓度下降17%～25%。基于空气质量模型对京津冀2015年12月两次启动红色预警的减排效果进行评估，结果显示，京津冀两次应急减排措施使北京市PM2.5平均浓度分别下降17%和20%～25%，说明在重污染天气启动应急预案能够有效降低区域大气污染物排放量，进而显著削减PM2.5浓度峰值。

（3）2014年和2015年，重点地区污染气象条件相对2013年略为不利或变化不大，气象条件在近两年没有对空气质量的改善起到“助推”作用。京津冀地区 2014 年、2015 年污染气象条件状况相对 2013 年分别转差约 17%、12%，长三角地区转差约 6% 和 1%，珠三角和成渝地区污染气象条件状况变化不大。气象条件状况在“大气十条”实施过程中没有对空气质量的改善起到“助推”作用，在京津冀等重点地区甚至起到了不利作用。2014 年、2015 年冬季期间，各重点地区不利气象条件出现天数均超过 2013 年，特别是 2015 年冬季京津冀地区超过 2013 年的天数在各重点地区中最多，导致重污染多次发生，严重影响人们对空气质量年均值改善的直观感觉。[①]

至于“水十条”于 2015 年 4 月发布后，是当前和今后一个时期全国水污染防治工作的行动指南。其行动计划 238 项具体治理措施中，除了 136 项改进强化措施、12 项研究探索性措施外，重点提出了 90 项改革创新措施。行动计划提出，到 2020 年，全国水环境质量得到阶段性改善，污染严重水体较大幅度减少，饮用水安全保障水平持续提升，地下水超采得到严格控制，地下水污染加剧趋势得到初步遏制，近岸海域环境质量稳中趋好，京津冀、长三角、珠三角等区域水生态环境状况有所好转。到 2030 年，力争全国水环境质量总体改善，水生态系统功能初步恢复。到 21 世纪中叶，生态环境质量全面改善，生态系统实现良性循环。行动计划确定了十个方面的措施：（1）全面控制污染物排放；（2）推动经济结构转型升级；（3）着力节约保护水资源；（4）强化科技支撑；（5）充分发挥市场机制作用；（6）严格环境执法监管；（7）切实加强水环境管理；（8）全力保障水生态环境安全；（9）明确和落实各方责任；（10）强化公众参与和社会监督。

对“水十条”的贯彻落实，2017 年 12 月 6 日媒体报道，经国务院同意，

---

① 环境保护部：《〈大气污染防治行动计划〉实施情况中期评估报告》，载中央政府门户网，http：//www.gov.cn/xinwen/2016-07/06/content_5088795.htm，最后访问日期：2018 年 2 月 21 日。

环保部公布了2016年度“水十条”考核结果，浙江省被评为优秀，并夺全国第一名，获得国家“水十条”奖励专项资金1亿元。“水十条”是当前和今后一个时期全国水污染防治工作的行动指南。根据《水污染防治行动计划实施情况考核规定（试行）》（环水体〔2016〕179号文）要求，考核内容包括水环境质量目标完成情况和水污染防治重点工作完成情况两个方面，以水环境质量目标完成情况作为刚性要求，兼顾水污染防治重点工作完成情况。经综合评价，2016年，浙江、海南、西藏、重庆、江西、福建6个省份考核等级为优秀；甘肃、新疆、广西、山东、贵州、江苏、湖南、青海、湖北9个省份考核等级为良好；上海、广东、云南、四川、河南、陕西、北京、安徽、河北、天津、内蒙古、黑龙江、辽宁、吉林、山西15个省份考核等级为合格；宁夏回族自治区考核等级为不合格，未通过年度考核。在“水十条”实施情况考核等级中，浙江的水环境质量目标完成情况和水污染防治重点工作完成情况得分分别为98.8分和91.5分，是纳入考核的31个省市中，唯一一个双双突破90分关卡的省份。此外，浙江在地表水环境质量改善情况、黑臭水体整治情况、集中式饮用水水源水质情况等多项考核指标中，均完成或超额完成年度任务。

对此，环保部指出，虽然2016年年度全国水污染防治初步取得积极进展，但是，仍存在部分地区工作进展缓慢、少数水体水质趋于恶化、水生态破坏现象较为普遍等问题。各地要深入学习贯彻党的十九大精神，加快水污染防治，实施流域环境和近岸海域综合治理，坚决打好水污染防治攻坚战。环保部强调，2018年，将针对水体不达标和“水十条”重点任务进展滞后地区开展专项督导，并将发现的突出环境问题纳入中央环保督察范畴。即（1）以整治黑臭水体为突破口，加快补齐城市和工业园区污水处理设施短板；（2）针对不达标水体，按照我国《水污染防治法》要求，编制实施限期达标规划，落实综合治理措施，逐年降低不达标水体比例；（3）认真梳理“水十条”重点任务，针对薄弱环节，加强治理攻坚，以硬措施完成水污染防治硬任务。

2016年是浙江"五水共治、治污先行"的三年行动的收官之年。站在"十三五"的起点，浙江许下承诺:"决不把'污泥浊水'带入全面小康"。承诺即许下，行动去兑现。这一年，恰逢2015年国家"水十条"发布一年之际，浙江也出台了《浙江省水污染防治行动计划》(以下简称"浙江水十条")，对照国家"水十条"要求，充分考虑该省水环境质量现状、"五水共治"实际和"十三五"时期改善需求，提出了更高的水污染防治工作总体要求、更细的重点任务和更严的目标指标，为今后一个时期的水污染防治确定了任务书、时间表和路线图。2016年，浙江全面实施水污染防治行动计划，狠抓劣V类断面削减和"清三河"防反弹，深化落实河长制，强势推进治水工作。完成了涉水行业企业污染整治444家，搬迁入园1407家；整治了生猪散养户42,958个，完成规模生猪养殖场污染整治任务；实施了20,000余个清淤项目，清淤13,652万立方米；新增了污水管网3252.5公里，实现钱塘江、太湖流域城镇污水处理厂全部执行一级A排放标准和行政村生活污水处理基本全覆盖；健全了饮用水源地"一源一策"管理机制，强化良好水体保护；做到了劣V类断面削减三年行动计划两年完成、省控劣V类断面减少到6个、列入"浙江水十条"目标责任书考核的103个水质断面全部达标、5个入海河流考核断面全部消除劣V类。监测数据显示，2016年，浙江全省221个地表水省控监测断面中，Ⅲ类以上水质断面占比77.4%，同比提高4.5个百分点；劣V类水质断面占比2.7%，同比下降4.1个百分点，水环境质量持续改善。[①]

"浙江水十条"明确提出水污染防治工作总体要求、重点任务和目标指标，为今后一个时期的水污染防治确定了任务书、时间表和路线图。"浙

① 江帆等:《"水十条"考核列全国第一，浙江获亿元奖励》，载浙江在线，http://zj.cnr.cn/zjyw/20171204/t20171204_524049599.shtml，最后访问日期：2018年2月21日。

江水十条”对照国家“水十条”对浙江省的要求，充分考虑浙江省水环境质量现状、“五水共治”实际和“十三五”时期改善需求，征求了各设区市政府、省级有关部门以及环保部专家意见，先后经过8次修订而成。浙江版“水十条”延续了国家“水十条”的新内涵、新思路、新举措，同时也提出了更严格的指标和更详细的目标。比如，到2020年，国家七大重点流域水质优良（达到或优于Ⅲ类）比例总体达到70%以上，而浙江提出，到2020年，八大水系基本达到或优于Ⅲ类水质。“浙江水十条”突出深化改革和创新驱动的思路，不仅为浙江整体水环境治理提出近期、中期和长期的任务，也为“五水共治”工作提出了更加明确的目标和路径。由此来看，“水十条”是一份沉甸甸的任务书，重塑了浙江的水环境。①

应当说2016年年度“水十条”考核结果中，浙江省能被评定为优秀，名列全国首位。与浙江省对“水十条”的高度重视密切有关。也就是说，2016年全国的“水十条”贯彻落实的考核内容包括两大部分，而浙江省水环境质量目标完成情况得分为98.8分，水污染防治重点工作完成情况得分为91.5分，是全国31个省市区中，这样的高分，当然要位列第一了。② 相比之下，四川省位列第19，水环境质量目标完成情况得分为78.6分，与浙江差了20.2分；而水污染防治重点工作完成情况得分为61.6分，与浙江差了30.1分，只是个合格而已，显然不在一个量级上，见表3-4。

---

① 江帆等:《“水十条”考核列全国第一，浙江获亿元奖励》，载浙江在线，http://zj.cnr.cn/zjyw/20171204/t20171204_524049599.shtml，最后访问日期：2018年2月21日。

② 佚名:《国家环保部公布“水十条”考核结果，浙江居全国首位》，载新蓝网，http://n.cztv.com/news/12757813.html，最后访问日期：2018年2月21日。

表 3-4 环保部 2016 年度“水十条”考核结果[①]

序号	省市	水环境质量目标完成情况得分	水污染防治重点工作完成情况得分	“水十条”考核结果
1	浙江	98.8	91.5	优秀
2	海南	98.0	72.6	优秀
3	西藏	96.7	80.8	优秀
4	重庆	95.5	81.2	优秀
5	江西	91.7	63.6	优秀
6	福建	90.9	81.3	优秀
7	甘肃	88.8	83.7	良好
8	新疆	88.3	80.6	良好
9	广西	87.7	84.5	良好
10	山东	84.7	91.6	良好
11	湖南	84.6	75.5	良好
12	青海	84.5	83.7	良好
13	贵州	82.6	75.2	良好
14	江苏	80.3	85.4	良好
15	湖北	80.1	78.5	良好
16	上海	79.9	84.1	合格
17	广东	79.2	79.9	合格
18	云南	78.8	70.6	合格
19	四川	78.6	61.6	合格

表 3-4 中，海南省的考核结果为“优秀”，其水污染防治重点工作完成情况得分为 72.6 分，比较低。尤其是江西省的考核结果也为“优秀”，其水污染防治重点工作完成情况得分竟然只有 63.6 分，总分为 155.3 分，

① 江帆等:《“水十条”考核列全国第一，浙江获亿元奖励》，载浙江在线，http://zj.cnr.cn/zjyw/20171204/t20171204_524049599.shtml，最后访问日期：2018 年 2 月 21 日。

尚不及上海市的“合格”级别的总分164.0分高，也就是还要低8.7分。不过，在2016年这次环保部的“水十条”考核活动中，“水环境质量目标完成情况得分”既然排列在“水污染防治重点工作完成情况得分”之前，那么，江西省当然就要排在上事实的前列获得优秀了。如果是相反的排列，或者总分排列，则江西省肯定都要排在上海市的后面，或者只能获得“合格”等级的分值了。可见，环保部的“水十条”落实考核，只是为了督促全国各地认真地落实和实施国家的水污染防治战略任务而已，不只是为了一个简单的排名或者列出个排名的名单而已。

二、生态安全宏观战略的义务主体

（一）国务院与各级环境保护主管部门

生态安全宏观战略的义务主体主要涉及从宏观上对生态资源和生态安全负有公共保障职能的政府公务机构以及相关的科研保障实体，在我国主要是指国务院以及各级环境保护部门、国家发展与改革委员会及地方各级发展与改革委员会、中国科学院以及相关环境保护科研机构等。

国务院与各级环境保护部门既是国家生态安全宏观战略的制定主体，同时也是涉及生态安全顶层设计以及可持续发展战略规划实施的义务主体。首先，在生态安全宏观战略的制定方面，国务院先后出台了区域联防联控政策、清洁生产、循环经济、国家生态工业园区建设规划以及其他相关的那些生态安全法律法规。特别需要强调，由国务院印发的《全国生态环境保护纲要》，成为后来国家生态安全战略实施最早的法律依据；环保部出台了《全国生态功能区划》《国家重点生态功能保护区规划纲要》《全国生态脆弱区保护规划纲要》等法律文件，各级地方政府又出台了涉及地方生态安全保障的法规。

其次，在生态安全战略及可持续发展规划的实施方面，环保部门联合九部门所开展的各种专项行动，“环保风暴”区域联防联控等，实际上就是从更为宏观、更为系统、更加综合的区域生态安全保障的角度对一些突发性的环境污染问题所作出的生态安全宏观性安全保障回应；而关于可持续发展理念及生态安全战略在经济领域最为直接的体现更在于国家生态工业园区的建设上，环保部联合其他部门通过批准设立各种体现工业生态学原理及循环经济理论的生态工业园区的建设，直接将国家的生态安全战略规划与经济社会发展结合起来，体现了对国家生态安全的保障。

（二）国家发展与改革委员会

根据第十一届全国人民代表大会第一次会议批准的国务院机构改革方案和《国务院关于机构设置的通知》（国发〔2008〕11号），设立国家发展和改革委员会，为国务院组成部门。其中，涉及生态安全保障的主要职责有：（1）拟订并组织实施国民经济和社会发展战略、中长期规划和年度计划，统筹协调经济社会发展；（2）负责监测宏观经济和社会发展态势；（3）负责汇总分析财政、金融等方面的情况，参与制定财政政策、货币政策和土地政策；（4）承担指导推进和综合协调经济体制改革的责任；（5）承担规划重大建设项目和生产力布局的责任；（6）承担组织编制主体功能区规划并协调实施和进行监测评估的责任，组织拟订区域协调发展及西部地区开发、振兴东北地区等老工业基地、促进中部地区崛起的战略、规划和重大政策，研究提出城镇化发展战略和重大政策，负责地区经济协作的统筹协调；（7）推进可持续发展战略，负责节能减排的综合协调工作，组织拟订发展循环经济、全社会能源资源节约和综合利用规划及政策措施并协调实施，参与编制生态建设、环境保护规划，协调生态建设、能源资源节约和综合利用的重大问题，综合协调环保产业和清洁生产促进有关工作；（8）组织拟订应对气候变化重大战略、规划和政策，与有关部门共同牵头组织参加气候变化国际谈判，负责国家履行联合国气候变化框架公约的相关工作;（9）承担国家国防动员委员会有关具体工作和国务院西部地区开发领导小组、国务院振兴东北地区等老工业基地领导小组、国家应对气候变化及节能减排工作领导小组的具体工作。

国家发改委主要从宏观上对国家和区域的经济建设发展，进行合理的资源配置。这体现在西部大开发战略以及生态安全战略的规划中。具体而言，一方面，发改委在进一步推进深化西部大开发战略的规划过程中，如何出于保障区域生态安全的考虑，将更多的生态环保与低碳企业在这一区域进行合理配置，同时将涉及高污染以及严重生态破坏性质的企业远离这一区域；另一方面，在推进国家生态安全宏观战略的过程中，发改委如何进行政策、资金、人力资源以及技术机构的合理配置，才能够更好地实现生态安全保障的价值目标，这其中既包括生态补偿、环境税费的设置、中央生态工程财政支持，也包括在特定区域设置生态安全监测机构以及科研机构，以对区域生态安全保护提供技术保障和科研支持。

（三）中国科学院与环境保护科研机构

我国环境污染来源复杂，污染的成因研究相对薄弱，特别是二次污染物，如PM2.5和臭氧的形成机理还需要我们进行深入研究。以大气污染为例，建立封闭的空间进行模拟试验，是研究二次污染形成机理的重要技术手段和方法，这种方法在国际上被称为“烟雾箱”，就是在一个封闭的容器内，通过注入不同的污染物气体，研究其在光照作用下发生化学反应的过程，通过模拟研究可以获取大气污染形成的主要途径和污染控制因子，可以得到精确的控制方向。我国在开展“烟雾箱”研究方面已有一些基础，其中中国环境科学院、中国科学院就有小规模的“烟雾箱”研究装置，所以支持有关部门建设大型的“烟雾箱”模拟实验室，转变产业发展模式，改善能源消费结构，抑制过快增长的机动车污染，加强城市建设管理，才能彻底改善大气污染，保障环境安全。

我国有必要对国家环境保护部进行职能、功能和职责的整合与调整，将它升格为“国家环境与生态安全委员会”。其职能分为三个层次：（1）国家环境与环境保护的职能机构；（2）各个环境介质与环境保护层面的资源利用与保护协调机构；（3）国家生态安全的中央政府机构，采用大部制思路统筹国家生态安全智囊，形成国家生态安全责任负责机构。中央政府要加强发展战略、规划、政策、标准等制定和实施，加强各种市场活动的监管，加强各类公共服务提供或者供给保障。加强中央政府宏观调控职责和能力，与此同时，加强各级地方政府公共服务、市场监管、社会管理、环境保护等职责。[①] 协调央地政府职责划分和中央政府部门对地方政府对口业务部门的指导、监督和业务能力的考核。此外，应当统筹党政群机构改革，理顺业务部门的职责关系。积极稳妥实施大部门制，在省直接管理县市体制改革中，把国家生态安全战略目标设计与落实，作为重要的考量因素。

三、政府生态安全义务履行的目标

（一）落实国家生态安全战略

各级政府在国家生态安全战略中的中观职责主要体现在如何落实体现可持续发展理念的生态安全目标上。具体包括三个方面内容：（1）落实国家生态安全战略及目标；（2）执行国家生态安全法律法规及政策；（3）监督国家生态安全政策法规的执行状况。根据《国务院关于落实科学发展观和加强环境保护的决定》（国发〔2005〕39号），落实国家生态安全战略的措施包括：国家生态保护工程的建设，国家生态安全工业园区的建设、省、市级生态安全规划的编制，省、市主体功能区划的编制等。此外，还

① 《中共中央关于全面深化改革若干重大问题的决定》（2013年11月12日），四、加快转变政府职能；（15）全面正确履行政府职能、（16）优化政府组织结构。

应推进循环经济产业园区的建设，推动生态省（市、县）、环境保护模范城市、环境友好企业和绿色社区、绿色学校等创建活动。包括四川省申请的生态模范城市等；应当大力发展循环经济，各地区、各部门要把发展循环经济作为编制各项发展规划的重要指导原则，制订和实施循环经济推进计划，加快制定促进发展循环经济的政策、相关标准和评价体系，加强技术开发和创新体系建设。要按照“减量化、再利用、资源化”的原则，根据生态环境的要求，进行产品和工业区的设计与改造，促进循环经济的发展。在生产环节，要严格排放强度准入，鼓励节能降耗，实行清洁生产并依法强制审核；在废物产生环节，要强化污染预防和全过程控制，实行生产者责任延伸，合理延长产业链，强化对各类废物的循环利用；在消费环节，要大力倡导环境友好的消费方式，实行环境标识、环境认证和政府绿色采购制度，完善再生资源回收利用体系。大力推行建筑节能，发展绿色建筑。推进污水再生利用和垃圾处理与资源化回收，建设节水型城市。推动生态省（市、县）、环境保护模范城市、环境友好企业和绿色社区、绿色学校等创建活动。

（二）执行国家生态安全法律法规及政策

各省在生态安全法律方面的执行细则方面应当有针对性，以成都市为例，成都市地处川西北高原东缘与四川盆地交接地带，龙门山与龙泉山从东北向西南贯穿成都地区，这样独特的地理位置，形成了特殊的盆地气象特征，包括风速小、云雾多、湿度大、中性及稳定性天气多、逆温出现频繁且强度高等。这些均是形成空气流动不畅、阻碍大气污染物扩散、迁移的不利气象条件。除了不利的气象条件之外，成都市城市建设沿袭全国多数城市呈圆环状向外扩展，导致中心城区人口集中、社会经济活动水平高、污染物排放量大。同时，工业企业由中心城区向外迁移，但是这些工业企业对城区环境的影响还是没有完全消除。成都的大气污染源来源主要来自工业生产污染排放、移动污染源排放、扬尘、挥发性有机物、生活源燃煤（工业排放污染为主要代表）、燃油（机动车排气污染为主要代表）、扬尘、挥发性有机物、生物质燃烧（秸秆燃烧为主要代表）5大方面，而其中燃煤、扬尘、燃油三项的直接“贡献率”最高。多种大气污染问题是近10年成都的大气污染的一个基本特征，目前，成都的大气污染特征已从煤烟型污染转变成为煤烟、机动车尾气和扬尘混合型污染，同时以PM2.5和臭氧为代表的区域复合型污染凸显。

因此，在大气污染防止中应该针对成都市的地方特点专门立法，以有效地解决成都市空气污染的问题，这也体现了环境法的地域性特点。但目前成都市现有的关于大气污染防治的规定在这方面还做得不够，比如，对各种污染物的协同控制没有规定，还是分别从机动车排气、燃煤污染、烟尘等方面各自进行防治，没有考虑污染物如何相互作用，以及这些相互作用对PM2.5形成的机制，没有注意到成都大气污染特征已从煤烟型污染转变成为煤烟、机动车尾气和扬尘混合型污染，同时以PM2.5和臭氧为代表的区域复合型污染凸显。这使成都大气污染治理的难度极大，将是一个庞大、复杂的系统工程。再如，成都市及周边城市区域城市连片发展，受大气环流及大气化学的双重作用，城市间大气污染相互影响明显，相邻城市间污染传输影响突出。区域内城市大气污染变化过程呈现明显的同步性，重污染天气一般在一天内先后出现，因此跨行政区域的联防联控成为必然。

（三）监督国家生态安全政策法规的执行状况

这主要表现为对地方企业的监管以及环境保护部门的环境监测建设，在大气污染防治方面，应实行大气污染物排放浓度控制和主要大气污染物排放总量控制相结合的环境管理制度、大气污染防治网格监控制度、预报预警制度、空气质量定期会商制度、空气质量定期公告制度、督查督办等制度，对机动车排气污染防治、燃煤污染防治、废气、恶臭和烟尘防治进行了规制，规定上级政府对市、区（市）县政府和市政府各部门大气污染防治工作实施目标考核。

污染防治和中国整个经济社会发展密切联系起来，产能过剩行业禁增产能动计划提出，结合产业发展实际和环境质量状况，进一步提高环保、能耗、安全、质量等标准，分区域明确落后产能淘汰任务，倒逼产业转型升级。把注意力放在环境质量改善的幅度上，突出了多种污染物的协同控制，把多种污染物的协同控制深化在每一种污染物的方方面面，明确提出来要把烟粉尘和挥发性有机污染物纳入总体控制范围内，将长期的环境质量改善和减少重污染发生的频率、污染的程度和污染持续的时间这些东西结合起来。

可见，开展国家生态安全战略目标的设计，是因为生态危机的严峻性与人的致灾性这个根源，必须通过立法和相关的规范体系，加以系统和有效的控制的需要。也就是说，国家生态安全战略的启动，从系统化的思路和观点来看，实际上是把单一主体、群体主体和整体主体等生态资源利用的义务，具体化、体系化和不断法律化，从而成为切实可行的方案，加以设置和确认，并为之正确的履行与实现，提供根本保证。

（四）各级政府职责的匹配问题

十九大报告指出，要统筹考虑各类机构设置，科学配置党政部门及内设机构权力、明确职责。统筹使用各类编制资源，形成科学合理的管理体制，完善国家机构组织法。尤其是，要转变政府职能，深化简政放权，创新监管方式，增强政府公信力和执行力，建设社会公众满意的服务型政府。① 作者认为，在国家生态安全战略落实与实施方面，要很好地考虑和

① 习近平：《决胜全面建成小康社会，夺取新时代中国特色社会主义伟大胜利》（十九大报告，2017年10月18日），六、健全人民当家做主制度体系，发展社会主义民主政治；（五）深化机构和行政体制改革。

处理央地政府的职责匹配即上下协调，中央政府在赋予地方政府职责、职能和责任时，要强化其监督、检查和考核机制，而不是只有赋权或者赋责机制，无落实、指导和考核、究责机制，打通权力、义务和责任之间的匹配路径。

与此同时，地地政府即各省级政府、地市级政府和县市级政府和乡镇级政府之间的协调、配合与合作、协助能力建设，应当引起高度重视。理由是，十九大报告强调，要赋予省级及以下政府更多的自主权，而这些自主权当中，当然应当包含生态功能协调功能，以及生态安全格局下的法治能力协调功能。特别是，在省市县对职能相近的党政机关探索合并设立或合署办公体制，以及深化事业单位改革，强化事业单位公益属性，推进政事分开、事企分开、管办分离，①从而加快转变政府职能，加快生态文明制度建设，加快健全自然资源资产产权制度和用途管制制度。对水流、森林、山岭、草原、荒地、滩涂等自然生态空间进行统一确权登记，形成归属清晰、权责明确、监管有效的自然资源资产产权制度。建立国土空间规划体系，划定生产、生活、生态空间开发管制界限，落实用途管制。健全能源、水、土地节约集约使用制度。同时，健全国家自然资源资产管理体制，统一行使全民所有自然资源资产所有者职责；完善自然资源监管体制，统一行使所有国土空间用途管制职责。②

与各级政府职责匹配的另一个层面的问题，是加强社会治理制度建设，完善党委领导、政府负责、社会协同、公众参与、法治保障的社会治理体制，提高社会治理社会化、法治化、智能化、专业化水平。树立生态

① 习近平:《决胜全面建成小康社会，夺取新时代中国特色社会主义伟大胜利》(十九大报告，2017年10月18日)，六、健全人民当家做主制度体系，发展社会主义民主政治;(五)深化机构和行政体制改革。

②《中共中央关于全面深化改革若干重大问题的决定》(2013年11月12日)，十四、加快生态文明制度建设;(51)健全自然资源资产产权制度和用途管制制度。

安全发展理念，弘扬生命至上、安全第一的思想，健全公共安全体系，提升防灾减灾救灾能力。加强社区治理体系建设，推动社会治理重心向基层下移，发挥社会组织作用，实现政府生态治理和社会调节、居民自治之间的良性互动。[①] 在此基础上，开展全民共治、源头防治，持续实施大气污染防治行动，打赢蓝天保卫战。同时，加快水污染防治，实施流域环境和近岸海域综合治理。强化土壤污染管控和修复，加强农业面源污染防治，开展农村人居环境整治行动。加强固体废弃物和垃圾处置。提高污染排放标准，强化排污者责任，健全环保信用评价、信息强制性披露、严惩重罚等制度。构建政府为主导、企业为主体、社会组织和公众共同参与的环境治理体系，把央地政府、地地政府之间的大协调、小协调和区域合作、流域配合等机制体制和法制，逐步建立和完善起来。

以各级政府的生态安全职责匹配为契机，实施重要生态系统保护和修复重大工程，优化生态安全屏障体系，构建生态廊道和生物多样性保护网络，提升生态系统质量和稳定性。尤其是，在完成生态保护红线、永久基本农田、城镇开发边界三条控制线划定工作前提下，开展国土绿化行动，推进荒漠化、石漠化、水土流失综合治理，强化湿地保护和恢复，加强地质灾害防治。对于西部地区而言，还要完善天然林保护制度，扩大退耕还林还草。在我国耕地资源有限的背景下，要严格保护耕地，扩大轮作休耕试点，健全耕地草原森林河流湖泊休养生息制度，建立市场化、多元化生态补偿机制，包括央地政府的生态补偿和地地政府之间的横向生态补偿和生态对口支援制度。当然，还要加强对生态文明建设的总体设计和组织领导，设立国有自然资源资产管理和自然生态监管机构，完善生态环境管理制度，统一行使全民所有自然资源资产所有者职责，统一行使所有国土空

① 习近平:《决胜全面建成小康社会，夺取新时代中国特色社会主义伟大胜利》(十九大报告，2017年10月18日)，八、提高保障和改善民生水平，加强和创新社会治理;(六)打造共建共治共享的社会治理格局。

间用途管制和生态保护修复职责，统一行使监管城乡各类污染排放和行政执法职责。构建国土空间开发保护制度，完善主体功能区配套政策，建立以国家公园为主体的自然保护地体系，坚决制止和惩处破坏生态环境行为。[①]通过良好的各级政府职责的匹配机制建设，解决我国国家生态安全战略目标设计之后的措施落实问题。

第三节　祁连山事件中国家生态安全战略受损——央地区域生态义务冲突的启示

所谓祁连山事件，是指中央政治局常委会会议在听取甘肃祁连山国家级自然保护区（以下简称祁连山保护区）生态环境破坏典型案例的督查情况汇报后，进行深刻剖析，对有关责任人作出严肃处理，由中办、国办发出措辞严厉的通报地方政府生态环境保护行为致灾性聚集、阻止和强行校正的中央政府对地方政府违规违法行为的干预事件（以下简称祁连山事件）。这个事件，带有三大特点：（1）区域生态环境义务性。即地方政府没有履行祁连山保护区“森林生态”法定生态保护义务，导致严重的区域性生态环境恶化事件。（2）法治政府事件性。这是一起中央政府对地方政府违规违法行为，进行持续不断地法治干预型事件，其后果是严厉的党纪政纪处罚。（3）地方政府行为带有致灾性。地方政府长期以来发展思维和发展理念出现严重偏差，以祁连山保护区有效资源的过度开发利用为经济发展手段，导致雪线上移、冰川退缩，草原退化，以及林木减少等严重的生

① 习近平:《决胜全面建成小康社会，夺取新时代中国特色社会主义伟大胜利》（十九大报告，2017年10月18日），九、加快生态文明体制改革，建设美丽中国;（二）着力解决突出环境问题、（三）加大生态系统保护力度、（四）改革生态环境监管体制。

态灾害问题，地方政府的违纪违法行为带有明显的致灾性。

祁连山保护区生态环境破坏方面的问题，《中办国办就甘肃祁连山国家级自然保护区生态环境问题》（以下简称《祁连山通报》）中的归纳主要是：（1）严重的违法违规开矿。144宗探矿权、采矿权有14宗是在2014年10月国务院明确祁连山保护区划界后，违法违规审批延续的，涉及保护区核心区3宗、缓冲区4宗。（2）部分水电设施违法建设与违规运行。150余座水电站中，有42座（占28%）位于祁连山保护区内，存在明显的违规审批、未批先建等行为，导致祁连山保护区水生态系统遭到严重破坏。（3）祁连山保护区周边企业偷排偷放问题突出。（4）生态环境突出问题，比如2015年9月环保部会同国家林业局约谈甘肃省林业厅、张掖市政府后，约谈整治方案瞒报、漏报31个探采矿项目，生态修复和整治工作进展缓慢，截至2016年12月底仍有72处生产设施未按要求清理到位，整改不力。为此，两办通报祁连山事件有关责任人作出严肃处理。其中，责成甘肃省委和省政府向党中央、国务院作出深刻检查，3名负有领导责任的省级干部①和15名相关责任单位的负责人被严肃问责，给予甘肃省林业厅原党组书记、厅长，现任省政协常委、人口资源环境委员会副主任石卫东等4名负有主要领导责任的责任人撤职处分。②应当说，祁连山事件中，地方政府行为具有的致灾性，在祁连山保护区被高度聚集，从而引发严重的区域生态环境问题，于是，中央政府采取了非常措施，从政治责任追究的角度进行强制干预。这种干预，实际上是在穷尽了各种党纪行政手段之后，而采取的政治干预，或者中央政府对地方政府治理事权失控的一种强

① 被处分的3位省级领导分别是：甘肃省政府党组成员、副省长杨子兴，原甘肃省委常委、副省长，现任甘肃省委常委、兰州市委书记李荣灿，原甘肃省委常委、常务副省长，现任甘肃省人大常委会党组书记、副主任罗笑虎等。

② 新华社：《中办国办就甘肃祁连山国家级自然保护区生态环境问题发出通报》，载《人民日报》2017年7月21日，第1版。

行校正做法。

一、祁连山生态保护义务赋予后地方政府行为的非配合性

（一）祁连山生态保护义务的赋予

祁连山是甘肃西部和青海东北部边境山地的总称。因在河西走廊南部，当地亦称“南山”，“祁连”系匈奴语，意为“天”“青天”，蒙古语意为“天山”，是山高连天、山地绵延连天的地方。古代将酒泉以南的一段山岭称祁连山，后又把当金山口至乌鞘岭一段称“祁连山”。山地由一系列西北、东南走向的平行山岭和谷地组成。东西长 1000 ～ 1200 公里，南北宽 300 ～ 400 公里。海拔高度大部在 4000 米以上，山峰多雪峰、冰川，故祁连山又称“雪山”“大雪山”。高于 5000 米以上山峰很多，现代冰川数量多、分布广，具有高山固体水库之称。[①] 祁连山脉顶部分布着大小冰川 3306 条，冰川面积达 2062.72 平方公里，储水量约 1320 亿立方米，冰川每年总年径流量达 72.6 亿立方米，森林 869 万亩，天然草原 4000 多万亩，孕育 56 条内陆河，汇集而成的石羊河、黑河、疏勒河三大水系，山间河谷与河流有党河、野马河、疏勒河、陶赖河、黑河、石羊河等，属于三大水系 56 条内陆河的主要水源涵养地和集水区，在维护中国西部生态安全方面具有不可替代的作用，是西北地区重要的生态安全屏障。植被垂直变化明显，景观垂直分布显著，格状水系发达。河西走廊的主要补给水源，也是许多内流河的新发源地，被称为“高山天然水库”“五河（黑河、托米河、疏勒河、大通河和布哈河）之源”。对河西走廊绿洲农业的形成具有决定性的作用，是开发河西走廊建立商品粮基地的宝贵财富。

祁连山地具典型大陆性气候特征，其山前低山属荒漠气候，年均温

① 尹宪志等:《近 50 年来祁连山气候变化特征研究》，载《高原气象》2009 年第 1 期。

6℃左右，年降水量约150毫米。中山下部属于半干旱草原气候，年均温2～5℃，年降水量250～300毫米。中山上部为半湿润森林草原气候，年均温0～1℃，年降水量400～500毫米。亚高山和高山属寒冷湿润气候，年均温-5℃左右，年降水量约800毫米。山地东部气候较湿润，西部较干燥。降水量丰富，大部分在300～400毫米。山脉东段受东南季风的影响，降水较多，年降水量在500毫米左右，个别山岭达700毫米，气候湿润，有大片森林分布。西段降水量少，气候干燥，雪线较高，植物稀疏。祁连山东段北坡：1500～1800米为灌木荒漠带；1800～2500米为山地灌丛草原带；2500～3800米为森林草原带；3800～4500米为高山草甸带；4500米以上为冰雪带，最高峰疏勒南山团结峰6305米。祁连山中、西段谷地，海拔大都在3000～4000米，宽5000米～20千米，谷底平坦，草类茂密，为良好的牧场。祁连山东段谷地海拔多在3000米以下，河流沿谷地向东南流注、灌溉便利，有利于发展农业，养育着近500万人口、800万只牲畜、70多万公顷耕地，还有上百个工矿企业。祁连山脉矿产资源丰富，有铁、铜、铅、锌、锰、金、银、锡、钼、钨及萤石、大理石等，产地较为集中。祁连山丰富的森林、矿产和野生动物资源，让其号称“中国的乌拉尔”。[①] 这些自然特征，决定了祁连山保护区所承担的区域生态环境功能的法律化，必然存在经济发展与生态保护层面内在的矛盾和

---

① 乌拉尔有两个含义：一个是哈萨克斯坦欧洲部分的乌拉尔市；另一个指俄罗斯乌拉尔山脉中、南段及其附近一带地区。这一带多山地、丘陵，冬寒夏暖，年降水量350~750毫米，有卡马河及乌拉尔河等，面积82.4万平方公里，人口1988.8万（1985年）。乌拉尔山以东为西西伯利亚平原，以西为俄罗斯平原的西北部。石油、天然气、铁、铜、铝土矿、锌、镍、钛、钒、金、铂族、钾盐、菱镁矿、石棉、煤等矿藏丰富，采矿、机械、冶金、化工等重工业在全俄占重要地位；经济发达，为全俄最大的重工业区，农牧业较发达。同时，以铁路、管道为主体的交通运输业发达。明陈棐诗云：“马上望祁连，连峰高插天。西走接嘉峪，凝素无青烟。对峰拱合黎，遥海瞰居延。四时积雪明，六月飞霜寒。所喜炎阳会，雪消灌甫田。可以代雨泽，可以资流泉。三箭将军射，声名天壤传。谁是挂弓者，千年能比肩。”

冲突。

虽然，早在1980年，国务院即确定“祁连山水源涵养林”为国家重点水源涵养林区，1986年10月15日，甘肃省政府向原林业部请示，将祁连山保护区划分为“国家级自然保护区”，但是未果，1987年10月24日，甘肃省政府批准祁连山自然保护区为“省级自然保护区”。到1988年5月9日，国务院发布《关于公布第二批国家级森林和野生动物类型自然保护区的通知》时，祁连山自然保护区成为“国家级森林和野生动物类型自然保护区”。1990年4月25日，甘肃省林业厅批复设立祁连山国家级自然保护区的古城、东大河、西营河等21个保护站。1992年2月3日，甘肃省林业厅批准成立山丹龙首山自然保护站，划归祁连山保护局管理。2000年，祁连山保护区被确定为“国家天然林保护工程区”。2002年12月24日，甘肃省林业厅批复东大山、龙首山、昌岭山自然保护区加挂甘肃祁连山国家级自然保护区东大山、龙首山、昌岭山自然保护站牌子。2004年，祁连山保护区森林被认定为“国家重点生态公益林”。2008年，环保部公布《全国生态功能区划》，将祁连山区确定为“水源涵养生态功能区”，将“祁连山山地水源涵养重要区”列为全国50个重要生态服务功能区之一。至此，祁连山保护区成为担负了“水源涵养生态功能”的区域性重要功能区域。

2012年4月18日，环保部《国家级自然保护区名录》中明示祁连山保护区为1987年1月1日始建“国家级自然保护区”。2014年10月，国务院正式划定祁连山保护区的核心区、缓冲区、实验区的界限。即总面积265.3万公顷，位于甘肃省境内祁连山北坡中、东段，区域范围为东经97° 25′ ～ 103° 46′，北纬36° 43′ ～ 39° 36′。其中，核心区面积为802,261.6公顷，地跨武威、金昌、张掖3市8县区；缓冲区面积为470,625.2公顷，实验区面积1,380,136.2公顷，为森林生态系统类型的自然保护区。祁连山保护区的生态价值在于：祁连山不仅是中国西部重要生态安全屏障，而且是黄河流域重要水源产流地，更是中国生物多样性保护优先区域。[①] 因此，保护好祁连山保护区是当地政府的重要职责。

（二）祁连山生态安全职责的央地冲突

学者认为，祁连山在某种意义上，也是西部荒漠戈壁中的湿岛，成为河西走廊绿洲的生命之源，也是巴丹吉林沙漠和腾格里沙漠生态维持的基础。[②] 祁连山保护区的生态环境保护，对涵养石羊河、黑河、疏勒河三大内陆河流水源，遏制腾格里、巴丹吉林和库姆塔格三大沙漠汇合有着重要的生态文明意义。同时，这还将有助于保护生物的多样性，维护西北地区民族团结经济发展。[③] 然而，近 30 年来，祁连山保护区局部生态破坏问题十分突出。习近平总书记多次作出批示，要求抓紧整改，在中央有关部门督促下，甘肃省虽然做了一些工作，但情况没有明显改善。长期的生态保护尤其是水生态保护意识滞后，导致祁连山生态环境面临着巨大的压力：祁连山出现严重的雪线上移，[④] 冰川退缩，草原退化，林木减少等现象。

由此而言，祁连山保护区生态功能被赋予给甘肃省的 3 市 8 县区之后，如何积极有效地建设和管理保护区，并维护核心区、缓冲区、实验区界限

---

① 我国已建立 2740 处自然保护区，陆域面积 142 万平方公里，约占陆地国土面积 14.8%。其中，国家级自然保护区 446 处，总面积 97 万平方公里，基本形成类型比较齐全、布局基本合理、功能相对完善的自然保护区网络。目前，生态保护仍然面临着十分严峻的形势。部分地区生态系统退化严重，生物多样性品质降低的速度尚未得到有效遏制，破坏生态环境的行为，仍然时有发生。参见郄建荣：《生物多样性保护优先区域边界核定完成》，载《法制日报》2017 年 2 月 21 日，第 6 版。

② 尹宪志等：《近 50 年来祁连山气候变化特征研究》，载《高原气象》2009 年第 1 期。

③ 祁连山保护区生态地域复杂，植被类型多样，具有中纬度山地植被的特征。植物区系属青藏高原植物区，植物主要以阴生、湿生、寒生、寒旱生、中生、旱生植物为主。祁连山保护区内分布有国家级保护动物一级 14 种、国家二级 39 种。甘肃省保护动物 6 种；分布有国家二级保护植物 4 种。被列入《濒危野生动植物物种国际贸易公约》的兰科植物有 12 属 16 种；有国家一级保护昆虫 2 种、二级保护昆虫 12 种。共有野生动物 28 目 63 科 286 种，其中，鱼纲 1 目 2 科 4 种，爬行纲 2 目 3 科 5 种，两栖纲 1 目 2 科 2 种，鸟纲 17 目 39 科 206 种，哺乳纲 7 目 17 科 69 种。

④ 祁连山西段西北坡 170 多条冰川中，95％的冰川都在以每年平均 4.9 米的速度退缩。按照这个冰川退缩速度，整个祁连山冰川，将在 50 年后消失。到那时，河西走廊的人民何以生存与生活？

稳定，妥善处理与当地经济建设和居民生产、生活的关系，事关重大。尤其是，县级以上地方政府应当加强对自然保护区工作的领导，一切单位和个人都有保护自然保护区内自然环境和自然资源的义务。有权对破坏、侵占自然保护区的单位和个人进行检举、控告，[①] 就是法定要求。可见，国家即中央政府对祁连山保护区生态功能的赋予，既是立足于生态功能与生物多样性的考虑，更是基于属地责任和法治政府的预期性考虑，可能基于“上行下效”“上命下尊”“法治意识”的乐观估计，至少甘肃省政府与祁连山区的3市8县区政府肯定能依法而行，管护好祁连山保护区。

然而，事实是甘肃省人大、甘肃省政府对于党中央、全国人大、中央政府及其部委机构等领导批示、全国性法律、法规、部门规章和国家的各种生态安全的规划、意见等文件，都可以置之不理，或者置若罔闻，揭示出一个非常罕见而又实实在在存在的情形：央地政府的职权、职责和职能冲突问题。这个问题的存在，一方面，固然可以解释为地方政府的个别领导胆大妄为或者党性不强，或者领导水平、能力或者政治觉悟太低。这是一种把央地冲突理解为：地方个体性领导者与中央政府的“三职”即职责、职权与职能冲突的做法。其实，这种理解或者解释是不对的。其理由是：地方党政主要领导干部，按照“党管干部”的组织原则，都是由中央组织部挑选考察之后任命的，岂有不听从中央领导或者指导、管理的道理？实际上，这个层面上的央地政府冲突，是地方利益尤其是地方发展利益升格为第一利益之后的必然表现，即地方利益大于、高于或者重于国家整体利益。由此而言，国家生态安全战略在当时的甘肃省主要领导看来，并不是最主要的，所以，必然被置于被损害的状态。另一方面，则必然理解成甘肃省地方政府作为一个整体，与中央政府或者中央政府代表的相关

---

① 《中华人民共和国自然保护区条例》第5~7条。

地方政府的利益的一种冲突。这实质上是一种区域发展不平衡、不充分的利益冲突或者矛盾的表现。也就是说，中央政府只是要求甘肃省作为祁连山保护区的生态功能责任的承担者，承担相应的义务、职责或者责任，而没有给予对应的，具有交换意义的政策、资源或者利益的对待给付，或者即或是给予了对待给付，但是，其“交换”或者对待给予、对待给付的政策、措施和考核、监督不明确，让地方政府“忘记了”这种“交换”型政策的存在，或者没有能力克服生态安全战略落实带给本地的发展制约，于是，便成为从立法到行政执法，再到与中央政府关系的协调，继而，再到当时甘肃省级个别领导个人的有些“肆无忌惮”的行政违法行为，便具有冲突的本质属性：人的致灾性。由这种个体型人的致灾性，最终演绎成政府违法行为即央地冲突行为中带有致灾性色彩。

（三）祁连山保护区危害性资源利用行为

事实表明，对于祁连山保护区的生态义务而言，甘肃省政府和祁连山区的 3 市 8 县区政府，都没有严格依法而行，出现了罕见的祁连山保护区严重违规违法的“行政行为致灾性”问题。所谓行政行为的致灾性，是指在自然人为灾害、人为自然灾害或者人为灾害，包括自然灾害当中，政府作为管理者的因素对自然资源、自然环境和生态资源的破坏性利用或者不当行为，导致或者诱发灾害发生，以及在灾害发生后处置不当、不力，包括灾后重建缓慢或者措施不到位等，引发灾区发生严重的次生灾害含有管理者人为因素的灾害属性。[①] 这种属性，是人类社会对于经济发展速度的过度追求，对于奢侈浪费的过分宣传和放纵，导致的对于生态资源的竭泽而渔，挥霍无度等不良人性释放的表现。有时，也是人类利用自然资源时，对于生态规律、自然规律认识不足导致的破坏性利用，引发生态灾害

---

① 王建平：《减轻自然灾害的法律问题研究》（修订版），法律出版社 2008 年版，第 23 页。

发生时，给人们造成严重的人员伤亡、财产损毁尤其是生态不可逆转严重危害的情形。所以，由于祁连山保护区林牧矛盾突出，全区存栏大小牲畜175万个羊单位，而牧场草地（含灌木林）合理载畜量应为125万个羊单位，超载50万个羊单位，超载40%。[①]因而，祁连山区的3市8县区政府应当协调解决保护区林地、牧草地权属重叠，取消灌木林、疏林地、宜林地上的草场使用权问题，明确保护区林地权属，禁止林地内放牧。[②]然而，50年来祁连山区年平均气温呈上升趋势，突变出现在20世纪80年代中期，此前增温缓慢，以后增温明显加快。祁连山东端气温变暖从20世纪90年代后期开始，而其他地区则从20世纪80年代开始的。[③]近年来，祁连山水源涵养林的生态环境在继续恶化，面临着所谓“五推进五减少”的严峻形势。[④]

有学者选取祁连山保护区的海潮坝水库、窟窿峡水库、冰沟河天池和朱岔峡溪流、焉支峡玉溪、无名溪流6个样本，对其水体的pH、溶解氧、电导率和5日生化耗氧量指标进行了3年检测发现，随着游客干扰强度的增加，保护区内水体的pH和溶解氧含量下降，而电导率和5日生化耗氧量上升，污染程度增大。来自游客的污染源，主要是间接污染源污水、垃圾和酸雨污染等。[⑤]祁连山冰川融水比20世纪70年代减少了大约10亿立

---

① 周继柳：《祁连山国家级自然保护区管理现状、存在问题即发展对策》，载《甘肃林业科技》2003年第3期。

② 杨全生等：《祁连山自然保护区天然林保护工程的成效分析》，载《中南林业科技大学学报》2015年第1期。

③ 尹宪志等：《近50年来祁连山气候变化特征研究》，载《高原气象》2009年第1期。

④ 所谓祁连山区的“五推进五减少”（为赵彤：《保护绿色水库，造福河西人民》，载《民主协商报》1996年8月6日登载文章中的提法），是指“沙漠区向农业区推进，农业区向牧业推进，牧业区向林业区推进，雪线向山峰推进，污染像河流推进；植被覆盖率减少，森林面积减少，降雨量减少，径流量减少，冰川储量减少”。参见李并成：《历史上祁连山区森林的破坏与变迁考》，载《中国历史地理论丛》2000年第1期。

⑤ 蒋志成等：《生态旅游对祁连山国家级自然保护区景区水体的影响》，载《防护林科技》2016年第11期。

方米。冰川局部地区的雪线正以年均 2 米至 6.5 米的速度上升，有些地区的雪线年均上升竟达 12.5 米至 22.5 米。[①] 可见，祁连山保护区的生态保护义务，赋予给甘肃的 3 市 8 县区后，各级政府的行政行为并没有有效地制约各种各样的祁连山保护区的违法违规行为，甚至于生态旅游开发也带有相当的危害性。有人认为，祁连山生态环境问题的本质，是“政府失灵”而非外部性和市场失灵即假借市场名义下的“假外部性”，是一种典型的政府失灵。理由是，祁连山生态环境问题与大量违规批建的项目有因果关系，[②] 如当地在祁连山区域黑河、石羊河、疏勒河等流域高强度开发水电项目，共建有水电站 150 余座，其中 42 座位于保护区内，存在违规审批、未批先建、手续不全等问题。凡此种种，作者将其归纳为生态义务被赋予后，甘肃省及其下属的 3 市 8 县区政府行为，假借经济名义伤害祁连山保护区生态环境的正是地方政府本身，就具有了一定色彩的致灾性。

二、物权观念与生态环境保护意识的偏差

（一）祁连山保护区政府行为的观念偏差

地方政府行为带有一定色彩的致灾性，并不是说政府行为本身就是一种致灾行为，而是说，在法治意识之下，运用法律法规和各种制度资源，以具体切实可行的措施，把祁连山保护区的生态保护义务，转化成积极去做，认真应对的措施，并从根本上认可中央政府对于相关违规违法行为的督查和纠正的举措，避免发生央地政府行为之间的冲突，即或发生了央地政府之间的冲突，也要本着服从中央政府决定的态度，而不是抵触或者消

① 佚名:《河西走廊生态环境破坏严重，“人为因素”是主因》，载新华网，http：//news.sohu.com/20080630/n257824259.shtml，最后访问日期：2018 年 2 月 21 日。

② 李志青:《祁连山生态环境事件背后：环境治理本质问题待解》，载国际节能环保网，http：//huanbao.in-en.com/html/huanbao-2267911.shtml，最后访问日期：2018 年 2 月 21 日。

极对待，放大地方政府行政行为的致灾性影响。所以，从内涵上讲，在各种灾害包括各种重大事故当中，地方政府不遵守法律法规的行为因素，具有当然的损害或者危害后果的诱发性或者致害性因子。而从外延上讲，地方政府不遵守法律法规的行为因素，在应对自然灾害和各种生态灾难的制度资源意义上，其致灾性转化成受制于制度的力量，需要其积极作为和科学应对、协同合作，让各种应对力量和资源，得到恰当的整合，从而形成积极的防范和控制灾害发生的力量。对于生态安全义务的确认、承担与履行而言，央地政府的事权冲突，实际上就是强调相应的生态安全义务的承担者与“牺牲者”利益的均衡问题，是区域生态环境保护义务履行的关键问题。

在甘肃省政府及祁连山保护区 3 市 8 县政府的心目中，祁连山是“地方的所有物”，根据属地主义和资源地优先的“靠山吃山原则”，在祁连山中砍伐、放牧、捕捞、采药、开矿、采石、挖沙等，都是正当的。但是，这些行为与《保护区条例》的规定完全相左，地方立法突破了国家的上位法规定。因此，这种物权观念偏差决定了在发展地方经济和 GDP 主导的意识之下，违法乱批采矿权以及大量违法建设水电站，削减生态流量也就成为必然了。由此而言，祁连山区的区域生态环境治理义务的央地冲突根源在于：甘肃省认为，祁连山等自然保护区属于地方所有即所谓“我地所有”，与“国家所有”本质相同。但是，这些自然保护区作为地方生态资源担负了中央赋予的国家生态功能，显然需要国家生态补偿制度的有力支撑——补偿的资源利益交换层面、补偿的发展利益层面和补偿的生存利益层面。地方的理解是前述这样的顺序，而中央政府理解则是国家宏观层次的“生态生存利益为先”，于是，地方立法方面就选择了违反上位法，生态补偿制度的不足，导致中央进行祁连山保护区地方违法行为督查时，甘肃省和 3 市 8 县区在贯彻落实中央决策部署方面，口号标语多、硬招实招少，具体措施上更是长期采取“软对抗”生态环境为经济发展让路，危害切实保护全国重要生态安全屏障——主要保护对象为“水源涵养林及珍稀动物”的做法。

换句话说，祁连山保护区的生态利益的维护，在甘肃省及3市8县区存在宏观利益、中观利益以及微观利益的差异，尤其是央地利益的冲突——甘肃省及3市8县区在生态保护义务思想认识上，与中央政府有偏差，于是，不作为、不担当、不碰硬，对中央政府的决策部署，就不能真正抓好落实。具体表现在《祁连山通报》中，归纳为:（1）落实党中央决策部署不坚决不彻底;（2）在立法层面为破坏生态行为“放水”;（3）不作为、乱作为，监管层层失守;（4）不担当、不碰硬，整改落实不力。[①] 尤其是,2016年5月，甘肃省曾组织对祁连山生态环境问题整治情况开展督查，但未查处典型违法违规项目，形成督查报告后不了了之。这种在贯彻落实党中央决策部署上作选择、搞变通、打折扣，省安监局违法批准马营沟煤矿下泉沟矿井复工。在立法方面,《甘肃祁连山国家级自然保护区管理条例》(以下简称《祁连山条例》）经三次修正，一直将《中华人民共和国自然保护区条例》(以下简称《保护区条例》）第26条“禁止在自然保护区内进行砍伐、放牧、狩猎、捕捞、采药、开垦、烧荒、开矿、采石、挖沙”等10类活动，缩减为“禁止进行狩猎、垦荒、烧荒”3类活动而不改正。[②] 甘肃省政府法制办等部门在《祁连山条例》修正中，没有从严把关，致使《祁连山条例》违法通过。

与此同时，甘肃国土厅在2014年10月国务院批复祁连山保护区划界后，仍违法违规延续、变更或审批14宗矿权；甘肃发改委违法违规核准、

---

① 新华社:《中办国办就甘肃祁连山国家级自然保护区生态环境问题发出通报》，载《人民日报》2017年7月21日，第1版。

② 2013年5月《甘肃省矿产资源勘查开采审批管理办法》修订时，违法允许在国家级自然保护区实验区进行矿产开采。与此同时，《甘肃省煤炭行业化解过剩产能实现脱困发展实施方案》违规将祁连山保护区内11处煤矿予以保留。

验收祁连山保护区内非法建设项目；甘肃环保厅在祁连山保护区划界确定后仍违法违规审批或验收项目。在祁连山生态环境问题整改落实中，弄虚作假、包庇纵容。从2013年至2016年，甘肃省对祁连山生态环境保护不作为、乱作为问题基本没有问过责。承担整改任务的林业、国土、环保、水利等部门开了会、发了文，但是，落实不够。尤其是，甘肃林业厅及祁连山保护区管理局监督不力、查处不力，违规许可多个建设项目。张掖市政府在约谈整改中，有31个生态破坏项目没有纳入排查整治范围；52个违法违规探矿项目中有31个采取简单冻结办法，[①] 没有制定有效退出机制和保障措施，使祁连山生态保护义务履行的央地冲突中，以甘肃当地很多官员对于生态保护即国家生态安全义务的集体性漠视，[②]《祁连山条例》经过甘肃省四届人大常委会审议，时间跨度长达20年，涉及上百位人大常委会委员，竟然没有修改与上位法不符合的内容，不论是出于什么理由，都是让政府违法行政行为的致灾性得以无限放大。

（二）祁连山保护区“三区”边界不明问题

1997年9月29日，《祁连山条例》颁布施行时，其第1、11条确立“水源涵养林及其他自然资源的保护管理”“保护区划分为核心区、实验区和经营区”的规则。其中，实验区内经祁连山保护区管理局批准，可以进行科学研究、教学实习、地质勘测、参观考察、旅游以及驯化培育珍稀、濒危野生动植物等活动，并按有关规定向保护站交纳资源保护管理费；而经营区内在不破坏植被的前提下，可以有计划地开展多种经营活动，并实行

---

① 新华社：《中办国办就甘肃祁连山国家级自然保护区生态环境问题发出通报》，载《人民日报》2017年7月21日，第1版。

② 佚名：《以“祁连山之痛”为鉴，以环保问责为剑》，载《新京报》2017年7月22日，第A2版。

轮封轮牧。轮封周期由县级政府决定。[①] 应当说，在祁连山保护区的划分中，列入“经营区”的做法，显然违反了《保护区条例》第 18 条“自然保护区可以分为核心区、缓冲区和实验区”，以及“外围保护地带”的规定。2002 年 3 月 30 日，《祁连山条例》修改时，没有涉及祁连山保护区的“三区”边界问题。2010 年 9 月 29 日，《祁连山条例》第二次修改，第 11 条第 1 款修改为“保护区划分为核心区、缓冲区和实验区”，可以说，经过 13 年的时间之后，祁连山保护区“三区”界限初定，必然导致这些年的祁连山保护区的保护问题多多。（见表 3–5）

表 3–5 《祁连山条例》修改前后“三区”变化

祁连山条例 1997 年 9 月 29 日颁行	祁连山条例 2010 年 9 月 29 日修改
保护区划分为核心区、实验区和经营区（11）	保护区划分为核心区、缓冲区和实验区（11）
实验区内经管理局批准，可以进行科学研究、教学实习、地质勘测、参观考察、旅游以及驯化培育珍稀、濒危野生动植物等活动，并按有关规定向保护站交纳资源保护管理费（13）	禁止在缓冲区开展旅游和从事生产经营活动。经管理局批准，可以从事科学研究、教学实习、拍摄影片和标本采集等活动，但不得损害自然资源和自然环境（13）
经营区内在不破坏植被的前提下，可有计划开展多种经营活动，并实行轮封轮牧，轮封周期由县级政府决定（14）	实验区内经管理局批准，可以进行科学研究、教学实习、地质勘测、参观考察、旅游等活动；经省林业部门批准，可开展驯化培育珍稀、濒危野生动植物等活动，并按有关规定向保护站交纳资源保护管理费。在不破坏植被的前提下，可有计划地开展多种经营活动可实行轮封轮牧，轮封周期由县级政府决定（14）

表 3-5 中，祁连山保护区的“三区”界分第一次符合国家区域生态环境保护的目标要求。2016 年 9 月 29 日《祁连山条例》第三次修改时，第一次将祁连山保护区的经纬度和“三区”面积确定了下来，即第二条由“保护区位于东经 97° 25′ ～ 103° 46′，北纬 36° 43′ ～ 39° 36′ 范围内，其总面积为 2,653,023 公顷，属国家级森林和野生动物类型自

① 《甘肃祁连山国家级自然保护区管理条例》（1997 年 9 月 29 日）第 13~14 条。

然保护区”修改为:“保护区属国家级森林和野生动物类型自然保护区。位于东经 97° 23′ 34″～103° 45′ 49″，北纬 36° 29′ 57″～39° 43′ 39″范围内，其总面积为 1,987,200 公顷，其中核心区面积 504,067.3 公顷（25.37%），缓冲区面积 387,371.4 公顷（19.49%），实验区面积 1,095,761.3 公顷（55.14%）。”2014 年 10 月国务院划定了祁连山保护区内的“三区”范围，是表中甘肃省自然保护区中面积排第 8 位，以及“森林生态”共 7 个单位中的面积第 3 位，建设国家级保护区的时间则是第 5 位，排在崆峒山（1982 年 1 月 1 日）、尕海—则岔（1982 年 9 月 2 日）、莲花山（1982 年 12 月 3 日）、兴隆山（1986 年 1 月 11 日）之后即祁连山 1987 年 1 月 1 日。（见表 3-6）

表 3–6　甘肃省国家级自然保护区面积与建设时间

面积单位：公顷

序号	保护区名称	行政区域	面积	主要保护对象	类型	始建时间	主管部门
甘 22	盐池湾	肃北蒙古族自治县	1,360,000	白唇鹿、野牦牛、野驴等珍稀动物及其生	野生动物	1982 年 4 月 1 日	林业
甘 19	安西极旱荒漠	安西县	800,000	荒漠生态系统及珍稀动植物	荒漠生态	1987 年 6 月 2 日	环保
甘 30	敦煌西湖	敦煌市	660,000	野生动物及荒漠湿地	野生动物	1992 年 12 月 14 日	林业
甘 23	安南坝野骆驼	阿克塞哈萨克族自治县	396,000	野骆驼、野驴等野生动物及荒漠草原	野生动物	1982 年 12 月 11 日	林业
甘 11	民勤连古城	民勤县	389,883	荒漠生态系统及黄羊等野生动物	荒漠生态	1982 年 1 月 1 日	林业
甘 53	洮河	卓尼县、临潭县	287,759	森林生态系统	森林生态	2005 年 2 月 2 日	林业
甘 59	尕海—则岔	碌曲县	247,431	黑颈鹤等野生动物、高寒沼泽湿地森林生	森林生态	1982 年 9 月 2 日	林业

续表

序号	保护区名称	行政区域	面积	主要保护对象	类型	始建时间	主管部门
甘 17	甘肃祁连山	武威市、张掖市、酒泉	230,000	水源涵养林及珍稀动物	森林生态	1987 年 1 月 1 日	林业
甘 40	白水江	文县	183,799	大熊猫、金丝猴、扭角羚等野生动物	野生动物	1963 年 1 月 1 日	林业
甘 32	敦煌阳关	敦煌市	88,178	湿地生态系统及候鸟	内陆湿地	1994 年 10 月 8 日	环保
甘 01	连城	永登县	47,930	森林生态系统及祁连柏、青杆等物种	森林生态	2001 年 4 月 1 日	林业
甘 15	张掖黑河湿地	高台县、张掖市甘州区	41,165	湿地及珍稀鸟类	内陆湿地	1992 年 12 月 10 日	环保
甘 02	兴隆山	榆中县	33,301	森林生态系统及马麝等野生动物	森林生态	1986 年 1 月 11 日	林业
甘 47	小陇山	徽县、两当县	31,938	扭角羚、红腹锦鸡等野生珍稀动植物	野生动物	1982 年 11 月 3 日	林业
甘 16	太统—崆峒山	平凉市崆峒区	16,283	温带落叶阔叶林及野生动植物	森林生态	1982 年 1 月 1 日	林业
甘 50	甘肃莲花山	康乐、临潭、卓尼、渭	11,691	森林生态系统	森林生态	1982 年 12 月 3 日	林业

值得注意的是，表 3-6 中祁连山保护区的总面积，在《祁连山条例》2016 年 9 月 29 日修订后，不是扩大了而是缩小了，从原来的总面积 2,653,023 公顷减少到 1,557,261.7 公顷，占 58.70%。其核心区的面积过小，而实验区面积过大（为 2.17 倍）是否科学合理暂且不论，而与环保部公布的国家级自然保护区的面积 230,000 公顷相比，表面上增加了 1,327,261.7 公顷，增加了 5.77 倍；而其核心区面积 504,067.3 公顷，增加了 54.37% 即 2.19 倍。那么，地方政府确定的祁连山保护区面积与中央政府确定的祁连山保护区面积，为何相差如此之大？在甘肃的 16 个自然保护区中，野生动物 5 个、森林生态 7 个、荒漠生态 2 个和内陆湿地 2 个，归属甘肃林业

厅管理的13个，而归属甘肃环保厅管理的3个，应当说其管理职权的配置，也是不合理的。

（三）法治资源的非正当利用问题

《甘肃省自然保护区管理条例》（1999年9月26日颁行，以下简称《甘肃保护区条例》）第16条第5款、第19条和第21条规定：自然保护区不宜分区的，依照核心区或者缓冲区的规定管理；国内外团体、各类经济组织和个人，可以在自然保护区实验区内进行与保护环境资源有关的投资建设，并享受有关优惠政策。从事投资建设活动必须由自然保护区管理机构审核，并按有关规定报国务院或者省人民政府有关自然保护区行政主管部门批准；自然保护区内禁止从事三种行为：（1）砍伐、狩猎、捕捞、采药、开垦、烧荒、开矿、采石、挖沙、取土等活动，但法律、法规另有规定的除外；（2）倾倒废弃物；（3）排放污水。令人感到不解的是，2013年11月29日，甘肃省十二届人大常委会第六次会议通过《甘肃保护区条例》修正案，将第19条修改为"国内外团体、各类经济组织和个人，可以在自然保护区实验区内进行与保护环境资源有关的投资建设，并享受有关优惠政策"，删除了"从事投资建设活动必须由自然保护区管理机构审核，并按有关规定报国务院或者省人民政府有关自然保护区行政主管部门批准"的规定。①《甘肃保护区条例》修改的做法，违反了国家《保护区条例》第30、32条"自然保护区的内部未分区的"，依照有关核心区和缓冲区规定管理的要求，在自然保护区实验区内，不得建设污染环境、破坏资源或者景观的生产设施的规定，大肆违法违规开展建设活动。

① 《甘肃省自然保护区管理条例》于1999年9月26日颁布施行，并于2013年11月29日甘肃省十二届人大常委会第六次会议修改通过，而修改的唯一内容，就是删除第19条"从事投资建设活动必须由自然保护区管理机构审核，并按有关规定报国务院或者省人民政府有关自然保护区行政主管部门批准"的规定。

三、祁连山保护区上下级管理职权的冲突

（一）对中央政府《生态改革方案》的不遵从

在中央政府颁行的《生态文明体制改革总体方案》（以下简称《生态改革方案》）中，规定：坚持自然资源资产的公有性质，创新产权制度，落实所有权，区分自然资源资产所有者权利和管理者权力，合理划分中央地方事权和监管职责，保障全体人民分享全民所有自然资源资产收益。构建归属清晰、权责明确、监管有效的自然资源资产产权制度，着力解决自然资源所有者不到位、所有权边界模糊等问题。构建以空间规划为基础、以用途管制为主要手段的国土空间开发保护制度，着力解决因无序开发、过度开发、分散开发导致的优质耕地和生态空间占用过多、生态破坏、环境污染等问题。[①]这是解决央地政府事权冲突的重要规范。

然而，《祁连山条例》第 10 条第 2 款只规定，禁止在保护区内进行狩猎、垦荒、烧荒等活动，与《保护区条例》第 26 条“禁止在自然保护区内进行砍伐、放牧、狩猎、捕捞、采药、开垦、烧荒、开矿、采石、挖沙等活动”的规定，相差太多。祁连山保护区这 3 类禁止行为是近年来发生频次少、基本已得到控制的事项，而其他 7 类违法行为，恰恰是近年来频繁发生且对生态环境破坏明显的事项。2013 年 5 月修订的《甘肃省矿产资源勘查开采审批管理办法》，违法允许在祁连山保护区的实验区进行矿产开采；而《甘肃省煤炭行业化解过剩产能实现脱困发展实施方案》则违规将祁连山保护区内 11 处煤矿予以保留。祁连山保护区内现无休止探矿采矿、“掠夺性”放牧、旅游开发项目未批先建、小水电项目陆续上马等行

① 《生态文明体制改革总体方案》，一、生态文明体制改革的总体要求；（三）生态文明体制改革的原则；（四）生态文明体制改革的目标。

为，导致祁连山生态已不堪重负，一些局部破坏已不可逆转。[①] 也就是说，下位法的立法实际上废弃了上位法的约束力。

（二）对中央部委《森林保护区办法》的违反

还有，林业部《森林和野生动物类型自然保护区管理办法》（1985 年 6 月 21 日国务院批准，1985 年 7 月 6 日林业部发布，以下简称《森林保护区办法》）第 14 条的规定，也存在上下级管理职权在祁连山保护区的冲突，即自然保护区内的居民，在不破坏自然资源的前提下，从事种植、养殖业，也可以承包自然保护区组织的劳务或保护管理任务，以增加经济收入。为祁连山保护区的区域生态环境治理义务的不履行，提供了上位规则空间。资料显示，由于历史的原因，祁连山保护区内目前还有居民 57,421 户、229,661 人，存栏大小牲畜 156.2 万头。其中，核心区居民就有 844 户、1877 人，存栏牲畜 9.8 万头只；而缓冲区居民 1767 户、5815 人，存栏牲畜 29.3 万头只；实验区居民 54,810 户、221,969 人，存栏牲畜 117.1 万头只。这些人群和牲畜长期生活在保护区内，主要从事畜牧业和农业生产，而且生活、生产用地与林区互相交错，保护难免损害居民的利益。

尤其是，祁连山保护区内人口增长过快，如天祝县境内，林区农业人口由 1950 年 1.2 万增至 6 万，农田已插入林间空地，给护林工作带来了相当大的难度。还有，祁连山保护区现有林权证所标注的林业用地面积只有 68.19 万公顷，仅占保护区总面积的 25.7%，大部分土地为非林业用地，存在林草“一地两证——林权证、草原证并存”现象，造成林业用地和草地权属不清，造林、封山育林难以实施，森林资源扩展没有空间。[②] 也就

---

① 刁凡超：《祁连山局部破坏已不可逆：环保部将约谈张掖市》，载澎湃新闻，http：//news.qq.com/a/20150925/042076.htm，最后访问日期：2018 年 2 月 21 日。

② 刘志广：《祁连山生态严重破坏，甘肃将冰川纳入保护区》，载中国经济网，http：//news.sohu.com/20070727/n251269960.shtml，最后访问日期：2018 年 2 月 21 日。

是说，如何准确判断自然保护区内的居民，其从事种植、养殖业或者劳务和保护管理等活动，是不破坏自然资源的活动，《森林保护区办法》似乎留下了很大余地。

2006年10月26日，《国家级自然保护区监督检查办法》（以下简称《保护区督查办法》）第7条规定，环保部对国家级自然保护区的建设和管理状况进行定期评估，组织成立国家级自然保护区评估委员会，对国家级自然保护区的建设和管理状况进行定期评估，并根据评估结果提出整改建议。对每个国家级自然保护区的建设和管理状况的定期评估，每5年不少于1次。为此，2015年9月，环保部与国家林业局联合约谈张掖市政府、甘肃省林业厅和甘肃祁连山国家级自然保护区管理局等部门主要负责人，并要求限期整改。2016年11月30日～12月30日，中央第七环保督察组对甘肃省开展的督察发现，祁连山生态破坏问题依然严重。2017年1月，央视对祁连山生态保护中存在的水电站生态用水下泄不符合规范、企业违规排污等问题进行的报道，引起张掖市委、市政府高度重视，张掖市及相关县区纪委对24名责任人员进行了责任追究。但是，这些均没有引起甘肃省政府的高度重视，约谈整治方案瞒报、漏报31个探采矿项目，生态修复和整治工作进展缓慢，截至2016年年底仍有72处生产设施未按要求清理到位。2017年2月12日～3月3日，由党中央、国务院有关部门组成中央督查组就此开展祁连山保护区的专项督查。

从区域生态环境管理的角度看，地方政府的发改委、环保、国土、水利、林业等诸多部门，都是生态环境保护系统中的一环，每个部门做好自己的工作，严守自己的底线，环境保护才能整体有效，否则可能出现纰漏。在祁连山事件中，甘肃省国土厅在国务院批复甘肃祁连山国家级自然保护区划界后，仍违法违规延续、变更或审批14宗矿权；甘肃省发改委在项目核准和验收工作中，以国土、环保、林业等部门前置审批作为“挡箭牌”，违法违规核准、验收保护区内非法建设项目。甘肃省其他有关部门也没有严守自己的底线，共同构成了地方政府群体性职能失守，这是沉痛的教训。法治是国家治理体系和治理能力的重要依托，祁连山事件中，两办要求对甘肃省政府法制办的立法审查把关责任“进一步查清事实，严肃问责”，这给各地党政领导和立法机关竖起了一道醒目的警示牌，那就是地方环境立法不得抛开上位法和党中央、国务院的大政方针率性而为，不得用地方立法来“保护”违法开发或片面发展的行为。这其中的教训，值得各地在地方立法中引以为鉴。①

（三）处罚后甘肃省的初步改进行动

有专家指出，现在祁连山生态问题的严峻性，充分证明河西走廊生态危机已全面升级，呈现区域生态环境义务未有效履行的全面围堵效应，这已成为河西走廊发展的最大“瓶颈”。甘肃省气象局的最新资料表明，跟十年前相比，祁连山保护区三大流域均存在较为严重的生态退化问题，这主要表现在植被覆盖度和永久性雪盖面积的减少，部分地区生态问题激化。即“上游挤下游的水，下游挤生态的水；工业挤农业的水，农业挤生态的水”，最终导致的荒漠化将是立体的：天上水，地表水、地下水一齐枯竭。② 所以，地方政府与中央政府全方位合作，扛起生态文明建设的政治责任③ 至为重要。2017 年 7 月 24 日，甘肃省第十二届人大常委会第三十四次会议听取了甘肃省政府关于《甘肃省祁连山国家级自然保护区管理条例（修订草案）》（以下简称《祁连山条例（修订草案）》）的说明。《祁连山条例（修订草案）》严格按照上位法规定，增加 7 类禁止性活动，包括在保护区内进行砍伐、放牧、狩猎、捕捞、采药、开垦、烧荒、开矿、

① 贺震：《地方立法不能太任性》，载《中国环境报》2017 年 7 月 25 日，第 3 版。

② 包锐等：《拯救河西走廊——祁连山生态环境恶化严重调查》，载人民网，http://finance.people.com.cn/GB/72020/74689/125983/7446862.html，最后访问日期：2018 年 2 月 21 日。

③ 人民日报评论员：《扛起生态文明建设的政治责任》，载《人民日报》2017 年 7 月 21 日，第 1 版。

采石、挖沙10项禁止性活动规则。

此外，从具体措施上看，甘肃省要求，2017年8月底前，全面停止祁连山保护区核心区、缓冲区内所有探采矿、水电建设、旅游资源开发等生产和经营活动，2017年9月底前，对祁连山区域范围内159座水电建设项目进行全面排查；2017年年底前，划定祁连山保护区域的生态保护红线。在采矿方面，甘肃省要求2017年停止祁连山保护区内的所有探采矿活动，2018年年底前全面清理退出，2020年前全面消除祁连山保护区内矿山地质环境问题。这似乎表明地方政府将全面改正其违规违法行为的错误，从而全面承担起履行区域生态环境保护义务的重任，把祁连山保护区遇到的人口问题、发展与保护冲突问题等，有效地解决好。

祁连山是我国西部重要生态安全屏障，是黄河流域重要水源产流地，也是我国生物多样性保护优先区域。所以，祁连山生态环境破坏典型案例的背后，往往有领导干部不负责、不作为的问题，都有一些地方环保意识不强、履职不到位、执行不严格的问题，都有有关部门执法监督不到位、强制力不够等一系列“不字号”问题。[①] 区域生态环境保护义务履行保护，是一个各地方政府必须坚决扛起生态文明建设的政治责任，牢固树立“四个意识”[②]的政治问题。因此，加强生态环境执法，严格事前事中事后监管，严厉打击各类生态环境违纪违规和违法犯罪行为，特别是要抓住破坏生态环境的典型案例不放，严肃查处、公开曝光，让破坏生态环境者付出代价。[③]

既然，祁连山生态保护问题的本质，在于人与自然环境的关系不协

---

① 人民日报评论员:《扛起生态文明建设的政治责任》，载《人民日报》2017年7月21日，第1版。

② 2016年1月29日，习近平总书记主持召开中央政治局会议，对加强党的领导提出明确要求，强调只有增强政治意识、大局意识、核心意识、看齐意识，自觉在思想上政治上行动上与党中央保持高度一致，才能使我们党更加团结统一、坚强有力，始终成为中国特色社会主义事业的坚强领导核心。

③ 新华社:《中办国办就甘肃祁连山国家级自然保护区生态环境问题发出通报》，载《人民日报》2017年7月21日，第1版。

调，那么，解决问题的出路，也应在于人类自己，在于转变人的价值观念和思维方式，对自己的行为和活动进行必要的规范、约束和限制。地方政府作为祁连山保护区生态利益的直接享有者，理应对生态破坏、生态恶化履行和担负自己的责任。现在，全国已建立各类自然保护区 2740 个（国家级自然保护区 428 个），约占陆地国土面积的 14.8%，超过 90% 陆地自然生态系统类型、89% 国家重点保护野生动植物种类得到保护。[①] 但是，区域生态环境保护义务履行的协调任务，依然任重道远。

所以，加强地方政府、企业与社会公众的生态保护培训活动，建设中小学环境教育社会实践基地，提高全社会特别是地方政府领导干部生态保护义务意识和责任观念。加大生态环境信息公开力度，定期发布生态保护信息包括祁连山保护区的生态保护补救工作的信息，保障社会公众的生态保护知情权和监督权，形成全社会共同参与生态保护的合力，[②] 就是推动央地政府共同保护行动的关键所在。

---

①《全国生态保护“十三五”规划纲要》，一、全国生态保护基本形势。

②《全国生态保护“十三五”规划纲要》，四、保障措施。

中　　编

生态安全义务设置与履行

第四章　资源管理人的生态安全义务设置与履行

政府在人类社会中，扮演何种角色，无论是在法学，还是政治学、经济学等领域，都曾展开过激烈的问题讨论。从人类早期社会的“统治者”，到进入现代社会以后的“管理者”“守夜人”，政府的角色随着人类社会的开化程度，以及社会经济发展的要求，而在各个不同的历史时期，呈现出不同的选择趋势。

在人类社会早期，受农业在整个社会经济中所占的比例，以及人们受教育程度的影响，“君权神授”“君主至上”等观念根深蒂固，以君主为最高统治层组成的政府机构，在整个社会生活中是以“统治者”的形象出现的，其对于各种资源的分配和利用也有着绝对的权力。进入现代社会以来，政府角色的定位，大约经历了从18世纪中下叶到19世纪末的自由放任国家阶段，到19世纪末20世纪初至20世纪70年代末的福利国家阶段，以及20世纪70年代末的新科技革命后的新自由主义国家阶段。值得注意的是，无论是哪个历史时期，其对政府角色定位的区分，无不体现在政府作为行政主体，对公民、法人等私主体人身、财产权利的干预力度和权限设定，而对于全社会共同拥有的生态环境资源的分配权力，以及对整个生态平衡的维持义务，则没有更多地涉及。

建立在人类社会面临的环境问题日益突出，政府的生态职能逐渐被提出的背景下，赋予政府一个新的身份，即在人类的生存环境中，作为自然资源的管理人来对维护整个生态安全，以及可持续发展所承担的法律义务，就成为了环境法学所力求探索的一个新问题。这一点，可以通过 1930 年比利时马斯河谷烟雾事件、1943 年美国洛杉矶光化学烟雾事件[①]、1948 年美国多诺拉烟雾事件、1952 年英国伦敦烟雾事件等事件发生后，政府的治理责任来证明。也就是说，政府作为环境质量的“管理者”“守夜人”必须对工业化发展导致的大气质量恶化承担治理、管理和监督等法律责任。

众多灾害事件的发生催生了一系列保护环境的法案。1952 年英国伦敦烟雾事件等事件发生后，1954 年伦敦即通过治理污染的特别法案；1956 年，伦敦再次发生烟雾事件，造成 1200 人的非正常死亡；1956 年，英国《清洁空气法案》获得通过，成为全国通行法律；随后，在 1957 年和 1962 年，英国又连续发生了多达 12 次严重的烟雾事件；1968 年，英国颁布的《清洁空气法案》要求，工业企业必须建造高大的烟囱，加强疏散大气污染物的能力；1974 年，英国政府出台《空气污染控制法案》规定了诸如工业燃料的含硫上限等硬性标准；1975 年，伦敦的雾日由过去每年几十天减少到了 15 天左右，到 1980 年，伦敦雾日已经减少到 5 天；从 1993 年 1 月开始，所有在英国出售的新车都必须加装催化器以减少氮氧化物污染；1995 年，英国通过《环境法》，该法要求制定一个治理污染的全国战略，这个全国治理污染的战略于 1997 年 3 月出台，英国根据国内、欧盟及世界卫生组织的标准，设立了必须在 2005 年前实现的污染控制定量目标；2007 年，英国修订《空气质量战略》，新增对 PM2.5 可吸入颗粒物的监控要求，该空气质量战略提出，到 2020 年前，将空气中 PM2.5 的年平均浓度控制在每立方米 25μg 以下，道路等高污染区域不能超出这一上限，而在乡村

① 1952 年 12 月美国洛杉矶的光化学烟雾事件中，该市 65 岁以上老人死亡 400 多人。1955 年 9 月，由于大气污染和高温，短短两天之内，美国洛杉矶市 65 岁以上老人又死亡 400 余人，许多人出现眼睛痛、头痛、呼吸困难等症状。

等空气较好的区域，还会实行更严格的监控规定。所以，本章从政府作为资源管理人的理论基础开始分析，力求在环境法学的新视野中，探寻其主体地位存在的现实意义及法律依据，以及整个法律义务体系的完整构建路径。

第一节　资源管理人的生态职责与生态安全义务来源——国家责任的理论演绎

环境问题，是随着人类社会的诞生、发展而不断呈现的。只是，其经历了由轻到重、由小范围到大范围，由不为人们所重视到为人们所提及、重视的过程。早在农耕社会，人们为求得到更多的耕地，就开始通过焚烧森林、砍伐树木等方式，向大自然和人类生活的环境予取予求。工业革命以来，机械化大生产下有毒有害物质的排放、汽车尾气的排放，以及为了驱动各种先进的发明设施，所需要向生态环境圈索取的大量自然资源，都无一例外地加重了整个生态圈的承受能力，以至于达到了生态安全的极限或者“天花板”，生态文明的地板有“可能被击穿”。

环境承载压力的增大，反馈给人类社会的信息是不容乐观的。20 世纪末，大规模环境问题在世界范围内爆发，空气污染、水源污染、土壤污染，以及自然资源紧缺的困境，无不制约着社会和经济的发展，使我们逐渐认识到，“人类经济处于环境之中，而且我们的经济活动正在危及环境的可持续性，进而危及经济本身”。[①]1972 年，联合国人类环境会议通过了《人类环境宣言》，凝聚了那个时代人类对于环境问题的共识。20 年后，

① [英] 迈克尔·康姆、西格里德·斯塔格尔:《生态经济学引论》，金志农等译，高等教育出版社 2012 年版，第 305 页。

即1992年，联合国环境与发展大会又通过了《地球宪章》和《21世纪议程》，把对地球生态环境的保护列为人类社会21世纪的重要议题，并号召各国政府采取相应的行动，来改善地球生态环境。

在对环境采取保护措施，以及合理利用自然资源达到可持续发展的要求，已经基本成为人类社会的共识之后，人类社会也面临着如何采取一系列保障措施，并使其有效实施的严峻问题。也就是说，这需要一个现实的政府主体来制定相关的政策，进行生态安全义务的系列化配置，进而让所有的义务主体履行这一系列的环境义务和生态保护职能。在这里，政府作为整个社会环境的资源管理人，就应该发挥这样的作用，在我国，各级政府——从中央政府到基层的乡镇政府，整个政府系统担负生态安全义务，并以实际措施保障其履行，便是基本的甚至是唯一的可选择路径了。

一、政府作为资源管理人的合法性与合理性

（一）政府作为资源管理人的合法性

在对政府作为资源管理人的合理性和合法性分析前，应当先明确的概念是“资源管理人”，由于在相关工具书的词条里，很难将资源和管理人进行综合解释，所以，笔者暂且将资源和管理人进行分类界定和理解。

“资源”是指一国或一定地区内拥有的物力、财力、人力等各种物质要素的总称。分为自然资源和社会资源两大类，本章所称“资源”，主要是自然资源（以下简称“资源”）。对于“资源”的概念，有狭义、广义两种理解。狭义的“小资源观”，即把资源仅仅理解为自然资源，一般是指能够进入人类劳动生产过程，并被加工成生产资料和生活资料的那部分自然要素，如土地、矿藏、水、森林、大气等。广义的“大资源观”则是把资源理解为大范围内的环境资源，即人类生活所依赖的全部自然环境，包括自然要素和带有人工劳动成果的城市和乡村等。在此情况下，“资源”

具有了两重性，包括了自然资源和自然环境。[①]“管理人”在法学上代表了法律主体的概念，即负有管理保障义务的主体。无论将资源从广义上理解还是狭义上理解，资源管理人都代表了对自然要素型资源负有管理权限和保障义务的主体。

政府作为一个国家的行政指挥者，其对于整个国家或某一地区的自然环境亦负有保障义务。毕竟政府的存在，是以社会的可持续发展为前提和最终目标的，而可持续性，即表现为“维持经济——环境复合系统持续满足人类未来长期的需要和欲望的能力”。[②]所以，在讨论政府作为资源管理人的合法性和合理性问题上，将资源作广义上的理解，是更具有可论证性的，此点与企业这种纯粹的“资源利用人”角色，是有所不同的。

在赋予一个主体以管理人身份前，必须确保其在法律制度层面上能得到认可。毕竟，管理即意味着支配以及保障其持续性发展，特别是对环境资源的管理，对于人类社会的发展具有不可逆转性的影响，更需要探究其法律上的意义。我国《宪法》第9条规定：“矿藏、水流、森林、山岭、草原、荒地、滩涂等自然资源，都属于国家所有，即全民所有；由法律规定属于集体所有的森林和山岭、草原、荒地、滩涂除外。国家保障自然资源的合理利用，保护珍贵的动物和植物。禁止任何组织或者个人用任何手段侵占或者破坏自然资源。”我国《物权法》第45条则规定：“法律规定属于国家所有的财产，属于国家所有即全民所有。国有财产由国务院代表国家行使所有权；法律另有规定的，依照其规定。”

宪法是国家的根本大法，而我国《物权法》是宪法之下的重要子法，这两个不同位阶的法律都明文规定了自然资源归国家所有。国家是一个政治实体，其并不能自主地管理资源，而政府在这里是国务院作为国家的实

---

① 于昌斌等：《环境资源综合管理的基本思路》，载《中国人口·资源与环境》1998年第6期。

② [英]迈克尔·康姆、西格里德·斯塔格尔：《生态经济学引论》，金志农等译，高等教育出版社2012年版，第91页。

际管理人。我国《宪法》第 9 条“国家保障自然资源的合理利用”“保护珍贵的动物和植物”“禁止任何组织或者个人”侵占或者破坏，以及我国《物权法》第 45 条“国有财产由国务院代表国家行使所有权”的规定，即界定了国务院的国家所有人代表身份，于是，国务院既要行使行政职能，又要充任国家所有人，故由其来扮演资源管理人的角色是具有合法性的。

不过，需要说明和强调的是，以国务院为代表的中央政府自愿管理人的这个合法依据，首先来自政权的合法性这个依据，其次才是来自政府对于社会秩序，尤其是社会安全的管理职责或者义务，最后则是来自生态安全义务和责任的政府承担的责任能力。换句话说，政府既然要成为生态资源的主要利用者，或者通过行政权力，成为支配、处置和最大的利用者，那么其国有财产的所有人身份就被弱化，这种民事身份在环境保护领域也是当然存在的。那么，从国务院这个中央政府，到各级地方政府自然而然地，就理所当然地，也就具有合理性地应当是资源管理的第一责任人了。

（二）政府作为资源管理人的合理性

“政府角色”一直是思想界争论不休的话题。按照各学派提出的理论与主张，其大致可分为三个基本派别：（1）自由放任主义政府角色论。其观点可概括为，政府的作用不是强制性干预社会，而只需要做私有财产的“守夜人”，尽量少干预市场与社会的政策运行。[①]（2）福利国家政府角色论。福利国家政府角色论倡导政府积极干预经济，强调政府在工业化和教育培训、引进人才中所发挥的作用。（3）新自由主义政府角色论。新自由

① 董亚男等：《政府角色的主流学派见解与现实抉择》，载《安徽工业大学学报》（社会科学版）2009 年第 2 期。

主义政府角色论是伴随着新自由主义经济理论而出现的，是在对市场机制的自动调节作用予以充分肯定的前提下，提出政府对社会的干预作用应被限定在制定规则、解释、裁决以及强制执行等方面。

从前述三个学派的演变与发展可见，无论近代社会以来，学界对政府的社会干预力提出何种程度的见解，却都还是肯定了政府对社会的基本作用，即保障社会秩序正常运行的作用。而继经济职能、行政职能以来，生态职能亦被纳入了政府的基本职能范畴，社会秩序的正常运行是为了保障人类生活的可持续发展，生态环境作为人类发展必不可少的基本因素，而将政府作为整个自然资源的管理者，是有迹可循的。

同时，需要注意的是，对资源的管理不仅体现在合理地利用和分配资源，还应当要求资源管理人本身具有实现合理管理的能力。政府的行政职能，在很大程度上决定了只有其才能够做到这一切。当然，人们无论采取什么观点或看法时，往往很容易疏漏政府义务和政府责任的观察与判断，这大抵上是方法论上的一个重大问题。政府不能只从资源管理中获取好处，而不承担由此带来的恶果。由此而言，政府作为资源管理人——资源管理的义务、职责和责任的承担人，就目前来看，是正当合理的。

（三）政府作为资源管理人的伦理性

政府在承担其社会管理职责时，是要讲行政伦理的。在这里，行政伦理又称行政道德，它是以行政的“责、权、利”的统一为基础，以协调个人、组织与社会的关系为核心的行政行为准则和规范系统。理论上，行政伦理是行政管理领域中的角色伦理，是针对行政行为和政治活动的社会化角色的伦理原则和规范。尤其是在当前新公共管理日益发展的情况下，行政伦理也成为服务型政府构建、政府职能转型的新的需要。行政道德对于公共管理活动的开展，对于逐步实现制定和执行政策的合法化和规划化，具有举足轻重的作用。强调行政伦理，有助于我国政府的转型，即逐步由

“管理型政府”转向“服务型政府”，逐步达到良法善治的要求，即“合法、法治、透明、回应、负责”，充分实现公民与政府“权、责、利”的有效补充和配合。从而，促进公民与国家的和谐，促进政治文明、经济文明、生态文明建设，并最终使政府实现良好的“委托代理”。

行政伦理旨在分析行政人员在政策执行过程中所应有的价值、行为规范、义务及其完成的方法。所以，其指涉的内容，大致上为：公务员负责任、守纪律、忠职务等伦理条件的遵守，亦即公务员在进入行政系统后，其内心对国家、对民众、对机关、对单位和在机关内对长官、同事、部属认为应有的角色扮演与相互关系的分际。行政伦理的面向，从消极的有所不为而无害于人（如不贪污，不怠忽职守）转变为积极的有所为而有益于人（如为国效命），为民谋利的各种服务，并使行政符合公平正义原则，亦即行政机关及人员在公务上的道德共识及道德自律。行政伦理的范畴，主要包括：（1）公务员的个人品德，包括公务员的思想态度和公务员的思想品德；[①]（2）行政职业道德，包括维护公共利益、遵守法律法规、忠于国家利益和勤勉负责；（3）行政组织伦理，包括程序公正、组织信任、民主责任和制度激励；（4）公共政策伦理，公共政策的本质在于，对社会利益和价值进行权威性的分配，所有的政策都依于伦理。如果政府的公共政策选择，尤其是在生态安全战略制定或者生态利益配置方面，偏离了公共利益的轨道，后果是不堪设想的。[②]

---

① 我国《公务员法》（2017年9月1日修正）第12条规定：“公务员应当履行下列义务：（一）模范遵守宪法和法律；（二）按照规定的权限和程序认真履行职责，努力提高工作效率；（三）全心全意为人民服务，接受人民监督；（四）维护国家的安全、荣誉和利益；（五）忠于职守，勤勉尽责，服从和执行上级依法作出的决定和命令；（六）保守国家秘密和工作秘密；（七）遵守纪律，恪守职业道德，模范遵守社会公德；（八）清正廉洁，公道正派；（九）法律规定的其他义务。”这些规定显然已经远远超出了公务员个人品德要求的范围。

② 佚名：《行政伦理》，载百度百科，https://baike.so.com/doc/5759395-5972157.html，最后访问日期：2018年2月21日。

在我国，各级政府是人民的政府，这种政府按照“一切权力属于人民”的立法宗旨以及建设“服务型政府”的要求，转变自身职能。根据我国《宪法》第3条第4款以及第27条规定，中央和地方的国家机构职权的划分，遵循在中央的统一领导下，充分发挥地方的主动性、积极性的原则；一切国家机关实行精简的原则，实行工作责任制，实行工作人员的培训和考核制度，不断提高工作质量和工作效率，反对官僚主义。一切国家机关和国家工作人员必须依靠人民的支持，经常保持同人民的密切联系，倾听人民的意见和建议，接受人民的监督，努力为人民服务。同时，我国《宪法》第89条规定的国务院职权中，其第3、4项分别是：“规定各部和各委员会的任务和职责，统一领导各部和各委员会的工作，并且领导不属于各部和各委员会的全国性的行政工作”；“统一领导全国地方各级国家行政机关的工作，规定中央和省、自治区、直辖市的国家行政机关的职权的具体划分。”此外，我国《宪法》第110条第2款专门规定了“地方各级人民政府对上一级国家行政机关负责并报告工作。全国地方各级人民政府都是国务院统一领导下的国家行政机关，都服从国务院”。①

由前述分析可知，各级政府充任资源管理人，是具有行政伦理上的正当性的。行政伦理在行政实践中逐步发展，呈现出新的发展态势：（1）从控制导向转化为服务导向。即公共行政从控制导向向服务导向转化，实际上是在科学化、技术化的基础上转向伦理化，服务导向注定的“关系”格

① 我国《宪法》第107条规定：“县级以上地方各级人民政府依照法律规定的权限，管理本行政区域内的经济、教育、科学、文化、卫生、体育事业、城乡建设事业和财政、民政、公安、民族事务、司法行政、计划生育等行政工作，发布决定和命令，任免、培训、考核和奖惩行政工作人员。乡、民族乡、镇的人民政府执行本级人民代表大会的决议和上级国家行政机关的决定和命令，管理本行政区域内的行政工作。省、直辖市的人民政府决定乡、民族乡、镇的建置和区域划分。”

局[①]即是这种转变最强有力和直接的动力。（2）从效率导向转化为公正导向。即管理行政基本上是效率导向的行政，而从19世纪80年代管理行政开始成为公共行政的主流以来，效率的问题渐渐掩盖了公正的问题。公正导向的提出，促使公共机构和公职人员担负公正责任。（3）在工具研究中引入价值视角。公共行政的作用对象是由人构成的社会，公共行政的主体是理性与情感兼具的行政人员，他们的思想观念、认识能力、个人处境与道德素质等，都是在公共行政实践中发挥不同作用的重要影响因素。只有致力于在公共行政研究中引入价值视角，才足以保证工具理性与价值理性的健全视角，才是真正保证公共行政研究的合理化方向。（4）确立合作与信任的新型整合机制。即公共行政的基本功能在于实现对社会资源的优化整合，一方面，它要实现对自身体系的优化整合；另一方面，通过自身的优化整合而实现对整个社会的有效整合。统治行政和管理行政基本上都是通过控制的方式来整合社会的，但公共行政完全可以拥有另一种自身整合以及整合社会的方式，那就是以合作建立行政机构、行政人员与社会各种机构、人员的关系结构，以信任建立起合作者之间的牢固互动结构。（5）在治理变革上谋求德治与法治的结合。从20世纪后半期开始，工业社会向后工业社会转型，囿于法治的公共行政呈现出自身的不足，它需要得到德治的补充。德治作为法治的有效补充，将公共机构与行政人员主动

---

① 服务导向是一种架构模型，以服务为导向的架构（Service Oriented Architecture，SOA）是指由网站服务技术等标准化组件构成目的，是为企业、学校或网络服务单位建构一个具有弹性，可重复使用的整合性接口，促进内外部如内部应用程序、用户与部门等相关单位完美的沟通，尽快达到网络服务提升的目标。SOA 可以简单地理解为“抽象、松散耦合和粗粒度”的软件架构，它可以根据服务请求通过分布式网络对松散耦合的应用群体进行部署、组合和使用。新一代的软件架构 SOA 因为能够有效应对信息化面临的新挑战，将快速取代传统的软件架构。协同软件作为新兴的软件应用门类，SOA 技术使其应用理念和功能得到了进一步升华，并迅速成为信息化建设的首选软件。在这里，笔者借用 SOA 来说明各级政府及其职能部门与服务对象之间的关系，是一种根据服务请求通过分布式网络对松散耦合的应用群体进行部署、组合和使用的新型关系，即以合作建立行政机构、行政人员与社会各种机构、人员的关系结构，以信任建立起合笔者之间的牢固互动结构关系模型。

履行公共责任，放在重要位置，也就是说，将外部的制度约束与内在的工作动机贯通起来，[①]从而，将公共机构及其人员履行公共职能变成高强度化的自觉诉求。唯有如此，政府作为资源管理人的伦理性，才能得到更加充分的表现。

二、资源管理人生态安全义务国家责任的理论依据

（一）国家责任的内涵

在经济发展中，按照“理性经济人”的假设，“利己本性”是“经济人”的自然本性，每个人都是禀持自身利益最大化原则来为自己的目标行事的。因此，当一个人在经济活动中面临若干不同的选择机会时，他总会倾向于选择能给自己带来更大的经济利益的那种机会。在此种心态的驱使下，市场中的主体从自身利益出发，也会愿意以牺牲环境为代价来换取更多的经济利益，用这种观点来解释大量环境问题的出现就显得符合逻辑了。其实，在人类未进入文明时代以前，就已经会以破坏生态环境为代价来获取更大的生存利益，例如，上文提到过的焚烧森林、砍伐树木以获取耕地等。而进入市场经济以来，经济利益的驱动力更加明显，工厂排放废气废水以生产更多的消费品、狩猎者捕杀珍稀物种以换取利益、煤窑企业违规大规模开采资源等。

市场作为“看不见的手”，其调节着生产关系，却也仅仅调节着市场主体之间资源的分配，以及市场的占有率等，并不更多地调整属于道德、法律和权、责、利统一的义务关系。当然，作为市场主体的企业，有时候也会被利益驱动着做出一些促进社会公益的举动，以示其承担社会责任，这在经济学上也是一种利益“交易”。环境保护作为企业社会责任的一种，

---

① 佚名:《行政伦理》，载百度百科，https：//baike.so.com/doc/5759395-5972157.html，最后访问日期：2018年2月21日。

只是其中的一个重要方面，对于这一点，笔者在后面的章节关于企业作为资源利用人的生态安全义务将着重描述。在此，笔者想要说明的是，市场中的主体，从“理性经济人”的基本视角出发，其本意是维护自身利益的最大化，而对生态环境的保护，是不体现在其考虑范围之内的。所以，如果任由市场调节的话，即使有人意识到环境的日益恶劣，即使生态环境关系到所有社会大众的切身法益，也没有行政性质的权力以及相当程度上的强制力，去阻止他人对环境资源采取攫取或者肆意掠夺的措施，那么，整个生态圈或许就会陷入灾难性的境遇或者状态，这时，就需要有特定的主体来扮演资源管理人的身份，承担起保护生态安全的义务和责任来。而这个特定主体，必须具有对整个国家或者地区承担有保护其可持续发展的义务，以及相当程度上的号召能力、管理能力和采取措施的强制力。上文已经叙及，政府作为资源管理人的合法性和合理性、伦理性等层面的问题，那么，国家责任理论则决定了其必须要履行相应的职责，即政府作为资源管理人履行生态安全义务或者职责的应然性。

事实上，在这里，“国家责任”不同于一般意义上的民事责任、刑事责任和违宪责任等。“国家责任”一词，最先源于国际法，国际法上的国家责任也称国家的国际责任，是指国家违反其国际义务而应承担的法律责任。[①] 但是，随着国家责任在国际法上含义的不断充实，其也逐渐被赋予了一些新的内容。例如，有学者就指出，“我们看到，无论是从内政还是从外交来说，国家责任都是我国目前面临的一个中心课题。在国内政治领域，作为国家的治理者和领导者，它的权力是人民赋予的，有责任保障人民的权利不受侵犯，有义务维护政治、经济和社会秩序的稳定、和平和安宁”。[②] 可见，国家责任的拓展和发展，也是一种必然现象。这时，国家责

① 石文龙:《国家责任—中国宪法学新的理论支点》，载《上海师范大学学报》(哲学社会科学版) 2008年第4期。

② 高全喜:《大国、法治国与国家责任》，载《权衡》2006年第8期。

任就包含了内政责任，也就牵涉对国家内政职能的讨论。传统观点认为，国家对维护一国之内民众的安定、秩序的稳定，有着不可推卸的责任，而国家是无意识的主体，只能通过一定的组织去进行，政府就是这样的一种组织，所以，国家责任一般由政府来承担，即政府责任。对于政府在整个社会中扮演的角色，学界有不同的观点，前文已有介绍，此处不再赘述。

需要说明的是，政府责任或责任政府这一观念的产生，是近现代以来民主政治发展以后的结果，体现着社会契约以及人民主权的深刻内涵。诚如学者所说，"责任政府作为民主政治时代的一种基本理念，它要求政府必须回应社会和民众的基本要求并积极采取行动加以满足；政府必须积极履行其社会义务和职责；必须承担道义上的、政治上的、法律上的责任；政府必须接受来自内部的和外部的控制以保证责任的实现"。[①] 公民与政府存在契约关系，政府代表国家保证公民的合法权益，而公民自觉地遵守政府制定的各项法令，以保障国家机器的正常运行。

（二）环境权：资源管理人生态安全义务承担的应然性

在阐述国家责任之后，就需要思考：生态安全义务，是否应当囊括在国家及其代表其政府应履行职责之内？要研究政府承担生态责任的应然性，必须清楚地把握环境权的内涵。生态安全义务，即来源于对公众环境权的保护，权利与义务本就具有相对性，生态安全义务所对应的就是生态安全权利，也可称为环境权。作为资源管理人的政府，代表着国家虽然有承担生态安全义务的可能性，但是，要求其承担生态安全义务的应当性，以及其被纳入国家保护范围的应然性等问题，则需要剖析环境权的内涵。

1. 环境权的起源。有关"环境权"的讨论，始于 20 世纪中后期世界

① 张成福：《责任政府论》，载《中国人民大学学报》2000 年第 2 期。

性的环境危机和生态危机产生的环境保护运动。人类自进入工业革命，机器化大生产带来了方便快节奏的生活，也衍生出了大量的环境问题。而进入20世纪以来，从20世纪30年代到60年代，震惊世界的污染事件更是频繁地发生。其中，包括1930年比利时马斯河谷烟雾事件、1943年美国洛杉矶烟雾事件、1952年英国伦敦烟雾事件，以及发生在1953年后来被环境法学界屡屡提及的日本水俣病事件等。这些环境恶性事件的出现，作为人的致灾性的表现或者第二环境问题的恶果，推动了20世纪60年代末一场关于环境权的大辩论。

在传统民法理论中，包括大气、水、土壤等环境要素是不能作为所有权的客体的。所以，对其利用以及损害，在法律上是不能得到有效规制的，任何人都可以使用，因而向大气、河流和土壤中排放污染物的行为，并不是当然违反法律的违法侵权行为。这一论断，直至以“公共财产论”和“公共信托论”为基础的环境权主张被提出，才得以被推翻。“共有财产说”和“公共信托论”的提出，也成为环境权理论的一场重要的革命性理论。

2.“共有财产说”和“公共信托论”。“共有财产”（common property）和“公共信托”理论，是由美国萨克斯教授所提出。“共有财产说”认为，空气、水源、日光等人类生存所必需的环境要素，并不是自由财产，不得为一人或数人所拥有，也不得擅自被利用、支配、污染或者损耗。“公共信托”理论更是将“共有财产说”进一步地进行阐述，将国家和人民概括为受托人与委托人的关系，并强调：国家作为受托人在管理不当时，所应承担的法律责任。在我国，蔡守秋先生在《论环境权》一文中强调，“公共信托”理论认为：大气、水流、日光等环境要素是全体人民的“共有财产”，任何人不能任意地占有、支配和损害；共有人为了合理利用和保护共有财产，将其委托给国家保护和管理；国家和人民之前的关系是受托人和委托人之间的关系，作为受托人的国家由责任为全体人民的利益对受托财产加以保护，即国家应该作为全体国民的委托人管理好环境；受托人如果滥用委托权，未经委托人同意处置此项财产，或由此而对委托人造成损害，则应承担法律责任。[①]

依托环境权进行重构的“公共信托”理论的观点，包括以下方面：（1）环境要素的共有性。此点即是对“共有财产”进行的说明，也是“公共信托”理论的出发点，由此，否定了传统民法理论中将水源、大气、日光等环境要素，一概不能作为所有权客体的观点，而将其归纳为“全体人民的共有财产”，这也是环境权得以存在的基础。（2）国家受托论。在“共有财产”上进行的延伸，也是“公共信托”理论的核心部分。既然环境要素被定义为全体人民的共有财产，则必然需要有一套规则对其加以保护，有相应的负责保护和管理的主体，不然所谓的共有财产也会被滥用、破坏。将国家定位为受托人，由其来负责保护和管理环境、支配自然资源，同时，将其与作为环境财产所有权主体的民众之间的关系概括为委托管理的关系，也符合当时在西方盛行的关于政府角色的“受托人”理论的内涵。（3）国家责任。国家成为了环境的受托人，其就代表着全体民众来管理和保护环境，支配自然资源，管理工作是一项具有很大的任意性的工作，特别是国家作为一个政治学意义上的概念，其工作是由政府来代表国家完成，而政府又是由一个一个的自然人组成，国家存在的目的当然是为了民众服务，但是，当管理环境、分配资源的职责落在政府人员的身上，就不能保证其能否代表国家正当地、无疏忽地行使管理权。所以，在受托人滥用委托权、不正当地支配自然资源给委托人的环境权益造成损害时，应该相应地承担法律责任。

“公共信托”理论在很大程度上，推动了环境权的发展，其国家受托人的观点也与本书提到的国家作为资源管理人承担相应的生态安全义务，

---

① 蔡守秋：《论环境权》，载《金陵法律评论》2002 年第 1 期。

有着内在契合的地方，但是，其在某些方面仍然存在缺陷。具体表现在：（1）根据“公共信托”理论，环境要素被定位为全体人民的共有财产，成为权利的客体，如果为了大部分乃至全体人民的经济利益，而牺牲环境在这种论调的支持下即是具有可行性的，毕竟客体是权利义务指向的对象，只要财产所有人愿意即可以任意支配和使用。这种以人类自身发展为中心的论调，随着人类社会对环境—人类共同圈认识的逐渐加深，而被逐渐地否定。正如戴斯·贾丁斯在《环境伦理学》中提到的，“根据大多传统的伦理学理论，只有人类才有道德身份，其他事物只有在服务于人类利益时才有伦理价值……尽管我们有责任考虑自然界，但我们对它并无直接的责任。环境责任说到底是一件要慎重的事情：我们为了自己的利益而保护环境”。[①] 但是，随着环境问题的日益恶劣，“与功利主义的道义准则相类似，一些哲学家认为我们对自然界有直接的伦理学责任，有不依赖于对人类的后果的责任。这一转变可看作是从人类中心主义的价值学说，向以非人类中心主义的价值学说的转变”。[②]

（2）国家承担责任的理论缺陷。“公共信托”理论的国家责任类似于现代跨国污染中，国家承担的环境责任，都是由国家因其不当行为所承担的不利非法律后果，其责任承担也面临着国家法上同样的困惑。例如，是否需要国家行政行为或者非国家行政行为，国家是否需要对其公职人员超越职权范围的不当行为承担责任。不可否认的是，“公共信托”理论创造性地解释了国家作为受托人的环境责任，解释了环境权纳入国家保护的应当性问题，虽然囿于当时理论界的影响，其论点存在局限性，但是，却为本书国家作为资源管理人应当承担生态安全义务提供了理论基础。

3. 环境权的内涵：对“公共信托”理论的“共有财产”观点的修正。

---

① [美] 戴斯·贾丁斯:《环境伦理学》，林官明等译，北京大学出版社 2002 年版，第 105 ~ 106 页。

② 同上书，第 106 页。

笔者认为，环境权作为环境法律体系的一种重要组成部分，强调民众所享有的环境权，并不表示环境要素必须作为权利客体，对环境权的理解，不应当局限于人类向环境索取的权利，而应当包括以下两个层次：

（1）公民有权要求国家作为资源管理人（或“受托人”），向其提供便于满足其需要和发展的生态环境。美国心理学家马斯洛在《动机与人格》一书中，将人的需要划分为五个逐渐递进的层次：生理需要、安全需要、归属和爱的需要、自尊需要、自我实现的需要。① 人类的存在，就是为了不停地满足自身的这些需要，而有序的、和谐的、适宜的环境，是满足这些需要的前提。此时，环境权并不是为了单纯满足人的生理需要。

（2）将环境上升到权利主体，即自然环境本身就拥有着受到保护与礼遇的权利。学界从非人类中心主义伦理观被提出后，就从来没有停止过关于环境作为权利主体的讨论，笔者在此处强调的是，环境权利主体论和上文关于环境权的延伸是相辅相成的，即通过强调公众享有和谐的适宜的环境权，而将环境本身上升到权利主体的范畴。

例如，通过向环境索取资源，不仅仅是为了达到自身利益的满足、物质上的享受，而是上升到更高层次的安全需要（良好而有活力的生态圈能避免如泥石流等自然灾害，以及一系列污染带来的公害的发生）、归属和爱的需要（良好的环境营造的美好氛围能让人类更好地享受生活，热爱生活）等，乃至于在自我实现的需要中，也体现在只有以环境为基础，人才能在社会中发挥最大效应的自我能力。不能想象的是，一个正常人头顶着雾霾天气，周围堆满了固体废弃物，脚下的河流散发着刺鼻的气味，满目望去没有一点绿色以及动物，还能在这种环境中热爱生活、怀着热情去工作、去实现自我。

---

①［美］马斯洛：《动机与人格》，许金声等译，华夏出版社 1987 年版，第 40 ~ 68 页。

（三）从人类价值观到“生态中心论”

长期以来，人类中心论长期被人们所认可。正如前文提到的，该观点否定包括环境在内的一切事物的内在价值，将人作为唯一具有内在价值的存在物，一切存在物只有为人类所用的工具价值。这种伦理观，被当代环境学的学者批判为“物种歧视主义”，环境伦理学的创始人罗尔斯顿更是将其表述为“主体的偏见”。正如曹明德先生在《生态法新探》一书中提到的，“从历史的角度看，道德进步的过程同时也是一个伦理共同体范围不断拓展的过程”。[①] 在人类历史的很长一段时间中，人类甚至否认某些同类个体不具有内在价值。

例如，在原始社会中就曾否认其他部落成员的内在价值，将战俘作为奴隶或者交换物；在奴隶社会中，奴隶也不具有伦理学意义上的人格，其是作为商品而存在的；封建社会中，虽然非统治阶级不再作为商品进行买卖，但如奴、婢等，也是统治阶级的附属品，而农民、商贩虽然拥有了一定的存在价值，但是，人类分为三六九等加以区分本身，是对其价值的不尊重。甚至于进入近代社会以来，在美国还一度否认黑人的存在价值等。可以肯定的是，随着种族歧视在全球范围内的被批判以及被禁止，自20世纪以来，伦理共同体的范围在世界上的绝大多数地区，都已经扩展到了所有的人类成员，而无论其性别、年龄、种族、智力以及健康状况。以上分析强调的是：以人类中心论的不断扩展到最后，由人类中心论到本书强调的生态环境中心论，仍然经历了很长的历史沿革。

（1）动物保护运动，首先将动物从权利客体中解放了出来，强调动物也应被纳入权利主体以及伦理关怀的范畴，深刻地批判了人类中心伦理观。人类社会长期以来，都将动物当作无意识的可利用工具，无论是

① 曹明德：《生态法新探》，人民出版社2007年版，第8页。

屠杀动物还是活体解剖，都被认为是可容忍的。17 世纪仁慈主义运动（humanism）的产生，对动物的活体解剖展开了道德意义上的批判。而直到 1822 年，英国议会才通过了“禁止虐待家畜法案”（马丁法案），该法案的通过标志着动物权利，被正式纳入了法律规制的范畴。19 世纪学者亨利·赛尔特曾指出：动物与人类一样，也拥有生存权和自由权，且两者都是天赋的权利，只是动物的生存权和自由权来自动物法，他同时还提出了“人道契约”[①] 的观点。20 世纪 70 年代后期，出现了动物解放运动（又称“动物权利运动”），将动物保护运动推向了新的高潮。那时的学者认为，所有的物种都是平等的，主张人类平等的伦理观也应当同时推广应用到动物上，动物保护运动的兴起和推广，不仅意味着伦理保护范围的扩大，同时，在客观上，也带动了整个生态保护运动的发展。

（2）生物中心论将权利主体的范围扩展至一切的存在物。在该观念提出之前，无论是人类中心伦理观还是动物保护运动，都是仅仅考虑到有生命的存在物，而生物中心论的伦理观则将所有的存在物都纳入了伦理关怀的范围，生物中心论（Biocentrism）的创始人阿尔伯特·施韦泽提出：“有道德的人不打碎阳光下的冰晶，不摘树上的绿叶，不折断花枝，走路时小心谨慎以免踩死昆虫。”[②]

（3）生态中心论的出现，标志着人类伦理关怀的主体扩大到整个生态系统。无论是人类中心伦理观、动物保护运动，还是生物中心论，其所关心的都是个体的价值，现代环境学揭示了整个生态圈都是相互依存、相互联系的，由各种生物和非生物共同组成了生态系统，而生态中心论强调的就是生态共同体而非每一个单独个体，是一种生态整体主义的伦理观。

资源管理人生态安全义务的国家责任理论，由理性经济人假定进入，

---

① [美] 纳什:《大自然的权利》，杨通进译，青岛出版社 1999 年版，第 30 ~ 31 页。

② 同上书，第 30 ~ 73 页。

到市场这只“看不见的手”作用的局限性，再到国家责任从国际法责任转向国家的国内责任，然后牵涉“环境权”这个不同于民事权利的权利，把各级政府放置到了资源管理人的当然位置。继而，从“公共信托”理论和“共有财产”观点的角度，为生态中心论找到了人类价值观转变的锁钥，便是一种认识论上的成功演进。

三、资源管理人生态安全义务的国际国内立法实践

（一）国外资源管理人履行生态安全义务的立法

对政府作为资源管理人履行生态安全义务，具有合法性、可行性以及应然性、伦理性。前文的讨论，更多的是从学界以及理论层面来进行，而关于资源管理人生态安全义务的立法成果主要体现为：1980 年国际自然和自愿资源保护同盟（IUCN）、联合国环境规划署（UNEP）和世界野生生物基金会（WWF）共同制定的《世界自然资源保护大纲》，[①] 该保护大纲掀开了人类共同保护自然资源的立法之幕。《世界自然资源保护大纲》发表

① 《世界自然资源保护大纲》是国际自然和自然资源保护联合会受联合国环境规划署的委托起草，并经有关国际组织审定，于 1980 年 3 月 5 日，在包括北京在内的世界大多数国家的首都同时公布的，一项保护世界生物资源的纲领性文件。这个大纲既是一个知识性纲领，又是一个保护自然环境和资源的行动指南。基本内容包括三个部分：第一部分保护自然资源的目标主要有三个方面的内容：（1）保持基本的生态过程和生命维持系统；（2）保存遗传的多样性，即保存世界上有机体遗传物质种类的多样性；（3）保证物种和生态系统的永续利用（特别是渔场、野生生物、森林和牧场）。大纲还提出了实现这些目标的必要条件。第二部分建议各国采取的行动。大纲要求必须改变目前开发和保护脱节的做法，把两者紧密结合起来。开发的目的是为取得社会和经济福利，保护的目的则是保证地球资源能够永续开发利用，并支持所有生物生存的能力，两者是一致的。各国制定开发政策以及贯彻执行的每一个过程要同自然保护结合起来，制定能促进资源再循环利用的环境政策和保证资源永续利用的自然保护政策。第三部分要求采取国际行动。大纲指出许多生物资源是共有的，保护某些生物资源往往不是一个国家的事。一个国家的生物资源可能受到另一个国家开发活动的影响，所以只有通过国际合作才能有效保护。比如热带森林的保护，干旱地区土地的合理利用，公海、大气和南极等全人类共有资源和财富的利用，国际性江河和海洋的保护，以及在全球设立遗传资源保护区，等等，都应制定国际公约和开展国际合作。

以后，引起全世界的广泛重视。许多国家按照《世界自然资源保护大纲》确定的原则和方法，制定了本国的保护资源的法规和措施，以防止资源的不合理利用。

美国自然资源的政策第一阶段是私人自发的自由经营阶段。这个阶段时间很长，从 19 世纪中期的淘金热一直持续到 20 世纪 30 ～ 60 年代，美国颁行了一系列的联邦和各州的管理指南，这个阶段包含着开放获得公共土地、发现获得开采权等。后来经过调整兼容阶段、环境和野生生物保护（环境超越）阶段，[①] 以土地法为中心的公共资源管理，美国国会依次颁行了 1964 年《荒野法》（Wilderness Act）、1966 年《国家野生生物庇护系统管理法》、1968 年《国家原生和风景河流法》、1969 年《国家环境政策法》、1980 年《阿拉斯加国家利益土地保护法》，以及《国家遗迹法》《大气净化法》《清洁水保护法》《安全饮用水法》《资源保护和恢复法》《露天开矿控制和复垦法》《野生及自由放牧的马和驴子法》《海洋哺乳动物保护法》《濒危物种法》《渔业保护和管理法》《特别基金法》等，有 3000 余个法律法规。其中，《国家环境政策法》改变了传统的公共资源法即土地私有化优先权、开采权等，而最重要最根本的是环境保护主义者赢得了美国人民的衷心拥护。[②]

根据《俄罗斯联邦宪法》的规定，俄罗斯有采取措施保障公民生态权利和生态安全得以实现的义务。俄罗斯于 1995 年 11 月 7 日通过了专门性的保障生态安全的法律，即《联邦生态安全法》，这表明“俄罗斯已将生态安全作为环境资源法调整的对象，并作为公民的一种基本权利纳入法律保护范畴”。[③] 另外，保加利亚在 1967 年通过了《保加利亚自然保护法》，也规定了国家机关、社会团体都有保护自然的基本职责以及义务。应当

① 陈光伟：《美国的自然资源立法和管理》，载《资源科学》2001 年第 2 期。

② 同上。

③ 陈星等：《生态安全：国内外研究综述》，载《地理科学发展》2005 年第 6 期。

说，以美国为代表的西方国家，非常重视自然资源的管理。而俄罗斯的生态安全法和保加利亚的自然保护法，都确立了国家和政府对生态、自然资源的保护职责。

（二）国内资源管理人生态安全义务的立法实践

在我国，政府监督企业和自然人、其他组织的资源利用行为，规定了各项保护生态环境措施的法条散见于各种自然资源、环境保护以及环境污染防治的法律当中，我国没有专门的综合性《自然资源法》或者《国土资源法》，而有比较多的专项的自然资源立法。这种立法模式的采取，一方面，表现出我国对于自然资源的保护意识，远远落后于国家所有权或者全民所有权意识，以为只要是国家所有或者全民所有，是公共财产并赋予其“神圣不可侵犯”，就可以万事大吉。应当说，这种意识或者立法做法，是错误的。另一方面，从 1988 年 4 月 12 日我国《宪法》第一次修改时确立“土地的使用权可以依照法律的规定转让”开始，我国就只重视根本大法层面的自然资源放权式立法，而对自然资源专门立法中的具体权利、义务和责任关系的深度调整，缺乏一个统一的指导思想，即生态安全和资源安全的立法思想。比如，在 1993 年 3 月 29 日我国《宪法》第二次修订时，就主要强调“国家实行社会主义市场经济”“国家加强经济立法，完善宏观调控”；1999 年 3 月 15 日我国《宪法》第三次修订时，强调“中华人民共和国实行依法治国，建设社会主义法治国家”；而2004年3月14日我国《宪法》第四次修订时，第 10 条第 3 款“国家为了公共利益的需要，可以依照法律规定对土地实行征用”的表述被修改为“国家为了公共利益的需要，可以依照法律规定对土地实行征收或者征用并给予补偿”；第 33 条增加了 1 款作为第 3 款，即“国家尊重和保障人权”，第 3 款相应地改为第 4 款。几次宪法修改，对于自然资源和生态安全涉及得较少。从某种意义上说，这与我国参加国际减灾十年活动，以及我国的科学发展观、可持续发展理念，以及“绿水青山就是金山银山”的社会共识，极其不相适应。

其实，从20世纪80年代开始我国的自然资源立法，就已经在分阶段进行了。以中国人大网的法律法规库中立法数据为基础，以2017年12月底为基准日查询，并以十年为期，按照立法先后顺序排列，则我国自然资源立法、环境保护立法和相关立法的情况，分4个阶段列表如下：

1. 20世纪80年代。有14部法律，肇始于1979年9月13日我国《环境保护法》（试行），其构成是：自然资源类7部，环境保护类4部，相关类型3部。具体列于下：

（1）《环境保护法》（试行），1979年9月13日通过，1979年9月13日公布试行；《环境保护法》，1989年12月26日通过，1989年12月26日公布施行，2014年4月24日修订，2015年1月1日施行。

（2）《海洋环境保护法》，1982年8月23日通过，1999年12月25日修订，2013年12月28日第一次修正，2016年11月7日第二次修正，2017年11月4日第三次修正。

（3）《文物保护法》，1982年11月19日通过，1991年6月29日第一次修正，2002年10月28日修订，2007年12月29日第二次修正，2013年6月29日第三次修正，2015年4月24日第四次修正，2017年11月4日第五次修正。

（4）《水污染防治法》，1984年5月11日通过，1996年5月15日第一次修正，2008年2月28日修订，2017年6月27日第二次修正。

（5）《森林法》，1984年9月20日通过，1998年4月29日第一次修正，2009年8月27日第二次修正。

（6）《草原法》，1985年6月18日通过，2002年12月28日修订，2009年8月27日第一次修正，2013年6月29日第二次修正。

（7）《渔业法》，1986年1月20日通过，2000年10月31日第一次修正，2004年8月28日第二次修正，2009年8月27日第三次修正，2013年12

月 28 日第四次修正。

（8）《矿产资源法》，1986 年 3 月 19 日通过，1996 年 8 月 29 日第一次修正，2009 年 8 月 27 日第二次修正。

（9）《土地管理法》，1986 年 6 月 25 日通过，1988 年 12 月 29 日第一次修正，1998 年 8 月 29 日修订，2004 年 8 月 28 日第二次修正。

（10）《国境卫生检疫法》，1986 年 12 月 2 日通过，2007 年 12 月 29 日第一次修正，2009 年 8 月 27 日第二次修正。

（11）《大气污染防治法》，1987 年 9 月 5 日通过，1995 年 8 月 29 日修正，2000 年 4 月 29 日第一次修订，2015 年 8 月 29 日第二次修订。

（12）《水法》，1988 年 1 月 21 日通过，2002 年 8 月 29 日修订，2009 年 8 月 27 日第一次修正，2016 年 7 月 2 日第二次修正。

（13）《野生动物保护法》，1988 年 11 月 8 日通过，2004 年 8 月 28 日第一次修正，2009 年 8 月 27 日第二次修正，2016 年 7 月 2 日修订。

（14）《传染病防治法》，1989 年 2 月 21 日通过，2004 年 8 月 28 日修订，2013 年 6 月 29 日修正。

2. 20 世纪 90 年代。有 13 部法律，从我国《水土保持法》开始，其构成是：自然资源类 4 部，环境保护类 6 部，相关类型 3 部。具体列于下：

（1）《水土保持法》，1991 年 6 月 29 日通过，2010 年 12 月 25 日修订。

（2）《进出境动植物检疫法》，1991 年 10 月 30 日通过，2009 年 8 月 27 日修正。

（3）《矿山安全法》，1992 年 11 月 7 日通过，2009 年 8 月 27 日修正。

（4）《农业法》，1993 年 7 月 2 日通过，2002 年 12 月 28 日修订，2009 年 8 月 27 日第一次修正，2012 年 12 月 28 日第二次修正。

（5）《固体废物污染环境防治法》，1995 年 10 月 30 日通过，2004 年 12 月 29 日修订，2013 年 6 月 29 日第一次修正，2015 年 4 月 24 日第二次修正，2016 年 11 月 7 日第三次修正。

（6）《煤炭法》，1996年8月29日通过，2009年8月27日第一次修正，2011年4月22日第二次修正，2013年6月29日第三次修正，2016年11月7日第四次修正。

（7）《环境噪声污染防治法》，1996年10月29日通过，1997年3月1日施行。

（8）《动物防疫法》，1997年7月3日通过，2007年8月30日修订，2013年6月29日第一次修正，2015年4月24日第二次修正。

（9）《防洪法》，1997年8月29日通过，2009年8月27日第一次修正，2015年4月24日第二次修正，2016年7月2日第三次修正。

（10）《节约能源法》，1997年11月1日通过，2007年10月28日修订，2016年7月2日修正。

（11）《防震减灾法》，1997年12月29日通过，2008年12月27日修订，2009年5月1日施行。

（12）《消防法》，1998年4月29日通过，2008年10月28日修订，2009年5月1日施行。

（13）《气象法》，1999年10月31日通过，2009年8月27日第一次修正，2014年8月31日第二次修正，2016年11月7日第三次修正。

3. 21世纪00年代。有14部法律，从我国《种子法》开始，其构成是：自然资源类6部，环境保护类6部，相关类型2部。具体列于下：

（1）《种子法》，2000年7月8日通过，2004年8月28日第一次修正，2013年6月29日第二次修正，2015年11月4日修订。

（2）《防沙治沙法》，2001年8月31日通过，2002年1月1日施行。

（3）《海域使用管理法》，2001年10月27日通过，2002年1月1日施行。

（4）《安全生产法》，2002年6月29日通过，2009年8月27日第一次修正，2014年8月31日第二次修正。

（5）《清洁生产促进法》，2002年6月29日通过，2012年2月29日修正。

（6）《农村土地承包法》,2002年8月29日通过,2009年8月27日修正。

（7）《环境影响评价法》,2002年10月28日通过,2016年7月2日修正。

（8）《放射性污染防治法》，2003年6月28日通过，2003年10月1日施行。

（9）《可再生能源法》,2005年2月28日通过,2009年12月26日修正。

（10）《畜牧法》，2005年12月29日通过，2015年4月24日修正。

（11）《突发事件应对法》,2007年8月30日通过,2007年11月1日施行。

（12）《循环经济促进法》,2008年8月29日通过,2009年1月1日施行。

（13）《企业国有资产法》,2008年10月28日通过,2009年5月1日施行。

（14）《海岛保护法》，2009年12月26日通过，2010年3月1日施行。

4. 21世纪10年代。有4部法律，从我国《航道法》开始，其构成是：自然资源类2部，环境保护类2部，相关类型0部。具体列于下：

（1）《航道法》，2014年12月28日通过，2016年7月2日修正。

（2）《深海海底区域资源勘探开发法》，2016年2月26日通过，2016年5月1日实施。

（3）《环境保护税法》, 2016年12月25日通过, 2018年1月1日施行。

（4）《核安全法》，2017年9月1日通过，2018年1月1日施行。

截至2017年12月底，我国涉及生态安全，尤其是资源管理人生态安全义务的立法共有45部，其中，自然资源类15部，环境保护类21部，相关类型9部。在这些法律当中，环境影响评价制度、“三同时”制度等，都是由国家授权环保部门主导的用来规范企业、公民的各项行为，以保证将对环境的影响控制到最低的制度。早在1989年9月13日，我国《环境保护法》（试行）第7条即规定了环保主管部门及其对环境的监管职责：国务院环境保护行政主管部门，对全国环境保护工作实施统一监督和管理。此后，我国颁行了《环境影响评价法》《水土保持法》《水污染防治法》等一系列相关法律，而行政性环境法律占到法条总数的80%以上，这些行政性法律，无一不是试图在具体界分、确认和细化各级政府及其环保部门的环境保护职责，尤其是生态安全义务的确认、履行和监督规范。

（三）我国资源管理人立法情况具体分析

值得注意的是，虽然国内外的立法实践都肯定了资源管理人即政府对环境进行监督保护的义务，甚至明确了如何实施监督、保护的方法，但是，对真正关于资源管理人的生态安全义务体系构建，却并没有一个统一的认识。我国落实国家生态安全战略在数量上貌似完善，但是在实际构成和立法的时间背景上，都存在这样或者那样的不足。

应当说明，我国的资源管理人立法迄今为止，并没有像我国《物权法》第45条那样，明确地规定国务院是国有财产的所有权代表人。这是因为我国的中央政府组织法、地方政府组织法及其政府部门组织法的立法方面，存在政府职责、职能和责任不明晰化的缺陷。尤其是我国《地方各级人民代表大会和地方各级人民政府组织法》是一种混合型立法，也是一种明显的缺陷。[①] 这种缺陷，与我国《宪法》第27条“一切国家机关实行精简的原则，实行工作责任制”“一切国家机关和国家工作人员必须依靠人民的支持，经常保持同人民的密切联系”“努力为人民服务”和我国《公务员法》第12条有关公务员的义务的规定，不相适应。[②]（见表4-1、

① 我国《地方各级人民代表大会和地方各级人民政府组织法》1979年7月1日通过；1982年12月10日第一次修正；1986年12月2日第二次修正；1995年2月28日第三次修正；2004年10月27日第四次修正；2015年8月29日第五次修正。如此频繁的修正，足以说明这部法律作为地方各级人大和地方各级政府组织性立法的混合是有问题的。

② 我国《公务员法》第12条规定了公务员应当履行9项义务，这些义务具体内容在前文已经引用。关键是，公务员要“按照规定的权限和程序认真履行职责，努力提高工作效率”的义务本身，需要相关立法的明确和细致化。除此之外，这一条第九项还规定“法律规定的其他义务”，也指向了法律法规的规定要明确和具体。所以，根据我国《立法法》第6条第2款的要求，在立法层面做到“法律规范应当明确、具体，具有针对性和可执行性”，是提高立法质量的关键。

表 4-2 和表 4-3）

表 4-1　自然资源类立法情况

通过时间	法律名称	效力状态	备注	
1984 年 9 月 20 日	《森林法》	1998 年 4 月 29 日第一次修正，2009 年 8 月 27 日第二次修正	列 5[①]	20 世纪 80 年代自然资源立法
1985 年 6 月 18 日	《草原法》	2002 年 12 月 28 日修订，2009 年 8 月 27 日第一次修正，2013 年 6 月 29 日第二次修正	列 6	
1986 年 1 月 20 日	《渔业法》	2000 年 10 月 31 日第一次修正，2004 年 8 月 28 日第二次修正，2009 年 8 月 27 日第三次修正，2013 年 12 月 28 日第四次修正	列 7	
1986 年 3 月 19 日	《矿产资源法》	1996 年 8 月 29 日第一次修正，2009 年 8 月 27 日第二次修正	列 8	
1986 年 6 月 25 日	《土地管理法》	1988 年 12 月 29 日第一次修正，1998 年 8 月 29 日修订，2004 年 8 月 28 日第二次修正	列 9	
1988 年 1 月 21 日	《水法》	2002 年 8 月 29 日修订，2009 年 8 月 27 日第一次修正，2016 年 7 月 2 日第二次修正	列 12	
1988 年 11 月 8 日	《野生动物保护法》	2004 年 8 月 28 日第一次修正，2009 年 8 月 27 日第二次修正，2016 年 7 月 2 日修订	列 13	
1993 年 7 月 2 日	《农业法》	2002 年 12 月 28 日修订，2009 年 8 月 27 日第一次修正，2012 年 12 月 28 日第二次修正	列 4	20 世纪 90 年代自然资源立法
1996 年 8 月 29 日	《煤炭法》	2009 年 8 月 27 日第一次修正，2011 年 4 月 22 日第二次修正，2013 年 6 月 29 日第三次修正，2016 年 11 月 7 日第四次修正	列 6	
1997 年 11 月 1 日	《节约能源法》	2007 年 10 月 28 日修订，2016 年 7 月 2 日修正	列 10	
1999 年 10 月 31 日	《气象法》	2009 年 8 月 27 日第一次修正，2014 年 8 月 31 日第二次修正，2016 年 11 月 7 日第三次修正	列 13	

① 在这里，表 4-1、表 4-2 和表 4-3 中的“列 ×（序号）”，是前文分阶段列举的我国资源管理立法、环境保护立法和自他类型立法中的序号。由于其时间前后的不连贯，所以，会出现跳跃排列的特点。

续表

通过时间	法律名称	效力状态	备注	
2000 年 7 月 8 日	《种子法》	2004 年 8 月 28 日第一次修正，2013 年 6 月 29 日第二次修正，2015 年 11 月 4 日修订	列 1	21 世纪 00 年代自然资源立法
2001 年 10 月 27 日	《海域使用管理法》	2002 年 1 月 1 日施行	列 3	
2002 年 8 月 29 日	《农村土地承包法》	2009 年 8 月 27 日修正	列 6	
2005 年 12 月 29 日	《畜牧法》	2015 年 4 月 24 日修正	列 10	
2008 年 10 月 28 日	《企业国有资产法》	2009 年 5 月 1 日施行	列 13	
2009 年 12 月 26 日	《海岛保护法》	2010 年 3 月 1 日施行	列 14	
2014 年 12 月 28 日	《航道法》	2016 年 7 月 2 日修正	列 1	21 世纪 10 年代自然资源立法
2016 年 2 月 26 日	《深海海底区域资源勘探开发法》	2016 年 5 月 1 日实施	列 2	

表 4-1 显示，我国自然资源立法从 20 世纪 80 年代开始，到 2017 年年底，共有 19 部法律。其构成是：20 世纪 80 年代 7 部、20 世纪 90 年代 4 部、21 世纪 00 年代 6 部、21 世纪 10 年代 2 部。而最早进入立法者视野的是森林立法，其次是草原立法、渔业立法和矿产资源立法，后来才是土地立法、水立法和野生动物保护立法等。应当说，资源立法初期，环保意识很强，可惜立法的质量不高，所以，20 世纪 80 年代、90 年代所立之法，普遍都进行过修改，包括修正和修订。

表 4-2　环境保护类立法情况

<table>
<tr><th>通过时间</th><th>法律名称</th><th>效力状态</th><th colspan="2">备　注</th></tr>
<tr><td>1979 年 9 月 13 日</td><td>《环境保护法》</td><td>1979 年 9 月 13 日公布试行，1989 年 12 月 26 日通过并公布施行，2014 年 4 月 24 日修订，2015 年 1 月 1 日施行</td><td>列 1</td><td rowspan="4">20 世纪 80 年代环境保护立法</td></tr>
<tr><td>1982 年 8 月 23 日</td><td>《海洋环境保护法》</td><td>1999 年 12 月 25 日修订，2013 年 12 月 28 日第一次修正，2016 年 11 月 7 日第二次修正，2017 年 11 月 4 日第三次修正</td><td>列 2</td></tr>
<tr><td>1984 年 5 月 11 日</td><td>《水污染防治法》</td><td>1996 年 5 月 15 日第一次修正，2008 年 2 月 28 日修订，2017 年 6 月 27 日第二次修正</td><td>列 4</td></tr>
<tr><td>1987 年 9 月 5 日</td><td>《大气污染防治法》</td><td>1995 年 8 月 29 日修正，2000 年 4 月 29 日第一次修订，2015 年 8 月 29 日第二次修订</td><td>列 11</td></tr>
<tr><td>1991 年 6 月 29 日</td><td>《水土保持法》</td><td>2010 年 12 月 25 日修订</td><td>列 1</td><td rowspan="6">20 世纪 90 年代自然资源立法</td></tr>
<tr><td>1995 年 10 月 30 日</td><td>《固体废物污染环境防治法》</td><td>2004 年 12 月 29 日修订，2013 年 6 月 29 日第一次修正，2015 年 4 月 24 日第二次修正，2016 年 11 月 7 日第三次修正</td><td>列 5</td></tr>
<tr><td>1996 年 10 月 29 日</td><td>《环境噪声污染防治法》</td><td>1997 年 3 月 1 日施行</td><td>列 7</td></tr>
<tr><td>1997 年 8 月 29 日</td><td>《防洪法》</td><td>2009 年 8 月 27 日第一次修正，2015 年 4 月 24 日第二次修正，2016 年 7 月 2 日第三次修正</td><td>列 9</td></tr>
<tr><td>1997 年 12 月 29 日</td><td>《防震减灾法》</td><td>2008 年 12 月 27 日修订，2009 年 5 月 1 日施行</td><td>列 11</td></tr>
<tr><td>1998 年 4 月 29 日</td><td>《消防法》</td><td>2008 年 10 月 28 日修订，2009 年 5 月 1 日施行</td><td>列 12</td></tr>
</table>

续表

<table>
<tr><th>通过时间</th><th>法律名称</th><th>效力状态</th><th colspan="2">备　注</th></tr>
<tr><td>2001 年 8 月 31 日</td><td>《防沙治沙法》</td><td>2002 年 1 月 1 日施行</td><td>列 2</td><td rowspan="6">21 世纪 00 年代自然资源立法</td></tr>
<tr><td>2002 年 6 月 29 日</td><td>《清洁生产促进法》</td><td>2012 年 2 月 29 日修正</td><td>列 5</td></tr>
<tr><td>2002 年 10 月 28 日</td><td>《环境影响评价法》</td><td>2016 年 7 月 2 日修正</td><td>列 7</td></tr>
<tr><td>2003 年 6 月 28 日</td><td>《放射性污染防治法》</td><td>2003 年 10 月 1 日施行</td><td>列 8</td></tr>
<tr><td>2005 年 2 月 28 日</td><td>《可再生能源法》</td><td>2009 年 12 月 26 日修正</td><td>列 9</td></tr>
<tr><td>2008 年 8 月 29 日</td><td>《循环经济促进法》</td><td>2009 年 1 月 1 日施行</td><td>列 12</td></tr>
<tr><td>2016 年 12 月 25 日</td><td>《环境保护税法》</td><td>2018 年 1 月 1 日施行</td><td>列 3</td><td rowspan="2">21 世纪 10 年代自然资源立法</td></tr>
<tr><td>2017 年 9 月 1 日</td><td>《核安全法》</td><td>2018 年 1 月 1 日施行</td><td>列 4</td></tr>
</table>

表 4–2 中，我国环境保护立法共 18 部，其构成是：20 世纪 80 年代 4 部、20 世纪 90 年代 6 部、21 世纪 00 年代 6 部、21 世纪 10 年代 2 部。除具有与自然资源立法同样的特点之外，笔者留意到：20 世纪 70 年代最后一年的 1979 年 9 月 13 日，我国颁行了《环境保护法》（试行），该法试行 10 年之后，终于成为正式法律。尤其是在整个 80 年代，我国颁行了海洋环境保护、水污染防治和大气污染防治的法律，比自然资源的立法要早，涵盖了环境保护立法当中，除土地之外的三大环境介质。只是，从生态安全的角度看，整个环境立法虽然开始得很早，却面临着“起个大早，赶个晚集”的窘境。

表 4-3 其他类别立法情况

通过时间	法律名称	效力状态	备注	
1982 年 11 月 19 日	《文物保护法》	1991 年 6 月 29 日第一次修正，2002 年 10 月 28 日修订，2007 年 12 月 29 日第二次修正，2013 年 6 月 29 日第三次修正，2015 年 4 月 24 日第四次修正，2017 年 11 月 4 日第五次修正	列 3	20 世纪 80 年代其他类别立法
1986 年 12 月 2 日	《国境卫生检疫法》	2007 年 12 月 29 日第一次修正，2009 年 8 月 27 日第二次修正	列 10	
1989 年 2 月 21 日	《传染病防治法》	2004 年 8 月 28 日修订，2013 年 6 月 29 日修正	列 14	
1991 年 10 月 30 日	《进出境动植物检疫法》	2009 年 8 月 27 日修正	列 2	20 世纪 90 年代其他类别立法
1992 年 11 月 7 日	《矿山安全法》	2009 年 8 月 27 日修正	列 3	
1997 年 7 月 3 日	《动物防疫法》	2007 年 8 月 30 日修订，2013 年 6 月 29 日第一次修正，2015 年 4 月 24 日第二次修正	列 8	
2002 年 6 月 29 日	《安全生产法》	2009 年 8 月 27 日第一次修正，2014 年 8 月 31 日第二次修正	列 4	21 世纪 00 年代其他类别立法
2007 年 8 月 30 日	《突发事件应对法》	2007 年 11 月 1 日施行	列 11	

表 4-3 中，其他类别的立法共 8 部，其构成是：20 世纪 80 年代 3 部、20 世纪 90 年代 3 部、21 世纪 00 年代 2 部、21 世纪 10 年代 0 部。这个所谓的其他类别是指属于我国《环境保护法》中所列举的环境要素，是与社会安全、生产安全、矿山安全和突发事件应急有关的事项。在这类立法中，我国《文物保护法》可谓一枝独秀，经历过五次修正和一次修订；而与疫病、传染病和检疫防疫的法律也都有过修改的情形。这表明我国的社会安全也随着经济体制改革和进一步深化改革的进程，呈现出不安全因素增多和需要加强更大程度上安全能力提升的需求。

总而言之，在以2017年12月底为基准日的过去38年间，我国涉及资源管理人的立法数量众多，达到了45部的量化高度。而就类型化层面的构成来看，基本涉及所有的自然资源和环境要素，以及与环境保护、社会安全相关的领域。从这个意义上看，我国社会的在自然资源管理和环境保护方面的法治状况，呈现的特征是：（1）与时俱进，立法的节奏快。（2）法律数量庞大，但是，个别法律的原则性规定过多。（3）法律质量欠佳，这一点可以通过绝大多数法律经过修正、修订的“高频率”可以得到印证。（4）就法律本身的数量、内在质量和立法指导思想而言，其缺失也很明显，主要是体现在：①没有资源基本法，从而无法与生态安全有效衔接；②缺失生态安全基本法，“绿水青山就是金山银山”的理念，很难转化成人们的自觉行动，由此而言，我国《民法总则》第9条的“绿色原则”欠缺生态基本法的支撑；③我国亟待制定《灾害基本法》来统帅各个单行的环境要素保护的法律，以及各个单灾种的法律并继而形成社会主义核心价值观指导下的法治能力体系性的法律规范群。

第二节　资源管理人的生态宏观义务与微观义务

资源管理人的生态宏观义务，是指各级政府即中央政府和各级地方政府，基于属地管辖原则而承担的总的抽象的生态法定义务。这种义务在很多时候是与政府的生态管理职责、职能和责任联系在一起的，具有法定性、职能性和必然性。但因为这种义务宏观层面的，所以即使是法定的，但往往被大而化之地进行立法处理。比如，1983年我国有大约5万条河流，但是，在30年后的2013年，根据第一次全国水利普查的资料，其中2.8万条河流不见了。也就是说，随着我国人口与经济迅速的同步增长，国家经历了水资源严重减少，包括严重的过度使用和污染带来的生态困扰。由此而言，一些主要江河的“消失”与工农业毫无控制和不可持续的水资源攫取直接相关。我国河流消失的这些年，恰逢工业化、城市化迅速大发展的时期。不断发展的经济和社会，相应地造成水资源和各种能源的持续紧张。与此同时，水资源的管理不善，也使这种情况不断恶化。应当说，这与我国水资源管理人的管理义务过于宏观有直接的干系。我国主要水资源法律大都仅规定，为“大型”项目抽取地下水须经批准，而各种多如牛毛和各种路径的抽取地下水或向地下水中排放污染物的行为，却没有得到有效遏制。这种缺乏具体措施和操作细节的立法，必然导致全国范围的地下水超采并引发了饮水危机。例如，2007 年 5 月，无锡市太湖蓝藻大面积爆发，水源地梅梁湖的水质严重恶化，结果市民被逼抢购纯净水。此外，太湖流域的河道久无清淤、企业违法排污、农业面源污染严重，还有太湖水污染治理是流域性治理，必然牵涉流域内各城市、各方面的通力协作。然而，这种通力合作显然缺乏央地政府、地地政府之间协作的围观义务基础，因此，并不可行。

资源管理人的生态微观义务，是指通过我国《水法》将单位和个人这些水资源利用人的法定义务，通过具体的行政管理行为或者活动，转化成节约使用水资源，保障用水红线[①]不被突破的具体的生态法定义务。从这个意义上看，我国《水法》(1988) 共 7 章 53 条，其中第四章只讲“用水管理”，而第五章则为“防汛与抗洪”；而第 6 条规定“水污染防治”，即各单位应当加强水污染防治工作，保护和改善水质，各级政府应当依照水污染防治法的规定，加强对水污染防治的监督管理。显然，有些大而化之的规定的意思。在我国《水法》于 2002 年 8 月 29 日修订，对我国水资源的法律制度设计，进行重大调整之后，也改变了对于水的单纯开发利用的思

① 我国针对水资源短缺的现状，划定了用水总量红线，即到 2030 年不能超过 7000 亿立方米。每一个流域都有用水上限，超越了用水上限，就说明水资源的开发利用是不合理的。

路，强调节约用水和水资源的总体规划，以及水资源的配置和节约使用不能突破用水红线是其基本目标设计。

一、资源管理人生态安全义务配置

（一）生态稳定与可持续发展

生态环境能否得到有效保护、资源是否能合理利用，这关系着公民的环境权，影响着整个社会的可持续发展，政府必须成为履行生态安全义务的主体。在现代社会，人们普遍承认政府具有行政责任、国家责任。其中，行政责任是政府对社会秩序的有序进行所承担的责任，而生态保护关乎人类社会的发展，政府所承担的生态责任，虽然从某种意义上说也含有行政责任的内涵，但是，其更是一种长远的社会义务，在政府所需要承担的整个社会责任体系中，占有极其重要的地位。通过上一节的分析，政府作为资源管理人的合法性，以及履行生态安全义务的可行性和应然性已然明确，本节则是对资源管理人的生态安全义务进行具体的分析和说明。

"生态安全"是一个广泛的概念，其内涵是一个递进式的发展过程，而维持生态的稳定，以及环境的可持续发展，就处于保障生态安全的基础性地位，这也是资源管理人应当首先给予关注的。生态稳定与可持续发展，更多地表现为一种状态，即在生态中心伦理观的关怀下，整个生态环境呈现出一种有序、稳定和持续发展的态势。由动物、植物等有生命的存在物构成的生物环境，以及由空气、水源、土壤等非生命存在物构成的物理环境，共同组成了我们人类赖以生存的生物系统，而这些各项因素的和谐统一，就达到了生态稳定的状态。"生态系统遵循着物质循环、能量守恒和转化、生物新陈代谢和遗传变异等自然规律。在这些规律的作用下，地球上整个生物群落和物理环境之间的物质和能量交流，按一定格局，顺畅而又平稳地进行着”[①]，此即达到了一个生机勃勃具有可持续发展的生态系统。

1.“社会——经济——自然”复合系统。人类社会是一个复合的系统，其发展轨迹并非仅仅被某一个因素所左右，社会的发展趋势是一个逐渐推进的过程，表现最为明显的是在社会生产力的带动下经济系统的不断发展和完善。经济的发展，既意味着人类对自然界的开发不断加深、对资源的索取不断扩大，却也倚仗着自然能够给予足够保障经济活动持续进行的条件。

举个例子，我们的自然资源包括可再生资源与不可再生资源两类，生物资源大多属于可再生资源，而石油、天然气、珍稀矿产等多为不可再生资源。可再生资源虽然是短期内可以再生、可以循环使用，但是，也不意味着人类可以对此予取予求，据很多科学家和生物学家估计，“目前地球上每天有100多种物种濒临灭绝，1年就是5万种……毫无疑问，地球上正发生着6500万年前恐龙灭绝以来最大的物种灭绝事件”。“要让生命从人为引起的灭绝，恢复到正常至少需要1000万年的时间”。[②]而不可再生资源的更新，更是需要经历漫长的生物循环在一定阶段、一定地区和一定条件才能产生。人类对生态系统的开发，受到了资源周转率、时空间隔，以及开发方式等因素的限制，生态学的基本规律，决定了生态系统的稳定在结构上要协调，在功能上要在平衡的基础上，进行循环不已的代谢与再生。

2.可持续发展。可持续发展，是一个在人类过往历史上很少被注意的问题，前文已经论述过在很长一段时间，秉持着人类中心伦理观的思想，人们对于环境是充满了征服与索取欲望的，而可持续发展概念的完全是随

① 邱耕田、池小芳：《社会稳定离不开生态稳定》，载《福建论坛》（经济社会版）1992年第4期。

② [美] 戴斯·贾丁思：《环境伦理学》，林官明、林爱民译，北京大学出版社2002年版，第146页。

着近代环境问题的日益严重所带来的不利后果，而被提出和接受的。

（1）《寂静的春天》和《增长的极限》。1962年，美国海洋生物学家雷切尔·卡逊发表了《寂静的春天》一书。在这本书中，卡逊通过对人类创造的污染物的富集效应、迁移效应等的描写，揭示了人类活动同大气、土壤、河流、海洋、动植物之间的关系，以及人类活动所带来的污染对生态系统的影响。《寂静的春天》的发表在当时的环境学界，引起了不小的轰动，在世界范围内，引发了人类对传统行为和观念对环境带来的不良影响，而后，这些影响又会反过来制约人类发展。以麻省理工学院梅多斯为首的研究小组出具的研究报告《增长的极限》，更是针对西方长期流行的高增长理论进行了深刻的反驳，报告指出，由于世界人口增长、粮食生产、工业发展、资源消耗和环境污染这五项基本因素的增长方式，是指数增长而非线性增长，地球对人类活动的支撑力将会因为人口增长带来的粮食短缺，以及人类活动带来的环境破坏，于21世纪的某个时间达到极限，而人类以破坏生态平衡为代价所换来的经济增长，也将发生不可控制的衰退。《寂静的春天》和《增长的极限》以生动的描写和触目惊心的数据报告，向人类发出了警钟，也催生了可持续发展理论的产生。

（2）可持续发展:《我们共同的未来》。世界环境与发展委员会（WHED）在经过了3年多的研究和论证后，于1987年向联合国大会提交了研究报告:《我们共同的未来》。这份报告对于人们所关心的人口、粮食、物种和遗传资源、能源、工业和人类居住等方面，都进行了探讨，共分为“共同的问题”“共同的挑战”“共同的努力”三大部分。更为引人注目的是，它正式提出了“可持续发展”的定义：可持续发展是既满足当代人的需要，又不对后代人满足其需要的能力构成危害的发展。可持续发展关注的不是一时的发展，而是保证社会能够具有长期的持续性发展的能力。可持续发展关注了两个重点，首先要强调发展，社会需要发展、经济需要发展，但是，这种发展不能以牺牲环境为代价，人类社会需要的是一个长期的发展，而不是牺牲环境利益以换取眼前的经济增长。其次要对发展的需要进行“限制”，即发展要受到未来环境需要的能力构成危害的限制。也就是说，生态稳定与可持续发展，是一对具有统一性的概念，要获得可持续发展就必然要求整个生态环境是稳定的，人与自然是平衡的，而可持续的发展要求所需要满足的是环境可持续状态，确保生态的稳定性。

3. 资源管理人宏观义务与微观义务的转换。所谓义务转换，是指宏观抽象的法定义务，通过属地管理原则和具体的法律规范以及可操作的措施，而成为职能机构及其工作人员的具体职责和岗位义务的情形。应当说，这种转化机制的欠缺，是我国资源管理法和环境保护法等类型的法律立法时，普遍存在的一个问题。换句话说，我国《立法法》第 6 条在修改前，具体规定为“立法应当从实际出发，科学合理地规定公民、法人和其他组织的权利与义务、国家机关的权力与责任”。根本就没有提到适应社会发展的情况，于是 2015 年 3 月 15 日，我国《立法法》修改时，将第 6 条修改为:“立法应当从实际出发，适应经济社会发展和全面深化改革的要求，科学合理地规定公民、法人和其他组织的权利与义务、国家机关的权力与责任。”并增加了一款即“法律规范应当明确、具体，具有针对性和可执行性”为第 6 条第 2 款。虽然，这一条的修改只增加了“适应经济社会发展和全面深化改革的要求”以及第 2 款的内容，但是，这种修改对立法者而言，提出了史无前例的立法质量层面的要求。关键是，对资源管理人宏观义务即抽象义务转换成微观义务即具体义务，提供了法律具体依据。由此而言，我国《水法》的具体修改，就把节约用水义务，从原来的抽象义务转换成了“单位和个人有节约用水的义务”，这也就意味着，在这种微观义务的履行方面，再加上一些具体措施和监督机制层面的保障，那么，我国《水法》担负的节约用水、实现水资源的可持续利用，以及协调好生活、生产经营和生态环境用水等功能，就不难实现了。

需要强调的是，1979 年 2 月 23 日，我国《森林法（试行）》通过，其立法的思路基本正确，但是，却采用了宣言性的立法进入模式，即规定：森林是国家的重要资源，能够提供木材和各种林产品，满足国家经济建设和人民生活的需要；能够调节气候、涵养水源、保持水土、防风固沙，保障农业、牧业的发展；能够防治空气污染，保护和美化环境，增强人民身心健康。为了加快造林速度，加强森林保护管理，合理开发利用森林资源，特制定森林法（第 1 条）。这一条在 1984 年 9 月 20 日我国《森林法》修订后成为正式使用的法律中被改为“为了保护、培育和合理利用森林资源，加快国土绿化，发挥森林蓄水保土、调节气候、改善环境和提供林产品的作用，适应社会主义建设和人民生活的需要，特制定本法”。显而易见，资源管理人的宏观义务尚且还不清晰，比如规定，森林资源包括林木、竹子和林地，以及林区范围内的植物和动物。根据森林的不同效益，将森林划分为防护林、用材林、经济林、薪炭林和特种用途林 5 类（第 4 条）。又将林业建设实行以营林为基础、造管并举、造多于伐、采育结合、综合利用的方针（第 5 条），修改为“林业建设实行以营林为基础，普遍护林，大力造林，采育结合，永续利用的方针（第 5 条）”，显然原则大变。把“植树造林、爱林护林，是全国人民的光荣义务和权利。各地都要在每年植树节和各个适宜植树的时候，组织广大群众植树造林（第 7 条）”的规定，修改为“植树造林、保护森林，是公民应尽的义务。各级政府应当组织全民义务植树，开展植树造林活动（第 11 条）”。很明显，宏观义务转换成微观义务之后，落脚点到了公民和各地政府身上。尤其是我国《森林法》由试行转换成正式法律时，专门规定了国家对森林资源实行专门性保护性措施：（1）对森林实行限额采伐，鼓励植树造林、封山育林，扩大森林覆盖面积；（2）根据国家和地方政府有关规定，对集体和个人造林、育林给予经济扶持或者长期贷款；（3）征收育林费，专门用于造林育林；

（4）煤炭、造纸等部门，按照煤炭和木浆纸张等产品的产量提取一定数额的资金，专门用于营造坑木、造纸等用材林；（5）建立林业基金制度（第8条）。1998年4月29日我国《森林法》修正时，在保护措施中增加了一项内容，即“提倡木材综合利用和节约使用木材，鼓励开发、利用木材代用品”，并补充规定“国家设立森林生态效益补偿基金，用于提供生态效益的防护林和特种用途林的森林资源、林木的营造、抚育、保护和管理。森林生态效益补偿基金必须专款专用，不得挪作他用。具体办法由国务院规定”。可见，资源管理人的宏观义务向微观义务的转换，主要是通过立法活动，即法律的立改废活动，包括国务院制定具体的实施办法等方法实现的。

（二）先污染后治理：生态安全的后续问题

可持续发展是一种设计中的经济发展模式，在世界范围内都得到了重视和强调，也成为我国的一项基本国策。然而，社会中的主体，无论是企业还是个人，都不可避免地会为了获取更大的经济利益，或者生活便利而突破“可持续”的界限。在《我们共同的未来》中，科学家们得出的结论是：为了达到可持续发展，最好的经济增长模式是“零增长”模式。先不论“零增长”模式会不会被市场主体所接受，但是，即使是这种“零增长”模式，仍然会给我们的环境造成困扰。

例如，2014年国庆节期间，在天安门广场的升旗仪式结束后，现场观众遗留下了近5吨的生活垃圾，这样一个观礼的仪式，从经济学的角度上看，并没有为我们的GDP做出贡献，却造成了环境的污染。即使这个典型事例更多地与国民素质有关，但不可否认的是，在我们的日常生活中，几乎没有任何一项活动不会对环境造成一些不利的影响，车辆排放的汽车尾气、燃烧秸秆获取沼气、生活垃圾的产生，这些都表明了人类的存在对于环境本身而言就有一定的“致灾性”。当这种致灾性被带到经济活动中时则体现得更加淋漓尽致。

生态稳定与可持续发展固然是一种理想的状态，但是这种状态一旦被打破，我们就需要面对另外一个重要的议题：污染后的治理问题。为此，我们需要讨论生态稳定、可持续发展与污染后治理这三个生态安全的重要组成部分。政府作为资源管理人，具有履行生态安全义务的职责。生态稳定与可持续发展是相对应的概念，是政府可以做到的维护生态安全的最理想层面，而污染后治理则是在生态稳定这一理想状态被打破时，政府应该采取哪些措施使生态得以恢复到稳定状态。所以，在构建资源管理人的生态安全义务时，需要围绕维持生态安全的层面来考虑。

（三）厉行节约、节约用水与“河长制”

我国《宪法》第 14 条第 2 款明确规定：“国家厉行节约，反对浪费。”其实早在 1959 年 8 月 26 日，全国人大常委会做出的《关于调整 1959 年国民经济计划主要指标和开展增产节约运动的决议》就开宗明义强调，根据国家统计局对 1958 年农业产量的核实数字，考虑到上半年国民经济计划的执行情况和最近以来出现的大面积的严重水旱虫灾，批准将 1959 年国民经济计划原定的主要指标作出调整。[①] 调整以后的 1959 年国民经济计划，在全国人民轰轰烈烈地进一步展开增产节约运动的条件下，不但可以完成，而且有许多项目可能超额完成。会议号召全国各族人民，在中国共产党的领导下，抓紧今后的 4 个多月时间，千方百计地进一步开展增产节约运动，为完成和超额完成 1959 年国民经济计划而努力奋斗。应当说，专门为完成当年的国民经济计划而作出开展增产节约运动的决议，在共和

---

① 钢的产量为 1200 万吨（土钢除外）。煤的产量为 3.35 亿吨。粮食和棉花的产量在 1958 年的核实产量的基础上各增产 10%。其他指标也作了相应的调整。调整以后的 1959 年国民经济计划，仍然是一个继续跃进的计划。

国历史上非常罕见的。2008 年 4 月 1 日，我国颁行《节约能源法》，[①] 该法共有 87 条，内容包括第一章总则（第 1 ～ 10 条）、第二章节能管理（第 11 ～ 23 条）、第三章合理使用与节约能源（第 24 ～ 55 条）[②]、第四章节能技术进步（第 56 ～ 59 条）、第五章激励措施（第 60 ～ 67 条）、第六章法律责任（第 68 ～ 86 条）和第七章附则（第 87 条）。其中，第三章"合理使用与节约能源"规定的工业节能、建筑节能、交通运输节能、公共机构节能和重点用能单位节能究竟如何，社会公众并不知晓。根据《节约集约利用土地规定》[③] 的规定，各类有偿使用的土地供应应当充分贯彻市场配置的原则，通过运用土地租金和价格杠杆，促进土地节约集约利用（第 20 条）；县级以上地方国土资源主管部门可以依据国家有关规定，统筹开展农村建设用地整治、历史遗留工矿废弃地和自然灾害毁损土地的整治，提高建设用地利用效率和效益，改善人民群众生产生活条件和生态环境（第 31 条）。但是，纵使有这些规定，实际效果又怎样呢？

1988 年 11 月 30 日，经国务院批准，建设部发布《城市节约用水管理规定》（1989 年 1 月 1 日施行）。根据其规定，城市实行计划用水和节约用水（第 3 条）；各用水单位应当在用水设备上安装计量水表，进行用水单耗考核，降低单位产品用水量；应当采取循环用水、一水多用等措施，在

---

① 我国《节约能源法》由第八届全国人大常委会第 28 次会议通过；2007 年 10 月 28 日第十届全国人大常委会第 30 次会议修订；2016 年 7 月 2 日第十二届全国人大常委会第 21 次会议修正。

② 我国《节约能源法》第三章"合理使用与节约能源"有 6 节，即第一节一般规定、第二节工业节能、第三节建筑节能、第四节交通运输节能、第五节公共机构节能、第六节重点用能单位节能等。

③ 2014 年 3 月 27 日，国土资源部第 1 次部务会议通过《节约集约利用土地规定》（2014 年 9 月 1 日起施行），包括第一章总则、第二章规模引导、第三章布局优化、第四章标准控制、第五章市场配置、第六章盘活利用、第七章监督考评、第八章法律责任和第九章附则等，共 38 条。其中，第 2 条规定："本规定所称节约集约利用土地，是指通过规模引导、布局优化、标准控制、市场配置、盘活利用等手段，达到节约土地、减量用地、提升用地强度、促进低效废弃地再利用、优化土地利用结构和布局、提高土地利用效率的各项行为与活动。"

保证用水质量标准的前提下，提高水的重复利用率（第 13 条）。但是，囿于国人没有良好的节约用水的氛围，笔者不敢断言这个节水的部门规章能有多大的效用。理由是，我国《水法》修订时，把节约用水作为立法的基本理念加以规定，意图是把宏观意义上的资源管理人义务，转化成微观层面的义务。（见表 4–4）

表 4–4　我国《水法》中的资源管理人义务对比

水法 1988 年 1 月 21 日通过； 1988 年 7 月 1 日施行	水法 2002 年 8 月 29 日修订； 2002 年 10 月 1 日施行
第一章　总则　第 1~9 条 第二章　开发利用　第 10~23 条 第三章　水、水域和水工程的保护　第 24~29 条 第四章　用水管理　第 30~37 条 第五章　防汛与抗洪　第 38~43 条 第六章　法律责任　第 44~50 条 第七章　附则　第 51~53 条 共七章 53 条	第一章　总则　第 1~13 条 第二章　水资源规划　第 14~19 条 第三章　水资源开发利用　第 20~29 条 第四章　水资源、水域和水工程的保护第 30~43 条 第五章　水资源配置和节约使用　第 44~55 条 第六章　水事纠纷处理与执法监督检查　第 56~63 条 第七章　法律责任　第 64~77 条 第八章　附则　第 78~82 条；共八章 82 条
为合理开发利用和保护水资源，防治水害，充分发挥水资源的综合效益，适应国民经济发展和人民生活的需要，制定本法（第 1 条）	为了合理开发、利用、节约和保护水资源，防治水害，实现水资源的可持续利用，适应国民经济和社会发展的需要，制定本法（第 1 条）
水资源，是指地表水和地下水。在中国领域内开发、利用、保护、管理水资源，防治水害，必须遵守本法（第 2 条）	在中国领域内开发、利用、节约、保护、管理水资源，防治水害，适用本法。水资源，包括地表水和地下水（第 2 条）
水资源属于国家所有，即全民所有。农业集体经济组织所有的水塘、水库中的水，属于集体所有。国家保护依法开发利用水资源的单位和个人的合法权益（第 3 条）	水资源属于国家所有。水资源的所有权由国务院代表国家行使。农村集体经济组织的水塘和由农村集体经济组织修建管理的水库中的水，归各该农村集体经济组织使用（第 3 条）

续表

水法1988年1月21日通过；1988年7月1日施行	水法2002年8月29日修订；2002年10月1日施行
国家鼓励和支持开发利用水资源和防治水害的各项事业。开发利用水资源和防治水害，应当全面规划、统筹兼顾、综合利用、讲求效益，发挥水资源的多种功能（第4条）	开发、利用、节约、保护水资源和防治水害，应当全面规划、统筹兼顾、标本兼治、综合利用、讲求效益，发挥水资源的多种功能，协调好生活、生产经营和生态环境用水（第4条）
国家保护水资源，采取有效措施，保护自然植被，种树种草，涵养水源，防治水土流失，改善生态环境（第5条）	国家保护水资源，采取有效措施，保护植被，植树种草，涵养水源，防治水土流失和水体污染，改善生态环境（第9条）
国家实行计划用水，厉行节约用水；各级政府应当加强对节约用水的管理。各单位应当采用节约用水的先进技术，降低水的消耗量，提高水的重复利用率（第7条）	国家厉行节约用水，大力推行节约用水措施，推广节约用水新技术、新工艺，发展节水型工业、农业和服务业，建立节水型社会。各级人民政府应当采取措施，加强对节约用水的管理，建立节约用水技术开发推广体系，培育和发展节约用水产业。单位和个人有节约用水的义务（第8条）
在开发、利用、保护、管理水资源，防治水害，节约用水和进行有关的科学技术研究等方面成绩显著的单位和个人，由各级政府给予奖励（第8条）	在开发、利用、节约、保护、管理水资源和防治水害等方面成绩显著的单位和个人，由人民政府给予奖励（第11条）
国家对水资源实行统一管理与分级、分部门管理相结合的制度。国务院水行政主管部门负责全国水资源的统一管理工作。国务院其他有关部门按照国务院规定的职责分工，协同国务院水行政主管部门，负责有关的水资源管理工作。县级以上地方政府水行政主管部门和其他有关部门，按照同级政府规定的职责分工，负责有关的水资源管理工作（第9条）	国家对水资源实行流域管理与行政区域管理相结合的管理体制。国务院水行政主管部门负责全国水资源的统一管理和监督工作。国务院水行政主管部门在国家确定的重要江河、湖泊设立的流域管理机构（简称流域管理机构），在所管辖的范围内行使法律、行政法规规定的和国务院水行政主管部门授予的水资源管理和监督职责。县级以上地方政府水行政主管部门按照规定的权限，负责本行政区域内水资源的统一管理和监督工作（第12条）。国务院有关部门按照职责分工，负责水资源开发、利用、节约和保护的有关工作。县级以上地方政府有关部门按照职责分工，负责本行政区域内水资源开发、利用、节约和保护的有关工作（第13条）

从表 4-4 中可以看出，我国《水法（2002）》的规定从立法思路上进行了调整，主要是:（1）水资源规划，即第二章第 14 ～ 19 条，规定了 5 条内容;（2）第四章“用水管理”调整成第五章“水资源配置和节约使用”即第 44 ～ 55 条共 12 条，强调节约用水;（3）第五章“防汛与抗洪”调整成第六章“水事纠纷处理与执法监督检查”即第 56 ～ 63 条共 8 条，强调水事纠纷的处理和执法监督问题。修订后的立法，强调节约用水，主张大力推行节约用水措施，推广节约用水新技术、新工艺，发展节水型工业、农业和服务业，建立节水型社会，实现水资源的可持续利用，水污染和水害标本兼治，协调好生活、生产经营和生态环境用水，建立节约用水技术开发推广体系，培育和发展节约用水产业。并指出了“单位和个人有节约用水的义务”，国家须对水资源实行流域管理与行政区域管理相结合的管理体制，国家须就重要江河、湖泊设立流域管理机构等。除此之外，新增加的规定也不少，即（1）县级以上政府应当加强水利基础设施建设，并将其纳入本级国民经济和社会发展计划（第 5 条）。（2）国家鼓励单位和个人依法开发、利用水资源，并保护其合法权益。开发、利用水资源的单位和个人有依法保护水资源的义务（第 6 条）。（3）国家对水资源依法实行取水许可制度和有偿使用制度。但是，农村集体经济组织及其成员使用本集体经济组织的水塘、水库中的水的除外。国务院水行政主管部门负责全国取水许可制度和水资源有偿使用制度的组织实施（第 7 条）。（4）国家鼓励和支持开发、利用、节约、保护、管理水资源和防治水害的先进科学技术的研究、推广和应用（第 10 条）。

2016 年 12 月 11 日，中办、国办印发《关于全面推行河长制的意见》（以下简称《河长制意见》），强调水资源和河湖管理保护是一项复杂的系统工程，涉及上下游、左右岸、不同行政区域和行业。因此，一些地区在探索河长制[①]的基础上，由党政领导担任河长，依法依规落实地方主体责任，协调整合各方力量，有力促进水资源保护、水域岸线管理、水污染防治、水环境治理等工作。实行“河长制”的目的是贯彻绿色发展理念，以保护水资源、防治水污染、改善水环境、修复水生态为主要任务，构建一种责任明确、协调有序、严格监管、保护有力的河湖管理保护机制，实现河湖功能的有序利用，提供制度的保障。全面建立“河长制”，关键是做到三个“一”，即（1）要有一个具体的工作方案。该方案要把《河长制意见》提出的工作目标进一步细化、实化。包括本地“河长制”的主要任务、组织形式、监督考核、保障措施等内容，并且要明确全省的总河长由谁担任，省内主要河流的河长由谁担任，要明确各项任务的时间表、路线图和阶段性目标。为此，首先就要求省市县都要出台具体的工作方案。（2）要有一个完善的工作机制。“河长制”主要是要突出地方党委政府的主体责任，强化部门之间的协调和配合，要有一套完善的工作机制，要明确一个牵头部门，要有一个河长办。此外，须明确相关的成员单位，同时明晰各个部门之间的分工，落实工作责任，搭建一个有效的工作平台。（3）要有一套管用的工作制度。全面推行“河长制”需要一套完整的制度体系，包括河长会议制度、信息共享制度、公众参与制度、监督检查制度、验收制度和考核问责与激励制度等一系列制度，总之，必须要有一套完整管用的制度。[②]

由此观之，“河长制”在本质上就是将我国《水法》《水污染防治法》

---

① 河长制是落实绿色发展理念、推进生态文明建设的内在要求，是解决我国复杂水问题、维护河湖健康生命的有效举措，是完善水治理体系、保障国家水安全和落实属地责任，建立长效机制的一种制度创新。

② 国新办《〈关于全面推行河长制的意见〉政策解读》，载国新网，http：//www.scio.gov.cn/34473/34515/Document/1535410/1535410.htm，最后访问日期：2018 年 2 月 21 日。

《河道管理条例》[①]《淮河流域水污染防治暂行条例》[②]等法律法规中的宏观义务，转换成为微观义务的一种桥梁型的制度，让严格的考核成为这种转换的灵魂。“河长制”严格考核的重点在于要解决好三个问题：（1）要解决好考核谁的问题。《河长制意见》规定县级及以上的河长负责组织对相应河湖的下一级河长进行考核，就是谁考核谁的问题，这在《河长制意见》中规定得非常清晰。（2）要解决考核什么的问题。主要是考核“河长制”的推行情况。《河长制意见》规定的六大任务[③]是否落实，原来是黑臭的水体，在推进“河长制”一段时间后，其治理是不是见到实效了。由于各个地方河湖面临的主要问题各不相同，有的地方河湖面临的是侵占水域面积的问题，有的面临的是排污量大，污染比较厉害的问题。所以，各个地方要根据实际情况来制定具体的考核办法，考核办法要体现问题导向。（3）解决考核结果怎么用的问题。《河长制意见》提出要把“河长制”的考核结果作为地方党政领导干部综合考核评价的一个重要依据，上一级组织部门对下一级组织部门的领导干部要考核，“河长制”是一个重要的依据。如果造成生态环境损害的，要严格按照有关规定追究相关责任人的责任，也就是追究河长的责任。[④]解决好这三个问题，是“河长制”实施过程中，把宏观义务变成微观义务的关键所在。

---

① 我国《河道管理条例》于1988年6月10日由国务院发布；2011年1月8日修订。包括第一章总则、第二章河道整治与建设、第三章河道保护、第四章河道清障、第五章经费、第六章罚则和第七章附则，共51条。

②《淮河流域水污染防治暂行条例》于1995年8月8日由国务院发布，并于2011年1月8日修订，共43条。

③ 河长的6大任务是：（1）加强水资源保护；（2）加强河湖水域岸线管理保护；（3）加强水污染防治；（4）加强水环境治理；（5）加强水生态修复；（6）加强执法监管。参见《关于全面推行河长制的意见》，其中，主要任务是（5）～（10）。

④ 国新办《〈关于全面推行河长制的意见〉政策解读》，载国新网，http：//www.scio.gov.cn/34473/34515/Document/1535410/1535410.htm，最后访问日期：2018年2月21日。

二、资源管理人的生态宏观义务

（一）资源管理人的生态规划义务

资源管理人的生态宏观义务，主要表现为政府作为生态安全义务履行体系中的主导者，怎样维持生态安全，以向社会提供有序、良好和可持续的生态环境的保障义务。笔者认为，政府的生态宏观义务，从政府的属地管理义务人、职责承担人和生态责任人的角度看，主要包括生态规划义务与生态管理义务两个方面，具有浓厚的政治与政策色彩。我国《国家安全法》第40条第2款规定："地方各级政府依照法律法规规定管理本行政区域内的国家安全工作。"对于资源管理方面的义务，我国《水法》第30条规定："县级以上政府水行政主管部门、流域管理机构以及其他有关部门在制定水资源开发、利用规划和调度水资源时，应当注意维持江河的合理流量和湖泊、水库以及地下水的合理水位，维护水体的自然净化能力。"该法第36条规定：在地下水超采地区，县级以上地方政府应当采取措施，严格控制开采地下水。在地下水严重超采地区，经省、自治区、直辖市政府批准，可以划定地下水禁止开采或者限制开采区。在沿海地区开采地下水，应当经过科学论证，并采取措施，防止地面沉降和海水入侵。这也是宏观义务的体现，即坚持空间管控、分类防治、生态优先，统筹生产、生活、生态空间管理，划定并严守生态保护红线，维护国家生态安全。建立系统完整、责权清晰、监管有效的管理格局，实施差异化管理，分区分类管控，分级分项施策，在提升精细化管理水平的基础上，坚持履职尽责、社会共治。即建立严格的生态环境保护责任制度，合理划分中央和地方环境保护事权和支出责任，落实生态环境保护"党政同责""一岗双责"的原则。与此同时，还要落实企业环境治理主体责任，动员全社会积极参与生态环境保护。激励与约束并举，政府与市场"两手发力"，形成政府、企业、公众共治的环境治理体系。[①] 只有这样，资源管理人的生态宏观义务才能落到实处。

1. 行政权力标准化管理。需要强调的是，上海市从2017年开始，就开始实施行政权力标准化管理制度，即（1）目录管理。效能建设单位实施的行政权力，应当纳入上海市行政权力目录统一管理。（2）业务手册。效能建设单位应当编制行政权力业务手册，确定行政权力的行使标准，并按照业务手册规定作出行政决定。（3）办事指南。办事指南应当明确受理申请的条件、要求以及相关材料等内容，并向社会公开。对符合办事指南要求的申请，效能建设单位应当受理。（4）网上办事。按照业务手册动态调整、升级和改造部门业务系统，推进网上预审，探索网上告知、公示、查询、反馈等网上服务方式。（5）数据共享。效能建设单位之间应当依法共享管理数据，取消或者简化需要管理相对人提供的重复的材料或者表式，降低行政管理成本。（6）监督检查。市、区编办应当就效能建设单位的行政权力标准化管理实施情况，建立监督检查制度，及时发现和纠正违法或者不当的行为。效能建设单位行使行政权力，应当兼顾行政行为目的和管理相对人权益保护，加强成本效益分析，优化方案、方式。行政权力行使的效率高低，在效能建设单位行使行政权力，应当依法优化程序，精简环节，缩短时限，为公民、法人和其他组织提供方便、快捷的服务，[②] 以使资源管理人的生态宏观义务顺利转化成微观义务。

“生态规划是实现生态系统的动态平衡、调控人与环境关系的一种规划方法”。[③] 生态规划应建立在充分了解规划区内的各种社会因素与自然因素的基础上，其目的是实现整个区域的可持续发展与良性循环，实现整

---

① 《“十三五”生态环境保护规划》（2016年11月24日），第二章指导思想、基本原则与主要目标；第二节基本原则。

② 《上海市政府效能建设管理试行办法》（2017年5月15日）第19~21条。

③ 汪家权：《生态规划：解决环境危机、摆脱城市困境的根本方法》，载《绿色视野》2009年第10期。

体优化。生态规划义务是资源管理人的必要义务，且只有由资源管理人来完成这一义务，生态规划才能具有可行性与可操作性。资源管理人掌握着国家各生态区域最完整的数据，包括污染值、水土流失程度、植被覆盖率等，同时，其拥有的行政强制权能够保证针对每个特定区域的特定环境保护措施，能够最大限度地得以实施。我国幅员辽阔，国土面积居世界第三，拥有多种地形地貌，这也对政府提出了更高的要求。

2. 划分功能区——因地制宜。划分功能区是履行生态规划义务的首要步骤。现代生态规划的奠基人麦克哈格就曾经指出，“生态规划是在通盘考虑了全部或多数因素，并在无任何有害或多数无害条件下，对土地的某种用途进行规划和设计，确定最适宜的利用”。划分功能区前，资源管理人应当先完成以下工作：（1）生态调查。调查的主要内容应包括：规划区内的地形地貌、气候、水源、绿化、植被覆盖率、人口密度、产业结构与布局、污染程度等。（2）生态分析与评价。通过生态调查获取的数据对区域内的生态情况进行整合和分析，对区域内环境情况进行评价，为生态规划提供最直观的依据。划分功能区的重点在于：明确各功能区的环境特点，对于生态脆弱、污染严重等地区，限制或严禁开发。规划义务作为一种宏观性的、前瞻性的义务，因其划分功能区囊括了前期进行的调查、分析和评价工作，故该义务的履行是资源管理人履行其他规划义务的前提。

3. 土地利用总体规划义务。生态规划义务的另一个重要组成部分是进行土地规划。土地是整个环境要素中最重要的要素之一，我们的生产、生活、工作、学习都需要依赖着土地而进行。我国《土地管理法》第三章就专门设立规范土地利用总体规划制度，该法第 17 条第 1 款明确规定：“各级人民政府应当依据国民经济和社会发展规划、国土整治和资源保护的要求、土地供给能力以及各项建设对土地的需求，组织编制土地利用总体规划。”这是关于资源管理人土地利用规划义务的法律来源。为了阐述该项义务，我国《土地管理法》还规定，各级人民政府拥有土地总体规划的审批权，而土地行政主管部门则负有进行土地调查和土地统计的义务。土地利用总体规划义务，并不是政府单纯地对其辖区的土地进行规划，而是必须要结合该地区的不同生态环境状况进行，例如，耕地占有率、沙漠化程度等。我国《土地管理法》第19条列举了资源管理人在履行土地利用总体规划义务时应当遵守的原则，包括保护基本农田、提高土地利用率、占用耕地与开发复垦地相平衡等。

4. 自然资源规划。自然资源即是环境要素，也是生态圈的重要组成部分，对于整个社会来说都具有极其重要的战略意义，可持续发展的一个重要议题就是自然资源的可持续利用。诚然，在进行自然资源规划时都应当以科学、合理利用自然资源，维持生态圈的自然资源持续供给力为原则，但如同土地利用规划一样，自然资源规划亦要结合每个具体的生态功能区，因地制宜地进行。我国《森林法》第24条第1款规定："国务院林业主管部门和省、自治区、直辖市人民政府，应当在不同自然地带的典型森林生态地区、珍贵动物和植物生长繁殖的林区、天然热带雨林区和具有特殊保护价值的其他自然林区，划定自然保护区，加强保护管理。"可见，自然资源规划本身，也是确认政府作为资源资源管理人所应当履行的义务的一种立法技巧。

（二）资源管理人的生态管理义务

1. 外在管理——制度构建。生态管理义务是资源管理人生态宏观义务的又一个重要组成部分，规划义务是先期义务，即先规划各生态区及其特点，提出相应的保护措施，为管理义务中各项法规、制度的制定提供参数与实际资料。而管理义务则是保障将资源管理人的生态安全义务转化成真正的环境福祉的倚仗。狭义的生态管理义务观认为，"生态管理义务是制定生态治理环境建设的各项法规、制度、措施、标准等，使生态义务个体可以在规定的界限范围内行动”。[①] 健全、完善的生态法律制度是生态安全的必要保障。在我国，拥有资源管理人身份的主体上至中央政府下至各区县的环保局，作为一个义务主体的整体，其拥有行政法规、地方性规章以及各种规范性文件的制定权，宏观上的生态管理义务。从制度层面出发，要求资源管理人在生态规划的基础上，因地制宜，制定生态保护的各项规范。

笔者查阅了 2008 ～ 2013 年《四川省人民政府工作报告》对政府下一年度工作的主要工作安排，发现每一年都会提出政府应当履行的生态保护义务。其中，2008 年的表述为“切实加强能源资源节约和生态环境保护”；2009 年的表述为“提高资源节约利用水平，增强可持续发展能力”；2010 年的表述为“强化节能减排和生态建设，努力实现可持续发展”；2011 年的表述为“加强节能减排，提高生态文明水平”；2012 年的表述为“做好节能减排工作，加强生态环境建设”；2013 年的表述为“加强生态建设，不断推动可持续发展”等。并且，还从资源管理人的角度确切地提出了各项措施应当达到的目标，如在 2013 年的四川省政府工作报告中就提出，“突出重点区域造林，改造低产低效林 200 万亩，增加森林面积 170 万亩、森林蓄积 1600 万立方米，森林覆盖率提高到 35.5%。加快生态文明示范片区建设，深化城乡环境综合治理”。而如何将这些数据与提出的目标落到实处就需要资源管理人制定具体的环境保护措施，同时，在整个社会生活中要形成以政府为主导，企业和公民积极参与的环境保护机制。[②]

2. 生态法律意识：法律制度的内在控制。对于资源管理人而言，其生态管理义务从宏观层面来讲，不应当仅仅局限于对生态法规、制度等的制定，还应当将生态法律意识的传播纳入其义务范围。“法律意识直接来源

① 李武斌等：《生态义务制的内涵与框架设计》，载《资源科学》2013 年第 1 期。

② 同上。

于法律这一特殊的社会现象，是法的内容、法的形式和法的精神在人们头脑中的反应或映象”。[①]生态法律意识是指每个人都应自觉地遵守生态法律保护的各项规定，不因为某个人或者某个组织的利益而破坏整体的生态利益。培养法律意识比设定法律义务更考验政府生态安全义务的履行，但在实现效果上，让整个社会群体中普遍的个体都具备生态保护的意识比仅仅设定单纯的法律义务更有利于生态安全的保护。资源管理人的生态宏观义务，体现为为了保护生态的稳定与可持续发展，让社会中的企业和公民都具有普遍的生态保护法律意识，并划分各个生态区域，制定相应的管理政策的义务。

3. 生态微观义务的实际履行。以四川省为例，四川省的生态环境状况，不仅关系自身的长远发展，也关系长江、黄河中下游地区经济社会发展和生态安全。因此，四川省在面临十分严峻的生态环境形势与挑战的背景下，在 21 世纪前期的十余年来，全省上下紧紧围绕“建设长江上游生态屏障”战略目标，以“建设生态省”为载体，大力开展生态环境保护和建设，取得了相当突出的成绩，表现在：大力加强总量减排和污染防控工作，环境污染对生态系统的压力有所减轻；大力加强森林恢复与保育，森林生态系统的稳定性和服务功能显著提高；切实加强河流湖库保护，河流生态系统正在向好的方向转化；重点区域生态创建实现突破，全省经济社会发展的生态化趋势明显。

为此，2011 年 9 月 28 日，“四川省生态保护暨城市生态建设现场会”在凉山州西昌市召开，全省 14 个县级市的市长、21 个市州的环保局局长共同与会，探讨新形势下进一步加强四川全省生态保护和城市生态建设工作的同时也就西昌市提出的“工业强州，开放兴州，生态立州”战略，着力打造邛海国际重要湿地，建设长江上游生态屏障的经验进行了研讨。应

---

① 李步云、刘士平:《论法与法律意识》，载《法学研究》2003 年第 4 期。

当说，西昌邛海国际湿地的保护性开发与恢复性维护结合的成功经验，为四川全省的生态保护，起到了良好的交流示范作用。不过，四川省在长江流域的金沙江段，是否已经完全把资源开发利用与生态微观义务的实际履行，完全落到了实处，尚待进一步考察。

三、资源管理人的生态安全微观义务

（一）生态规划建设义务

资源管理人的生态微观义务，从一定程度上说也就是政府对生态安全需要履行的具体的行政职能，即资源管理人为了维护生态的稳定与可持续发展所要采取的行政管理措施。这里的行政管理措施，不同于上文的生态管理义务。生态管理义务是从宏观的方面上探讨的，属于政府对社会所应当承担的管理义务的一个分支，与政府的教育管理义务、经济管理义务等具有同一的层次性。

生态安全行政管理义务，则是资源管理人为维持生态稳定与可持续发展，而应当做出的各项具体的行政执法保障措施，即保障各项环境立法中关于生态安全的规定能够得以施行的义务。我国《环境保护法》第 10 条，规定了环保主管部门对环境的监管职责，赋予了环境保护主管部门、地方政府以及海洋、港务、渔政等特殊环境监管部门的监督管理职责。然而，遗憾的是，我国现在并没有出台一部真正意义上的生态法，即使在 1989 年就公布施行了《环境保护法》，之后又陆续出台了各种自然资源保护法，以及各类污染防治法，却始终没有一部综合性的规范生态安全的法律面世，即没有一部真正意义上的生态法。所以，要探讨资源管理人的生态安全义务，只能从一些现有的规定及学界的普遍观点入手。

笔者在阐述资源管理人的生态安全微观义务时，依然是以生态环境恢复为基本逻辑顺序的，即首先介绍维护生态稳定与可持续发展的发针，继而介绍生态遭到破坏后如何恢复到生态稳定状态。在这一部分，笔者将结合四川省的具体州市资源管理人的行政管理义务履行情况进行研究说明，从实际案例出发就更有说服力。生态规划建设义务不同于生态规划义务，前者是后者的落实和具体化过程。生态规划，要求依照一定的标准将国土划分成不同的生态区，制定相应的政策予以保护，具有全局性、宏观性和规划性等特点。同时，生态规划建设义务亦不同于生态建设义务。国内大部分学者认为，生态建设是作为一定区域背景下，为解决生态退化和环境破坏政策而采取的一系列人为干预活动的统称，含有生态恢复与重建的意思。[①]由于资源管理人的生态恢复与重建义务将在下文中具体阐述，故此处生态规划建设义务将不包含生态建设本身。

所谓资源管理人的生态规划建设义务，是指资源管理人在生态规划的基础上，为了维护各个功能区的生态稳定与可持续发展，而采取相应的保护措施，包括水土保持、防止荒漠化、草原建设、生态农业建设、自然资源保护等，其着重点在于预防与维护。

1. 自然资源保护义务。自然资源不仅具有重要的经济价值，而且，对整个生态系统具有重要的服务功能价值。曹明德在《生态法新探》一书中指出，“一般来说，自然资源的生态系统服务功能价值往往高于其经济价值。自然资源本身也是生态要素，是生态系统的重要组织部分”。[②]公共信托理论中的一个重要理论支撑，就是政府作为托管人对自然资源的管理义务，且这种管理义务应是妥善合理的，笔者将着重介绍资源管理人保证自然资源合理使用义务和保护生物多样性义务两项。

（1）保证自然资源合理使用义务。自然资源的合理使用，是在保证自然资源实现其经济价值的同时，不影响其在生态系统中的自我调节与恢复

① 程国栋、张志强、李锐：《西部地区生态环境建设的若干问题与政策建议》，载《地理科学》2000 年第 6 期。

② 曹明德：《生态法新探》，人民出版社 2007 年版，第 248 页。

能力。无论是可再生资源还是不可再生资源，保证其合理、有序地被使用和开发都是保证生态圈的承载力的必要条件。随着经济的不断进步，社会中的企业对资源的供求量会越来越大，特别是对石油、天然气还有珍稀矿产等战略物资的索求。我国《矿产资源法》第3条第2款规定："国家保障矿产资源的合理开发利用。禁止任何组织或者个人用任何手段侵占或者破坏矿产资源。各级人民政府必须加强矿产资源的保护工作。"四川省2013年《政府工作报告》中，在关于政府下一年的工作安排部分也提到了要提高资源综合利用水平；支持节能低碳产业和新能源、可再生能源发展；加强水源地保护和用水总量管理，推进工业节水和水循环利用等。国家发改委公布的《西部地区重点生态区综合治理规划纲要（2012～2020年）》指出，四川省米易县、盐边县、北川羌族自治县等58个县，共计30.5万平方千米的地区，应被划入重要森林生态功能区；阿坝县、若尔盖县、红原县3个县共2.9万平方千米的地区，应被划入青藏高原红河水源涵养区。除此之外，四川省的攀枝花市也是重要的钢铁产区。丰富的自然资源集聚地，需要政府采取更多的保护措施来维护自然资源的合理使用。可见，保证自然资源合理使用义务只有首先由当地政府来承担，才有可能得到很好的履行。

（2）维护生物多样性义务。物种的灭绝是一个自然而然的现象，每一个物种从诞生以来也就开始了其灭绝过程。但是，现在人类对于自然资源的非可持续性的利用行为，引发了严重的生态系统失衡，让地球上的生物以前所未有的速度在消失。在维护生物多样性方面的内容，更多应该隶属于下文中即将提到的社会中的"资源利用企业的义务"，毕竟，气候、天然林消失、捕杀等原因是造成物种灭绝的重要驱动因素。但是，政府作为各类资源利用企业的监管人，可以通过宏观手段调节社会中企业的结构，干预企业的生态资源利用行为，推动企业开展节能减排、禁止捕杀珍稀动植物，开展可持续利用型生产经营行为等措施，切实维护生物的多样性。

应当说，对于许多生产型企业来讲，其生产与经营行为不能触及生物多样性保护的底线，不能以生态系统的稳定性丧失以及生态资源的保护义务不履行为条件。也就是说，维护生物多样性，遵守国内法和国际生物多样性公约，应当是我国企业从事生产经营行为的重要内容。

2. 水土保持义务。笔者在 2008 ～ 2013 年四川省人民政府的《政府工作报告》看到，几乎每一年的报告都会提到退耕还林、退牧还草、防沙治沙、石漠化防止等生态安全义务尤其是水土保持义务的履行措施，而这些措施的采取，也几乎都是围绕整个省的水土保持工作展开的。水土保持义务的履行，应建立在生态规划义务履行的基础上，确定每一个流域或者区域的水土流失在生态系统中的潜在危险、现实危险。从而，对水土资源的保护，作出整体部署和专项部署，使相关义务的设定和履行体系化、措施化和常规化。

3. 污染防治义务。资源保护与污染防治是生态保护的两个基本方面，环境污染主要包括水污染、大气污染和土壤污染三个大的方面，换句话说，环境污染当中，各种污染物几乎都是通过水、大气等介质而产生并加以扩散的。由于这些环境介质都具有流动性的特点，也就造成了环境污染的广泛性、交叉性和危害潜伏性等特点。资源管理人对于不同的环境污染形式，应当采取不同的防治措施。例如，在大气污染方面，2013 年 9 月 10 日，国务院出台的有关“大气十条”的行文通知中，对政府防止大气污染的职责就有一定的阐述。比如，在减少污染物排放中就提出了整治燃煤小锅炉、加快重点行业脱硫、脱硝、除尘改造工程建设、推进挥发性有机物污染治理。同时，对面源污染、移动源污染防治都提出了建议措施；在面源污染防治中，积极推进绿色施工、扩大城市建成绿地规模、严禁建设工程施工敞开式作业；在移动源污染防治中，着重对机动车提出了限制。

资源管理人的污染防治义务，应当结合环境污染的流域性、区域性等特征来履行，对污染流域的防治进行联控联防。资源管理人的生态规划建设义务，不是一个一个单独的组成部分，而是相互统一，相互促进的资源管理人的生态规划义务是一个综合性的、交叉性的概念。例如，保护天然林的义务，既保护了自然资源，又保护了天然林中的物种资源，同时，对于当地的水土保持也是必要的。

（二）资源管理人环境影响评价义务

环境影响评价制度是现在世界范围内被广泛纳入环境法或生态法范畴的基本制度之一。“环境影响评价”这一概念，最早是在 1964 年加拿大召开的一次国际环境质量评价的学术会议上，被学者们提出来的。[①] 从法律制度层面来看，美国 1969 年《国家环境政策法（NEPA）》则是第一次把环境影响评价作为政府在环境管理中所需要遵循的一项法律制度，继美国之后，瑞典、澳大利亚、法国、荷兰、英国、日本等国家也相继确立了环境影响评价制度。[②] 我国的《环境影响评价法》是 2002 年 10 月 28 日第九届全国人民代表大会常务委员会第 30 次会议通过的，该法规定了我国环境影响评价的两个基本方面，即规划的环境影响评价和建设项目环境影响评价。

1. 规划的环境影响评价义务。我国《环境影响评价法》最大的突破点是将政府规划纳入环境影响评价范围。虽然早在我国《环境保护法》中就已经有了“环境影响报告”条款，但是《环境保护法》针对的范围仅仅限于建设项目，而没有涉及政府规划本身。将政府规划纳入环境影响评价义务，不仅是必要的，而且也是应当的。这样做既可以保证将政府规划对生态环境的不利影响进行缩减和调控，让个别地方政府“乱舞的手”受到法律控制。而且，这一义务本身，也是联系资源管理人生态宏观义务与微观

---

① 马骧聪：《环境资源法》，北京师范大学出版社 1999 年版，第 100 页。

② 汪劲：《环境影响评价程序之公众参与问题研究——兼论我国〈环境影响评价法〉相关规定的施行》，载《法学评论》2004 年第 2 期。

义务的重要纽带。规划的环境影响评价制度，是从国外战略环境评价制度中抽离出来的。

所谓“战略环境评价”，是指进行某项重大活动（如经济发展政策规划、重大经济开发计划等）之前，事先对该活动可能给环境带来的影响进行评价，由法定评价主体依照法定程序对法律规定范围内的有关经济发展的政策、规划、计划等战略活动及其替代方案的环境影响进行正式的、系统的和综合的评价，以查明或判定该拟议进行的活动是否符合我国环境资源保护的要求，并在此基础上，得出该活动是否可以实施的建议或结论，或者在诸替代方案中选出经济上可行、对环境的不利影响最小的实施方案，并对可能产生的环境影响提供或设计可行的预防补救措施。[①] 所以，战略环境评价是一个几乎涵盖了所有政府宏观活动环境影响评价，以及替代方案等概念的综合性制度。而我国现行的规划的环境影响评价制度仅仅规定了一部分政府规划的环境影响评价，且并没有提出替代方案的概念。现在，国内很多学者都就规划的环境影响评价制度的完善，提出了自己的观点。

笔者认为，政府生态安全义务本身，是一个外延和内涵都比较周密的概念，现行的规划环境影响评价制度，没有纳入设区的市级以下地方人民政府和有关部门的综合规划和专项规划环境影响评价，确实是一个不大不小的遗憾。

（1）资源管理人规划的环境影响评价编制义务。规划的环境影响评价主要是针对资源管理人本身的各项规划，包括土地、区域、海域利用的综合规划和工业、农业、畜牧业、城市建设、自然资源开发等专项规划。政府本身就是这些规划的制定者和执行者，环境影响评价制度的原则，就是把经济建设与生态环境保护协调起来，防止人类活动对生态环境造成污染

① 李爱年等:《中美战略环境影响评价制度的比较研究》，载《时代法学》2004 年第 1 期。

和破坏。资源管理人作为规划主体，其承担环境影响评价主体的身份，决定了其对自己做出的规划必须进行环境影响评价。我国《环境影响评价法》第7～8条规定了资源管理人在做出综合规划时，“应当在规划编制过程中组织进行环境影响评价，编写该规划有关环境影响的篇章或者说明”，在进行专项规划时，则应当“组织进行环境影响评价，并向审批该专项规划的机关提出环境影响报告书”。可见，资源管理人规划的环境影响评价编制义务是清晰明确的。

（2）资源管理人规划的环境影响报告书审批义务。由于我国《环境影响评价法》仅仅规定了专项规划的环境影响报告书的审批制度，而没有规定综合规划的环境影响评价审批制度，在综合规划中，也仅仅是提到政府在进行综合规划时，“应当”编写环境影响篇章，而没有提及出具报告书等义务。环境影响报告书审批义务，经常被学者们称为“政府或环保部门的环境影响报告审批权”，因为在规划的环境影响报告书审批中，审查意见是决策的重要依据，而在建设工程的环境影响报告书或报告表、登记表的审批中，未经审查批准，建设单位甚至不能开工建设。但是，这种审批需要按程序按规定进行，审查规划草案，应当先组成审查小组，参加审查小组的专家产生也有着明确的程序。审查并不是走过场，环境影响报告书的编制主体与审查主体都是政府，只是层级关系不同，政府规划往往对环境可能实施的改造具有更加深刻的影响，其更需要将审批作为一种义务。

2. 建设项目的环境影响评价审批义务。建设项目的环境影响评价制度由来已久，且与“三同时”制度的衔接与促进，是我国环境法长期讨论的一个话题。事实上，建设项目的进行，既关系到对土地的利用、城市绿化建设问题，又关系到建筑灰尘、噪音污染等排放与控制，所以，原则上建设单位在进行每一个建设项目时，都应该出具环境影响评价文件。按照建设项目对环境影响的程度，可以将这些环境影响评价文件，区分为环境影响报告书、环境影响报告表和环境影响登记表等形式。资源管理人对建设项目的环境影响评价审批义务，从概括意义上来讲，其实在区分各建设项目需要出具哪些文件时，就已经开始了。由于每一种环境影响评价文件应当包括的内容不一样，需要审核的简易程度也不不同，因而建设单位和环境影响评价文件的编制主体，受到各种各样的主客观因素的影响，往往不能正确把握这个度，此时，资源管理人就应该履行其监督和核定的义务。随后，对环境影响评价文件的审批、重审，都应当按照法律规定的程序进行，此后的跟踪、检查也是这种审批义务的延续和后续保障范畴。

（三）生态破坏后治理与恢复义务

对于生态安全维护来说，无论是资源管理人的生态规划建设义务，还是环境影响评价义务，都是着重于生态危机的预防与生态系统维持的。但是，一旦生态稳定被打破，生态遭到了破坏，就需要资源管理人履行生态安全义务的另一个重要方面，即生态破坏后治理与恢复义务。理论上，生态稳定的状态一旦被打破，想要重新回复到原来的状态十分困难，维护生态安全本身，就是资源管理人的义务。出现生态破坏，本身就表明，资源管理人在履行预防义务时，没有尽到足够的“受托人”职责。生态破坏发生的原因是多种多样的，某一地区生态功能的退化，也有可能受多种因素的综合影响，但综合起来说，无外乎两种大的因素：自然因素和人为因素。其中，自然因素包括地震、火山爆发、泥石流、海啸、台风等，这些因素多为突发性灾害，可在短时间内对生态系统造成毁灭性的破坏，导致生态系统发生根本的逆转而且较难预防。除了自然因素对生态破坏的驱动外，人为活动往往起着主导性的诱发作用，人类的活动通常会加速生态退化的进程，将潜在的生态破坏转化为生态破坏，例如，乱砍滥伐、过度放牧、围湖围海、排放温室气体等。[①] 资源管理人对于生态破坏的恢复义务，

---

① 曲向荣:《环境生态学》，清华大学出版社 2012 年版，第 219 ~ 222 页。

主要应包括植被恢复义务、土壤恢复义务、污染治理义务等，下文主要介绍植被恢复义务与污染治理义务。

1. 资源管理人植被恢复义务。资源管理人的植被恢复义务，源于生态破坏中的植被破坏，包括森林植被破坏、草地退化和水生植被破坏等。[①]2012 年四川省人民政府的《政府工作报告》在总结 2011 年全省工作时提到："推进重点生态工程建设，完成营造林 808 万亩，退牧还草围栏建设 1200 万亩，治理沙化土地 6.5 万亩，新增森林面积 175 万亩、森林蓄积 1450 万立方米，森林覆盖率 35.1%。" 2012 年的工作目标是："深入实施重点生态工程，完成营造林 600 万亩，治理沙化土地 6.5 万亩，增加森林面积 175 万亩、森林蓄积 1450 万立方米。强化水土保持预防监督管理，综合治理水土流失 2000 平方千米。继续推进生态县（市、区）和生态工业园创建活动。" 可见，在省级政府层面，资源管理人的植被恢复义务，是被深度认同的。四川西部由于受特定的自然地理因素影响，多为高山峡谷地貌，地质构造柔软，是滑坡泥石流多发地，又因为板块运动的关系，地震也时有发生，加之人类活动的影响，森林采伐、过度放牧、旅游开发加剧了区域的水土流失，导致川西的干旱河谷地区生态破坏严重，[②] 从而植被恢复义务的履行，也障碍重重。特别是经过 "5 · 12" 汶川大地震后，笔者 2013 年到九寨沟途经汶川、松潘等地时，看到当地的土壤侵蚀严重、山高坡陡、岩体松散，生态环境恶劣的状况明显。所以，四川省政府在川西实施了包括天然林资源保护工程、退耕还林工程、天然草场恢复工程在内的多个生态环境治理工程，这是建立生态省的一个重要任务，也是川西生态环境建设的一项重要任务。

因此，资源管理人在川西地区的植被恢复义务，可以通过退耕还林、

---

① 曲向荣:《环境生态学》，清华大学出版社 2012 年版，第 222 ～ 224 页。

② 王金锡:《四川西部干旱河谷的生态环境与退耕还林》，载《四川林业科技》2001 年第 1 期。

封山育林、规范资源开发等方式进行。要注意：（1）退耕还林应区分干热河谷、干暖河谷和干温河谷的具体地理特征，选取适宜该地生长和种植的植被。（2）封山育林是植被恢复的最有效方法。历史上，川西的干旱河谷大部分地区都是有着良好的植被覆盖的，岷江河谷多为岷江森林，所以在纯自然环境条件下，让植被通过自然的演替形成是生态恢复的有效途径。（3）干旱河谷由于多为高山峡谷地区，蕴含有丰富的自然资源，盛产虫草、藏红花、乌木等，区内更有我国的钢铁基地——攀枝花，其植被恢复义务植被恢复义务履行的具体方法虽有不同，但是目标是一致的。规范资源的开发和利用，通过国家手段规范当地的资源开发和利用，以及经济结构转型，保障经济与环境的协调发展，是在植被恢复义务履行的基础上，把生态安全的根扎牢。所以，除了退耕还林、封山育林和规范资源开放等方式，防止过度放牧、过度开放旅游资源，也是川西地区生态恢复的重要途径。

2. 资源管理人污染治理义务。我国在改革开放初期，为了获得经济的长足发展，长期贯彻着“先污染，后治理”的经济——环境发展观，经济获得巨大动力的同时却以牺牲环境为代价，土地荒漠化、植被减少、水质污染、大气污染等第二环境问题愈演愈烈，恶劣的生态环境到最后却又反过来制约经济的发展，乃至危害人们的身体健康和生命安全。时至今日，在科学发展观与可持续发展等思想几乎得到全民认同的情况下，仍然会出现大量的第二环境问题。例如，近几年屡屡在各大城市出现的PM2.5爆表的霾灾事件，使不少工业企业停止运作，甚至造成人群中呼吸系统发病率明显攀升。由此而言，污染环境不是权利，合法排污也是导致霾灾和各种环境问题的根源之所在。

四川盆地地区雨雪较多，空气潮湿，大气环流受制于盆地地形。其东部紧接重庆工业区，四周地势较高，一旦大气严重污染，则空气中的污染源就难以排出。此外，四川全省河流众多且流域面积广大，但是在河流流经的地区，水电的梯级开发过度，因此，大量的污染型生产企业聚集在四川盆地，大气污染、生态恶化和水旱灾害频繁发生，甚至发生过诸如沱江污染事件等重大环境污染事故。这说明四川盆地虽然有“天府之国”的雅号，但是资源管理人的法律义务一旦履行不到位，照样会发生各种各样的生态危机。所以，资源管理人对于污染治理义务的履行，应当投入更多的精力。2012 年四川省人民政府的《政府工作报告》关于 2013 年的政府工作规划部分，提出要“重点抓好大气、水体、重金属、机动车尾气、危险化学品、固体废物、农村面源污染防治，对二氧化硫、化学需氧量、氨氮、氮氧化物排放实行总量控制，确保完成国家下达的年度减排目标。加快污水处理厂、垃圾焚烧和处理场及配套设施建设。加强危险废物、持久性有机污染物防治。”要“落实岷江、沱江流域跨界断面水质超标资金扣缴制度，开展出川断面区域环境综合整治。加强饮用水水源保护管理。深化城乡环境综合治理，实施环境优美示范工程，推进环保模范城市创建活动”。其言之凿凿，决心之明确是可以期待的。不过，客观地说，在社会没有对人的致灾性形成基本共识之前，由于存在制度末端低效用的现象，所以，资源管理人如何有效地把各种政策、制度和规范层面的义务及其履行，变成现实的客观事实，尤其是遇到生态环境恶化势头则是任重道远的，不是只在政府工作报告当中说说就能实现的。

第三节　资源管理人生态安全义务设计、内容及履行条件

前文分别论述了资源管理人的生态安全义务来源，并从宏观和微观方面阐述了资源管理人的生态安全义务。政府义务的设计不同于其他义务，

政府拥有强大的国家行政权，管理着国家的日常事务，其义务来源于国家责任理论中的“国家权力”，通过权力行使的方式加以行使，故环境行政权在资源管理人生态安全义务履行中占有很重要的位置。对资源管理人生态权力的行使与理解，关乎资源管理人生态安全义务体系的构建。所以，下面的分析将主要围绕资源管理人生态安全义务的制度设计展开，着重建立一个以环境行政权为依托，以环境行政公益诉讼为履行监督方式的资源管理人义务履行体系。

在“大气十条”的措施部分，笔者认为最为重要的有以下三点：（1）建立区域协作机制。即建立京津冀、长三角区域大气污染防治协作机制，由区域内省级政府和国务院有关部门参加，协调解决区域突出环境问题，组织实施环评会商、联合执法、信息共享、预警应急等大气污染防治措施，通报区域大气污染防治工作进展，研究确定阶段性工作要求、工作重点和主要任务。（2）分解目标任务。国务院与各省（区、市）政府签订大气污染防治目标责任书，将目标任务分解落实到地方政府和企业，将重点区域的细颗粒物指标、非重点地区的可吸入颗粒物指标作为经济社会发展的约束性指标，构建以环境质量改善为核心的目标责任考核体系。①（3）实行严格责任追究。对未通过年度考核的，由环保部门会同组织部门、监察机关等部门约谈省级人民政府及其相关部门有关负责人，提出整改意见，予以督促。对因工作不力、履职缺位等导致未能有效应对重污染天气，干预、伪造监测数据和没有完成年度目标任务的，监察机关要

---

① 根据国务院制定考核办法的规定，每年初要对各省（区、市）上年度治理任务完成情况进行考核；2015 年进行中期评估，并依据评估情况调整治理任务；2017 年对行动计划实施情况进行终期考核。考核和评估结果经国务院同意后，向社会公布，并交由干部主管部门，按照《关于建立促进科学发展的党政领导班子和领导干部考核评价机制的意见》《地方党政领导班子和领导干部综合考核评价办法（试行）》《关于开展政府绩效管理试点工作的意见》等规定，作为对领导班子和领导干部综合考核评价的重要依据。

依法依纪追究有关单位和人员的责任，环保部门要对有关地区和企业实施建设项目环评限批，取消国家授予的环境保护荣誉称号。[①] 可见，资源管理人生态安全义务设计和内容，都可以通过建立区域协作机制、分解目标任务来进行，而其严格责任追究的措施，是其义务履行的基本条件。

一、资源管理人环境行政权：生态安全义务履行的必要保障

（一）环境行政权的界定

资源管理人的生态安全义务几乎涉及生态权范围内的所有问题，资源管理人的生态安全义务源于国家责任理论。“公共信托论”对环境权和资源管理人生态安全受托义务的产生，也都起着驱动作用。公共信托论的另外一层重要含义即是政府受全体人民所托管理环境时所必须被赋予环境行政权，行使环境行政权是资源管理人履行生态安全义务的必要前提：资源管理人履行生态规划义务，首先就必须赋予其生态规划的行政管理权；资源管理人履行生态管理义务，就必须保证其有环境许可权、环境处罚权、责令企业限期治理等权利；资源管理人履行环境影响评价义务，也需要以环境影响评价文件的审批权限。所以，资源管理人生态安全义务设计中的重要一环，就是资源管理人环境行政权的行使。

环境行政权是政府行政权的一个分支。关于行政权的定义，我国学者存在不同的观点。有学者认为：“行政权是指由国家或其他行政主体担当的执行法律，对行政事务主动、直接、连续、具体管理的权力，是国家权力的组成部分。”[②] 也有学者认为：“行政权是指国家行政机关执行国家法律、

① 根据《大气污染防治行动计划》的规定：“八、建立区域协作机制，统筹区域环境治理”的内容包括建立区域协作机制、分解目标任务、实行严格责任追究。

② 应松年、薛刚凌：《论行政权》，载《政法论坛》2001 年第 4 期。

政策、管理国家内政外交事务的权力。”[①]无论哪种观点，都表示行政权是行政主体在一国范围内，行使行政管理职能的权力，其范围具有广泛性；而环境行政权则是特定的机关（环境行政主管部门）依据法律规定，对特定的领域（环境管理）行使环境监督管理职能的权力，其目的是保障环境公益。

值得注意的是，环境行政权并不是资源管理人从一开始就拥有的，其内涵是一个从无到有，从小到大的过程。例如，在新中国成立初期，我国在政府层面甚至一度没有专门的环境保护行政主体，自然也没有环境行政权的概念。直到1972年，北京市成立“官厅水库办公室”，这才意味着中华人民共和国第一个环境保护政府职能部门的诞生。到今天为止，已经形成从区、市、省到中央的环境保护职能部门纵向系统，并有海洋、港务、渔政等专门领域的环境管理负责机构辅助配合。同时，也形成以环境许可权、环境行政处罚权、环境行政决定权等一系列行政权力为组成部分的环境行政权。

（二）资源管理人环境行政权的内容

无论是在环境保护法，还是在各种自然资源保护法、污染防治法中，都有资源管理人对该领域的环境保护享有监督管理权力的条款。其中，最常见的也是在行政法中最常见的两种形式表达方式：即以“行政许可”与“行政处罚”来表现政府职能部门的环境行政权。

1. 环境行政许可权。环境行政许可权，是源于环境行政许可制度的行政权力。环境行政许可制度，是我国环境保护法律制度的基本组成部分之一，是指环境保护行政机关对公民、法人或者其他组织提出的从事对环境有害或者可能有害活动的申请时，依据法律的规定，准予其进行该特定活

① 姜明安：《行政法与行政诉讼法》，北京大学出版社、高等教育出版社1999年版，第61页。

动的法律制度。[①] 资源管理人最经常行使行政许可的权利范围包括：有限自然资源的开发利用、公共资源配置、特定行业的市场准入以及排污许可等。比如，我国《水污染防治法》第 21 条就规定了水污染防治中的排污许可制度。根据该条的规定，"直接或者间接向水体排放工业废水和医疗污水以及其他按照规定应当取得排污许可证方可排放的废水、污水的企业事业单位和其他生产经营者，应当取得排污许可证；城镇污水集中处理设施的运营单位，也应当取得排污许可证"。我国《矿产资源开采登记管理办法》第 3 条规定了采矿许可证制度，要求企业在开采矿产资源时，必须获得矿产主管部门的审批登记，并取得采矿许可证，才能利用即采挖矿产资源。环境行政许可权的行使，能够对社会中的各项改造环境活动，起到有效的监督管理作用。同时，其权力行使的正当合法与否，关系着整个社会的生态利益。对企业生产机构应过程中的环境排污量、资源开发等排污许可证的颁发，决定着自然资源的利用与配置的污染性后果的社会承受，是否能够在环境容量和社会公众健康的许可范围之内。也就是说，并不是社会中的每个个体，都有权利向水体、空气中排放污染物。矿产、森林等自然资源的开采权只能授予少部分有能力开采的特殊社会主体，而这种赋权可能会影响到整个社会中每个人获得良好生活环境或者受到环境安全庇护的环境权。

根据"共有财产说"，自然资源是全体人民的共有财产，既然资源管理人受托管理，则必须要保证其管理是妥善而合理的，环境行政许可就是一种特殊的环境管理方式。由于现代企业的发展、机器的运作必然要利用自然资源并产生废渣废水，此时就应当由政府出面规范这些有害于环境的企业活动，通过行政许可的形式保证经济与环境的平衡和协调。

2. 环境行政处罚权。环境行政处罚权是在资源管理人环境行政权中

① 朱文玉:《我国环境行政许可制度的缺陷及其完善》，载《学术交流》2006 年第 1 期。

占比颇大的一项权力。其中，资源管理人在行使环境行政权时的自由裁量权，更是为学者们所广泛探讨。资源管理人的环境行政处罚权，是指资源管理人对于违反环境保护法律规范而应当承担行政责任的单位和个人，给予惩罚措施的权力。根据环保部2010年发布的《环境行政处罚办法》的规定，环境行政处罚的种类包括警告、罚款、责令停产整顿、责令停产、停业、关闭等七种基本类型，以及法律、行政法规设定的其他行政处罚种类。一项环境行政处罚的作出，需要经过立案、调查取证、审查、告知、听证、处理等法定程序，即使是简易程序也需要办理一定的手续。行政处罚其本身的特殊性要求，在对行为人作出不利的处罚决定时，需要考虑的因素是多方面的，毕竟行政处罚是行使以国家强制力为后盾，并对行为人产生不利后果的行政处断权力的表现形式。

（三）资源管理人的环境行政权与生态安全义务履行

资源管理人的环境行政权是履行生态安全义务的必要前提，只有通过行政权力的行使才能最大化地履行义务。在授予环境行政许可时需要举行听证会，而不能只是主管部门单方面地做决定。大部分学者认为，环境行政权力的产生是因为市场作为“看不见的手”，在任由其单纯地调节经济活动中的企业污染物排放和资源开发利用活动时，对资源利用和污染排放都会因为其具有的任意性，而对生态造成不良的后果。这就需要资源管理人出面组织规范企业活动，将一些特殊行业的准入权和污染物的排放权在合法的前提下授予某些市场主体。资源管理人的行政权力源于国家对生态安全的管理义务，是不能放任市场主体改造环境活动的必然演变，故从这种意义上来说，环境行政权与生态安全义务是相互统一的关系。

例如，在水资源管理方面，“河长制”的核心目标之一就是将落实责任首先确定在细化责任上，“水十条”发布后，环保部门做的第一件事就是与各省签订目标责任书，把水污染防治行动计划中的目标任务、工作分工细化到地方。地方又参照国家的做法进一步细化到各个市县，细化到基层，使每一级党委政府，每一个治污的责任主体都承担相应的责任。按照中央的统一部署，环保部正在推进中央环境保护督察工作，对照各自的责任检查落实情况并进行相关问责。只要按照国家的有关法律法规，依照"水十条"的具体要求，把任务细化，通过"河长制"这样一个非常好的创新制度，进行良好的运转，再加上督察问责工作，各种水污染防治行动计划一定会逐步落到实处。[①] 前文提及环保部对2016年全国各省的"水十条"落实情况的考核就是如此，确实起到了资源管理人的环境行政权正确行使与生态安全义务全面履行督促的积极作用。

二、资源管理人生态安全义务履行监督

（一）资源管理人生态安全义务履行监督

如果从理性状态上来讲，资源管理人受国家责任影响，必定要受托范围内妥善地行使环境行政权、履行生态安全义务。但是，必须考虑的是，资源管理人的生态安全义务要依靠政府部门中的行政人员进行，因此也就必须考虑资源管理人中的行政人员，在某些情况下，能否合理地处理环境事务的情况。所以，在资源管理人履行生态安全义务时如何进行监督，在其不妥当地履行生态安全义务时如何追究其责任就成为了一个重要的议题。对于资源管理人生态安全义务的设计，还应当考虑的就是在义务履行过程中监督体制的构建与完善。前文已经述及环境行政权与生态安全义务的统一关系，故对于义务的监督，也不妨从环境行政执法监督角度开始阐述。司法层面的介入，即环境行政公益诉讼，有利于形成多层次的监督体系。

1. 环境行政执法内部监督。行政体制的内部监督，是指资源管理人通

① 国新办《〈关于全面推行河长制的意见〉政策解读》，载国新网，http：//www.scio.gov.cn/34473/34515/Document/1535410/1535410.htm，最后访问日期：2018年2月21日。

过内部机制，对其生态安全义务的履行以及行政执法的实施情况进行的监督。现阶段，我国在环境保护部门内部并没有设定统一的监督机构，对于环境行政执法的监督，更多的是通过行政法中所谓的“条块管理”进行，即环境保护部门的工作，受本级人民政府以及上级环境保护行政机关领导和管理。这种层面的内部监督，在更大程度上是一种行政意义上的，而非具体工作意义上的监督管理。

由于内部监督以国家权力为后盾，上级机关同时拥有着行政处分权与任免建议权，所以，这种履行监督实际是一种意义很深远的监督。但是，由于上下级环境行政机关，以及环境保护部门与同级政府在实际工作交往中，往往已经达成了某种默契，导致单纯通过内部监督调整资源管理人的生态安全义务履行的正确与否收效甚微。①

2. 生态安全义务履行中的公众参与。所谓公众参与，是指社会群体、社会组织、单位或个人作为主体，在权利义务范围内有目的的社会活动，其目的多表现在对某一事物的共同维护和处理。② 具体到资源管理人生态安全义务履行中，公众参与是指社会公众有权通过一定的程序和途径参与资源管理人做出的与公众环境权益相关的决策活动，以保障资源管理人在生态安全义务履行过程中做出的行政管理行为符合广大公众的切身利益和需要。这种公众环境安全感的存在是生态安全义务承担与履行的基础。否则，容易出现《什邡困局》这样的反映公众安全意识危机的事件。③

---

① 郑志强:《环境行政执法监督不力迫切要求问责制的完善》，载《中共山西省委党校学报》2010年第2期。

② 茜坤、夏少敏、闫献伟:《论环境行政的公众参与》，载《环境科学与管理》2008 年第 7 期。

③《什邡困局》是中央电视台 2014 年 6 月 7 日《新闻调查》栏目播出的一期节目的标题。2012 年 7 月 3 日，什邡事件发生时，原什邡市委书记李成金讲话说:“由于前期宣传工作不到位，造成了群众对该项目的不了解、不理解、不支持。针对群众当前的诉求，经市委、市政府研究决定: 坚决维护群众的合法权益，鉴于部分群众因担心宏达钼铜项目建成后，会影响环境，危及身体，反应十分强烈，决定停止该项目的建设，什邡今后不再建设这个项目。”对此，有网友评价说:“什邡没有困局，有困局的只是市委市政府，没有找到问题源头，才是困局之解的所在！”

公众参与表现在资源管理人在做出一项抽象行政行为时，应当在生态规划建设前召开听证会、网上收集群众意见、许多群众代表出席排污标准制定等方面；在做出具体行政行为时，如准许企业大规模开采林木、矿产或者准许企业排放对人体健康有重大潜在危险的污染物时，应当征求该区域内的民众的意见，做到让社会公众知情，并积极参与，把社会公众的健康意识和环境健康诉求，当成可持续发展的重要基础，加以认真考虑。

3. 环境行政公益诉讼。针对资源管理人的具体环境行政行为，行政相对人有异议时可以提起行政复议还可以提起行政诉讼，但无论是行政复议还是行政诉讼，提起的对象都被限定为行政相对人。而当资源管理人履行生态安全义务做出不恰当的行政行为，行政相对人又没有提起行政复议或行政诉讼时，环境行政公益诉讼的监督作用就显得尤为重要了。

例如，在进行环境影响评价时，因为行政机关的疏忽，在项目没有达到标准的情况下，审批建设工程的环境影响评价，此种情况下，作为行政相对人的建设单位，自然是不会对此有异议的。但是，这项建设工程的开工却会给附近造成扬尘、噪声等污染，附近居民却没法通过有效途径维护自己的合法权益，对资源管理人的审批行为进行监督。所以，环境行政的公益诉讼制度尤为重要。

遗憾的是，目前在我国的法律制度层面，仍然没有关于行政公益诉讼的条款，立法层面在确立行政公益诉讼上，对于行政权与司法权的平衡有所考虑，而学界关于原告资格的问题，也没有达成一个统一的认识。在美国，依据“私人检察长”理论，在面对资源管理人的不当行为时认为，公民个人、法人团体，可以作为公共权力的代表，而不再是私主体，去提起环境公益诉讼，当然这种诉讼，是包括环境行政公益诉讼，也包括环境民事公益诉讼。[①] 作为判例法国家的美国通过判例的方式从起初的“法律权

① 吕忠梅:《环境公益诉讼辨析》，载《法商研究》2008 年第 6 期。

利原则”发展到“事实损害原则”来确定环境行政公益诉讼的原告资格，如NGO等组织。作为大陆法系的代表国家，德国于2002年修改《联邦自然保护法》，该法案指出，以保护自然环境的法规不以保护个人利益为目的，对自然和景观的保护，是为了服务于社会整体而不是单个个体。对违反自然与景观保护的行政决定或不作为，个人缺乏诉诸司法的能力为理由，[①]即否定了个人作为环境行政公益诉讼原告的可能性，而赋予了环境团体以环境行政公益诉讼的诉权。在我国，不少学者赞同将检察机关作为环境行政公益诉讼的法定原告，也有人认为赋予“大地之友”“中华环保联合会”等环保组织原告资格更加适宜。我国《环境保护法》的修订，已经为这些环保组织开展环境公益诉讼创造了条件。

笔者认为，先不论将检察机关作为环境行政公益诉讼的原告，是否存在理论上与环境保护技术上的问题，即使是在诸如美国这些检察理论发达的国家，尚只通过“私人检察长”理论来论证个人和团体提起环境公益诉讼的合理性问题，我国距离赋予检察机关以诉权，还有很长的路要走。可是，无论是检察机关还是社会团体抑或是另外的监督机构，环境行政公益诉讼都应该被尽快提上议程，否则，对于资源管理人生态安全义务履行监督的设计，都是不完善的。需要注意的是，在整个履行监督体系中，内部监督与公众参与更多的是体现在资源管理人生态安全义务的履行过程中，即事中监督。而环境行政公益诉讼，则是在资源管理人违法履行生态安全义务后的责任追究，是一种事后监督。

（二）资源管理人生态安全义务履行的行政监察

所谓行政监察，是指在行政系统中设置的专司监察职能的机关，对行政机关及其工作人员以及国家行政机关任命的其他人员的行政活动以及行

① 沈百鑫：《德国环境法中的司法保护》，载《中国环境法制》2011年第1期。

政行为，所进行的监督检查活动。根据我国《行政监察法》的规定，行政监察的宗旨是保证政令畅通，维护行政纪律，促进廉政建设，改善行政管理，提高行政效能（第1条）；监察机关是人民政府行使监察职能的机关，依照本法对国家行政机关及其公务员和国家行政机关任命的其他人员实施监察（第2条）；县级以上地方各级政府监察机关的监察对象：（1）本级政府各部门及其公务员；（2）本级政府及本级政府各部门任命的其他人员；（3）下一级政府及其领导人员。县、自治县、不设区的市、市辖区政府监察机关还对本辖区所属的乡、民族乡、镇政府的公务员，以及乡、民族乡、镇政府任命的其他人员实施监察（第16条）。监察机关对监察对象执法、廉政、效能情况进行监察，履行下列职责：（1）检查国家行政机关在遵守和执行法律、法规和人民政府的决定、命令中的问题；（2）受理对国家行政机关及其公务员和国家行政机关任命的其他人员违反行政纪律行为的控告、检举；（3）调查处理国家行政机关及其公务员和国家行政机关任命的其他人员违反行政纪律的行为；（4）受理国家行政机关公务员和国家行政机关任命的其他人员不服主管行政机关给予处分决定的申诉，以及法律、行政法规规定的其他由监察机关受理的申诉；（5）法律、行政法规规定由监察机关履行的其他职责。监察机关按照国务院的规定，组织协调、检查指导政务公开工作和纠正损害群众利益的不正之风工作（第18条）。可见，资源管理人生态安全义务履行的行政监察，是有具体的规范可依的。

2017年11月4日，全国人大常委会作出《关于在全国各地推开国家监察体制改革试点工作的决定》，决定在全国各地推进国家监察体制改革试点工作。即（1）在各省、自治区、直辖市、自治州、县、自治县、市、市辖区设立监察委员会，行使监察职权。将县级以上地方各级政府的监察厅（局）、预防腐败局和人民检察院查处贪污贿赂、失职渎职以及预防职务犯罪等部门的相关职能整合至监察委员会。[①]（2）监察委按照管理权限，对本地区所有行使公权力的公职人员依法实施监察；履行监督、调查、处置职责，监督检查公职人员依法履职、秉公用权、廉洁从政以及道德操守情况，调查涉嫌贪污贿赂、滥用职权、玩忽职守、权力寻租、利益输送、徇私舞弊以及浪费国家资财等职务违法和职务犯罪行为并作出处置决定；对涉嫌职务犯罪的，移送检察机关依法提起公诉。为履行这些职权，监察委员会可以采取谈话、讯问、询问、查询、冻结、调取、查封、扣押、搜查、勘验检查、鉴定、留置等措施。（3）在试点工作中，暂时调整或者暂时停止适用我国《行政监察法》和《刑事诉讼法》第3、18、148条，[②]以及检察机关对直接受理的案件进行侦查的有关规定，以及《人民检察院组织法》第5条第2项，[③]《检察官法》第6条第3项，[④]《地方各级人民代表

---

① 监察委员会由本级人民代表大会产生。监察委员会主任由本级人民代表大会选举产生；监察委员会副主任、委员，由监察委员会主任提请本级人民代表大会常务委员会任免。监察委员会对本级人民代表大会及其常务委员会和上一级监察委员会负责，并接受监督。

② 我国《刑事诉讼法》第3条规定："对刑事案件的侦查、拘留、执行逮捕、预审，由公安机关负责。检察、批准逮捕、检察机关直接受理的案件的侦查、提起公诉，由人民检察院负责。审判由人民法院负责。除法律特别规定的以外，其他任何机关、团体和个人都无权行使这些权力。人民法院、人民检察院和公安机关进行刑事诉讼，必须严格遵守本法和其他法律的有关规定。"第19条第1款规定："刑事案件的侦查由公安机关进行，法律另有规定的除外。"第150条规定："公安机关在立案后，对于危害国家安全犯罪、恐怖活动犯罪、黑社会性质的组织犯罪、重大毒品犯罪或者其他严重危害社会的犯罪案件，根据侦查犯罪的需要，经过严格的批准手续，可以采取技术侦查措施。人民检察院在立案后，对于利用职权实施的严重侵犯公民人身权利的重大犯罪案件，根据侦查犯罪的需要，经过严格的批准手续，可以采取技术侦查措施，按照规定交有关机关执行。追捕被通缉或者批准、决定逮捕的在逃的犯罪嫌疑人、被告人，经过批准，可以采取追捕所必需的技术侦查措施。"

③ 我国《人民检察院组织法》第20条规定："人民检察院行使下列职权：（一）依照法律规定对有关刑事案件行使侦查权；（二）对刑事案件进行审查，批准或者决定是否逮捕犯罪嫌疑人；（三）对刑事案件进行审查，决定是否提起公诉，对决定提起公诉的案件支持公诉；（四）依照法律规定提起公益诉讼；（五）对诉讼活动实行法律监督；（六）对判决、裁定等生效法律文书的执行工作实行法律监督；（七）对监狱、看守所的执法活动实行法律监督；（八）法律规定的其他职权。"

④ 我国《检察官法》第6条规定："检察官的职责：（一）依法进行法律监督工作；（二）代表国家进行公诉；（三）对法律规定由人民检察院直接受理的犯罪案件进行侦查；（四）法律规定的其他职责。"

大会和地方各级人民政府组织法》第59条第5项关于县级以上的地方各级政府管理本行政区域内的监察工作的规定。其他法律中规定由行政监察机关行使的监察职责，一并调整由监察委员会行使。[①]应当说，改革之后的监察委，一定能成为资源管理人生态安全义务履行的行政监察效率的开创者。比如，上海市就制定了地方法规性文件，规范行政机关的效能。具体要求包括：（1）效能建设单位行使行政权力，应当兼顾行政行为目的和管理相对人权益保护，加强成本效益分析，优化方案、方式。（2）效能建设单位行使行政权力，应当依法优化程序，精简环节，缩短时限，为公民、法人和其他组织提供方便、快捷的服务，提升行政权力行使的效率。（3）效能建设单位应当建立和完善内部议事和决策制度，规范行政决策的公众参与、专家论证、风险评估、合法性审查、集体讨论决定等法定程序，做到科学决策、民主决策和依法决策，降低决策成本，提高决策效率。（4）行政机关应当建立和健全行政规划的管理制度，按照经批准的行政规划实施行政管理。非经法定程序，行政规划不得随意调整。（5）效能建设单位对于有限自然资源的开发利用、特许和专营权的授予、有额度和指标限制事项的取得、公共资产的配置、资源交易平台的建立等，应当采用招投标、拍卖、挂牌、专营权转让、租赁、承包等市场机制或者其他管理方式，以提升公共资源配置的效用性。[②]应当说，上海市的这些做法，与行政监察体制改革结合之后，毫无疑问会产生良好的社会效果。

（三）资源管理人生态安全义务缺失之法律责任

在我国，每部环境方面的法律法规，都会用专章来规定法律责任。虽

---

①《全国人民代表大会常务委员会关于在全国各地推开国家监察体制改革试点工作的决定》，2017年11月4日。

②《上海市政府效能建设管理试行办法》（2017年5月15日）第20~24条。

然这些法律责任，更多的是针对企业或个人等特定主体违反法律规定所应当承担的一种责任。但是仍然有关于资源管理人不妥善履行义务，或行使权力时所应承担责任的规定。我国《环境影响评价法》第35条规定了违法批准环境影响评价的资源管理人的法律责任："环境保护行政主管部门或者其他部门的工作人员徇私舞弊、滥用职权、玩忽职守，违法批准建设项目环境影响评价的，依法给予行政处分；构成犯罪的，依法追究刑事责任。"《环境保护法》第45条也规定有环保监管人员的渎职责任条款。由此观察，对于资源管理人生态安全义务之法律责任，一般应当包括行政处分、刑事责任两种形式。

行政处分，是指行政机关内部对其工作人员不妥善履行职责所进行的处分，根据我国《公务员法》的规定，公务员的处分分类包括警告、记过、记大过、降级、撤职和开除6种，而在我国《刑法》中，同样以专章规定了渎职罪，其中，第408条就规定了环境监管失职罪。无论是行政处分还是刑法的规定都是针对资源管理人内部的工作人员个人的，如果一项环境决定的做出，是整个环境保护部门失职所导致的，却又缺乏相关的追责规定，那么当这项决定对生态环境造成恶劣影响时，比起相关人员受到处分、刑法的追责，可能更加需要的是物质上的赔偿。在日本，就曾经有过政府作为赔偿主体，向环境受害人支付巨额赔偿的先例。无论何时，无论在何种情况下，以国家财政为保障的政府赔偿，都比行为人的赔偿要更加有效和安全，特别是在资源管理人本身义务履行不当的时候，其承担赔偿责任亦是于法有据的。

三、资源管理人生态安全义务履行条件

（一）资源管理人生态安全义务技术保障

前一节着重分析了资源管理人的生态宏观义务与微观义务的转化，本

节则主要对资源管理人的义务设计，进行一个总体把握和分析，在这里，仍然需要对资源管理人生态安全义务的内容，进行充实性论述。笔者将从资源管理人的技术保障义务与资金保障义务出发，将资源管理人的生态安全义务构建为一个全方位的生态义务。

生态安全义务不同于其他的行政管理义务，其需要以强大的物质和技术条件为依靠。例如，一项排污标准的制定就需要分析污染物的多方面分析，以及进行实地调查；PM值的测量等也需要专门的仪器等。所以，资源管理人生态安全义务的履行，对资源管理人的技术条件也有相当多而且细密的要求。再如，在环境行政许可中，许多实际上对环境有危害的行为或产品，在一般的技术条件下，往往是难以被发现的，“由于此种高度的科技背景，使环境行政许可更具决策风险，所作的许可决定在日后有可能被证明是错误或偏差。然而，虽然涉及科技与咨询上的未定，环境决策却不能停摆，在许多情况下往往决策于科技未知之中”。[①] 在衡量资源管理人履行生态安全义务时，以将来的未知技术为标准，不仅太过严苛，也是不可能达到的，但是，要求其以现在最相近的科学技术和仪器为条件，则是必要的。毕竟，生态环境对人类影响重大，资源管理人一项错误的环境决策所带来的灾难性影响，远远大于其运用优良技术所应当付出的物质成本和人力成本。

1. 技术保障条件。技术保障首先应当是资源管理人自身的技术保障。“大气十条”第（八）项就提到，应当“加强雾霾、臭氧的形成机理、来源解析、迁移规律和监测预警等研究，为污染治理提供科学支撑。加强大气污染与人群健康关系的研究。支持企业技术中心、国家重点实验室、国家工程实验室建设，推进大型大气光化学模拟仓、大型气溶胶模拟仓等科技基础设施建设”。这段记述就是针对技术保障而言的，这一点也是在今

① 姜敏:《环境法基本原则与环境行政许可制度构建》，载《中国政法大学学报》2011 年第 4 期。

后一段时间实施生态安全战略的关键因素。

2. 企业技术能力提升。与此同时，资源管理人应当注意高科技节能减排技术、新能源技术在企业中的开发和研究，帮助企业改进技术、清洁生产、发展循环经济等，应当说，企业环境保护的技术能力的提升也是资源管理人努力的一个重点方向所在。企业是市场的主要组成部分，帮助其推广节能减排技术，是减少生态环境压力的重要途径，环保部门可以利用其行政机关的身份宣传技术知识，推广保护环境资源和生态恢复、修复的新技术，帮助企业完成技术改进，提升其生态资源利用中的技术转化和保护能力。

3. 法治能力保障技术。所谓法治能力保障技术，是指有关行政权力制约、监督，政府公开和党员干部法治思维以及依法办事能力的体系化保障的立法、执法和守法和监督方面的法治方术。在我国，强化对行政权力的制约和监督，就是要加强党内监督、人大监督、民主监督、行政监督、司法监督、审计监督、社会监督、舆论监督制度建设，努力形成科学有效的权力运行制约和监督体系，增强监督合力和实效。加强对政府内部权力的制约是强化对行政权力制约的重点，对财政资金分配使用、国有资产监管、政府投资、政府采购、公共资源转让、公共工程建设等权力集中的部门和岗位实行分事行权、分岗设权、分级授权，定期轮岗，强化内部流程控制，防止权力滥用。完善政府内部层级监督和专门监督，加强上级机关对下级机关的监督，建立常态化监督制度。完善纠错问责机制，健全责令公开道歉、停职检查、引咎辞职、责令辞职、罢免等问责方式和程序。与此同时，要全面推进政务公开。坚持以公开为常态、不公开为例外原则，推进决策公开、执行公开、管理公开、服务公开、结果公开。各级政府及其工作部门依据权力清单，向社会全面公开政府职能、法律依据、实施主体、职责权限、管理流程、监督方式等事项。涉及公民、法人或其他组织权利和义务的规范性文件，按照政府信息公开要求和程序予以公布。推行行政执法公示制度。推进政务公开信息化，加强互联网政务信息数据服务平台和便民服务平台建设。[①]党员干部是全面推进依法治国的重要组织者、推动者、实践者，要自觉提高运用法治思维和法治方式深化改革、推动发展、化解矛盾、维护稳定能力，高级干部尤其要以身作则、以上率下。把法治建设成效作为衡量各级领导班子和领导干部工作实绩重要内容，纳入政绩考核指标体系。把能不能遵守法律、依法办事作为考察干部重要内容，在相同条件下，优先提拔使用法治素养好、依法办事能力强的干部。对特权思想严重、法治观念淡薄的干部要批评教育，不改正的要调离领导岗位。[②]长期以来，我国在法治能力保障技术方面的研究和应用，都比较缺乏。

（二）资源管理人生态安全义务资金投入保障

在生态安全客观义务中的规划义务部分，资源管理人的生态安全义务几乎都是依靠环境保护部门或者港务、渔政等专门领域的主管部门等来承担和履行的。而生态安全义务履行层面的资金投入义务，则是需要各级政府协调财政等部门进行，资金支持是保障资源管理人履行生态安全义务的重要保证，国家将税收、排污费等用于生态安全义务履行所需要的各项费用，也是履行生态安全义务的体现之一。

资源管理人的资金投入义务具体体现在以下几个方面：（1）资金保障技术义务。资金投入的首要目的就是保障先进仪器、先进技术的投入，这与资源管理人的生态安全技术保障义务是相互契合的。（2）资金保障生态建设义务。生态规划后的生态建设，如防护林的建设、水土保持等都需要大量人力物力的投入才能得以实现。（3）资金保障生态破坏后重建义务。

---

① 《中共中央关于全面推进依法治国若干重大问题的决定》（2014年10月23日），三、深入推进依法行政，加快建设法治政府；（五）强化对行政权力的制约和监督、（六）全面推进政务公开。

② 《中共中央关于全面推进依法治国若干重大问题的决定》（2014年10月23日），七、加强和改进党对全面推进依法治国的领导；（三）提高党员干部法治思维和依法办事能力。

生态破坏后的重建与恢复是浩大的工程，因人为原因带来的水土流失、土地荒漠化尚且都需要多年的规划建设才能得以恢复，倘若遇到地震、泥石流时间短、破坏性大的自然灾害，生态的恢复与治理更将是一项长期的任务。对于灾区灾民等的安置也需要以政府资金为主要后盾，在汶川地震后，让全国的省级单位对口支援每个受灾区县的建设，就是资源管理人通过财政、物力保障生态破坏后履行重建与恢复义务的体现。

资源管理人生态安全义务的主要表现内容，已经在宏观义务与微观义务的章节中进行了详实的阐述。需要注意的是，资源管理人的生态安全义务各部分是一个完整的主体，无论缺少了哪一项，都会导致环境危机管理机制的不完善。

（三）资源管理人生态安全义务意识保障

对资源管理人生态安全义务的意识保障体现在对法律意识的培养上，法律意识不仅包括培养市场主体企业、公民的环境保护意识，也包括资源管理人自身的法律意识。（1）公民环保意识和企业环保意识的培养，在资源管理人生态宏观义务中法律意识控制部分已经进行了阐述。人类对于环境的致灾性体现在生活的各个方面，人类的发展史就是对环境的改造史。对社会主体的环境保护法律意识培养，主要还是应通过环境知识宣传、生态保护措施宣传、节能减排意识培养等方面进行。（2）资源管理人自身环境意识、执法自律性等意识的提高，亦是意识保障的重要组成。资源管理人作为行政执法主体，只有其深刻地体会到生态保护的内涵和重要性，才能在行使行政权、履行生态安全义务过程中，将生态保护作为决策的重要因素，而不是一味地追求经济发展或者私人利益而违法行事。这种意识的培养需要通过政府部门内部的生态知识宣传、培训等方式进行。（3）监察委行政监察活动中的资源管理人生态安全义务履行监督意识，是一种行政机关之间横向的监督保障。这种保障在新的监察委体制之下，多以资源管理人生态安全义务履行的渎职、职务犯罪和其他失当行为的及时有效的查处为表现形式。总而言之，增强资源管理人生态安全义务履行意识，需要内外各种因素的配合。

在本章中，笔者指出，资源管理人的生态职责与生态安全义务来源于国家责任理论，但是，政府作为资源管理人的合法性与合理性，也是需要我们认真关注的。因为虽然社会公众的环境权涉及的健康利益，与资源管理人生态安全义务承担的应然性之间有内在联系，但是，其矛盾与冲突的核心特征，也是需要关注的。什邡困局本身正明白无误地告诉人们，资源管理人生态安全义务的国内外立法实践表明，资源管理人的生态宏观义务与微观义务往往是错节交叉的。这种错节交叉，必然导致可持续发展与“先污染，后治理”的理念发生冲突。在生态微观义务的实际履行样本中，四川凉山州西昌市的邛海湿地恢复，属于一个成功的个案。不过，这个成功的个案并不能说明，在资源管理人的生态安全微观义务中，有关生态规划建设义务、环境影响评价义务和生态破坏后治理与恢复义务等的履行，已经没有缺陷了。

事实上，通过研究资源管理人生态安全义务设计、内容及履行条件，我们会发现，资源管理人的环境行政权与生态安全义务履行，尤其是资源管理人生态安全义务履行监督，尚需法律责任体系化的建设与追究机制的保障。所以，满足资源管理人生态安全义务技术保障、资金投入和意识保障等条件要求，才是根本出路。

第五章　资源利用人的生态安全义务设计与履行监督

在构建整个生态安全义务设计体系时，我们首先要强调的就是政府在环境危机机制中的主导责任与首要义务。这个体系应是完整的，同时也要强调公众参与的作用，这时，就必然要引入另外一个重要的生态安全义务主体——资源利用人。所谓资源利用人，是指我们通常意义上所提到的企业、国家机关和事业单位，以及社会公众等。其中，企业是现在社会的产物，其存在不同的形式，同时，也受到不同的法律规则所规制。例如，公司法、合伙企业法，以及各种企业法，等等，但是，无论哪种企业形式，不可忽略的是，其在社会生活中，都扮演着一个非常重要的角色，比起单独的个人或其他的一些组织，其往往以大量的资金、人力资源和自然资源的整合为背景，并拥有更加强大的社会号召力，特别是一些大型的公司制企业。至于国家机关和事业单位，在我国也为数不少，比如，国务院除国务院办公厅外，有组成部门27个、直属特设机构1个、[①] 直属机构16个、办事机构4个、直属事业单位17个、部委管理的国家局22个，共计88个单位。资料显示，2017年12月末，全国共有医疗卫生机构99.3万个，

---

① 这个直属特设机构即国务院国有资产监督管理委员会为国务院直属正部级特设机构，代表国家履行出资人职责。

其中有医院2.9万个，包括公立医院1.3万个，民营医院1.6万个；基层医疗卫生机构93.1万个，包括乡镇卫生院3.7万个，社区卫生服务中心（站）3.5万个，门诊部（所）21.7万个，村卫生室64.2万个；专业公共卫生机构2.9万个，包括疾病预防控制中心3484个，卫生监督所（中心）3138个。2016年年末，全国共有各类提供住宿的社会服务机构3.1万个，其中，养老服务机构2.8万个，儿童服务机构713个。[①]可以说，这些医疗卫生机构和社会服务机构，也是水电气等各种资源的重要消费者即资源利用人。

在生态安全义务的承担上，资源利用人同时也是除了资源管理人外的另一个重要力量。而在探究其为何要承担生态安全义务时，企业社会责任理论能够从理论上作出回答。鉴于其在社会中利用了更多的生态资源，以获取自身经济利益的增长乃至于继续增长，那么，其承担的社会责任就不可能是一次性的，而必须是可持续和必须持续的。本章主要从企业社会责任理论出发，探讨资源利用人的生态安全义务承担的理论基础，并提出其义务设计的组成结构，以及与这些义务相关的监督体制问题。

国家机关和事业单位，尽管其都是带“国字号”或者大都是“公字号”的组织机构，但是，根据我国《节约能源法》第9条第1款的规定：“任何单位和个人都应当依法履行节能义务，有权检举浪费能源的行为。”国家机关和事业单位作为公共机构，也是节能的义务人。根据我国《节约能源法》第47～48条的规定，全部或者部分使用财政性资金的国家机关、事业单位和团体组织等作为公共机构，应当厉行节约，杜绝浪费，带头使用节能产品、设备，提高能源利用效率。国务院和县级以上地方各级政府管理机关事务工作的机构，应当会同同级有关部门制定和组织实施本级公共机构节能规划。公共机构节能规划应当包括公共机构既有建筑节能改造

---

① 《中华人民共和国2016年国民经济和社会发展统计公报》（2017年2月28日），十一、卫生和社会服务。

计划。可见，国家机关和事业单位，无论是作为用能单位，还是作为公共机构，都是水电气等办公资源的使用人，当然负有相应的法律义务。这种义务，也应当被纳入资源利用人义务系列中去。

第一节　资源利用人生态安全义务的理论基础——企业社会责任理论

所谓企业社会责任理论，是随着企业的产生和发展而逐步被人们所接受的，在企业则以形式产生之初，企业只会从事与经济活动有关的活动，直至“企业社会责任”这一概念在西方国家被提出，企业家被认为具有按照社会的目标和价值观确定政策、作出决策和采取行动，而不仅仅是着眼于生产活动，而应当自愿地承担社会责任的义务。① 企业社会责任理论，对于我们阐述“资源利用人”这样一个以营利为主要目的的主体，为何要承担生态安全义务，以及解释说明其承担生态安全义务的必要性与可能性，都具有重要的参考价值和制度层面的启示作用。

事实上，许多企业，尤其是生产型企业，从一方面来说，都是“资源利用大户”，比如，在我国，森工企业就是国有林场的经营者，国有天然林、人工林的养育、管护和砍伐、经营等，其都要承担具体的生产、管理责任。由此，如果只是单纯的砍伐型生产林木的企业，那么，消耗森林资源速度就是非常快的。为此，在 1998 年 6 ～ 8 月长江流域大水灾之后，我国采用了天然林禁伐、退耕还林等政策。这些政策的颁行，为资源利用人过度利用或者不当利用资源的行为增加了政策的束缚。

---

① Howayd R. Bowen, Social Responsibilities of the Businessman, New York：Harper&Row, 1953.

从另一方面来说，这些企业也是“资源产品大户”，比如，汽车生产企业就是各种汽车零部件和各种汽车配件的使用与整装企业，其生产行为本身，不但要消耗大量的各种形态的自然资源，而且，其产品投放市场后，也会不断消耗大量的油气资源。所以，汽车产品的研发、生产和维修等，都必须考虑到国家的资源政策和有关资源法律法规，也应符合国家的节能标准与要求。有效汽车产品在投放市场之后，需要维修或者采用产品召回的方法，提升或者保持其用能效率，为其产品贴上能源效率标识。因此，企业首先应当承担的社会责任就是节约资源与能源的责任，许多生产型企业，作为重点用能单位[①]应当每年向管理节能工作的部门，提交上年度的能源利用状况报告。其中，能源利用状况包括能源消费情况、能源利用效率、节能目标完成情况和节能效益分析、节能措施等内容。[②]

换句话说，没有哪一家企业，会被我国法律法规允许过度消耗型资源利用，或者是投放“耗能型产品”，这些，都是没有很好地承担企业社会责任的表现。在我国，有《清洁生产促进法》《循环经济促进法》《节约能源法》《可再生能源法》《环境影响评价法》等规范企业的生产、经营和管理行为的法律法规，依法强制其承担社会责任。

一、企业社会责任的概述

（一）企业社会责任的产生及其内涵

1. 生态安全义务中的资源利用人即企业的定位。要对企业社会责任有

---

① 所谓重点用能单位，是指能耗型生产企业或者用能单位，其划分的具体标准为：（1）年综合能源消费总量 1 万吨标准煤以上的用能单位；（2）国务院有关部门或者省、自治区、直辖市政府管理节能工作的部门指定的年综合能源消费总量 5 千吨以上不满 1 万吨标准煤的用能单位。国家加强对重点用能单位的节能管理。重点用能单位节能管理办法，由国务院管理节能工作的部门会同国务院有关部门制定。参见《节约能源法》第 52 条。

②《节约能源法》第 54 条。

一个清晰的认识，首先即需要明确本书对于企业的定义，企业是一个外延以及内涵都十分广泛的概念，可以分为国有企业、非国有企业，也可以分为法人型企业、非法人型企业等多种概念。

本书中的企业，应当包括社会中以营利为目的的所有形式下的企业，即我国《民法总则》第76条的营利法人和第87条非营利法人等，包括个人独资企业、合伙企业、外商投资企业、公司制法人等。凡是从事经济生产活动的企业，都应当被纳入资源利用人的范围中。资源利用人的重点在于资源利用，社会中的企业都存在资源利用的情形，而无论其组织形式为何，受哪部法律规范调整，这是一个实际存在的资源利用的情形，而不受划分形式的影响。

2. 企业社会责任的内涵。企业社会责任这一概念，并非是从企业诞生之初就产生的。在企业发展的早期，虽然业主也会从事一些有益于社会的非以营利为目的的活动，例如，向慈善组织捐款、援助学校等，但是，这些都仅仅限于在业主个人的道德行为之内，并没有被认为是企业的行为。而"企业社会责任"这一概念的正式提出，则可以追溯到20世纪二三十年代。经济学家们认为，企业不仅具有经济上和法律上的义务，而且，还有承担超出这些基本传统义务之外的对社会的责任，这就是企业社会责任的最初雏形。①

随着经济社会的不断进步，企业的形式逐渐扩张，对生态的改造能力加强，企业社会责任的内涵，也有了进一步阐释。"企业社会责任是指企业在经营活动过程中承担的以利益相关者为对象，以实现自身利益和社会利益为内容、以达到企业可持续发展和共建和谐社会为为目标的包括经济责任、法律责任、伦理责任和社会更高期望的责任在内的一种综合责任。"②

---

① 徐尚昆等:《企业社会责任概念范畴的归纳下分析》，载《中国工业经济》2007年第5期。

② 刘俊海:《公司的社会责任》，法律出版社1999年版，第156~160页。

这一概念性归纳，很好地阐明了企业社会责任的含义，虽然是在1999年出版的一本著作中提出的，但是该观点对于企业社会责任的把握却很到位：（1）明确了企业社会责任是以实现企业自身发展和社会利益满足为共同内容和目的，即肯定了企业的营利性目的。（2）将企业在履行社会责任时的双赢性目的表现了出来。指出企业的社会责任是一种综合性的责任，不仅仅存在于某一个方面，从环境责任到生态安全义务，企业社会责任在生态责任方面的表现，也能被更好地引出来。

3. 对企业社会责任的多维度思考。西方学者对于企业社会责任的研究起步比较早，且研究比较深入，提出了企业社会责任所包含的八个方面：经济责任、法律责任、环境保护、顾客至上、股东利益、员工发展、平等以及社会捐赠（慈善事业）。国内对于企业社会责任的研究，主要是建立在欧美国家研究的基础上的，北京大学民营经济研究院曾发表了1份《中国企业社会责任调查评价体系与标准》（2006年），将企业社会责任的主要指标划分为：股东权益、社会经济、员工权益、法律责任、诚信经营、公益责任和环境保护七个方面。[①]可见，对于企业社会责任的思考，是多维度的。

（二）企业社会责任——“经济人”与“道德人”的分析

亚当·斯密是第一个系统阐述“经济人”与“道德人”思想的人，但是，后来的很多学派都更多着眼于“经济人”上面，而忽视了斯密对“道德人”的理解，认为“经济人”单纯就是实现自身利益最大化，是唯利是图的。[②]但是实际上，在经济人理论中，利己与利他不是相互对立的，在利己的基础上实现利他，虽然每个人都有追求经济的需要，都需要关心自

① 徐尚昆等：《企业社会责任概念范畴的归纳性分析》，载《中国工业经济》2007年第5期。

② 李珊珊等：《“经济人”与“道德人”的和谐对企业社会责任的指导意义》，载《金融经济》2013年第14期。

己的利益，但实际上私益与公益在某些情况下却是统一的，社会中的每个个体，都在利己与利他之间寻求一种平衡。关于两者之间的关系，有学者进行过生动的阐述："经济人"是"道德人"的基础，"道德人"是"经济人"的归宿，"经济人"首先是从"利己心"出发，同时也具有对别人的同情和怜悯，"道德人"是从"利他心"出发，同时也具有对自己利益的执著与关心，实现自己的利益。[①] 企业是市场中典型的"经济人"，企业的根本目的就是盈利，具有典型的"利己主义"特点，但是，在履行企业社会责任时，其却同时体现出"道德人"和"利他主义"的特点。

（三）企业社会责任与企业经济效益

虽然"经济人"与"道德人"存在统一性，但是，企业在大多数时候，为何愿意自发地从事一些毫无收益可言的社会公益活动，仍然具有一定的深刻原因。将"经济人"与"道德人"落实在企业经济活动与企业社会责任中，就可以概括为"经济人"代表企业的营利目的，而"道德人"的体现就是企业社会责任的履行。两者之间的关系可以概括为：

1．"道德人"中的"利他主义"是"经济人"获取利益的手段，企业社会责任的履行从某种程度上说也是一种营销方式。无论企业在从事社会责任时，是否单纯地怀着为社会公益做贡献的目的，但是，从结果上看，企业社会责任的履行，却能很好地帮助企业获得更多的利益。最直观的表现就是，企业通过履行社会责任，可以在公众中为企业赢得更多的认同感，提升企业知名度以及形象，这也就为企业带来了更多的潜在利益。

2．"经济人"可以提高"道德人"履行责任的效率，企业的营利性可以促进社会责任有效履行。"经济人"从事活动时都强调一定的效率，当

---

① 李珊珊等：《"经济人"与"道德人"的和谐对企业社会责任的指导意义》，载《金融经济》2013 年第 14 期。

企业真正地将精力投入社会责任的履行时，其会对所从事的每一项活动都进行慎重的考虑，以最小的付出换取最大的成果。这同样有利于避免社会资源的浪费。例如，当企业援建一所希望小学时，企业不会进行盲目地新建，而是有针对性地选择哪些地方需要援建一所小学，会提前思考小学的开销项目，以便每一笔开销都能够实现物尽其用。通过对企业社会责任起源以及相关概念的分析，我们能得出如下启示：生态安全义务作为企业社会责任中一个特殊组成部分、应当被纳入资源利用人的义务履行范围中，这是具有一定的必要性和现实可能性的。

二、资源利用人承担生态安全义务的必要性

（一）企业经济活动与环境问题

企业具有承担社会责任义务的必要性这一议题虽然在现阶段已经基本得到了大多数学者的共识，但是究其根本，没有哪个国家或是哪部法律有企业承担公益性社会责任的强制性规定。诚然，现在有很多企业致力于公益事业的发展，比如，在汶川地震、玉树地震等灾难发生后，很多企业自发地为灾区捐款捐物，但是，更多的都是一种自发自愿性的行为，不具有强制义务性。本章节在论述资源利用人承担生态安全义务必要性时，认为生态安全义务从某种程度上就是环境责任的一种，是企业社会责任的重要组成部分，但是，却是一种强制性社会责任，其地位的特殊性以及与企业发展的重要关系，决定了其在企业社会责任中的独特地位。

1. 环境问题的四个阶段。环境问题，是指人类在利用和改造自然的过程中，对自然环境破坏和污染所产生的危害人类生存的各种反馈效应，包括生态破坏和环境污染。[①] 在前面的章节中曾经提到过，环境问题其实由

① 曲向荣:《环境生态学》，清华大学出版社 2012 年版，第 1 页。

来已久，甚至于从人类诞生开始，就出现了环境问题，只是在人类对环境的不同改造阶段，环境问题的程度也不同。环境问题的发展变化，大致经历了四个阶段：萌芽阶段（工业革命以前）、发展恶化阶段（工业革命至20世纪50年代前）、第一次高潮（20世纪50～70年代）、第二次高潮（20世纪80年代以后到现在）。[①]目前，正处于第四个阶段，也是最为麻烦的阶段——当经济发展聚集、汇聚和集聚了人的致灾性之后，环境问题就成为生态安全问题，以及国家安全问题了。

2. 环境问题与机器化大生产。可以注意到的是，这四个阶段并非仅仅是时间的推移，做一个简单的数学加减法，我们就可以发现，从人类诞生到现在，至少已是上百万年时间，而以瓦特改良蒸汽机为标志的工业革命，始于1840年的英国，距今不到200年，这相对于人类的发展历史不过沧海一粟。但是，就在这短短的两百年时间里，环境问题却经历了发展恶化到第一次高潮再到第二次高潮。在此期间，建立在科技成果至上的机器化大生产，代替了之前的生产方式，人类利用和改造环境的能力不断增强，但同时也大规模地改变了环境的组成和结构。机器的运作需要资源来启动，也会排放出相当的废气废水废渣等污染和危害环境的废物，而机器生产出来的产品，如汽车，也同样在消耗着宝贵的资源，排放出各种大气污染物。于是，人的致灾性因素通过科技的手段和现代社会的欲望扩张，被无限度地放大，最终导致环境问题的日趋恶化。机器化大生产意味着工业的迅速发展，工业影响着农业手段，也改变着人类的生活方式，物质的极大丰富催生了第三产业的发展，饮食业、旅游业也在一定程度上加速了改造自然的过程。旅游资源的开发，必然随着对生态环境的改造，而景点的开放，也意味着大量游客的涌入，最直观的影响，就是交通工具所排放的废气，以及游客旅游活动本身产生的生活垃圾所带来

① 曲向荣：《环境生态学》，清华大学出版社2012年版，第2～4页。

的环境污染。可见，机器大生产之外的人类活动，也是对环境产生严重负面影响的原因。

3. 企业经济活动与环境问题。无论是工业还是第三产业，都对环境的改造，对政府、社会个人的力量，对企业发挥着尤为重要的作用。企业主导着工业生产、第三产业的发展，企业有资金有厂房有技术进行改造环境的经济活动，同时，这些经济活动也能为企业赢得收益，为国家贡献GDP，促进社会的进步和发展。企业的经济活动虽然对于环境会有破坏，但是，为了人类社会的继续存在和发展，不能寄希望于为了保护环境而停止企业所有的经济活动，作为资源利用人的企业，有履行生态安全义务，保护生态安全的现实必要性。

（二）生态安全义务——企业社会责任的重要组成部分

前文已经述及企业社会责任与企业经济效益在一定程度上的统一性，企业履行社会责任对于企业是一个双赢的过程。虽然，在一定时间内，只看得到企业的人力物力的投入，但是，由此带来的收益具有间接性与长远性。生态安全义务在企业社会责任中，占有一个非常重要的位置。无论是国外学者，还是国内学者对于企业社会责任的研究，都将环境保护的责任置于企业的重要社会责任的地位。在环境责任方面，西方学者大多认为企业的环境保护责任应该包括“不以环境的恶化和生态破坏为代价、对环境和生态问题承担治理的责任、环境保护与安全”[①] 三个方面。企业的环境保护责任，虽然不能完全等同于企业的生态安全义务（两者的外延不能完全画等号）但是，责任或义务所指向的对象，具有一定的同一性即皆为生态环境。

所谓生态安全义务，是指资源利用人维持和保护生态系统健康和完整

① Carroll, 1979; Gallo, 1980; Davis, 1979; McGuire, 1963: Isabelle&David, 2002, etc.

的义务。这种义务，表现为人类在生产、生活和健康等方面不受生态破坏与环境污染等影响的保障程度，包括饮用水与食物安全、空气质量与绿色环境等基本要素。[①]生态安全义务在本质上是两个方面的义务，一是生态风险控制与防范的义务，二是面对生态脆弱性，防止其恶化和产生负面效用的义务。理论上，生态风险表现了环境压力造成危害的概率和后果，相对来说，它更多地考虑了生态与环境突发事件的危害，对危害管理的主动性和积极性较弱。而生态脆弱性，则应该说是生态安全的核心，通过脆弱性分析和评价，可以知道生态安全的威胁因子有哪些，它们是怎样起作用的，以及人类可以采取怎样的应对和适应战略。[②]对于一个负责任的企业而言，明确回答这些问题，就是履行了生态安全义务，就能够积极有效地保障生态安全。

目前，企业履行资源利用人义务不充分，我国生态安全形势十分严峻，主要表现在：土地退化、生态失调、植被破坏、生态多样性锐减并呈加速发展趋势，生态安全已经向我们敲起了警钟！就当下而言，我国生态安全危机集中表现在与企业生态安全义务有关的4个层面：（1）国土资源安全。[③]根据2007年7月1日全国第二次遥感调查结果，我国水土流失面积356万平方千米，占国土面积37.1%。其中，水力侵蚀面积165万平方千米，风力侵蚀面积191万平方千米。水土流失遍布各地，几乎所有的省、自治区、直辖市都不同程度地存在水土流失，不仅发生在山区、丘陵区、

---

① 健康的生态系统是稳定的和可持续的，在时间上能够维持它的组织结构和自治并保持对胁迫的恢复力。反之，不健康的生态系统，是功能不完全或不正常的生态系统，其安全状况则处于受威胁之中。

② 生态安全的科学本质是通过脆弱性分析与评价，利用各种手段不断改善脆弱性并降低风险。这当中，企业恰恰是通过生产行为、经营和管理行为，尤其是生态义务的履行监督行为来满足生态安全的要求的。

③ 国二资源安全，是指国土资源的数量、质量和结构始终处于一种有效供给状态，即在动态上满足当代人和未来世代人发展的需要。毫无疑问，企业也是国土资源安全的义务人——资源利用义务人之一。

风沙区，在平原地区和沿海地区也大量存在，特别是河网沟渠边坡流失和海岸侵蚀比较普遍；水土流失在农村、城市、开发区和交通、工矿区都有发生，而这些与企业生产、经营和管理不当有关。

（2）水资源安全。我国水资源浪费严重，主要是低效率使用，重点是农业的大水漫灌和工业生产中的低重复使用，发达国家的万元 GDP 用水量一般为 50 立方米，而我国万元 GDP 用水量为 730 立方米。企业生产水污染问题，加剧了我国水资源的紧缺状况。①2015 年，我国工业废水排放量 201.5 亿吨，同比下降 2%，排放量已连续五年出现下降，按照过去 5 年的平均下降幅度为 2%，尽管工业废水排放量有所减少，但基数仍然十分庞大。同时，与生活污水相比，工业废水对自然环境和生活环境会产生非常严重的危害，主要表现在，工业废水流入河流、湖泊会污染地表水及周边生态环境，工业废水渗入地下会污染地下水，若人们在生活中使用了被污染的地表水或地下水，将会危及身体健康，工业废水深入土壤会造成土壤污染。②

（3）大气资源安全。2004 年，我国成为世界汽车第四大生产国和第三大消费国，汽车产量和保有量即达到 507 万辆和 2742 万辆，摩托车产量和保有量分别达 1700 万辆和 7900 万辆，农用运输车产量和保有量分别达 200 万辆和 2500 万辆。这一年中，我国石油消耗 3.1 亿吨，其中 1/3 用于机动车。而 2016 年年末，我国民用汽车保有量 19,440 万辆（包括三轮汽车和低速货车 881 万辆），比 2015 年年末增长 12.8%，其中，私人汽车保有量 16,559 万辆，增长 15.0%。民用轿车保有量 10,876 万辆，增长 14.4%，其中，私人轿车

---

① 佚名:《生态安全》，载百度百科，https://baike.so.com/doc/5347305-5582752.html，最后访问日期：2018 年 2 月 27 日。

② 佚名:《2017 年中国污水处理行业发展现状及发展趋势分析》，载中国产业信息网，http://www.sohu.com/a/208688936_698856，最后访问日期：2018 年 2 月 27 日。

10,152 万辆，增长 15.5%。[①] 可见，汽车工业的繁荣和发展，带来了极高的大气安全风险。

（4）生物物种安全。[②] 我国是世界生物物种最丰富的国家之一，然而已经有 1431 种动植物处于濒危或接近濒危状态，《国家重点保护植物名录》公布的珍稀濒危野生植物有 354 种，《国家重点保护动物名录》公布的珍稀濒危野生动物有 405 种。野生资源的日益减少，造成全国经常使用的 500 多种药材每年约有 20% 的短缺，尤其是占药材市场 80% 供应量的野生药材严重短缺，这对中药产业的发展带来了不利影响。此外，我国 34 个省市均发现外来侵入物种，几乎涉及了所有的生态系统，物种类型包括脊椎动物和无脊椎动物，包括高等植物到低等植物，如草本植物大米草、豚草、紫茎泽兰、空心莲子草、凤眼莲等；动物类麝鼠、非洲大牛蛙、食蚊鱼；外来病害口蹄疫、疯牛病、禽流感等。[③] 可见，这四个类型的生态安全问题，都与各种生产型、经营型和服务型企业的生态安全义务的履行，有着最为密切的联系。

（三）特殊行为许可权——企业改变环境的极致表现

1. 资源管理人赋予资源利用人特殊行为许可权。环境行政许可在资源管理人的生态安全义务中，已有一定阐述，但更多的都是从资源管理人合法合理地行使环境行政许可执法权角度进行的。资源利用人是行政许可的相对人，在被赋予行政许可之前，关于环境许可的法律关系更多的是受到

---

① 《中华人民共和国 2016 年国民经济和社会发展统计公报》（2017 年 2 月 28 日），七、交通、邮电和旅游。

② 生物物种安全，是指生物及其与环境形成的生态复合体、相关生态过程达到一种平衡的状态，保证物种多样性、遗传多样性和生态系统多样性。

③ 佚名：《生态安全》，载百度百科，https://baike.so.com/doc/5347305-5582752.html，最后访问日期：2018 年 2 月 27 日。

了资源管理人主导的影响，而环境行政许可一旦做出，就意味着资源利用人获得了其他社会主体所不具有的改造环境的特殊许可。

2. 特殊行为许可——经济利益与环境利益的冲突体现。环境行政许可在很大程度上是为了发展社会经济，而赋予特殊主体以在国家允许范围内从事有害于环境的行为。并非社会中的每一个主体都享有诸如采矿权、排污权等特殊权利，这些主体的常见形式是资源利用人，即企业。当资源利用人被赋予从事特殊行为的许可权时，虽然是在为国民经济做出贡献，但同时也是企业自身增加财富的来源，正如有学者强调的，保护环境是一种公益，发展社会生产力而导致污染环境也是一种公益，在若干公益之间本身就存在冲突。环境行政许可，要面对利益选择的价值判断问题。④

3. 特殊行为许可权——合法的“外部不经济性”权利。企业享有的特殊行为许可权，从本质来说，就是以改造环境代价获取企业与社会经济利益的体现。环境利益属于公共利益的范畴，虽然，企业经济活动也推动了社会经济的发展，但企业的“经济人”性质，注定了其根本目的仍然是赢得自身的利益。在特殊行为许可的前提下，企业破坏了环境这一公共物品，获得自身的经济利益，虽然获得了资源管理人的许可，具有合法性，但是，其对社会其他个体享有良好的生态环境，却造成了阻碍，借用经济学上的概念，特殊行为许可权，具有合法的“外部不经济性”特点。

正如合法排污仍然可能造成环境侵权一样，企业的特殊行为许可权，不能因为合法的特点，就不具备可责性。只是这种可责性，在没有给环境造成损害时是不显现的。在如此的前提下，要求企业为获取特殊行为许可权支付一定的对价，就具有了理论上的必要性，而这种对价的具体形式，就可以体现为资源利用人生态安全义务的履行。

---

④ 朱文玉:《我国环境行政许可制度的缺陷及其完善》，载《学术交流》2006 年第 1 期。

三、资源利用人承担生态安全义务的可行性研究

（一）资源利用人"经济人"的经济发展目标

既然，资源利用人具有承担生态安全义务理论上的必要性，那么，企业作为以营利为目的的社会主体，从其动机上看，是否有承担生态安全义务的驱动力，即资源利用人承担生态安全义务的可行性，仍然是一个重要的议题。只有当必要性与可能性两方面都满足了，才能在制度上对资源利用人的生态安全义务进行构建，才能在资源利用人的成本负担层面上，找到法理上的依据。

环境责任是企业社会责任的重要组成部分，所以，对于资源利用人生态安全义务的可行性研究，笔者拟从企业责任出发再具体到环境领域，最后落实到企业践行生态安全义务的社会实践性，来探讨资源利用人承担生态安全义务的可行性。前文已经阐述企业具有"经济人"与"道德人"的属性，且两者在企业社会责任中是统一的关系。虽然，不能否认企业具有从仁爱心出发的，关心他人利益的"道德人"和"利他主义"的属性，但同时不能因为资源利用人的这一属性，就否定其以营利为目的根本特征。正如有学者所指出的，企业在选择"利他主义"时，是以实现"经济人"的盈利为前提的，没有这一前提，不可能实现"利他主义"。[①] 在履行企业社会责任上，资源利用人是可以达到"经济人"的经济发展目标的。从事社会事业虽然是典型正外部性的行为，但是，对于资源利用人良好声誉的营造，具有重要的作用。同时，这种声誉所带给资源利用人的是消费者更多的认同，这就意味着企业潜在利益的实现。所以，正如上文在企业社会责任概述中提到的，资源利用人履行社会责任，是一种双赢性的行为。

① 郭晟豪等:《"经济人"与"利他主义"的一致与冲突——基于企业慈善角度》，载《对外经贸》2012年第3期。

（二）生态环境可持续与企业经济可持续发展

具体到生态环境的领域，资源利用人的环境责任，更是对社会责任的进一步深化，其履行生态安全义务，并不仅仅在于经济利益的双赢性，而是可能关乎企业能否继续存在和发展的重要因素。在罗马俱乐部研究报告《增长的极限》中，作者强调：要避免因超越地球资源而导致世界崩溃的最好方法，就是限制增长即“零增长”。显然，经济的零增长在我们这样一个发展中国家，是不能被政府与社会公众所接受的。理由是，现阶段我们社会的主要矛盾，就是人民日益增长的物质需求与落后的社会生产力的矛盾。这种保证经济的零增长模式，是无法实现的。但是，这却并不意味着，为了经济增长，就要无限制地向生态资源索取。

所以，保证环境与经济的双向可持续发展，就具有重要的意义。资源利用人是社会财富的主要贡献者，也是资源的主要开发者与利用者，生态的可持续于其而言，也意味着企业生产的可持续存在与发展。例如，在企业的生产过程中，随着排污，如果当环境对污染物的承载力到了一定极限，企业也将越来越难从政府手中获取到排污许可，企业的生产活动必然受到影响。比如，兰州市政府于2015年1月9日，非常罕见地公开批评兰州石化[①]：短短数月，屡次环境违法，作为央企，社会责任何在？最初兰

---

① 兰州石化是国家“一五”期间156项重点工程之一，被誉为新中国炼油工业和石化工业的“摇篮”，是兰州发展史上的功勋企业。自2014年8月以来，兰州石化环境污染事件频发，遭到兰州市政府公开严厉指责。如此罕见的痛斥背后，是新环保法实施后的严格执法，还是“逼迫”兰州石化搬迁的“撒手锏”？兰州再次成为舆论焦点。2015年1月8日晚间，中石油兰州石化分公司因设备故障导致火炬气燃烧，排放滚滚黑烟，兰州市局部空气质量显著恶化。而此前不到半年时间，该公司已多次发生环境污染事件。2015年1月9日，兰州市公开严厉指责兰州石化：短短数月，屡次环境违法，作为央企，社会责任何在？并明确要求其公开道歉。参见林治波、曹树林：《兰州市公开痛斥环境违法并要求公开致歉：兰州石化，功臣缘何变“罪魁”》，载《人民日报》2015年1月14日，第14版。十天左右后，兰州石化不得已回应：诚恳接受兰州市人民政府的监督和批评，依法做好环保工作。并在兰州市工业企业大气污染防治推进会上，就2015年的减排目标，做出了量化性的承诺。参见武卫政：《乐见“地方不保护”》，载《人民日报》2015年1月24日，第10版。

州石化沉默了一些时日，到2015年1月下旬，兰州石化最终回应：诚恳接受兰州市政府的监督和批评，依法做好环保工作。紧接着，在兰州市召开的工业企业大气污染防治现场推进会上，公开就其2015年的减排目标做出了承诺。

对于资源导向型企业而言，如果对某一资源的开采达到了环境承载的极限，生态不能再向社会供给资源了，即使资源利用人获得资源开采的许可证，也无法获得自然资源的供给。从这一角度说，环境责任不同于慈善责任等企业社会责任，其不仅仅关乎企业声誉提高所带来的单纯经济利益的增长，更加是对于企业能否存在的关键因素。

同时，受"公共信托"理论的影响，政府在很多时候将生态环境认定为一种"公共物品"，而对于企业的环境行为会进行一些规制。所以，综合起来分析，资源利用人所履行生态安全义务于其本身而言，是具有可期待性的，也具有相当的强制性色彩。在前文中，兰州石化这样一个为地方财政做出卓越贡献的央企，受到兰州市政府的严厉批评，便体现了生态环境这种公共物品利用的规范性，其不容企业以各种理由加以忽视、无视或者轻视。

（三）资源利用人承担生态安全义务的现状

上文更多的是从理论方面论述资源利用人承担生态安全义务的可行性，在实践层面上，确实也有资源利用人在履行着这法律义务。例如，在2011年6月5日"世界环境日"和"浙江生态日"，浙江省江山市[①]在市

① 江山市，浙江省衢州市代管县级市。1987年11月27日，国务院批准江山撤县设市。江山地处浙闽赣三省交界，是浙江省西南门户和钱江源头之一。区域面积2019平方千米，总人口61.09万，下辖12镇5乡2街道292个行政村13个社区。江山市地处中亚热带北部湿润季风气候区，受地形影响，兼有盆地气候的某些特点，冬夏季风交替明显，四季冷暖干湿分明，光照充足，降雨充沛，雨热同期。近年来，江山始终坚持以科学发展观为指导，以绿色发展为主调，以转型发展为主线，紧紧围绕"工业新城、旅游胜地、山水家园"的城市定位，坚持实施"工业强市、旅游富民"两轮驱动战略，加快推进全民创业创新，致力打造华东地区最具活力城市，建设惠及全市人民的幸福江山。

生态办、市环保局等政府部门的联合号召下，举办了“江山企业界践行生态·绿色·环保倡议和承诺宣言签名活动”。同时，54家企业负责人签署了《江山企业界践行生态·绿色·环保倡议和承诺宣言》（以下简称《生态承诺宣言》），将推行清洁生产、树立循环经济理念、建立绿色标志等纳入了企业应当履行的生态安全义务范畴中。应当说，浙江省江山市通过政府部门的号召，联合企业界签署《生态承诺宣言》，自觉约束企业自身生态资源的利用行为，确实是在履行资源利用人的生态安全的维护义务。[①]若这种做法有朝一日能变成我国企业的普遍做法的话，那么，这将是我国《环境保护法》实施效率提升的基本保障之所在。

2017年8月，习近平总书记对河北塞罕坝林场建设者感人事迹作出重要指示。充分肯定了塞罕坝林场建设者的感人事迹，高度概括其牢记使命、艰苦创业、绿色发展的塞罕坝精神，向全党全社会发出了把我们伟大的祖国建设得更加美丽的伟大号召，鼓舞和激励全党全国人民为推进绿色发展、建设生态文明而不懈奋斗。[②]2017年9月21日，环保部在浙江省安吉县召开全国生态文明建设现场推进会，命名授牌浙江省湖州市等46个第一批国家生态文明建设示范市县和浙江安吉县等13个第一批“绿水青山就是金山银山”实践创新基地。这些典型和根据“两山”理论建设的实践创新基地，是探索“绿水青山就是金山银山”实践路径典型做法和经验的重要载体，旨在为全国其他地区推进生态文明建设树立标杆样板，发挥示范引领作用。2017年10月23日，十九大新闻中心举行记者招待会介绍生态文明体制改革进展和成效时指出，十八届三中、四中、五中全会提

① 《江山企业界践行生态·绿色·环保倡议和承诺宣言》，载《今日江山》2011年6月3日，第4版。

② 河北塞罕坝林场建设者的事迹感人至深，是推进生态文明建设的一个生动范例。全党全社会要坚持绿色发展理念，弘扬塞罕坝精神，持之以恒推进生态文明建设，一代接着一代干，驰而不息，久久为功，努力形成人与自然和谐发展新格局，把我们伟大的祖国建设得更加美丽，为子孙后代留下天更蓝、山更绿、水更清的优美环境。

出的 37 项生态文明体制改革任务，全部完成的有 24 项，部分完成的有 9 项，正在推进的有 4 项，生态文明制度建设继续迈出坚实步伐。2017 年，在生态文明建设方面，国家连续出台一系列新的制度文件。如中办、国办印发《关于划定并严守生态保护红线的若干意见》，要求科学划定生态保护红线，强化生态保护红线刚性约束，企业作为主要义务主体，必须遵守这种刚性约束；国办印发《关于禁止洋垃圾入境推进固体废物进口管理制度改革实施方案》，全面向洋垃圾宣战，进口、经营和处置洋垃圾的企业，必须全面清理其企业经营行为；中办、国办印发《领导干部自然资源资产离任审计规定（试行）》，强调今后领导干部离任既进行常规审计，也要进行生态审计，督促其监督企业履行资源利用人的生态安全义务；中办、国办印发《生态环境损害赔偿制度改革方案》，提出从 2018 年 1 月 1 日起，在全国试行生态环境损害赔偿制度，从此，企业作为生态安全义务的承担人，也要承担生态环境损害赔偿法律责任和社会责任；中办、国办印发了《建立国家公园体制总体方案》，对国家公园的经营管理者，包括企业在内，提出了目标性要求。此外，环保部、国家发改委、水利部联合发布《重点流域水污染防治规划（2016 ～ 2020 年）》，首次覆盖全国重点流域，为各地水污染防治工作提供了指南，尤其是为水资源利用的用能单位、重点用能企业积极主动和全面履行自己的水生态安全义务，指明了方向；2017 年 12 月 19 日，国家发改委隆重宣布，以发电行业为突破口，全国碳排放交易体系正式启动。[①] 从此，我国的碳排放市场开始融入我国碳交易市场体系。可见，国家有关部门对资源利用人的企业，在其法定义务层面的要求，越来越具体、明确、严格。

---

① 李禾：《2017 年度中国生态文明建设十件大事公布》，载中国科技网，http：//www.stdaily.com/kjrb/kjrbbm/201802/640776.shtml.，最后访问日期：2018 年 2 月 27 日。

第二节 资源利用人生态安全义务分类——环境安全、物种安全和资源安全义务

在资源利用人的社会责任中，环境责任是有着独特地位的一部分。不同于其他责任，环境责任不仅关乎企业在社会中的商誉与竞争力，还是制约资源利用人生产经营活动能否可持续开展的重要因素。虽然，生态安全义务不同于传统对环境责任的理解，但是，其两者在很多方面是具有共通性的，例如，都坚持对环境的友好，提倡对资源的合理开发和利用等，只是生态安全义务是更大范围上的环境责任，资源利用人的生态安全义务，从其保护的对象角度划分，包含环境安全义务、物种安全义务，以及资源安全义务等具有多层次性的概念。

资源利用人的生态安全义务，在定义上是指资源利用人对生态风险即指特定生态系统中所发生的非期望事件的概率和后果的防控，以及资源利用人对生态脆弱性即指在一定社会政治、经济、文化背景下，某一系统对环境变化和自然灾害表现出的易于受到伤害和损失的义务。与此同时，这种义务不仅仅是一种状态层面的义务，也是一种动态性的义务。基于此，资源利用人在利用各种资源时，应当有人与自然这一整体免受不利因素危害的义务意识，并使生态系统的脆弱性不断得到改善，即生态安全的实现作为一个动态的过程，需要通过生态系统脆弱性的不断改善，实现人与自然和谐、健康发展受保障的客观状态。生态安全本身具有整体性、不可逆性、长期性的特点，其内涵十分丰富。也就是说，生态安全是人类生存环境或人类生态条件的一种动态状态，或者更确切地说，是一种必备的生态条件和生态状态。生态安全由众多因素构成，其对人类生存和发展的满足程度各不相同，生态安全的满足也不相同。生态安全强调以人为本。安全不安全的标准，是以人

类所要求的生态因子的质量来衡量的，生态安全具有生态因子一票否决的性质。同时，生态安全具有一定的空间地域性质，由此而言，生态安全可以调控。[①] 对于企业这种主要的资源利用人而言，承担生态安全义务，通过资源利用行为来表彰其企业社会责任，是一个社会必然的理性选择。

一、资源利用人环境安全义务

（一）资源利用人环境安全义务确定

由于资源利用人的环境安全义务涉及对企业排污行为、企业缴纳环境税费等许可行为、付费行为等，属于现阶段比较常见和敏感的政府管理问题。环境安全义务，是日常生产、经营和管理活动中，对于企业生产经营活动最直接规制的法律要求，也是学者们现阶段，对资源利用人生态安全义务中探讨最多的一个部分。笔者认为，这种义务，来自于企业作为资源利用人的“资源利用附带损害型义务”，即企业的资源利用必然产生使用型损害，因而资源使用本身即带有法定义务。

1. 环境安全的界定。在阐述资源利用人的环境安全义务之前，需要对“环境安全”有一个概括性的认识。“环境安全”这一概念，于 1988 年由联合国环境规划署针对造成严重危害的环境污染事故正式提出，即“地区级紧急事故的意识和准备”（阿佩尔计划）[②]。也有学者将“环境安全”称为

---

① 佚名:《生态安全》，载百度百科，https://baike.so.com/doc/5347305-5582752.html，最后访问日期：2018 年 2 月 27 日。

② 阿佩尔计划（APELL），是指联合国环境规划署与环球活动中心，协同美国化学制造协会及欧洲化学工业联邦委员会在 1986 年根据全球发生化学事故灾害的情况，为加强对应急性化学事故的防范，做好以地区性为主的防灾、救援工作，提出了“地区性紧急事故意识与防备”（ Awareness and prepare of Emergency of local level APELL ）计划，目的是促使公众产生和增强对社区中可能产生的危险事故的意识；制订对可能产生的事故的合作行动计划；强调对事故的预防。该计划的发挥能帮助发展中国家，就化学危险品的安全生产与运输做好应急准备，建立科学的化学品救援制度的积极作用。

"生态安全"，其包括狭义与广义两种意义上的理解。狭义的环境安全，是指因为环境污染和破坏引起的对人的健康的有害影响而带来的安全问题，而广义上的环境安全，则是指人类赖以生存发展的环境，处于一种不受环境污染和破坏所危害的良好状态。[①] 所以，环境安全在本质上，实际上是人的生存安全问题。在国家管理层面或者国家主权层面，也即国家生态安全的问题。也就是说，当一个国家的环境问题严重到足以影响人民的生活，如出现了诸如"北京咳"[②] 等公众呼吸方面的病症时，便是人的健康权益受到侵害的严重问题了。这个问题，站在国家层面来看，便是国家生态安全问题。

2. 资源利用人的环境安全义务。具体到资源利用人的环境安全义务，则应该是企业所应当承担的将企业生产经营活动，对环境的污染和破坏影响降低到最小化，以保证人类赖以生存的环境处于良好状态的义务。从对资源利用人的环境安全义务的定义来看，应承担环境安全义务的资源利用人，大多应是受传统经济模式影响下，采取"资源——产品——污染排

---

① 王广民:《企业的环境安全问题与对策》，载《陕西环境》2000 年第 4 期。

② 北京咳（Beijing Cough）是居住在北京的外国人易患的一种呼吸道症候，主要表现为咽痒干咳，同"德里肚"（Delhi Belly，一种痢疾性感染，表现为急性腹泻）和"罗马烧"（Roman Fever，一种类似肺炎与疟疾的传染病）一样，是类似外国人水土不服的一种表现，即来到北京就发作，走了就会好。"北京咳"是老百姓、特别是外国人的一种说法，并不是一个医学名词和学术概念，也没有一个定义和确切的症候群，主要出现在 12 月至 4 月间，表现为干咳或咽痒，离开北京后会自然消失。患有此症状的人一般认为出现这种情况与北京的空气污染有关。至少在 1990 年，"北京咳"这个词汇就已出现。其最早来源是《扶轮月刊》（*The Rotarian*）1990 年第 3 期。这本由慈善组织扶轮社筹办的杂志援引一篇报告:"工业国家曾经的主要城市现象——空气污染，已经散播至全世界……在北京，空气污染相关的呼吸胁迫很常见，被称为'北京咳'。"杂志援引的报告作者是希拉里·弗兰切，她是在新闻上看到的北京咳。在学界，"北京咳"这个词的使用范围略有扩展，2002 年，一本政治经济学的书中也有所提及:"城市里的空气经常带有酸味、硫化味，到处都可以听到'北京咳'。"这个形象且易产生共鸣的概念在民间中流传颇广，"北京咳"频繁出现在旅游攻略中。2003 年《文化震撼，游遍北京》（*Culture Shock! Beijing at Your Door*）的旅游书中，如此提醒游客：很多人抱怨"北京咳"……我们还不知道防止或是治愈"北京咳"的方法。

放”的工业型企业，其经济生产过程本身，就伴随着对资源的攫取，以及对污染物的排放。在这种模式下，企业常常首先就大量开采自然界中的物质和能源，而在之后生产、加工、消费的过程中，又把污染和废物大量排放到环境中去。

当然，在有些产业链中，由于分工的不同，开采资源和排放污染，是在不同的企业活动中所进行的。然而，这些资源利用人获取资源和污染排放，在环境法意义上来说却都是合法的，因为他们是在资源管理人即政府的首肯下进行的。行政许可所赋予的从事特殊行为的许可权，是他们所谓合法开采与合法排污的法律保障。不过，现在看起来，所谓的“排污权”“合法排污”等，实际上只是一种可以排放污染物行为层面上的权利，并不代表可以免除资源利用人环境安全义务。

3. 资源利用人环境安全义务的分类。通过对资源利用人的环境安全义务，进行分析，我们不难发现，在其生产过程中，资源利用人分别可以通过两种形式或者路径，来承担生态安全义务，即通过“资源——产品——污染”中的行为规制，包括限制开发和重点保护资源、控制污染，以及通过环境税费的缴纳，对开采资源和污染环境对生态的破坏进行物质补偿。这两种义务履行模式，也正是资源利用人环境安全义务的主要组成部分。

（二）资源利用人环境安全行为规制义务

资源利用人的行为规制义务，是将环境安全义务贯穿于生产经营活动始终的体现，也是对现代环境法“预防为主”思想的最好说明。资源利用人的环境安全行为规制义务，就是指在企业的生产经营活动中，转变传统的“重开发、轻节约、重速度、轻效益”的企业生产模式，转而实现“低开采、高利用、低排放”的资源循环发展的企业生产模式，从而将循环经济和清洁生产、保护环境等理念，贯穿于企业的生产行为当中。这种环境安全行为规制义务，又分为以下三个层次。

1. 限制开发与重点保护资源义务。根据《全国生态功能区规划》的规定，我国的全部国土被划分为水源涵养区、土壤保持区、防风固沙区、生物多样性保护区、洪水调蓄区、农产品提供区、林产品提供区、大都市群、重点城镇群九个主体生态功能区。在防风固沙区，就需要严禁过度放牧、樵采、开荒，限制经济开发活动，但是，这并不意味着在这些地方，政府就不会给予当地的资源利用人以资源开采许可权。资源利用人一旦拥有环境行政许可，就可以从事相应的资源开采活动，资源利用人的限制开发和重点保护资源的义务，就体现在限制其对环境无限制的索取，对资源的粗放式开发，转而通过有序的方式开采资源。

2. 资源循环使用义务。资源的循环使用是资源利用人保护资源的另一个方面，也是循环经济的有机组成部分。循环经济在社会的宏观层面上，要求对产业结构和布局进行调整，建立健全全社会范围内的资源循环利用体系。循环经济在资源利用人的微观层面上，就要求企业节能降耗，提高资源利用效率，实现减量化对生产过程中产生的废弃物进行综合利用，并延伸到废旧物资回收和再生利用，强调企业经济与资源环境的协调发展。[①] 可见，资源循环使用义务，不仅是企业的资源利用端进行控制，同时也是减轻企业排污的重要补充，将废弃物的再利用可以减少企业对环境的排污总量，达到资源充分利用的同时也是对排污端的有效控制。

3. 污染控制义务。对污染物的控制是由传统环境法的“末端控制”理念演变而来的，由其带来的环境标准等环境法制度也是对企业排污行为的规制方法。在我国，“大气十条”第一部分第（一）项就是“加强工业企业大气污染综合治理”，包括“全面整治燃煤小锅炉”，“加快重点行业脱硫、脱硝、除尘改造工程建设”和“推进挥发性有机物污染处理”等规定。虽

① 建设部《城市节约用水管理规定》（1988年11月30日）第7条规定：“工业用水重复利用率低于40%（不包括热电厂用水）的城市，新建供水工程时，未经上一级城市建设行政主管部门的同意，不得新增工业用水量。”

然，这些规定更多的是对资源管理人对资源利用人的整治和要求，可是，真正需要将这些行动落到实处的却是企业。同时，污染控制不能仅仅局限于工业企业，饮食业、运输业等其他产业，亦存在污染排放的行为，故资源利用人的污染控制义务，主体是几乎囊括了所有的企业。

污染控制义务，应该从点源、面源、移动源的角度来履行。采取包括采用清洁能源、完善企业排污手段与排污技术完善排污行为，同时，将循环经济的废物利用、废物循环等手段纳入等方式。此处，需要明确的是，污染控制义务与环境标准没有必然的联系，无论是从事达标排污的合法排污行为，还是超标排污的违法排污行为的资源利用人，都有污染控制的义务，也都应当自觉地履行这个义务。

（三）资源利用人生态费用与环境税的缴纳义务

不同于行为规制义务，资源利用人的生态费用与环境税的缴纳义务，更加强调企业应当从经济利益层面上，重视履行和承担环境安全义务。[①]诚然，行为规制是资源利用人履行环境安全义务的最有效方式，是通过实际的节能减排行为降低企业活动对环境承载的影响。但是，单纯的行为规制，却无法解决所有的问题。如果不通过与企业经济挂钩的方式，资源利用人本身是难以在所有经济活动中，自觉地进行环境安全行为规制的。这意味着：企业可能会为由此所采用的高科技手段、高科技产品，付出更高额的成本，而这些所换取的收益，在很大程度上，都只是有利于环境这一“公共物品”。同时，无论资源管理人如何合理地进行行为规制，其仍然需要在向环境索取资源同时排放一定的污染物，只是程度不同而已。所以，资源利用人通过缴纳生态费与环境税，也就成为了环境安全义务履行的一个补充。

---

① 三瑞懂等：《循环经济下企业的环境责任研究》，载《现代农业科技》2009 年第 10 期。

1. 资源利用人环境税的缴纳义务。环境税是针对目前日益恶化的生态环境而提出的一种全新的税种，吕忠梅在其《超越与保守——可持续发展视野下的环境法创新》一书中，将环境税概括为体现“谁污染谁治理、谁开发谁保护、谁破坏谁恢复、谁利用谁补偿、谁受益谁付费”的生态环境开发利用保护原则的生态环境补偿费，其作用在于：把应由资源开发者或消费者承担的对生态环境污染或破坏后的补偿，以税收的形式进行平衡。[①]虽然这一定义并没有将环境税与生态补偿费区分开来，也没有对资源利用人与普通消费者的环境税缴纳义务进行区分，但是，其对环境税原则和作用的把握却具有十分现实的意义。

通过税收调整的行为方式不同，环境税可以分为环境消费税、污染税和资源税三大类。与资源利用人相关的主要就是污染税与资源税，这与规制行为中限制开发和控制污染是相契合的。可见，资源利用人的环境安全义务，主要就是针对这两个基本环节来展开的。2016 年 12 月 25 日，我国《环境保护税法》（2018 年 1 月 1 日施行）获得通过，终于迈出了“保护和改善环境，减少污染物排放”的步伐，应税污染物被界定为我国《环境保护税法》所附《环境保护税税目税额表》《应税污染物和当量值表》规定的大气污染物、水污染物、固体废物和噪声（第 3 条）。

2. 资源利用人生态费的缴纳义务。相对于环境税，生态费是更少被提及的。所谓生态费，又被称为生态资源补偿费，主要是指环境保护行政主管部门，对那些直接影响生态环境的组织和个人征收的费用。其征收范围包括土地开发、旅游开发、自然资源开发、电力开发等。资源利用人的生态费缴纳义务，侧重于指资源利用人因其开发行为，对开发地区进行经济补偿，征收到的资金，相对于环境税而言，具有一定的专用性。需要特别说明的是，在我国《环境保护税法》于 2018 年 1 月 1 日生效后，是否

---

① 吕忠梅:《超越与保守——可持续发展视野下的环境法创新》，法律出版社 2003 年版，第 306 ~ 307 页。

还需要缴纳生态费，是值得认真研究和讨论的。在笔者看来，鉴于自然资源的有限性，我国在《环境保护税法》生效后，应当继续征收生态费。并且，征收的对象应该扩大到所有企业事业单位之外的全国公民，因为公民也是有限的水电气等资源的消耗者，为了实现全民节能的目标，符合“推动全社会节约能源，提高能源利用效率，保护和改善环境，促进经济社会全面协调可持续发展”的立法目的。①

3. 资源利用人环境保护税的申纳。资源利用人作为环境保护税纳税人，应当向应税污染物排放地的税务机关申报缴纳环境保护税（第 17 条），即主动申报纳税；纳税义务发生时间，为纳税人排放应税污染物的当日。同时，环境保护税按月计算，按季申报缴纳。不能按固定期限计算缴纳的，可以按次申报缴纳。纳税人申报缴纳时，应当向税务机关报送所排放应税污染物的种类、数量，大气污染物、水污染物的浓度值，以及税务机关根据实际需要要求纳税人报送的其他纳税资料。纳税人按季申报缴纳的，应当自季度终了之日起 15 日内，向税务机关办理纳税申报并缴纳税款。纳税人按次申报缴纳的，应当自纳税义务发生之日起 15 日内，向税务机关办理纳税申报并缴纳税款。纳税人应当依法如实办理纳税申报，对申报的真实性和完整性承担责任。

核定计算污染物排放量的，由税务机关会同环境保护主管部门核定污染物排放种类、数量和应纳税额；纳税人从事海洋工程向中华人民共和国管辖海域排放应税大气污染物、水污染物或者固体废物，申报缴纳环境保护税的具体办法，由国务院税务主管部门会同国务院海洋主管部门规定。各级政府应当鼓励纳税人加大环境保护建设投入，对纳税人用于污染物自动监测设备的投资予以资金和政策支持。根据我国《环境保护税法》第 12

---

① 我国《节约能源法》（1997 年 11 月 1 日通过；2007 年 10 月 28 日修订；2016 年 7 月 2 日修正）第 1 条。

条的规定，暂予免征环境保护税的情形包括：（1）农业生产（不包括规模化养殖）排放应税污染物的；（2）机动车、铁路机车、非道路移动机械、船舶和航空器等流动污染源排放应税污染物的；（3）依法设立的城乡污水集中处理、生活垃圾集中处理场所排放相应应税污染物，不超过国家和地方规定的排放标准的；（4）纳税人综合利用的固体废物，符合国家和地方环境保护标准的；（5）国务院批准免税的其他情形。如果纳税人排放应税大气污染物或者水污染物的浓度值，低于国家和地方规定的污染物排放标准30%的，减按75%征收环境保护税。纳税人排放应税大气污染物或者水污染物的浓度值低于国家和地方规定的污染物排放标准50%的，减按50%征收环境保护税（第13条），该条采纳的是反比例优惠税率。

环境保护主管部门和税务机关应当建立涉税信息共享平台和工作配合机制。环境保护主管部门应当将排污单位的排污许可、污染物排放数据、环境违法和受行政处罚情况等环境保护相关信息，定期交送税务机关。税务机关应当将纳税人的纳税申报、税款入库、减免税额、欠缴税款以及风险疑点等环境保护税涉税信息，定期交送环境保护主管部门（第15条）。

二、资源利用人物种安全义务

（一）资源利用人基因安全保护义务

我国国土面积居世界第三位，横跨多种气候带，拥有多种地理地貌环境。与此相对应，也蕴含着丰富的生物物种资源。同时，在物种资源的保护方面，先后出台了《野生动物保护法》《陆生野生动物保护实施细则》等多部法律法规，但是，不容否认的是，我国面临着大量珍稀动物濒临灭绝，生物多样性、基因安全受到严重威胁，与资源利用方面安全义务履行不足等问题的严峻事实。

《辞海》对“基因”的解释是，基因指生物体携带和传递遗传信息的基本单位。基因技术是新科技革命的产物，而科学技术是一把“双刃剑”，从基因技术上就可以体现出来，它解决了一些经济、社会、环境的问题，为人类的发展提供了巨大的潜力，而由此带来的基因安全问题，则可能会导致生态环境的灾难。有学者提出，基因技术是揭示生命奥妙的科学，以人类基因组计划的完成为标志，人类在了解自我生命现象本质的征程上完成了质的飞跃，生命科学发展到了新的高度。基因诊断、基因疗法和基因药物以及基因疫苗等的开发，将人类的发展提到了新的高度。① 基因技术以及由此带来的一系列社会变化，导致与基因相关的产业，蕴含了广阔的发展前景以及巨大的商业利益。

资源利用人对于商业利益具有天生的嗅觉，面对基因技术所可能带来的经济利益，其自然是不能放弃的。所以，资源利用人在基因安全，特别是维护本国的基因安全，防止本国珍贵基因组流传海外、物种走私、防止外来生物入侵等方面，具有重要的作用，我国曾经就发生过诸如上海大豆、广西金花茶等基因组流传海外，被国外公司研究再重组并抢注专利的情况。

（二）资源利用人保护生物多样性义务

早在两个世纪以前，达尔文的“进化论”就对生物多样性与生态系统功能的关系，进行过阐述。即如果在一块土地上仅仅种植一个草种，而在另外一块相似的土地上，种植上若干不同属的草种，那么，在后一块土地上，能够生产更多的植物。虽然，20 世纪 70 年代之后的研究表明：简单的生态系统比复杂的生态系统更有可能趋于稳定。② 但需要肯定的是，生态系统中物种的减少，对于整个生态系统功能的降低，有着不容否认的影

① 李光华等:《对我国基因安全状况的思考》，載《解放军外国语学院学报》2004 年第 5 期。

② 张全国等:《生物多样性与生态系统功能：进展与争论》，载《生物多样性》2002 年第 1 期。

响。任何一样物种的灭绝，都意味着生物多样性的又一次减少，该物种携带的基因组也不可能重现。

保护生物多样性的义务，虽然在很大程度上，是由资源管理人即政府在承担这一责任。同时，物种的产生和灭绝，也是自然循环规律的体现，但是，在我们的社会生活中，却可以发现：一些物种的灭绝，其实是因为市场上出现了相关的商业链，导致人们大量地捕杀、采摘珍稀的动植物导致的。正如一句广告词中所说的："没有买卖，就没有伤害。"资源利用人在商业市场上，应该自觉严格地遵守国家对生物多样性保护所颁布的规章制度。

（三）特定资源利用人珍稀动植物保护义务

特定资源利用人对于珍稀动植物的保护义务，是对资源利用人生物多样性义务的特殊说明和延伸。特定资源利用人，是指餐饮、药材、服装等从事特定行业的资源利用人。现实生活中，生吃猴脑、活熊取胆等残害珍稀动物的事几乎都发生在餐饮、药品、服装等特殊的行业。众所周知，珍稀动植物的皮毛、器官大多具有保暖、药用等用途，珍稀植物的根茎，也大多可以入药。所以，在巨大的市场利益驱动下，很多资源利用人会以此来占领市场。类似于资源利用人保护生物多样性的义务，只有特定的资源利用人在市场上以实际行动斩断这些依靠贩卖珍稀动植物获取利益形成的商业链条，才能够真正地尽到资源利用人的物种安全义务。

三、资源利用人资源安全义务

（一）资源利用人水资源合理利用义务

企业之所以被称为资源利用人，就在于其对社会各种资源的利用，要比社会中的个人或者其他团体更多。而资源安全义务的履行，就体现在当资源利用人利用这些资源时，应当合理地利用，避免造成环境污染、生态破坏等情形。资源利用人利用的资源，可以被分为非生物资源与生物资源两大类。其中，非生物资源主要包括水资源、矿产资源，而生物资源主要是指各种动植物资源。

水是人类不可获取的资源之一。虽然地球上的大部分面积都是水体，但是，真正对人类的存在发展发挥重要作用的淡水资源，却只是其中的一小部分。水资源的利用，不同于其他资源，水资源的利用不需要特殊的许可，任何人都可以使用水资源，在一些农村地区，人们只需要挖一口井就可以利用水资源，甚至于连水费都不用缴纳。而资源利用人的水资源合理利用义务，不在于对水资源的利用，而是强调对水体排污许可的合理利用。

由于污染物依靠水体这一流动的物质，所以，水污染一旦爆发就具有扩散性强、危害性大等特点，有可能造成整个流域的污染。政府在给予特定的资源利用人以水体的排污许可权的同时，也制定了相应的排污标准，以此为基础，我们可以将资源利用人的水资源合理利用义务，划分为三个层次。

1. 合法排污的义务。在理解合法排污义务时，首先应界定的是何为非法排污。非法排污，是指资源利用人在没有取得排污许可的情况下，或者超过排污标准向水体排放污染物。这种排污行为本身就是一种非法行为，资源利用人违反的不是生态安全义务，而是法律义务。所以，资源利用人水资源合理利用义务的第一个层次，也是最基本的层面，就是资源利用人的合法排污义务。

2. 保证污染物最小限度地影响水体的义务。即使合法排污，资源利用人排出的污染物也会对水体造成污染，所以，资源利用人水资源合理利用义务的最大体现，就是在合法排污的前提下，最大限度地降低排除的污染物对水体的不利影响。资源利用人可以通过加强改善污染物净化措施、安装净水器械等途径，保证在自身生产活动中排除的污染物最小限度地影响水资源利用。

资源利用人的水资源合理义务，同时也可以延伸到大气资源，资源利用人对大气资源的合理利用，同样也体现为向大气合理妥善地排污，两者具有一定的可比性。

3. 合理利用不当然免除法定义务。根据《节约能源法》第28条的规定："能源生产经营单位不得向本单位职工无偿提供能源。任何单位不得对能源消费实行包费制。"这就是合理利用不当然免除法定义务的规定。长期以来，我国社会受"靠山吃山""靠水吃水"等"搭便车"文化的影响，能源生产经营单位对自己的职工无偿提供能源成为"行业习惯"，比如，铁路部门曾经是我国职工"搭便车"最多最常见的部门，现在已经全部取消了就是证明。此外，对公共机构国家也应当考虑征收其能源使用费用，以便通过办公成本核算，督促其形成良好的节约能源的习惯，体现了合理利用不当然免除法定义务的原则的普遍适用。①

（二）资源利用人矿产资源合理开采义务

矿产资源和水资源是资源利用人资源安全义务的两个重要方面，资源利用人的水资源合理利用义务，体现在对排污许可的合理利用，而矿产资源则是对开采许可的合理利用。矿产资源是典型的不可再生资源，由其带来的财富是一时的，但是，如果不合理妥善地进行开发，对子孙后代造成的影响却是巨大的。现代社会是一种资源利用的社会，石油、天然气等能源更是被视为国家的战略物资。

资源利用人的矿产资源合理开采义务，是对可持续发展的比较好的阐

①《节约能源法》第47条第1款规定："公共机构应当厉行节约，杜绝浪费，带头使用节能产品、设备，提高能源利用效率。"

述，要求资源利用人在矿产资源的开采过程中，应当适度适量地开发，不要单纯地为了一时的经济效益，而将资源耗费殆尽。同时，资源利用人在开采过程中，应当避免对当地环境的损害。矿产资源往往深埋于地下，如果未能尽到妥善开发义务，很有可能破坏土地资源，尤其是会污染土壤。

现在，因为国际石油市场价格相对低廉，而我国国内开采石油天然气成本相对较高，所以，国家从保护环境和国内油气资源的战略高度“去产能”，让部分油气田封井停产的同时，借助“一带一路”国家战略，让国际油气产品进入国内市场。这既是提升矿产资源和水资源开采效率，履行矿产资源利用人合理开采义务的需要，也是保护我国大气、水和土壤等环境的需要，特别是履行《巴黎协定》中节能减排国家义务的需要，值得大加肯定和赞赏。

（三）资源利用人生物资源保护义务

生物资源是相对于水资源、矿产资源等非生物资源而言的，资源利用人的生物资源保护义务，与上文提到的物种保护义务中保护生物多样性具有同一性，都是指资源利用人对物种的保护，要求资源利用人尽可能地保护动植物，以自身行动杜绝市场上针对珍稀动植物的买卖商业链，同时也要善待动物、合理开发植物资源，保证生态系统中的物种多样性。

在这方面，我国已经禁止了象牙或者某些野生动物及其制品的国际贸易，[①]并关闭了相关的国内市场，这些做法都是督促资源利用人生物资源保护义务的表现形式。当然，对于某些驯养型动物的交易尤其是其产品或者制成品的交易，是否完全禁止或者依法限制，也必须根据国家法律法规的规定，实事求是地加以明确。在这方面，既要杜绝生物资源的过度流失，

① 马文英:《2018年起中国全面禁止象牙贸易》，载中国日报网，http：//www.chinadaily.com.cn/irterface/yidian/1139302/2018-01-02/cd_35423883.html，最后访问日期：2018年2月28日。

也要开展在严格控制下的狩猎权交易，[①] 为自然保护区和野生动物保护筹集经费和物质资源。当然，这是另一个层面的法律问题了。

第三节 资源利用人生态安全义务的立法设计

资源利用人生态安全义务，包含多个方面，有些是法律法规有所规制的，而有些部分，却是现存的制度没有涉及的。所以，本部分就要具体阐述在法律体系中，资源利用人的生态安全义务应当如何建立健全的问题。为此，笔者拟从现阶段国内国外的相关立法出发，着重探讨我国现阶段资源利用人的生态安全义务及其履行，通过司法实践反向观察立法方面值得完善的地方。

2017年3月7日，最高人民法院召开新闻发布会称，2015年1月～2016年12月31日，全国法院共受理社会组织和试点地区检察机关提起的环境公益诉讼一审案件189件，审结73件，受理二审案件11件，全部审结。其中，环境民事公益诉讼一审案件137件，环境行政公益诉讼一审案件51件，行政附带民事公益诉讼一审案件1件。此次发布会上，最高人民法院还发布了环境公益诉讼10个典型案例。应当说，这些典型案例涉及社会组织提起环境公益诉讼的主体资格，影响污染大气、水等具有一定自净能

① 全国将首次拍卖野生动物狩猎权。狩猎野牦牛基本价为4万美元，目前只对外国人开放猎杀野生动物是有极其严格的限定的，也是在我国《野生动物保护法》的框架之内的狩猎权交易强调，狩猎要在指定的区域和时间进行，并有导猎人员的指导，而时间必须是在野生动物的发情期和繁殖期之外进行，同时，在狩猎中还要遵循“打公不打母、打老不打小”的原则。狩猎额度是根据当地野生动物的种群情况制定的，猎杀什么野生动物和猎杀多少都是由专家详细调查后确定并分配给各个地区的。参见佚名：《我国将首次拍卖野生动物狩猎权，只对外国人开放》，载海关网，http：//www.customs.gov.cn/tabid/399/ctl/InfoDetail/InfoID/30903/mid/60432/Default.aspx.，最后访问日期：2018年2月28日。

力的环境介质的责任承担，饮用水水源保护，美丽宜居乡村建设，公用事业单位和生产者超标排放的法律责任，以及检察机关提起的环境民事、行政公益诉讼案件的审理等热点、难点法律问题，显示出资源利用人在生态安全义务立法设计、主体承担和不履行法律后果承担等层面的复杂问题。

事实上，最高人民法院期望通过发布典型案例，为法院依法审理环境公益诉讼案件提供一定的示范和指导，促进案件裁判尺度的统一，进一步提升环境资源司法水平。实践证明，这样做是必要的。这10个环境公益诉讼典型案例是:（1）江苏省泰州市环保联合会诉泰兴锦汇化工有限公司（以下简称锦汇公司）等水污染民事公益诉讼案：2012年1月～2013年2月，锦汇公司等6家企业将生产过程中产生的危险废物废盐酸、废硫酸总计2.5万余吨，以每吨20～100元不等的价格，交给无危险废物处理资质的相关公司，偷排进泰兴市如泰运河、泰州市高港区古马干河中，导致水体严重污染。泰州中院一审判决6家被告赔偿环境修复费用共计1.6亿余元，并承担鉴定评估费用10万元及诉讼费用。（2）中国生物多样性保护与绿色发展基金会诉宁夏瑞泰科技股份有限公司（以下简称瑞泰公司）等腾格里沙漠污染系列民事公益诉讼案：2015年8月，中国生物多样性保护与绿色发展基金会向中卫中院提起诉讼称：瑞泰公司等8家企业在生产过程中违规将超标废水直接排入蒸发池，造成腾格里沙漠严重污染。中卫中院一审认为，绿发会不能认定为《环境保护法》第58条规定的社会组织，对绿发会的起诉裁定不予受理。①（3）中华环保联合会诉山东德州晶华集

① 绿发会不服，提起上诉。宁夏高院审查后裁定驳回上诉，维持原裁定。绿发会不服二审裁定，向最高人民法院申请再审。2016年2月，经最高人民法院终审裁定，撤销一审、二审裁定，指令本案由中卫中院立案受理。中卫中院受理了绿发会分别诉中卫市美利源水务有限公司、宁夏蓝丰精细化工有限公司、宁夏华御化工有限公司、宁夏大漠药业有限公司、宁夏中卫市大龙化工科技有限公司、宁夏瑞泰科技股份有限公司、宁夏明盛染化有限公司、中卫市鑫三元化工有限公司8起土壤污染损害赔偿公益诉讼系列案件。2017年8月28日，腾格里沙漠污染公益诉讼案在中卫中院一审调解结案。审理查明，涉案企业中有5家涉案企业未落实环评要求，将超标生产废水排入蒸发池；1

团振华有限公司（以下简称振华公司）大气污染民事公益诉讼案：振华公司两个烟囱长期超标排放污染物，造成大气污染。中华环保联合会向德州中院提起诉讼。通过司法机关与环境保护行政主管部门的联动、协调，振华公司将全部生产线关停，在远离居民生活区的天衢工业园区选址建设新厂，使案件尚未审结即取得阶段性成效。（4）重庆市绿色志愿者联合会诉湖北省恩施自治州建始磺厂坪矿业有限责任公司（以下简称矿业公司）水库污染民事公益诉讼案：矿业公司距离集中式饮用水水源保护区千丈岩水库约 2.6 千米。2014 年 8 月 12 日，巫山县红椿乡村民反映千丈岩水库饮用水水源取水口水质出现异常，巫山县启动了重大突发环境事件应急预案。重庆万州法院一审判决矿业公司停止侵害，重新做出环评，并承担生态环境修复费用 991,000 元。（5）中华环保联合会诉江苏省江阴长泾梁平生猪专业合作社（以下简称梁平合作社）等养殖污染民事公益诉讼案：梁平合作社生猪养殖项目建设未经环境影响评价、配套污染防治设施未经验收，擅自投入生产，造成邻近村庄严重污染。诉讼期间，梁平合作社停止了生猪养殖及排污侵害行为，向法院提交《环境修复报告》。无锡中院组

家企业污水处理设施运行不正常，长期进行废水超标排放，并形成了巨大污水池；1 家企业在沙地内填埋大量未经处理的废渣，导致地面泛出斑驳红褐色；1 家企业向沙地偷排生产废水，上述 8 家企业的违法行为对周边土壤环境造成不同程度污染。调解书显示，这 8 家污染企业在 2015 年 2 月国家环保部西北督查中心检查后就开始治理整改，并通过了环保部门组织的验收。绿发会请求判令这 8 家企业停止污染、消除环境污染危险、由有资质的第三方修复、合法验收等诉讼目的已实现。法院依照法律相关规定，组织双方当事人多次协商、沟通，聘请专家实地察看治污效果，最终，绿发会采纳环保部门环评验收结论，促成案件当事人达成了调解协议。经调解，由涉案 8 家企业在投入 5.69 亿元用于修复和预防土壤污染的资金基础上，再承担环境损失公益金 600 万元，并因其环境污染行为向社会公众公开赔礼道歉。宁夏蓝丰精细化工有限公司、宁夏明盛染化有限公司、宁夏华御化工有限公司继续按照专家的地下水修复方案完成地下水修复工作，并承担相应费用，直至实现设定的修复目标。中卫中院将依法督促 8 家涉案企业履行调解协议确定的义务。宁夏明盛染化有限公司此前已因腾格里沙漠污染案被罚款 500 万元，其法人代表被追究刑事责任。参见张亮：《宁夏腾格里沙漠污染公益诉讼案以调解结案》，载法制网，http：//www.legaldaily.com.cn/judicial/content/2017-08/30/content_7300991.htm，最后访问日期：2018 年 2 月 28 日。

织双方进行了质证，并邀请专家到庭发表意见。经双方当事人同意，法院委托鉴定部门重新做出修复方案和监理方案。（6）北京市朝阳区自然之友环境研究所诉山东金岭化工股份有限公司（以下简称金岭公司）大气污染民事公益诉讼案：金岭公司下属热电厂持续向大气超标排放污染物，并存在环保设施未经验收即投入生产、私自篡改监测数据等环境违法行为。在案件审理期间，金岭公司纠正违法行为，各项污染物全部实现达标排放，监测设备全部运行并通过东营市环保局验收。经法院主持调解，金岭公司自愿承担支付生态环境治理费 300 万元。（7）江苏省镇江市生态环境公益保护协会诉江苏优立光学眼镜公司（以下简称优立公司）固体废物污染民事公益诉讼案：2014 年 4 ～ 7 月，生产树脂眼镜镜片的优立公司将约 5.5 吨镜片粉末类废物交给货车司机，倾倒于某拆迁空地，造成环境污染。镇江公益协会以树脂玻璃质粉末为危险废物为由提起公益诉讼。镇江中院一审经委托鉴定查明，案涉树脂玻璃质粉末废物不在《国家危险废物名录》之列，遂判令优立公司在丹阳市环保局监督下按照一般废物依法处置涉案废物。（8）江苏省徐州市人民检察院诉徐州市鸿顺造纸有限公司（以下简称鸿顺公司）水污染民事公益诉讼案：鸿顺公司多次被环保主管机关查获以私设暗管方式向连通京杭运河的苏北堤河排放生产废水，废水污染物指标均超标。徐州中院一审判决鸿顺公司赔偿生态环境修复费用及服务功能损失共计 105.82 万元。宣判后，鸿顺公司不服提起上诉。江苏高院二审判决驳回上诉，维持原判。（9）贵州省六盘水市六枝特区人民检察院诉贵州省镇宁布依族苗族自治县丁旗镇人民政府（以下简称丁旗镇政府）环境行政公益诉讼案：丁旗镇政府将位于镇宁县与六枝特区交界处的原龙岩飞机制造厂用地后山地块约 5 亩场地作为丁旗镇生活垃圾临时堆放场。2015 年 11 月，六盘水市六枝特区人民检察院向丁旗镇政府发出检察建议书，建议丁旗镇政府在 1 个月内将倾倒的垃圾清理完毕，并恢复地块原状，责令龙滩村村委会停止垃圾倾倒。因丁旗镇政府未按期进行回复，六枝特区人民检察院作为公益诉讼人提起了行政公益诉讼。2016年2月，丁旗镇政府进行了整改，清镇市法院以此驳回公益诉讼人的其他诉讼请求。（10）吉林省白山市人民检察院诉白山市江源区卫生和计划生育局、白山市江源区中医院（以下简称白山中医院）环境行政附带民事公益诉讼案：白山中医院新建综合楼时，未建设符合环保要求的污水处理设施就投入使用，通过渗井、渗坑排放医疗污水，渗井、渗坑周边土壤存在环境风险。白山市卫生和计划生育局在白山中医院未提交环评合格报告的情况下，对其《医疗机构执业许可证》校验为合格。白山中院一审判决，白山市卫生和计划生育局校验合格的行政行为违法；责令其履行监管职责，监督白山中医院在3个月内完成医疗污水处理设施的整改。[①]

在前述10个环境公益诉讼案件中，腾格里沙漠污染公益诉讼案最为典型。涉案企业中有5家涉案企业未落实环评要求，将超标生产废水排入蒸发池。另有3家企业违规处理废水废渣（1家企业污水处理设施运行不正常，长期进行废水超标排放，并形成了巨大污水池；1家企业在沙地内填埋大量未经处理的废渣，导致地面泛出斑驳红褐色；1家企业向沙地偷排生产废水）。上述8家企业的违法行为对周边土壤环境造成了不同程度污染。调解书显示，这8家污染企业在2015年2月国家环保部西北督查中心检查后就开始治理整改，并通过了环保部门组织的验收。案件本身一波三折，官司最终打到了最高人民法院。由此而知，我国资源利用人生态安全义务的立法设计、司法运用，尤其是被告即8家企业非法向沙漠中排放超标废水，在相关的立法中尚找不到直接的法律依据。

① 佚名：《最高人民法院发布环境公益诉讼十大典型案例》，载中国环境网，http://www.envir.gov.cn/info/2017/3/310860.htm，最后访问日期：2018年2月28日。

一、资源利用人生态安全义务立法现状

（一）国外企业承担生态安全义务的规定

世界上许多国家都结合本身国情就资源利用人的生态安全义务进行了立法。有的国家就规定得比较详细，这可以看出该国对于生态安全的重视，相对而言，有些国家则规定得比较粗略一些，表现出国家对于生态安全的不重视或者漫不经心。这种情况的存在，不是一种值得肯定的情形。企业的责任或者企业的社会责任这一概念，起源于国外的诚信交易或者市场经济体制下，节约交易成本的社会诚信体系建设，并由此导致很多西方国家都基本形成了一套完整的企业责任体系的理论。那就是，企业社会责任实质上反映的是企业与社会之间的关系问题，即在一方面，它使企业对社会所产生的负效应最小化；另一方面，它能够长期内带来社会正效应的最大化。狭义的企业社会责任，包括企业在经营过程中所承担的经济责任和法律责任，涵盖影响、受影响于利益相关者的利益，承担包括股东、消费者、社区等在内的利益相关者的社会责任；而广义上的企业社会责任不仅包括经济、法律及中观层面的企业社会责任，还涉及对社会应该承担、能够承担的责任——对社会合乎道德的一切行为。尽管责任内涵的复杂性及类型的差异性客观上加大了界定其内涵和外延的难度，但涉及企业社会责任，学术界还是达成了相关共识：企业在生产经营过程中，应当遵循四方面的基本原则，即（1）要保证并维持社会与企业之间的社会契约，即企业要依据法律或是自愿以符合社会规范与期望的方式运作；（2）企业目标不单是股东收益最大化，而应该公平地把利润分配给所有组织运作的参与者；（3）企业所有者运用财产的权利不能凌驾于基本人权、他人追求生活质量等正当权力之上；（4）每个人都是平等的道德实体，企业必须重视

所有员工的内在价值性。[①]那么，生态安全义务是否属于企业社会责任的范畴？国外关于企业承担生态安全义务法律制度也有很多。下文将对国外企业承担生态安全义务的两项重要制度，即环境税收制度和环境标准制度进行评价性介绍。

1. 环境税收制度。美国自1971年国会第一次提出对企业排放的硫化物征税议案至今，已经形成一套相对完善的环境税收制度。美国现行对资源利用人征收的与生态安全方面相关的税收，主要包括两类：开采税（开采税即是对自然资源的开采征收的一种消费税）和环境收入税。这两类税收是根据1986年美国国会通过的《超级基金修正案》设立的，据其规定，凡是收益超过200万美元以上的法人均应按超过部分纳税）。[②]在欧盟，荷兰对企业征收的环境税种种类更加广泛，包括燃料税、噪音税、水污染税、土壤保护税、地下水税等。瑞典有一套完整的环境税收体系，且大部分与生态有关，其能源税包括一般能源税、能源增值税以及特殊能源税。同时，还有针对如化肥、农药、电池等使用，对生态可能造成较大影响产品征收的税种。[③]应当说，环境税收制度本身，很好地解决了资源利用人负税的基础理由问题。

2. 环境标准制度。环境标准制度是环境末端控制的重要制度，虽然环境法中的末端控制理论，逐渐被源头控制理论所取代，但是环境标准制度作为控制企业排污，保证企业履行实行节能减排，仍然有重要的意义。国外有关环境标准制度的规定具有较多的共通点，即通过严格控制污

---

① 于光平等：《企业社会责任：国外理论演进及最新文献述评》，载《广东经济管理学院学报》2006年第5期。

② 吕忠梅：《超越与保守——可持续发展视野下的环境法创新》，法律出版社2003年版，第324~325页。

③ 吕忠梅：《超越与保守——可持续发展视野下的环境法创新》，法律出版社2003年版，第326~329页。

染排放，保护生态环境，防止环境污染和环境公害事件的发生。为此，须对美国的环境标准制度进行一些简要介绍。根据《美国清洁大气法》第108～109条的规定，环保局长对排放的污染物制定“国家大气环境质量标准”。具体包括两种形式:（1）一级标准，即保护公众健康的起码标准，在这种标准中，除公众健康以外的其他因素，包括所需费用、技术难题等，在标准的制定中都不予以考虑;（2）保护公众福利免受已知的和预测的不利影响的标准。后者比前者规定的水平严格一些，可以确定分阶段实现目标。①

3. 碳标签制度。碳标签（Carbon Labeling）是指为了缓解气候变化，减少温室气体（Greenhouse Gases，GHG）排放，推广低碳排放技术，把商品在生产过程中所排放的温室气体排放量在产品标签上用量化的指数标示出来，以标签的形式告知消费者产品碳信息的制度。欧洲在20世纪90年代推行两项生态标签，成为非常成功的案例。（1）纺织品生态环境标志，如Eco-Label②和OEKO-TEX Standard 100③。法律和行政强制性手段有自身

---

① [美] J.G. 阿巴克尔、G. W. 佛利克等:《美国环境法手册》，文伯屏、宋迎跃译，中国环境科学出版社1988年版，第172~173页。

② Eco-label，是指欧盟生态标签，又名“花朵标志”或“欧洲之花”。为鼓励在欧洲地区生产及消费“绿色产品”，欧盟于1992年出台了生态标签体系。因该标签呈一朵绿色小花图样，获得生态标签的产品也常被称为“贴花产品”。经过十年的发展，“贴花产品”已在欧洲市场上享有了很高的声誉。生态标签主要授予以下21类产品:（1）各种用途的去污剂;（2）灯泡;（3）床垫;（4）个人电脑;（5）复印及画图用纸;（6）手提电脑;（7）洗碗机用洗涤剂;（8）手用餐具洗涤剂;（9）冰箱;（10）洗碗机;（11）土壤改良剂;（12）鞋类;（13）电视机;（14）纺织品;（15）棉纸;（16）硬地板;（17）室内用油漆涂料;（18）旅游住宿服务;（19）衣物清洁产品;（20）真空吸尘器;（21）洗衣机。

③ OEKO-TEX Standard 100是1992年OEKO-TEX国际环保纺织协会制定的，现在有16个检测协会，它们的主要任务是检测纺织品的有害物质以确定它们的安全性。OEKO-TEX Standard 100现在是使用最为广泛的纺织品生态标志。OEKO-TEX Standard 100规定的标准是根据最新的科学知识，对纱线、纤维以及各类纺织品的有害物质含量规定限度。只有按照严格检测和检查程序提供可证明质量担保的生产商才允许在他们的产品上使用OEKO-TEX标签。

的局限性，它不能保证社会生产的生态效益与经济效益相协调，因此环境效益也无法得到保障，而市场机制本身也难以保证环境效益最大化。解决这些矛盾的途径就是将行政的强制性与市场机制的引导性相结合，而纺织品生态标志正是这样的机制。这一机制实行以来，促进了企业不断进行技术革新和改造，减少或消除了产品对环境的负面影响。（2）电子产品的能效标签制度，如欧盟要求出售的白色家电产品必须悬挂欧盟能效标签。由于生态标签机制获得了成功，在解决气候变化的低碳经济成为一个主题之后，碳标签机制便应运而生。碳标签作为生态标签的一种，是促进可持续生产与消费的一个基本手段，创造了一个对企业的节能减排进行经济回报的市场机制。通过产品碳标签赋予消费者知情权，引导其根据温室气体排放量选择购买低碳产品，促使企业不断进行低碳技术更新。

应当说，碳标签——促进可持续生产与消费的碳标签机制逐渐成为欧盟和发达国家的贸易利器，具体表现在：（1）在各国的碳标签计划中，世界上首个碳标签诞生在英国，由英国碳信托公司（Carbon Trust）于2008年推出，标属某个产品在生命周期中所释放出的温室气体排放总量，也就是碳足迹。产品的碳足迹涉及产品的整个生命周期（从原材料的获取、产品制造、包装运输分销、产品使用，一直到产品废弃后处理的整个过程），其后，其他国家也出台了一些自愿性和强制性的碳标签。（2）法国政府已颁布强制性法令，从2011年11月起，在法国销售的产品（消费品）必须公布碳足迹。一些零售商和品牌也在供应链中推行低碳政策，或是对产品进行碳标识，以便能够领引低碳潮流，获得更大的发展。（3）乐购（Tesco）是英国碳基金公司的合作伙伴，从一开始就参与其中。它提出的低碳目标之一，是对经销的7万多种商品全部进行碳标识，已经在自有200多种商品上悬挂了碳标签。沃尔玛作为全球最大零售商之一，在2014年完成了对10万个供货商提供的商品进行能耗、物耗和排放评估，重点对象是中国。法国的Casino对自有品牌中的约3000种商品进行碳标识。另外，瑞士知名零售商 Migros 和 Coop、英国 Mark 和 Spencer、美国戴尔（Dell）、苹果（Apple）和德国 Otto、西班牙李维斯（Levi's）、美国阿迪达斯（Adidas）和耐克（Nike）、瑞典 H&M 等都推出有相应的计划和碳标签。①

伴随着碳标签制度的发展，产品的碳足迹核算和供应链的低碳管理，也逐渐成为了未来许多品牌和零售商的节能减排任务之一。因此，一些知名品牌和零售商都开始了对产品的碳足迹核算工作。他们往往是选取销售量大、环境影响大的产品进行先期核算，并在之后制定出相应的减排目标和行动计划和方案。位于上游供应链的制造业，正越来越感到碳足迹趋势的影响和压力，一些供应商被告知需要进行碳计算，提供企业或某一产品的物耗、能耗等数据。虽然碳标签机制主要针对消费品，但是，对供应链中包括染料（颜料）、助剂及其他化学品的企业，也有很大的影响。因为，这些企业需要将其进行的碳核算和碳足迹核算，提供给下游用户。不少供货商看到其中蕴藏的商业机会，已经开始考虑或从事碳足迹核算与认证，特别是一些符合生态环保、节能排减的新品种，以便在竞争中脱颖而出。

（二）我国企业承担生态安全义务的立法

中国传统文化本身与我国传统企业文化具有同质性。与企业社会责任相比，后者是异域文化下的理念与思想，而非我国企业内生的理念与思想。当下对于现代企业而言，传统文化背景下的以人为本、刚健有为、中和尚礼等理念方面，固然有其积极影响。但是，平均主义、人治高于法治和重传统轻创新等思想，则很容易生发出消极影响，那就是我国各类企业在内守成有余，而创新不足的同时，对外承担责任意识淡漠，员工义利不统一，过度注重自己的利益而轻视债权人和利益相关者利益的现象也非常普遍。

---

① 刘田田等：《碳标签制度的国际比较及对中国的启示》，载《中国人口·资源与环境》2015年第5期（增刊）。

在法律制度层面，虽然没有“企业应当承担生态安全义务”等规范性字眼的存在，但是，几乎在每部自然资源保护法、污染防治法等法律法规中，都会有对资源利用人的行为规范的条文。我国《水污染防治法》第48条规定：“企业应当采用原材料利用效率高、污染物排放量少的清洁工艺，并加强管理，减少水污染物的产生。”而我国《矿产资源保护法》第32条规定：“开采矿产资源，必须遵守有关环境保护的法律规定，防止污染环境。开采矿产资源，应当节约用地。耕地、草原、林地因采矿受到破坏的，矿山企业应当因地制宜采取复垦利用、植树种草或者其他利用措施。开采矿产资源给他人生产、生活造成损失的，应当负责赔偿，并采取必要的补救措施。”除了法律的原则性规定外，我国还拥有环境影响评价制度、循环经济制度，以及“三同时制度”等体系，较为完善的环境法律制度，为资源利用人生态安全义务的履行提供了法律依据。

在前文介绍的最高人民法院公布的10个典型环境公益诉讼案件中，泰州环保联合会诉锦汇公司等水污染公益诉讼案中，锦汇公司等6家企业将生产过程中产生的危险废物废盐酸、废硫酸总计2.5万余吨，以每吨20～100元不等的价格，交给无危险废物处理资质的相关公司，偷排进泰兴市如泰运河、泰州市高港区古马干河中，导致水体严重污染。在北京自然之友环境研究所诉金岭公司大气污染公益诉讼案中，金岭公司下属热电厂持续向大气超标排放污染物，并存在环保设施未经验收即投入生产、私自篡改监测数据等环境违法行为，显然是缺乏生态安全义务意识的。在中华环保联合会诉振华公司大气污染公益诉讼案中，通过诉讼，司法机关与环境保护行政主管部门的联动、协调，让振华公司生产线全部关停。在中华环保联合会诉梁平合作社等养殖污染公益诉讼案中，梁平合作社生猪养殖项目建设未经环境影响评价、配套污染防治设施未经验收，擅自投入生产，造成邻近村庄严重污染。诉讼期间，停止了生猪养殖及排污侵害行为，向法院提交《环境修复报告》，使环境侵权行为及时得到纠正，相关损失没有扩大。在江苏省镇江市生态环境公益保护协会诉优立公司固体废物污染公益诉讼案中，尽管案涉树脂玻璃质粉末废物不在《国家危险废物名录》之列，但是，法院依然判令优立公司在丹阳市环保局监督下按照一般废物依法处置涉案废物，这就是通过司法矫正企业不承担社会责任的违法行为的表现。在江苏省徐州市人民检察院诉鸿顺公司水污染公益诉讼案中，通过庭审，查明鸿顺公司多次被环保主管机关查获以私设暗管方式，向连通京杭运河的苏北堤河排放生产废水，废水污染物指标均超标的恶劣行为，从而法院作出如下判决：鸿顺公司赔偿生态环境修复费用，以及服务功能损失共计 105.82 万元的做法，也在很大程度上弥补了立法的不具体不易操作的不足。

（三）资源利用人生态安全义务四川省地方性制度构建

四川省作为全国重要的生态保护区，是长江上游生态安全战略区域，其拥有独具特色气候条件和地理地貌，自然资源丰富。但同时，因为自然资源利用的“饥渴症”和急于发展的迫切期望以及在自然资源利用上短视，四川省成为一个灾害频繁、种类多样和损失惨重的省份。整体看来，川西地区生态脆弱、植被保护不佳，加上各种非科学的自然资源开发利用行为，导致滑坡、泥石流等自然灾害频繁发生。再加上近年来，又经历了汶川大地震、芦山地震等自然灾害，四川省的资源利用人生态安全义务履行，应该受到更加广泛的关注，尤其表现为地方性制度的构建。

近年来，四川省先后出台了《四川省环境保护条例》《四川省自然保护区管理条例》《四川生态省建设规划纲要》《四川省“十二五”生态建设和环境保护规划》《四川省生物多样性保护概况》《四川省生物多样性评价实施方案》《四川省天然林保护条例》等多部地方性法律法规和政策性文件。这些法律法规性文件对于资源利用人的生态安全义务，都有原则性的规定。不过，这些原则性规定，与全国性法律法规一样，在很大程度上，都没有得到非常有效的贯彻执行。在四川省2012年《政府工作报告》中，省长蒋巨峰在部署2013年的工作时，提到要“突出抓好工业节能减排，开展‘千家企业节能行动’，实施节能减排重大支撑项目、重点示范项目，加快淘汰落后过剩产能。深入推进建筑、交通运输、商贸、公共机构等重点领域节能”，“提高资源综合利用水平。大力推广节水技术和产品，鼓励企业加强污水综合治理回用，加快建设节水型社会”，履行生态安全义务的行动措施明确具体，具有相当的合理性和可信度。

2013年9月5日，四川省人民政府发布《关于支持攀西国家级战略资源创新开发试验区建设的政策意见》（川府发〔2013〕45号，以下简称《攀西试验区意见》）。《攀西试验区意见》第12条规定了要加大试验区生态环保建设投入力度。天然林资源保护、退耕还林、水土保持、石漠化综合治理、环境保护等项目安排要向试验区倾斜。2013年四川省环保厅下达给予攀枝花市污染治理、生态建设、环保能力建设等各类环保专项资金2400多万元，并同时承诺从2014年起连续三年每年另外安排专项资金不低于1000万元，用于攀枝花市区域污染综合整治试点示范项目实施。①2013年的一年时间里，为改变过去在污染防治上重点源治理轻面源、线源、区域、流域污染防治的现状，攀枝花市提出以“三片一线一企”为重点的综

---

① 2013年，四川省攀枝花市两级环保部门审批攀枝花市建设项目69个，总投资72.65亿元，环保投资2.4亿元。其中，攀枝花市环保局审批建设项目60个，编制报告书项目21个，编制报告表项目26个，编制登记表项目13个，总投资36.44亿元。攀枝花市级检查并同意试生产项目25个，完成环保竣工验收项目23个。同时，攀枝花市开展了生态县区、环境优美乡镇创建和生态细胞建设活动，加强了农村环境污染连片整治。盐边县省级生态县创建已通过验收，仁和区省级生态区创建通过了技术评估。东区银江镇创建省级和国家级生态乡镇规划，已通过专家评审和审批。米易县启动了国家级生态县创建工作，已有3个乡镇通过省环保厅技术核查。启动了钒钛产业园区生态产业园区创建工作，编制完成了生态产业园区建设规划。农村环保和生态细胞建设工作取得新成效。全市13个项目被列入“十二五”中央农村环境综合整治中央项目库，这是对四川省政府《攀西试验区意见》的落实。参见《攀枝花市 2013年环境状况公报（2014-06-05）》，一、2013年环保工作开展情况；（五）全面加强污染治理，持续改善环境质量。

合污染防治新举措、新办法。提出了攀枝花西区、东区倮果——五道河、安宁——钒钛产业园区、金沙江攀枝花市城区段沿江和攀钢的区域流域污染防治三年攻坚方案并精心组织实施，列出了总共 231 项污染防治攻坚项目，2013 年重点实施了 75 项攻坚项目。并开展了大宗物料运输方式环境污染现状调查研究，提出大宗物料集散中转、铁路水运、皮带管道运输等多种运输方式，减轻单一道路方式造成的二次扬尘污染。而且，也提出了工业扬尘污染整治方案，开展了货场、原料堆场、晒矿场、配料场的综合整治。[①]

2013 年攀枝花全市纳入环境统计的工业企业有 232 家，工业企业总产值 817.57 亿元，工业用水量 10.09 亿吨（其中，新鲜取水量 1.46 亿吨、重复用水量 8.63 亿吨），煤炭消耗量 1064.65 万吨，用电量 76.48 亿千瓦时，污染物排放进一步削减，污染治理深度进一步加强，“三废”综合利用水平进一步提高。[②] 但是，通过对城区集中式饮用水源地金沙江上徐家渡、水文站、金江水厂三个断面饮用水源地水质监测，粪大肠菌群在所有断面均超标。[③]2013 年，攀枝花市中心城区环境空气质量达到 Ⅰ 级天数 30 天，达到 Ⅱ 级天数 308 天，Ⅲ 级天数 27 天，全市均值空气质量达标率达 92.6%，首要污染物为可吸入颗粒物（PM10）。二氧化硫（SO_2）年均浓度为 0.064mg/Nm^3、二氧化氮（NO_2）年均浓度为 0.037mg/Nm^3、可吸入颗粒物（PM10）年均浓度为 0.094mg/Nm^3。与 2012 年相比，攀枝花全市达 Ⅰ 级天数增加，Ⅱ 级天数减少，Ⅲ 级天数增加，达标率略有下降，全市均值二氧化硫浓度下降明显，二氧化氮浓度下降，可吸入颗粒物浓度上升。攀枝花全市年降水 pH 均值为 4.24，较 2012 年（4.54）下降 0.30；酸雨 pH

① 《攀枝花市 2013 年环境状况公报（2014-06-05）》，一、2013 年环保工作开展情况；（三）创新环保工作思路，提升环保地位作用。

② 《攀枝花市 2013 年环境状况公报（2014-06-05）》，二、2013 年污染物排放与处理利用情况。

③ 《攀枝花市 2013 年环境状况公报（2014-06-05）》，三、2013 年环境质量状况；（一）水环境质量。

均值为4.16，较2012年（4.42）下降0.26；全年酸雨频率为76.1%，较2012年上升16.9个百分点。对攀枝花已经过去的三年降水情况分析，降水pH均值、酸雨pH均值有下降，而酸雨频率有上升趋势。攀枝花全市降尘量2013年均值为14.3吨/平方千米，与2012年均值为14.1吨/平方千米相比，上升了1.4%。而攀枝花全市硫酸盐化速率2013年全年均值为0.8mg.SO_3/100cm^2，超标2.2倍，与2012年持平。① 可见，攀枝花市环境污染治理和生态安全义务履行的地方性制度建设与落实的任务，远远没有完成。

最新数据显示，2016年攀枝花市的主要污染物数据如下：（1）大气环境。二氧化硫（SO_2）年均浓度为38μg/Nm^3，二氧化氮（NO_2）年均浓度为34μg/Nm^3，可吸入颗粒物（PM10）年均浓度为65μg/Nm^3，细颗粒物（PM2.5）年均浓度为32μg/Nm^3，臭氧（O_3）第90百分位数为112μg/Nm^3，一氧化碳（CO）第95百分位数为2.205mg/Nm^3。2016年6项大气污染物年均浓度均达标。（2）降水情况。2016年，攀枝花全市3个测点共采集降水样品181个，总雨量（3个测点降水量之和）为2022.4mm，全市降水PH均值为5.29。2016年度攀枝花市降水集中在5～10月。从近三年降水统计情况看，全市降水pH均值、酸雨pH均值有上升，酸雨频率有下降的趋势。（3）地表水水质。2016年攀枝花市河流水质，金沙江攀枝花段水质优，水质类别为Ⅱ类，雅砻江攀枝花段水质优，水质类别为Ⅱ类；2016年重点湖库水质所有断面水质优，水质类别断面均为Ⅱ类；所有断面水质营养状态均为中营养状态。2016年，攀枝花市地表水饮用水监测结果显示：布德水管站水质类别Ⅰ类；永兴水厂、渔门水厂、垭口汇水区、黄草水厂、双桥水库桥、跃进水库回蚌水质类别Ⅱ类。② 所以，对于攀枝花

① 《攀枝花市2013年环境状况公报（2014-06-05）》，三、2013年环境质量状况；（二）环境空气质量。

② 攀枝花市环境保护局：《攀枝花市2016年环境状况公报》（2017年6月5日），载《攀枝花日报》，http：//www.pzh.gov.cn/a/2017/0605/497226.html，最后访问日期：2018年2月28日。

市环境污染治理和生态安全义务履行的地方企业约束，仍然不能放松。

二、我国资源利用人生态安全义务立法缺失

（一）资源利用人的生态安全义务缺乏强制性规定

虽然在法律法规和政策层面，我国有关资源利用人的生态安全义务，有较为详细的具体规定，但是，面对着新时期资源利用人对环境和资源的需求越来越大，由此引发的生态危机也在不断地加重。因此，我们面临的法治建设任务，无论是在法治国家还是在法治政府或者法治社会层面，都是任重而道远的。

无论是国家立法还是省一级出台的文件，其对于资源利用人生态安全义务多是原则性的规定，都缺乏行之有效的强制性措施和实施细则规定。很多条文都只是规定了资源利用人有保护生态、节能减排的义务，但是，在这些义务如何履行以及需要达到的标准等方面仍然空白。诚然，国家和省一级更多只是对生态安全制度进行构建，具有宏观性，具体的措施需要下级政府因地制宜地进行立法完善，但是，在笔者查阅的相关资料中，四川省各市县关于当地资源利用人生态安全义务的规定，仍然是比较缺乏的。这充分说明：当地政府对于其行政辖区内的资源利用人的义务体系建设，在很大程度上是有疑虑的。

（二）环境税立法从空白转向填补空白

2016年12月25日以前，我国的资源利用人生态安全义务虽然拥有包括环境标准制度、环境影响评价制度、“三同时”制度等多种制度设计，但是，仍然有很多制度的结构性缺失，最重要的表现就在于环境保护税尚未纳入环境法律制度设计的范畴。国外对资源利用人开征环境税早有先例，且环境税的征收对生态保护确实带来了实质性的有利影响，如在美

国，开采税的征收使美国石油总产量减少了 10% ～ 15%。[①] 其实早在 2008 年，我国《国务院节能减排综合性工作方案》也明确提出要“研究开征环境税”。但是，环境保护税在我国却尚未没有形成一套制度性的规范，这不利于资源利用人自觉有效地履行生态安全义务，积极研发生态技术、节能减排，提高“三废”利用率。

2016 年 12 月 25 日，我国《环境保护税法》出台，从该月起直到 2018 年 1 月 1 日，是环境保护税观念进入社会全体人员意识的阶段。应税污染物和当量值表（主要是水污染、大气污染物的当量值）显示：（1）第一类水污染物污染当量 [②] 值；[③]（2）第二类水污染物污染当量值；[④]（3）pH、

---

① 李保仁等：《迈入 21 世纪的中国经济》（第 2 辑），中国财政经济出版社 2000 年版，第 157 页。

② 污染当量，是指根据污染物或者污染排放活动对环境的有害程度以及处理的技术经济性，衡量不同污染物对环境污染的综合性指标或者计量单位。同一介质相同污染当量的不同污染物，其污染程度基本相当。

③ 第一类水污染物污染当量值［污染物、污染当量值（千克）］：（1）总汞 0.0005；（2）总镉 0.005；（3）总铬 0.04；（4）六价铬 0.02；（5）总砷 0.02；（6）总铅；（7）总镍 0.025；（8）苯并（a）芘 0.0000003；（9）总铍 0.01；（10）总银 0.02。

④ 第二类水污染物污染当量值［污染物、污染当量值（千克）］：（11）悬浮物（SS）4；（12）生化需氧量（BOD5）0.5（同一排放口中的化学需氧量、生化需氧量和总有机碳，只征收一项）；（13）化学需氧量（CODcr）1；（14）总有机碳（TOC）0.49；（15）石油类 0.1；（16）动植物油 0.16；（17）挥发酚 0.08；（18）总氰化物 0.05；（19）硫化物 0.125；（20）氨氮 0.8；（21）氟化物 0.5；（22）甲醛 0.125；（23）苯胺类 0.2；（24）硝基苯类 0.2；（25）阴离子表面活性剂（LAS）0.2；（26）总铜 0.1；（27）总锌 0.2；（28）总锰 0.2；（29）彩色显影剂（CD—2）0.2；（30）总磷 0.25；（31）单质磷（以 P 计）0.05；（32）有机磷农药（以 P 计）0.05；（33）乐果 0.05；（34）甲基对硫磷 0.05；（35）马拉硫磷 0.05；（36）对硫磷 0.05；（37）五氯酚及五氯酚钠（以五氯酚计）0.25；（38）三氯甲烷 0.04；（39）可吸附有机卤化物（AOX）（以 CI 计）0.25；（40）四氯化碳 0.04；（41）三氯乙烯 0.04；（42）四氯乙烯 0.04；（43）苯 0.02；（44）甲苯 0.02；（45）乙苯 0.02；（46）邻—二甲苯 0.02；（47）对—二甲苯 0.02；（48）间—二甲苯 0.02；（49）氯苯 0.02；（50）邻二氯苯 0.02；（51）对二氯苯 0.02；（52）对硝基氯苯 0.02；（53）2,4—二硝基氯苯 0.02；（54）苯酚 0.02；（55）间—甲酚 0.02；（56）2,4—二氯酚 0.02；（57）2，4，6—三氯酚 0.02；（58）邻苯二甲酸二丁酯 0.02；（59）邻苯二甲酸二辛酯 0.02；（60）丙烯腈 0.125；（61）总硒 0.02。

色度、大肠菌群数、余氯量水污染物污染当量值；[①]（4）禽畜养殖业、小型企业和第三产业水污染物污染当量值；[②]（5）大气污染物污染当量值[③]等。在整个环境保护税税目税额表中，则包括了固态废物和噪声等。通过研究我国《环境保护税法》税目税额表的税目、税额等规定，笔者发现，我国的环境保护税负是不高的。（见表 5-1）

表 5-1 我国环境保护税税目税额[④]

税 目	计税单位	税 额
大气污染物	每污染当量	1.2 元至 12 元
水污染物	每污染当量	1.4 元至 14 元

---

① pH、色度、大肠菌群数、余氯量水污染物污染当量值（污染物、污染当量值）：1.pH（pH5 — 6 指大于等于 5，小于 6；pH9 — 10 指大于 9，小于等于 10，其余类推）1.0 — 1，13 — 14/0.06 吨污水；2.1 — 2，12 — 13/0.125 吨污水；3.2 — 3，11 — 12/0.25 吨污水；4.3 — 4，10 — 11/0.5 吨污水；5.4 — 5.9 — 10/1 吨污水；6.5 — 6/5 吨污水。2. 色度 /5 吨水・倍。3. 大肠菌群数（超标）/3.3 吨污水（大肠菌群数和余氯量只征收一项）。4. 余氯量（用氯消毒的医院废水）/3.3 吨污水。

② 禽畜养殖业、小型企业和第三产业水污染物污染当量值（本表仅适用于计算无法进行实际监测或者物料横算的禽畜养殖业、小型企业和第三产业等小型污染者的水污染物污染当量值；类型、污染当量值）：禽畜养殖场：1. 牛，0.1 头（仅对存栏规模大于 50 头牛、500 头猪、5000 羽鸡鸭等的禽畜养殖场征收）；2. 猪，1 头；3. 鸡、鸭等家禽，30 羽；4. 小型企业，1.8 吨污水；5. 饮食娱乐服务业，0.5 吨污水；6. 医院，消毒 0.14 床（医院病床数大于 20 张的按照本表计算污染当量值），2.8 吨污水；不消毒，0.07 床，1.4 吨污水。

③ 大气污染物污染当量值［污染物、污染当量值（千克）］：（1）二氧化硫 0.95；（2）氮氧化物 0.95；（3）一氧化碳 16.7；（4）氯气 0.34；（5）氯化氢 10.75；（6）氟化物 0.87；（7）氰化氢 0.005；（8）硫酸雾 0.6；（9）铬酸雾 0.0007；（10）汞及其化合物 0.0001；（11）一般性粉尘 4；（12）石棉尘 0.53；（13）玻璃棉尘 2.13；（14）碳黑尘 0.59；（15）铅及其化合物 0.02；（16）镉及其化合物 0.03；（17）铍及其化合物 0.0004；（18）镍及其化合物 0.13；（19）锡及其化合物 0.27；（20）烟尘 2.18；（21）苯 0.05；（22）甲苯 0.18；（23）二甲苯 0.27；（24）苯并（a）芘 0.000002；（25）甲醛 0.09；（26）乙醛 0.45；（27）丙烯醛 0.06；（28）甲醇 0.67；（29）酚类 0.35；（30）沥青烟 0.19；（31）苯胺类 0.21；（32）氯苯类 0.72；（33）硝基苯 0.17；（34）丙烯腈 0.22；（35）氯乙烯 0.55；（36）光气 0.04；（37）硫化氢 0.29；（38）氨 9.29；（39）三甲胺 0.32；（40）甲硫醇 0.04；（41）甲硫醚 0.28；（42）二甲二硫 0.28；（43）苯乙烯 25；（44）二硫化碳 20。

④ 表 5-1 是我国《环境保护税法》附表一：环境保护税税目税额表的移植性使用，特此说明。

续表

税目		计税单位	税额
固态废物	煤矸石	每　吨	5 元
	尾　矿	每　吨	15 元
	危险废物	每　吨	1000 元
	冶炼渣、粉煤灰、炉渣、其他固体废物（含半固态、液态废物）	每　吨	25 元
噪声	工业噪声	超标 1 ～ 3 分贝	每月 350 元[①]
		超标 4 ～ 6 分贝	每月 700 元
		超标 7 ～ 9 分贝	每月 1400 元
		超标 10 ～ 12 分贝	每月 2800 元
		超标 13 ～ 15 分贝	每月 5600 元
		超标 16 分贝以上	每月 11,200 元

在表 5-1 中，在四大类污染物即大气污染物、水污染物、固态废物和噪声中，每个污染当量、每吨或者超标的数值虽然都有对应的税额，但是，税额总体上不是很高。大气污染物的每污染当量为 1.2 元至 12 元，而水污染物的每污染当量为 1.4 元至 14 元。固态废物中危险废物每吨为 1000 元，明显偏低。工业噪声超标 16 分贝以上，每月才 11200 元，显然没有考虑到超标 16 分贝的危害性有多大。也就是说，噪声级 30 ～ 40 分贝是比较安静的正常生活环境。超过 50 分贝就会影响睡眠和休息，由于休息不足，疲劳不能消除，正常生理功能会受到一定的影响。70 分贝以上，造成心烦意乱，精神不集中，影响工作效率，甚至发生事故。长期工作或

① 附表一：环境保护税税目税额表备注：（1）一个单位边界上有多处噪声超标，根据最高一处超标声级计算应纳税额；当沿边界长度超过 100 米有两处以上噪声超标，按照两个单位应纳税额。（2）一个单位有不同地点作业场所的，应当分别计算应纳税额，合并计征。（3）昼、夜均超标的环境噪声，昼、夜分别计算应纳税额，累计计征。（4）声源一个月内超标不足 15 天的，减半计算应纳税额。（5）夜间频繁突发和夜间偶然突发厂界超标噪声，按等效声级和峰值噪声两种指标中超标分贝值高的一项计算应纳税额。

生活在 90 分贝以上的噪声环境，会严重影响听力甚至会导致其他疾病的发生。

所以，在我国，工业企业厂界外环境噪声排放限值[①]为：(1) 0 类区昼间 50db (A)，夜间 40db (A)；(2) 1 类区昼间 55db (A)，夜间 45db (A)；(3) 2 类区昼间 60db (A)，夜间 50db (A)；(4) 3 类区昼间 65db (A)，夜间 55db (A)；(5) 4 类区昼间 70db (A)，夜间 55db (A)。每个级别的环境噪声值相差 5db (A)，而夜间频发噪声的最大声级超过的幅度不得高于 10db (A)。夜间偶发噪声的最大声级超过的幅度不得高于 15db (A)。噪声的测量分别是在昼间、夜间两个时段。夜间有频发、偶发噪声影响时同时测量最大声级。被测声源是稳态噪声时，采用 1min 的等效声级，被测声源为非稳态噪声时，测量被测声源有代表性时段的等效声级，必要时测量被测声源整个正常工作时段的等效声级。[②]由此分析，工业企业厂界外夜间频发噪声的最大声级超过的幅度不得高于 10db (A)，根据我国《环境保护税法》附表一，超标 10 ～ 12 分贝，需要缴纳的税款时每月 2800 元，平均每天 93.33 元钱；超标 13 ～ 15 分贝，每月 5600 元，平均每天 186.67 元钱；超标 16 分贝以上的话，每月 11200 元，平均每天 373.33 元钱。那么，按照 2 类区昼间 60db (A)，夜间 50db (A) 的规定，则超标 16 分贝时则变成为昼间 76db (A)，夜间 66db (A)。然而，实践证明如果环境噪声 70 分贝以上，会造成人的感受上的心烦意乱，甚至于无法忍受而导致生活的幸福感消失。由此而言，笔者认为，我国《环境保护税法》对于产生工业企业厂界外环境噪声的征税行为的规定还是过于温和了。这种温和，恰恰是资源利用人的利益处于强势，而环境利益在此处是噪声污染受害者的利益处于弱势的产物。

---

① 环保部等：《工业企业厂界环境噪声排放标准》GB12348-2008，4. 环境噪声排放限值。

② 环保部等：《工业企业厂界环境噪声排放标准》GB12348-2008，5.4 测量时段。

（三）资源利用人生态安全义务种类

资源利用人生态安全义务种类较少，履行方式单一，前文已经述及。资源利用人生态安全义务是一个多范畴、具有丰富内容的概念，包括环境安全义务、资源安全义务和物种安全义务等。可是，在我国现行的立法中，对资源利用人的生态安全义务规制，更多地集中在环境安全领域，对于资源安全也会有一些原则性的规定，而物种安全则是相对匮乏。

我国《野生动物保护法》等与生物多样性相关的法律法规也缺乏对资源利用人物种安全义务的规定。资源利用人履行生态安全义务的方式也是多样的，在生产资源节约型和环境友好型的绿色产品、产业布局活动中，必须将环境会计制度纳入生态养护和环境评估、企业财政核算中。而我们的立法中更多强调的是节能减排、优化企业生产结构等，履行方式单一。这不利于从企业的行为结构角度，控制其资源利用行为的危害性。

在我国，野生动物保护形势十分严峻：违法猎捕、杀害、买卖野生动物在很多地方仍然不同程度地存在；滥食滥用野生动物的陋习，在一些地区还相当盛行；野生动物及其制品走私和非法贸易的问题在边境地区时有发生，不仅威胁生态安全，还危及人体健康，败坏社会风气，有损国家声誉；野生动物栖息地侵占破坏情况比较严重，这成为野生动物种群减少的直接原因；长江等重要水域生态系统受到严重破坏，白暨豚已经功能性灭绝，江豚、中华鲟等重点保护物种极度濒危。我国《野生动物保护法》在继 2004 年 8 月 28 日第一次修正、2009 年 8 月 27 日第二次修正之后，2016 年 7 月 2 日进行了第三次系统修订。该次修订增加了对违法出售、收购、利用野生动物及其制品发布广告或者相关信息、提供交易场所的禁止性规定；建立了防范、打击野生动物走私和非法贸易的部门协调机制；明确了对违法经营利用、食用及走私国家重点保护野生动物及其制品，依照刑法有关规定追究刑事责任。同时，针对我国《野生动物保护法》对野外种群和人工繁育种群缺乏分类管理、对人工繁育产业缺乏具体管理要求和措施等问题，修订时明确了对人工繁育国家重点保护野生动物实行许可制度；规定人工繁育国家重点保护野生动物的，应当根据野生动物习性确保其具有必要的活动空间和生息繁衍、卫生健康条件，具备与其繁育目的、种类、发展规模相适应的场所、设施、技术和资金，并符合有关技术标准，不得虐待野生动物①，等等。显然，这些规定中的许多义务，对资源利用人这种经营主体的生态安全义务履行而言的，具有非常重要的意义。

三、资源利用人生态安全义务的立法设计

（一）建立和完善环境税收制度

在生态安全义务的立法设计方面，除了原则性的规定外，笔者认为，应该更多地采纳实质性、强制性的规定，这样做有利于发挥制度资源对于企业利用资源行为的内外控制的效用。为此，笔者强调，应从以下三个方面具体完善，此外应当借鉴国外的先进立法理念和制度设计，建立具有我国特色的环境税收体系，从重征税。税收作为市场经济中调节市场主体行为的有利工具，其征收与否以及税率的设置，会对资源利用人的行为产生重要影响。所以，环境税在资源利用人生态安全义务的立法体系中，应当有其独特的地位。除了环境保护税作为独立税种，开征环境保护税之外，在我国，还可以开征的环境类别的税应当包括：

---

① 王鸿举:《关于〈中华人民共和国野生动物保护法（修订草案）〉的说明——2015年12月21日在第十二届全国人民代表大会常务委员会第十八次会议上》，载中国人大网，http：//law.npc.gov.cn:8081/FLFG/flfgByID.action?flfgID=35940132&showDetailType=QW&zlsxid=23，最后访问日期：2018年2月28日。

1. 资源税。资源利用人在利用林业资源、土地资源等时应当缴纳一定的税金，而非仅仅取得一次性的环境行政许可就可以，资源利用人对资源的利用和改造本身就是一个长期的过程，如果仅仅依靠环境行政许可并征税，将很难达到长期调整的效果。与此同时，这个资源税的征税对象，还应当从直接的资源利用人，扩大到全体社会成员，尤其是社会公众个体。只有这样，才能让我国的社会公众，逐步养成我国《环境保护法》第 6 条第 4 款规定的“采取低碳、节俭的生活方式”习惯。

根据我国《资源税暂行条例》(1993 年 12 月 25 日发布；2011 年 9 月 30 日修订）资源税税目税率表的内容，各类资源的税率为：(1 ）原油税率为销售额 5%～ 10%。(2 ）天然气为销售额的 5%～ 10%。(3 ）煤炭中的焦煤为每吨 8 ～ 20 元；其他煤炭为每吨 0.3 ～ 5 元。(4 ）其他非金属矿原矿中，普通非金属矿原矿为每吨或者每立方米 0.5 ～ 20 元；贵重非金属矿原矿为每千克或者每克拉 0.5 ～ 20 元。(5 ）黑色金属矿原矿为每吨 2 ～ 30 元。(6 ）有色金属矿原矿中，稀土矿每吨 0.4 ～ 60 元；其他有色金属矿原矿每吨 0.4 ～ 30 元。(7 ）盐中，固体盐每吨 10 ～ 60 元；液体盐每吨 2 ～ 10 元。笔者认为，因为相关的资源税负还是比较轻的，所以可能对形成强有力的环境保护体制，并不是非常有利。

2. 碳税。碳是燃料的主要发热元素，又是产生一氧化碳、二氧化碳[①]、甲烷等污染物质的重要成分，其对于环境污染、全球气候变暖都有着较大影响。当企业大量消耗含碳燃料或排放含碳物质时，可以对企业征收碳税。从某种意义上来说，碳税（carbon tax）是能源税和排污费的一种特殊表现形式。与此同时，对于我国北方广大地区在冬季采暖，如果使用燃煤

---

① 二氧化碳（Carbon dioxide）是空气中常见的化合物，其分子式为 CO_2，由两个氧原子与一个碳原子通过共价键连接而成。空气中有微量的二氧化碳，约占空气总体积的 0.03%。二氧化碳能溶于水中，形成碳酸，碳酸是一种弱酸。由于空气中含有二氧化碳，所以，通常情况下雨水的 pH 大于等于 5.6（CO_2 本身没有毒性，但当空气中的 CO_2 超过正常含量时，会对人体产生有害的影响）。

的话，都应当考虑逐步开征碳税。这是因为北方的集中供暖和分散取暖，是导致一氧化碳、二氧化碳、甲烷等污染物质大量进入大气，诱发雾霾灾害得核心原因之一。鉴于集中供暖和分散采暖都是采用燃煤技术，从而使一氧化碳、二氧化碳、甲烷等污染物质大量排放，那么，集中供暖和分散采暖的受益人，当然应当承担碳税的负担。

碳税，就其本质而言是指针对二氧化碳的排放所征收的税。它以环境保护为目的，希望通过削减二氧化碳的排放，来减缓全球变暖的过程。碳税通过对燃煤和石油下游的汽油、航空燃油、天然气等化石燃料产品，按其碳含量的比例征税，来实现减少化石燃料消耗和二氧化碳排放。与总量控制和排放贸易等市场竞争为基础的温室气体减排机制不同，征收碳税只需要额外增加非常少的管理成本就可以实现。碳税的影响广泛而深远，涉及社会经济和人民生活诸多方面。征收碳税不仅应考虑环境效果和经济效率，还要考虑社会效益和国际竞争力等。不同国家和地区在不同的经济社会发展阶段，碳税的实施效果有较大差异，虽然我国《环境保护税法》并没有列举二氧化碳为征税对象，但从长期来看，碳税是一个有效的环境经济政策工具，能有效地减少 CO_2 排放，降低能源消耗，改变能源消费结构，短期内抑制经济增长，中长期来看将有利于经济的健康发展，但将扩大资本与劳动的收入分配差距，加剧社会不公。

理论上，碳税的作用体现在以下三点：（1）减排效应。不同税率下 CO_2 减排率提高，则减排效应不断增加。随着碳减排幅度的提高，税率不得不大幅上升，我国碳排放多属于生存排放和发展排放，与发达国家相比，我国碳税引起的产品价格变化对生产的影响较小。（2）经济增长效应。碳税对经济增长的影响具有两面性：一方面，碳税会降低私人投资的积极性，对经济增长产生抑制作用；另一方面，碳税可增加政府收入，扩大政府的投资规模，对经济增长起到拉动作用。短期内碳税会影响相关产品的价格，抑制消费需求，从而抑制经济增长；从中长期看，碳税将促进相关替代产品的研发，降低环境治理成本，有利于经济的健康发展。（3）能源消费效应。碳税将对一国的能源消费结构产生深远的影响。碳税使能源价格更高，使其成为一种更昂贵的生产要素，这将提高企业生产成本，企业因此会减少生产。与此同时，企业还会采取节能技术降低能源消耗，采用替代能源改变能源消费结构。在我国，燃油等能源的需求价格弹性比较高，碳税将减少能源消耗，提高能源使用效率，降低能源强度，促进能源消费结构转变。由此而言，我国应当将二氧化碳列入碳税或者环境保护税的工作。

3. 消费税。消费税是指以消费品的流转额作为征税对象的某些特种货物及劳务税的统称。这种税是政府向消费品征收的税项，操作层面是从批发商或零售商征收的间接税，最终要落到前述特种货物或者劳务的消费者身上。消费税是 1994 年我国分税制财政管理体制即分税制改革在流转税中新设置的一个税种，这种税实行价内税，只在应税消费品的生产、委托加工和进口环节缴纳，在以后的批发、零售等环节，因为价款中已包含消费税，不需要再缴纳，税款最终由消费者承担。消费税的纳税人，是我国《消费税暂行条例》规定的在我国境内从事生产、委托加工、零售和进口业务的应税消费品的单位和个人。在对货物普遍征收增值税的基础上，选择部分消费品再征收一道消费税，目的是调节产品结构，引导消费方向，保证国家财政收入。

消费税应纳税额的计算方法实行从价定率、从量定额，或者从价定率和从量定额复合计税的模式。消费税税目税率是：甲类卷烟 45%+0.003 元 / 支、乙类卷烟 30%+0.003 元 / 支；白酒 20%+0.5 元 /500 克（或者 500 毫升）；甲类啤酒 250 元 / 吨、乙类啤酒 220 元 / 吨；化妆品 30%；含铅汽油 0.28 元 / 升、无铅汽油 0.20 元 / 升；汽车轮胎 3%；木质一次性筷子 5%；实木地板 5%。[①] 我国《消费税税目税率表》（2016 年版）显示，甲类卷烟 56% 加 0.003 元 / 支、

① 我国《消费税暂行条例》（1993 年 12 月 13 日发布；2008 年 11 月 5 日修订）第 5 条，附：消费税税目税率表。

乙类卷烟 36% 加 0.003 元 / 支（批发环节 11%+0.005 元 / 支）；白酒 20% 加 0.5 元 /500 克（或者 500 毫升）、甲类啤酒 250 元 / 吨、乙类啤酒 220 元 / 吨；高档化妆品 15%；汽油 1.52 元 / 升；木质一次性筷子 5%；实木地板 5%；涂料 4%；铅蓄电池 4%。这当中，上调甲类卷烟、乙类卷烟税率；税目"化妆品"改为"高档化妆品"，含铅汽油、无铅汽油合并成"汽油"，上调税率为 1.52 元 / 升；取消"汽车轮胎"税目；增加"涂料""铅蓄电池"税目和税率。

消费税的特点是:（1）征税项目具有选择性。消费税以税法规定的特定产品为征税对象，即国家可以根据宏观产业政策和消费政策的要求，有目的地、有重点地选择一些消费品征收消费税，以适当地限制某些特殊消费品的消费需求，即消费税税收调节具有特殊性。（2）按不同的产品设计不同的税率，同一产品同等纳税。（3）消费税是价内税，是价格的组成部分。（4）消费税实行从价定率和从量定额，以及从价从量复合计征三种方法征税。（5）消费税征收环节具有单一性。（6）虽然消费税税收负担具有转嫁性，即最终都转嫁到消费者身上，但是，从承担资源利用人的生产、经营和管理、销售等方面的生态安全义务的角度来看，消费税的成本先是由生产、经营者承担的，最后，才转嫁到消费者身上，但是，通过税收控制资源利用人的目的可以实现，这一点则是毋庸置疑的。

（二）资源利用中的奖励与激励机制运用

虽然我国一直在倡导企业履行生态安全义务，但是，除了通过环境标准、环境影响评价制度等企业必须遵守的环境法律规范外，对于企业自觉实现生态安全义务的情况，我国所采取或者给予企业的一定的激励措施少之又少。笔者认为，在企业招投标时，可以考虑企业对生态环境方面所做出的贡献，当企业申请国有银行贷款时，将企业环境义务履行的情况纳入考量范围，以碳交易方式或者通过落实其他鼓励措施，正向制约企业行为，发挥制度的积极导向作用。也就是说，这些措施的采取，都可以极大地提高资源利用人自觉履行生态安全义务的积极性。（见表 5-2）

表 5-2　我国资源类法律法规的鼓励奖励措施

时间	法律法规名称	内容或条款	是否有激励奖励条款
1987 年 4 月 29 日	矿产资源监督管理暂行办法	28 条	无
1987 年 10 月 30 日	野生药材资源保护管理条例	26 条	有：第 17 条①
1988 年 12 月 5 日	开采海洋石油资源缴纳矿区使用费的规定	11 条	无
1994 年 3 月 26 日	矿产资源法实施细则	7 章 46 条	无
1998 年 2 月 12 日	矿产资源开采登记管理办法	34 条	无
1998 年 2 月 12 日	矿产资源勘查区块登记管理办法	42 条	有：第 15 条②
1999 年 5 月 14 日	重点地区天然林资源保护工程建设资金管理规定（财政部、国家林业局）	19 条	无
2003 年 7 月 8 日	农作物种质资源管理办法（农业部）	8 章 43 条	有：第 6、20、31 条③

① 国务院《野生药材资源保护管理条例》（1987 年 10 月 30 日）第 17 条规定："对保护野生药材资源做出显著成绩的单位或个人，由各级医药管理部门会同同级有关部门给予精神鼓励或一次性物质奖励。"

② 国务院《矿产资源勘查区块登记管理办法》（1998 年 2 月 12 日）第 15 条规定："有下列情形之一的，由探矿权人提出申请，经登记管理机关按照国务院地质矿产主管部门会同国务院财政部门制定的探矿权使用费和探矿权价款的减免办法审查批准，可以减缴、免缴探矿权使用费和探矿权价款：（一）国家鼓励勘查的矿种；（二）国家鼓励勘查的区域；（三）国务院地质矿产主管部门会同国务院财政部门规定的其他情形。"

③ 农业部《农作物种质资源管理办法》（2003年7月8日）第6条规定："国家对在农作物种质资源收集、整理、鉴定、登记、保存、交流、引进、利用和管理过程中成绩显著的单位和个人，给予表彰和奖励。"该法第 20 条规定："国家鼓励单位和个人从事农作物种质资源研究和创新。"第 31 条规定："国家鼓励单位和个人从境外引进农作物种质资源。"

续表

时间	法律法规名称	内容或条款	是否有激励奖励条款
2006年1月24日	取水许可和水资源费征收管理条例	7章58条	有：第9条①
2006年5月17日	再生资源回收管理办法（商务部）	5章29条	有：第4、5条②
2006年9月7日	国家鼓励的资源综合利用认定管理办法（国家发展改革委、财政部、税务总局）	6章34条	有：第1、2条③
2007年8月30日	森林资源监督工作管理办法（国家林业局）	18条	无
2008年8月28日	三峡水库调度和库区水资源与河道管理办法（水利部）	6章38条	无
2009年8月27日	矿产资源法（第二次修正）	7章53条	有：第8、9、35条④

① 国务院《取水许可和水资源费征收管理条例》（2006年1月24日）第9条规定："任何单位和个人都有节约和保护水资源的义务。对节约和保护水资源有突出贡献的单位和个人，由县级以上人民政府给予表彰和奖励。"

② 商务部《再生资源回收管理办法》（2006年5月17日）规定，国家鼓励全社会各行各业和城乡居民积攒交售再生资源（第4条）。国家鼓励以环境无害化方式回收处理再生资源，鼓励开展有关再生资源回收处理的科学研究、技术开发和推广（第5条）。

③ 国家发展改革委、财政部、税务总局《国家鼓励的资源综合利用认定管理办法》（2006年9月7日）第1条规定："为贯彻落实国家资源综合利用的鼓励和扶持政策，加强资源综合利用管理，鼓励企业开展资源综合利用，促进经济社会可持续发展，根据《国务院办公厅关于保留部分非行政许可审批项目的通知》（国办发〔2004〕62号）和国家有关政策法规精神，制定本办法。"本办法所指国家鼓励的资源综合利用认定，是指对符合国家资源综合利用鼓励和扶持政策的资源综合利用工艺、技术或产品进行认定（第2条）。

④ 我国《矿产资源法》规定，国家鼓励矿产资源勘查、开发的科学技术研究，推广先进技术，提高矿产资源勘查、开发的科学技术水平（第8条）。在勘查、开发、保护矿产资源和进行科学技术研究等方面成绩显著的单位和个人，由各级人民政府给予奖励（第9条）。国家对集体矿山企业和个体采矿实行积极扶持、合理规划、正确引导、加强管理的方针，鼓励集体矿山企业开采国家指定范围内的矿产资源，允许个人采挖零星分散资源和只能用作普通建筑材料的砂、石、黏土以及为生活自用采挖少量矿产（第35条第1款）。

续表

时间	法律法规名称	内容或条款	是否有激励奖励条款
2009年12月26日	可再生能源法（2005年2月28日）	8章33条	有：第4、13、16~18条[①]
2010年9月14日	中国清洁发展机制基金管理办法（财政部、国家发改委、外交部、科技部、环境保护部、农业部、中国气象局）	7章36条	无
2010年12月30日	水产种质资源保护区管理暂行办法（农业部）	4章25条	无
2011年8月3日	清洁发展机制项目运行管理办法（国家发改委、科学技术部、外交部、财政部）	5章39条	无
2011年9月21日	对外合作开采海洋石油资源条例（1982年1月30日）	4章27条	无
2011年9月21日	对外合作开采陆上石油资源条例（1993年10月7日）	6章31条	无
2011年9月30日	资源税暂行条例（1993年12月25日）	16条	无
2011年10月28日	资源税暂行条例实施细则（修订）	16条	有：第5条[②]

① 《可再生能源法》（2009年12月26日）规定，国家将可再生能源的开发利用列为能源发展的优先领域，通过制定可再生能源开发利用总量目标和采取相应措施，推动可再生能源市场的建立和发展（第4条）。国家鼓励和支持可再生能源并网发电。国家鼓励各种所有制经济主体参与可再生能源的开发利用，依法保护可再生能源开发利用者的合法权益（第13条）。国家鼓励清洁、高效地开发利用生物质燃料，鼓励发展能源作物。国家鼓励生产和利用生物液体燃料。石油销售企业应当按照国务院能源主管部门或者省级人民政府的规定，将符合国家标准的生物液体燃料纳入其燃料销售体系（第16条）。国家鼓励单位和个人安装和使用太阳能热水系统、太阳能供热采暖和制冷系统、太阳能光伏发电系统等太阳能利用系统（第17条）。国家鼓励和支持农村地区的可再生能源开发利用。县级以上政府应当对农村地区的可再生能源利用项目提供财政支持（第18条）。

② 《资源税暂行条例实施细则（修订）》第5条规定："资源税暂行条例第四条所称销售额为纳税人销售应税产品向购买方收取的全部价款和价外费用但不包括收取的增值税销项税额。价外费用，包括价外向购买方收取的手续费、补贴、基金、集资费、返还利润、奖励费、违约金、滞纳金、延期付款利息、赔偿金、代收款项、代垫款项、包装费、包装物租金、储备费、优质费、运输装卸费以及其他各种性质的价外收费……"

续表

时间	法律法规名称	内容或条款	是否有激励奖励条款
2011年12月31日	黄渤海、东海、南海区渔业资源增殖保护费征收使用暂行办法（农业部、国家物价局，1989年10月27日）	14条	有：第5条[①]
2012年2月29日	清洁生产促进法（2002年6月29日，已修正）	6章40条	有：第4、6、16条和第四章（5条）[②]
2016年2月26日	深海海底区域[③]资源勘探开发法	7章29条	有：第4、6、15、17条[④]

---

① 根据农业部、国家物价局《黄渤海、东海、南海区渔业资源增殖保护费征收使用暂行办法》第5条的规定，经国家渔业主管部门或其授权部门批准，从事国家鼓励开发利用的品种资源的拖船减半征收。

②《清洁生产促进法》（2012年2月29日）规定，国家鼓励和促进清洁生产。国务院和县级以上地方人民政府，应当将清洁生产促进工作纳入国民经济和社会发展规划、年度计划以及环境保护、资源利用、产业发展、区域开发等规划（第4条）。国家鼓励开展有关清洁生产的科学研究、技术开发和国际合作，组织宣传、普及清洁生产知识，推广清洁生产技术。国家鼓励社会团体和公众参与清洁生产的宣传、教育、推广、实施及监督（第6条）。各级人民政府应当优先采购节能、节水、废物再生利用等有利于环境与资源保护的产品。各级人民政府应当通过宣传、教育等措施，鼓励公众购买和使用节能、节水、废物再生利用等有利于环境与资源保护的产品（第16条）。

③ 深海海底区域，是指中华人民共和国和其他国家管辖范围以外的海床、洋底及其底土。

④《深海海底区域资源勘探开发法》（2016年2月26日）规定，国家制定有关深海海底区域资源勘探、开发规划，并采取经济、技术政策和措施，鼓励深海科学技术研究和资源调查，提升资源勘探、开发和海洋环境保护的能力（第4条）。国家鼓励和支持在深海海底区域资源勘探、开发和相关环境保护、资源调查、科学技术研究和教育培训等方面，开展国际合作（第6条）。国家支持深海科学技术研究和专业人才培养，将深海科学技术列入科学技术发展的优先领域，鼓励与相关产业的合作研究。国家支持企业进行深海科学技术研究与技术装备研发（第15条）。国家鼓励单位和个人通过开放科学考察船舶、实验室、陈列室和其他场地、设施，举办讲座或者提供咨询等多种方式，开展深海科学普及活动（第17条）。

续表

时间	法律法规名称	内容或条款	是否有激励奖励条款
2016年5月16日	清洁生产审核办法（国家发改委、环保部）	6章40条	有：第7条[①]第五章奖励和处罚（5条[②]）
2016年6月24日	公共资源交易平台管理暂行办法（国家发改委等14个部委）	7章48条	有：第11条[③]
2016年7月2日	节约能源法（1997年11月1日，修正）	7章87条	有：第7~8、13、22~23、25、31、40、43、45、59~60、63、67条[④]第五章激励措施（8条[⑤]）

① 国家发改委、环保部《清洁生产审核办法》第7条规定，国家鼓励企业自愿开展《清洁生产审核办法》第8条规定以外的企业，可以自愿组织实施清洁生产审核。

② 国家发改委、环保部《清洁生产审核办法》规定，对自愿实施清洁生产审核，以及清洁生产方案实施后成效显著的企业，由省级清洁生产综合协调部门和环境保护主管部门、节能主管部门对其进行表彰，并在当地主要媒体上公布（第28条）。各级清洁生产综合协调部门及其他有关部门在制定实施国家重点投资计划和地方投资计划时，应当将企业清洁生产实施方案中的提高能源资源利用效率、预防污染、综合利用等清洁生产项目列为重点领域，加大投资支持力度（第29条）。排污费资金可以用于支持企业实施清洁生产。对符合《排污费征收使用管理条例》规定的清洁生产项目，各级财政部门、环境保护部门在排污费使用上优先给予安排（第30条）。企业开展清洁生产审核和培训的费用，允许列入企业经营成本或者相关费用科目（第31条）。企业可以根据实际情况建立企业内部清洁生产表彰奖励制度，对清洁生产审核工作中成效显著的人员给予奖励（第32条）。

③ 国家发改委等《公共资源交易平台管理暂行办法》（2016年6月24日）第11条规定："公共资源交易项目依法需要评标、评审的，应当按照全国统一的专家专业分类标准，从依法建立的综合评标、政府采购评审等专家库中随机抽取专家，法律法规另有规定的除外。有关行政监督管理部门按照规定的职责分工，对专家实施监督管理。鼓励有条件的地方跨区域选择使用专家资源。"

④《节约能源法》（2016年7月2日）规定，国家实行有利于节能和环境保护的产业政策，限制发展高耗能、高污染行业，发展节能环保型产业。国务院和省、自治区、直辖市人民政府应当加强节能工作，合理调整产业结构、企业结构、产品结构和能源消费结构，推动企业降低单位产值能耗和单位产品能耗，淘汰落后的生产能力，改进能源的开发、加工、转换、输送、储存和供应，提高能源利用效率。国家鼓励、支持开发和利用新能源、可再生能源（第7条）。国家鼓励、支持节能科学技术的研究、开发、示范和推广，促进节能技术创新与进步。国家开展节能宣传和教育，将节能知识纳入国民教育和培训体系，普及节能科学知识，增强全民的节能意识，提倡节约型的消费方式（第8条）。国务院标准化主管部门和国务院有关部门依法组织制定并适时修订有关节能的国家标准、行业

应当说，在表5-2中，我国资源类法律法规的鼓励奖励措施在20世纪90年代前只是偶尔有之。到21世纪00年代后，才逐渐多了起来。尤其是在2011年10月28日我国《资源税暂行条例实施细则》修订之后，相关的立法开始更加重视对资源利用人的节约资源、履行资源利用人义务等方面的鼓励和奖励，改变了过去立法中的悬空鼓励、奖励措施的实施状况。主要体现在：

1. 清洁生产的鼓励与奖励。根据我国《清洁生产促进法》第四章鼓励

标准，建立健全节能标准体系。国务院标准化主管部门会同国务院管理节能工作的部门和国务院有关部门制定强制性的用能产品、设备能源效率标准和生产过程中耗能高的产品的单位产品能耗限额标准。国家鼓励企业制定严于国家标准、行业标准的企业节能标准（第13条）。国家鼓励节能服务机构的发展，支持节能服务机构开展节能咨询、设计、评估、检测、审计、认证等服务。国家支持节能服务机构开展节能知识宣传和节能技术培训，提供节能信息、节能示范和其他公益性节能服务（第22条）。国家鼓励行业协会在行业节能规划、节能标准的制定和实施、节能技术推广、能源消费统计、节能宣传培训和信息咨询等方面发挥作用（第23条）。用能单位应当建立节能目标责任制，对节能工作取得成绩的集体、个人给予奖励（第25条）。国家鼓励工业企业采用高效、节能的电动机、锅炉、窑炉、风机、泵类等设备，采用热电联产、余热余压利用、洁净煤以及先进的用能监测和控制等技术（第31条）。国家鼓励在新建建筑和既有建筑节能改造中使用新型墙体材料等节能建筑材料和节能设备，安装和使用太阳能等可再生能源利用系统（第40条）。县级以上地方各级人民政府应当优先发展公共交通，加大对公共交通的投入，完善公共交通服务体系，鼓励利用公共交通工具出行；鼓励使用非机动交通工具出行（第43条）。国家鼓励开发、生产、使用节能环保型汽车、摩托车、铁路机车车辆、船舶和其他交通运输工具，实行老旧交通运输工具的报废、更新制度。国家鼓励开发和推广应用交通运输工具使用的清洁燃料、石油替代燃料（第45条）。县级以上各级政府应当按照因地制宜、多能互补、综合利用、讲求效益的原则，加强农业和农村节能工作，增加对农业和农村节能技术、节能产品推广应用的资金投入。农业、科技等有关主管部门应当支持、推广在农业生产、农产品加工储运等方面应用节能技术和节能产品，鼓励更新和淘汰高耗能的农业机械和渔业船舶。国家鼓励、支持在农村大力发展沼气，推广生物质能、太阳能和风能等可再生能源利用技术，按照科学规划、有序开发的原则发展小型水力发电，推广节能型的农村住宅和炉灶等，鼓励利用非耕地种植能源植物，大力发展薪炭林等能源林（第59条）。中央财政和省级地方财政安排节能专项资金，支持节能技术研究开发、节能技术和产品的示范与推广、重点节能工程的实施、节能宣传培训、信息服务和表彰奖励等（第60条）。各级政府对在节能管理、节能科学技术研究和推广应用中有显著成绩以及检举严重浪费能源行为的单位和个人，给予表彰和奖励（第67条）。

⑤《节约能源法》第五章激励措施，第60~67条。

措施的规定，国家建立清洁生产表彰奖励制度。对在清洁生产工作中做出显著成绩的单位和个人，由人民政府给予表彰和奖励（第 30 条）；对从事清洁生产研究、示范和培训，实施国家清洁生产重点技术改造项目和该法第 28 条[①]规定的自愿节约资源、削减污染物排放量协议中载明的技术改造项目，由县级以上政府给予资金支持（第 31 条）；在依照国家规定设立的中小企业发展基金中，应当根据需要安排适当数额用于支持中小企业实施清洁生产（第 32 条）；依法利用废物和从废物中回收原料生产产品的，按照国家规定享受税收优惠（第 33 条）；企业用于清洁生产审核和培训的费用，可以列入企业经营成本（第 34 条）；违反该法第 27 条第 2 款、第 4 款[②]规定，不实施强制性清洁生产审核或者在清洁生产审核中弄虚作假的，或者实施强制性清洁生产审核的企业不报告或者不如实报告审核结果的，由县级以上地方政府负责清洁生产综合协调的部门、环境保护部门按照职责分工责令限期改正；拒不改正的，处以 5 万元以上 50 万元以下的罚款。违反该法第 27 条第 5 款[③]规定，承担评估验收工作的部门或者单位及其工作人员向被评估验收企业收取费用的，不如实评估验收或者在评估验收中弄虚作假的，或者利用职务上的便利谋取利益的，对直接负责的主管人员

---

① 我国《清洁生产促进法》第 27 条第 2~4 款规定："有下列情况之一的企业，应当实施强制性清洁生产审核：（一）污染物排放超过国家或者地方规定的排放标准，或者虽未超过国家或者地方规定的排放标准，但超过重点污染物排放总量控制指标的；（二）超过单位产品能源消耗限额标准构成高耗能的；（三）使用有毒、有害原料进行生产或者在生产中排放有毒、有害物质的。污染物排放超过国家或者地方规定的排放标准的企业，应当按照环境保护相关法律的规定治理。实施强制性清洁生产审核的企业，应当将审核结果向所在地县级以上地方人民政府负责清洁生产综合协调的部门、环境保护部门报告，并在本地区主要媒体上公布，接受公众监督，但涉及商业秘密的除外。"

② 我国《清洁生产促进法》第 27 条第 4 款规定："实施强制性清洁生产审核的企业，应当将审核结果向所在地县级以上地方人民政府负责清洁生产综合协调的部门、环境保护部门报告，并在本地区主要媒体上公布，接受公众监督，但涉及商业秘密的除外。"

③ 我国《清洁生产促进法》第 27 条第 5 款规定："县级以上地方政府有关部门应当对企业实施强制性清洁生产审核的情况进行监督，必要时可以组织对企业实施清洁生产的效果进行评估验收，所需费用纳入同级政府预算。承担评估验收工作的部门或者单位不得向被评估验收企业收取费用。"

和其他直接责任人员依法给予处分；构成犯罪的，依法追究刑事责任（第39条）。应当说，我国《清洁生产促进法》是第一次以专章的形式，规定鼓励措施。这种将利益机制和鼓励措施相结合的做法，是非常值得赞赏的，它为资源利用人履行义务的动力机制，提供了可资借鉴的立法经验。我国《深海海底区域[①]资源勘探开发法》第4、6、15、17条共4条规定了鼓励和奖励措施，恐怕与此不无关系。

2. 强制性义务和措施规定。国家发改委、环保部《清洁生产审核办法》第8条规定：有下列情形之一的企业，应当实施强制性清洁生产审核：（一）污染物排放超过国家或者地方规定的排放标准，或者虽未超过国家或者地方规定的排放标准，但超过重点污染物排放总量控制指标的；（二）超过单位产品能源消耗限额标准构成高耗能的；（三）使用有毒有害原料进行生产或者在生产中排放有毒有害物质的。其中有毒有害原料或物质包括以下几类：第一类，危险废物。包括列入《国家危险废物名录》的危险废物，[②]以及根据国家规定的危险废物鉴别标准和鉴别方法认定的具有危险特性的废物。第二类，剧毒化学品、列入《重点环境管理危险化学

---

① 深海海底区域是指中华人民共和国和其他国家管辖范围以外的海床、洋底及其底土。

② 我国《国家危险废物名录》的危险废物有：HW01医疗废物、HW02医药废物、HW03废药物、药品、HW04农药废物、HW05木材防腐剂废物、HW06废有机溶剂与含有机溶剂废物、HW07热处理含氰废物、HW08废矿物油与含矿物油废物、HW09 油/水、烃/水混合物或乳化液、HW10多氯（溴）联苯类废物、HW11精（蒸）馏残渣、HW12染料、涂料废物、HW13有机树脂类废物、HW14新化学物质废物、HW15爆炸性废物、HW16感光材料废物、HW17表面处理废物、HW18焚烧处置残渣、HW19含金属羰基化合物废物、HW20含铍废物、HW21 含铬废物、HW22含铜废物、HW23含锌废物、HW24含砷废物、HW25含硒废物、HW26含镉废物、HW27含锑废物、HW28含碲废物、HW29含汞废物、HW30含铊废物、HW31 含铅废物、HW32无机氟化、HW33无机氰化物废物、HW34废酸、HW35废碱、HW36石棉废物、HW37有机磷化合物废物、HW38有机氰化物废物、HW39含酚废物、HW40含醚废物、HW45含有机卤化物废物、HW46含镍废物、HW47含钡废物、HW48有色金属冶炼废物、HW49其他废物、HW50催化剂等。

品目录》的化学品，[①]以及含有上述化学品的物质。第三类，含有铅、汞、镉、铬等重金属和类金属砷的物质。第四类，《关于持久性有机污染物的斯德哥尔摩公约》附件所列物质。[②]第五类，其他具有毒性、可能污染环境的物质。该办法第 8 条第 1 项、第 3 项规定实施强制性清洁生产审核的企业名单，由所在地县级以上环境保护主管部门按照管理权限提出，逐级报省级环境保护主管部门核定后确定，根据属地原则书面通知企业，并抄送同级清洁生产综合协调部门和行业管理部门。该办法第 8 条第 2 项规定

---

①《重点环境管理危险化学品目录》化学品：PHC001 1，2，3- 三氯代苯、PHC002 1，2，4- 三氯代苯、PHC003 1,2,4,5- 四氯代苯、PHC004 1,2- 二硝基苯、PHC005 1,3- 二硝基苯、PHC006 1- 氯 -2,4- 二硝基苯、PHC007 5- 叔丁基 -2,4,6- 三硝基间二甲苯、PHC008 五氯硝基苯、PHC009 2- 甲基苯胺、PHC010 2- 氯苯胺、PHC011 壬基酚、PHC012 支链 -4- 壬基酚、PHC013 苯、PHC014 六氯 -1，3- 丁二烯、PHC015 氯乙烯［稳定的］、PHC016 萤蒽、PHC017 丙酮氰醇、PHC018 精蒽、PHC019 粗蒽、PHC020 环氧乙烷、PHC021 甲基肼、PHC022 萘、PHC023 一氯丙酮、PHC024 全氟辛基磺酸、PHC025 全氟辛基磺酸铵、PHC026 全氟辛基磺酸二癸二甲基铵、PHC027 全氟辛基磺酸二乙醇铵、PHC028 全氟辛基磺酸钾、PHC029 全氟辛基磺酸锂、PHC030 全氟辛基磺酸四乙基铵、PHC031 全氟辛基磺酰氟、PHC032 六溴环十二烷、PHC033 氰化钾、PHC034 氰化钠、PHC035 氰化镍钾、PHC036 氯化氰、PHC037 氰化银钾、PHC038 氰化亚铜、PHC039 砷、PHC040 砷化氢、PHC041 砷酸、PHC042 三氧化二砷、PHC043 五氧化二砷、PHC044 亚砷酸钠、PHC045 硝酸钴、PHC046 硝酸镍、PHC047 汞、PHC048 氯化汞、PHC049 氯化铵汞、PHC050 硝酸汞、PHC051 乙酸汞、PHC052 氧化汞、PHC053 溴化亚汞、PHC054 乙酸苯汞、PHC055 硝酸苯汞、PHC056 重铬酸铵、PHC057 重铬酸钾、PHC058 重铬酸钠、PHC059 三氧化铬［无水］、PHC060 四甲基铅、PHC061 四乙基铅、PHC062 乙酸铅、PHC063 硅酸铅、PHC064 氟化铅、PHC065 四氧化三铅、PHC066 一氧化铅、PHC067 硫酸铅［含游离酸＞ 3%］、PHC068 硝酸铅、PHC069 二丁基二（十二酸）锡、PHC070 二丁基氧化锡、PHC071 二氧化硒、PHC072 硒化镉、PHC073 硒化铅、PHC074 氟硼酸镉、PHC075 碲化镉、PHC076 1，1′－二甲基 -4，4′－联吡啶阳离子、PHC077 O-O- 二甲基 -S-［1，2- 双（乙氧基甲酰）乙基］二硫代磷酸酯、PHC078 双（N，N- 二甲基甲硫酰）二硫化物、PHC079 双（二甲基二硫代氨基甲酸）锌、PHC080 N-（2,6- 二乙基苯基）-N- 甲氧基甲基－氯乙酰胺、PHC081 N-（2- 乙基 -6- 甲基苯基）-N- 乙氧基甲基－氯乙酰胺、PHC082（1,4,5,6,7,7- 六氯 -8,9,10- 三降冰片 -5- 烯 -2,3- 亚基双亚甲基）亚硫酸酯、PHC083（RS）－α－氰基 -3- 苯氧基苄基（SR）-3-（2,2- 二氯乙烯基）-2,2- 二甲基环丙烷羧酸酯、PHC084 三苯基氢氧化锡。

②《关于持久性有机污染物的斯德哥尔摩公约》附件所列物质：附件 A 消除第一部分：艾氏剂、氯丹、杀虫剂、狄氏剂、异狄氏剂、七氯、六氯代苯、灭蚁灵、毒杀芬、多氯联苯；附件 B 限制第一部分：滴滴涕、三氯杀螨醇；新增列六溴环十二烷。

实施强制性清洁生产审核的企业名单，由所在地县级以上节能主管部门按照管理权限提出，逐级报省级节能主管部门核定后确定，根据属地原则书面通知企业，并抄送同级清洁生产综合协调部门和行业管理部门（第9条）。

可见，从危险废物到剧毒化学品，再到含有铅、汞、镉、铬等重金属和类金属砷的物质和持久性有机污染物，我国采用的是反制型措施，实行强制性清洁生产审核。只有这样，才能让各种自然资源的使用人深刻意识到进行清洁生产的重要性和必要性。

3. 经济类鼓励或者奖励措施。在这方面，我国《节约能源法》于1997年11月1日通过，于1998年1月1日施行，共6章50条，继2007年10月28日修订、2016年7月2日两次修正后，增加到7章87条，主要是增加了第五章“激励措施”的规定，这种做法堪称典范。（见表5-3）

表5-3　我国《节约能源法》修订前后的激励措施

节约能源法（1997年11月1日），6章50条	节约能源法（2016年7月2日修正），7章87条
第一章总则　第1～8条，8条 第二章节能管理　第9～20条，12条 第三章合理使用能源　第21～31条，11条 （没有节规定，没有强调工业节能、建筑节能、交通运输节能、公共机构节能和重点用能单位节能） 第四章节能技术进步　第32～41条，10条 （增加第五章激励措施） 第五章法律责任　第42～49条，8条 第六章附则　第50条，1条	第一章总则　第1～10条，10条 第二章节能管理　第11～23条，13条 第三章合理使用与节约能源　第24～55条，32条 第一节一般规定　第24～28条，5条 第二节工业节能　第29～33条，5条 第三节建筑节能　第34～40条，7条 第四节交通运输节能　第41～46条，6条 第五节公共机构节能　第47～51条，5条 第六节重点用能单位节能　第52～55条，4条 第四章节能技术进步　第56～59条，4条 第五章激励措施　第60～67条，8条 第六章法律责任　第68～86条，19条 第七章附则　第87条，1条

续表

节约能源法（1997年11月1日），6章50条	节约能源法（2016年7月2日修正），7章87条
第1条　为了推进全社会节约能源，提高能源利用效率和经济效益，保护环境，保障国民经济和社会的发展，满足人民生活需要，制定本法	第1条　为了推动全社会节约能源，提高能源利用效率，保护和改善环境，促进经济社会全面协调可持续发展，制定本法
第2条　本法所称能源，是指煤炭、原油、天然气、电力、焦炭、煤气、热力、成品油、液化石油气、生物质能和其他直接或者通过加工、转换而取得有用能的各种资源	第2条　本法所称能源，是指煤炭、石油、天然气、生物质能和电力、热力以及其他直接或者通过加工、转换而取得有用能的各种资源
第3条　本法所称节能，是指加强用能管理，采取技术上可行、经济上合理以及环境和社会可以承受的措施，减少从能源生产到消费各个环节中的损失和浪费，更加有效、合理地利用能源	第3条　本法所称节约能源（以下简称节能），是指加强用能管理，采取技术上可行、经济上合理以及环境和社会可以承受的措施，从能源生产到消费的各个环节，降低消耗、减少损失和污染物排放、制止浪费，有效、合理地利用能源
第4条　节能是国家发展经济的一项长远战略方针。国务院和省、自治区、直辖市政府应当加强节能工作，合理调整产业结构、企业结构、产品结构和能源消费结构，推进节能技术进步，降低单位产值能耗和单位产品能耗，改善能源的开发、加工转换、输送和供应，逐步提高能源利用效率，促进国民经济向节能型发展。国家鼓励开发、利用新能源和可再生能源	第4条　节约资源是我国的基本国策。国家实施节约与开发并举、把节约放在首位的能源发展战略
第5条　国家制定节能政策，编制节能计划，并纳入国民经济和社会发展计划，保障能源的合理利用，并与经济发展、环境保护相协调	第5条　国务院和县级以上地方各级政府应当将节能工作纳入国民经济和社会发展规划、年度计划，并组织编制和实施节能中长期专项规划、年度节能计划。国务院和县级以上地方各级政府每年向本级人民代表大会或者其常务委员会报告节能工作
第6条　国家鼓励、支持节能科学技术的研究和推广，加强节能宣传和教育，普及节能科学知识，增强全民的节能意识	第8条　国家鼓励、支持节能科学技术的研究、开发、示范和推广，促进节能技术创新与进步。国家开展节能宣传和教育，将节能知识纳入国民教育和培训体系，普及节能科学知识，增强全民的节能意识，提倡节约型的消费方式

续表

节约能源法（1997 年 11 月 1 日），6 章 50 条	节约能源法（2016 年 7 月 2 日修正），7 章 87 条
第 7 条 任何单位和个人都应当履行节能义务，有权检举浪费能源的行为。各级政府对在节能或者节能科学技术研究、推广中有显著成绩的单位和个人给予奖励	第 9 条 任何单位和个人都应当依法履行节能义务，有权检举浪费能源的行为。新闻媒体应当宣传节能法律、法规和政策，发挥舆论监督作用
第 8 条 国务院管理节能工作的部门主管全国的节能监督管理工作。国务院有关部门在各自的职责范围内负责节能监督管理工作。县级以上地方政府管理节能工作的部门主管本行政区域内的节能监督管理工作。县级以上地方政府有关部门在各自的职责范围内负责节能监督管理工作	第 10 条 国务院管理节能工作的部门主管全国的节能监督管理工作。国务院有关部门在各自的职责范围内负责节能监督管理工作，并接受国务院管理节能工作的部门的指导。县级以上地方各级政府管理节能工作的部门负责本行政区域内的节能监督管理工作。县级以上地方各级人民政府有关部门在各自的职责范围内负责节能监督管理工作。并接受同级管理节能工作的部门的指导
修订增加规定	第 6 条 国家实行节能目标责任制和节能考核评价制度，将节能目标完成情况作为对地方政府及其负责人考核评价的内容。省、自治区、直辖市政府每年向国务院报告节能目标责任的履行情况 第 7 条 国家实行有利于节能和环境保护的产业政策，限制发展高耗能、高污染行业，发展节能环保型产业。国务院和省、自治区、直辖市政府应当加强节能工作，合理调整产业结构、企业结构、产品结构和能源消费结构，推动企业降低单位产值能耗和单位产品能耗，淘汰落后的生产能力，改进能源的开发、加工、转换、输送、储存和供应，提高能源利用效率。国家鼓励、支持开发和利用新能源、可再生能源

表 5-3 显示,《节约能源法》增加的第五章“激励措施”的内容主要是:（1）资金支持。中央财政和省级地方财政安排节能专项资金，支持节能技术研究开发、节能技术和产品的示范与推广、重点节能工程的实施、节能宣传培训、信息服务和表彰奖励等（第 60 条）；国家对生产、使用列入我

国《节约能源法》第58条[①]规定的推广目录的需要支持的节能技术、节能产品，实行税收优惠等扶持政策。国家通过财政补贴支持节能照明器具等节能产品的推广和使用（第61条）。（2）能源矿产有偿使用和税收制度。国家实行有利于节约能源资源的税收政策，健全能源矿产资源有偿使用制度，促进能源资源的节约及其开采利用水平的提高（第62条）。国家运用税收等政策，鼓励先进节能技术、设备的进口，控制在生产过程中耗能高、污染重的产品的出口（第63条）。（3）节能产品目录。政府采购监督管理部门会同有关部门制定节能产品、设备政府采购名录，应当优先列入取得节能产品认证证书的产品、设备（第64条）。（4）金融支持政策。国家引导金融机构增加对节能项目的信贷支持，为符合条件的节能技术研究开发、节能产品生产以及节能技术改造等项目提供优惠贷款。国家推动和引导社会有关方面加大对节能的资金投入，加快节能技术改造（第65条）。（5）节能价格政策。国家实行有利于节能的价格政策，引导用能单位和个人节能。国家运用财税、价格等政策，支持推广电力需求侧管理、合同能源管理、节能自愿协议等节能办法。国家实行峰谷分时电价、季节性电价、可中断负荷电价制度，鼓励电力用户合理调整用电负荷；对钢铁、有色金属、建材、化工和其他主要耗能行业的企业，分淘汰、限制、允许和鼓励类实行差别电价政策（第66条）。（6）表彰与奖励。各级政府对在节能管理、节能科学技术研究和推广应用中有显著成绩以及检举严重浪费能源行为的单位和个人，给予表彰和奖励（第67条）。毋庸置疑，与1997年11月1日的我国《节约能源法》相比，修正后的我国《节约能源法》在整体上有了长足的进步，而第三章合理使用与节约能源从11条增加到32条（第24～55条，共32条）第五章“激励措施”即第60～67条，共8

① 我国《节约能源法》第58条规定："国务院管理节能工作的部门会同国务院有关部门制定并公布节能技术、节能产品的推广目录，引导用能单位和个人使用先进的节能技术、节能产品。国务院管理节能工作的部门会同国务院有关部门组织实施重大节能科研项目、节能示范项目、重点节能工程。"

条，既区分和强调了工业节能、建筑节能、交通运输节能、公共机构节能和重点用能单位节能，又重点强调了节能的激励措施，是一部旨在构建和创建良好机制的法律。

（三）环境会计制度的建立

环境会计，是企业以可持续发簪和有效开展环境保护工作为目标，运用会计学的基本原理和方法，采用多种计量手段，对企业的环境保护成本和环境保护效果进行计量、分析和报告的工作。[①]环境会计制度，在很多国家，现在已经是企业环境责任制度的有机组成部分了，且具有成熟的理论和法律体系。环境会计制度的纳入，可以让企业在其财务报表中，更好地了解企业环境义务的履行状况，对其生态安全义务有更全面和更科学的思考，实现企业经济效益与生态环境的双赢发展的效果。与此同时，对于那些上市公司而言，其承担社会责任的量化评价，也可以通过环境会计制度的报表反映，以便让投资者对于上市公司的环境责任的承担能力，有比较全面深入和具体的了解。

我国《会计法》于1985年1月21日通过，1993年12月29日第一次修正、1999年10月31日修订、2017年11月4日第二次修正，共7章52条，即第一章总则、第二章会计核算、第三章公司、企业会计核算的特别规定、第四章会计监督、第五章会计机构和会计人员、第六章法律责任和第七章附则。但是，没有一条直接涉及环境会计的规定。根据我国《企业财务会计报告条例》（2000年6月21日通过，2001年1月1日施行）第9条有关“资产负债表”的规定，对资产、负债和所有者权益[②]分类分项

---

① 李挚萍:《经济法的生态化》，法律出版社2003年版，第243页。

② 负债是指过去的交易、事项形成的现时义务，履行该义务预期会导致经济利益流出企业。在资产负债表上，负债应当按照其流动性分类分项列示，包括流动负债、长期负债等。银行、保险公司和非银行金融机构的各项负债有特殊性的，按照其性质分类分项列示。另外，所有者权益，是指所有者在企业资产中享有的经济利益，其金额为资产减去负债后的余额。在资产负债表上，所有者权益应当按照实收资本（或者股本）、资本公积、盈余公积、未分配利润等项目分项列示。

列示。所谓资产，是指过去的交易、事项形成并由企业拥有或者控制的资源，该资源预期会给企业带来经济利益。在资产负债表上，资产应当按照其流动性分类分项列示，包括流动资产、长期投资、固定资产、无形资产及其他资产。银行、保险公司和非银行金融机构的各项资产有特殊性的，按照其性质分类分项列示。《企业会计准则第 36 号——关联方披露》（2006 年 2 月 15 日通过，2007 年 1 月 1 日施行）第 7 条明文规定，关联方交易是指关联方之间转移资源、劳务或义务的行为，而无论是否收取价款。同时，《事业单位会计准则》（2012 年 12 月 5 日修订，2013 年 1 月 1 日施行）第 18 条规定，资产是指事业单位占有或者使用的能以货币计量的经济资源，包括各种财产、债权和其他权利。

根据《政府会计准则——基本准则》（2015 年 10 月 23 日通过，2017 年 1 月 1 日施行）第四章“政府财务会计要素”的规定，资产是指政府会计主体过去的经济业务或者事项形成的，由政府会计主体控制的，预期能够产生服务潜力或者带来经济利益流入的经济资源（第 27 条第 1 款）；政府会计主体的非流动资产是指流动资产以外的资产，包括固定资产、在建工程、无形资产、长期投资、公共基础设施、政府储备资产、文物文化资产、保障性住房和自然资源资产等（第 28 条第 2 款）。符合本准则第 27 条规定的资产定义的经济资源，在同时满足以下条件时，确认为资产。即（1）与该经济资源相关的服务潜力很可能实现或者经济利益很可能流入政府会计主体；（2）该经济资源的成本或者价值能够可靠地计量（第 29 条）；负债是指政府会计主体过去的经济业务或者事项形成的，预期会导致经济资源流出政府会计主体的现时义务[①]（第 33 条）。符合本准则第 33 条规定的负债定义的义务，在同时满足以下条件时，确认为负债。即（1）履行

---

① 现时义务是指政府会计主体在现行条件下已承担的义务。未来发生的经济业务或者事项形成的义务不属于现时义务，不应当确认为负债。

该义务很可能导致含有服务潜力或者经济利益的经济资源流出政府会计主体；(2) 该义务的金额能够可靠地计量 (第 35 条)；收入是指报告期内导致政府会计主体净资产增加的、含有服务潜力或者经济利益的经济资源的流入 (第 42 条)。收入的确认应当同时满足以下条件：(1) 与收入相关的含有服务潜力或者经济利益的经济资源很可能流入政府会计主体；(2) 含有服务潜力或者经济利益的经济资源流入会导致政府会计主体资产增加或者负债减少；(3) 流入金额能够可靠地计量 (第 43 条)；费用是指报告期内导致政府会计主体净资产减少的、含有服务潜力或者经济利益的经济资源的流出 (第 45 条)；费用的确认应当同时满足以下条件：(1) 与费用相关的含有服务潜力或者经济利益的经济资源很可能流出政府会计主体；(2) 含有服务潜力或者经济利益的经济资源流出会导致政府会计主体资产减少或者负债增加；(3) 流出金额能够可靠地计量 (第 46 条)。显而易见，环境会计的制度至少从资源核算的角度来看，都是欠缺的。如果从环境保护成本和环境保护效果进行计量、分析和报告的话，我国目前的会计制度要进行重大改革才行。

由此可见，资源利用人生态安全义务的立法完善，不仅需要通过环境保护法，各种环境要素的污染防治法等环境法律法规，予以具体规范，同时，还需要包括税法、银行法、会计法等相关法律的协同立法，是一项立法技能高超的法治工程。

第四节 资源利用人生态安全义务的履行监督及完善

无论是对于资源管理人还是资源利用人，其生态安全义务的履行监督都是生态安全义务体系中的关键一环，无论关于义务内容的规范是多么的完善与健全，没有对其义务实际履行的监督，都相当于纸上谈兵。如果没有监督体系和义务不履行的责任承担，特别是在环境义务这种具有较大正外部性的行为中，资源利用人很可能对生态安全义务置若罔闻。笔者认为，从政府监督和社会监督以及其他各种监督等多个方面，对资源利用人生态安全义务履行监督的完善方向进行研究，就是非常有意义的。

一、资源利用人生态安全义务履行监督现状

（一）资源利用人生态安全义务履行监督主体

现阶段，不仅资源利用人的生态安全义务法律体系有不完善的地方，同时，其义务履行监督也存在诸多问题。为此，笔者拟从资源利用人生态安全义务履行监督主体、监督内容和义务不履行的法律责任承担三个方面，进行分析和探讨。现阶段，资源利用人生态安全义务的监督主体，从生态安全义务涉及的主体来看，除了政府部门的监督外，媒体的监督和社会公众的监督，是不可或缺的。

1. 资源管理人的监督。资源管理人对资源利用人的监督，仍然是最常见的监督方式，具体体现在政府各部门对企业的监督。例如，对企业排放污染物的抽查、检查企业排污设施是否达标，以及在企业排污超标或者违法的情况下，如何给予处罚等。在这方面，主要的监督部门还是当地的环保局，其他一些具有特殊性的行业，则由不同的负责相关行业的部门进行，包括渔业部门、林业部门和国土等资源管理部门。

2. 社会的监督。随着我国《民事诉讼法》的修订生效，我国将环境污染的民事案件纳入民事公益诉讼的范畴，这意味着：社会监督所引起的司法程序，在生态环境领域得到了法律层面的承认。虽然，环境民事公益诉讼在制度上，还存在许多有待完善的环节，但是，这毕竟意味着至少在环境污染领域，政府监督与社会监督这两种对资源利用人生态安全义务履行的基本监督方式，已经互为依托地建立起来了。

3. 媒体的监督。所谓媒体监督，是指报纸、刊物、广播、电视和网络等大众传媒对生态安全义务履行以及各种环境违法行为进行的揭露、报道、评论或抨击等。在现代法治国家，行政权力是国家权力的重要部分，媒体对行政活动、司法活动和企业行为进行报道并监督各种权力和资源利用行为，是一种司空见惯的社会现象。在我国，传统媒体对企业行为的监督作用，有些时候非常有限。但是，有些时候，也能发挥积极的作用。比如，2014 年 9 月 6 日，媒体报道，内蒙古自治区腾格里沙漠[①]腹地部分地区出现排污池。当地牧民反映，当地企业将未经处理的废水排入排污池，让其自然蒸发。然后将黏稠的沉淀物，用铲车铲出，直接埋在沙漠里面。2014 年 12 月，习近平总书记作出重要批示，国务院专门成立督察组，敦促腾格里工业园区进行大规模整改。

早在 2010 年，央视媒体曝光了宁夏中卫市的造纸厂将大量造纸污水排向腾格里沙漠的污染事件。此后 4 年间，多家媒体先后报道该工业园区的污染问题。《经济参考报》曾报道，中华环保联合会对内蒙古在内的 9 省份工业园区进行调查，发现一些地区的工业园一方面打着"生态循环经济"的旗号获得政府审批，另一方面却纵容很多高污染企业以及小作坊的生产，甚至一些国家明令关停的污染企业，也在这里集中排污，逃避监管，工业园区成了其违法经营的"保护伞"。腾格里沙漠出现刺鼻气味等现象，是监管上不太到位，出现了企业偷排漏排的现象。据内蒙古环境保护厅 2014 年 5 月底发布《2013 年内蒙古自治区环境状况公报》披露，

① 腾格里沙漠位于内蒙古、宁夏和甘肃交界处，是我国第四大沙漠，也是中国沙区中治沙科研示范区。腾格里的蒙古释义是"天"的意思，形容是沙漠像天一样的浩瀚、无际。在内蒙古阿拉善左旗与宁夏中卫市接壤处的腾格里沙漠腹地，分布着诸多第三纪残留湖，这里地下水资源丰富，地表有许多国家级重点保护植物，是当地牧民的主要集居地。腾格里沙漠与黄河的直线距离，仅有 8 千米。曾被誉为"人类治沙史上的奇迹"，曾经被联合国授予"全球环保 500 佳"的荣誉。在沙漠南缘中卫沙坡头一带，已建立国家级自然保护区，并有世界上第一条沙漠铁路——包兰铁路经过。

2012年，全自治区12个盟市中，阿拉善盟的生态环境质量为差。[①] 被媒体曝光的“腾格里沙漠污染事件”在一波三折后，最终，因为习总书记等中央领导同志作出重要批示，而有了阶段性的成果，内蒙古政府方面终于承认过错并表示将对污染物进行处理。应当说，此次环保事件的曲折过程和违法行为，非到国家最高领导重视才被禁止，其警示意义不可谓不典型。事实上，腾格里沙漠遭污染的背后，是东部高耗能、高污染企业的纷纷西迁，西部需要工业带动经济发展。作为利益关联方的地方政府及其职能部门，为了发展而放宽条件、降低门槛，对一些企业的排污和生态破坏行为睁一只眼闭一只眼，从而导致监管缺失的。[②]

与此同时，网络媒体尤其是自媒体对于企业环境违法行为的监督，成为媒体监督的重要力量和形式。中共“十五大”报告特别指出，要“把党内监督、法律监督和群众监督结合起来，发挥舆论监督的作用”。由于媒体报道是舆论的主导，舆论监督主要通过新闻媒体的监督来实现，因此，媒体监督已成为我国加强行政活动、司法活动和企业行为监督的一支重要力量。媒体监督，由于其自身所特有的开放性与广泛性，为我国的生态安全义务履行的监督体系注入了新的活力，在促进行政活动、司法活动和企业行为方面，发挥着不可忽视的积极作用。[③]

---

① 在张棉棉《环保部门否认废水直排腾格里，专家认为不负责任》（中国广播网：http：//news.qq.com/a/20140907/020016.htm）一文中，专家指出，众多化工企业的污染废水直接排放到腾格里沙漠晾晒蒸发，不光是蒸发到空中，它里面产生一些废气，会飘到大气中，飘到各地去，到有人的地方不就污染了？另外，这种晾晒方法对当地的土壤、水源，尤其是地下水都会有污染，这不仅仅是通过晾晒蒸发到大气中去的问题。参见刘素宏：《官方回应腾格里沙漠遭污染：可能监管不到位》，载《新京报》，http：//news.qq.com/a/20140907/001953.htm，最后访问日期：2018年2月27日。

② 参见廉军：《沙漠污染事件的警示意义》，载中国广播网，http：//jx.cnr.cn/2011jxfw/banner0/201410/t20141010_516575877.shtml，最后访问日期：2018年2月27日。

③ 参见马洪香：《新闻媒体的舆论监督作用》，载《青年记者》2013年第11期。

（二）资源利用人生态安全义务履行监督内容

1. 资源管理人对资源利用人生态安全义务的监督内容。资源管理人对资源利用人生态安全义务的监督内容，更多的还是体现在对现存制度的维护上面。例如，当企业新修项目时，对环境影响报告书进行审查，监督企业“三同时制度”的履行情况，检查企业是否在环境标准以内进行排污等。在未来，有了我国《环境保护法》的总量控制制度之后，企业是否能够排污和如何排污等内容，也需要纳入新的生态安全义务履行的监督范畴。

2. 社会对资源利用人生态安全义务的监督内容。如上文所述，对企业侵犯环境公益的行为，提起民事诉讼即环境民事公益诉讼，也是社会监督的最有力方式。除此之外，当然还包括舆论监督中，曝光相关企业违反生态安全义务的行为，等等。可见，政府监督与社会监督在资源利用人生态安全义务履行中的侧重点各不相同。政府监督，侧重于对已有制度的维护，而社会监督，更多的是对企业各项工作的日常监督，后者比前者的范围更广，对资源利用人的要求也更高。

3. 环境会计对资源利用人生态安全义务的监督。在这里，环境会计监督主要强调各种资源利用企业和事业单位，应当建立、健全本单位的资源成本会计核算和监督制度，其中，建立环境会计制度是基础。在会计机构、会计人员发现会计账簿记录与实物、款项及有关资料，尤其是资源成本核算项目的资料不相符的，按照国家统一会计制度的规定有权自行处理的，应当及时处理；无权处理的，应当立即向单位负责人报告，请求查明原因，做出处理。[①] 最终，财政部门有权对会计师事务所出具审计报告的程序和内容进行监督。

---

① 这方面的内容，可参见我国《会计法》第 29 条的具体规定。

（三）资源利用人生态安全义务不履行的法律责任承担

当资源利用人不履行或不恰当地履行生态安全义务时，其将承担由此产生的不利法律后果，即资源利用人生态安全义务不履行法律责任。按照调整的法律部门划分，其可以分为民事责任、行政责任和刑事责任等。

1. 民事责任。资源利用人在两种情形下，可能会承担环境违法的民事责任，即被诉环境侵权和被提起环境民事公益诉讼。我国《民法通则》第134条规定，承担民事责任的方式主要有：停止侵害；排除妨碍；消除危险；返还财产；恢复原状；修理、重做、更换；赔偿损失；支付违约金；消除影响、恢复名誉；赔礼道歉10种。[①] 其中，适用于环境民事责任的包括停止侵害、排除妨碍、消除危险和赔偿损失。根据我国《环境保护法》第61、64～66条的规定，提起环境损害赔偿诉讼的时效期间为3年；建设单位擅自开工的，环保监管部门责令停止建设，处以罚款，并可以责令恢复原状。因污染环境和破坏生态造成损害的，应当依照我国《侵权责任法》第65～68条的规定承担侵权责任；而环境影响评价机构、环境监测机构，以及从事环境监测设备和防治污染设施维护、运营的机构，弄虚作假，对造成环境污染和生态破坏负有责任的，应当与造成环境污染和生态破坏的责任者承担连带责任。可见，我国生态安全义务履行方面的民事责任，有加重承担的立法趋势。

我国《侵权责任法》第65～68条规定，因污染环境造成损害的，污染者应当承担侵权责任；因污染环境发生纠纷，污染者应当就法律规定的不承担责任或者减轻责任的情形及其行为与损害之间不存在因果关系承担举证责任；两个以上污染者污染环境，污染者承担责任的大小，根据污染物的种类、排放量等因素确定；因第三人的过错污染环境造成损害的，被

---

① 我国《民法总则》第179条增加了1种，即“继续履行”这种属于合同责任的承担方式。

侵权人可以向污染者请求赔偿，也可以向第三人请求赔偿。污染者赔偿后，有权向第三人追偿。

2. 行政责任。行政处罚，是资源利用人承担环境行政责任的方式，当资源利用人违反生态安全义务的行为，违反我国环境行政法相关的规定，但尚未构成犯罪时，就应当承担行政责任。根据环保部《环境行政处罚办法》第 10 条的规定，环境行政处罚的种类有：警告；罚款；责令停产整顿；责令停产、停业、关闭；暂扣、吊销许可证或者其他具有许可性质的证件；没收违法所得、没收非法财物；行政拘留和法律、行政法规设定的其他行政处罚种类。根据我国《环境保护法》第 59 ～ 63、67 ～ 68 条的规定，生态安全义务履行方面的行政处罚，分为以下几种。

（1）按日计罚。即企事业单位和其他生产经营者违法排放污染物，受到罚款处罚，被责令改正，拒不改正的，依法作出处罚决定的行政机关可以自责令改正之日的次日起，按照原处罚数额按日连续处罚。这种按日计罚，依照有关法律法规按照防治污染设施的运行成本、违法行为造成的直接损失或者违法所得等因素确定应当计罚的数额。

（2）限产关停。企业事业单位和其他生产经营者超过污染物排放标准或者超过重点污染物排放总量控制指标排放污染物的，县级以上政府环境保护主管部门可以责令其采取限制生产、停产整治等措施；情节严重的，报经有批准权的人民政府批准，责令停业、关闭。

（3）恢复原状。建设单位未依法提交建设项目环境影响评价文件或者环境影响评价文件未经批准，擅自开工建设的，由负有环境保护监督管理职责的部门责令停止建设，处以罚款，并可以责令恢复原状。

（4）责令公开信息。违反我国《环境保护法》第五章“信息公开和公众参与”的规定，重点排污单位不公开或者不如实公开环境信息的，由县级以上地方人民政府环境保护主管部门责令公开，处以罚款，并予以公告。

（5）行政拘留。企事业单位和其他生产经营者有《环境保护法》规定的4种违法行为之一，尚不构成犯罪，除依法处罚外，另由县级以上政府环境保护主管部门或者其他有关部门将案件移送公安机关，对其直接负责的主管人员和其他直接责任人员，处10日以上15日以下拘留；情节较轻的，处5日以上10日以下拘留。

（6）上级行政处分。上级政府及其环境保护主管部门应当加强对下级政府及其有关部门环境保护工作的监督。发现有关工作人员有违法行为，依法应当给予处分的，应当向其任免机关或者监察机关提出处分建议。依法应当给予行政处罚，而有关环境保护主管部门不给予行政处罚的，上级政府环境保护主管部门可以直接作出行政处罚的决定。

（7）行政处分与辞职。地方各级政府、县级以上政府环境保护主管部门和其他负有环境保护监督管理职责的部门有《环境保护法》规定的9种违法行为之一的，对直接负责的主管人员和其他直接责任人员给予记过、记大过或者降级处分；造成严重后果的，给予撤职或者开除处分，其主要负责人应当引咎辞职。

3. 刑事责任。刑事责任，是资源利用人违反生态安全义务可能会承担的法律责任中最严重的责任。我国《环境保护法》第69条规定，违反本法规定，构成犯罪的，依法追究刑事责任。

我国《环境保护法》第63条规定的4种情况是：（1）建设项目未依法进行环境影响评价，被责令停止建设，拒不执行的；（2）违反法律规定，未取得排污许可证排放污染物，被责令停止排污，拒不执行的；（3）通过暗管、渗井、渗坑、灌注或者篡改、伪造监测数据，或者不正常运行防治污染设施等逃避监管的方式违法排放污染物的；（4）生产、使用国家明令禁止生产、使用的农药，被责令改正，拒不改正的。

我国《环境保护法》第68条规定的9种情况是：（1）不符合行政许可条件准予行政许可的；（2）对环境违法行为进行包庇的；（3）依法应当作

出责令停业、关闭的决定而未作出的；（4）对超标排放污染物、采用逃避监管的方式排放污染物、造成环境事故以及不落实生态保护措施造成生态破坏等行为，发现或者接到举报未及时查处的；（5）违反本法规定，查封、扣押企业事业单位和其他生产经营者的设施、设备的；（6）篡改、伪造或者指使篡改、伪造监测数据的；（7）应当依法公开环境信息而未公开的；（8）将征收的排污费截留、挤占或者挪作他用的；（9）法律法规规定的其他违法行为。

在我国《刑法》第六章“妨害社会管理秩序罪”中，第六节“破坏环境资源保护罪”即第338～346条的规定中，包括了环境污染罪，非法处置进口的固体废物罪，擅自进口固体废物罪，走私固体废物罪，非法捕捞水产品罪，非法猎捕、杀害珍贵、濒危野生动物罪，非法收购、运输、出售珍贵、濒危野生动物、珍贵、濒危野生动物制品罪，非法狩猎罪，非法占用耕地罪，非法采矿罪，破坏性采矿罪，非法采伐、毁坏国家重点保护植物罪，非收收购、运输、加工、出售国家重点保护植物、国家保护植物制品罪，盗伐林木罪，滥伐林木罪，非法收购盗伐、滥伐的林木罪16个罪名。其中，这些罪名都可以由单位构成犯罪，即资源利用人成为犯罪人。对其直接负责的主管人员和其他直接责任人员可以判处高达10年以上的有期徒刑，对单位可以处以罚金。

全国人大对于“破坏环境资源保护罪”的修正，2001年至2014年一直在具体进行着。具体包括：（1）《刑法修正案（二）》。2001年8月31日，《刑法修正案（二）》将我国《刑法》第342条修改为：违反土地管理法规，非法占用耕地、林地等农用地，改变被占用土地用途，数量较大，造成耕地、林地等农用地大量毁坏的，处5年以下有期徒刑或者拘役，并处或者单处罚金。其目的是为了惩治毁林开垦和乱占滥用林地的犯罪，切实保护森林资源。

（2）《刑法修正案（四）》。2002年12月28日，《刑法修正案（四）》

在第 5 ～ 7 条分别修改规定：一是将《刑法》第 339 条第 3 款修改为：以原料利用为名，进口不能用作原料的固体废物、液态废物和气态废物的，依照本法第 152 条第 2、第 3 款的规定定罪处罚；二是将《刑法》第 344 条修改为：违反国家规定，非法采伐、毁坏珍贵树木或者国家重点保护的其他植物的，或者非法收购、运输、加工、出售珍贵树木或者国家重点保护的其他植物及其制品的，处 3 年以下有期徒刑、拘役或者管制，并处罚金；情节严重的，处 3 年以上 7 年以下有期徒刑，并处罚金；三是将《刑法》第 345 条修改为：盗伐森林或者其他林木，数量较大的，处 3 年以下有期徒刑、拘役或者管制，并处或者单处罚金；数量巨大的，处 3 年以上 7 年以下有期徒刑，并处罚金；数量特别巨大的，处 7 年以上有期徒刑，并处罚金。违反森林法的规定，滥伐森林或者其他林木，数量较大的，处 3 年以下有期徒刑、拘役或者管制，并处或者单处罚金；数量巨大的，处 3 年以上 7 年以下有期徒刑，并处罚金。非法收购、运输明知是盗伐、滥伐的林木，情节严重的，处 3 年以下有期徒刑、拘役或者管制，并处或者单处罚金；情节特别严重的，处 3 年以上 7 年以下有期徒刑，并处罚金。盗伐、滥伐国家级自然保护区内的森林或者其他林木的，从重处罚。①

（3）《刑法修正案（八）》。2011 年 2 月 25 日，《刑法修正案（八）》第 46 ～ 47 条规定：一是将《刑法》第 338 条修改为：违反国家规定，排放、倾倒或者处置有放射性的废物、含传染病病原体的废物、有毒物质或者其他有害物质，严重污染环境的，处 3 年以下有期徒刑或者拘役，并处或者单处罚金；后果特别严重的，处 3 年以上 7 年以下有期徒刑，并处罚金；二是将《刑法》第 343 条第 1 款修改为：违反矿产资源法的规定，未取得采矿许可证擅自采矿，擅自进入国家规划矿区、对国民经济具有重要价值

① 我国《刑法》第 346 条规定，单位犯本章第六节破坏环境资源保护罪即第 338~345 条规定之罪的，对单位判处罚金，并对其直接负责的主管人员和其他直接责任人员，依照本节各该条的规定处罚。

的矿区和他人矿区范围采矿，或者擅自开采国家规定实行保护性开采的特定矿种，情节严重的，处3年以下有期徒刑、拘役或者管制，并处或者单处罚金；情节特别严重的，处3年以上7年以下有期徒刑，并处罚金。

（4）立法解释。2014年4月21日，《全国人大常委会关于〈中华人民共和国刑法〉》第341、312条的解释中，规定：知道或者应当知道是国家重点保护的珍贵、濒危野生动物及其制品，为食用或者其他目的而非法购买的，属于《刑法》第341条第1款规定的非法收购国家重点保护的珍贵、濒危野生动物及其制品的行为。知道或者应当知道是《刑法》第341条第2款规定的非法狩猎的野生动物而购买的，属于《刑法》第312条第1款规定的明知是犯罪所得而收购的行为。

（5）罪名变化。为了适应全国人大出台的《刑法修正案》，我国的"破坏环境资源保护罪"的罪名也发生了变化，最高人民法院、最高人民检察院先后对相关刑事罪名，进行了修正。即第一，2002年3月15日，将《刑法》第342条（《刑法修正案（二）》）罪名改为"非法占用农用地罪"，取消"非法占用耕地罪"罪名；第二，2003年8月6日，将《刑法》第344条（《刑法修正案（四）》第6条）非法采伐、毁坏国家重点保护植物罪；非法收购、运输、加工、出售国家重点保护植物、国家重点保护植物制品罪（取消"非法采伐罪""毁坏珍贵树木罪"等罪名）；第三，将《刑法》第345条第3款（《刑法修正案（四）》第7条第3款）罪名改为"非法收购、运输盗伐、滥伐林木罪"，取消"非法收购盗伐、滥伐林木罪"罪名；第四，2011年4月21日，最高人民法院和最高人民检察院将我国《刑法》第338条重大环境污染事故罪罪名，根据《刑法修正案（八）》第46条，修正为"污染环境罪"。

二、资源利用人生态安全义务履行监督完善方向

（一）非惩罚不合作

与资源利用人不履行民事义务的责任承担完善与补偿性赔偿相比，惩罚性赔偿的目的并不局限于补偿损失，更重要的是，对侵权人的反社会性和道德上可归责性行为进行惩罚。[①]根据我国《侵权责任法》的规定，环境侵权对侵权人的归责，采取无过错责任原则，即无论资源利用人在侵权时，是否存在主观过错都应对因其行为造成的损失承担民事责任。在这种情况下，如果不采取惩罚性赔偿，对于那些是否存在主观过错的侵权人的责任，将在法律上难以区分。

当行为人存在主观过错，其承担同质赔偿的责任，当行为人不存在主观过错，其亦承担同质赔偿的责任，这不仅有违法律公平正义原则，同时，可能影响行为人在实施环境破坏行为时，以及当环境事故发生后，采取何种应对措施的心态。笔者认为，在民事责任承担方面，将惩罚性赔偿纳入制度范围，是一个亟待完善的制度构造的方面。当然，惩罚性赔偿的承担是有条件的，其应当在满足以下两个条件时，才能对资源利用人适用。

1. 资源利用人存在主观过错。资源利用人对其不履行生态安全义务或不妥善地履行生态安全义务在主观上存在故意或重大过失的心理，这是区分同质赔偿与惩罚性赔偿的最关键因素。惩罚性赔偿，强调的就是对行为人主观上的反社会性和道德性进行苛责，如果不满足这一条件，就违背了惩罚性赔偿存在的理论必要性。

2. 资源利用人的行为对社会公益或受害人环境权益带来重大损失。社

---

① 参见李征、荆暄：《论环境侵权的民事赔偿模式——以惩罚性赔偿为视角》，载《江海学刊》2011 年第 4 期。

会公益，针对的是资源利用人被提起环境公益诉讼的情形，而受害人权益，是资源利用人的行为被诉环境侵权时的利益判定。提起的原告和诉由不同，则受害人利益就有区别。但是，都要求资源利用人的行为造成环境权益重大损失时，可以追究行为者的法律责任。至于“重大损失”中的“重大”如何判断，则可以通过专业机构所出具的调查报告加以显示。

（二）生态补偿机制与资源利用人责任

生态补偿机制中，相关义务该由哪些主体来承担的问题，在我国环境法学界曾展开过长期的讨论。就现在的情况看，更通常的情况下，还是由政府来承担这一责任，具体体现在：政府对生态保护地区的居民给予一定的经济补偿、政策优惠，并由中央政府采用相关的国家政策，进行支付转移补偿等。那么，资源利用人是否应当承担一定的生态补偿责任呢？笔者认为，这是应当的而且是必须的。其理由在于：利用资源的人，通过资源利用获得了利益，这是基础理由。其他原因还包括以下几个。

1. 资源利用人的受益者身份。在生态补偿机制中，资源利用人是受益者的身份，生态补偿制度的实质，就是通过补偿这一机制，使利益相关者之间的权利义务进行重新分配，实现环境公平和分配正义，达到促进自然资源、环境以及社会生产力协调发展的目标。① 在这种理念下，建立起来的生态补偿制度，资源利用人如果作为受益者，其当然应当承担一定的补偿责任。不过，这个因为资源利用获得利益，就应当承担承担生态补偿义务的道理，对于那些间接受益者② 而言，同样是适用的。也就是说，我国

---

① 参见程亚丽：《生态补偿法律制度构建的基本理论问题探析》，载《安徽农业大学学报》(社会科学版) 2011 年第 4 期。

② 所谓间接受益者，即是指非直接使用生态资源但使用生态资源利用人提供的产品或者服务的人，这些人因为使用前述产品或者服务，必然是生态资源利用的间接受益的人。比如，餐桌上的餐巾纸的使用人，虽然没有直接消耗生产纸张的资源，但是，使用餐巾纸本身消耗了餐巾纸就是生产纸张的企业产品的间接受益者。因此，由间接受益者承担一定的生态补偿成本，是有积极意义的。

《环境保护法》第6条第4款规定的，公民应当增强环境保护意识，采取低碳、节俭的生活方式，自觉履行环境保护义务。其中，“采取低碳、节俭的生活方式”，是公民作为企业这种资源利用人的间接受益者，承担生态补偿义务的根源所在。当然，在现行的企业会计制度中，我们还找不到任何资源利用人应当提取生态补偿基金的依据，不过，这并不是理由。在我国，企业承担社会责任的法律依据已经很充分，那么，在企业负担的环境资源和生态资源利用成本概念下，列示“生态补偿金”这一会计科目，应当是没有问题的，只要我们想做的话。

2. 资源利用人的资金保障。资源利用人多数情况下，作为一种营利性组织，其有一定的企业资金以保障企业运行，那么，这些资金，可以考虑划出来一部分用于生态补偿义务的承担与履行。值得注意的是，资源利用人在生态补偿机制中的补偿义务履行，同样应当有所限制。而限制的内容，应当是与其承担责任的原因相契合的，即资源利用人在该项生态补偿项目中，是作为一种受益者的，同时，补偿的限度应结合资源利用人的经济情况，不能强制其承担超过受益范围的责任。

在资金保障方面，根据我国《节约能源法》第60条的规定，中央财政和省级地方财政安排节能专项资金，支持节能技术研究开发、节能技术和产品的示范与推广、重点节能工程的实施、节能宣传培训、信息服务和表彰奖励等。这一点也就是政府的资金扶持与保障，在适当的项目下运作，非常重要。广义上，包括银行贷款和各种能起到资金保障作用的行政扶持措施，等等，都应当积极采取。

3. 横向生态补偿机制的探索。所谓横向生态补偿机制，是指以权责对等，合理补偿为原则，着力于推进流域上下游之间的相互补偿，不再单一依靠中央、省级财政给予的纵向补偿资金的生态补偿新机制。其基本原则是:（1）区际公平、权责对等;（2）地方为主、中央引导;（3）试点先行、分步推进。其运行目标是：到2020年，省级行政区域内流域上下游横向生态保护补偿机制基本建立；在具备重要饮用水功能及生态服务价值、受益主体明确、上下游补偿意愿强烈的跨省流域初步建立横向生态保护补偿机制，探索开展跨多个省份流域上下游横向生态保护补偿试点。到2025年，跨多个省份的流域上下游横向生态保护补偿试点范围进一步扩大；流域上下游横向生态保护补偿内容更加丰富、方式更加多样、评价方法更加科学合理、机制基本成熟定型，对流域保护和治理的支撑保障作用明显增强。

横向生态补偿机制的主要内容：（1）明确补偿基准。将流域跨界断面的水质水量作为补偿基准，流域跨界断面水质只能更好，不能更差，国家已确定断面水质目标的，补偿基准应高于国家要求。（2）科学选择补偿方式。流域上下游地区可根据当地实际需求及操作成本等，协商选择资金补偿、对口协作、产业转移、人才培训、共建园区等补偿方式。（3）合理确定补偿标准。流域上下游地区应当根据流域生态环境现状、保护治理成本投入、水质改善的收益、下游支付能力、下泄水量保障等因素，综合确定补偿标准，以更好地体现激励与约束。（4）建立联防共治机制。流域上下游地区应当建立联席会议制度，按照流域水资源统一管理要求，协商推进流域保护与治理，联合查处跨界违法行为，建立重大工程项目环评共商、环境污染应急联防机制。流域上游地区应有效开展农村环境综合整治、水源涵养建设和水土流失防治，加强工业点源污染防治，实施河道清淤疏浚等工程措施。（5）签订补偿协议。上述补偿基准、补偿方式、补偿标准、联防共治机制等，应通过流域上下游地方政府签订具有约束力协议等方式进行明确。[①] 目前，这种横向生态补偿机制，暂且是一种正在试点和建构中的新机制，具体的运行方案，有待全国各地的地方政府的协调和合作，才能构建和运行起来。

---

① 财政部《关于加快建立流域上下游横向生态保护补偿机制的指导意见》（财建〔2016〕928号，2016年12月20日），一、总体要求、二、主要内容。

三、公众参与资源利用人生态安全义务履行监督

（一）我国环境民事公益诉讼制度

公众参与资源利用人生态安全义务履行监督，有很多种方式。包括媒体对资源利用人义务履行状况，尤其是违法行为的曝光，社会组织调查走访企业，以及各种涉及环境资源利用的公众参与和环评报告的讨论，等等。我国《民事诉讼法》修改后，已将环境污染中的民事公益诉讼，纳入诉讼法律体系之中，即将公众参与资源利用人生态安全义务履行监督方式，提升到一个新的高度。为此，笔者在此主要讨论环境民事公益诉讼，在我国现阶段存在的问题以及完善的方向。

2014 年 4 月 24 日，我国《环境保护法》修订通过后，在其第 58 条规定，对污染环境、破坏生态，损害社会公共利益的行为，符合条件的社会组织[①]可以向法院提起诉讼即环境民事公益诉讼。此前，根据我国《民事诉讼法》第 55 条的规定，对污染环境、侵害众多消费者合法权益等损害社会公共利益的行为，法律规定的机关和有关组织可以向法院提起诉讼。这是我国《民事诉讼法》首次对环境民事公益诉讼的具体规定，虽然其比我国《环境保护法》的规定要早，但是，因为没有我国《环境保护法》和最高人民法院、相关政府部门即民政部、环境保护部的配合性规则，其制度的衔接性尚未到达操作的程度。仔细分析前后两个法律的规定，可以总结出以下四个特点。

1. 公益性。环境民事公益诉讼的公益性特点是指其诉讼目的所具有的

① 我国《环境保护法》第 55 条规定的民事环境公益诉讼的主体条件是：（1）依法在设区的市级以上人民政府民政部门登记。（2）专门从事环境保护公益活动连续 5 年以上且无违法记录。符合前款规定的社会组织向法院提起诉讼，人民法院应当依法受理。（3）提起诉讼的社会组织，不得通过诉讼牟取经济利益。

公益性，环境民事公益诉讼的提起并不是为了维护某一个个体当事人的利益，而是为了社会公众的环境福祉，通过民事诉讼的提起使不特定多数人的环境权益得到保护，使被污染的环境得到救济。

2. 法定性。根据我国现行的《民事诉讼法》的规定，环境民事公益诉讼被纳入法定的公益诉讼范围中，其案件类型以及提起机关都由法律规制，不能被任意的机关随意提起，具有法定性的特点。

3. 规制不完善性。我国《民事诉讼法》第 55 条中，关于环境民事公益诉讼的规定，[①] 在现行法律体系中，就只有该法采用公益诉讼的条款，而该规定，既没有任何程序性的条款保障，也没有对具有原告资格的“法律规定的有关机关”进行解释，只有原则性的规制，其操作的困难性可想而知。由此而言，环境民事公益诉讼的法律体系是并不完善的。

4. 衔接配合性。在本课题结题阶段，2014 年 12 月 26 日，最高人民法院联合民政部、环境保护部发布了《关于贯彻实施环境民事公益诉讼制度的通知》（以下简称《环境公益诉讼通知》），这个《环境公益诉讼通知》属于政策协调性文件，是少见的最高人民法院与中央国家行政机关联合发文的样本。其文件的开始开宗明义声明：为正确实施我国《民事诉讼法》、《环境保护法》、《最高人民法院关于审理环境民事公益诉讼案件适用法律若干问题的解释》（以下简称《环境公益诉讼解释》），就贯彻实施环境民事公益诉讼制度有关事项，特发出具体的 9 项通知。[②]

---

① 2012 年 8 月 31 日，我国《民事诉讼法》又一次修正时，增加一条作为第 55 条规定：“对污染环境、侵害众多消费者合法权益等损害社会公共利益的行为，法律规定的机关和有关组织可以向人民法院提起诉讼。”2017 年 6 月 27 日该法再次修改时，其第 55 条增加了第 2 款规定，即人民检察院可以提起诉讼或支持法定机关或组织起诉。但是，仅有《民事诉讼法》的规定，还是非常不够的。

② 最高人民法院、民政部和环保部的《环境公益诉讼通知》中，有 8 项政策衔接性规定，其中第 2、3 条分别规定：社会组织存在通过诉讼牟取经济利益情形的，法院应向其登记管理机关发送司法建议，由登记管理机关依法对其进行查处，查处结果应向社会公布并通报法院（第 2 条）。人民法院受理环境民事公益诉讼后，应当在 10 日内通报对被告行为负有监督管理职责的环境保护主管部门。环境保

2015年1月6日，最高人民法院《环境公益诉讼解释》公布，并于次日施行。这个司法解释，是为了正确审理环境民事公益诉讼案件，根据我国《民事诉讼法》《侵权责任法》《环境保护法》等法律的规定，结合司法审判实践制定的，其第1条规定，法律规定的机关和有关组织依据《民事诉讼法》第55条、《环境保护法》第58条等法律的规定，对已经损害社会公共利益或者具有损害社会公共利益重大风险的污染环境、破坏生态的行为提起诉讼，符合《民事诉讼法》第119条第2～4项规定的，人民法院应予受理。由此，我国环境民事公益诉讼的时代真正开始了。但是，相关部门与法院的配合衔接任务，任重而道远。

（二）我国环境民事公益诉讼存在的问题

1. 诉讼主体的过分限定。我国《民事诉讼法》将环境民事公益诉讼主体限定在“法律规定的机关和有关组织”，剥夺了普通公民的公益性诉权。既然，公益诉讼案件是侵犯公共法益的，那么剥夺社会公众作为公共法益的实际拥有者，而成为环境民事公益诉讼的原告的资格，显然就是不能被理解与接受的。这也很可能会导致有诉权者与实际利益受损者不一致的情形出现，并且，由于我国《环境保护法》修改时，第58条条文的规定比较严苛，即（1）依法在设区的市级以上政府民政部门登记；（2）专门从事环境保护公益活动连续5年以上且无违法记录；（3）提起诉讼的社会组织不得通过诉讼谋取经济利益等。这些限定本身，可能会让能够承担环境民事公益诉讼的主体非常稀少，影响了环境诉讼的实际实施。

2. 案件类型单一与案由待定。环境民事公益诉讼，在我国《环境保护法》第58条规定中，将环境污染、生态破坏和损害社会公共利益的行为

护主管部门收到法院受理环境民事公益诉讼案件线索后，可以根据案件线索开展核查；发现被告行为构成环境行政违法的，应当依法予以处理，并将处理结果通报法院（第3条）。3个部门之间的衔接配合规定，是清楚明了的。

纳入诉由范围，比我国《民事诉讼法》第55条规定的“对污染环境”等“损害社会公共利益的行为”的内涵显然过于狭窄，要好得多，拓宽了环境民事公益诉讼的案件类型。事实上，生态破坏和环境污染无论从内涵还是外延来讲，都不具有同一性，但是，其对环境的影响亦是巨大且不具有挽回性的。立法者将环境污染案件作为民事公益诉讼的受理范围，证明其亦认识到如今日益严重的环境问题，在这种情况下，将生态破坏案件在我国《环境保护法》修改时，列入环境民事公益诉讼的受理范围，笔者认为是非常必要的。

不过，从灾害法学的角度看，对于那些因为环境污染引起灾害即人为自然灾害，比如霾灾或者土壤污染灾害，或者人为灾害，比如水库溃坝引发的供水灾害等，是否应当以公益诉讼来进行维权，现有的规定并不清楚。而且，相关环境民事公益诉讼的案由，尚未具体规定细化，也是一个不大不小的问题。

3. 司法监督机关和环保部门职能消极。根据我国《环境保护法》第64条的规定，因污染环境和破坏生态造成损害的，应当依照我国《侵权责任法》的有关规定，承担侵权责任。那么，人民检察院和环境保护部门在履行各自职责的过程中，是否应当给予配合或者以一定的方式，表现出积极的履责的要求等，我国《环境保护法》《侵权责任法》《民事诉讼法》等，并没有具体的衔接性规定。由此而言，笔者的判断是，我国在司法监督机关和环保部门的环境民事公益诉讼层面，其职能的定位是消极的、不作为的。不过，最高人民法院《环境公益诉讼解释》第11条规定，检察机关、负有环境保护监督管理职责的部门及其他机关、社会组织、企业事业单位，依据我国《民事诉讼法》第15条[①]的规定，可以通过提供法律咨

① 我国《民事诉讼法》第15条规定，机关、社会团体、企业事业单位对损害国家、集体或者个人民事权益的行为，可以支持受损害的单位或者个人向法院起诉。

询、提交书面意见、协助调查取证等方式，支持社会组织依法提起环境民事公益诉讼。不过，这里的疑问是，最高人民法院何以有权对检察机关的职能，在其司法解释中，单方面加以定位呢?

事实上，最高人民法院和最高人民检察院，就环境违法犯罪确实有一个共同的司法解释，即《最高人民法院、最高人民检察院关于办理环境污染刑事案件适用法律若干问题的解释》(法释〔2013〕15号，2013年6月17日，以下简称《环境污染刑案解释》)。不过，《环境污染刑案解释》的12条解释本身，与环境民事公益诉讼，尤其是检察机关在环境民事公益诉讼中的职责定位，没有任何关系。我国《民事诉讼法》第14条规定，人民检察院有权对民事诉讼实行法律监督。那么，这种抽象的“法律监督”对于最高人民法院《环境公益诉讼解释》第11条的规定而言，是否就是实施的直接法律依据呢?

(三)我国环境民事公益诉讼制度的完善

1. 诉讼主体的适当扩大问题。适当扩大诉讼主体，将公民个人，有条件地纳入适格原告的范围。但是，如果将公民个人盲目地纳入适格当事人的范围，又可能造成滥诉等后果，造成司法资源的浪费，故作者建议，只有在满足以下条件时，公民才能成为适格的当事人:(1)该公民的民事权益在环境污染中，遭受严重的破坏、损害或者危害。(2)该公民得到了有关部门的确认性授权或者认可。授权，涉及行政法方面的问题，如授权机关、授权条件和授权要求等，应将民事诉讼与行政法的相关规定结合起来考量。(3)可以尝试建立行政前置程序，即起诉人在提起环境民事公益诉讼前，先向相关行政主管部门进行举报，行政机关在法定期限内未做出决定并及时采取措施，公民或其他有权主体可以自行提起环境公益诉讼。当然，对于扩大主体之后，原告滥用诉权而导致被告遭受损失时，原告应为此承担相应的侵权责任，依法赔偿被告由此带来的精神损失和物质损失等。因此行政前置程序和侵权责任制度等，可以有效地防止环境公益诉讼的滥用，避免出现司法资源不必要的浪费。

2. 完善环境民事公益诉讼案件管辖规定。根据最高人民法院《环境公益诉讼解释》第 6 条的规定，第一审环境民事公益诉讼案件由污染环境、破坏生态行为发生地、损害结果地或者被告住所地的中级以上法院管辖。中级法院认为确有必要的，可以在报请高级法院批准后，裁定将本院管辖的第一审环境民事公益诉讼案件交由基层法院审理。同一原告或者不同原告对同一污染环境、破坏生态行为分别向两个以上有管辖权的法院提起环境民事公益诉讼的，由最先立案的法院管辖，必要时由共同上级法院指定管辖。可见，基本管辖即地域管辖、共同管辖和指定管辖的规则是清楚明确的。

不过，审理环境民事公益诉讼案件的中级法院，是案件发生地的全部中级法院还是部分中级法院？根据最高人民法院《环境公益诉讼解释》第 7 条的规定，经最高人民法院批准，高级法院可以根据本辖区环境和生态保护的实际情况，在辖区内确定部分中级法院受理第一审环境民事公益诉讼案件。中级法院管辖环境民事公益诉讼案件的区域由高级法院确定。这种规定本身，让这类案件的管辖法院变得不清晰起来。希望各地尽早出台本地受理环境民事公益诉讼的法院名单。

3. 环境民事公益诉讼案件案由的增列。环境民事公益诉讼的受案范围，不应仅仅局限在环境污染一个方面，在我国《环境保护法》中将污染环境而导致生态破坏的案件，同时纳入环境民事公益诉讼的受理范围之后，笔者的看法，还应当将生态破坏案件，作为一类新的民事案由，列入最高人民法院的《民事案件案由规定》，这样才有利于生态破坏类型环境公益民事诉讼案件的起诉和受理、审判和裁判、执行等。同时，鉴于环境污染和生态破坏行为具有严重的危害性，一旦造成对环境的破坏和生态恶化的后果，往往具有难以逆转性的特点，且污染和生态危害的爆发或者后果发生，往往具有相当长的潜伏期。所以，环境民事公益诉讼提起的事实理由，不能被局限在“已经造成现实的损害和破坏”，而应当是当资源利用人的行为，对环境有造成现实损害的危险时，就可以提起环境民事公益诉讼。现在，在最高人民法院《民事案件案由规定》中，在第47类“相邻关系纠纷”案由中，可以据此提起环境民事诉讼。最高人民法院《民事案件案由规定》，共有十部分43类424个具体案由，于2007年10月29日最高人民法院审判委员会第1438次会议通过，并公布施行。

2011年2月18日，最高人民法院对《民事案件案由规定》进行了第一次修正，有“相邻污染侵害纠纷”，在第19类“海事海商纠纷”中，列举了“船舶污染损害责任纠纷”“海上、通海水域污染损害责任纠纷”，在第352类“环境污染责任纠纷”中，列举了7种，即（1）大气污染责任纠纷；（2）水污染责任纠纷；（3）噪声污染责任纠纷；（4）放射性污染责任纠纷；（5）土壤污染责任纠纷；（6）电子废物污染责任纠纷；（7）固体废弃物污染责任纠纷等，并没有专门的生态破坏类型的环境民事诉讼案由的规定。显而易见，生态破坏这一部分的民事案由，应当尽早出台。

4. 环境民事公益诉讼的程序规定的完善。虽然，最高人民法院出台了《环境公益诉讼解释》，但是，现行的与环境民事公益诉讼有关的正式法律条文，只有我国《民事诉讼法》第55条和《环境保护法》第58条的规定，而这些规定，对于环境民事公益诉讼的实际程序性操作，显然是很不够的。特别是，像环境民事公益诉讼这类新型诉讼，必须在我国《民事诉讼法》这样的程序性立法中，从起诉、立案到开庭审理、裁判，再到保全、执行等每个环节，都应当有具体的规范条款，才能让这一项带有公益色彩的法律制度设计，具有更加丰富的现实意义和资源利用人义务履行的督促意义。为此，笔者的具体考虑与建议是：（1）限制简易程序的适用。根据我国《民事诉讼法》第十三章简易程序即第157～163条的规定，简易程序主要适用于案件事实清楚，当事人争议不大的案件，而环境民事公益诉讼案件，由于其具有环境公益性的特点，牵涉人类社会生态圈的保护，以及众多社会公众的环境利益，尤其是那些生态破坏类型的环境民事公益诉讼，又是包含了生态环境安全层面的抽象利益，以及未来不确定的危害或者损失等因素，所以，不应适用简易程序进行审理。

（2）环境民事公益诉讼审理法院。对环境民事公益诉讼的审理，除了应当排除适用简易程序外，还应当根据最高人民法院《环境公益诉讼解释》第6条的规定，对某些类型的案件，应当限制审理的法院级别。例如，对严重的水污染、大气污染案件、固体废弃物污染等类型的案件，由中级以上法院审理外，应当限制指定管辖或者进行异地管辖和审理。那么，如何判断环境污染或者生态破坏的“严重情况”？则应该结合当地的环境恶化情况，以及受害人口的数量，尤其是导致的经济损失的数额和社会秩序受危害的实际情形等。例如，当受污染社会公众达到当地行政区人口的1%或者以上的环境民事公益诉讼案件，只能由中级法院受理和审判。相比之下，这些标准以下的环境民事公益诉讼案件，才可以指定基层法院受理；同时，为了防范中级法院被行政干预或者受到其他不应有干扰因素的影响，鼓励由各省级法院指定异地中级法院受理。

（3）特殊管辖的规定。由于环境污染物具有转移性特点，此地污染而彼地发生污染结果，在江河湖海的流域、大气环流和涉及不同管辖地中级法院发生争执时，环境污染和生态破坏类型的环境公益民事诉讼案件，应当由污染最严重或者污染结果严重的地方中级法院受理，或者指定后果严重的地方中级法院受理。例如，在近海各类海洋污染和生态破坏案件中，就应当由受污染最严重的近海港口所在地法院受理，以便于案件的查证和审理。在这里，笔者的建议是：应该在环境民事公益诉讼案由确定后，对这类案件的具体管辖法院和管辖要求，进行更细化的梳理和完善。

（4）扩大法院依职权取证的范围。由于环境民事公益诉讼涉及面广、影响面大，法院可以适当扩大其职权取证范围。例如，可以对一些当事人难以接触到的，且对整个案件责任承担起重要判定作用的证据，进行依职权取证。如在环境污染案件中，对造成环境污染的企业的污染物排放渠道，污染发生后企业对污染范围的扩大或减少所采取的措施，进行调查取证等。[①] 在举证责任方面，应采用举证责任倒置的模式，让被告举证证明其没有污染环境和破坏生态的行为，以及其生产、经营和管理行为，对环境资源和生态资源等没有危害性，否则，就应当承担相应的资源利用人行为不当的法律责任，从最大限度上保护社会公众的环境权益。

本章从资源利用人生态安全义务的理论基础，即企业社会责任理论入手，对企业社会责任进行了多维度的思考；对资源利用人承担生态安全义务的必要性，资源利用人承担生态安全义务的可行性，从资源利用人生态安全义务的环境安全、物种安全和资源安全等义务分类角度，进行了系统分析；在此基础上，本章还对资源利用人生态安全义务的立法设计，从资源利用人生态安全义务的立法现状，到我国资源利用人生态安全义务的立法缺失，再到资源利用人生态安全义务的立法设计，包括建立和完善环境税收制度，奖励机制的运用和环境会计制度的建立，也进行了系统分析。尤其是，本章对资源利用人生态安全义务的履行监督及完善，结合我国《民事诉讼法》《环境保护法》的修改，以及最高人民法院《环境公益诉讼解释》、最高人民法院、最高人民检察院《环境污染刑案解释》和最高人民法院、民政部和环保部三部门《环境公益诉讼通知》等最新立法、司法解释等文件，对资源利用人生态安全义务履行监督，资源利用人生态安全义务不履行法律责任的承担，资源利用人生态安全义务履行监督完善，公

① 最高人民法院《环境公益诉讼解释》第 14 ~ 15 条规定，对于审理环境民事公益诉讼案件需要的证据，人民法院认为必要的，应当调查收集。对于应当由原告承担举证责任且为维护社会公共利益所必要的专门性问题，人民法院可以委托具备资格的鉴定人进行鉴定（第 14 条）。当事人申请通知有专门知识的人出庭，就鉴定人作出的鉴定意见或者就因果关系、生态环境修复方式、生态环境修复费用以及生态环境受到损害至恢复原状期间服务功能的损失等专门性问题提出意见的，法院可以准许（第 15 条）。

众参与资源利用人生态安全义务履行监督，以及我国环境民事公益诉讼制度存在的问题等，进行了适用性、针对性的分析和研究，并提出了具有可操作性的建议。

笔者认为，资源利用人的生态安全义务设计与履行监督问题，从来都不是一蹴而就的。虽然，我国的《环境保护法》《民事诉讼法》和相关的司法解释等，大有后来居上的态势，但是，毕竟我国没有单独的《生态安全法》或者《生态保护法》这类单行的立法，就连 2014 年 4 月 24 日修订后，被称为“史上最严”的我国《环境保护法》的实施和执行，也需要大费周折。因此，资源利用人的生态安全义务设计与履行监督问题，尚需要人的致灾性的法律控制，以及生态安全义务履行的经济保障等制度支持，才有全面实现的可能性。

第六章　公民生态安全义务的渊源、设计与履行

《人类环境宣言》在肯定人类对满足其基本需求的环境拥有权利的同时，明确指出，人类“负有保护和改善这一代和将来的世世代代的环境的庄严责任”。因此，维护生态公共利益，是生态公民之责任意识的核心。本章将从公民的生态安全义务的法律渊源、公民生态安全义务的立法现状，以及公民生态安全义务的设计、履行和完善层面，论述公民生态安全义务确立的重要性。

在党的十九大报告中，习近平总书记强调，深入实施公民道德建设工程，推进社会公德、职业道德、家庭美德、个人品德建设，激励人们向上向善、孝老爱亲，忠于祖国、忠于人民。加强和改进思想政治工作，深化群众性精神文明创建活动。弘扬科学精神，普及科学知识，开展移风易俗、弘扬时代新风行动，抵制腐朽落后文化侵蚀。推进诚信建设和志愿服务制度化，强化社会责任意识、规则意识、奉献意识。[①] 这是对于公民的“四德建设”的基本要求，这些要求，一方面，是公民的公德与私德建设的需要，是我国社会文明的基本条件；另一方面，从公民生态安全义务角

① 习近平:《决胜全面建成小康社会，夺取新时代中国特色社会主义伟大胜利》(2017年10月18日)，七、坚定文化自信，推动社会主义文化繁荣兴盛;(三)加强思想道德建设。

度来看，则涉及公民的生态安全义务的基本意识和观念养成，便是以公民的公德意识和私德观念作为基础的。

理论上，人与自然是生命共同体，人类必须尊重自然、顺应自然、保护自然。人类只有遵循自然规律，才能有效防止在开发利用自然上走弯路，人类对大自然的伤害最终会伤及人类自身，这是无法抗拒的规律。在我国，我们要建设的现代化，是人与自然和谐共生的现代化，既要创造更多物质财富和精神财富以满足人民日益增长的美好生活需要，也要提供更多优质生态产品以满足人民日益增长的优美生态环境需要。因此，作为开发自然环境主体的核心主体自然人即公民必须坚持节约优先、保护优先、自然恢复为主的方针，形成节约资源和保护环境的意识，在空间格局、产业结构、生产方式、生活方式方面，要以我国《民法总则》中的“绿色原则”为导向，在民事活动中，要有利于节约资源、保护生态环境，还自然以宁静、和谐、美丽。

与此同时，从公民个体，到公民群体再到公民整体，要坚持全民共治、源头防治，持续实施大气污染防治行动，打赢蓝天保卫战。加快水污染防治，实施流域环境和近岸海域综合治理。强化土壤污染管控和修复，加强农业面源污染防治，开展农村人居环境整治行动。加强固体废弃物和垃圾处置。提高污染排放标准，强化排污者责任，健全环保信用评价、信息强制性披露、严惩重罚等制度。构建政府为主导、企业为主体、社会组织和公众共同参与的环境治理体系。积极参与全球环境治理，落实减排承诺。[①] 只有这样，才能形成我国《民法总则》“绿色原则”落地的合力，为公民生态安全义务的设计与履行，提供良好的人文基础。

事实上，公民的生态安全义务，就其渊源而言，来自其需求或者个人

---

① 习近平:《决胜全面建成小康社会，夺取新时代中国特色社会主义伟大胜利》(2017年10月18日)，九、加快生态文明体制改革，建设美丽中国;(二)着力解决突出环境问题。

欲望的无限扩展。那就是，每个个体的欲望与需求，是导致生态安全危机的主要根源。比如，那些对于皮毛衣物和饰品的需要，是导致藏羚羊盗猎行为的核心根源，而人们对于“发菜”的虚荣心理，是因为“发菜”谐音“发财”而许多人不顾一切，在草原上大肆挖掘发菜的原因。如同人们喜欢烧烤的口福之乐与驾驶机动车的舒适感受，而导致过滥的烧烤餐饮发展和过量的机动车消费的根源一样，人类社会中某些个体的某些不当需求，最终都转换成危害环境的资源消耗与生态安全问题。尤其是，个别人的肆意消耗有限的生态资源的行为，导致了严重的生态危机后果，因此，才导致了“绿色原则”、公众参与等规则的产生。

第一节　公民生态安全义务的法律渊源——公民的基本义务

公民的基本义务，出自我国《宪法》第二章“公民的基本权利和义务”即第 33 ～ 56 条的规定。在我国《宪法》关于公民基本权利义务的 24 条规定中，任何公民享有宪法和法律规定的权利，同时必须履行宪法和法律规定的义务（第 33 条第 4 款）。而我国宪法中规定的义务，主要是：（1）劳动的权利和义务（第 42 条第 1 款）；（2）受教育的权利和义务（第 46 条第 1 款）；（3）计划生育的义务（第 49 条第 2 款）；（4）父母子女互相抚养与赡养义务（第 49 条第 3 款）；（5）维护国家统一和民族团结的义务（第 52 条）；（6）“四守一爱一尊义务”（第 53 条）；[①]（7）维护祖国安全、荣誉和利益的义务（第 54 条）；（8）服兵役义务（第 55 条

① 这是笔者归纳，是我国《宪法》第 53 条规定的内容，即中华人民共和国公民必须遵守宪法和法律，保守国家秘密，爱护公共财产，遵守劳动纪律，遵守公共秩序，尊重社会公德。

第 2 款）;（9）纳税义务（第 56 条）。应当说，这 9 项公民的基本义务，并没有直接包含生态安全层面的义务。

但是，作者认为，我国《宪法》在 2018 年 3 月 11 日修改后，在序言第七自然段中增加了“科学发展观、习近平新时代中国特色社会主义思想”指引的内容，并将“法制”修改为“法治”即健全社会主义法治，贯彻新发展理念，推动“五个文明”即物质文明、政治文明、精神文明、社会文明、生态文明协调发展，把我国建设成为富强、民主、文明、和谐、美丽的社会主义现代化强国，实现中华民族伟大复兴。我国《宪法》第 24 条第 2 款修改时，加入“国家倡导社会主义核心价值观”，尤其是，我国《宪法》第 89 条“国务院行使的职权”中，第六项增加了“生态文明建设”的职权，结合我国《民法总则》第 9 条的“绿色原则”，以及第 1 条“弘扬社会主义核心价值观”，就能推断出公民在民法中的环境保护义务。

1979 年 9 月 13 日，我国《环境保护法（试行）》中，没有规定公民保护环境的义务。只是在第 8 条规定“公民对污染和破坏环境的单位和个人，有权监督、检举和控告”。我国《环境保护法（试行）》在 1989 年 12 月 26 日修改成《环境保护法》后，其第 6 条规定“一切单位和个人都有保护环境的义务，并有权对污染和破坏环境的单位和个人进行检举和控告”，使用了“一切单位和个人都有保护环境的义务”的表述，就非常直观明确地赋予了公民的环境保护义务。不过，这种“外在要求型 +‘有权对污染和破坏环境的单位和个人进行检举和控告’”的立法技术，似乎并不是对公民生态安全义务的立体型的要求，过于平直化和命令化，不见得会有多少效果。事实上，到 2015 年 1 月 1 日我国《环境保护法》修订后施行前，越来越严重的雾霾灾害的客观事实，证明这种立法技术的效用很低。

2014 年 4 月 24 日，我国《环境保护法》修订时，公民环境保护义务的构成发生了变化:（1）一切单位和个人都有保护环境的义务（第 6 条第 1 款），去掉了“有权对污染和破坏环境的单位和个人进行检举和控告”的内容；（2）增加“地方各级人民政府应当对本行政区域的环境质量负责”（第6条第2款）；（3）增加“企业事业单位和其他生产经营者应当防止、减少环境污染和生态破坏”，对所造成的损害依法承担责任（第6条第3款）；（4）增加“公民应当增强环境保护意识，采取低碳、节俭的生活方式，自觉履行环境保护义务”（第6条第4款）；（5）增加“环境保护坚持保护优先、预防为主、综合治理、公众参与、损害担责的原则”（第5条）；（6）增加“每年6月5日为环境日”（第12条）；（7）在立法宗旨中，增加“推进生态文明建设，促进经济社会可持续发展”（第1条）。可见，我国《环境保护法》采取了“立体型”公民生态安全义务构建的立法技术，即“公民环境保护义务”（外在要求）+“公民环境保护意识，低碳、节俭生活方式，自觉履行环境保护义务”（内在要求）+“公众参与原则”（外在强化1）+“6·5环境日”（外在强化2）+“生态文明建设”（外在强化3）。其中，内在要求是对公民生态安全义务的意识、生活方式的干预，以及履行义务意识的“内干预”即内在干预和“外干预”即外在干预的外在要求、外在强化1、外在强化2和外在强化3，构成了公民生态安全义务的立体型立法技术的成熟。我国《民法总则》在第1条增加“弘扬社会主义核心价值观”，在第9条绿色原则中，规定“民事主体从事民事活动，应当有利于节约资源、保护生态环境”，就把公民环境保护的生态安全义务，顺利地引入我国“民法典”当中，成为民事活动的义务与应当遵循的基本原则了。

一、公民在生态安全中的法律地位

（一）生态安全的国家战略性

生态安全，也称生态环境安全、环境安全。有的学者称：“生态安全是指一定区域内人类赖以生存和持续发展的以环境资源为物质基础，以环保产业为救济手段的生态系统的综合平衡。”[①] 有的学则称：“生态安全是国家安全的一项内容，是指一国生态环境在确保国民身体健康、为国家经济提供良好支撑和保障能力的状态。”[②] 还有的学者称：“生态安全是指国家生态和发展所需的生存环境处于不受破坏和威胁的状态，自然生态系统状况能够维系经济社会可持续发展。”[③] 所以，生态安全，实质上是人们对生态风险忍耐力的评价标准，是指生态环境能够适应经济和社会发展需要的状态，如果生态破坏是可以忍受的，没有威胁到人类的生存和发展，就可以称这种状态为生态安全。[④]《全国生态环境保护纲要》指出，生态环境安全，是指国家生存和发展所需的生态环境处于不受或少受破坏与威胁的状态。从理论上讲，生态安全包括土地安全、水安全、空气安全、生物物种安全，等等。以其范围为标准，则可分为区域生态安全、国家生态安全和全球生态安全等类型。

有学者认为，“对很多国家来说，沙漠扩延或土壤侵蚀可能比敌军入侵更能威胁国家的安全，因为土壤侵蚀、地球基本生物系统的退化和石油储量的枯竭，目前正在威胁着每个国家的安全。”[⑤] 当今社会，由生态问题引发的国际冲突与争端日益增加，生态问题已成为国家安全的重要内容。生态问题已不仅仅是一个专业研究的课题，而是逐渐演变为国际关系中备受关注的敏感问题，其牵涉国际政治、经济、文化和科技等各个重要领域。在整个国家安全体系中，生态安全和经济安全共同构筑了政治、军事、国防、文化等其他国家安全以及区域安全的基础。

---

① 蒋信福：《入世对我国的生态安全的挑战与战略对策》，载《科技进步与对策》2000 年第 9 期。

② 李艳芳：《我国生态安全的现状与法律保障》，载《法商研究》2004 年第 2 期。

③ 赵永新：《关注国家生态安全》，载《人民日报》2001 年 2 月 9 日，第 6 版。

④ 参见秦鹏：《生态消费法研究》，法律出版社 2007 年版，第 178 页。

⑤［美］莱斯特·布朗：《建设一个持续发展的社会》，祝友三等译，科学技术文献出版社 1984 年版，第 89 页。

为此，发达国家将生态安全，视为争夺政治主导权和科技垄断权的一个新兴领域。其理由在于：一方面，以生态问题为借口，干涉发展中国家的内部事务；另一方面，个别发达国家为了保护本国环境和经济利益，将对生态安全有害的生产企业转移到发展中国家，或直接将有害的工业废料出口到发展中国家，对发展中国家实施“污染输出”。21世纪的国家安全战略，必须注重生态安全与国家政治安全、经济安全、科技安全的多层次协调发展。维护生态安全，不仅要防范来自国外的生态威胁，也要注重国内非理性的生产、开发、消费在生态环境方面，对国家安全构成的威胁，加大保护生态环境的力度，制定切实可行的生态环境保护政策，将可持续发展战略落到实处。

（二）国家生态安全与公民的关系

大气、水、土地等生态环境要素，不仅是人类生存所需的其他生物得以存在的基础，更是人类赖以生存的物质基础。现实生活中，人类时刻遭受着生态安全被破坏后，所带来的负面影响。比如，有毒、有害、易燃、易爆化学物质生产、运输、储存、处置过程中，突发事件引发的化学生态风险；城市垃圾、污水、废气和工业固体废弃物排放、弃置和处理，以及农村畜禽粪水粪渣堆积、土壤污染引发的静态生态风险；重金属、持久性有机化学品、农药、肥料及各类激素在生物和人体富集的食物链生态风险；汽车行驶、停放和恶性交通事故引发的对车内外人体健康和交通环境影响，以及交通堵塞通道上汽车尾气和极端气候条件复合形成光化学烟雾的交通生态风险；因地质、气象、人为灾害（如水灾、火灾）和恐怖事件，造成城市瘫痪间接引发的灾祸生态风险等。

前述列举的生态风险，无一不时刻危及公民享受良好自然环境甚至生存的权利。生态危机的出现，是自然界报复人类社会不合理的生产、消费行为的终结局，是生态环境问题发展的终形态和终底线，其实质是人类社会的生存危机。[①]人类社会中个体的环境资源过度攫取，在聚合、汇聚和聚集之后，形成了给生态安全带来严重破坏或者危害后果的致灾性行为。与传统法律保障的人与人、群体与群体、群体与整体之间的内部安全不同，公民生态安全的义务，属于着力平衡人类社会与自然生态之间的关系制度设计层面的法律关系，这种关系，是整个人类社会面临的新型生存安全问题。

（三）生态公民

罗尔斯顿曾说："我们要把自然哲学和生存哲学结合起来，把环境伦理学理解为某种关心自我、关心生存的伦理学。我是谁？身在何处？我必须做什么？我们希望把个人放在其生活环境中加以理解。"[②]公民作为依赖大自然和人类社会中的人，不仅应当承担他在社会中的社会责任，也应当承担他对大自然的责任。因此，《人类环境宣言》在肯定人类对满足其基本需求的环境，拥有权利的同时，明确指出：人类"负有保护和改善这一代和将来的世世代代的环境的庄严责任。"尊重自然、保护资源、爱护环境，维护生态公共利益是生态公民之责任意识的体现。生态公民的提法，始于20世纪90年代的西方。"生态公民"也称"生态人"，与"经济人""社会人"相对应，指的是有生态文明意识且积极致力于生态文明建设的现代公民。

生态公民无论在思维上、认识上，还是实践中都以生态文明为导向。由于生态环境问题具有长期性、复杂性和艰巨性，推动社会公众广泛参与到生态环境问题的治理中，应形成协同效应。然而，由于生态环境治理，具有公共性和公益性，普通公民参与的积极性往往并不高。即便部分人有

---

① 参见秦鹏：《生态消费法研究》，法律出版社2007年版，第179页。

② ［美］罗尔斯顿·霍尔姆斯：《环境伦理学》，杨通进译，中国社会科学出版社2000年版，第448页。

意愿参与到生态环境治理中，也会因为生态认知有限而无法实现。相反，生态公民不管是在思维上、认识上还是在实践中，都符合生态文明的要求，他们有意愿更有能力参与进来。

因此，治理生态环境问题，要强调发挥生态公民而不仅仅是公民的作用。将生态公民的理念，自觉导入生态文明的建设中，不仅会带来治理理念的嬗变，而且，有利于促进政府职能的转型，实现对生态环境问题更为有效的治理，大力推进社会主义生态文明和政治文明的进程。

二、生态公民的理论构造

（一）公民的生态安全权利

生态公民作为法律人模式，是一种全新的研究范式，可以在理论上解决公民环境权的困境，明确公民环境权的性质和内容，为公民环境权的合法化、可实施化提供理论依据。[①]理所当然地，生态公民也就提出了公民的生态义务的法律设计可能性、必要性和急迫性。

1. 享受良好生态环境的权利。20世纪70年代，生态环境的恶化，日益威胁着人类的健康和生存质量，环境人权于是开始引起人们的注意。1970年，在日本东京举行的“公害问题国际座谈会”发表的《东京宣言》，首次建议把“人人享有不损害其健康和福利之环境的权利”作为一种基本人权，在法律体系中确定下来。1972年，联合国第一次人类环境会议通过的《人类环境宣言》，则明确指出：“人类有权在一种能够过有尊严的和福利的生活环境中，享有自由、平等和充足的生活条件的基本权利。”次年，欧洲人权会议制定的《欧洲自然资源人权草案》，也将环境权作为新的人权，加以确立。

---

① 参见吴贤静：《生态人的理论蕴涵及其对环境法的意义》，载《法学评论》2010年第4期。

1987年，联合国环境与发展委员会提交的《环境保护与可持续发展的法律原则》，再次确认："全人类对能满足其健康和福利的环境拥有基本的权利。" 1993年，《俄罗斯联邦宪法》第一次将俄罗斯联邦公民的生态权利，在宪法中加以确定。"享受良好生态环境的权利" 是公民生态安全权利中重要的一项权利。它与生存权一样，都是从人一出生就被自然赋予的人权。人要生存就必须要有良好的适合生存的自然环境，人只有在良好的自然环境条件下才能生存、才能生存的健康有尊严。《美国国家环境政策法》第4331条第2、3款写道："为了执行本法规定之政策，联邦政府负有责任，采取所有一切可行，且与国家政策之其他基本考虑相一致之措施，改进并协调联邦之计划、职能、方案与资源，以达到如此之目的。即国家应：（1）履行每一世代均应为其后代子孙之环境尽保管人之责任；（2）保证为我国全体国人创造安全、健康、富有生命力，并合乎美学及文化上优美之环境；（3）于广泛限度合理使用环境，但不使其恶化，或危害健康与安全，或引起其他不良与不应有之恶果；（4）维护我国历史、文化及自然之重要遗产，并尽可能维持足以提供各个人以多样选择机会之环境；（5）力求人口与资源之使用达到平衡，使国人享有高度生活水平及广泛舒适之生活；（6）提高再生资源之质量，使易枯竭资源达到高程度之再循环。国会认为，各个人均得享受健康之环境，同时各个人亦均有责任参与环境之维护与改善。"

2013年11月4日，中国社会科学院、中国气象局联合发布的《气候变化绿皮书：应对气候变化报告（2013）》中指出，近50年来中国雾霾天气总体呈增加趋势。雾霾天气现象会给气候、环境、健康、经济等方面造成显著的负面影响：提高死亡率、使呼吸系统及心脏系统疾病恶化，改变肺功能及结构、影响生殖能力等。可见，在各种生态环境恶化或者生态灾害大量发生的情况下，公民享受良好生态环境的权利，必然被限制、剥夺或者被褫夺。

2. 生态环境知情权。生态环境知情权，也叫环境知情权，即公民有权了解正在规划、进行或者已经完成的，与环境有关的活动的实际情况，并获得相关资料的权利。[①]环境知情权，是程序性环境权的重要组成部分，是公民知情权和环境权的结合，是实现公民有效参与环境事务的必备前提。环境知情权的存在和发展，对于公民个人利益、公共环境利益、政府的环境功能导向，有极为重大的作用。这里的"公民"，推而广之，笔者认为应包括公民、环境受害者、法人以及其他组织等。

2013年10月，四川24个省控城市环境空气质量状况排序，首次实行"双轨"公布，客观、公正地评价各城市环境空气质量状况，保障公众的环境知情权，是这种城市空气质量状况公示的核心目的。根据《四川省城市环境空气质量综合评价办法（试行）》（以下简称《四川空气质量办法》），四川省将分每月、半年和全年几个时段，对全省的城市环境空气质量状况，进行量化性评价。评价的范围是：全省省控城市环境空气质量自动监测网络中的评价点。评价内容主要包括：环境空气质量总体状况、污染物超标情况、城市环境空气质量综合指数3个方面。评价方法分为三指标综合评价法和六指标综合评价法两种。应当说，《四川空气质量办法》的颁行，对四川省内城市居民空气质量的环境知情权的享有、行使和实现，将是一个非常大的促进。与此同时，作为城市居民，对除了空气质量的环境知情权外，还有饮用水、交通和固体废弃物尤其是生活垃圾处理，以及城市安全包括生命线工程等的环境知情权等。

3. 生态质询权、否决权与诉讼权。公民参与生态环境管理，不仅是保护生态环境的需要，也是一个国家是否重视公民权利的重要标志。在中央和地方政府拟定的生态环境政策，或批准拟进行的开发建设活动的决议时，公民享有对该政策或决议的质询权，即要求政府或开发建设单位，说

① 参见汪劲、田忙社：《环境法学》，中国环境科学出版社2000年版，第32~33页。

明此项政策或决议对生态安全可能产生的负面影响，以及相应的防范措施等。公民若认为该项政策或决议可能危及其环境利益，其有权否决此项政策或决议。在这一方面,2012年7月3日的“什邡事件”，便是典型事例。①

我国《环境保护法》第5条规定:“环境保护坚持保护优先、预防为主、综合治理、公众参与、损害担责的原则。”第6条第1、2款规定:“一切单位和个人都有保护环境的义务。地方各级人民政府应当对本行政区域的环境质量负责。企业事业单位和其他生产经营者应当防止、减少环境污染和生态破坏，对所造成的损害依法承担责任。”所以，公民对侵害自身环境利益的诉讼，包括行政复议、行政诉讼和民事诉讼，广义上还应当包括环境公益。尤其是，在公害致健康被损害方面，公民享有提起公益诉讼的权利。② 此外，公民还享有参加生态环境保护方面的会议，以及公众集会、游行、示威和请愿，发表自己对生态环境意见的权利。与此同时，还可以要求国家机关提供生态环境状况和生态环境保护等方面的、定期的和真实可靠的全部信息。③

---

① 2012年7月2日上午，因担心宏达钼铜多金属资源深加工综合利用项目引发环境污染问题，陆续有市民到德阳市下属的什邡市委、市政府门口聚集，反对钼铜项目建设，少数市民情绪激动，强行冲破警戒线，进入市委机关，砸毁一楼大厅8扇橱窗玻璃、3个宣传栏、4个宣传展板。经什邡市党委、市政府领导及现场工作人员耐心疏导，多数围观市民相继离开，但仍有少数市民继续聚集拥堵。2012年7月2日晚，什邡市政府官网发布《关于钼铜项目建设有关情况的通告》，因什邡市部分群众对宏达集团的钼铜项目建设表达了不同意见，“为维护群众合法利益，确保社会大局稳定，市委、市政府坚决维护群众利益。在群众不了解、不清楚、不支持该项目的情况下，市委、市政府研究决定责成企业从即日起停止建设”，是为“什邡事件”。

② 虽然，这一点，目前我国《环境保护法》第 58 条环境民事公益诉讼中，并没有直接确定，但是，相信这是一个必然的趋势。

③ 我国《环境保护法》第 53 条规定，公民、法人和其他组织依法享有获取环境信息、参与和监督环境保护的权利。各级政府环境保护主管部门和其他负有环境保护监督管理职责的部门，应当依法公开环境信息、完善公众参与程序，为公民、法人和其他组织参与和监督环境保护提供便利。

（二）公民的生态安全义务

1. 生态公民的法理依据。公民身份的首倡者 T.H. 马歇尔明确指出："如果说公民身份意味着捍卫权利，那就不能忽视与之相关的公民义务。"[①]德国法学家耶林认为，权利的基础在于利益，法律所承认和保障的利益就是权利；而义务则是实现权利主体利益的手段。但所有的利益并不都是权利。只有为法律所承认和保障的利益才是权利。公民身份以"权利—义务"结构为内核，权利和义务是平衡且成体系的。公民享受清洁环境的权利，就须承担相应的义务，在尽义务的同时，保障自身将享受相应的权利。如公民在享受土地、森林、矿产、草原、河流带来的生态利益的同时，也负有保护这些生态资源的义务，以维持生态平衡和实现可持续发展。环境事物作为现代社会具有重要影响力的公共事务，它与消费活动、社会制度、文化、分层等密切相关，环境事务治理的效果关涉每个人的权利和义务的扩展与限缩。[②]

2. 人类消费理念对生态安全的致灾性。戴维·埃伦费尔德在《人道主义的僭妄》一书中指出："沙漠的制造者和工具的制造者一样是适合人类的定义。"[③]查德·卡尔逊在其名著《寂静的春天》中写道："是什么东西使得美国无以数计的城镇的春天之音沉寂下来了呢？……不是魔法……而是人们自己。"[④]英国前外交大臣罗宾·库克曾经说过："难道美国和加拿大政府就没有办法说服他们的老百姓，放弃那种用惯了的奢侈的大型私人汽车和

---

① T. H. Marshall, *Class, Citizenship and Social Development*, Chicago, University of Chicago Press, (1964) .p.123.

② 参见秦鹏、杜辉：《环境义务规范论》，重庆大学出版社 2013 年版，第 10 页。

③ [美] 戴维·埃伦费尔德：《人道主义的僭妄》，李云龙译，国际文化出版公司 1998 年版，第 197 页。

④ [美] 查德·卡尔逊：《寂静的春天》，吕瑞兰译，科学出版社 1979 年版，第 15 页。

大量消费廉价能源的文化吗？"[①] 追本溯源，环境污染、生态恶化、物种灭绝的深层次原因与人类对舒适生活的过度追求紧密联系。美国学者拉夫尔曾深刻指出："消费问题是环境危机问题的核心，人类对生物圈的影响正产生着对于环境的压力，并威胁着地球支持生命的能力。从本质上说，这种影响是通过人们使用或耗费能源和原材料所产生的。"[②] 我国可可西里的藏羚羊被盗猎者屠杀，濒临灭绝是因为一条以藏羚羊腹部底绒织成的"沙图什"披肩，在英国和意大利可以卖到上万美元。原始森林面积锐减，无数参天大树被砍伐，是因为时下消费者对实木家具的情有独钟。全球石油资源的急速消耗，是因为人类为了出行的便捷，越来越多的家庭购买汽车，城市空气质量也因此而一落千丈。经济的高速发展，使越来越多的人沦陷到"更多的消费，更多的生态破坏"恶性循环之中，这是人的致灾性的客观表现。

20 世纪 90 年代，美国学者艾伦·杜宁倡导人们走出消费误区，走向"持久文化"。[③] 人类的衣食住行终究是离不开大自然的，人类对大自然的索取应该是以提取大自然的利息而不是本金为原则，杜绝无节制的消费。当下，以理性消费为核心的绿色消费理念逐渐兴起，绿色消费是我们的权利，绿色消费也是我们的义务，为此，我国《环境保护法》第 6 条规定，公民应当增强环境保护意识，采取低碳、节俭的生活方式，自觉履行环境保护义务。只有忠实地履行这个义务，地球上更多的生命体和生态环境才可以有尊严地长存。

3. 公民保护生态安全的群体能动性。正如达伦多夫所言："在近代史

① 王中伟：《国际可持续发展战略比较研究》，商务印书馆 2000 年版，第 354 页。

② [美] 施里达斯·拉夫尔：《我们的家园：地球》，夏堃堡等译，中国环境科学出版社 1993 年版，第 13 页。

③ 参见曲向荣：《环境生态学》，清华大学出版社 2012 年版，第 356 页。

上，公民比任何社会人物都具有活力。”[①]《人类环境宣言》中写道：“为实现这一环境目标，将要求公民和团体以及企业和各级机关承担责任，大家平等地进行共同的努力。各界人士和许多领域中的组织，凭他们有价值的判断和全部行动，将确定未来的世界环境格局。会议呼吁各国政府和人民为着全体人民和他们的子孙后代的利益而做出共同的努力。”美国著名生态政治学家丹尼尔·A. 科尔曼说：“当面临危机之时，通过个人力所能及的若干小事，而且主要是在自己家里改变一下日常生活方式，便可化解危机，世上还有比这更美好的事情吗？”[②]

现实生活中，我们通常借助以下两个途径维护自身的环境安全：一是在环境权遭受损害时，通过政府公权力干预的手段，来弥补环境权益遭受的损失；一旦公民的环境安全与政府经济发展目标发生冲突时，非理性的公民便会借助于游行示威等手段制造群体性事件，寄希望于政府叫停污染项目。如 2007 年 6 月福建厦门 PX 项目引发“集体散步”事件；2008 年 8 月云南丽江兴泉村水污染引发村民冲突事件；2009 年 11 月广东番禺兴建垃圾焚烧厂引发群众抗议事件；2011 年 8 月辽宁大连 PX 项目引发群众抗议事件；2011 年 9 月浙江海宁丽晶能源公司污染环境引发群众抗议事件；2011 年 12 月福建海门华电项目污染引发群众堵路事件；2012 年 4 月天津 PC 项目污染引发群众“集体散步”事件，之后是 2012 年 7 月初的“什邡事件”和 7 月底的启东事件；等等，都是如此。二是将环境保护的重任大部分，置于政府公权力的支配之下，希望通过政府维护自身的环境权益。一旦在政府权力运转中，公共权力并没有为公众的环境利益服务，异化为保护自身特殊利益和少数人私欲的机器，公众的环境利益就很难得到保

---

① Ralf Dahrendorf, "Citizenship and Beyond: The Social Dynamics of an Idea," *Social Research*, 1974 (41).

② [美] 丹尼尔·A. 科尔曼：《生态政治：建设一个绿色社会》，梅俊杰译，上海世纪出版集团 2006 年版，第 3 页。

护，甚至由于公共权力运作中出现的这种公共精神的丧失会使第一种权力救济机制也可能失去效用。[①]

无论是第一种途径抑或是第二种途径，都充分表明：现行环境保护机制囿于被动的困境之中。环境问题的改善与解决，需要每一个社会主体——公民的共同参与、共同努力，在尽量减少对环境危害的情况下，积极承担保护环境的义务。这大抵是我国《环境保护法》第6条规定“低碳、节俭的生活方式”层面义务即“内干预”层面，通过法律手段来约束人的致灾性的根本原因之所在。

三、公民生态安全义务的法律渊源

（一）宪法

我国《宪法》第9条第2款规定：“国家保障自然资源的合理利用，保护珍贵的动物和植物。禁止任何组织或者个人用任何手段侵占或者破坏自然资源。”并在第26条规定：“国家保护和改善生活环境和生态环境，防治污染和其他公害。国家组织和鼓励植树造林，保护林木。”我国《宪法》的这些规定，直接指出所有组织和个人对自然资源的保护义务。此处的“自然资源”指矿藏、水流、森林、山岭、草原、荒地、滩涂等资源。而生态问题，主要指水土流失严重、土地荒漠化、草场退化、森林资源危机、水资源短缺、生物多样性减少等。与我国《宪法》中规定的自然资源有其内在的联系，故可以推导出我国《宪法》对公民生态安全义务的隐含性规定。

笔者感到困惑的是，2018年3月5～20日全国人大会议期间，我国《宪法》第五次修改过程当中，并没有涉及公民生态安全义务的“添加”。

---

① 秦鹏、杜辉：《环境义务规范论》，重庆大学出版社2013年版，第2页。

只是在“五个文明”中增加了“生态文明”，并增加了“国家倡导社会主义核心价值观”，赋予国务院“生态文明建设”的职权，只能推断出公民的环境保护义务。而“内干预”和“外干预”的不匹配，意味着我国《宪法》中，公民的基本义务并没有直接指向生态安全义务的外在干预要求，使这种外在强化无法顺利地转入内化要求。

（二）法律

1.《环境保护法》。我国《环境保护法（试行）》于1979年9月13日由第五届全国人大常委会第十一次会议原则通过，开始试行；整部法律共7章33条。在试行了10年之后，1989年12月26日，第七届全国人大常委会第十一次会议对我国《环境保护法（试行）》进行全面修订后通过，随即公布并施行，这部法律共6章47条，条款增加了14条。这部去掉“试行”字样的法律第6条规定：“一切个人都有保护环境的义务，并有权对污染和破坏环境的单位和个人进行检举和控告。”把“试行”版的法律当中，第6条“一切企业、事业单位的选址、设计、建设和生产，都必须充分注意防止对环境的污染和破坏”“三同时”等规定，变成了“一切个人都有保护环境的义务”。而在2014年4月24日，由第十二届全国人大常委会第八次会议修订通过后，《环境保护法》整部法律的结构大调整，内容大充实，制度大改革，成为“史上最严的环境保护法”，第6条规定“公民应当增强环境保护意识，采取低碳、节俭的生活方式，自觉履行环境保护义务。”其公民环境保护义务的演进思路，清晰明确。

2.《大气污染防治法》。我国《大气污染防治法》于1987年9月5日第六届全国人大常委会第二十二次会议通过，其第41条规定，国务院环境保护部门根据本法制定实施细则，于是，1991年5月24日，国家环保局发布《大气污染防治法实施细则》。1995年8月29日，第八届全国人大常委会第二十二次会议通过了我国《大气污染防治法》修正案，共6章

50条。随着时间的推移，我国大气污染情况日益严峻，于是，我国《大气污染防治法》于2000年4月29日第九届全国人大常委会第十五次会议通过修订案，修订后，我国《大气污染防治法》共7章66条。其第5条规定："任何单位和个人都有保护大气环境的义务，并有权对污染大气环境的单位和个人进行检举和控告。"但是，这种义务性设置，并没有有效遏制大气污染的恶化趋势。于是，2014年12月29日，第十二届全国人大常委会第十二次会议初次审议了我国《大气污染防治法（修订草案）》，这个修订草案共8章100条，条款数量增加之多，是非常罕见的。[①]第二章大气污染防治的标准和规划（共5条），第五章重点区域大气污染联合防治（共6条）和第六章重污染天气应对（共5条），共增加了16条新规定。另外，我国《大气污染防治法（修订草案）》第4条第1款规定，国家实行以大气环境质量保护和改善为核心的"大气环境保护目标责任制"和"考核评价制度"，这两种制度的推行，将会从根本上改善我国大气环境和质量的保障。为了实现大气污染的治理目标，我国《大气污染防治法（修订草案）》第4条第2款还规定，县级以上政府应当将大气环境保护目标任务完成情况，纳入对本级政府负有大气环境保护监督管理职责的部门及其负责人和下级政府及其负责人的考核内容，作为对其考核评价的重要依据。考核结果应当向社会公开。未完成大气环境保护目标任务的，应当向本级或者上级政府作出说明，提出整改措施并负责落实。

相比之下，我国《大气污染防治法（修订草案）》第7条的大气环境保护与治理义务的规定，更具有创新性，分为5个方面：（1）企业事业单

① 2014年12月29日，第十二届全国人大常委会第十二次会议初审的《中华人民共和国大气污染防治法（修订草案）》共有8章100条，把一个原本只有41条的法律，修正后变成增加66条的法律，一下子又新增加了34条规定变成100条，在所有环境保护类型的法律当中，确实是非常罕见的。为了推动全国性的大气污染治理，全国人大常委会决定将这个修订草案在中国人大网公布，向社会公开征求意见。征求意见截止日期：2015年1月29日。

位和其他生产经营者应当采取有效措施，防止、减少大气污染，对所造成的损害依法承担责任。（2）排放大气污染物的企业事业单位应当建立环境保护责任制度，明确单位负责人和相关人员的责任。（3）公民应当增强大气环境保护意识，采取低碳、节俭的生活方式，自觉履行大气环境保护义务。（4）任何单位和个人都有权对污染大气环境的单位和个人进行检举和控告。有关部门接到检举和控告的，应当及时处理。（5）在防治大气污染、保护和改善大气环境方面成绩显著的单位和个人，由政府给予奖励。2015年8月29日，我国《大气污染防治法》在第十二届全国人民代表大会常务委员会第十六次会议第二次修订通过，实际条款达到史无前例的129条，于2016年1月1日施行。可以说，也只有我国《大气污染防治法》才在严重的雾霾灾害的危害之下，想到了从人的致灾性控制角度，对大气资源利用人即企事业单位、公民个人和其他组织的防治污染义务，进行了如此细化立法。

3.《水污染防治法》。水是生命之源。但是，水的污染又是人类生产、生活活动的必然结果。于是，防治水污染就成为一个重要的法律义务。我国《水污染防治法》于1984年5月11日，由第六届全国人大常委会第五次会议通过，共7章46条。其中，第5条规定，一切单位和个人都有责任保护水环境，并有权对污染损害水环境的行为进行监督和检举。因水污染危害直接受到损失的单位和个人，有权要求致害者排除危害和赔偿损失。但是，我国经济体制改革和社会发展的快速推进，让水污染同步跟进。于是，1996年5月15日，第八届全国人大常委会第十九次会议通过了我国《水污染防治法》修正案。这个修正案通过后，我国《水污染防治法》共7章62条，其第5条义务规定的内容没有任何变化。在新增加的16条规定中，第20条的“三禁止规定”非常引人注目，即（1）禁止向生活饮用水地表水源一级保护区的水体排放污水；（2）禁止在生活饮用水地表水源一级保护区内从事旅游、游泳和其他可能污染生活饮用水水体的活动；（3）禁止在生活饮用水地表水源一级保护区内新建、扩建与供水设施和保护水源无关的建设项目。这是对各地存在的严重污染水源活动严加治理的法律命令。[①]

不过，水体作为众多污染物的容纳之物或者空间，并不因为有了我国《水污染防治法》第 20 条的“三禁止规定”，就立刻令行禁止了。换句话说，我国各种水体污染和水环境破坏行为，并没有发生根本性的转变。于是，2008 年 2 月 28 日，第十届全国人大常委会第三十二次会议，通过了修订后的我国《水污染防治法》。这次修订后，我国《水污染防治法》共 8 章 92 条，净增加了 30 个条款。并对这部法律的结构，进行了重大调整，即新增加第四章水污染防治措施、[②]第五章饮用水水源和其他特殊水体保护和第六章水污染事故处置等章节。该法第 9 条规定：“排放水污染物，不得超过国家或者地方规定的水污染物排放标准和重点水污染物排放总量控制指标。”这是一个新的制度设计，结合新调整、增加的各章节的规定，把相关企事业单位、公民个人和其他组织的水污染防治义务的确立与履行，放在了人的致灾性控制的视野之下，来进行新的审视与考量了。

2017 年 6 月 27 日第十二届全国人民代表大会常务委员会第二十八次会议通过《关于修改〈中华人民共和国水污染防治法〉的决定》，对该法

---

① 我国 1996 年《水污染防治法》第 20 条还规定，省级以上人民政府可以依法划定生活饮用水地表水源保护区。生活饮用水地表水源保护区分为一级保护区和其他等级保护区。在生活饮用水地表水源取水口附近可以划定一定的水域和陆域为一级保护区。在生活饮用水地表水源一级保护区外，可以划定一定的水域和陆域为其他等级保护区。各级保护区应当有明确的地理界线。在生活饮用水地表水源一级保护区内已设置的排污口，由县级以上人民政府按照国务院规定的权限责令限期拆除或者限期治理。对生活饮用水地下水源应当加强保护。对生活饮用水水源保护的具体办法由国务院规定。

② 2008年2月28日，我国《水污染防治法》修订后，其第四章水污染防治措施（第29~55条）共26条，包含了五节，即第一节一般规定（第 29~39 条，共 11 条）；第二节工业水污染防治（第 40 ~43 条，共 4 条）；第三节城镇水污染防治（第 44~46 条，共 3 条）；第四节农业和农村水污染防治（第 47~51 条，共 4 条）；第五节船舶水污染防治（第 52~55 条，共 4 条）等。这些规定，更具有针对性和可操作性。

再一次修改了56条之多。我国《水污染防治法》共8章103条，仅条款又增加了11条之多。增加了“推进生态文明建设，促进经济社会可持续发展”“省、市、县、乡建立河长制，分级分段组织领导本行政区域内江河、湖泊的水资源保护、水域岸线管理、水污染防治、水环境治理等工作”“维护公众健康”等内容，但是，对于公民的水污染防治义务，并没有更多的规定。

4.《环境噪声污染防治法》。我国《环境噪声污染防治法》是由1989年9月26日国务院发布的《环境噪声污染防治条例》转化而来。这个条例，共有8章47条，其中，其第7条规定，任何单位和个人都有保护环境不受噪声污染的义务，有对造成环境噪声污染的单位和个人进行检举、控告的权利。直接受到噪声污染危害的单位和个人，有权要求减轻、排除噪声污染的危害。1996年10月29日，第八届全国人大常委会第二十二次会议通过了《环境噪声污染防治法》，共8章64条，其第64条明文废止了《环境噪声污染防治条例》。该法第7条的规定是：“任何单位和个人都有保护声环境的义务，并有权对造成环境噪声污染的单位和个人进行检举和控告。”应当说，其保护声环境防治噪声污染危害的法律义务，在本质上没有重大变化。特别是对个人环境噪声的防治义务并没有具体和可操作性的直接规定。

5.《固体废物污染环境防治法》。我国《固体废物污染环境防治法》1995年10月30日由第八届全国人大常委会第十六次会议通过，共6章77条。其第4条规定：“国家鼓励、支持开展清洁生产，减少固体废物的产生量。国家鼓励、支持综合利用资源，对固体废物实行充分回收和合理利用，并采取有利于固体废物综合利用活动的经济、技术政策和措施。”第9条规定：“任何单位和个人都有保护环境的义务，并有权对造成固体废物污染环境的单位和个人进行检举和控告”。但是，这个《固体废物污染环境防治法》生效后，我国城市和乡村的固体废弃物不是越来越少，而是越来越多。也就是说，随着我国工业化、城市化的发展以及人民生活水平的提高，固体废物污染防治工作面临着许多新的情况和问题，主要表现在以下几个方面:（1）固体废物产生量持续增长，工业固体废物每年增长7%，城市生活垃圾每年增长4%;（2）固体废物处置能力明显不足，导致工业固体废物（很多是危险废物）长年堆积，垃圾围城的状况十分严重;（3）固体废物处置标准不高，管理不严，不少工业固体废物仅仅做到简单堆放，城市生活垃圾无害化处置率仅达到20%左右;（4）农村固体废物污染问题日益突出，畜禽养殖业污染严重，大多数农村生活垃圾没有得到妥善处置;（5）废弃电器产品等新型废物不断增长，造成新的污染。①于是，2004年12月29日，第十届全国人大常委会第十三次会议修订通过该法，共6章91条。该法第3条规定:“国家对固体废物污染环境的防治，实行减少固体废物的产生量和危害性、充分合理利用固体废物和无害化处置固体废物的原则，促进清洁生产和循环经济发展。国家采取有利于固体废物综合利用活动的经济、技术政策和措施，对固体废物实行充分回收和合理利用。国家鼓励、支持采取有利于保护环境的集中处置固体废物的措施，促进固体废物污染环境防治产业发展。”可见，减量化、利用化或者资源化、无害化的“三化”，并开展循环利用和清洁化生产，是固废污染防治的关键所在。②

《固体废物污染环境防治法》先后于2013年6月29日第十二届全国人大常委会第三次会议修正、2015年4月24日第十二届全国人大常委会第十四次会议第二次修正、2016年11月7日第十二届全国人大常委会第二十四次会议第三次修正，在公民的固废污染义务中，采用了“个人”这

---

① 参见毛如柏:《关于〈中华人民共和国固体废物污染环境防治法（修订草案）〉的说明——2004年10月22日在第十届全国人民代表大会常务委员会第12次会议上》，一、修订背景。

② 2016年11月7日我国《固废污染防治法》第三次修正时，并没有涉及公民生态安全义务方面的内容修改。

样的名词术语，主要是:（1）产生固体废物的单位和个人，应当采取措施，防止或者减少固体废物对环境的污染（第16条）。（2）收集、贮存、运输、利用、处置固体废物的单位和个人，必须采取防扬散、防流失、防渗漏或者其他防止污染环境的措施；不得擅自倾倒、堆放、丢弃、遗撒固体废物。禁止任何单位或者个人向江河、湖泊、运河、渠道、水库及其最高水位线以下的滩地和岸坡等法律、法规规定禁止倾倒、堆放废弃物的地点倾倒、堆放固体废物（第17条）。（3）使用农用薄膜的单位和个人，应当采取回收利用等措施，防止或者减少农用薄膜对环境的污染（第19条第2款）。（4）从事畜禽规模养殖应当按照国家有关规定收集、贮存、利用或者处置养殖过程中产生的畜禽粪便，防止污染环境（第20条），等等。

6.《海洋环境保护法》。我国《海洋环境保护法》于1982年8月23日由第五届全国人大常委会第二十四次会议通过，把海洋环境污染损害，即直接或间接地将物质或能量引入海洋环境，产生损害海洋生物资源、危害人体健康、妨碍渔业和海上其他合法活动、损坏海水使用素质和减损环境质量等有害影响行为或者活动，纳入法律控制范畴。其第3条规定，进入我国管辖海域的一切单位和个人，都有责任保护海洋环境，并有义务对污染损害海洋环境的行为进行监督和检举。1990年6月22日，国务院发布《防治陆源污染物污染损害海洋环境管理条例》，其第8条规定，任何单位和个人，不得在海洋特别保护区、海上自然保护区、海滨风景游览区、盐场保护区、海水浴场、重要渔业水域和其他需要特殊保护的区域内兴建排污口。对在前款区域内已建的排污口，排放污染物超过国家和地方排放标准的，限期治理。

1999年12月25日，第九届全国人大常委会第十三次会议修订我国《海洋环境保护法》获得通过。增加了第二章海洋环境监督管理（第6～19条，共14条）和第三章海洋生态保护（第20～28条，共9条）两章共

23条规定，并把海岸工程和海洋工程建设项目，与海洋石油勘探开发工程等加以区别，拓展了相关概念的领域。其第3条规定："国家建立并实施重点海域排污总量控制制度，确定主要污染物排海总量控制指标，并对主要污染源分配排放控制数量。"从而，把我国海洋环境的保护，纳入整个海洋资源保护的整体体系当中，与《防止倾倒废物及其他物质污染海洋的公约》《联合国海洋法公约》《海洋倾废管理条例》《海洋倾废管理条例实施办法》《防治船舶污染海洋环境管理条例》《防治海岸工程建设项目污染损害海洋环境管理条例》《防治陆源污染物污染损害海洋环境管理条例》《海洋石油勘探开发环境保护管理条例》《船舶污染海洋环境应急防备和应急处置管理规定》《船舶及其有关作业活动污染海洋环境防治管理规定》《委托签发废弃物海洋倾倒许可证管理办法》《海洋石油勘探开发环境保护管理条例实施办法》等的规定相衔接。

2013年12月28日第十二届全国人大常委会第六次会议、2016年11月7日第十二届全国人大常委会第二十四次会议和2017年11月4日第十二届全国人大常委会第三十次会议三次修正，我国《海洋环境保护法》增加了公民即个人的海洋环境保护义务，即（1）直接向海洋排放污染物的单位和个人，必须按照国家规定缴纳排污费。依照法律规定缴纳环境保护税的，不再缴纳排污费。向海洋倾倒废弃物，必须按照国家规定缴纳倾倒费（第12条）。（2）因发生事故或者其他突发性事件，造成或者可能造成海洋环境污染事故的单位和个人，必须立即采取有效措施，及时向可能受到危害者通报，并向依照本法规定行使海洋环境监督管理权的部门报告，接受调查处理（第17条第1款）。（3）依照本法规定行使海洋环境监督管理权的部门，有权对管辖范围内排放污染物的单位和个人进行现场检查。被检查者应当如实反映情况，提供必要的资料（第19条第2款）等。

7.《循环经济促进法》。循环经济，[①]是指在生产、流通和消费等过程中进行的减量化、再利用、资源化活动的总称，也就是资源节约和循环利用活动的总称。循环经济是推进可持续发展战略的一种优选模式，它强调以循环发展模式替代传统的线性增长模式，表现为以“资源—产品—再生资源”和“生产—消费—循环”的模式有效地利用资源和保护环境，终达到以较小发展成本获取较大的经济效益、社会效益和环境效益的目的。进入20世纪80年代以后，我国经济快速增长，各项建设取得巨大成就，同时，付出了很大的资源和环境代价，经济发展与资源环境的矛盾日趋尖锐。这些问题与我国资源利用效率相对低下密切相关。例如，目前我国钢铁、电力、水泥等高耗能行业的单位产品能耗比世界先进水平平均高20%左右；矿产资源总回收率为30%，比国外先进水平低20%以上；木材综合利用率为60%，比国外先进水平低20%。再生资源利用量占总生产量的比重，比起国外先进水平也低出很多，其中，钢铁工业年废钢利用量不到粗钢总产量的20%，而国外先进水平为40%；工业用水重复利用率比国外先进水平低15%~25%。这些问题严重制约了我国未来的发展，需要在科学发展观指导之下，通过推进循环经济等途径加以解决。[②]为此，第十一届全国人大常委会第四次会议于2008年8月29日通过了我国《循环经济促进法》。

我国《循环经济促进法》共7章58条，其第二章基本管理制度、第三章减量化、第四章再利用和资源化、第五章激励措施等，都是具有创新

---

① 我国《循环经济促进法》第2条规定，本法所称循环经济，是指在生产、流通和消费等过程中进行的减量化、再利用、资源化活动的总称。本法所称减量化，是指在生产、流通和消费等过程中减少资源消耗和废物产生。本法所称再利用，是指将废物直接作为产品或者经修复、翻新、再制造后继续作为产品使用，或者将废物的全部或者部分作为其他产品的部件予以使用。本法所称资源化，是指将废物直接作为原料进行利用或者对废物进行再生利用。

② 冯之浚:《关于〈中华人民共和国循环经济法（草案）〉的说明——2007年8月26日在第十届全国人民代表大会常务委员会第29次会议上》，一、关于制定循环经济法的必要性。

意义的规定。其第10条规定："公民应当增强节约资源和保护环境意识，合理消费，节约资源。国家鼓励和引导公民使用节能、节水、节材和有利于保护环境的产品及再生产品，减少废物的产生量和排放量。公民有权举报浪费资源、破坏环境的行为，有权了解政府发展循环经济的信息并提出意见和建议。"可见，我国《循环经济促进法》中对于公民的循环经济义务规定，从人的致灾性的角度看，可以被分解成：（1）合理消费，节约资源的义务；（2）使用节能、节水、节材和利于保护环境的产品及再生产品的义务；（3）举报浪费和循环经济知情权、建议权等。

8.《清洁生产促进法》。在20世纪后30年里，我国经济的高速发展带来了严重的环境污染和生态破坏。为了减轻污染对环境和公众健康的危害，企业界采取了各种污染治理措施，按照排放标准对产生的污染物进行处理后再向环境排放。这种"末端治理"模式虽然取得了一定的环境效果，但也存在明显的缺陷和不足：一是治理代价高，影响企业竞争力和经济效益，致使企业界缺乏治理污染的主动性和积极性；二是治理技术难度大，并存在污染转移的风险；三是无助于减少生产过程中的资源浪费；四是政府行政监督管理的成本过高。西方工业国家为了促使保护环境与经济发展取得双赢的效果，曾做了多年的探索，逐步形成了废物小量化、源头削减、无废和少废工艺、污染预防等新的生产和污染防治战略。联合国环境规划署在总结上述经验的基础上，于1989年提出了"清洁生产"①的战略及推广计划。该计划一经推广，就得到许多国家政府和企业界的响应，以后人们又将清洁生产的要求逐步扩展到服务等领域，并开始探索发展

① 清洁生产的本意为"更清洁的生产"。清洁生产的实质，是贯彻污染预防原则，从生产设计、能源与原材料选用、工艺技术与设备维护管理等社会生产和服务的各个环节实行全过程控制，从生产和服务源头减少资源的浪费，促进资源的循环利用，控制污染的产生，实现经济效益和环境效益的统一。此外，它是一个相对的概念，所谓清洁生产技术和工艺、清洁产品、清洁能源和原料都是同现有的常规技术、工艺、产品、能源和原料相比较而言的。

“循环经济”、建立“循环社会”。

1993年以来，我国开始推行清洁生产。全国开展清洁生产试点的省、自治区、直辖市已有24个。据1998年不完全统计，全国和一些地方通过项目已设立的清洁生产示范、试点400多个，分属化工、轻工、建材、国防、冶金、石化、铁路、电子、航空、医药、采矿、电力、烟草、机械、仪器仪表、纺织印染、交通等十几个行业。从2001年起，辽宁省又在100个企业进行清洁生产试点。试点企业通过清洁生产审核和生产工艺技术改造，普遍取得了良好的经济效益和环境效益，主要污染物平均削减20%以上。有些企业因污染严重已经处于即将被关闭的境地，由于实施清洁生产，在较短的时间内实现了达标排放，同时达到了扭亏为盈的目标。1999年，国家经贸委发布《关于实施清洁生产示范试点计划的通知》，确定在北京、天津、上海、重庆、沈阳、太原、济南、昆明、兰州、阜阳10城市和在石化、化工、冶金、轻工、船舶5个行业开展清洁生产试点、示范。大量试点工作的经验证明，实施清洁生产，可以节约资源，削减污染，降低污染治理设施的建设和运行费用，提高企业经济效益和竞争能力；实施清洁生产，将污染物消除在源头和生产过程中，可以有效地解决污染转移问题；实施清洁生产，可以挽救一大批因污染被严惩而濒临关闭的企业，可以缓解就业压力和社会矛盾；实施清洁生产，可以从根本上减轻因经济快速发展给环境造成的巨大压力，降低生产和服务活动对环境的破坏，实现经济发展与环境保护的“双赢”，并为探索和发展“循环经济”奠定良好的基础。

如何克服清洁生产实施中的障碍，一些国家积累了不少有益的经验。立法是主要手段之一。美国1990年通过了《污染预防法》；德国1994年公布了《循环经济和废物清除法》；日本1991年以来先后制定了《资源有效利用促进法》《推动建立循环社会基本法》《容器包装再利用法》等促进实施清洁生产的专门法律；加拿大和许多欧盟国家也在其原有的环境和资源立法中增加了大量推行清洁生产的法律规范和政策规定。借鉴国外的经验，制定一部适合我国国情的鼓励性、促进性的清洁生产法律，有助于使各级政府、企业界和全社会了解实施清洁生产的重要意义。[①] 于是，2002年6月29日第九届全国人大常委会第二十八次会议通过了我国《清洁生产促进法》。我国《清洁生产促进法》共6章42条，其中，第二章清洁生产的推行（第7～17条，共11条）、第三章清洁生产的实施（第18～31条，共14条）和第四章鼓励措施（第32～36条，共5条）共30条规定，对清洁生产的落实和实现，提供了一系列义务性、倡导性和鼓励性的规则。尤其是，2012年2月29日第十一届全国人大常委会第二十五次会议通过修改我国《清洁生产促进法》之后，其第4条修改为：国家鼓励和促进清洁生产。国务院和县级以上地方人民政府，应当将清洁生产促进工作纳入国民经济和社会发展规划、年度计划以及环境保护、资源利用、产业发展、区域开发等规划。把政府的清洁生产促进义务，更加明晰化了。

9.《环境影响评价法》。所谓环境影响评价，是指对规划和建设项目实施后可能造成的环境影响进行分析、预测和评估，提出预防或者减轻不良环境影响的对策和措施，进行跟踪监测的方法与制度。早在1984年9月27日，国务院就发布了《关于加强乡镇、街道企业环境管理的规定》，在5条规定中，其第3条严格控制新的污染源，而第4条则坚决制止污染转嫁的有关规定，至少表明中央政府的环境保护的态度是非常明确的。1998年11月18日，国务院发布《建设项目环境保护管理条例》（该条例在2017年7月16日进行了修订，修订后其第3～5条的规定未变），该条例第3～5条规定，建设产生污染的建设项目，必须遵守污染物排放的国家

① 李蒙：《关于〈中华人民共和国清洁生产促进法（草案）〉的说明——2002年4月26日在第九届全国人民代表大会常务委员会第二十七次会议上》，一、制定清洁生产促进法的意义和必要性。

标准和地方标准；在实施重点污染物排放总量控制的区域内，还必须符合重点污染物排放总量控制的要求。工业建设项目应当采用能耗物耗小、污染物产生量少的清洁生产工艺，合理利用自然资源，防止环境污染和生态破坏。而改建、扩建项目和技术改造项目必须采取措施，治理与该项目有关的原有环境污染和生态破坏。并在第二章明确规定了“建设项目环境影响评价制度”，这是首次明确提出要进行“环境影响评价”。

2002 年 10 月 28 日，我国《环境影响评价法》由第九届全国人大常委会第三十次会议通过，其第二章规划的环境影响评价（第 7 ～ 15 条，共 9 条）、第三章建设项目的环境影响评价（第 16 ～ 28 条，共 13 条）有 22 条，占 58%。我国《环境影响评价法》第 5 条规定，国家鼓励有关单位、专家和公众以适当方式参与环境影响评价。这种参与即是环境知情权和保护义务的双重体现。2016 年 7 月 2 日第十二届全国人大常委会第二十一次会议通过修正案之后，并没有对公民的生态安全义务有任何涉及或者新的增添或者修改。

（三）行政法规

在我国生态环境保护领域，“行政法规”是指国务院发布并实施的，旨在保护生态环境、减少和防范经济开发活动对生态破坏的法律文件。在解释上，行政法规还包括国务院发布的，与生态环境保护相关的规范性法律文件。自 1989 年 12 月 26 日，我国《环境保护法》施行以来，除少量行政法规失效外，大多数环境行政法规都是继续有效的。以下主要列举近几年发布的，规定公民生态安全义务的行政法规性法律文件。

1.《大气污染防治行动计划》。《大气污染防治行动计划》即“大气十条”是国务院于2013年9月公开发布的，根据这个计划的要求：经过5年努力，全国空气质量总体改善，重污染天气较大幅度减少；京津冀、长三角、珠三角等区域空气质量明显好转。力争再用 5 年或更长时间，逐步消除重污染天气，全国空气质量明显改善。为此，“大气十条”第十章第35条规定：“环境治理，人人有责。要积极开展多种形式的宣传教育，普及大气污染防治的科学知识。加强大气环境管理专业人才培养。倡导文明、节约、绿色的消费方式和生活习惯，引导公众从自身做起、从点滴做起、从身边的小事做起，在全社会树立起‘同呼吸、共奋斗’的行为准则，共同改善空气质量。”可见，其中对于公民大气污染防治的法律义务的规定，与2015年1月1日生效的我国《环境保护法》第6条第4款的规定，是完全一致的。

2.《自然保护区条例》。所谓自然保护区，是指对有代表性的自然生态系统、珍稀濒危野生动植物物种的天然集中分布区、有特殊意义的自然遗迹等保护对象所在的陆地、陆地水体或者海域，依法划出一定面积予以特殊保护和管理的区域。在我国《环境保护法》上，自然保护区是一种很重要的环境资源，所以，保护的任务非常艰巨。1994年10月9日，国务院通过并发布实施《自然保护区条例》，该条例共5章44条。其中，第7条第2款规定：“一切单位和个人都有保护自然保护区内自然环境和自然资源的义务，并有权对破坏、侵占自然保护区的单位和个人进行检举、控告。”在《自然保护区条例》第26～29条则专门规定了相应的禁止性规定：（1）禁止在自然保护区内进行砍伐、放牧、狩猎、捕捞、采药、开垦、烧荒、开矿、采石、挖沙等活动；（2）禁止任何人进入自然保护区的核心区；（3）禁止在自然保护区的缓冲区开展旅游和生产经营活动；（4）严禁开设与自然保护区保护方向不一致的参观、旅游项目；等等。在此基础上，1995年5月29日，国家海洋局发布《海洋自然保护区管理办法》（共23条），①1997年10月17日，农业部发布《水生动植物自然保护区管理办法》（2010年

---

① 根据《海洋自然保护区管理办法》第2条的规定，海洋自然保护区是指以海洋自然环境和资源保护为目的，依法把包括保护对象在内的一定面积的海岸、河口、岛屿、湿地或海域划分出来，进行特殊保护和管理的区域。

11月26日、2013年12月31日、2014年4月25日3次修订），[①]2006年10月26日，国家环境保护总局则发布《国家级自然保护区监督检查办法》（共22条，2017年12月12日修改）等，与《自然保护区条例》共同构成了我国自然保护区保护的行政法规群，有助于公民生态保护义务的承担。

2010年12月29日、2017年10月7日《自然保护区条例》经国务院两次修改后，增加如下内容：（1）禁止任何人进入自然保护区的核心区。因科学研究的需要，必须进入核心区从事科学研究观测、调查活动的，应当事先向自然保护区管理机构提交申请和活动计划，并经自然保护区管理机构批准（第27条第1款）。（2）在自然保护区的实验区内开展参观、旅游活动的，由自然保护区管理机构编制方案，方案应当符合自然保护区管理目标（第29条第1款）。（3）在自然保护区组织参观、旅游活动的，应当严格按照前款规定的方案进行，并加强管理；进入自然保护区参观、旅游的单位和个人，应当服从自然保护区管理机构的管理（第29条第2款）。（4）外国人进入自然保护区，应当事先向自然保护区管理机构提交活动计划，并经自然保护区管理机构批准；进入自然保护区的外国人，应当遵守有关自然保护区的法律、法规和规定，未经批准，不得在自然保护区内从事采集标本等活动（第31条）。应当说，这些修改，对于作为公民的个人和外国人而言，都是具有可操作性的义务性规范。

3.《野生植物保护条例》。《野生植物保护条例》与《野生动物保护法》共同构成我国野生动植物保护的两个重要法律性文件。1996年9月30日，国务院发布《野生植物保护条例》，[②]该条例第7、9条分别规定：任何单位

① 根据《水生动植物自然保护区管理办法》第2条的规定，水生动植物自然保护区是指为保护水生动植物物种，特别是具有科学、经济和文化价值的珍稀濒危物种、重要经济物种及其自然栖息繁衍生境而依法划出一定面积的土地和水域，予以特殊保护和管理的区域。

②《野生植物保护条例》第2条规定，所谓野生植物，是指原生地天然生长的珍贵植物和原生地天然生长并具有重要经济、科学研究、文化价值的濒危、稀有植物。

和个人都有保护野生植物资源的义务；国家保护野生植物及其生长环境。禁止任何单位和个人非法采集野生植物或者破坏其生长环境。可见，野生植物的保护，实际上是在保护生态资源中，属于公民当然的生态安全义务的一部分。应当说，从我国《宪法》到我国《环境保护法》，再到单行的环境要素的保护法或者污染防治法，还有数量更多的环境与生态保护的行政法规，等等，都表现出公民生态安全义务，已经成为一项重要的显现型的法定义务。这些义务的形成和体系化，已经通过相关立法活动，而成为公民承担与履行生态安全责任的具体法律依据了。强化公民生态安全义务的立法，必须使这些义务成为生态环境保护的直接依据，以及依法行政和守法的制度目标之所在。

2017年10月7日《野生植物保护条例》修改后，相关个人义务修改为：（1）禁止采集国家一级保护野生植物。因科学研究、人工培育、文化交流等特殊需要，采集国家一级保护野生植物的，应当按照管理权限向国务院林业行政主管部门或者其授权的机构申请采集证；或者向采集地的省级政府农业行政主管部门或其授权的机构申请采集证（第16条第1款）。（2）外国人在中国境内对农业行政主管部门管理的国家重点保护野生植物进行野外考察的，应当经农业行政主管部门管理的国家重点保护野生植物所在地省级政府农业行政主管部门批准（第21条第2款）。（3）外国人在中国境内采集、收购国家重点保护野生植物，或者未经批准对农业行政主管部门管理的国家重点保护野生植物进行野外考察的，由野生植物行政主管部门没收所采集、收购的野生植物和考察资料，可以并处5万元以下的罚款（第27条第2款）。

应当说，我国法律法规层面的公民生态安全义务，在我国《宪法》层面不是直接明了的规定，在子法层面和法规层面确实有一些具体明确的规定。但是，这些规定，缺乏系统的生态文明、生态安全和生态文化层面的细化基础性规定。与此同时，由于对公民个人广义上包括外国人的个体致灾性的认识不足，所以导致了我国在生态安全义务的理论渊源层面，对个人的义务主体确定或者“瞄准”，是失当的。那就是，个体的人即公民或者外国人，往往是大气、水、土壤和噪声、野生动植物资源等，尤其是自然保护区保护的核心型主体，如果这些主体法律义务特别是生态义务的宪法层面付阙，子法层面不具体或者不具有可操作性，那么，必然导致公民生态安全义务缺乏内干预和外干预包括外强制的利益机制，作为公民生态义务设计的动力、压力与活力彰显出来。

第二节　公民生态安全义务的立法现状评价

党的十九大报告明确将“美丽中国”作为社会主义现代化强国的基本特征，把“坚持人与自然和谐共生”纳入新时代坚持和发展中国特色社会主义的基本方略，指出“建设生态文明是中华民族永续发展的千年大计”，彰显我党以人民为中心的发展思想和实现中华民族永续发展的历史担当。中国特色社会主义进入新时代，建设生态文明和美丽中国已经按下“快进键”，必须牢固树立社会主义生态文明观，推动形成人与自然和谐发展现代化建设新格局。

生态文明是“人与自然和谐共生”的反映，体现一个国家的发展程度和文明程度。中国共产党是世界上第一个把生态文明建设作为行动纲领的执政党。如今把“美丽中国”列为建设社会主义现代化强国的奋斗目标，标志着中国共产党将生态文明建设提升到前所未有的高度，实现同中国特色社会主义事业“五位一体”总体布局的完全对应，也是针对我国社会主要矛盾变化作出的战略安排。在新时代，我国社会的主要矛盾已经转化为人民日益增长的美好生活需要和不平衡、不充分的发展之间的矛盾。环境问题的出现，根本原因是发展的不平衡、不充分；环境问题的解决，归根结底还是要靠更加平衡更加充分的发展。坚持以人民为中心的发展思想，就要做到人民需要什么我们就发展什么。现在，人民需要生态产品，就必须把提供更多优质生态产品作为发展应有的内涵，以满足人民日益增长的优美生态环境需要。人与自然的辩证关系，是人类发展的永恒主题。要建设的现代化是人与自然和谐共生的现代化。在全面建设社会主义现代化强国新征程上，要注重处理好发展过程中人与自然的关系，持之以恒建设人与自然和谐共生的现代化。人类发展活动必须尊重自然、顺应自然、保护自然，否则，就会遭到大自然的报复，这个规律谁也无法抗拒。人因自然而生，人与自然是一种共生关系，对自然的伤害最终会伤及人类自身。我们要建设的生态文明，是同社会主义紧密联系在一起的，两者内在统一、相互促进。坚持和发展中国特色社会主义必须坚持人与自然和谐共生，协同推进人民富裕、国家富强、中国美丽。

应当说，生态文明建设是中国发展史上的一场深刻变革。对于公民而言，每个人都负有公民生态安全义务，任何人都不能置之事外而当看客。习近平同志强调：绿水青山就是金山银山，保护生态环境就是保护生产力，改善生态环境就是发展生产力。“绿水青山”即生态环境是生产力的基础要素。生产力既取决于资本和劳动等生产要素，取决于科学技术，也取决于生态环境。良好的生态环境不仅直接提供生态产品，而且，影响和决定着创造社会财富的能力。保护生态环境就是留住发展后劲，破坏生态环境就是自断发展前途。在生态环境保护上，一定要树立大局观、长远观、整体观，统筹山水林田湖草系统治理，实行最严格的生态环境保护制度，形成绿色发展方式和生活方式。生态文明体现了公民个体的利益需求，与群体需求和整体需求的统一，在共创和谐地球的整体观指引下，跨越西方传统发展的生态先恶化后治理的老路，为全世界可持续发展提供中国式的重要借鉴。

在我国，生态文明建设绝不只是单纯就环境保护来解决环境问题，而是在新发展观指导下的经济方式、生活方式、社会发展方式、文化与科技范式等的系统性革命。党的十九大不仅擘画了美丽中国的宏伟蓝图，而且将绿色发展理念融入社会主义现代化建设的方方面面，给出了新时代生态文明建设的具体任务清单，[①] 也给公民生态安全义务的系统立法设计指明了方向。不过，2018 年 3 月 20 日，全国人大会议结束时，相关内容并没有具体体现在我国《宪法》的第五次修改中，确实是非常令人遗憾的。

一、公民生态安全义务立法现状

（一）生态安全义务的履行着重于政府行为

政府履行生态安全义务，主要采取政府补偿的方式。政府补偿，是在国家行政权力和财政的支持下，对生态进行合理补偿的一种方式。20 世纪 90 年代以来，鉴于全国范围内流域生态在不同程度上日益恶化和不断扩展的态势，中央政府通过执行大规模的、全国性的流域生态补偿项目，对流域生态环境服务进行国家购买和补偿，以恢复主要河流盆地的环境，包括退耕还林还草项目、天然林保护工程、京津风沙源治理工程、三北及长江中下游地区等重点防护林工程，野生动植物保护及自然保护区建设工程，重点地区速生丰产用材林基地建设工程等大型环境补偿项目。除中央政府在进行生态补偿模式的尝试外，各级地方政府也在进行有关这方面的试点工作。

根据四川省政府《关于组织实施天然林资源保护二期工程的通知》（川府发〔2011〕21 号，以下简称《天然林保护通知》）的规定，四川省将建立公益林生态效益补偿制度，落实森林生态效益补偿补助，全省 1053 万亩地方公益林将参照国家级公益林的补偿标准，由一期天保工程的每亩

① 参见马涛：《坚持人与自然和谐共生》，载《学习时报》2018 年 1 月 29 日，第 1 版。

每年1.44元提高到现在的每亩每年10元，其中，省级财政补贴7元，中央管护补助3元。《天然林保护通知》下发后，二期天保工程四川省财政将补贴生态效益补偿资金7371万元。由于国家行政力量推动的强制性与持续稳定性，政府补偿模式不仅能够给予生态服务者一定的政策补偿、金钱补偿、税收补偿，也较容易协调各利益相关者。但在实践中，一方面，由于各方主体信息不对称及补偿费用测算的复杂性，导致政府支付过高的补偿；另一方面，由于行政体制的低效率，在补偿的层层递进中极容易滋生“寻租”及腐败等行为，使得政府补偿在实践中出现成效低、补偿资源分配不合理等问题。政府补偿模式的这一特点，也使其比较适用于规模较大、补偿主体分散、产权界定不明的生态补偿项目，但是，却不能有效地实现全范围补偿覆盖。此外，由于生态保护法律法规不健全、生态保护监管不力、环境监测手段落后，使政府在遏制生态恶化的方面，显得力不从心。

四川省在深入贯彻落实科学发展观，把保护天然林资源作为建设生态文明的战略举措落实过程中，以巩固天保一期工程建设成果为基础，以保护和培育天然林资源为核心，以保障和改善民生为宗旨，以加强长江上游生态屏障为目标，以调整完善政策为保障，加大投入力度，创新体制机制，加快建立结构稳定、功能强大的森林生态系统，实现森林面积和森林蓄积“双增长”，为经济社会可持续发展提供了牢固的资源基础和坚强的绿色屏障。工程实施要坚持因地制宜，分区施策；坚持统筹安排，突出重点；坚持事权划分，分级负责；坚持政策引导，促进改革；坚持以人为本，保障民生的宗旨，解决林业职工这些个人生存利益层面的具体问题。对于四川省而言，天保二期工程实施期限为2011～2020年，实施范围与天保一期工程一致。由此，确定了继续停止天然林商品性采伐，促进森林生态功能修复；强化森林资源保护，常年管护森林2.77亿亩；加强公益林建设，完成人工造林80万亩、封山育林1000万亩；加强森林经营，完成国有中幼林抚育1043万亩的目标。到2020年，四川全省新增森林面积1600万亩，净增森林蓄积1.6亿立方米。工程区水土流失明显减少，生物多样性明显增加，经济社会发展进一步和谐。尤其是，四川林区职工就业转岗问题基本解决，社会保障体系不断健全，林业职工的收入和社会保障接近或达到四川全省平均水平，林区民生明显改善。[①] 唯有如此，公民生态安全义务的承担与履行，才能与天保工程的宏观目标一致和统一起来。

（二）重视资源型企业却忽略公民生态安全义务履行

资源型企业是相对于劳动密集、资金密集、技术密集和知识密集而言，有别于制造型企业、技术型企业、服务型企业的一类企业，是指基于自然资源（主要是地下的矿产资源和地上的动植物资源）的占有或独占（数量和成本），以自然资源的开采和初级加工为基本生产方式，依靠资源的消耗来实现企业的增长，以资源占有优势为核心竞争力的企业类型。攀枝花市是我国西部大的钢铁钒钛和能源基地，在《攀枝花市2012年节约能源实施计划》中提道：2012年计划淘汰11户落后产能企业和工艺设备，形成节能7.7万吨标准煤。对淘汰落后产能实施情况实行定期和不定期监督检查，及时向市政府及省相关部门报告。建立和完善落后产能退出机制，促进企业升级改造，做好企业职工安置和稳定工作。根据《关于印发〈千户企业节能行动推进方案〉的通知》（川经信〔2012〕12号）的文件精神，组织53户万家企业和27户千家企业开展“万家企业节能低碳行动”和省“千户企业节能行动”，更好地推动企业节能技术的进步，提高能源利用效率。

应当说，这些制定重点工业企业主要能耗限额管理办法，严格实施

---

① 《四川省人民政府关于组织实施天然林资源保护二期工程的通知》（川府发〔2011〕21号，2011年7月4日），二、明确天保二期工程的总体要求和目标任务。

产品能耗限额管理，全面开展工业企业能耗达标活动，确实有其积极效果。比如，在零售业等商贸服务和旅游行业开展节能行动，大力推行电子商务，加快实施节能改造。开展宾馆、商厦、写字楼、机场、车站等执行空调温度设置标准检查和限制商品过度包装检查等。推广使用高效节能家电、照明产品，鼓励购买节能环保型汽车，提倡乘用公共交通绿色出行，等等。应当说，节约能源，实现经济和环境的可持续发展，离不开企业改进生产技术、提高能源的利用效率。但是，却不能仅仅将这份重任只落在企业的肩上，而忽略社会公众的力量，即我国有13.6亿人口，[①]每个人即每个公民都是生态资源的最终利用人。也就是说，上文已经论及公民是生态保护的活力之源，即公民是生态安全义务的承担与履行主要主体。

换句话说，公民在生态环境保护中的责任和力量，是不容忽视的。以节约能源为例，公民节约用水、慎用清洁剂、随手关灯、节用电器、减少空调的使用、支持绿色照明、利用可再生资源、垃圾分类、做“公车族”，减少尾气排放、使用无铅汽油等，都能够有效地减少对能源和资源的过度消耗。虽然，单个公民的力量是微小的，但13.6亿人汇聚起来的力量，却是不可估量的。所以，重视公民的生态安全义务，对公民的日常生活行为，按照我国《环境保护法》第6条的规定，进行“低碳、节俭生活方式”的调整，生态恶化就一定能够得到有效的遏制。

（三）公民生态安全义务缺乏体系性与内容空泛

表面上看，我国《宪法》第9条第2款规定的“禁止任何组织或者

① 根据《中华人民共和国2017年国民经济和社会发展统计公报》，截至2017年年底，我国大陆总人口13.9亿人；年末全国民用汽车保有量21,743万辆（包括三轮汽车和低速货车820万辆），比上年末增长11.8%。其中，私人汽车保有量18,695万辆，增长12.9%。民用轿车保有量12,185万辆，增长12.0%，其中，私人轿车11,416万辆，增长12.5%。可见，公民生态安全义务的立法界定迫在眉睫。

个人用任何手段侵占或者破坏自然资源”的“禁止式”立法模式，被我国《环境保护法》(1989)第6条具体细化规定为:“一切个人都有保护环境的义务，并有权对污染和破坏环境的单位和个人进行检举和控告。”于是，我国《大气污染防治法》第5条第1款规定，任何单位和个人都有保护大气环境的义务；2015年修订后的《大气污染防治法》第7条第2款规定:“公民应当增强大气环境保护意识，采取低碳、节俭的生活方式，自觉履行大气环境保护义务。”我国《水污染防治法》第11条第1款规定，任何单位和个人都有义务保护水环境；我国《环境噪声污染防治法》第7条规定，任何单位和个人都有保护声环境的义务；我国《固体废物污染防治法》第9条规定，任何单位和个人都有保护环境的义务；我国《海洋环境保护法》第4条规定，一切单位和个人都有保护海洋环境的义务，并有权对污染损害海洋环境的单位和个人，以及海洋环境监督管理人员的违法失职行为进行监督和检举；等等。在这里，把我国《宪法》第9条“禁止式”立法模式变成“有保护环境义务”，继而加上“一切个人”“任何单位和个人”“一切单位和个人”等定语，似乎无懈可击。不过，这种“有义务+有权利”的公民生态安全义务立法模式，过于空泛和缺乏义务落实的可操作性，也就是说，没有变成“外干预+内干预+外强化”的公民义务模式，而显得过于空泛。

公民生态安全义务，除了在上述法律中的规定外，在国务院颁行的“大气十条”、《自然保护区条例》和《野生植物保护条例》等规范性法律文件中，也以同样的“套路”或者“禁止式”模式提及。从上述法律文件的“禁止式”立法模式不难看出，公民的这种生态保护义务，也是限制在某一具体领域或者某一具体方面，并未涵盖所有的生态领域。也就是说，公民生态安全义务的内容，并没有区分抽象领域和不同领域，都是采用“一切单位和个人都有保护……的义务，并有权对……的单位和个人进行检举和控告”的立法范式，并未细致深入地规定公民的生态安全义务具体有哪些，违反公民的生态安全义务有怎样的法律后果。特别是没有把公民这种分散度非常高的主体，与集中度非常高的企业、其他组织和各级政府，还有“一切单位”加以区别，进行类型化生态安全义务的界分。此外，国务院的各个部门规章，却鲜有关于公民生态安全义务的具体规定，让公民的生态安全义务被“卡在半路上”，足见我国公民生态安全义务的立法体系，尚未完全有效地建立起来。换句话说，在立法技术上，“外干预+内干预+外强化”的公民义务模式，还没有变成一种社会主义法治层面的共识。

二、公民生态安全义务立法缺失

（一）公民生态安全义务未上升到我国《宪法》层面

上文提到，公民生态安全义务是从我国《宪法》相关条文中，推导出来的，我国《宪法》对此并未明确规定，也就是我国公民的基本义务当中，并不包括“生态安全义务”。但是，《俄罗斯联邦宪法》在确认和规定俄罗斯联邦公民的生态权利的同时，对俄罗斯联邦公民的生态义务也作出了规定。《俄罗斯联邦宪法》第58条明确宣布：“每个人都有义务保护自然及周围的环境，珍惜自然财富。”应当说，《俄罗斯联邦宪法》中的规定，体现出权利义务对应的宪法思想，值得我国宪法认真借鉴。

21世纪将是一个生态文明的世纪。所以，“生态文明”被写入党的十七大报告中，接着，党的十八大决议明确提出：“加强生态文明宣传教育，增强全民节约意识、环保意识、生态意识，形成合理消费的社会风尚，营造爱护生态环境的良好风气。”而十九大报告，则以“建设生态文明是中华民族永续发展的千年大计。必须树立和践行绿水青山就是金山银山的理念，坚持节约资源和保护环境的基本国策，像对待生命一样对待生态环境，统筹山水林田湖草系统治理，实行最严格的生态环境保护制度，形成绿色发展方式和生活方式，坚定走生产发展、生活富裕、生态良好的文明发展道路，建设美丽中国，为人民创造良好生产生活环境，为全球生态安全作出贡献”。[①] 应当说，党和国家对生态文明的重视，是对我国长期以来，在环境保护与可持续发展方面所取得成果的总结，也是人类对人与自然意义，实际上，是建设和谐社会理念在生态与经济发展方面的一种升华。

既然，环境问题的本质，在于人与自然环境的关系不协调，那么，解决问题的出路，也应在于人类自己，在于转变人的价值观念和思维方式，对自己的行为和活动进行必要的规范、约束和限制。公民作为生态利益的直接享有者，理应对生态破坏、生态恶化履行和担负自己的责任。因此，将公民生态安全义务上升到我国《宪法》层面，成为我国公民的基本义务，有利于公民生态环境保护意识的进一步觉醒，有利于厘清公民与生态环境之间的伦理关系，尤其是，有利于弘扬我国“天人合一”和“人与自然和谐”的优秀传统文化，有利于遏制整个社会非理性、非绿色消费文化，有利于发动全民共同致力于生态文明建设，保障我国生态安全战略的实现，继而，有利于推动经济和生态保护的协调发展。

（二）公民生态安全义务的内容不确定

应当说，“任何单位和个人都有保护……的义务”的环境立法范式，是我国现行法律对公民生态安全义务的一句粗糙的浓缩。这种浓缩的弊端，是显而易见的。那就是：这种义务具有怎么的性质，具体内容是什么，公民有哪些途径保护生态等，都是不清晰而亟待继续立法，予以补充和完善的。在《俄罗斯联邦宪法》颁布之后，《俄罗斯联邦水法典》《俄罗斯联邦

---

① 习近平：《决胜全面建成小康社会，夺取新时代中国特色社会主义伟大胜利》（2017 年 10 月 18 日）。三、新时代中国特色社会主义思想和基本方略；（九）坚持人与自然和谐共生。

森林法典》《俄罗斯联邦动物界法》《俄罗斯联邦居民辐射安全法》等纷纷颁布，都从各自的调整范围对公民的生态义务，作出系统化和量化的规定。这些义务主要内容有：（1）积极参加生态环境安全保护活动；（2）遵守生态安全立法的要求和自然环境标准；（3）以自己的实际行动保护和增加生态财富；（4）提高自己关于生态安全方面的知识水平和文明程度；（5）加强对后代生态安全意识的培养；等等。虽然，我国不一定要照搬俄罗斯的做法，但是，其做法却是可以借鉴的。

欧盟在1993年开始执行的"第五个环境行动规划"中，强调"公众参与的原则"，[①] 指出："环境责任应该由权力机构、企业、消费者和普通大众共同分担"。其后，欧盟的"第六个环境行动规划"也规定"用于实现环境目标的立法手段之外的其他方式也应被考虑"，并提出"需要与市场、公民、企业和其他利益攸关者相结合的战略性综合方法"。韩国《关于环境伦理的汉城宣言》中，对公民也提出了一定的行动要求：（1）选择对环境有利的生活方式。公民应当合理规划，拒绝浪费的生活方式，学会理性消费，拒绝奢侈的物质消费。（2）积极参与。公众应广泛参与环保事务，引领环保生活。例如，开展垃圾分类，集体参加无公害蔬菜和绿色食品、家庭旧物交换、环保宣传等。应当说，改变我国空泛的"任何单位和个人都有保护……的义务"的环境立法范式，从我国《环境保护法》（2014年版）已经开始，比如，其第6条规定：（1）一切单位和个人都有保护环境

---

① 对于我国这样的社会主义国家来说，"公众参与"最符合"社会主义国家"的性质。然而，我国社会公众，根据我国《宪法》第2条"一切权力属于人民"的规定，并不见得能够得出"生态安全义务"属于全体公民的对应概念。因为在法律文化还没有达到观念文化的高层次的时候，许多人尤其是公民层面的主体，自觉、主动和积极承担与履行生态安全义务的意识，是不强的。其佐证是，我国在生态安全义务或者环境保护义务上，直接涉及"公众参与"的立法，中央层面只有《环境保护公众参与办法》（2015年7月2日通过，共20条）；而地方层面，只有《沈阳市公众参与环境保护办法》（2005年10月24日，共25条）、《河北省环境保护公众参与条例》（2014年11月28日，共6章43条）这样两个地方立法。

的义务；（2）地方各级人民政府应当对本行政区域的环境质量负责；（3）企业事业单位和其他生产经营者应当防止、减少环境污染和生态破坏，对所造成的损害依法承担责任；（4）公民应当增强环境保护意识，采取低碳、节俭的生活方式，自觉履行环境保护义务。

这样的立法，一改过去的空泛做法，将国家的生态安全义务，分解成"有保护环境的义务""防止、减少环境污染和生态破坏""对环境质量负责""采取低碳、节俭生活方式"等层面。就公民生态安全义务而言，则分解成"保护环境的义务""防止、减少环境污染和生态破坏"（针对"个体生产者"）"环境保护意识""低碳、节俭生活方式""自觉履行环保义务"等层次。不过，相关单行污染防治法或者环境保护法规，如何将我国《环境保护法》的这些成功做法，吸纳进其单行法律法规，则是一个急迫要解决的问题。也就是说，如何把"内干预＋外干预＋外强化"的立法模式，转化成具有可操作性的系统立法、严格执法和认真守法，则是需要仔细研究的。

（三）公民生态安全义务的法律责任不明晰

2011年12月20日，在第七次全国环境保护大会上，李克强副总理指出："环境保护是涉及人人的事业。要深入开展全民环境宣传教育行动计划，广泛动员全民参与环境保护，引导全社会以实际行动关心环境、珍惜环境、保护环境。"那么，公民生态安全义务的承担与履行，如果没有严厉的法律责任承担与追究作为支撑，仅希望公民自觉遵守法律，成为其自觉行动，必然将收效甚微。根据法理学的通说，法律规范应当包含行为模式和法律后果两个方面。在生态安全保护中，作为相对人的公民，其行为模式由我国《环境保护法》及各单项环保法律法规予以规定。公民严格遵守生态安全义务，将极大地提高我国《环境保护法》及各环保单行法的社会效应与法律效用，促进环保以及生态维护法律法规的顺利实施。因此，在环保与生态维护立法中，规定公民违反生态安全义务的法律责任，是十分关键和重要的。

事实上，我国现行环保立法规定的环保法律责任，主要适用于企业或者“一切单位”。以排污为例，排污企业负有环评的义务、申报登记的义务、遵守排污标准的义务、缴纳排污费的义务、接受环保部门现场检查义务，等等。一旦违反上述义务的规定，排污企业将承担行政处罚、民事责任或者刑事责任等。行政处罚措施，主要有警告、罚款、没收违法所得、责令停止生产或使用、责令重新安装使用、责令限期治理、责令停产停业关闭等。上述处罚手段中，罚款是适用频率较高的行政处罚。而民事责任，主要适用于环境污染侵害或者环境侵权纠纷。也就是说，在环境污染侵害或者环境侵权纠纷中，受害方为保护自身的人身和财产等利益，可以依据我国《环境保护法》《侵权责任法》《民事诉讼法》的具体规定，向法院提起对侵权行为人的民事诉讼或者环境民事公益诉讼。而刑事责任，是专门针对破坏环境资源的单位和个人规定的。根据我国《刑法》和全国人大的决定，这类犯罪可分为危害环境罪、破坏资源保护罪，等等。例如，我国《水污染防治法》（1984）第43条、《水污染防治法》（1996）第57条和《水污染防治法》（2008）第90条，我国《大气污染防治法》（1987）第38条、《大气污染防治法》（1995）第47条和《大气污染防治法》（2000）第61、65条均规定：造成污染事故，导致公私财产重大损失或者人身伤亡的严重后果的，对有关责任人员可以比照《刑法》第115条或者第187条的规定，追究刑事责任；或者“构成犯罪的，依法追究刑事责任”。不过，鲜见直接规定公民不履行生态安全义务而承担刑事责任的条款。

笔者强调的是，公民生态安全义务的法律责任的明晰，是非常重要的。理由是，立法者考虑到公民的特殊性——人的致灾性的主要承担者的同时，可以比照对企业和其他组织等主体的法律责任规定，以行政处罚、民事责任、刑事责任为体系，构建公民生态安全义务的法律责任体系。

三、国内外公民生态安全义务的立法评价

（一）公民参与为主的生态安全义务制度的构建

国外公民参与的理论，最早可追溯到古希腊城邦中公民对城邦事务直接的民主参与。国外学者对公民参与真正进行研究始于第二次世界大战以后，这个时期，由于美国国家职能的不断扩张，特别是“大社会”（Great Society）法案的提出，需要关注公民需求的偏好。[①] 因此，这一时期的学者们通常将研究的焦点集中在投票、选举、演讲、抗议、游行、请愿等这类政治行为上，对公民参与和政治参与并没有进行明确的区分。塞缪尔·亨廷顿和琼·纳尔逊（Samuel P.Huntington & Joan M.Nelson）则指出所谓政治参与就是“平民试图影响政府决策的行动”。[②] 到了20世纪六七十年代，美国学者谢尔·阿斯汀（Sherry R. Arnstein）提出“公民参与阶梯”理论，把公民参与按参与程度的高低分为政府管控的参与、政府宣传教育的参与、政府提供信息的参与、政策提供咨询的参与、组织形成的参与、合作伙伴的参与、政府授予权力的参与、公民自我主导的参与这8种参与形式，同时也划分出政府主导型参与、象征型参与、完全型参与这3种参与类型。这一理论的提出，不仅为人们展现出了一个国家公民参与的水平和能力与这个国家政治发展的关系，也为公民参与的研究开启了新的视野和新的途径，[③] 从而增进政府的责任心。南希·罗伯茨（Nancy Roberts）认为，公民参与必定与公共政策制定的每个环节息息相关，同时

---

① 参见朱德米:《回顾公民参与研究》，载《同济大学学报》（社会科学版）2009年第6期。

② 参见［美］亨廷顿、纳尔逊:《难以抉择——发展中国家的政治参与》，汪晓寿等译，华夏出版社1989年版，第4页。

③ See Arnstein S. R., “A Ladder of Citizen Participation”, *Journal of the American Institute of Planners*, 1969, 35（4）, pp. 216-224.

也涉及政府管理的各种领域，如环境保护、官员选举、政府绩效、规章制度的制定等。[①] 随着科技的发展，尤其是网络技术的进步，如何有效地利用信息和网络来促进公民参与和政府办事的效率，成为众多学者关注的重点。[②]

经查询，国外直接对公民生态安全义务的详细规定也较少。而更多的是从公民参与制度的角度，要求政府保障公民参与生态环境保护的“参与权”立法例。这与我国立法中，采取的要求公民进行消极保护的立法的立足点大不相同。1970 年 4 月 22 日，美国举行了第一个声势浩大的“地球日”。之后，每一年的这一天，美国人都来纪念这个日子。人们通过举行集会、游行、宣讲和其他多种形式的宣传活动，呼吁所有人都行动起来，保护和拯救我们的地球。有些国家法律规定的实行“公众参与”的做法，也比较有效。例如，《韩国宪法》明确规定了公民环境权，“公民享有健康而舒适的生活和清洁的环境权”“国家负有促进环境保全对策的义务”，从根本上保障公众参与环境保护。而《日本环境基本法》第 9 条规定，国民在环境保护中的职责，是“国民应当根据基本理念，努力降低伴随其日常生活对环境的负荷，以便防止环境污染。除前款规定的职责外，国民还应当根据基本理念，有责任在自身努力保护环境的同时，协助国家或者地方公共团体实施有关环境保护的政策和措施”。与此同时，《日本环境基本法》第 38 条则规定了环境受益者的责任：“在实施自然环境保护时，如有在特殊必要的区域实施旨在保护自然环境的事业而明显受益者，在其受益的限度内，国家和地方公共主体应采取必要的措施对该受益者课以负担实施其事业所需费用的全部或者一部分。”

可见，国外的公众参与，有理论有立法实践，从而把理论层面的见

① See Nancy Roberts, "Public Deliberation in Public Administration", *American Review of Public Administration*, 2004, 34 (4), pp. 315-453.

② 参见官聪：《基于国家治理中公民参与的价值及路径选择研究》，载《蚌埠学院学报》2017 年第 1 期。

解变成了具体的立法实践。这当中，无论是“公民参与阶梯”理论，还是“大社会法案”，使公民参与理论在弥补代议民主不足，发展公民参与的强势民主方面，更接近民主的固有本质，也更能使公共决策科学民主。但是，“在太多的公民参与和太少的公民参与之间找到一个适宜点，体现了公民参与面对的最大挑战”。[①] 这表明“当代生活的实质、行政过程、参与实践及其方法为公民参与设置了诸多障碍”。[②] 公民参与理论的发展在现实中遭遇到各种困境。个体主义至上导致公民是否愿意进入公共领域，参与公共生活和政治事务，完全取决于个人自愿，自由主义的社会共同体对个体没有更多的约束力。而公民参与的广泛性、深刻性和实效性同公民参与个体的政治素养、参与技巧及政治心理有关。公众宁肯通过纳税去雇用一名精干的管理者制定决策，也不愿亲自花费时间和精力去参与公共治理。现实公民个体对公共利益和公共生活的态度是让别人去奉献，自己坐享其成。[③]

（二）公民生态安全义务分层中的“积极参与能力”

可见，国外的立法例中，如何调动公民的积极参与、理性参与和科学参与，是环境保护与生态资源维护方面，如何有效落实公民生态安全义务的关键之所在。也就是说，我国长期实行的《宪法》层面的“禁止式”立法范式，必须全面终结并加以积极改造。把我国《环境保护法》中的公民生态安全义务分层的做法，与“积极参与”式的“参与权”立法模式结合

---

① [美] 约翰·克莱顿·托马斯:《公共决策中的公民参与》，孙柏瑛等译，中国人民大学出版社 2010 年版，第 181 页。

② See Kingcs, Felteykm & Susebo, “The Question of Particiation: Toward Authentic Public Participation in Public Administration”, *Public Administration Review*, 1998 (4), pp. 317-326

③ 参见夏晓丽:《当代西方公民参与理论的发展进路与现实困境》，载《行政论坛》2014 年第 4 期。

起来，改变我国的公民生态安全义务承担模式，从而积极转变社会主义国家公民参与国家管理的独特功能为生态文明建设功能，是很有必要的。

比如，《环境保护公众参与办法》第1条规定，为保障公民、法人和其他组织获取环境信息、参与和监督环境保护的权利，畅通参与渠道，促进环境保护公众参与依法有序发展，根据我国《环境保护法》及有关法律法规，制定该办法。其应当遵循的是依法、有序、自愿、便利等原则（第3条）；具体方法是：环保部门通过征求意见、问卷调查，组织召开座谈会、专家论证会、听证会等方式征求公民、法人和其他组织对环境保护相关事项或者活动的意见和建议。[①]公民、法人和其他组织可以通过电话、信函、传真、网络等方式向环境保护主管部门提出意见和建议（第4条）。

应当说，从目前我国的《环境保护法》等法律法规的规定来看，尚没有为公众参与提供良好的法治背景因素，那就是为公众参与提供"自愿、便利"层面的条件，只是"依法、有序"过度，被动式或者"专家代言性"的"公众参与"明显，而"积极参与"或者"参与权"型的"公众参与"远远不足。这大抵是我国公民或者社会公众"搭便车意识"和"搭便车能力"有余，而"主动参与国家管理"或者"主动参与社会管理"意识与能力不足的必然产物。

（三）公民参与后的生态安全义务指向的政府作为

对此，《环境保护公众参与办法》规定，环保部门应当对公民、法人和其他组织提出的意见和建议进行归类整理、分析研究，在作出环境决策时予以充分考虑，并以适当的方式反馈公民、法人和其他组织（第9条）；

---

① 《环境保护公众参与办法》第5条规定，环境保护主管部门向公民、法人和其他组织征求意见时，应当公布以下信息：（1）相关事项或者活动的背景资料；（2）征求意见的起止时间；（3）公众提交意见和建议的方式；（4）联系部门和联系方式。公民、法人和其他组织应当在征求意见的时限内提交书面意见和建议。

环保部门支持和鼓励公民、法人和其他组织对环境保护公共事务进行舆论监督和社会监督（第 10 条）；公民、法人和其他组织发现任何单位和个人有污染环境和破坏生态行为的，可以通过信函、传真、电子邮件、“12369”环保举报热线、政府网站等途径，向环境保护主管部门举报（第 11 条）；公民、法人和其他组织发现地方各级人民政府、县级以上环境保护主管部门不依法履行职责的，有权向其上级机关或者监察机关举报（第 12 条）；接受举报的环境保护主管部门应当依照有关法律、法规规定调查核实举报的事项，并将调查情况和处理结果告知举报人（第 13 条）；接受举报的环境保护主管部门应当对举报人的相关信息予以保密，保护举报人的合法权益（第 14 条），应当说，这是消失于我国《环境保护法》2014 年版中的公众举报权的另外一种形式。问题是，如果我们把这种消极形态的公众举报权，也认为是“公众参与”的话，那么，这种公众参与绝对是消极的。

当然，在环境保护和生态义务履行方面，对保护和改善环境有显著成绩的单位和个人，依法给予奖励。国家鼓励县级以上环保部门推动有关部门设立环境保护有奖举报专项资金（第 15 条）。与此同时，环境保护主管部门可以通过提供法律咨询、提交书面意见、协助调查取证等方式，支持符合法定条件的环保社会组织依法提起环境公益诉讼（第 16 条）。这是对公众参与的实际支持型措施之一。对于社会公众而言，可能最为缺乏的，就是环境安全或者生态安全义务层面的“环境教育”。因此，环境保护主管部门应当在其职责范围内加强宣传教育工作，普及环境科学知识，增强公众的环保意识、节约意识；鼓励公众自觉践行绿色生活、绿色消费，形成低碳节约、保护环境的社会风尚（第 17 条）。到了这个层面，终于可以看到环保部门所能够做的，还有“环境教育”这种“开启民智”的工作，这是前文所说的“内干预”的一件非常重要的工作。另外，环保部门可以通过项目资助、购买服务等方式，支持、引导社会组织参与环境保护活动（第 18 条）。应当说，这是公民生态安全义务分层之后，政府环保部门或者生态建设职责承担部门，所能采取的积极行为措施之一，唯有如此，公民参与才能从“内干预”的理论逻辑层面，找到“外干预”和“外部强制”的支撑点。

第三节 公民生态安全义务的补充设计、履行及其完善

公民生态安全义务的来源，是公民的基本义务，但是，在我国《宪法》规定的“公民的基本权利和义务”9项义务中，并没有生态安全或者环境保护方面的积极作为性义务，只有第9条“禁止任何组织或者个人用任何手段侵占或者破坏自然资源”的规定。应当说，这是消极的不作为的义务。这种在公民生态安全方面没有积极作为义务规定的做法，是我国《宪法》公民基本义务立法的不足，应当采用补充技术，加以弥补才行。目前，我国《宪法》第53条“四守一爱一尊义务”即公民必须遵守宪法和法律，保守国家秘密，爱护公共财产，遵守劳动纪律，遵守公共秩序，尊重社会公德的规定，可以作延伸性分析和理解。尤其是，其中的“遵守宪法和法律”“尊重社会公德”的公民基本义务，可以解读为，公民当然负有生态安全方面积极作为的法定义务。那就是，我国《宪法》2018年3月11日修改时，序言第七自然段中增加“科学发展观、习近平新时代中国特色社会主义思想”指引，贯彻新发展理念，推动“五个文明”即物质文明、政治文明、精神文明、社会文明、生态文明协调发展的内容，我国《宪法》第24条第2款加入了“国家倡导社会主义核心价值观”等，按照我国《宪法》序言具有的指导作用，公民在生态安全义务方面，当然要结合我国《民法总则》第1条“弘扬社会主义核心价值观”的要求，与其第

9条绿色原则的导向相融合，要求公民履行“节约资源、保护生态环境”的义务。

我国《环境保护法》2014年修订时，公民的环境保护义务的结构变化本身，实际上是将其环境保护义务朝着生态安全义务演化，是采取“立体型”公民生态安全义务构建立法技术的产物。这种立法技术，解决了公民生态安全义务的“外干预”即外在要求，“内干预”即内在要求，也就是“公民环境保护意识，低碳、节俭生活方式，自觉履行环境保护义务”，以及外在强化分层的统一问题。在这里，所谓外在强化的分层，是指公民生态安全义务，被界分为：（1）公众参与原则这个外在强化1层次；（2）“6·5环境日”的公众环境保护氛围即外在强化2层次；（3）生态文明建设的政府行为职责即外在强化3层次的界分问题。应当说，这其中的3个层次界分做法，把我国《环境保护法》与各个单行环境介质的保护与环境灾害防治立法，在进行公民生态安全义务界分的同时，也为公民生态安全义务的《宪法》外补充，提供了可能。那就是，我国《环境保护法》和各个环境介质的单行法，都应当根据我国《宪法》和相关内容的修改，在现行单行法包括法规层次上，开辟公民生态安全义务系统化、具体化和操作化的具体路径。注重我国《环境保护法》及其相关法律法规对公民生态安全义务的积极作为型立法的建树，把“内干预”放到“外干预”前面，并把“公众参与”作为公民生态安全义务立法的逻辑基础。

一、公民生态安全的参与义务

（一）公民生态文明建设参与义务

1. 生态文明建设及其紧迫性。生态是人类生存发展的基础，生态文明是人类社会进入人与自然更高层次和谐的新型文明形态。国内外学者在谈生态文明时，指的几乎都是社会进步状态含义的文明，是继工业文明之后的更进步的新文明。因而，生态文明不是与物质文明、精神文明、政治文明相并列的社会某个重要领域的文明，而是与农业文明、工业文明前后相继的社会整体状态的文明。生态文明涵盖了社会和谐及人与自然和谐的全部内容，是实现人类社会可持续发展所必然要求的社会进步状态。党的十七大报告中，将全面建成小康社会的目标体系，由原来的经济建设、政治建设、文化建设的"三位一体"，拓展为包含生态文明建设的"四位一体"，突出了生态文明即环境资源的保护与可持续发展。"五位一体"则是十八大报告的新提法，党的十八大报告宣示将生态文明建设与经济建设、政治建设、文化建设、社会建设并列，"五位一体"地建设有中国特色的社会主义国家，其着眼于全面建成小康社会、实现社会主义现代化和中华民族伟大复兴。党的十九大报告中强调，大力度推进生态文明建设，全党全国贯彻绿色发展理念的自觉性和主动性显著增强，忽视生态环境保护的状况明显改变。生态文明制度体系加快形成，主体功能区制度逐步健全，国家公园体制试点积极推进。全面节约资源有效推进，能源资源消耗强度大幅下降。重大生态保护和修复工程进展顺利，森林覆盖率持续提高。生态环境治理明显加强，环境状况得到改善。引导应对气候变化国际合作，成为全球生态文明建设的重要参与者、贡献者、引领者。[①] 因此，在物质文明、政治文明、精神文明、社会文明、生态文明"五个文明"方面，我国的综合能力要全面提升，这个目标的实现任重而道远。

生态文明建设在学术界，有二维度和三维度之说。二维度是从纵向、横向立论；三维度是从生态伦理、生态正义、人性修养三者立论。[②] 资源枯竭、环境污染、气候恶化、物种灭绝的事实，已经并还在被大量地揭示出来，仅仅 200 多年的工业文明，人类就以空前的速度消耗了地表和地下

① 习近平:《决胜全面建成小康社会，夺取新时代中国特色社会主义伟大胜利》(2017 年 10 月 18 日)，一、过去五年的工作和历史性变革。

② 参见沈守愚、孙佑海:《生态法学与生态德学》，中国林业出版社 2010 年版，第 1 页。

资源，严重破坏了自然生态系统自调节自平衡的功能。国际生态学会主席科斯坦札提出，生态系统服务功能可分为以下 17 项，即稳定大气、调节气候、缓冲干扰、调节水分、供应水资源、防止土壤侵蚀、熟化土壤、循环营养元素、同化废弃物、传授花粉、控制生物、提供环境、生产食物、供应原材料、遗传资源库、休闲、科研应用。仅以土地为例，全球土地在这 17 项服务中，为人类社会创造的价值至少达 33 万亿美元。这一令人咋舌的数据表明，人类每年的经济资产所得是以土地生态价值的两倍换取的。然而，这种不惜牺牲当代人甚至后代人生存资源的愚蠢做法，并没有换来当代人的幸福，相反却形成了全球 12 亿多贫困人口和 8 亿多食不果腹的饥民，饥民数量远远超出了农业文明晚期（公元 1700 年）的全球总人口。无情的事实告诉人们：这不是人类为之奋斗的发展目标！在这严峻的大趋势下，如果哪个国家还停留在“先污染、后治理”这一传统落后的发展轨道上，忽视人类的生态安全意识，尤其是公民生态安全义务的“内干预”，即生态安全义务意识的觉醒式培养，不积极践行全球多种形式的环境协作和转变发展方式的实践，就必然要陷入极大的生存危险中。

2. 生态文明建设与公民义务的关系。生态文明建设是一项功在当代，利在千秋的事业。建设“美丽中国”任重道远，需要全社会的共同参与。在这里，全社会的共同参与的基础含义，就是以公民义务为基础的公民全过程参与。也就是说，一方面，各级政府要进一步加强对环境的保护和监管力度，进一步健全生态环境保护责任追究制度和环境损害赔偿制度；另一方面，仅仅靠政府单方面的努力还远远不够，需要全体公民以公民义务为基础的积极参与。当下中国，“舌尖上的狂欢”已经引发“集体高血压”，这不仅是对自身的不负责，也是对我们子孙后代的不负责。毋庸置疑，全体公民是生态文明建设的主力，我们每一个公民都要强化生态文明意识，自觉养成科学、文明、健康的生活方式。唯有全体公民生态文明意识的觉醒，告别不文明的生活方式，碧水蓝天，鸟语花香的生活，才不是梦。

3. 公民生态意识的提高是生态文明建设的基础。环境与生态问题在本质上，是人的问题。原苏联科学院院士彼得梁诺夫索科洛夫曾直截了当地将环境污染，等同于“人类意识的污染”。[①] 换言之，生态文明的构建，在本质上就是公民生态意识的觉醒与变革。生态文明建设，固然需要经济发展模式的转变、科学技术的创新，以及制度的设计和安排，但是，在根本上必须付诸全体公民生态伦理观的深刻转变和生态文明意识的形成，使“生态文明观念在全社会牢固树立”，实现由“经济人”“社会人”向“生态人”的积极转变。

生态文明意识在表层操作方面，包括公民对于生态文明知识的知晓和认识，对生态文明建设的态度与评价，以及对生态文明建设的预期与参与程度；在深层的理性认知方面，应该包括公民对自身在生态文明构建中的社会角色、承担的社会责任、享有的社会权利和对社会基本规范所持有的认知与观念。公民意识从根本上决定了公民在生态文明构建中的角色认知、态度倾向与价值判断等，进而构成生态文明制度与政策的价值基础和本质内涵。作为生态文明构建中直接的社会行动者，公民是否关注、认同并参与生态文明的构建，其态度和价值观是关键。

根据马斯洛提出的“优势需要”这一概念，人同时存在多种的基本需要，但在不同的时候，各种基本需要对人的行为的支配力是不同的，在所有的基本需要中，对人的行为具有大支配力的需要就是“优势需要”。[②] 一旦某种需要成为“优势需要”的时候，它很快就能转化为现实的动机，浮现在人的脑海中，人的大量行为都会围绕这一需要进行。只有意识层面上的发展和成熟，才能为现实的行为选择、政策制定与法制建设提供持久的

① 参见［苏］彼得梁诺夫索科洛夫：《还自然之魅：对生态运动的思考》，三联书店 2005 年版，第 65 页。

② 参见［美］亚伯拉罕·马斯洛：《动机与人格》，许金声等译，中国人民大学出版社 2007 年版，前言第 12 页。

动力支持和价值导向。因此，从一定意义上讲，生态文明的发展模式选择与制度体系建设，正是公民意识与价值追求的制度化表现；而公民意识所特有的预期性和前瞻性，则形成了推进制度变革的根本驱动力。

此外，公民的生态文明意识，以及在此基础上形成的价值观，还能够在很大程度上补充相关的法律制度约束的缺陷和不足。尽管，法律、政策和制度等对人们的行为，具有强制性的约束力，但是，仅凭这种刚性的外部力量是不够的。尤其是对于生态文明的建设而言，任何表面上的敷衍塞责，都会导致严重的后果。生态文明建设更需要道德、观念和价值等内在约束力量的配合和补充。也就是说，内律与外律的统一，方能促成生态文明体系的构建与形成。从这个意义上看，就可以明确为什么我国《环境保护法》第 6 条第 4 款会规定“公民应当增强环境保护意识”、“采取低碳、节俭的生活方式”和“自觉履行环境保护义务”作为内干预的核心了。

4. 加强公民生态文明意识的途径。笔者认为，既然公民是重要的生态安全义务承担的主体，那么，规划公民教育，提高公民生态文明意识的认知程度，就应当是重中之重了。具体设想是:（1）公共传媒专门设置“公民生态安全义务”栏目或者专题，持续 5 年或者 10 年的宣传报道，并有意识地将其做成精品。（2）合格公民素质国家标准的起草与出台。即在国家层面，经过仔细、系统和全民参与式的酝酿，逐步形成《中国合格公民素质国家标准》(GBGMSZ001—2015 或者 GB/TGMSZ001—2015)。[①]（3）公民意

① 这是作者自己的设想，在我国，公民的行为标准和公民的素质标准体系的建设，应当是公民文化素质建设或者精神文明建设工程的重要内容之一。加上，我国是社会主义国家，公民素质在国际交往过程中，不再是一个个体或者群体的修养问题，而是与国家形象连接在一起的问题。因此，必须将公民素质尤其是生态安全义务意识和行为等素质的考量，纳入国家文化建设工程，并加以系统化、法制化和义务化。具体考虑是，可以通过全民讨论和全程参与建设，而成为国家标准。这个标准，可以是强制性国家标准，也可以是推荐性国家标准。在最初，可以实行推荐性国家标准，经过 5 年试行后，不断完善之。到最后，则变成并实行强制性国家标准。其中,GBGMSZ001—2015“或者”GB/TGMSZ001—2015当中,“GBGMSZ001—2015”即2015年国家公民素质标准 001 号“国家强制性标准”,

识的立体宣传和培养，即通过开设网站，举办学术研讨会，出版书籍等形式进行。(4)将公民生态安全义务意识和行为等，纳入公民良好素养评价体系，进入个人信用的征信系统，可以进行量化评价和打分，以一定的方式方法进行量化评价和信用回馈补偿。①(5)在学校教育方面，要将其纳入各级学校教育的规划与设计，包括开设有关环境保护与生态文明课程与专业，积极组织相关的社会实践、课题研究和竞赛交流等。并将这些举措的过程与结果评价，尽快纳入教学大纲及学业评价体系。

事实上，从幼儿园到博士等学历教育中，公民生态安全义务意识的内容，可以进入系统化教育的范畴。在进行深入、细致和认真的研究基础上，应该把生态知识包含在国民基本教育当中，即一般意义上的生态环境知识和科学技术等，应当是公民素质教育的主要内容之一。与此同时，将公民生态文明意识，通过以下路径，持续不断地加以养成：(1)生态国情，即把我国生态环境和生态文明建设的现状、面临的问题和困境等，变成公民环境知情权的主要内容；(2)生态法制，即把生态环境保护与生态文明建设的法律法规与政策、规章制度的普及，作为公民环境参与权的基本起点；(3)生态道德，即把从工业文明的价值观念向生态文明的价值观念转变，教育公民尊重自然的生存权利与发展规律，关注人与自然的和谐与共存，作为公民低碳、节俭的生活方式养成的关键。在公民自觉履行环境保护义务意识大大增强之后，鼓励各种以生态文明及相关领域为主题的NGO(非政府组织，下同)活动，以参与式而非强迫式的公民生态安全义务的履行，强化生态文明的“五位一体”意识和建设的积极性。

而“GB/TGMSZ001—2015”即2015年国家公民素质标准001号“国家推荐性标准”。作者在2018年3月看来，这个当时的看法仍具有可行性。

① 作者的设想是：某位公民一旦达到公民素质的国家标准，在使用个人信用时，其起点信用就应当设定为具有奖励或者正回馈的状态或者“刻度”上，从而把公民个人生态安全义务意识的养成，与个人信用以及信用体系的使用联系起来，如此将具有良好的个人经济内驱力。

众多事实证明，民间环保力量以及NGO活动，是促进社会公众对生态文明的关注与参与热情的有效激发力量，是对政府引导行为的有力补充，也是目前我国公民参与生态文明建设有效和可行的途径，因此，要大力鼓励和激励民间环保力量和NGO开展公民生态安全义务履行的各种活动。当然，由于历史的原因，我国的社会中介组织基础薄弱，发育不全。由于一些现行体制原因和现实困难，这种社会力量还没有被充分发挥出来。NGO加强自身的发展很重要，在“五位一体”总体布局已定的时期，政府政策的扶持和倾斜同样很重要。在生态文明建设的过程中，适时地改革我国NGO的注册制度与管理制度，为其提供更加广阔的发展空间，是迫切也是可行的做法。

（二）公民绿色消费的参与度

公民绿色消费参与，既包括个人绿色消费参与，也包括对社会消费的监督与管理。所以，公民绿色消费的参与度，即公民基于环境知情权或者在环境知情权背景下，在多大程度上自觉自愿地参与绿色消费活动的情形。事实上，每一个公民都是消费者，消费者的积极参与，是实现可持续消费的必要条件。因此，只有每一个公民都充分认识到绿色消费的重要性，并参与到绿色消费中，身体力行地减少个人的过度消费，才有可能真正实现可持续消费。

此外，如果能崛起一个庞大的绿色消费者群体，就会形成强大的舆论影响力，迫使更多的企业实行清洁生产，也会促使政府下更大的决心解决清洁生产问题。因为从一定意义上讲，消费者代表着经济的需求端，他们是决定经济和社会能否可持续发展的当家人。比如，在霾灾严重的情况下，公民参与消除霾灾的方式之一，除了不去进行烧烤或者从事烟熏肉之外，就是家庭生活用的抽油烟机，应该是除油烟或者消油烟的一种装置，于是，抽油烟机或者直排式抽油烟机，从绿色消费或公民消霾角度来看，就应当是“除”油烟机或者“消除”油烟机了。那么，对于公民的这种生态安全义务承担型的需要，抽油烟机的生产厂家，就有研究和改进的动力，并从除油烟或者消除油烟的角度，研发出价格低廉和环境保护功能更优越的产品出来。

从目前来看，我国公民绿色消费参与意识不断觉醒和成长，但由于参与主体的不成熟、参与深度的不足，以及参与机制的不健全，使得当前公民在参与绿色消费中，仍然存在一些问题。这些问题之一，就包括国家政策尤其是诸如抽油烟机的淘汰政策、更换补贴政策和产品功能更新政策的缺位，导致了公民想要承担和履行其生态安全义务，也感到无门可进、无路可走和无途可循。

马克思在《资本论》中，讲到资本主义大工业和城市的发展所产生的影响时，曾经指出：大工业“一方面聚集着社会的历史动力，另一方面又破坏着人和土地之间的物质变换……从而破坏土地持久肥力的永恒的自然条件”。如今，这种情况果然严重地摆在人们面前，到了人不能不考虑自己的行为的时候了。人们终于开始觉醒，“绿色”观念逐步形成。1962年，美国海洋生物学家蕾切尔·卡逊（Rachel Carson）经过4年时间，调查了使用化学杀虫剂对环境造成的危害后，出版了《寂静的春天》（*Silent Spring*）一书。在这本书中，卡逊阐述了农药对环境的污染，用生态学的原理分析了这些化学杀虫剂给人类赖以生存的生态系统带来的危害，指出人类用自己制造的毒药来提高农业产量，无异于饮鸩止渴，人类应该走“另外的路”，那就是：减少化学杀虫剂的使用，开始绿色生活。

1968年3月，美国国际开发署署长W. S. 高达在国际开发年会上，发表了“绿色革命：成就与担忧”的演讲，他首先提出了“绿色革命”的概念。从此，“绿色”一词就越来越多地出现在人们面前。1971年，加拿大工程师戴维·麦克塔格特发起成立了绿色和平组织。1972年，罗马俱乐部提出“成长的极限”，报告提醒世人重视资源的有限性和地球环境的破坏问题。此后，越来越多的人认识到：人类应该将自己与自然环境和社会环境协调起来，寻求生态、能源、人口三者协调、健康发展，与大自然和谐共处，建立一个环境优美的“绿色文明”。“绿色消费”就是在这一“绿色运动”中被提出来的。应当说，“绿色消费”首先是反对攀比和炫耀。随着生产力的发展和社会的进步，人的消费动机日益呈现出多元化的趋势，这本不是坏事。但是，在日常生活中，不少人热衷于相互攀比，追求奢侈豪华，以示炫耀。他们竞相追逐新鲜的、奇特的、高档的、名牌的商品，其行为可谓“醉翁之意不在酒”，而在于那些商品的社会象征意义。由此，容易形成浮华的世风，刺激人们超前消费和过度消费。

同时，“绿色消费”反对危害人和环境。也就是说，“绿色消费”主张食用绿色食品，不吃珍稀动植物制成品，少吃快餐，少喝酒，不吸烟，即所谓“一不三少”。[①] 消费绿色食品有利于人体健康，可以促进有机农业的发展，减少化肥和农药的使用。保护珍稀动植物，则有利于维护物种的多样性，多样性意味着稳定性，稳定性意味着可持续发展。而吸烟和酗酒，除了危害人体健康外，还影响空气质量和粮食供应。所以，“绿色消费”尤其反对过度消费。过度消费不仅增加了资源索取和环境的污染荷载，而且，助长了人们的消费主义和享乐主义。

事实上，工业化国家比较普遍地存在过度消费问题。在我国，民间流行婚丧大操大办、大吃大喝等现象，也属于过度消费范畴。这些行为既浪费资源，又没有给社会公众带来一种满意的生活方式，对人对己对环境而

---

① “一不三少”是笔者的归纳。从生态安全义务履行与个体健康角度来看，川菜和“舌尖上的中国”中的许多千奇百怪的食物、食材和食料或者菜品，除了餐饮文化的宣传或者炫耀之外，并不为人所足道也。换句话说，饮食或者吃饭之类，是为了人体健康和生命的延续，是为了个体幸福。但是，这种人体健康、生命延续和个体幸福是有条件的。那就是：吃进人的胃当中的食物，要有利于自身健康，不是为了“色香味形”口感好，而大油厚味多盐巴，不符合人体健康的饮食要求，容易诱发“三高富贵病”等。早年即 1997 年下半年，笔者在美国做访问学者时，美国的中餐馆就有“低盐少油不加味精”的广告词，笔者深以为然。

言，都是弊大于利的。相比之下，“节俭消费”则会减少资源索取和环境的污染荷载，有利于环境保护；如果公民主动地放弃多余的物质消费，对充实精神生活、提高精神境界也是很有好处的。在国外，提倡“节俭消费”源远流长，比如，聚餐的AA制和打包带走的风俗，即使在过度消费盛行的工业化国家，“节俭消费”也没有被消费主义的狂潮所湮没。在环境问题日益严重的现代社会，实行节俭消费尤其必要。绿色消费本身，就体现出一种文化追求和精神文明的氛围。法国的发展经济学家弗朗索瓦·佩鲁指出：“企图把共同的经济目标同他们的文化环境分开，终会以失败告终”“如果脱离了它的文化基础，任何一种经济概念都不可能得到彻底深入的思考。”① 社会公众是环境的利益相关者，拥有保护环境的大动机，只有绿色消费意识的提高，人们才能像关心生活质量那样真正关注环境质量，才能产生自觉的绿色消费参与行为。因此，构建公民的绿色消费价值观，是促进公民自觉参与绿色消费的前提。

（三）民间环保组织的参与度

从1824年爱尔兰政治家马丁，成立世界上第一个民间环保组织“禁止残害动物协会”开始，到我国民间环保组织“绿色江河”成员冯勇，为保护藏羚羊而捐躯可可西里，民间环保组织参与环境保护，维护生态安全的行动，可谓感天动地。综观中外民间环保组织，它们以环保利益为宗旨，亲善自然，关注人类未来，具有坚定的信念和明确的目标，一往无前的勇气和献身精神。其成员大多是敬畏自然、热爱自然、善待自然，对自然有宗教般虔诚的自然主义者。

当一个民间环保组织在注册的时候，其负责人和成员就注定不是为了权力和金钱，而是为了自然主义的信仰。民间环保组织这种超越意识形态

① [法] 弗朗索瓦·佩鲁:《新发展观》，华夏出版社1987年版，第185~186页。

的自然主义信仰和价值趋向，决定了民间环保组织，从精神和价值上具有和政府合作的基础。民间环保组织试图通过它们的活动，使人们形成一种生态学的世界观和价值观，进而改变传统的生产方式、消费方式和生活方式，推动工业文明向生态文明的转型，最终实现人与自然和谐、人与人和谐、人与社会和谐的生态文明社会。应当说，民间环保组织的这一宗旨，与我国全面建成小康社会的目标具有高度一致性，因此，它和我国主流意识形态不但不冲突，而且具有高度的相容性。

很多国家都有民间环保组织，尤其是在欧洲和美国等发达国家，环境保护的意识已经深入每一个公民心中，每一个公民都是一个“环保机构”，国家对环境的重视也大大超过我国。我国是世界人口大国，改革开放以来，我国经济建设的高速发展对我国环境和资源造成了很大的破坏。虽然，近年来我国政府对环境保护提出了更高的要求，给予了相当的重视并建立了一系列保护环境政策，对环境保护的宣传力度也很大。但是，我国公民的整体素质还不够高，环境教育力度也不够强，还不能够像西方国家那样做到人人自觉地保护环境、关心环境，所以，还需要政府出面，针对某一个区域组建一个针对这片区域，出台环保工作的民间机构扶持政策和开展相应的扶持工作。因为，民间环保组织这类机构需要由政府、公民和企业三方来组成，这样有利于平衡各方利益，同时，民间环保组织也为公众参与提供了一个积极参与的平台，有利于环境保护工作的开展和进行，也相应地完善了环境保护公众参与机制。所以说，民间环保组织的存在，可以直接地促进社会主体的自主性和自觉性，使公众承担起政府让渡过来的环境责任和环境权利，积极参与生态环境的保护，积极落实生态资源的全力维护措施，才能使生态环境保护工作有广泛的群众基础和强大的原动力，继而，也使国家的生态安全战略推进，富有生机和活力。

二、公民生态安全义务的法律责任设计

（一）行政责任及其落实

从现有的环保行政处罚中，仅有警告和罚款适用于公民。没收违法所得、责令停止生产或使用、责令重新安装使用、责令限期治理、责令停业关闭等，都不适用于公民违反生态安全义务的情形。笔者认为，在公民生态安全义务践行初期，警告和低成本的罚款，是不足以惩戒违反公民生态安全义务的行为的。借鉴和结合国内外相通的方式，建立宽严相济、多元化、人性化，并具有广泛教育意义的处罚方式，殊有必要。例如，可以采取限期恢复原状、停止违法行为、登报警告、录入个人征信系统并降低社会信用等级、行政拘留等多种处罚措施。在降低社会信用等级的措施中，则包含不得担任公务员、不得担任教师，以及在申请积分入户中减分等，几种处罚方式可根据具体情况同时使用。

比如，在城市，下水道雨水口的垃圾是城市面源污染的主要负荷之一。所以，居民随地丢放垃圾一旦被发现后，不仅要被罚款，更应当被要求在社区的监督下，承担一定时间的社会服务。比如，打扫社区卫生、负责社区垃圾归类整理，或者督导社区公民垃圾的分类与摆放等。对于屡教不改的公民，可以在社区发表声明进行公开警告，并降低其社会信用等级，提高罚款的数额。根据香港特别行政区的管理经验，对公民缴纳的罚款不能只是几元到几十元，至少要达到 500 元以上才能具有一定的威慑作用。行政单位收取的罚款，应尽量用于对公民的生态文明素质教育和鼓励优秀公民保护生态安全的行为上。

1999 年 4 月 12 日，国家环境保护总局、农业部、财政部、铁道部、交通部和中国民用航空总局联合发布的《秸秆禁烧和综合利用管理办法》第 8 条第 1 款规定：“对违反规定在秸秆禁烧区内焚烧秸秆的，由当地环境

保护行政主管部门责令其立即停烧，可以对直接责任人处以 20 元以下的罚款。”而《上海市关于禁止露天焚烧农作物秸秆的通告》第 7 条则规定：“对不听劝阻，执意焚烧农作物秸秆、利用公路打谷晒场、阻碍国家机关工作人员依法执行公务的，由公安机关依据《中华人民共和国治安管理处罚法》第 50 条之规定处理。”即处警告或者 200 元以下罚款；情节严重的，处 5 日以上 10 日以下拘留，可以并处 500 元以下罚款。可见，相关行政处罚的规则，是明确而具体的。

在治理土壤污染方面，我国已制定一系列法律法规和规章，内容涵盖了农业环境保护、防治土地污染等方面的内容，应该说，这些法律法规和政策，对改善我国的土壤污染状况，发挥了一定的积极作用。但是，我国《环境保护法》《农业法》《土地管理法》等，提供的只是有关土壤污染防治的零散规定，我国土壤污染防治方面，并没有专门的单行法律。因此，我国土壤污染防治上的法律，是缺乏系统性与可操作性的，甚至可以说，这方面的立法基本上是一片空白。

笔者认为，现行对农用地土壤污染的治理，可以对农药、化肥的施用采用随机抽检的方法，确定土壤是否受到污染及其污染程度。在此基础上，对污染严重的土地，由农业部门负责制作治理方案责令其限期治理，治理达标后可继续播种作物，如有必要可并处罚款。对于一般性的土壤污染，如不影响耕作的给予罚款即可。

（二）民事责任的追究与承担

公民承担与生态安全有关的民事责任，是基于公民生态安全义务履行的缺陷或者对生态的损害行为。生态损害，是指民事主体违反法定生态义务，对自然环境或者他人的人身健康或财产造成的损害。在这种解释下，生态损害包括生态违法行为所导致的所有损害（生态环境本身的损害，以及以环境为媒介的财产损害、人身损害、精神损害等传统损害）。我国有关环境损害的民事救济，以及承担环境民事责任的法律依据，主要体现在我国《民法通则》《物权法》《侵权责任法》《环境保护法》上。我国《民法通则》第124条规定："违反国家保护环境防止污染的规定，污染环境造成他人损害的，应当承担民事责任。"我国《物权法》第90条规定："不动产权利人不得违反国家规定弃置固体废物，排放大气污染物、水污染物、噪声、光、电磁波等有害物质。"我国《侵权责任法》第65条规定："因污染环境造成损害的，污染者应当承担侵权责任。"而我国《环境保护法》第64、66条规定，因污染环境和破坏生态造成损害的，应当依照我国《侵权责任法》的有关规定承担侵权责任。提起环境损害赔偿诉讼的时效期限为3年，从当事人知道或者应当知道其受到损害时起计算。不过，从我国《环境保护法》的民事责任中，并不能当然推导出公民的生态损害的环境民事责任。这大抵是我国《宪法》没有规定"公民生态安全义务"的必然产物。

事实上，生态损害这一制度的发展，需要建立相应的环境人格权制度、环境保护相邻关系制度、环境地役权制度、环境容量使用权制度，以完善生态损害赔偿制度和环境民事公益诉讼制度。理论上，面源污染自20世纪70年代被提出和证实以来，对水体污染所占比重，随着对点源污染的大力治理呈上升趋势，而农业面源污染，是面源污染的主要组成部分，重视农业面源污染是国际大趋势。在美国，自从20世纪60年代以来，虽然点源污染逐步得到控制，但是，水体的质量并未因此而彻底改善，人们逐渐意识到农业面源污染在水体富营养化中所起的决定作用。经统计，污染约占总污染量的2/3，其中，农业面源污染占面源污染总量的68%～83%，农业已经成为全美河流污染的第一污染源。针对农业面源污染日益突出问题，开展相关研究，寻求解决面源污染治理的方法，尤为必要。农业面源污染的主要原因是施用肥料、农药不科学、秸秆利用率低、生猪养殖过程中粪便的处置不当，等等。

在我国，畜禽养殖的特点，是覆盖面广，以农户散养为主，大部分养殖户没有采取有效的污染治理措施，只有简易的粪水粪渣收集池，污染物超标排放。禽畜养殖污染[①]问题的隐蔽性强，治理难度高于工业污染。其他小规模养殖场，对周围环境都有不同程度的影响，都没有完善的污染治理设施，粪水粪渣直接排放到河沟中，污染随处可见。它产生的危害链，可以说是很长很广，会造成水体富营养化，水质安全降低；使农产品质量下降，食物链和经济链受到影响；村落卫生环境差，危害人体健康；使污染事故发生频率增加，损失增大；等等。对于饮用水或生活用水，因为畜禽粪水粪渣而遭受污染的农民而言，可以要求粪水粪渣排放者，承担相应的民事损害赔偿责任。粪水粪渣排放者的责任承担方式有：停止侵害、排除妨碍、消除危险、恢复原状、赔偿损失、赔礼道歉等。而且，这些承担民事责任的方式，既可以单独适用，也可以合并适用。

虽然，2001 年 5 月 8 日，国家环境保护总局发布了《畜禽养殖污染防治管理办法》，但是，其中没有任何畜禽养殖污染的民事责任规定。于是，畜禽养殖污染作为农业的面源污染，一直存在和发展着。2013 年 11 月 11 日，国务院发布的《畜禽规模养殖污染防治条例》第 24 条规定，对污染严重的畜禽养殖密集区域，市、县政府应当制定综合整治方案，采取组织建设畜禽养殖废弃物综合利用和无害化处理设施、有计划搬迁或者关闭畜禽养殖场所等措施，对畜禽养殖污染进行治理。但是，整部《畜禽规模养殖污染防治条例》依然没有民事责任承担的具体规定。显然，这类民事责任的承担与追究问题，应当被提上议事日程。

---

① 畜禽养殖污染，是指在畜禽养殖过程中，畜禽养殖场排放的废渣，清洗畜禽体和饲养场地、器具产生的污水及恶臭等对环境造成的危害和破坏。

（三）刑事责任的追究及其效用

在我国环境刑法的立法与实践中，主要是以刑法专节规定为主，但也存在大量的环境附属刑法规范。我国环境刑事责任的实现方式，主要见诸于1997年《刑法》和部分环境附属刑法的规定，包括刑罚和非刑罚两种责任方式。我国对环境犯罪问题的所谓环境刑事责任的刑罚方式，主要是依据我国《刑法》第六章妨害社会管理秩序罪第六节“破坏环境资源保护罪”的规定来确定的，主要包括5种主刑、4种附加刑；根据我国《刑法》及其修正案的规定，我国设立了重大环境污染事故罪，非法捕捞水产品罪，非法捕猎、杀害珍贵、濒危野生动物罪，以及非法采伐、毁坏国家重点保护植物罪等罪名。

相比之下，《秸秆禁烧和综合利用管理办法》第8条第2款规定：“造成重大大气污染事故，导致公私财产重大损失或者人身伤亡严重后果的，对有关责任人员依法追究刑事责任。”则是在一个级别很低的行政规章中设置了刑罚条款。尽管，在实践中重大污染环境事故接连不断，但是，各级司法机关追究的重大环境污染事故罪数量极少。因为，前述罪名没有体现保护生态法益的目的和要求，使无法追究那些虽然破坏了生态环境，却没有造成人身伤亡和财产重大损失的企业或者直接责任人的刑事责任，偏离了惩治环境犯罪立法的趣旨所在。

此外，现行立法对破坏生态的法定刑偏低。我国《刑法》第338条规定：“违反国家规定，向土地、水体、大气排放、倾倒或者处置有放射性的废物、含传染病病原体的废物、有毒物质或者其他危险物质，造成重大环境污染事故，致使公私财产遭受重大损失或者人身伤亡的严重后果的，处3年以下有期徒刑或者拘役，并处或者单处罚金；后果特别严重的，处3年以上7年以下有期徒刑，并处罚金。”相比之下，《德国刑法典》第324条规定：“未经许可污染水域或对其品质作不利改变的，处5年以下监禁或者罚金。"《奥地利刑法典》第180条规定："违反法规或行政机关的处分，污染或侵害水，或污染土壤或空气，而有下列情形之一者，处3年以下有期徒刑或360日净额收入以下罚金：（1）致多数人生命、身体之危险；（2）致广大区域动植物生存之危险的。"其中，《德国刑法典》中规定的法定刑起点高，而《奥地利刑法典》规定的罚金刑则"颇有特色"——360日的净额收入作为罚金。

在当下，国际社会普遍认为"环境刑事责任的非刑罚方式是必然选择"。从生态安全和环境治理的法益出发，要保护环境和实现人类的可持续发展，就必须遏制环境违法和犯罪行为的动机，即犯罪利润等于犯罪收益减去经济成本，非刑罚方式可以低成本地达到此目的。诸如：没收违法所得、赔偿损失、限期治理、责令解散等。我国台湾地区"水污染防治法"第51条规定，违反"本法"第31条第1项规定者，处新台币6万元以上60万元以下罚金，并通知限期改善，届期仍未完成改善者，按日连续处罚；情节重大者，得命其停止贮存或停工、停业，必要时，并得勒令歇业。可见，非刑罚方式是根据具体环境犯罪对症下药，一方面，增加了环境犯罪人侵害环境权益的经济成本，从而有效钳住环境犯罪人的软肋；另一方面，根据刑罚的经济分析，传统的剥夺自由刑的刑罚方式，并没能有效防止环境违法和犯罪行为，并且，容易侵犯行为人的生命权法益，还浪费了大量司法成本。所以，非刑罚实现方式的引入，有利于防止环境违法和犯罪行为，并可以大大提高司法的效率。在这一点上，我国《刑法》可以借鉴吸收。

三、公民生态安全义务的履行与完善

（一）公民生态安全义务的履行

1. 积极更新生态环境的理念。我国儒家"天人合一"的思想，对古代各个朝代的立法影响是较为突出的，这个思想，也是当代生态消费的精神内核。“天人合一”的价值规范，要求人们在一种亲亲有术、尊贤有等的等级和谐中，达到泯灭自我，实现物我一致、天人和谐、个体与整体同一境界。[①] 巴巴拉·沃德和雷内·杜博斯在《只有一个地球》一书中写道：“近四五十年来，人们对自然界的深入了解，科学地证实和增强了古代人们的道德观念。哲学家曾告诉我们，我们是一个整体的一部分，这个整体超越于我们局部欲望和要求；一切生物就像交错的蛛网一样互相依赖着；侵略和暴力会盲目地破坏生存的脆弱关系，从而引起毁灭和死亡。这些观点，也可以说是人类社会和人类生活中得出的直觉认识。现在我们知道，这些都是宇宙情况的如实写照。”[②] 从这一点说，中外的生态环境应受到保护的理念是相通的。那么，积极更新公民的生态环境观念，正确认识和处理人与自然、发展与环境的关系，让广大人民群众意识到人是自然界长期发展的产物，人类本身是自然界的一部分，是公民履行生态安全义务的前提条件，对于提升公民生态安全义务履行的自觉性和积极性，是非常重要的。

应当说，地球环境是所有人（包括现代人和后代人）和所有生物共有的财富，任何人都不能为了局部和小团体的利益，而置生态系统的稳定和平衡于不顾。搞经济建设求发展要保护环境，顺乎自然、尊重自然规律，要改变违背自然的价值观、思维方式和生产生活方式。要转变自然资源是“取之不竭”“用之不尽”的传统观念，代之以“资源有限”“资源有价”的新观念，要用人与自然和睦相处、共存共荣的生态自然观，代替“人是自然主宰”的强权自然观。虽然，这种理念的灌输与接受，不是一蹴而就的。2014 年 8 月 13 日，环境保护部在北京发布《“同呼吸，共奋斗”公民

① 参见吴忠海：《从“天人合一”看中国传统文化的价值取向》，载《齐鲁学刊》1999 年第 2 期。

② ［美］巴巴拉·沃德、雷内·杜博斯：《只有一个地球》，国外公害资料编译组译，石油工业出版社 1981 年版，第 55~56 页。

行为准则》(以下简称《公民行为准则》)[①]的做法，就是一种积极的探索与尝试。

2. 积极参与保护自然生态志愿者活动。我国的环保民间组织，分为四种类型:(1)由政府部门发起组建的环保民间组织;(2)由民间自发组成的环保民间组织;(3)学生环保社团及其联合体;(4)港澳台及国际环保民间组织驻大陆的机构等。从中可以看出，我国环保民间组织中的绝大部分力量，发育在政府部门发起组建的环保民间组织和学生环保社团中，民间自发组成的环保民间组织欠发育。应当说，这是我国生态环境保护的大障碍。可见，社会公众参与环保民间组织的活动还不普遍，也就是欠缺积极性或者内动力。其主要原因，是公众对环保民间组织地位与作用缺乏正确认识，加之一些公众的环境意识不强，导致参与活动缺乏群众普遍性。实际上，公众参与生态环境保护志愿者活动的形式，可以是多种多样的。比如：废物回收、电池回收、打扫社区垃圾、清理湖泊河流沙滩、自然保护区保护野生动植物宣传、低碳生活科普宣传，以及宣传和倡导《公民行为准则》，等等。

事实上，中央文明委在《关于深入开展志愿服务活动的意见》中强调，着眼于讲文明树新风开展志愿服务活动。要求全社会，要组织开展保护生态环境志愿服务，宣传生态文明观念和环境保护知识，大力推动义务植树、绿化美化、清理脏乱、整治污染等行动，使天更蓝、水更清、地更绿，逐步形成良好的人居环境和生态环境。[②]可见，志愿者服务在督促公民生态安全义务履行方面，也有不可忽视的积极作用。因此，2014年2月19日，中央文明委发布《关于推进志愿服务制度化的意见》中要求：大

① 《公民行为准则》共有8个方面内容，分别是：关注空气质量、做好健康防护、减少烟尘排放、坚持低碳出行、选择绿色消费、养成节电习惯、举报污染行为、共建美丽中国。

② 中央文明委《关于深入开展志愿服务活动的意见》(中央文明委〔2008〕6号,2008年10月6日),7.着眼于讲文明树新风开展志愿服务活动。

力弘扬“奉献、友爱、互助、进步”的志愿精神，广泛普及服务他人、奉献社会的志愿服务理念，培育全社会志愿服务的文化自觉，使讲道德、尊道德、守道德成为人们基本生活方式。[①] 可以预期的是，当志愿者服务遍及我国城市的大街小巷和田间地头的时候，公民生态安全义务履行的自觉性，将会因此而大大加强。

3. 低碳生活，发展循环经济与开展清洁生产。“低碳生活”，就是指生活作息时所耗用的能量要尽力减少，从而减低碳特别是二氧化碳的排放量，从而，减少对大气的污染，减缓生态恶化，主要是从节电节气和回收三个环节，来改变生活的细节。哥本哈根气候变化大会，自 2009 年 12 月 7 日开幕以来，就被冠以“有史以来重要的会议”“改变地球命运的会议”等各种重量级头衔。该次会议试图建立一个温室气体排放的全球框架，也让很多人对人类当前的生产和生活方式，开始进行深刻的反思。纵然世界各国仍就减排问题进行着艰苦的各方角力，但是，“低碳”这个概念，几乎得到了全世界人民的广泛认同。因为，“低碳”是一种自然而然地形成节约身边各种资源的习惯。

比如，在珍惜资源方面：少用一次性物品；珍惜纸张，使用再生纸；旧物巧利用，做到物尽其用；交流捐赠多余物品，避免闲置浪费；随手关灯，少用空调，节用电器；使用节能产品等。在水环境保护方面：保护水源，节约用水，慎用杀虫剂，少用清洁剂，不用含磷洗涤剂等；也要防止生活污水和生产废水的乱排乱倒等行为。在大气环境保护方面：不烧各种垃圾，不烧田间作物秸秆；少开私家车，多骑自行车；使用无铅汽油；生活取暖及生产用热提倡集中供热；使用清洁能源等。在土壤环境保护方面：生活垃圾分类，减少垃圾占地面积；工业垃圾回收利用，减少固体废物排放量；减少农药化肥用量，防止土壤污染；使用绿色包装；自备购物袋，

---

① 中央文明委《关于推进志愿服务制度化的意见》（2014 年 2 月 19 日），9. 大力弘扬志愿服务文化。

少用塑料袋；田间生产使用可降解塑料薄膜。在声环境保护方面：避免争吵、打架等行为；室外商业少吵闹；室内音响控音量；家庭装修勿扰邻；等等。

“低碳”作为一种生活理念，在吃的行为上——注意节约粮食；多食用绿色食品；拒食野生动物；穿的行为——拒用野生动物制品，少用野生植物制品；提倡健康实惠，反对华丽取宠；住的行为——建筑节能，避免豪华装修；多用太阳能，少用电能；不买珍稀木材用具；行的方面——多步行，多骑自行车，多乘公交车，少开私家车；旅游外出，只留脚印，不留污染；在对待自然行为上，不猎捕和饲养野生动物，制止偷猎和买卖野生动物的行为；做动物的朋友，善待生命，与万物共存；植树护林，做绿林卫士；做环保志愿者，拯救地球，匹夫有责；等等。

应当说，“低碳”的理念，与我国《环境保护法》第6条第4款“公民应当增强环境保护意识，采取低碳、节俭的生活方式，自觉履行环境保护义务”的规定，是完全一致的；也符合我国《循环经济促进法》第2条“在生产、流通和消费等过程中进行的减量化、再利用、资源化”的规定，以及我国《清洁生产促进法》第23条“餐饮、娱乐、宾馆等服务性企业，应当采用节能、节水和其他有利于环境保护的技术和设备，减少使用或者不使用浪费资源、污染环境的消费品”规定的要求。

4. 加强对后代生态安全意识的培养。最早使用“生态意识”一词的，是美国著名生态学家利奥波德在《沙乡年鉴》一书中的归纳，他指出：“没有生态意识，私利以外的义务就是一种空话。所以我们面对的问题是，把社会意识的尺度从人类扩大到大地（自然界）。”[①] 有的学者认为，生态意识教育是全体公民都应接受的终身的、系统的教育。[②] 公民生态安全的意识，

---

① [美] 奥尔多·利奥波德：《沙乡年鉴》，侯文蕙译，吉林人民出版社1997年版，第122页。

② 蒋笃君：《公民生态意识教育的价值诉求及路径探析》，载《河南师范大学学报》（哲学社会科学版）2009年第5期。

必须从“祖国的花朵”婴幼儿即开始抓起，使他们养成良好的生态意识习惯。公民在践行生态安全义务的过程中，一定不要忘记对后代生态安全意识的培养。在这一点上，尽管《公民行为准则》尚没有考虑到，但是，在2001年9月20日中共中央发布的《公民道德建设实施纲要》中强调：要大力倡导以文明礼貌、助人为乐、爱护公物、保护环境、遵纪守法为主要内容的社会公德，鼓励人们在社会上做一个好公民。[①] 这种公民道德或者公德意识的培养与养成，必然会发生“代际遗传”即上一代人对下一代人的道德文化的传递，只有世世代代保有对生态安全的重视，那么，生态恶化的趋势，才能得到有效抑制并逐步好转。

（二）公民生态安全义务的完善

1. 公民自身对其他公民的监督。我国《环境保护法》第6条规定：“一切单位和个人都有保护环境的义务，地方各级人民政府应当对本行政区域的环境质量负责。企业事业单位和其他生产经营者应当防止、减少环境污染和生态破坏，对所造成的损害依法承担责任。公民应当增强环境保护意识，采取低碳、节俭的生活方式，自觉履行环境保护义务。”这种规定，一改过去“一切个人都有保护环境的义务，并有权对污染和破坏环境的单位和个人进行检举和控告”的消极义务立法模式，是非常值得肯定的。因为，行政机关只能在较小范围内监督公民违反生态安全义务的重大行为，对公民日常生活中是否有违反生态安全义务的行为的监督，并不符合效率和行政资源节约的原则。

相比之下，《公民行为准则》本身，不但是对公民个体的行为要求，而且，“举报污染行为”也具有公民之间互相监督的含义或者自律监督色

---

① 中共中央《公民道德建设实施纲要》（中发〔2001〕15 号，2001 年9月20日）三、公民道德建设的主要内容。

彩。因为公民与公民之间，在日常生产中互相监督，监督成本小，社会效益高，有利于整个社会生态意识的提升，是一种积极义务的立法或者规范设定模式。

2. 公民对政府行为的监督。公民在生态安全保护领域对政府行为的监督，既是公民的权利，更是公民的义务。尤其是在农村环保领域，无论是立法还是执法，法律上的设计都存在不少漏洞。尤其是在涉及政府行为的控制层面，往往语焉不详。事实上，我国许多环境要素的单行立法，往往在制度设计尤其是规范设计时，偏重于仅提出原则性规定，而缺少具体的操作规则，或者在法律责任的承担与追究方面，存在脱节或者不对应的情形。尤其是，在违法制裁或者法律责任承担方面，存在相对违法后果过轻，政府违法缺乏相应的约束机制的问题。

在我国“三农”问题涉及生态环境层面，我国《农业法》《农业技术推广法》《种子法》等农业法律，以及《城乡规划法》等农村建设和发展的法律，还有涉及农民的《村民委员会组织法》等，往往欠缺“三农”层面的生态安全义务的规定和制度设计，导致广大农村，关系国家粮食安全的农业，以及占全国至少 1/2 人口的农民，① 都与生态安全义务的履行，产生了严重的隔膜。所以，社会公众应加大对“三农问题”尤其是农村环境治理的关注力度，对当地政府履行生态安全义务，形成强大的舆论压力。

① 统计数据显示，截至 2014 年年底，我国大陆总人口为 136,072 万人，其中，城镇常住人口为 73,111 万人，占总人口的 53.73%；而流动人口为 2.45 亿人，占 15.54%。这个数据到 2017 年 12 月底是：2017 年年末我国大陆总人口 139,008 万人，比 2016 年年末增加 737 万人，其中城镇常住人口 81,347 万人，占总人口比重（常住人口城镇化率）为 58.52%，比 2016 年年末提高 1.17 个百分点。户籍人口城镇化率为 42.35%，比 2016 年年末提高 1.15 个百分点。2017 年全年出生人口 1723 万人，出生率为 12.43‰；死亡人口 986 万人，死亡率为 7.11‰；自然增长率为 5.32‰。全国人户分离的人口 2.91 亿人，其中流动人口 2.44 亿人。资料来源：中华人民共和国国家统计局：《中华人民共和国 2017 年国民经济和社会发展统计公报》（2018 年 2 月 28 日），一、综合。

3. 公民生态安全义务的内干预。所谓公民生态安全义务的内干预，是指把我国《环境保护法》第6条公民义务、我国《民法总则》第9条绿色原则和《公民行为准则》等法律法规和道德规范中的公民生态义务结合起来，形成由道德规范、法律规范和社会评价体系相结合的公民生态义务意识化强化干预的行为模型。之所以这样提或者思考，是因为作者认为，公民生态安全义务的内干预，即外在法律法规和道德规范的干预性规范，只有进入公民内心、嵌入公民意识和日常行为的规范体系，继而变成背景型的意识，即爱护生态就是爱护自己、保护环境就是保护幸福和养护绿水青山就是养护健康生活的心态、观念和潜意识，那么“绿水青山就是金山银山”的生态“山水论”才是有效的。

笔者认为，公民生态安全义务的内干预，就是公民生态安全义务意识和观念，必然借助人的外在行为，成为个人保护环境的义务。倘若一个公民环境保护意识很强，自觉采取低碳、节俭生活方式，积极履行环境保护义务，以及有效监督地方各级政府环境质量责任承担，积极监督企业事业单位和其他生产经营者环境污染和生态破坏行为，把末端治理变成源头治理和过程治理，从而，在习近平同志的“生态山水论”指引下，完成公民义务的生态认识论、生态义务论和生态行为论的观念性建构、法治化设计和中国梦践行型转化目标指日可待。

（三）公民生态安全义务素质的养成初步

应当说，外在的法律强制或者外力制约，并不能当然让公民形成良好的生活行为习惯。事实上，一个人不良的生活习惯或者生态安全义务的承担意识低下，往往会成为妨碍这个人成为一个合格公民的根本原因。俗话说：“江山易改，本性难移。”说的是公民生态安全义务素质养成的不易，那么，面对这样的一种局面，怎样才能打破其中的僵局呢？

2014年8月13日，环境保护部在北京发布《公民行为准则》，倡导公众践行低碳、绿色生活方式和消费模式，积极参与大气污染防治和环境保护。理由是，近年来，中国频繁出现大范围雾霾天气，以可吸入颗粒物（PM10）、细颗粒物（PM2.5）为特征污染物的区域性大气环境问题突出。在大气污染中，每一个人都是“受害者”，也是“污染者”。《公民行为准则》要求每一个社会成员从自身做起、从点滴做起、从身边的小事做起，“向污染宣战”，不仅要科学认识大气污染，而且应当践行节约、绿色的消费方式和生活习惯，为改善空气质量、建设美丽中国贡献力量。为此，《公民行为准则》以动员公众参与并践行环境保护为落脚点，从8个方面提倡公民行为方面的环境保护与个体环境保护的贡献，分别是：关注空气质量、做好健康防护、减少烟尘排放、坚持低碳出行、选择绿色消费、养成节电习惯、举报污染行为、共建美丽中国。应当说，《公民行为准则》遵循源于公众、用于公众，从公众中来、到公众中去的基本原则。在表述上，注意简洁明了，易记易行，在对象上，兼顾城乡居民，注重突出社会公众在日常生活中与大气污染防治相关的行为规范。《公民行为准则》在编制过程中，充分吸收了政府部门、研究机构、教育专家、新闻媒体、基层工作者、青年学生，以及社区代表在内社会各界的意见建议。所以，这个《公民行为准则》的制定和出台，是为了细化国务院“大气十条”中的公众参与义务，增强公众的环境意识、责任意识，强化环境法治观念，在全社会形成“同呼吸，共奋斗”的价值理念和行为方式，把公众参与作为“同呼吸，共命运”的关键要素。

当然，环境保护部应当集中开展宣传工作，通过张贴宣传挂图、播放宣传片、邀请各界代表参与讨论、招募和培训志愿者开展社会宣传等活动实施《公民行为准则》，普及大气污染防治科学知识，使公众认识到全社会共同行动开展大气污染防治的必要性，以及个人在防治大气污染和健康防护方面应履行的义务和采取的行动，积极为改善空气质量、建设美丽中国贡献力量。[①]这些举措，实际上也是把我国《环境保护法》第6条规定的“公民应当增强环境保护意识，采取低碳、节俭的生活方式，自觉履行环境保护义务”落到实处的第一步。

本章从公民生态安全义务的法律渊源——公民的基本义务入手，探讨公民在生态安全中的法律地位，提出了生态公民的概念，以及生态安全与公民的关系等，并探讨生态公民的理论构造，即公民的生态安全权利包括:（1）享受良好生态环境的权利;（2）生态环境知情权;（3）生态质询权、否决权与诉讼权等。公民的生态安全义务，因为我国《宪法》并没有直接规定。因此，笔者分析了生态公民的法理依据，人类消费理念对生态安全的致灾性，以及公民保护生态安全的群体能动性等问题。在我国，公民生态安全义务的法律渊源，包括宪法、法律和行政法规等。其中，单行法律则包括:（1）《环境保护法》;（2）《大气污染防治法》;（3）《水污染防治法》;（4）《环境噪声污染防治法》;（5）《固体废物污染环境防治法》;（6）《海洋环境保护法》;（7）《循环经济促进法》;（8）《清洁生产促进法》;（9）《环境影响评价法》；等等。行政法规章包括《大气污染防治行动计划》《自然保护区条例》《野生植物保护条例》等。

在我国，公民生态安全义务的立法现状评价有三个方面:（1）公民生态安全义务立法现状中，生态安全义务的履行着重于政府行为，重视资源型企业却忽略公民生态安全义务履行，而公民生态安全义务缺乏体系性且内容空泛;（2）公民生态安全义务立法缺失，即公民生态安全义务未上升到我国《宪法》层面，内容不确定和法律责任不明晰;（3）公民生态安全义务，没有与国家安全、社会安全和公民安全等有机结合与衔接等。所以，在公民生态安全义务的补充设计、履行及其完善中，对公民生态安全

① 参见董冠洋:《环保部发布〈“同呼吸 共奋斗”公民行为准则〉》，载中国新闻网，http://www.chinanews.com/gn/2014/08-13/6488915.shtml，最后访问日期：2018年3月6日。

的参与，公民绿色消费的参与度和民间环保组织的参与等问题，本章认真地进行了分析。强调：公民生态安全义务的履行及完善，要通过三个方法实现：（1）公民生态安全义务的履行，要积极更新生态环境的理念，积极参与保护自然生态志愿者活动，推进低碳生活；（2）公民生态安全义务的完善，除了公民自身对其他公民的监督外，公民还应当对政府行为进行监督；（3）公民生态安全义务素质的初步养成，则是非常重要的问题。也就是说，当我国社会公民义务的设计与履行的法治能力，从外干预转型到内干预的时候，“生态山水论”代表的绿色中国梦，才能够真正地全面实现。

下　　编

人的致灾性法律控制

第七章 人的致灾性的生态安全法律控制

人类由于带有“人的致灾性”，所以，在生活生产过程中，都会对我们赖以生存的环境造成不可回避、不可逆转和不可忽视的影响。从这个意义上看，资源管理人、资源利用人和公民这些主体，在整个社会的活动中，都是对生态安全具有“致灾性”的主体，概莫能外。也就是说，人的致灾性与人对自然中资源和生态资源的利用的自利性或者过度性，有密切的联系。

所以，人的致灾性问题，是一个经济发展与社会进步当中，社会公众与生态资源之间矛盾的必然反映。利用法律规范来规范人的致灾行为，指引社会公众实施保护生态环境、维护生态安全的行为，选择有利于生态安全维持的生活方式，做到“增强环境保护意识，采取低碳、节俭的生活方式，自觉履行环境保护义务”。唯有如此，人的致灾性的法律控制，在相关环境要素的污染防止与治理方面，才有可能实现。

事实上，我国《宪法》第26条第1款规定:“国家保护和改善生活环境和生态环境，防治污染和其他公害。”就是从根本法层面，确立了国家作为主权者，对于社会公众所担负的环境监管职责，以及进行环境保护对于国家主权安全，尤其是维护国家生态安全的战略意义。与此同时，有关环境保护和污染治理的单行法律法规，以及部门规章、国家政策，还有道德规范和社会的职业道德等，构成整个社会的人的致灾性规范的体系。但是，相关立法却对生态安全义务，在制度设计和行为规则的规范中，都未更多地涉及“人的致灾性”这一概念，即从人类利用生态资源的应受控制性的角度，去界定、固化和规范这些行为，把法律控制人的致灾性，变成一种法律制度资源的“铜墙铁壁”，以及生态资源利用人行为控制的“法网”。

也就是说，人的致灾性法律控制，除了立法层面的制度设计性外在的“外干预”，也就是利用资源管理人、资源利用人和公民这些主体的法律义务设计，以及履行监督机制，把制度层面的资源利用变成义务与权利的平衡机制，然后，要求各个资源管理、利用的主体加以遵守。应当说，这种机制的设想与运用，确实是不错的。但是，站在制度经济学的角度分析，这种纯粹的法律制度和法律机制的设想与运用事实上带有很强的假设成分，那就是：假定法律规范或者法律制度或者法定义务的外在干预，是100%绝对有效的。应当说，这种假定是不准确的。

按照制度经济学的理论，分析法律的制度效用性，应当重视对非市场因素的分析，诸如制度因素、法律因素、历史因素、社会和伦理因素等，其中，尤以制度因素为甚，强调这些非市场因素是影响社会经济生活的主要因素。因此，以制度经济学视角来研究“制度”和分析“制度因素”在社会经济发展中的作用，是把法律制度的外制度约束即外干预，如何变成内约束即内干预的过程。这一研究方法论的核心，不在于以任何客观的指标来衡量经济活动尤其是那些有履行法律义务色彩的活动，是否必须具有合法性，而是立足于个人之间的利益互动，来理解经济活动中的利益模式。因此，以制度为视角研究法律本身的经济问题，首先要求确立以人与人之间的关系作为研究的起点，而不是以人与物的关系作为起点。制度经济学的方法论中，所研究的对象是活生生的、不确定的经济人、社会人即法律人、生态人，无法以一个确定的、总量的标准，对整个经济活动作出量化安排或者分析。诺思的一个重要贡献是区分了制度（博弈规则）和组织（博弈者），组织的出现源于制度诱因，源于组织与制度之间的互动方式，后者即制度决定了特定社会对技术变革的敏感程度。在这里，诺思强调了意识形态在创建一个对技术变革参数做出敏感反应的社会过程中的作用。[①] 也就是说，要控制人的致灾性，制度的效用，是从制度在多大程度上转化成人的意识、社会主流价值观和国家的意识形态层面，存在内在的密切关系来观察的。笔者认为，制度经济学在人的致灾性法律控制层面的主要观察角度，便是法律制度设计的内干预，如何有效地变成内干预工具，成为制约资源管理人、资源利用人和公民这些主体的生态安全义务履行行为的意识性工具。

第一节　生态安全义务的体系化立法控制

生态安全义务体系化的立法控制，是指在立法者对人的致灾性承认和学界高度认同的基础上，基于“法治—致灾性控制”模式的建构需要，在制定我国《生态法》或者《生态基本法》的基础上，将中央立法及其部委立法、地方立法和超国家立法，以及软生态法立法相结合，形成强有力的外干预和切实的内干预相结合的体系，从而有效地控制人的致灾性的法律活动的情形。应当说，这是笔者的一种理论设想。在这里，所谓“法治—致灾性控制”模式，是指生态法体系是国家的法治能力建设的重要组成部分，从国家的国际减排义务入手，在我国进一步深化改革和“发展是第一要务，人才是第一资源，创新是第一动力”[②] 的背景下，把各级政府及其

---

① 参见［美］约翰·N.德勒巴克（John N. Drobak）等:《新制度经济学前沿》，张宇燕等译，经济科学出版社 2003 年版，第 32 页。

② 2018 年 3 月 7 日，习近平在参加十三届全国人大一次会议广东代表团的审议时谈到创新。他强调说，中国如果不走创新驱动道路，新旧动能不能顺利转换，是不可能真正强大起来的，只能是大而

工作人员、营利法人和各种非营利法人、非法人组织，以及公民等主体的“人的致灾性”法律控制能力，作为法治国家的核心能力建设，创新型地居于五大发展理念之首，[①]从而建构符合中国特色社会主义的“人的致灾性”有效控制的绿色发展模式。习近平同志指出：“创新是一个民族进步的灵魂，是一个国家兴旺发达的不竭动力，也是中华民族最深沉的民族禀赋。在激烈的国际竞争中，唯创新者进，唯创新者强，唯创新者胜。”在新一轮科技革命的大潮中，谁能占据创新的制高点，谁就能抢得发展先机、赢得发展优势。绿色发展理念代表时代发展新潮流，意味着思维方式、价值取向、生活方式的全面变革和改进。这也是我国法治能力全面提升，也就是“法治—致灾性控制”模式顺利建构的内在动力所在。

伴随人类工业化的进程，现代科技和网络世界对人的欲望的无限激发和拓展，无限度利用与改造自然环境，利用自然资源和生态资源，必然让愈演愈烈的环境问题和生态危机，全方位地暴露无遗，其危害性肆虐人间。现阶段，生态与经济发展之间的矛盾已凸显，并成为当今社会的基本矛盾之一。所以，当人的欲望导致人的致灾性，而人的致灾性又成为过度利用环境资源和生态资源的根源时，人类社会的安全问题——生态安全问题必然成为一个任何人、任何国家和任何政府都不能无视的问题。于是，

不强。强起来靠创新，创新靠人才。人才政策、创新机制都是下一步改革的重点。创新发展位于五大发展理念之首，习近平对创新发展非常重视，近年来参加两会代表团审议，几乎年年都会提到创新。比如 2017 年在上海代表团，习近平强调，适应和引领经济发展新常态，推进供给侧结构性改革，根本要靠创新。2016 年还是在上海代表团，习近平说，要抓住时机，瞄准世界科技前沿，全面提升自主创新能力，力争在基础科技领域作出大的创新、在关键核心技术领域取得大的突破。参见《习近平下团组，这些重磅提法释放明确讯息！》，载《央视新闻》，http：//news.sina.com.cn/china/xlxw/2018-03-09/doc-ifyscafs2919448.shtml，最后访问日期：2018 年 3 月 10 日。

① 在这里，创新、协调、绿色、开放、共享五大发展理念中，把“绿色”理念居于核心地位，不仅是党对发展规律认识的深化和升华，实现了党治国理政思想理论的新飞跃，而且成为今日中国马克思主义方法论的集中体现。参见任理轩：《五大发展理念彰显科学方法论》，载《人民日报》2016 年 1 月 18 日，第 7 版。

整个社会生态安全义务意识的提高，人类中心主义理论逐渐转向可持续发展理论，限制人的欲望过度释放，控制对生态资源的浪费型消耗，就是未来立法的前进方向。

笔者认为，现代科技的发展和网络时代的高速信息流，对有限的自然资源和生态环境，尤其是生态安全带来了高度威胁，对于人类社会的防控能力的要求，也愈加提高和迫切。为此，生态学上的追求代内公平以及代际公平的理论，要求我们对后代和后来者，在生态资源保护层面，担负起不可推卸的生态安全义务和责任。因此，控制生态危机的发生、持续和加深，解决生态安全义务的分配问题，就要从控制人的致灾性角度出发，建立生态安全义务体系化机制，进行人的致灾性控制的立法、执法和司法思维的系统训练，把法治国家、法治政府和法治社会的建设目标，与人的致灾性的个体控制、群体控制和整体控制，有效地结合起来。

事实上，现代社会以法治社会为社会建设的目标。因此，法治作为一种治国的基本规则，要求法律成为社会主体的普遍原则，不仅要求资源利用人和公民依法办事，更重要的在于制约和规范政治权力的掌握者——资源管理人——要依法行政。法治在政治上，是对公民权利的保障和对政治权力的规制，是民主的制度化、法律化。要实现法治，立法机关就要依法立法，系统立法和民主立法，提高立法质量；行政机关就要依法行政，作为资源管理人的时候，要认真负责，积极履行自己的管理职责，以属地为职责履行起点，然后，积极开展央地政府协同、地方政府合作协助，从而把生态功能区协同管理好；至于资源利用人和公民，则以社会主义核心价值观为导向，自觉、认真和积极地承担和履行自己的生态安全义务，把“生态山水论”赋予的义务落到实处。

一、从单种立法到生态安全立法体系化的需求

（一）生态安全义务主体的多样性

由于不同类型的人群，利用消耗的自然资源及人的致灾性大小不同，其保护与维护生态安全的角色和作用，当然也是不同的。按照人的致灾性产生机制下的主体分类，生态安全义务的主体呈现多样性，包括资源管理人、资源利用人和公民等主体，这些主体的划分标准，是其法律层面上的保护环境义务的大小、强弱。

资源管理人的安全义务，指国家承担着通过立法、政策实施管理生态安全，保障公民生态安全的义务。1993 年，俄罗斯全民公决通过的《俄罗斯联邦宪法》第 42 条规定："每个人都有享受良好的环境、被通报关于环境状况的信息的权利，都有因破坏生态损害其健康或财产而要求赔偿的权利。"这是对人的生态权利的一种立法确认。为了保障每个人的生态权利得到实现，《俄罗斯联邦宪法》第 2 条规定："人的权利与自由是高价值。承认、遵循和捍卫人与公民的权利和自由是国家的义务。"可见，通过宪法确定国家承担生态安全保护义务，是一种必然的立法选择。我国《宪法》第 26 条第 1 款规定："国家保护和改善生活环境和生态环境，防治污染和其他公害。"也是通过我国《宪法》的规定，来确立国家作为资源管理人。在我国，除了《宪法》之外，我国的《环境保护法》《大气污染防治法》《水污染防治法》《环境噪声污染防治法》《固体废物污染环境防治法》《海洋环境保护法》《循环经济促进法》《清洁生产促进法》《环境影响评价法》等，还有《水法》《森林法》《草原法》《矿产资源法》《水土保持法》《防沙治沙法》等法律中，也都或多或少或直接或间接地规定了国家的资源管理人身份，以及与这种身份相对应的资源管理义务和责任，并承担和履行监督管理生态资源义务的手段、措施和方式、法律责任，等等。

理论上，资源利用人的安全义务，是指利用资源主体在生产及经营过程中，因为利用自然资源过程中，所必然带有的人的致灾性，而需要承担自然资源保护及维护的生态安全层面的系列义务。我国《环境保护法》第四章“防治污染和其他公害”一章中，在第40～52条共使用了13个条款，规定了产生环境污染和其他公害的企事业单位的环境保护责任，包括：清洁生产、“三同时制度”、申报污染、缴纳排污费、限期治理等基本规则，构成了我国《环境保护法》的灵魂性的制度。

事实上，资源利用人是造成我国环境问题的主要的致灾性主体，其在生产经营过程中，利用自然资源并排放各种对生态环境有害的污染物。这类主体利用自然资源的自利性，决定了他们是名副其实的致灾性主体——无论他们利用资源的行为，是否超出环境容量或者是否合法排污，或者是否缴纳了排污费，只要他们利用，尤其是过度利用自然环境，就必然对自然环境尤其是生态环境，具有很直接的危害或者危害性，即人的致灾性在他们身上，是与其自利性直接相关的。我国在改革开放初期，追求经济快速增长，并采取粗放式生产，对自然资源的利用过度而保护不足，导致一些地方的生态环境出现重大破坏。尤其是在诸如河北省环北京市的许多地方，仍存在高能耗、高污染和高密集的煤炭、钢铁、水泥和玻璃制造类企业。这类企业，毫无例外地都是生态安全义务的承担人。此外，其他一些企事业单位，也应当承担利用国土资源、水资源等各类自然资源的相应法律责任，承担对国家的生态安全义务。

公民的生态安全义务，是指一般公民在生活过程中，因个体一般活动当中，人的致灾性以综合化形式——比如，过度使用机动车、过度用电、浪费型用水，还有，食用野生动植物尤其是受国家保护的野生动植物等，另外，个别不良嗜好型的过度使用自然资源，如随意焚烧垃圾秸秆，燃用散煤，过度燃放烟花爆竹，露天烧烤和使用烟熏方法制作肉食品等，从而对生态环境造成不良影响，所需要承担对生态安全的保护义务。特别需要指出：人们在对生态安全问题追根溯源时，常常不考虑个体原因或者有意无意忽略公民个体行为的非科学性、非合理性，即公民个体行为的致灾性。这大抵是因为，公民的个体行为，在单一资源利用人可察的生态危害面前，显得不值一提或者微不足道。但是，如果将公民看成一个整体，任何一个单一个体微量、超微量的自然环境利用中的危害行为，一旦发生聚集、聚合或者汇集，那么，其危害性或者人的致灾性就不可小觑。

也就是说，人的致灾性在本质上，就是单一个体的人的致灾性的聚集或者汇集，这一点，对于霾灾的分析，是非常适用的。换句话说，一个一个的公民个体，其实施的自然资源利用行为，彼此的生态危害性如果叠加、聚合和发生聚集反应，那么，公民的个体致灾性即利用自然资源的危害性，也就是对生态环境的危害性，就是不容忽视的。应当说，我国全国各地普遍发生“霾灾”，尤其是京津冀地区反复出现的雾霾天气，其根源除了资源利用人中企事业单位这类主体的生产行为，带有相当程度的致灾性之外，每一个在京津冀地区生活的人，实际上也是其自然资源——大气环境资源的利用人，即向大气当中排放各种污染物的个别主体。因为公民个体的数量太多，虽然每个人身上不见得有多大的致灾性，但是，在特定的时空条件下，任何一个公民的微量、超微量的大气污染物的排放，一旦发生聚集效应，就会成为霾灾成形的重要原因。

在这里，需要强调的是，生态安全义务主体的多样性，根源在于生态资源利用人的多样性，以及“人的自利性”导致的“人的致灾性”。由此而言，公民的生活本身之于生态危害，在于公民一般生活的活动本身，对于自然资源的利用当中，一旦缺乏“公民应当增强环境保护意识”，继而“采取低碳、节俭的生活方式”，以及“自觉履行环境保护义务”的话，其自然资源的利用，必然会带有相当的人的致灾性。例如，在我国北方即华北、东北和西北这些“三北”之地，冬季需要大量使用燃煤进行集中供暖或者分散采暖，于是，大量燃煤所产生的烟尘，再加上大量的机动车尾气排放，还有众多的数不清的家庭生活使用的抽油烟机、热水器排气管道等，更有数量和种类不定的生活垃圾等的排放，最终不仅“成就”了一次又一次的霾灾，而且也导致城市固废污染、水污染和声环境污染等危害。这种由公民一个个的个体自然资源或者环境资源使用积累，继而形成的群体的致灾性，以及整体致灾性，不但在主体上具有多样性，而且在致灾性的界分上，也具有相当大的理论与实务上的困惑性，特别是在环境污染和生态恶化层面，具有“主体消失的特殊性”，[①] 而让当地政府成为“唯一的责任承担者”的“奇葩性”。[②]

（二）生态问题的多样性

人类由于“人的致灾性”在生活生产过程中，对于我们赖以生产的环境必然造成了不可回避的影响。无论是从“老八大公害”到“新八大公害”，[③] 还是 2004 年 12 月 26 日印度洋海啸，抑或京津冀地区的雾霾灾害

---

① 这是笔者的归纳。所谓“主体消失的特殊性”，是指因为公民个体自然资源利用和各种污染物排放的必然性的叠加和累积，成为一种基本需求或者生存需求，而对环境资源的破坏或者危害而言，单个公民是显现不出任何危害的。于是，人们往往就忽略或者不承认单个公民身上“人的致灾性”。如果再加上各种各样主体的组合，最后，一个区域或者地区的环境污染或者破坏或者损害的危害性是显现出来了，但是，公民主体消失了，企业事业单位主体在行政处罚过之后，也消失了，其他组织这类主体本来就常被忽略，更不用说，自然也就“消失了”。于是，发生了最终，只剩下当地政府承担责任，继而成为“唯一主体”的“主体消失”现象。应当说，京津冀地区霾灾一再发生，而无人负责的事实，就一再反反复复地证明了这一点。

② 这是笔者的归纳。所谓“唯一的责任承担者”的“奇葩性”，是作者认为，在我国因为公民教育在环境保护领域，尤其是生态安全义务承担层面的滞后，而导致了当地政府都要为各种各样的环境污染事件，或者生态破坏的后果等，承担责任或者承受后果，是名副其实的“唯一的责任承担者”。这种现象，在生态学和环境法上，都带有相当荒谬的色彩——自然资源各种各样的主体都在使用，都具有或多或少的行为致灾性，但是，出现了环境污染或者生态破坏事件，则事实上只由当地政府“承担后果”或者成为事实上的“责任承担者”——法律层面上的行为与后果，利益与责任等完全分裂的“奇葩逻辑”。

③ “老八大公害事件”是指：1930 年马斯河谷大气污染事件，1948 年多诺拉镇烟雾事件，20 世纪 40 年代初洛杉矶光化学烟雾事件，1952 年伦敦烟雾事件，1961 年四日市哮喘病事件，20 世纪五六十

性天气“一再重现”，以及严重的土地污染导致的“毒地”现象，人类在生产生活过程中，给自然资源和生态环境带来的毁灭性灾害，从来就没有停止过。理论上，自然资源包括大气、水、海洋、土地、矿藏、森林、草原、湿地、野生生物等，而环境则包括人类赖以生存的这些自然资源之外，诸如自然遗迹、人文遗迹、自然保护区、风景名胜区、城市和乡村等是自然因素组成的生态系统整体，因此，自然资源和生态资源的滥用、环境的破坏等，共同构成生态问题的多样性。

例如，近年来，我国土壤污染形势严峻，许多地方出现了“毒地”。土壤重金属污染物的超标，直接导致农作物受污染而不可食用，地下水的水质污染，使当地居民饮用水安全受到威胁，为此，中国工程院院士、中国水科院、水资源研究所所长王浩表示，地下水被污染后频繁出现了“癌症村”,[①] 中国癌症村的数量已超过200个。[②] 癌症村的出现，表明我国土壤污染和大气、水污染等出现了严峻局面。卫生部在印发的《中国癌症预防与控制规划纲要》(以下简称《癌症控制纲要》) 中指出：我国癌症高发地区为农村和西北地区，表明其生活方式及环境因素是重要的致癌因子。所以，在2013年2月21日环保部发布的《化学品环境风险防控“十二五”规划》中，也指出我国化学品污染防治形势日益严峻的急迫局面。《2012年全国环境公报》资料显示，2012年，全国地表水控断面总体为轻度污染，依据《地下水质量标准》，全国198个地市级行政区开展了地下

年代水俣病事件，1968年米糠油事件和1955~1972年神通川流域骨痛病事件。而“新八大公害事件”是指：意大利塞维索化学污染事故、美国三里岛核电站泄漏事故、墨西哥液化气爆炸事件、印度搏帕尔农药泄漏事件、苏联切尔诺贝利核电站泄漏事故、瑞士巴塞尔赞多兹化学公司莱茵河污染事故、全球大气污染和非洲大灾荒。

① 癌症村是指因一定地理范围的患癌数量急剧增多，而导致某个村庄癌症患者占到全村人口总数一定比例的村子。

②《中国工程院院士王浩：中国癌症村数量超过200个》，载财经网，http：//politics.caijing.com.cn/2013-09-17/113311276.html，最后访问日期：2018年3月8日。

水水质监测，监测点总数为4929个，水质呈较差级的监测点1999个，占40.5%；水质呈极差级的监测点826个，占16.8%。个别监测点存在重（类）金属超标现象。按照《环境空气质量标准》，对325个地级及以上城市和113个环境保护重点城市中的二氧化硫、二氧化氮和可吸入颗粒物三项污染物进行评价，地级以上城市环境空气质量超标（超过二级标准）城市比例为8.6%，环保重点城市环境空气质量达标城市比例为88.5%。全国酸雨污染总体稳定，但程度依然较重。因为大气、水资源等的流动性，生态问题存在交叉性和区域性，加之污染物之间的相互作用产生新的污染问题，造成生态问题日益复杂。可见，我国生态问题的多样性，是名副其实的。

（三）生态安全单行立法的规定不足

俄罗斯已将“生态法”一词，作为其联邦法学的一个专有名词，并通过了《俄罗斯生态法》。相比之下，我国对于生态的立法，虽然有从多方面开展和进行的尝试，但是至今未制定单独的生态法，无法以体系化的立法宗旨，呈现生态环境保护法律规范的整体性。虽然，我国《宪法》第26条第1款规定：“国家保护和改善生活环境和生态环境，防治污染和其他公害。”从根本法角度，确立了国家环境监管职责，以及环境保护的生态战略意义。但是，我国《环境保护法》并未从“人的致灾性”角度，确立“人的致灾性”法律控制的指导思想。

在我国单独的环境介质保护的《水污染防治法》《大气污染防治法》等法律中，尽管也规定了单位和个人的环境保护义务，但是，仍然存在环境影响评价制度规定不完善，公众参与义务规定不具体，排污收费制度中收费标准及费用的用途规定不清晰，限期治理制度的处罚力度不强，以及违法成本过低等诸多问题。因此，我国生态安全单行立法，需要根据经济发展与环境现状的变革情况，以实践中有利于充分贯彻和落实的思路加以完善。尤其是在我国制定了《"十三五"生态环境保护规划》之后，党中央、国务院把生态文明建设摆在更加重要的战略位置，纳入"五位一体"总体布局，作出一系列重大决策部署，还出台了《生态文明体制改革总体方案》等，实施大气、水、土壤污染防治行动计划。[①]所以，生态立法与发展观、执政观、自然观内在统一起来，融入到执政理念、发展理念中，把生态文明法治建设，在认识高度、实践深度、推进力度上全方位加以强化，成为弥补我国生态安全法治不足缺憾的关键。

因而，针对生态问题呈现的多样性，不同资源因素及环境问题不仅需要单一的或者综合性的自然环境保护和污染防治立法，更需要建立体系化的生态安全立法，从生态安全的整体出发，确定公民生态安全权利和义务，把资源管理人、资源利用人和公民等主体的义务及其履行机制，科学地建构和运行起来。并在具体的立法当中，确立我国资源管理人、资源利用人和公民个体等主体，具有各自主体特点和适应性的生态安全义务体系，以及履行和监督机制。有了这样的立法，可以使各地在生态安全执法过程中，对不同生态问题及生态义务主体执法，做到有法可依、执法必严和违法必究了。

二、综合性的生态安全法律机制的建立

（一）综合性生态安全法律机制的缺失

我国的生态立法，可追溯至公元前17世纪殷商王朝有关防止环境污染的规定中。而新中国成立后，在1972年斯德哥尔摩举行的人类环境会议的推动下，1973年国务院委托国家计委召开了第一次全国环境保护会议，

---

① 国家大气、水、土壤污染防治行动计划即"三个十条"：2013年9月10日发布的《大气污染防治行动计划》；2015年4月2日发布的《水污染防治行动计划》；2016年5月28日发布的《土壤污染防治行动计划》。

首次将环保提上国家管理层的议事日程。为此，1978年，我国《宪法》第11条第3款规定："国家保护环境和自然资源，防治污染和其他公害。"这是我国《宪法》首次专门对环境保护作出明确规定。从1979年9月13日制定我国首部专门环保法律即《环境保护法（试行）》至2018年3月，陆续颁布实施了有关环境、资源和污染防治等方面30余部法律法规。

从1989年12月26日开始，我国进行经济体制改革，需要制定新的环境与资源保护立法，修改不适应新形势下环保要求的《环境保护法》。1989年12月26日，第七届全国人大常委会第十一次会议通过我国第一部《环境保护法》。此后，为了改善我国的生态环境，促进经济和社会的可持续发展，我国相继前后修订了《海洋环境保护法》《大气污染防治法》《固体废物污染防治法》《水污染防治法》等法律，为我国综合性生态安全法律机制的建立、运行和改革、完善，进行了卓有成效的环境保护法律的立、改、废等方面的工作。

不过，毋庸讳言，我国直到20世纪末期，都没有形成综合性的生态安全法律机制。换句话说，这一时期，是综合性生态安全法律机制的缺失时期。正是由于这种缺失，才导致我国现在各方面的环境保护问题，也就是环境污染的治理问题非常严峻。这大抵上与西方资本主义国家在自由资本主义发展和垄断资本主义形成初期，采用的"先污染，后治理"的"末端治理"是一脉相承的。现在看来，这种"末端治理"的思路或者制度路径选择，或许出于无奈，但是，迄今为止要支付的治理成本实在是太高了。

（二）从上而下综合性生态安全法律机制意识的形成

2011年12月20日，第七次全国环境保护大会在北京召开。在笔者看来，这是一次我国综合性生态安全法律机制意识从上而下形成，并进而推行的会议。这次会议，系统地总结了我国"十一五"期间的环境保护，以及贯彻落实《国务院关于加强环境保护重点工作的意见》和《国家环境保护"十二五"规划》，全面部署"十二五"环境保护工作任务，可谓是继往开来的大会。在这次会议上，国务院副总理李克强指出，基本的环境质量是一种公共产品，是政府必须确保的公共服务。要按照社会公众的迫切愿望，努力不欠新账、多还旧账，推动解决好突出的环境问题。要严格饮用水水源地管理，确保群众喝上干净水、安全水。加大水体污染治理力度，提高城市污水处理率，"十二五"期末全国城市要平均达到85%以上，东部发达地区城市要超过90%。进一步加强空气污染防治，修订并发布空气质量标准，抓紧做好增加PM2.5监测指标的准备，鼓励各地根据污染特征、经济发展水平等分期实施，逐步与国际标准接轨。推进重金属污染防治，加强危险废物和化学品综合管理。特别是要看到，城市环境与农村环境唇齿相依，农村环境保护不好，不仅损害农民的利益，还会严重影响居民的菜篮子、米袋子、水缸子，要大力推进和统筹做好农村面源污染和环境整治工作，为确保食品安全打好基础。①

在第七次全国环境保护大会上，李克强在讲话中还强调：要统筹考虑发展、转型和环境保护，努力实现相互协调、相互促进。具体措施是：（1）在改造升级传统产业、发展高技术产业和先进制造业的同时，大力支持服务业发展，形成有利于节约和环保的产业体系。服务业市场需求大，能耗和污染排放低，提高服务业比重和水平，有利于从源头上减少污染，减轻环境压力。（2）在加大政府环保投入、推进环保科技攻关、实施一批国家重点生态环保工程的同时，注重发挥市场机制的力量，大力发展节能环保技术装备、服务管理、工程设计、施工运营等产业，增强保护与改善环境的能力。（3）在强化环保责任、把住环境准入门槛的同时，完善相关

① 参见黄敬文：《以环境保护优化经济增长，促进转型发展，提升生活质量》，载《光明日报》2011年12月21日，第3版。

激励和约束政策，使企业能够在节能环保中增效益、有动力，实现经济效益和社会效益、环境效益的多赢。在促进区域协调发展、优化经济布局时，要严格环境准入标准，根据主体功能区规划，实行分类指导、差别化的经济政策。（4）进一步加强环境保护，要严格落实责任制度，用改革的办法破解难题，完善环保法规体系和激励约束并举的经济政策体系，在试点的基础上逐步推广排污权交易。加大环保执法力度，做到执法必严、违法必究，切实解决“环境违法成本低、守法成本高”的问题。要建立和完善社会力量参与环境保护的工作机制，对民间环保组织和环保志愿者提供必要的帮助，更好地鼓励、支持和引导他们参与环保，使全社会都关心环境、珍惜环境、保护环境。①

随着国民经济和社会发展，我国生态问题逐渐呈现遍地开花型暴露态势，各行政区域呈现不同的环境问题严峻的状况，加上，我国《环境保护法》显露出的企业生产“三废排放”硬约束的规范性不足，也亟待通过修法来改进。2014 年 4 月 24 日，我国《环境保护法》再次进行了修订。②这为我国建立新的综合性生态安全法律机制，尤其是央地政府的上下生态安全协调机制，以及地方政府的生态安全和环境污染治理等方面的合作与协助机制，奠定了良好的基础。

---

① 参见黄敬文:《以环境保护优化经济增长，促进转型发展，提升生活质量》，载《光明日报》2011 年 12 月 21 日，第 3 版。

② 在我国，企业的“三废排放”污染环境问题，长期没有得到有效解决，而公民生活环境的质量改善期望，也一直不能有效实现，因此，如何把企业的“三废排放”问题，与公民生活质量提高问题，与生态资源的保护有效地结合起来，从而建立综合性的生态安全法律机制，使环境执法有法可依，就势在必行。继而，使我国的《环境保护法》和各种污染防治法、生态安全义务立法等，得到企业、事业单位和社会公众等的有效遵守，从而解决“人的致灾性”带来的各种生态安全问题，就成为重中之重了。

（三）综合性生态安全法律机制的建立

综合性生态安全法律机制的建立，需要我国《宪法》将生态安全保护作为一项国家战略和国家职能，规定国家保护生态安全的政策与原则，以及公民承担生态安全利益即享有生态安全权利和履行生态安全义务，以促进我国环境保护法律法规的生态化。我国《宪法》作为其他子法或者单行法律的立法基础，是生态安全法的立法依据，我国《宪法》对于生态安全责任和义务的确立，有利于公民及社会各界的生态安全法律意识的塑造、培养和提高，而各个生产单位与企业作为生态资源利用人，将生态代价纳入其生产与发展成本，将消极参与环境保护和防止污染，变为积极探索清洁生产方式、节能减排等积极参与方式。这样规定，有利于将生态安全这一义务，作为各个部门法立法的目的和宗旨，以及修改法律的基本依据，从而促进我国法律体系的生态化转型，体现出生态本位的立法理念。① 所以，随着各类主体的生态保护与生态安全意识的不断提高，确立“生态本位”理念，不但有利于国家优化经济布局，政府加大生态投入，也有利于企业进行技术改造以及改变生产方式，更有利于强化公众参与及公民生态维权的自觉性。

综合性生态安全法律机制的建立，其首要标志是：制定我国统一的《生态法》或者《生态保护法》。通过这部法律，将各个环境污染防治、资源保护、生态安全义务承担等义务，作为一个整体即生态资源要素的整

---

① 法律体系的生态化转型和生态本位，是根据党的十八大提出的“五位一体”战略，由作者总结出来的概念。笔者认为，所谓“法律体系的生态化转型”，即是指我国的法律法规体系，应当在我国《宪法》确立“五位一体”战略之后，把生态文明建设作为我国所有单行法律法规立法的基本宗旨，进行相关法律法规的修订和修改，从而使生态文明建设成为一种文化，进入我国的法律体系当中来。而所谓“生态本位”，则是在生态伦理观念确定的前提下，在生态资源的利用中，确立生态环境受保护的理念，重视生态资源保护和对侵害与破坏生态环境的资源利用行为，规定一系列限制、制约和控制制度的情形。

体，而进行综合调整的对象，通过立法加以有效的整合。应当说，这个过程，既是缓慢的又是困难重重的。理由是，直到今日，我国社会仍然缺乏基本的“生态本位”理念。事实上，我国《环境保护法》的内容主要是防治环境污染，其调整对象是具体的环境因素或者环境要素形成的各种法律关系。而有关资源保护的法律，要全面调整各种具体的自然资源利用方面，更为复杂的法律关系。比如，我国《水法》《矿产资源法》《森林法》《草原法》《海洋法》《土地法》等，都有专门的单行的或者同名的法律，其中，我国《湿地法》因为没有专门法律则使用了《湿地保护管理规定》①等，来调整或者规制相应的法律关系。

那么，制定保护生态系统整体或者全部要素的法律，即制定统一的、具有基本法地位的我国《生态法》或者《生态保护法》，就是将我国《环境保护法》作为其下位法，在所有的自然资源单行法之上，颁行统领其下位法和自然资源单行法的基本法。其基本内容主要包括：（1）环境污染防治的基本原则；（2）资源利用中生态安全义务基本制度；（3）生态安全战略与生态安全规划；（4）生态安全的政府义务承担制度即政府职责；（5）生态安全义务的企业承担制度；（6）生态安全义务的其他组织承担制度；（7）生态安全义务的公民承担制度；（8）生态恶化与生态灾害的防治；（9）生态法律责任等。统一的《生态法》或者《生态保护法》，是考虑我国特有的生态状况恶化和生态资源对于经济改革和经济发展的巨大压力，以可持续发展战略为方针，以国家生态安全战略为基本出发点，建立预防为主、建设生态文明为核心的，具有前瞻性的生态系统的体系性立法。

其中，第四个部分的内容，可以再细分为：政府生态管理职责、政府

---

① 2013年3月28日，国家林业局发布的《湿地保护管理规定》（2017年11月3日修订，共35条），共37条，已于2013年5月1日起施行。其中，第2条规定，湿地，是指常年或者季节性积水地带、水域和低潮时水深不超过6米的海域，包括沼泽湿地、湖泊湿地、河流湿地、滨海湿地等自然湿地，以及重点保护野生动物栖息地或者重点保护野生植物的原生地等人工湿地。

生态公害防治义务、政府生态资源利用限制、政府生态资源保护义务、政府生态法律责任等层面。在立法时，注意政府生态安全义务与其他部门法，如我国《民法通则》《物权法》《侵权责任法》《环境保护法》《刑法》，以及我国各种自然资源保护法中，调整有关生态安全方面的法律制度及规范的互相协调、衔接和融合，防止“法际冲突”和“法内冲突”现象①的发生。

当然，一旦我国《生态法》颁行，还应根据我国《生态法》出台配套的一系列法律法规或者部门规章、司法解释等，以保障生态安全法治的顺利运行。比如，后续还应当制定我国统一的《生态标准法》等，就是一例。所谓“生态标准”是国家对生态承载能力的科学认定后，基于可持续发展、人体健康和国际形势考量因素，按照正当的编制程序，编制的各生态因子的利用保护标准，用于管理生态资源利用人行为的管理标准、资源利用人的利用标准和公民的保护标准等。而国家生态标准，也是地方性生态标准设定的准绳，保障生态安全标准的法律效力，制定违反这些标准的法律责任及其承担与追究的规范。

还有，生态安全影响评价制度的建立与完善，也要在我国《生态法》颁行后，逐步加以完善并出台更加详细的规范。因为，生态安全影响评价制度，将可能对生态安全产生影响的规划、项目、政策等，进行法律层面的可行性、影响性和危害性的分析、预测和评估，做出相关评价报告或者结论，以影响、干预和控制相应的生态影响活动或者行为，从而预防发

① 所谓“法际冲突”以及“法内冲突”现象，是指在国家立法过程中，先出台的法律法规与后出台的法律法规，以及上位法与下位法，甚至于一部法律或者同一类型的法律当中，都会发生矛盾、无法衔接或者不一致等冲突的情形。比如，我国《担保法》与我国《物权法》在担保物权层面，就有许多条款发生了冲突。为此，我国《物权法》作为上位法和后颁布的法律，就在第178条规定，担保法与本法的规定不一致的，适用本法。这一规定，就是协调“法际冲突”与“法内冲突”的典型事例。

生不期而至的重大生态安全事故或者危害事件。我国《生态法》的配套立法，还包括许多层面的法律制度的建立与细化，如排污收费立法、生态检查与监察立法，等等，这些都需要我们以发展的眼光和方法，加以认真对待。

三、地方各级生态安全法规的制定及其立法体系

（一）地方性生态安全立法进程

地方各级生态安全法规规章的制定，是按照我国《立法法》第63～64条的规定，以我国《宪法》和单行法律规定为依据，由享有立法权的地方权力机关和地方行政机关，根据国家现行生态安全规划及综合性的生态安全法律机制，结合本行政区政治经济发展目标和有关环境、资源等生态安全状况，依照法定权限和法定程序对地方性生态安全法规、规章进行制定、修改和废止活动的统称。全国性生态安全立法，考虑到国家生态安全的整体性尤其是国家生态安全战略实现的整体性，主要是对统一性、基础性、原则性的生态保护和生态安全内容予以规定。由于我国地域辽阔，生态环境具有多样性，各行政区域之间，生态环境资源和生态系统具有差异性，要切实有效地实现生态安全稳定，履行生态安全义务，保障国家生态安全战略的实现，意味着地方性生态安全立法，不仅是必需的，而且也是切实可行的。

我国各地区根据国家有关环境、资源和生态保护的法律法规，以及部门规章等，制定本地方的地方法规、地方政府规章等，是一种积极履行地方政府生态安全保护义务的表现。根据我国《环境保护法》（1989年版），四川省人大常委会1991年7月29日通过了《四川省环境保护条例》（2017年9月22日进行了修订）。这个《四川省环境保护条例》共7章54条，其中，第二章环境监督管理（第10～17条，共8条）、第三章

保护和改善环境（第 18 ～ 23 条，共 6 条）、第四章建设项目环境管理（第 24 ～ 30 条，共 7 条）、第五章防治环境污染和其他公害（第 31 ～ 38 条，共 8 条）和第六章奖励与处罚（第 39 ～ 53 条，共 15 条），颇具地方特色。此后，根据我国《大气污染防治法》，四川省人大常委会于 2002 年 7 月 20 日通过《四川省〈中华人民共和国大气污染防治法〉实施办法》（共 7 章 36 条），并在 2005 年 1 月 30 日由四川省人民政府通过《四川省环境污染事故行政责任追究办法》（共 15 条），该办法把环境污染事故分为一般环境污染事故、重大环境污染事故和特大环境污染事故等。2004 年 2 月至 4 月，四川川化股份有限公司（以下简称川化公司）将工业废水排入沱江干流水域，造成特大水污染事故，给成都、资阳等五市的工农业生产和人民生活造成了严重的影响和经济损失，经农业部长江中上游渔业生态环境监测中心评估，天然渔业资源损失达 1569 万余元。已经超出行政追究范畴，而构成"重大环境污染事故罪"。2005 年 9 月 9 日，成都锦江区人民法院认定沱江水污染事故的被告人构成重大环境污染事故罪，并判处何立光（川化公司环安处处长）有期徒刑 5 年、罚金人民币 4 万元，判处吴贵鑫（川化公司副总经理）有期徒刑 4 年、罚金人民币 3 万元，判处李俭（川化公司总经理）有期徒刑 3 年缓刑 3 年，罚金人民币 2 万元等。另外，以"环境监管失职罪"判处宋世英（青白江区环保局副局长）有期徒刑 2 年 6 个月；判处张明（青白江区环境监测站站长）有期徒刑 2 年 6 个月；张山（青白江区环境监理所所长）有期徒刑 1 年 6 个月，缓刑 2 年。[①]

2017 年 9 月 22 日，四川省人大常委会修订通过了《四川省环境保护条例》，共 7 章 92 条。其第三章增加"应对突发环境事件"，第四章改为"防治环境污染"，第五章改为"信息公开与公众参与"，第六章改为"法

① 参见苏俊：《四川沱江特大水污染案主要事故责任人李俭获刑》，载国际在线网，http：//news.sina.com.cn/o/2005-09-11/01216911795s.shtml，最后访问日期：2018 年 3 月 8 日。

律责任”，体现了地方立法与时俱进的特点。

具体而言，各行政区根据本地生态环境污染状况的不同，适应性立法，也能表现为法的地方特色。比如，北京市于1988年7月7日发布《北京市实施〈中华人民共和国大气污染防治法〉条例》（已废止），1989年8月23日发布《北京市防治机动车排气污染管理办法》（1997年11月25日修改），是北京市最早的大气污染防止地方立法。1990年5月28日，北京市发布的《北京市实施〈中华人民共和国大气污染防治法〉条例行政处罚办法》（已废止）等，而到了2000年12月8日修订了《北京市实施〈中华人民共和国大气污染防治法〉条例》，一直致力于大气污染防治的地方立法，不曾停顿。但是，由于北京地区近年来空气质量快速下降，反复出现雾霾天气，并称为雾霾灾害，于是，2013年1月19日，北京市开始制定并送审新的《北京市大气污染防治条例（草案送审稿）》，其包括的主要内容有：（1）大气污染防治的监督管理；（2）污染物总量控制；（3）防治固定源大气污染（包括防治燃料燃烧污染、防治工业污染、防治挥发性有机物污染和防治油烟、恶臭及其他污染）；（4）防治机动车和非道路用动力机械排气污染；（5）防治扬尘污染等。其中许多内容是新的规定，北京市试图通过地方立法，抵御和控制霾灾的发展和蔓延。[①]《北京市大气污染防治条例》通过后，其结构发生了调整，共8章126条，其中，第二章共同防治（第6～39条，共34条）、第三章重点污染物排放总量控制（第40～47条，共8条）、第四章固定污染源污染防治（第48～61条，共

① 2014年5月12日，北京市环保局向有大气环境违法行为的北京巴威公司正式送达了“行政处罚决定书”，处罚金额30万元。这是《北京市大气污染防治条例》正式实施以来，单笔最大罚单。2014年3月1日，《北京市大气污染防治条例》正式实施。这部被称为“史上最严”的治霾法规，细化了大气污染违法行为，加大了行政处罚力度，不仅划出处罚上不封顶的“红线”，更将“造成严重污染，构成犯罪的，依法追究刑事责任”写入其中。参见阚枫、尹力：《北京治霾开大罚单，企业露天刷漆被罚30万》，载中国新闻网，http://finance.cnr.cn/gundong/201405/t20140513_515493246.shtml，最后访问日期：2018年3月8日。

14条)、第五章机动车和非道路移动机械排放污染防治(第62～78条,共17条)、第六章扬尘污染防治(第79～88条,共10条)、第七章法律责任(第89～125条,共37条),而以第二章"共同防治"规定了34条,试图让大气污染治理的京津冀联动机制,能成为可以操作和便于使用的规则;与此同时,第七章"法律责任"史无前例地规定了37条,占全部法规的29.37%(修订前为40条,在总130条中占30.77%),其处罚规则之多,可见一斑。

《北京市大气污染防治条例》第6、23条和第37条规定:(1)防治大气污染应当建立健全政府主导、区域联动、单位施治、全民参与、社会监督的工作机制;(2)市政府应当在国家区域联防联控机构领导下,加强与相关省区市的大气污染联防联控工作,建立重大污染事项通报制度,逐步实现重大监测信息和污染防治技术共享,推进区域联防联控与应急联动;(3)公民负有依法保护大气环境的义务,应当遵守大气污染防治法律法规,树立大气环境保护意识,自觉践行绿色生活方式,减少向大气排放污染物。把大气污染的防治机制、政府职责和公民个人义务等,规定得非常清晰。

资料显示,自2014年3月1日北京市实施《北京市大气污染防治条例》以后,从3月至8月为期半年的执法中,北京各区县环保部门共检查各类污染源单位8000余家次、市级环保部门共检查1000余家次,立案处罚环境违法单位615家,处罚金额1300余万元,违法单位及违法行为全部公开曝光处理。① 应当说,地方性生态安全立法的进程,从总体上看,并不比全国的立法落后或者落伍。换句话说,那种想当然地认为地方生态安全立法落后于全国性生态安全立法的认识,是不准确的。至少,在没有对地

① 参见陈相乐:《北京半年内立案处罚615家环境违法企业》,载新华能源网,http://news.xinhuanet.com/energy/2014-09/02/c_126943896.htm,最后访问日期:2018年3月8日。

方立法的具体情况进行认真分析与调查之前，是不能也不应该武断地得出地方立法落后于全国立法的结论。

（二）地方生态立法的几个样本分析

根据生态资源的区域性及保护的地方政策，我国各个地方的生态安全立法，往往是自然资源地方化保护和利用的法治化过程。这个过程，从表面上看，笼统的判断是：全国各个地方，都是非常重视地方自然资源保护的，自然资源利用的地方化立法，至少从表面上看，从制度设计到义务或职责规范都是没有太多的问题的。不过，由于我国采用的经济发展中的非均衡发展战略，[①] 在东部相对自然资源比较缺乏的背景下，先发展、快发展和高速发展，必然要依赖中西部的资源支持和生态资源的利用。相比之下，作为自然资源和生态资源具有相对优势的中西部地区，则基于国家的宏观经济政策，积极支持东部地区、沿海地区和经济特区等的发展，大量地、价格被限制地和无序地输出自然资源甚至于生态资源。这样一来，资源富集地的地方财政增收，以及资源地居民的资源利用权等，就受到宏观

---

① 所谓非均衡发展，就是为了实现区域经济的可持续发展，在发展战略选择上，跳出平衡发展或者平均发展战略的理论框架，集中资源优势和各种政策，先发展具有发展条件的地区，并在发展非均衡化的基础上，利用先发展地区的经验和积累的资源，带动后发展地区可持续发展的理论。按照阿尔伯特·赫希曼的“不平衡增长论”，经济发展与进步，并不同时出现在每一处，经济发展与进步的巨大推动力，将使经济增长围绕最初的出发点集中，增长极的出现意味着增长在区域间的不平等是经济增长不可避免的伴生物，是经济发展的前提条件。这当中，他提出了与“回流效应”和“扩散效应”相对应的“极化效应”和“涓滴效应”。即在经济发展的初期阶段，“极化效应”占主导地位，因此区域差异会逐渐扩大；从长期来看，“涓滴效应”将缩小区域差异。邓小平曾明确指出：“一部分地区发展快一点，带动大部分地区，这是加速发展，达到共同富裕的捷径。”就是阿尔伯特·赫希曼的“不平衡增长论”的政治家的归纳。我国在十八大之后，强调“五位一体”发展战略，就是在经济建设、政治建设、文化建设、社会建设“四位一体”基础上，增加“生态文明建设”，并让东中西部协调发展，把“西部大开发”战略，与国家生态安全战略相结合，以生态文明建设为西部科学发展观的契机，推动我国区域经济的全面协调发展。

经济政策的重要影响。结果，发展的非均衡差距不断加大了。

我国在十八大之后，即强调“五位一体”发展战略，就是在经济建设、政治建设、文化建设、社会建设“四位一体”发挥战略基础上，增加“生态文明建设”的战略发展任务，让我国的东部中部和西部“以生态文明建设”为根本，深化改革，保护环境资源，解决国家生态安全战略的落实与实施问题，促进我国区域经济和社会的协调发展，将我国的“西部大开发战略”，与国家生态安全战略相结合，也与资源利用的国家生态补偿制度、生态建设财政支付转移制度、生态修复地方立法与法治国家、法治政府和法治社会，以及生态保护与社会公众生活幸福指数提升等相结合，把生态文明建设从意识层面、立法层面，推进到制度层面、法治实施与落实层面，并继续推行到我国区域经济全面协调发展的层面。

1. 陕西省的矿产资源地方立法与府谷县资源枯竭。早在 1988 年 1 月 4 日，陕西省即制定发布《陕西省征收部分矿产资源补偿费暂行规定》（以下简称《陕西资源费规定》）。当时正处于改革开放的初期，陕西省政府就敏感地意识到要保护当地的矿产资源，通过“征收部分矿产资源补偿费”把资源优势转化成地方财政收入的主要来源之一。这个《陕西资源费规定》共 13 条并有 5 个收费标准表，其中，第 2 ～ 4 条规定，凡在陕西省境内从事开采国家特定矿产石油、天然气、放射性矿产以外的能源、金属、非金属等矿产资源的国营、集体、各种形式的合资矿山企业和个体采矿，均应缴纳矿产资源补偿费即“资源费”。资源费收费标准，根据不同的矿产品种、不同的有用成分含量、不同的开采条件、不同的交通地理条件等有所区别，一般价格较高、品位较富、地质勘探类型简单、交通地理条件优越的矿产资源，资源费收费标准应当较高。具体收费标准依照《陕西资源费规定》所附“标准”收缴。矿山企业缴纳的资源费，应当摊入采矿成本。

可以说，《陕西资源费规定》就是一个纯粹收费的地方性立法，其资源保护的用意或者目的很少，甚至都没有。1994 年 12 月 27 日，陕西省政府发布新的《陕西省矿产资源补偿费征收管理实施办法》(以下简称《陕西资源费办法》),取代了《陕西资源费规定》。《陕西资源费办法》增加到35条,将过去的5个附表变成了1个附表。其中,把原来的"促进矿山企业合理开发利用和保护矿产资源",修改成"为了维护国家对矿产资源的财产权益,保障和促进我省矿产资源勘查、保护与合理开发"(第1条),并增加规定:采矿权人在中止或者终止采矿活动时,应当结缴矿产资源补偿费。采矿权人在依法办理闭坑手续后,自批准闭坑日期起,停止计征矿产资源补偿费(第16条);地热水、矿泉水的矿产资源补偿费征收按照本办法执行。地下水的矿产资源补偿费征收办法待国务院规定后另行制定。水资源费的征收仍按国家及本省有关规定执行(第33条)。可见,保护自然资源尤其是矿产资源的意识,在地方性立法意识中,表现非常明显和突出。另外,陕西省关于矿产资源的利用,还在采矿权、矿产储量管理和外商投资矿业等方面,都有相应的地方性立法规定,显示了较高的体系化管理能力。

1988年9月28日,陕西省人大常委会以立法的形式,审议通过了《陕西省集体矿山企业和个体采矿管理条例》(以下简称《陕西采矿条例》)。该条例共5章35条,其中的地方性立法宗旨和目的就很明确,即加强对集体矿山企业和个体开采矿产资源的管理,促进合理开发利用和保护矿产资源,保障其合法权益(第1条);矿产资源开发管理必须坚持谁开发、谁保护,谁破坏、谁赔偿,谁污染、谁治理的原则,严禁乱挖滥采,破坏矿产资源(第5条);国家对矿产资源实行有偿开发,开采矿产资源必须按照国家和本省的有关规定,缴纳资源税和资源补偿费(第6条);违反《陕西采矿条例》有关规定,滥占耕地,乱堆放尾矿、废石渣,乱排放废水、污水,损坏耕地、林地、草原,造成水土流失、环境污染的,依照有关法律、法规的规定,分别予以处罚(第29条)。可见,《陕西采矿条例》的规定,要具有可操作性得多。

《陕西采矿条例》于1999年11月30日修正，其立法宗旨修改为“加强矿产资源的勘查、开发利用和保护工作，促进矿业发展，保障经济建设和社会发展的当前和长远的需要”，可见其中已经具有“资源保护”和“生态安全”的意识了。第6条修改为“矿产资源的勘查、开发实行统一规划、合理布局、综合勘查、合理开采和综合利用的方针，坚持保护与开发利用并重的原则”，并规定“禁止用采富弃贫、采厚弃薄、采易弃难、滥采乱挖等破坏性开采方法开采矿产资源（第45条）”。[①]此后，《陕西采矿条例》2004年8月3日修正时，只是个别地方进行了文字型修改，基本内容稳定下来了。

在2000年11月5日这一天里，陕西省政府同时通过和发布《陕西省矿产资源储量管理办法》（以下简称《陕西矿产储量办法》）、《陕西省外商投资勘查开采矿产资源规定》（以下简称《陕西外商矿产规定》）[②]等地方性立法。其中，《陕西矿产储量办法》共5章30条，其第20条规定，采矿权人应当建立健全占用矿产资源储量的统计台账，按年度统计上报开采、损失、因各种原因增减的矿产资源储量；《陕西外商矿产规定》共25条，其中第17条规定，外商投资勘查、开采矿产资源，除法律法规和陕西省政府规定缴纳的税费外，任何单位不得向其摊派和收取其他费用。该规定显然是一种纯粹的鼓励与保护外商的地方政策。

但是，陕西省的矿产资源管理的地方性立法，从自然资源保护和生态安全的角度来看，并不是非常到位或者实施效果非常好的。比如，以煤为矿产资源的代表，陕北府谷县能矿资源特别丰富，其金属镁的产量占世界

① 《陕西采矿条例》第57条规定，勘查、开采矿产资源造成地质灾害隐患拒不治理的，由县级以上人民政府地质矿产主管部门予以警告，可并处5000元以上5万元以下罚款；情节严重的，吊销勘查许可证、采矿许可证。现在看来，这样的处罚规定，太轻也太不具有处罚威慑力了。

② 2000年11月5日，陕西省政府决定：对主要内容与新的法律、法规相抵触，以及已被新的法规或规章代替的《陕西外商矿产规定》，予以废止。

金属镁产量的1/4，被称为“中国镁都”。[①]但是，由于长期以来过度开发，让“中国镁都”府谷县面临破解多年粗放式开发遗留下的生态环境难题，这成为陕西这个民营经济转型升级试验区面临的一次大考。直到2014年2月19日，陕西省环境保护厅才组织召开“陕西省生态功能红线划定启动会”，尽管该次会议标志着陕西省生态功能红线划定工作进入全面实施阶段，但是，陕西省生态功能红线划定与陕西的矿产资源利用的地方性立法相比，显然步子迈得晚了些、慢了些。因为，陕北的有些地方因为要想过度、过快的“富裕”起来，必然要过于粗放开采各种资源，靠卖矿产品快富，比如，神木县作为全国第一产煤大县、GDP破千亿元、全县医疗免费、15年教育免费、千万富翁扎堆、顶级轿车满街跑……这个“塞外名城”神木县曾经特有的标签，现在不仅是煤矿生产的资金链问题遇到严峻的挑战，而且当地的生态安全问题，更是遇到了严峻的考验。[②]

2.西藏自治区的野生动物保护地方立法与“两江四河”流域生态建设。1992年2月20日，西藏自治区人大常委会发布《西藏自治区〈中华人民共和国野生动物保护法〉实施办法》（以下简称《西藏野生动物办法》），该办法共6章38条，并于1997年7月17日、2002年1月20日进行了两次修正。《西藏野生动物办法》第11、16条分别规定：县级以上政府野生

① 地处陕北榆林市辖域的府谷县，是陕、晋、蒙三省交界“神府东胜煤田”的腹地，毫无疑问，该县经济起步于20世纪80年代初，经过30年的高速发展，已经形成以煤炭、电力、化工、冶金、建材为主的工业体系。但是，府谷县在享受地下能矿资源带来的巨大财富的“幸福”与“荣耀”后，开始正视多年粗放式开发，给本地生态环境带来的危害，也就是生态灾害可以用“满目疮痍”来形容的窘境。

② 随着2014年成百上千小额信贷担保公司如多米诺骨牌般倒地，陕北神木县小煤矿矿主中有相当一部分也由富贵变赤贫，从“天堂”回到了“人间”。三角债、股权矛盾、资金链断裂等问题，让原本祥和、富有的煤矿失去了往日的平静，村民与村干部之间、村民彼此之间的矛盾激化，三家煤企的不同命运牵动着市、县、乡镇的各级领导，煤企的股东们在焦虑中等待着“命运的安排”。参见王利博：《陕西神木煤炭经济衰退，村民不愿打工种田》，载《中国企业报》，http：//china.cankaoxiaoxi.com/roll10/2015/0203/649558.shtml，最后访问日期：2018年3月8日。

动物行政主管部门应采取生物和工程技术措施，改善珍贵、濒危野生动物栖息繁衍的环境和食物条件。禁止污染野生动物生存环境；禁止破坏野生动物巢穴、洞；禁止在国家和自治区重点保护野生动物主要栖息繁衍场所使用有毒有害药物。任何单位和个人发现伤病、受困、受灾、迷途的国家和自治区重点保护野生动物，应尽力救护，并及时报告当地野生动物行政主管部门（第 11 条）。禁止非法捕杀、买卖、采集国家和自治区重点保护野生动物（含卵），因科研、养殖、展览、交换、赠送和其他特殊需要捕捉国家一级重点保护野生动物的，必须经自治区野生动物行政主管部门审核向国务院野生动物行政主管部门申请特许猎捕证；猎捕国家二级和自治区重点保护野生动物的，必须经所在地野生动物行政主管部门审核，向自治区野生动物行政主管部门申请特许猎捕证，猎捕证由自治区林业主管部门统一印制。国家或自治区重点保护的野生动物，如对农牧业生产造成严重危害，确需猎捕的，按本条上款的报批程序申请批准后，可以进行适当猎捕，以减轻危害（第 16 条）。可见，对各个义务主体的野生动物保护的行为义务，以及禁止性行为的类型等，《西藏野生动物办法》基本上都有明确而具体的规定。

为了使《西藏野生动物办法》得到更有效的贯彻执行，弥补野生动物给公民造成的人身伤害和财产损失，2006 年 1 月 12 日，西藏自治区政府发布《西藏自治区重点陆生野生动物造成公民人身伤害和财产损失补偿暂行办法》（以下简称《西藏动物损失补偿办法》），该办法共 14 条。其中，《西藏动物损失补偿办法》第 2 条和第 3 条规定，在自治区行政区域内，国家和自治区重点保护的陆生野生动物造成人身伤害和财产损失，可以申请政府补偿，即（1）造成公民身体伤害或者死亡的；（2）对农作物和经济作物造成损毁的；（3）对圈养、归圈的牲畜造成伤害或者死亡的；（4）对有人看护放养的牲畜造成伤害或者死亡的，等等。[①] 而下列情形下，野生动物造成人身伤害和财产损失的，不予补偿:（1）非法进行狩猎活动，造成身体伤害或者死亡的;（2）围观或者挑逗野生动物，造成身体伤害或者死亡的;（3）在生产经营范围外种植的农作物和经济作物造成损毁的;（4）在野外散放或无人看护牲畜造成的伤害或者死亡的;（5）因当事人的过错造成的其他损害情形等。应当说，这个立法，一方面，充分保障了公民因国家和自治区重点保护陆生野生动物造成人身伤害、财产损失时，享有的依法取得政府补偿的权利；另一方面，也将这种因为保护野生动物带来损害的是与非，界分得非常清楚。这种做法，在全国野生动物保护和生态资源保护的地方立法方面，应当是走在前面的。

需要特别强调的是，在西藏自治区的野生动物保护立法，对于西藏自治区而言，不仅对于陆生野生动物非常重视，而且，对于水生的野生动物比如鱼类的保护，也有专门的立法，即制定了《西藏自治区实施〈中华人民共和国渔业法〉办法》等地方性法规，依法进行保护。2012年7月5日，拉萨市政府通过颁行《拉萨市野生鱼类保护办法》（以下简称《拉萨鱼类保护办法》)。《拉萨鱼类保护办法》基于保护水生野生动物的理念规定，拉萨市行政区域内实行全面禁渔保护，禁止在大小江河及其支流、湖泊、自然保护区、湿地保护区和公园内以炸鱼、毒鱼、电鱼、网鱼、垂钓等形式捕捞野生鱼类（第5条）；任何单位和个人在发现捕捞野生鱼类行为时可以向农牧部门举报（第6条）；在野生鱼类洄游河流建闸、筑坝，建设单位应当设置过鱼通道，或者采取其他有效补救措施保证野生鱼类洄游不受阻隔（第8条）；禁止一切破坏野生鱼类生存水域环境行为。禁止向河

---

① 《西藏动物损失补偿办法》第9条第3、4款规定，造成牲畜伤害，致伤尚可治愈的，应支付实际医疗费（医疗费的补偿不超过同类牲畜全部损失的50%）；造成牲畜死亡的按照当地市场平均价补偿，但是高补偿额不得超过以下标准：成年牦牛1500元/头、成年黄牛970元/头、成年绵羊250元/只、成年山羊120元/只、成年猪600元/头、成年马2600元/匹、成年骡子2200元/匹。而造成家庭财产损失的，按财产受损（含房屋）程度、实际数量和当地价格计算。

流湖泊超标准排放污水、废气，堆积、倾倒生活垃圾、建筑垃圾、工业废弃物及有毒有害物质（第9条）等。

应当说，西藏自治区人大和拉萨市政府的地方立法的积极性，可以肯定的是：西藏的生态资源保护工作，应当是走在全国前列的。当然，随着进一步改革和经济社会发展的压力增加，西藏自治区生态资源保护的任务，依然任重道远。2015年2月初，西藏自治区政府召开常务会议，为推动自治区域内的生态文明建设，[①] 保持与《西藏生态安全屏障保护与建设规划（2008—2030年）》的有机衔接，原则通过《西藏“两江四河”流域造林绿化工程规划（2014—2030年）》。根据这个规划的安排，西藏自治区将在17年的建设期内，分为前后两期，分别为7年和10年，共投资300多亿元，到2030年，西藏“两江四河”流域，[②] 实施造林绿化规模1074.49万亩，实现区域森林面积增加，森林质量提高，乔灌草相结合，水系森林、农田林网、绿色通道、城乡森林协调配置的森林生态体系，结构渐趋完善，荒漠化、沙化现象得到有效控制，生物多样性逐步恢复，生态服务功能显著增强，人居环境不断优化，生态安全屏障作用日益显现。[③]

---

① 西藏是生物物种的基因库，近几年的数据表明，西藏植物种类达到5900多种，占我国植物种类的18%；脊椎动物795种，占全国的比例为12.7%，森林资源是多数动物栖息的家园。西藏实施造林绿化工程等生态文明建设，对保护生物物种的多样性，其意义是不言而喻的。

② 西藏“两江四河”流域，即西藏境内的雅鲁藏布江、怒江、拉萨河、年楚河、雅砻河、狮泉河的干流、一级支流两岸第一层山脊以内，以及周边生态区位或生态极其脆弱区域。“两江四河”流域面积33597.47万亩，为此，西藏自治区确定该区域宜林地资源，结合区域生态建设的需求，将实施造林绿化规模为1074.49万亩。“两江四河”流域集中了西藏80%以上的人口、85%以上的粮食产量和85%以上的国内生产总值，所以，“两江四河”流域的生态建设，直接关系到西藏各族人民的生活环境、粮食的高产稳产和经济社会的可持续发展。

③ 由于受全球气候变化影响和特殊自然地理条件的限制，西藏“两江四河”流域的生态环境，依然很脆弱，土地沙化、草原退化、水土流失、生物多样性减少等仍是该区域不可忽视的生态问题。所以，生态保护与生态文明建设问题，显得尤为重要。参见韩俊杰:《通过“两江四河”流域造林绿化工程规划，西藏筑牢国家生态屏障》，载《人民日报》2015年2月4日，第14版。

3. 云南省的陆生野生动物保护地方立法的不足。1996 年 11 月 19 日，云南省人大常委会通过《云南省陆生野生动物保护条例》(以下简称《云南野生动物条例》，共 29 条)，其第 1 条开宗明义地规定，为了保护、发展和合理利用野生动物资源，维护生态平衡，根据我国《野生动物保护法》及实施条例等法律法规，制定《云南野生动物条例》。在整个《云南野生动物条例》中，禁止性的规定很多，主要有：(1) 禁止非法猎捕野生动物 (第 6 条)；(2) 对受到自然灾害威胁和受伤、受困、病残、迷途的国家和省重点保护的野生动物，县以上林业行政主管部门应当及时采取拯救措施，可以根据需要设立拯救收容机构，具体负责拯救收容工作 (第 10 条)；(3) 禁止任何单位和个人非法收购、出售、加工、运输、携带、邮寄野生动物或其产品。禁止为其行为提供工具、场所及其他便利条件 (第 17 条)；从事饮食业的单位和个人，不得非法经营野生动物或者其产品 (第 18 条)；禁止伪造、倒卖、转让狩猎证、特许猎捕证、运输准运证、经营许可证、驯养繁殖许可证 (第 20 条)。与《西藏野生动物办法》相比，《云南野生动物条例》似乎在立法的措施性和可操作性上，要略逊一筹。理由是，2012 年 3 月 31 日《云南野生动物条例》修正时，只是进行了皮毛性的修改，[①] 而没有像西藏自治区那样，真正把陆生野生动物的保护，当成是生态文明建设的一个重要组成部分，而全力以赴地开展地方立法的保

---

① 2012 年 3 月 31 日，云南省人大常委会发布《关于修改 25 件涉及行政强制的地方性法规的决定》，对《云南野生动物条例》的修改是：(1) 第 21 条修改为："林业公安机构、自然保护区管理机构、森林武警部队、经省人民政府批准设立的木材检查站和乡林业工作站，有权依法扣押非法猎捕、出售、收购、携带和无证运输的野生动物、野生动物产品及其猎捕、装载工具。"(2) 第 25 条修改为："有关部门依法扣押、没收的野生动物或者其产品，应当及时移交当地林业行政主管部门处理。" 2014 年 7 月 27 日，云南省人大常委会发布《关于修改部分地方性法规的决定》，对《云南野生动物条例》的修改是：(1) 删去第 19 条，即 "未经省林业行政主管部门同意，不得为经营野生动物或者其产品制作、发布广告"；(2) 删去第 22 条第 3 项中的 "违反第 19 条规定的，由工商行政管理部门按有关规定处罚"。

护工作。换句话说，云南省在陆生野生动物的保护方面，其工作意识和立法保护的能力，似乎要比西藏自治区差一些。这种差距，表明了云南省对于陆生野生动物保护地方立法的不足。

4. 重庆市的三峡生态保护地方立法的启示。1998 年 5 月 29 日，重庆市人大常委会通过并颁行《重庆市长江防护林体系管理条例》(以下简称《重庆长江防护林条例》)。应该说,《重庆长江防护林条例》至少在名称上就值得“玩味”——“长江防护林体系”管理的提法，有些漫无边际之嫌。长江防护林体系，包括规划区内的防护林、用材林、经济林、薪炭林和特种用途林。而“防护林”则包括水源涵养林、水土保持林、农田防护林、防路林和护堤护岸林（第 2 条）;“长江防护林体系建设”是指以长江为主线，以其流域水系为单元，通过恢复和增加森林植被，多林种、多树种合理配置，乔灌草并重，网带片点有机结合，建成以防护效益为主的公益型林业工程（第 3 条）。长江防护林体系建设，应遵循统一规划、因地制宜、因害设防、分类指导的原则，依靠社会力量，实行山、水、田、林、路综合治理，以生态效益为主，兼顾经济效益、社会效益相结合（第 4 条）。至少，在地方性立法的理念上,《重庆长江防护林条例》在当时就重视“生态效益”是非常难能可贵的。

另外,《重庆长江防护林条例》在具体保护措施上，也具有相当可行性，规定:（1）长江防护林营造后，需要封山护林的，由区、县（市）人民政府发布公告，实行封山护林。封山护林的时间不得少于 3 年。区、县（市)、乡（镇）人民政府应在长江防护林营造后建立管护组织，制定管护制度、落实管护人员和经费（第 32 条)。(2）禁止在防护林内毁林开荒和毁林采石、采砂、取土。确需在林内采石、采砂、取土的，应报县级以上林业主管部门批准并依法办理手续（第 33 条)。(3）防护林禁止皆伐[①]，根

① 皆伐，在一个采伐季节内，将林木采伐区内的林木全部伐除的森林主伐方式。

据森林培育有需要或者遭受自然灾害特别严重的防护林，可以实行抚育或更新性质的采伐。采伐后的郁闭度，应保持在 0.6 以上（第 34 条）。

2001 年 11 月 30 日，重庆市人大常委会通过并颁行《重庆市长江三峡库区流域水污染防治条例》（以下简称《重庆库区水污染条例》，2005 年 5 月 27 日修正[①]）。这个条例，是重庆市针对自己的地方生态环境的特点，颁行的三峡库区流域水污染防治的地方性法规。2011 年 7 月 29 日，重庆市人大常委会通过并颁行了《重庆市长江三峡水库库区及流域水污染防治条例》（以下简称《重庆库区流域水污染条例》），取代了《重庆库区水污染条例》。从这两个不同名称的地方性法规目录看，《重庆库区水污染条例》第一章总则、第二章水污染防治的监督管理、第三章水体污染防治（包括第一节工业污染防治、第二节城镇污染防治、第三节船舶污染防治和第四节其他污染防治）、第四章法律责任和第五章附则等，而《重庆库区流域水污染条例》目录为第一章总则、第二章规划和监督管理、第三章饮用水水源保护、第四章水体污染防治、第五章法律责任和第六章附则等。其中，差异比较大的地方有：《重庆库区流域水污染条例》的第二章增加了“规划”、增加第三章“饮用水水源保护”，所以，尽管条款数量增加不多，但是，内容调整幅度很大，为此，就启用了一个不完全相同的法规名称，并将《重庆库区水污染条例》废止。

根据《重庆库区流域水污染条例》的规定，重庆市为了保护三峡库区和流域的水生态，出台的规则包括：（1）立法目的。为防治长江三峡水利枢纽工程重庆库区及流域（库区流域）水污染，保护和改善水环境，保障饮用水质量，实现水资源持续利用，制定本条例（第 1 条）。（2）目标责任制。水环境保护实行目标责任制，重庆市政府应当将水环境保护目标完

① 2005 年 5 月 27 日，《重庆库区水污染条例》修正的主要内容有：（1）将第 43 条第 2 款修改为：“从事接收船舶垃圾的单位，应当将船舶垃圾运往市政部门指定的垃圾转运站或处理场，不得任意倾倒”；（2）将第 54 条第 1 款第 4 项修改为：“违反规定从事船舶垃圾收集、运输、处理的。”

成情况作为对区县（自治县）政府、市政府有关部门及其主要负责人考核评价的重要内容（第3条）。（3）总量控制。任何单位和个人排放水污染物，不得超过国家或者本市规定的水污染物排放标准和重点水污染物排放总量控制指标。向水体直接或者间接排放污染物的企业事业单位和个体工商户（排污单位）应当按照有关规定执行排污申报、排污许可制度（第10条）。（4）水质恶化限产。因严重干旱等不可抗力导致水体水质达不到功能区要求时，市、区县（自治县）政府可以根据排污单位水污染物排放情况，对排污单位采取限制生产、停产等措施（第15条）。（5）排污口负责。排污单位应当按照国家和本市规定设置和管理排污口，并对排污口排放的污染物负责（第16条）。（6）排污设施监控。排污单位应当保持水污染防治设施的正常使用，如实记录污染防治设施的运行、维护和污染物排放等情况备查，并按规定安装、运行在线监测、监控设备（第17条）。（7）养殖分类管理。市、区县（自治县）政府应当制定畜牧业发展规划，合理布局畜禽养殖，划定畜禽禁养区、限养区并实施分类管理（第42条）。（8）禁止排放与养殖。禁止采用向库区流域水体投放化肥、粪便、动物尸体（肢体、内脏）、动物源性饲料等污染水体的方式从事水生养殖。禁止在三峡水库175米淹没区内从事网箱养殖（第46条）。（9）定义解释。《重庆库区流域水污染条例》第64条规定了3个名词的解释：一是“有毒有害物质”是指列入《危险货物品名表》《危险化学品名录》《国家危险废物名录》《剧毒化学品目录》的物质及其他强腐蚀性、强刺激性、放射性和剧毒、致癌、致畸的物质；二是“污染危害性货物”是指直接或者间接进入水域，会产生损害生物资源、危害人体健康、妨害渔业和其他合法活动、损害水体使用素质和减损环境质量等有害影响的货物；三是“动物源性饲料”是指以动物或者动物副产品为原料，经工业化加工、制作的单一饲料等。这些规定，表现出重庆市人大立法时候的精心、用心和尽心的态度。

应当说，在几个地方性立法的样本当中西藏和重庆是做得比较好的，陕西省、云南省做得相对要差很多。虽然从表面上，陕西省制定相关的矿产资源的地方性立法，目的是保护矿产资源和生态环境，但是，陕北榆林市下辖的府谷县、神木县纷纷出现的环境严重恶化和生态问题的日益突出，都是这种貌似非常重视地方性立法，实则导致地方性立法成为某些资源利用人谋取个体利益的工具，而非当地环境保护或者生态安全义务履行的重要保证。在这一方面，云南省的陆生野生动物保护立法，也属于这种弱性立法模式的样本与典型。

（三）地方生态安全立法的规制

地方生态安全立法的目的，一方面，是为了更好地贯彻实施国家生态安全战略，以及国家生态安全法律法规的实施，管理好本行政区内的生态安全；另一方面，进行地方生态安全立法，需要依据我国《立法法》的规定，依法立法、科学立法和公众参与立法等。首先，是确定合理科学的立法目的，以及立法要实现的各种目标。要克服那种把立法当成工作，而不是当成生态保护目标的不当目标设定，防止出现陕西省、云南省等“应付型”地方立法的不当做法。也就是说，地方生态安全立法，不是为了应付国家法律、政策的要求，而是根据可持续发展战略，以及生态文明建设“五位一体”总体布局的要求，对本行政区实际情况进行考量，本着对本行政区生态安全和公民身体健康负责，从追求生态公平，落实国家生态安全战略出发，并且不得与上位法相抵触。

其次，是符合我国《宪法》和各单行法律规定的立法主体、立法权限等规则。即省、自治区、直辖市和较大的市的人民代表大会及其常务委员会，根据本行政区域的具体情况和实际需要，在不同宪法、法律、行政法规相抵触的前提下，可以制定地方性法规；省、自治区、直辖市和较大的市的人民政府，可以根据法律、行政法规和本省、自治区、直辖市的地方性法规，制定规章。

再次，应保证地方立法程序合法。省、自治区、直辖市和较大的市的人民政府，可以根据法律、行政法规和本省、自治区、直辖市的地方性法规，制定规章。省、自治区、直辖市和较大的市的人民政府，可以根据法律、行政法规和本省、自治区、直辖市的地方性法规，制定规章。

最后，是地方性立法的程序合法性问题。除按照我国《立法法》有关对地方性法规、规章制度的规定外，生态安全立法是需要社会、科学技术的协助，对环境问题的预防、出现、治理和资源的利用、保护进行科学鉴定、投入、考察，也需要专业法律知识的逻辑分析。所以，在立法过程中，要通过听证会、座谈会、论证会等多种形式，听取生态专家对本地经济、环境进行科学论证和法律专业人士的指导意见。对于影响公民生态安全权利与义务的规定，还应通过多种方式如网络、报纸进行信息公开，采取听证等形式听取公众意见，进行综合考量。

（四）地方生态安全立法完善的路径

解读我国地方性生态安全方面的立法，我们发现，在陕西、西藏、云南和重庆等样本中，普遍存在的问题是抄袭上位法的情况比较严重，而针对性、可操作性和措施性的地方性立法相对较缺。有个别的地方性立法本身，让人觉得除了有“应景之作”或者“应付差事”的感觉之外，似乎很少留下值得分析研究的东西。这是我国的国家立法缺乏可操作性带来的不良立法习惯，在地方性立法中的必然表现与反映。为了完善地方生态安全的立法，笔者认为，其解决的方案与路径应当有以下几种。

1. 克服简单复制的不良习惯。地方生态安全立法简单复制上位法，不考虑本行政区域特有的生态环境与资源状况、社会与经济发展状况。地方生态安全立法应当在不违背上位法的前提下，对国家规定的较粗的基本生态安全原则性规定进行细化，必须结合行政区特有的生态情况。全国生态安全态势差异很大，不同之处非常多。根据《2012 中国环境状况公报》，全国城市环境空气质量总体保持稳定，地区空气质量不同，部分地区部分可吸入颗粒物年均浓度超标。所以，如北京地区需要针对反复出现的雾霾天气，进行对症立法以控制大气污染，减少可吸入颗粒物浓度，改善大气环境质量。在 2014 年 1 月 22 日，北京终于颁行了共 8 章 130 条的《北京市大气污染防治条例》，其条款数量之多，可谓史无前例了。2008 年 7 月 18 日，环保部联合中国科学院根据区域生态特征、生态系统服务功能等，确定不同区域的生态主导功能，编制并发布《全国生态功能区划》。①2006 年 6 月 14 日，四川省综合考虑本省情况，早于国家的生态功能区划，历时 4 年编制而成的《四川省生态功能区划》，经过四川省政府批复，正式出台施行。这是四川省历史上首个《四川省生态功能区划》，它将四川全省生态功能区划分为 4 个生态区、13 个生态亚区、36 个生态功能区。其中，长江源、黄河源、九寨沟、峨眉山等四川省级以上自然人文景观，均被划

① 我国生态功能区划，是基于生态环境保护的结构调整和生态安全布局的重要决策依据。《全国生态功能区划》，对我国生态空间特征进行了全面分析，对生态敏感性、生态系统服务功能及其重要性进行了评价，确定了不同区域的生态功能，提出了详细的全国生态功能区划方案。据此，全国被划分为 216 个生态功能区。其中，具有生态调节功能的生态功能区 148 个，占国土面积的 78%；提供产品的生态功能区 46 个，占国土面积的 21%；人居保障功能区 22 个，占国土面积的 1%。生态功能区划的目标主要有 3 个方面：一是明确全国不同区域的生态系统类型、生态环境问题、生态敏感性和生态系统服务功能类型及其空间分布特征，提出全国生态功能区划方案，明确各类生态功能区的主导生态服务功能以及生态环境保护目标，划定对国家和区域生态安全起关键作用的重要生态功能区域；二是强化统筹兼顾、分类指导和生态系统管理思想，改变按要素管理生态系统的传统模式，以保护生态功能为基础，增强各功能区生态系统的生态调节功能，实现区域生态系统的良性循环；三是以生态功能区为基础，指导区域生态保护与生态建设，为区域产业布局、资源利用和经济社会发展规划提供科学依据，促进社会经济发展和生态环境保护的协调。参见王莉萍、张其瑶：《着眼生态系统服务功能，发布〈全国生态功能区划〉，中国可持续发展的“地图”》，载《科学时报》2008 年 8 月 13 日，第 2 版。

入生态功能区，享受特别保护的措施。①

根据《四川省生态功能区划》规定，川西高原和盆周山地的生态功能区，主要以自然景观分布为主，四川盆地则主要是以文物保护和人文景观分布为主。值得一提的是，长江源高寒草甸草原、黄河源高寒草甸草原沼泽、岷江上游水源涵养与土壤保持带均被纳入生态功能保护区。这是四川省首次将长江、黄河两大河流发源地，纳入四川省的生态功能保护区保护范围，也为长江、黄河上游国家生态安全战略的实现，提供了坚实的地方义务体系化的坚实基础。

其中，根据生态服务功能重要性、生态环境敏感性与生态环境问题划分三级区，划分为川西高山峡谷水源涵养功能区、盆周山地水土保持与水涵养功能区、盆地低山丘陵水土保持与生态农业功能区和川西南山地水源涵养与水土保持功能区，生态功能区共分成36个，并按照确定的区域生态功能定位对其有不同的要求。即针对四川生态功能区的生态服务功能类型分为6类之后，根据生物多样性保护、水源涵养、土壤保持、营养物质保持（污染防治）、社会生产和自然人文景观的生态特质，制定不同的环境标准、排污费用标准等规则。②

2. 强化地方政府的生态安全意识。地方政府的生态安全意识不强，在

① 《四川省生态功能区划》将四川省的生态功能区划分为三个等级，即先从宏观上以自然气候、地理特点划分一级区，即自然生态区，共4个；然后，再根据生态系统类型与生态系统服务功能类型划分二级区，即生态亚区，共13个；最后，根据生态服务功能重要性、生态环境敏感性与生态环境问题划分三级区，即生态功能区，共有36个。这36个生态功能区又分为6类，以生物多样性为重要服务功能的功能区有12个；以水源涵养为重要服务功能的功能区有10个；以土壤保持为重要服务功能的功能区有14个。其中：适宜发展城市的功能区，主要分布在成都平原及盆地丘陵区；适宜发展农业的功能区主要分布在成都平原、盆地丘陵区和安宁河流域；适宜发展牧业的功能区主要分布在川西高山高原的沙鲁里山丘原、金沙江上游及川西北高原的黄河源区和石渠高原；四川省具有污染控制、营养物质保持重要服务功能的区域，主要分布在成都平原及盆地丘陵区；具有重要保护价值的国家级和省级以上的自然人文景观，则遍布四川全省36个生态功能区之内。

② 参见曹小佳:《四川首度生态划区》，载《华西都市报》2006年6月15日，第2版。

生态安全与经济发展的矛盾中，倾向于经济发展，而不重视生态安全的保护以及生态公平问题。各地政府在执行国家生态立法和生态安全战略这一大方针下，往往更看重经济发展，而这也有过去将地方经济发展的GDP作为考核政绩标准方面的原因，不过，这是与法治政府的目标要求不相符合的。

我国是社会主义国家，政府的权力来源于人民的委托，政府作为资源管理人承担着生态安全职责与生态安全义务，以保护公民生态权利即生态安全权、环境权和生存权等权利为己任。那么，就应该提高生态安全意识，积极探索经济与生态安全协调发展的途径。在对地区生态安全立法中，重点考虑本地生态安全及社会生态安全的区域内公平问题，将生态安全问题放到生态文明建设的高度予以考虑。这就要求经济发展与生态保护，都要追求可持续发展。其中，要保证经济发展在生态承载能力的范围内，而且每个人都有平等的生存权和发展权（既要讲“代内公平”，也要讲“代际公平”）；避免生态安全立法无效、滞后和相关实施措施不同步，要制定具有前瞻性和实用性，尤其是实施措施具体适用的地方生态安全立法。

3. 强化和提高生态环境保护的执法能力。生态安全法律尤其是地方性法规的执行效率不高，环保部门的执行能力不强，以及相关政府职能部门的执行配合能力不强表现出的执法能力弱，也是一个重要原因。事实上，许多地方生态安全呈现区域恶化趋势，便是地方性生态安全立法无后续保障的具体而直观的表现，这当然要以地方性立法的法律效力约束不力的形式表现出来了。首先，应有法律的执行保障，一切单位和个人对资源管理人和利用人有监督、举报的权利，对资源管理人和资源利用人以及公民，规定详细的违法行为应当承担的行政责任、民事责任和刑事责任，并使之实际承担或被依法追究。在这一方面，许多地方性立法的“应景性”或者“应付性”表现得非常明显和突出。

其次，解决环保部门执法能力不足、执法不规范的问题。这要求，一方面，应当改善环保部门的执法环境，满足其执法手段要求，提升其执法能力和执法积极性、主动性等；另一方面，外部配合问题，即相关政府职能部门的生态安全执法和环境保护执法的配合能力问题。这种各个部门的职能配合的切入点，首先是应当赋予环保部门在紧急状态下的强制执法权。2014 年 12 月 29 日，国务院办公厅以国办函〔2014〕119 号印发《国家突发环境事件应急预案》(以下简称《国家环境应急预案》)，在一定层面上提升了环保部的强制执法权。但是,《国家环境应急预案》强制执法权本身的改变，并不等于环保部和各级环境保护厅局的行政执法权当然也随之提升。对此，需要通过政府职能的进一步改革来完善。

再次，在目前我国的相关政府职能的立法规定中，环保部门并无自行强制执行的行政权力，而是很大程度上要依赖于法院的司法执行权力。但是，对于资源利用人的环境污染、资源滥用等行为产生的问题，包括对生态安全带来的具有不可逆的直接损害的一类行为，应当赋予环保部门对紧急事务或者在紧急状况下，履行行政强制执行的职责与行政能力，才能解决我国环保部及其环境部门，职能、职权和职责过于弱化的问题。

最后，随着社会与经济的高速发展，要求与之配套的生态安全与生态文明建设的立法不断推进与完善，尤其是在这些法律法规和政府规章的执行效力上，也越来越成为一种生态文明建设的直接考量因素。为此，就要综合考虑人口的发展、资源的利用，通过新的设备、监测技术和方法得到的数据等，一方面，对生态安全的法律法规和政府规章等，不断进行修改和完善。包括对那些无实用价值的法律法规和政府规章等，要适时废止，预防法律法规和政府规章等，成为生态安全保护和生态文明建设的绊脚石。另一方面，要认识到我国京津冀地区近年来出现的大气污染、流域污染等生态安全问题的背后，是我国经济和社会发展过程中，长期以来生态环境保护和生态安全的立法欠账太多。其中，环保部和各级环保部门不但不能有效地保护环境，反而个别地方，竟然以收取排污费维持生计，成为我国环境保护政策的一大“败笔”。①

由于许多环境因素，比如，大气、水和固废等资源，具有很强的流动性与聚合性，资源利用人的致灾性的汇聚，必然导致环境污染具有明显的区域性。因此，在地方生态安全立法之外，需要进行地区之间的环境生态利益的交流与合作，进行区域性生态安全保护与治理的配合，以便形成良好的区域联动与合作机制。唯有如此，相关地方政府及其职能部门的环境生态执法能力，才能大大提升起来。

四、突发性环境事件的紧急状态立法规定

（一）突发性环境事件界定与应急立法

突发性环境事件，学者给出的定义，是指突然发生、造成或者可能造成重大人员伤亡、重大财产损失和对全国或者某一地区的经济社会稳定、政治安定构成重大威胁和损害，有重大社会影响的涉及公共安全的环境事件。有学者将环境事件细化为环境质量恶化或生态系统破坏事件。②在立法层面，突发环境事件更精确的定义，来自《国家环境应急预案》第1.3条的规定，即是指由于污染物排放或自然灾害、生产安全事故等因素，导致污染物或放射性物质等有毒有害物质进入大气、水体、土壤等环境介

---

① 《人民日报》2007年7月31日报道：安徽省灵璧县环保局严重超编，在全部干部职工94人中，公务员编制的有8人，他们的工资由县财政全额发放；财政差额拨款的有13人，他们的工资由县财政发70%，另外30%由环保局自己解决；剩下的73人都在环境监察大队，他们的工资要靠环保局自己来解决。“僧多粥少”怎么办？吃排污费！灵璧县环保局2006年收上来的排污费为99万元，这些钱的25%上缴省、中央财政，40%由市、县调控统一安排使用，剩下的35%归县环保局支配，环保局就把这部分钱发了工资。参见安人和：《环保局靠排污费养活意味着什么》，载http：//news.sohu.com/20070801/n251348361.shtml，最后访问日期：2018年3月10日。

② 参见汪劲：《环保法治三十年：我们成功了吗——中国环保法治蓝皮书（1979—2010）》，北京大学出版社2011年版，第118页。

质，突然造成或可能造成环境质量下降，危及公众身体健康和财产安全，或造成生态环境破坏，或造成重大社会影响，需要采取紧急措施予以应对的事件，主要包括大气污染、水体污染、土壤污染等突发性环境污染事件和辐射污染事件。[①] 突发环境事件的引发原因，有自然灾害引起和人为因素引起，人为因素又分为生态安全事故、企业排污、交通事故、其他因素引发。《国家环境应急预案》第1.3条的规定中，强调环境突发事件是“由于污染物排放或自然灾害、生产安全事故等因素”三种类型构成。

突发性环境事件的法律特点主要有：一是爆发的突然性，由于自然环境因素的改变或人为对资源的不当利用、对环境的污染破坏，短时间内引起环境事件；二是影响的广泛性，突发环境事件按照类型可分为大气污染、水污染、血铅污染等；大气、水等自然因素具有天然的流动性，一地的环境事件不仅仅停留在本行政区内，而且一些环境事故甚至可能影响周边国家的环境质量，事件涉及众多行业和领域，造成的经济影响范围广；三是后果的严重性，作为我们生存所依赖的自然要素，它们的受损将直接影响我们的生活、生存，加之环境要素的流动性，突发性环境事件将导致广泛的后果，事件的治理将消耗大量人力、财力，甚至影响一国的社会安定与国际局势。

例如，根据《2012中国环境状况公报》的资料，在2012年我国共发生542起突发环境事件，包括：5起重大突发环境事件，5起较大突发环境事件，532起一般突发环境事件，未发生特别重大的突发环境事件。[②] 根据《2016中国环境状况公报》，2016年全年共出现46次区域性暴雨过程，

---

① 根据《国家环境应急预案》第1.3条第3款的规定，核设施及有关核活动发生的核事故所造成的辐射污染事件、海上溢油事件、船舶污染事件的应对工作按照其他相关应急预案规定执行。重污染天气应对工作按照国务院《大气污染防治行动计划》等有关规定执行。

② 参见环保部《2012中国环境状况公报》，载http://jcs.mep.gov.cn/hjzl/zkgb/2012zkgb/201306/t20130605_253347.htm，最后访问日期：2013年10月8日。

为1961年以来第四多，全国有3/4的县市出现暴雨，暴雨日数为1961年以来最多；强降水导致26个省（区、市）近百城市发生内涝；与2000年以来均值相比，农作物受灾面积、受灾人口、死亡人口、倒塌房屋分别少14%、27%、49%、57%，直接经济损失偏多，达150%。全国没有出现大范围、持续时间长的严重干旱，旱情较常年偏轻；与2000年以来均值相比，农作物受旱面积、受灾面积、人饮困难数量分别少31%、51%和80%。[①]应当说，突发环境事件的法律特点决定了，我们必须在平时，就要做好环境突发性事件的立法工作。在这种情况下，应对立法的实质就是进行环境突发事件的预防性立法。按照突发事件应对的“一案三制”原则，先要制订应急预案，完成“一案”的立法任务之后，才能谈得上应急应对的“三制”建设问题。

（二）《国家环境应急预案》与地方性应急预案

突发环境事件的复杂性，决定了我国建立完善的预防及处理制度的必要性和急迫性。为此，2015年2月3日，国务院办公厅印发了修订后的《国家环境应急预案》，该《国家环境应急预案》共7章，分别为总则、组织指挥体系、监测预警和信息报告、应急响应、后期工作、应急保障和附则，比2005年5月24日的《国家环境应急预案》有了重大的改进与突破。[②]

---

① 参见环保部《2016中国环境状况公报》（2017年6月5日），气候与自然灾害；气象灾害。

② 与2005年5月24日国务院批准、国务院办公厅印发的《国家环境应急预案》相比，新的《国家环境应急预案》吸纳了近年来突发环境事件应对工作的有效经验，主要从以下几个方面进行了调整：（1）明确了突发环境事件的定义和预案的适用范围，对突发环境事件进行了界定，明确包括大气污染、水体污染、土壤污染等突发性环境污染事件和辐射污染事件；（2）完善了应急组织指挥体系，按照分级负责、属地管理为主的体制要求，明确了国家、地方的组织指挥体系架构及其相应职责，并要求地方根据需要设立现场指挥部，将各部门在应对突发环境事件中的职责放在预案的附件中，通过国家环境应急指挥部组成及工作组职责方式进行阐述；（3）完善了监测预警和信息报告机制，细化了预警信息发布和预警行动措施，从预警分级、预警信息发布、预警行动以及预警级别调整和解除四方面进行了系统阐述，并对信息获取、报告、通报等提出了进一步要求；（4）完善了事

《国家环境应急预案》属于综合性应急预案，在突发环境事件的“一案三制”应急体制之下，还需要相应的专业性应急预案的出台、细化和完善，才能做到预防、应对和处置等相协调。

对于突发环境事件的预防，我国的环境保护“三同时原则”、环境影响评价制度、排污许可制度等，已经被我国《环境保护法》《大气污染防治法》《水污染防治法》《固体废物污染防治法》等法律，以众多的环境事件预防的法条，进行了制度性规定。并且，我国在建立突发环境事件的应急预案体系中，在1988年至2004年，先后制定了《黄河敏感河段水污染预警与应急预案》《淮河流域环境应急预案》《处置化学恐怖袭击事件应急预案》等18个专业性应急预案。2005年5月24日、2006年1月8日，国务院先后发布《国家环境应急预案》《国家突发公共事件总体应急预案》，在2006年，又先后完善《城市光化学烟雾事件应急预案》《生物物种安全环境应急预案》等7项专业性预案。[①]

当然，仅有《国家环境应急预案》和相应的专业性预案还不够，还需要各级地方政府制定颁行地区性突发环境事件应急预案，构成上下协调和横向配合的地方性突发性环境事件的应急体系。例如，2007年7月6日颁布施行，并于2013年6月18日修改的《四川省突发环境事件应急预案》

件分级和分级响应机制，明确了各级响应的责任主体，初判发生特别重大、重大突发环境事件，启动Ⅰ级、Ⅱ级应急响应，由事发地省级人民政府负责应对工作；发生较大突发环境事件，启动Ⅲ级应急响应，由事发地市级人民政府负责应对工作；发生一般突发环境事件，启动Ⅳ级应急响应，由事发地县级人民政府负责应对工作；（5）完善了应急响应措施，进一步明确了国家层面的应对工作，分为环境保护部工作组、国务院工作组和国家环境应急指挥部三个层级，细化了应对流程，并对具有共性的现场污染处置、应急监测等进行了系统描述，突出了环境污染处置特点；（6）调整了分级标准，从人员伤亡、经济损失、生态环境破坏、辐射污染和社会影响几方面对事件分级具体标准进行了统一规定，并从正文调整到附件，增加了正文的可读性等。

① 参见陈善荣：《全国环保局长论坛——我国环境安全的管理形式与任务》，载 http://www.cenews.com.cn/hbjzlt/jzlt_jyjl/200908/t20090824_621999.html，最后访问日期：2018年3月8日。

（以下简称《四川环境应急预案》），[1]就在相关的应急制度的建设层面，有了新的改进。主要是：（1）制定依据。依据我国《环境保护法》《突发事件应对法》《危险化学品安全管理条例》《行政机关公务员处分条例》《国家突发环境事件应急预案》《突发环境事件信息报告办法》《突发环境事件应急预案管理暂行办法》《环境保护违法违纪行为处分暂行规定》《四川省突发公共事件总体应急预案》《四川省环境污染事故行政责任追究办法》等规定，制定本预案。（2）环境保护厅职能。四川省环保厅负责组织环境污染与生态破坏事故的应急处置工作，组织对周围环境指标的监测，确定危害范围和程度；负责环境污染与生态破坏事故的调查处理；参与突发环境事件的控制；协助司法部门和纪检监察部门对突发环境事件责任单位和责任人进行责任追究；指导和监督污染物收集、清理与处理，受污染和破坏的生态环境恢复等。（3）应急工作组。四川省突发环境事件应急指挥部，设综合协调组、应急监测组、污染控制组、事故调查组、医疗救治组、应急保障组、治安维护组和宣传报道组共8个应急工作组，组织实施应急处置工作，等等。应当说，这个比2015年2月3日的《国家环境应急预案》更具有可操作性。

（三）《国家环境应急预案》与突发事件应对法

2011年3月24日，环保部公布《突发环境事件信息报告办法》（以下简称《环境信息报告办法》），对于突发环境事件发生后，信息通报及其处理进行具体的规定。在《环境信息报告办法》的附录“突发环境事件分级标准”中，按照突发事件的严重性和紧急程度，将突发环境事件分为特别重大（Ⅰ级）、重大（Ⅱ级）、较大（Ⅲ级）和一般（Ⅳ级）四级。《环境信息报告办法》规定，县级以上政府环境保护主管部门应当建立突发环

---

①《四川省突发环境事件应急预案》（川办函〔2007〕151号文，2007年6月8日），共有10条。

境事件信息档案，并按照有关规定向上一级人民政府环境保护主管部门报送本行政区域突发环境事件的月度、季度、半年度和年度报告以及统计情况。上一级人民政府环境保护主管部门定期对报告及统计情况进行通报（第10条）；突发环境事件的报告分为初报、续报和处理结果报告。初报在发现或者得知突发环境事件后首次上报；续报在查清有关基本情况、事件发展情况后随时上报；处理结果报告在突发环境事件处理完毕后上报（第12条）。应当说，《环境信息报告办法》本身，就是配合《国家环境应急预案》实施和执行的。

我国《突发事件应对法》第3～4条规定，突发事件是指突然发生，造成或者可能造成严重社会危害，需要采取应急处置措施予以应对的自然灾害、事故灾难、公共卫生事件和社会安全事件。按照社会危害程度、影响范围等因素，自然灾害、事故灾难、公共卫生事件分为特别重大、重大、较大和一般四级；国家建立统一领导、综合协调、分类管理、分级负责、属地管理为主的应急管理体制。我国《突发事件应对法》第18条规定，应当根据我国《突发事件应对法》和相关法律法规的规定，针对环境突发事件的性质、特点和可能造成的社会危害等，具体规定：（1）突发事件应急管理工作的组织指挥体系与职责；（2）突发事件的预防与预警机制；（3）突发事件的处置程序；（4）突发事件的应急保障措施；（5）事后恢复与重建措施等内容。①

与此同时，我国《突发事件应对法》第39条规定，地方各级政府应当按照国家有关规定向上级政府报送突发事件信息。县级以上政府有关主管部门应当向本级政府相关部门通报突发事件信息。专业机构、监测网点和信息报告员应当及时向所在地政府及其有关主管部门报告突发事件信

① 我国《突发事件应对法》第18条的规定，是我国各级各类应急预案规定的模本或者模板。同样，《国家环境应急预案》的规定，当然也是如此规定的了。

息。有关单位和人员报送、报告突发事件信息，应当做到“及时、客观、真实”，不得迟报、谎报、瞒报、漏报。笔者认为，总体而言，迟报、谎报、瞒报、漏报突发环境事件的信息，当然也要承担相应的法律责任。从这个意义上看，突发环境事件信息的报送和报告，是进行突发环境事件处置的前提条件。

需要特别说明的是，我国《突发事件应对法》第 69 条规定，发生特别重大突发事件，对人民生命财产安全、国家安全、公共安全、环境安全或者社会秩序构成重大威胁，采取《突发事件应对法》和其他有关法律法规、规章规定的应急处置措施，不能消除或者有效控制、减轻其严重社会危害时，需要进入紧急状态，则由全国人大常委会或者国务院，依照宪法和其他有关法律规定的权限和程序决定。[①] 不过，我国《突发事件应对法》对于紧急状态决定的实施要求，未做规定，而是采用了反致的立法技巧，并且规定：“紧急状态期间采取的非常措施，依照有关法律规定执行或者由全国人民代表大会常务委员会另行规定。”应当说，我国《突发事件应对法》实施的目的，是处理各种突发事件包括突发环境事件，但是，由于我国《宪法》中没有规定进入紧急状态的具体条件，对于何种条件下，什么样的突发事件包括突发环境事件，可以宣布进入紧急状态可以由《突发事件应对法》第 69 条进行调整，这样在生产生活中突发环境事件发生后，紧急状态的法律适用具有了清晰的可操作性规定。

由于任何人都具有致灾性，在环境突发事件的紧急状态下，更需要紧

① 我国《宪法》第 67、80 条和第 89 条规定，全国人大常委会决定全国或者个别省、自治区、直辖市进入紧急状态；国家主席根据全国人大的决定和全国人大常委会的决定宣布进入紧急状态；国务院依照法律规定决定省、自治区、直辖市的范围内部分地区进入紧急状态。从这些规定可以看出，我国《宪法》中有关紧急状态条款的规定，仅规定了权力主体，而对紧急状态下，国家权力与义务、公民的权利与义务、紧急状态宣布条件等，都未做详细规定，更没有单独将紧急状态列出进行规定，相关规定显得过于笼统。

急状态适用的应对法律条款，对人的致灾行为进行规范和控制，防止在应对突发环境事件时，扩大受灾人员与承灾财产的损失。加上人又同时具有治灾性和减灾性，所以，关于突发环境事件的紧急状态的法律规定，不但可以明确公民在突发环境事件中的权利与义务，而且，有助于临灾区域或者突发环境事件的发生区域的政府职能部门，以及社会公众等，积极参与和给予协助和配合，从而有利于稳定事件发生地的社会秩序，鼓励社会公众在事件中自救，并有助于发挥NGO和各种志愿者的力量，积极参与，彼此互助，有效降低突发环境事件的损害。

第二节　生态安全执法与人的致灾性行政控制

生态法律协调着人与自然的关系，通过法律作出义务性规范，对人类生态行为进行规定或作出限定，对人的致灾性进行控制。这是“法治—致灾性控制”模式的第一步，从制度经济学的观点看，带有很强的制度设计或者规则目标设置的成分。那么，“法治—致灾性控制”的目标究竟能否实现，一个非常重要的关键因素，就是生态安全执法工作。

所谓生态安全执法，是国家行政机关和法律委托的组织及其公职人员，依照法定职权和程序行使行政管理权，贯彻实施国家立法机关所制定的生态安全法律法规或者规章等的行政执法活动。也就是说，掌握行政执法权的机关，对生态安全义务人进行行为监管，督促其履行生态安全义务，对其违法行为进行行政处罚，对人的致灾性进行系统性的行政控制。例如，2016年，四川省全力推进土壤污染防治工作，除发布了《土壤污染防治行动计划四川省工作方案》外，还印发了《关于开展全省土壤污染风险源排查的通知》，并开展“四川省土壤环境质量信息系统”建设。四川省环保厅制定《四川省土壤污染防治专项资金项目入库申报指南》，国家土壤污染防治专项资金 5.37 亿元入库，绵竹、古蔺 2 个国家试点项目和 11 个个人项目入围；2016 年 12 月 1 日，四川省 29 个土壤重大污染防治项目集中开工，总投资 5.3 亿元。[①]2016 年 1 ～ 12 月，四川省环保系统完成“双随机”任务 12625 件，提交执法记录 16614 份，办理环境行政处罚案件 1751 件，处罚金额 8932 余万元。其中，实施按日连续处罚案件 20 件；查封扣押案件 54 件；限产停产案件 140 件；移送行政拘留 79 起；涉嫌犯罪移送公安机关案件 10 起。2016 年全年，四川环保系统共处置陕西宁强“3・22”交通事故导致柴油泄漏污染事件、德阳罗江“4・15”水质超标事件和德阳自来水厂“9・29”水质异常等 21 起突发环境事件。[②] 从四川省 2016 年生态环境执法情况可以看出，生态安全执法是保证生态安全义务履行的基础性制度设置，如果没有生态安全的义务履行的行政执法保障，“法治—致灾性控制”模型是必然要落空的。

一、加强生态安全义务履行中的行政监管职责

（一）资源管理人的管理义务与行政监管权力受限

前文指出，生态安全义务主体包括资源管理人、资源利用人和公民，其中，资源管理人，抽象与具体意义上都是指国家。而代表国家行使管理职权，履行生态安全义务的，则是中央政府和各级地方政府的具体行政部门。我国《宪法》第 9 条第 1 款规定，除集体所有的以外，国家对“矿藏、水流、森林、山岭、草原、荒地、滩涂等自然资源”享有“所有权”。为了保护自然资源，保障国家享有的这些自然资源的“所有权”，通过我国《宪法》第 2 条第 2 款和第 26 条的规定可以推断出：国家作为资源管理人

---

① 参见四川省环保厅《2016 年四川省环境状况公报》（2017 年 5 月 20 日），《土壤污染防治》，第 21 页。

② 参见四川省环保厅《2016 年四川省环境状况公报》（2017 年 5 月 20 日），《环境监察执法》，第 24 页。

具有生态安全保护的义务，即保障自然资源的合理利用，保护珍贵的动物和植物，禁止任何组织或者个人用任何手段侵占或者破坏自然资源。

加之生态安全利益是社会公共利益，对目前出现的大气跨界污染、水域污染、土壤污染后的“毒地”等生态安全问题，公民和社会组织等主体都可能无力解决，也就是说，这些主体可以是生态环境的污染或者消极后果型利用的主体，但是，他们却可能基于自利性而逃避其防治义务，或者根本就不具备生态安全义务的物质性履行——赔偿或者补救——的经济能力。那么，作为掌握公权力的国家，当然就承担着对于社会公共利益的协调保护义务。这时，我国《宪法》和法律将国家所有权，依法转换成国家即中央政府和各级地方政府承担的职责，具体规定这些资源管理人的监管职责。因此，作为协调保护社会公共利益的国家，自然享有行政监管权力，根据属人管理或者属地责任原则，通过行政执法和具体职能部门的监督管理，履行生态安全管理义务。

我国的法律法规和地方性立法，都规定了中央政府和各级地方政府的环境保护及生态安全的监管职责。政府的环境保护及生态安全监管职责，是我国法律与政策的平衡，是国家发展长期目标与近期目标的平衡，尤其是非均衡发展战略与国家安全战略有效平衡的产物。例如，我国《环境保护法》第 4 条规定：“保护环境是国家的基本国策。国家采取有利于节约和循环利用资源、保护和改善环境、促进人与自然和谐的经济、技术政策和措施，使经济社会发展与环境保护相协调。”这一规定表明，环境保护工作要同经济建设和社会发展相协调，国家追求经济发展和环境保护、生态安全的一个平衡点，不能片面追求经济发展而忽略生态安全和环境保护，也不能牺牲经济和社会发展，而单纯追求生态安全或者环境保护。与此同时，我国《大气污染防治法》（2000 年 4 月 29 日修订）第 2 条、[①]《水污染

---

① 我国《大气污染防治法》第 2 条规定，国务院和地方各级人民政府，必须将大气环境保护工作纳入国民经济和社会发展计划，合理规划工业布局，加强防治大气污染的科学研究，采取防治大气污染的措施，保护和改善大气环境。

防治法》（2008年2月28日修订）第4条[①]等法律规范，都规定了国务院和地方各级政府应当将大气污染防治、水环境保护工作，纳入国民经济和社会发展规划，体现出我国政府对环境行政监管的权力，不只是可以完全只顾地方利益而进行法律、政策实施的。地方在实施法律过程中，出台的地方性法规，如《四川省〈中华人民共和国大气污染防治法〉实施办法》等，也作出了相同的具体规定。所以，根据我国各种环境要素保护和污染防治法律的规定，环保部门的执法职责及执法权，不仅要对本级政府负责，成为环境保护职能和生态安全维护监督义务的直接承担者，而且需要法律法规和地方性立法当中，对环保部门执法权的享有、行使和实现等，进行详细而具体的规定。不过，实际情况是，我国《环境保护法》第59条[②]的规定，则是"依法作出处罚决定的行政机关"，而不是直接指明"环境保护主管部门"，而对行政处罚中的"责令停业、关闭"，必须由政府决定或批准才能实施，可见，各级地方环境行政主管部门以及地方环境保护主管部门的监管职权，是受到明确的限制的。[③]不过，这种限制在作者看来，似乎是没有道理的。

（二）环境与生态行政监管部门的组织结构

我国《宪法》中，只规定国家承担保护生态安全的义务，并没有直

① 我国《水污染防治法》第4条规定，县级以上政府应当将水环境保护工作纳入国民经济和社会发展规划。地方各级政府对本行政区域的水环境质量负责，应当及时采取措施防治水污染。

② 我国《环境保护法》第59条规定，企业事业单位和其他生产经营者违法排放污染物，受到罚款处罚，被责令改正，拒不改正的，依法作出处罚决定的行政机关可以自责令改正之日的次日起，按照原处罚数额按日连续处罚。前款规定的罚款处罚，依照有关法律法规按照防治污染设施的运行成本、违法行为造成的直接损失或者违法所得等因素确定的规定执行。……

③ 我国《环境保护法》第60条规定，企业事业单位和其他生产经营者超过污染物排放标准或者超过重点污染物排放总量控制指标排放污染物的，县级以上人民政府环境保护主管部门可以责令其采取限制生产、停产整治等措施；情节严重的，报经有批准权的人民政府批准，责令停业、关闭。

接规定环境与生态行政监管机构的组织架构，这是我国《宪法》立法的一大缺陷。事实上，由于环境资源尤其是生态安全的重要性，环境保护与生态行政监管组织的组织结构，应该属于我国《行政机构组织法》的立法范畴。而在我国，1954 年 9 月 21 日的《国务院组织法》第 2 条中，规定设立的 35 个部委中就没有“环境保护部”这样的机构。[①]1982 年 5 月 4 日，第五届全国人大常委会第二十三次会议通过了《关于国务院部委机构改革实施方案的决议》，其中第 3 条规定，将国家基本建设委员会、国家城市建设总局、国家建筑工程总局、国家测绘总局合并，设立“城乡建设环境保护部”，其职能定位从名称和这个机构的来源上看，偏重于城乡建设环境保护，而不是生态保护尤其是大气、水、海洋、土地、矿藏、森林、草原、湿地、野生生物、自然遗迹、人文遗迹、自然保护区、风景名胜区等环境资源的保护。[②]后来，“城乡建设环境保护部”成了“国家环保局”，其职能的弱化，是以其“部级”的职能或者名称的消失为外在表现形式的。

1982 年 12 月 10 日，我国《国务院组织法》第 3 条规定的国务院职能，

① 我国《国务院组织法》(1954 年 9 月 21 日) 第 2 条规定，国务院设立下列各部和各委员会：内务部，外交部，国防部，公安部，司法部，监察部，国家计划委员会，国家建设委员会，财政部，粮食部，商业部，对外贸易部，重工业部，第一机械工业部，第二机械工业部，燃料工业部，地质部，建筑工程部，纺织工业部，轻工业部，地方工业部，铁道部，交通部，邮电部，农业部，林业部，水利部，劳动部，文化部，高等教育部，教育部，卫生部，体育运动委员会，民族事务委员会，华侨事务委员会。国务院各部和各委员会的增加、减少或者合并，经总理提出，由全国人民代表大会决定，在全国人民代表大会闭会期间由全国人民代表大会常务委员会决定。在当时，并没有“环境保护”一类的机构设置。

② 1988 年 4 月 9 日，第七届全国人大第一次会议通过《关于国务院机构改革方案的决定》，“城乡建设环境保护部”被撤销，根据相关说明，这次国务院机构改革的基本要求是：转变职能，下放权力，调整结构，精简人员，减少政府机构干预企业经营活动的职能，增强宏观调控职能，初步改变机构设置不合理和行政效率低下的状况。这个改革方案拟裁减一些专业管理部门，完善或新建一些综合和行业管理机构，对保留的机构也要按上述基本要求进行改革，看来“城乡建设环境保护部”是被列入“行政效率低下”一类的专业管理部门的范畴了。参见宋平：《关于国务院机构改革方案的说明—— 1988 年 3 月 28 日在第七届全国人民代表大会第一次会议上》，二、机构改革的目标和要求。

根据我国《宪法》第89条的规定。不过，我国《宪法》第89条中有关国务院18项职责规定的本身，并没有直接提到环境保护或者生态安全义务的承担。[①]我国《地方各级人大和政府组织法》[②]中县级以上政府的职能规定与乡镇级政府的职能规定，在环境保护与生态安全职能实现层面，是不匹配的。[③]也就是说，没有部委级的职能部门，来担当国家的环境保护与

---

① 我国《宪法》（2004年3月14日）第89条规定，国务院行使下列职权：（1）根据宪法和法律，规定行政措施，制定行政法规，发布决定和命令；（2）向全国人民代表大会或者全国人民代表大会常务委员会提出议案；（3）规定各部和各委员会的任务和职责，统一领导各部和各委员会的工作，并且领导不属于各部和各委员会的全国性的行政工作；（4）统一领导全国地方各级国家行政机关的工作，规定中央和省、自治区、直辖市的国家行政机关的职权的具体划分；（5）编制和执行国民经济和社会发展计划和国家预算；（6）领导和管理经济工作和城乡建设；（7）领导和管理教育、科学、文化、卫生、体育和计划生育工作；（8）领导和管理民政、公安、司法行政和监察等工作；（9）管理对外事务，同外国缔结条约和协定；（10）领导和管理国防建设事业；（11）领导和管理民族事务，保障少数民族的平等权利和民族自治地方的自治权利；（12）保护华侨的正当的权利和利益，保护归侨和侨眷的合法的权利和利益；（13）改变或者撤销各部、各委员会发布的不适当的命令、指示和规章；（14）改变或者撤销地方各级国家行政机关的不适当的决定和命令；（15）批准省、自治区、直辖市的区域划分，批准自治州、县、自治县、市的建置和区域划分；（16）依照法律规定决定省、自治区、直辖市的范围内部分地区进入紧急状态；（17）审定行政机构的编制，依照法律规定任免、培训、考核和奖惩行政人员；（18）全国人民代表大会和全国人民代表大会常务委员会授予的其他职权。

② 我国《地方各级人大和政府组织法》是1979年7月1日第五届全国人大第二次会议通过，1982年12月10日第五届全国人大第五次会议第一次修正，1986年12月2日第六届全国人大常委会第十八次会议第二次修正，1995年2月28日第八届全国人大常委会第十二次会议第三次修正，2004年10月27日第十届全国人大常委会第十二次会议第四次修正，2015年8月29日第十二届全国人大常委会第十六次会议第五次修正。

③ 我国《地方各级人大和政府组织法》第59条规定的县级以上的地方各级人民政府行使的职权中，第5项为：执行国民经济和社会发展计划、预算，管理本行政区域内的经济、教育、科学、文化、卫生、体育事业、环境和资源保护、城乡建设事业和财政、民政、公安、民族事务、司法行政、监察、计划生育等行政工作中，提到了"环境和资源保护"，而其第61条规定的乡、民族乡、镇政府行使的职权的第1、2项职权，即执行本级人大的决议和上级国家行政机关的决定和命令，发布决定和命令；执行本行政区域内的经济和社会发展计划、预算，管理本行政区域内的经济、教育、科学、文化、卫生、体育事业和财政、民政、公安、司法行政、计划生育等行政工作中，就是没有提到"环境保护"和"生态安全保护"等内容。上下级政府之间的职能不匹配现象非常明显。

生态安全维护职责。

2008年3月15日，第十一届全国人大第一次会议通过《关于国务院机构改革方案的决定》，组建环境保护部，加大环境保护力度。其理由是：环境保护是我国的基本国策，关系中华民族的生存发展。在过去和将来相当长一段时间内，我国将面临严峻的环境压力，污染物减排任务十分艰巨，必须按照科学发展的要求，加大环境治理和生态保护的力度，加快建设资源节约型、环境友好型社会。[①] 为加大环境政策、规划和重大问题的统筹协调力度，国家决定组建"环境保护部"。新组建的"环境保护部"的主要职责是：拟订并组织实施环境保护规划、政策和标准，组织编制环境功能区划，监督管理环境污染防治，协调解决重大环境问题等。组建环境保护部之后，不再保留原"国家环境保护总局"。[②] 可见，我国环境保护部是在我国《环境保护法（试行）》1979年9月13日第五届全国人大常委会第十一次会议通过颁行30年之后，才设立起来的。

虽然，我国《环境保护法（试行）》第26～27条规定了环境保护机构和地方各级环境保护局的职责，但是，市、自治州、县、自治县政府，竟然是"根据需要"设立环境保护机构。[③] 所以，这种组织机构设立层面

① 应当说，我国的"两型社会建设"任务，在今天看来，严重的雾霾灾害、洪水灾害和土壤污染灾害等，反复证明，这个艰巨的任务，远远没有完成。

② 华建敏：《关于国务院机构改革方案的说明——2008年3月11日在第十一届全国人民代表大会第一次会议上》，六、组建环境保护部，加大环境保护力度。

③ 我国《环境保护法（试行）》第26条规定：国务院设立环境保护机构，主要职责是：（1）贯彻并监督执行国家关于保护环境的方针、政策和法律、法令；（2）会同有关部门拟定环境保护的条例、规定、标准和经济技术政策；（3）会同有关部门制定环境保护的长远规划和年度计划，并督促检查其执行；（4）统一组织环境监测，调查和掌握全国环境状况和发展趋势，提出改善措施；（5）会同有关部门组织协调环境科学研究和环境教育事业，积极推广国内外保护环境的先进经验和技术；（6）指导国务院所属各部门和各省、自治区、直辖市的环境保护工作；（7）组织和协调环境保护的国际合作和交流。第27条规定：省、自治区、直辖市政府设立环境保护局。市、自治州、县、自治县人民政府根据需要设立环境保护机构。……

的“奇葩规定”，意味着我国《环境保护法（试行）》的法律效力，必然付阙。由此，也就可以理解，为什么我国现实生活中的地方各级环境保护厅局机构，在我国《环境保护法》的执法职能上，处于弱势地位了。这大抵是因为：一方面，国务院组成机构的国家环境保护局，竟然长期享有“环保局级”待遇，其环境保护和生态安全义务履行的监督职能被严重忽视；另一方面，地方各级环境保护厅局的职能，固然是执行我国《环境保护法》的规定，但是，更为关键的，恐怕是执行当地的经济发展政策，为当地的经济发展服务，为此，可以无节制地利用当地或者外地的自然资源和环境资源。比如，北京市为了自身发展，可以无限制地通过各种手段，向河北省索取水库、土地、煤矿等资源，并把各种污染企业向河北省转移，[①] 成为各地奉行的不计后果、自我发展的自然资源保护和环境政策的一大败笔。

2013 年 3 月 14 日，第十二届全国人大第一次会议通过的《关于国务院机构改革和职能转变方案的决定》（以下简称《国务院职能转变决定》）中规定，必须转变国务院机构的职能，处理好政府与市场、政府与社会、中央与地方的关系，深化行政审批制度改革，减少微观事务管理，该取消的取消、该下放的下放、该整合的整合，以充分发挥市场在资源配置中的基础性作用、更好发挥社会力量在管理社会事务中的作用、充分发挥中央和地方两个积极性，同时该加强的加强，改善和加强宏观管理，注重完善制度机制，加快形成权界清晰、分工合理、权责一致、运转高效、法治保障的国务院机构职能体系，真正做到该管的管住管好，不该管的不管不干预，切实提高政府管理科学化水平。那么，对于环境保护和生态安全的保障或者监督而言，设立或者整合我国的环境保护部，将其升格为“国家环境保护委员会”是非常必要的。

---

① 胡印斌:《委屈的河北：给京津洁净与美丽，给自己污染与贫瘠》，载《中国国家地理》2015 年第 1 期。

笔者认为，推进国务院的组织机构、职能配置、运行方式的法治化，首先要重视国务院部门机构设置的基础性制度建设，即在组合或者整合国家环境保护部为“国家环境保护委员会”的基础上，根据十八届四中全会的决议，为建设法治政府和法治社会，必须要提升环境保护部的职能，强化其执法权，改进其执法环境，这就需要各个部门的大力配合与协助。在某种程度上，就是要强化地方各级政府的环境保护职责和职能，并把这种职责和职能，分解成为各个政府部门环境执法的配合与合作职责，完善各个政府部门与环境保护部门合作执法的机制。与此同时，要加快地方各级法治政府的建设步伐，完善依法行政的具体制度建设，提高我国环境保护和生态安全监督制度的质量。严格依照法定权限和程序履行环境保护职责，确保我国的《环境保护法》等法律、行政法规的有效执行。在推进行政权力行使依据、过程、结果公开的政务公开制度建设中，将环境保护和生态安全义务履行监督的各个需要公开的环节，依法全部公开。强化行政问责，严格环境保护和生态安全义务履行监督的责任追究。①

（三）环境行政监管的对象、内容和方式

行政监管的对象，不仅是资源利用人、公民，还有资源管理人本身的影响生态安全的各种行为。也就是说，资源管理人的管理义务，也应当纳入监管范围，对其发展规划的制定，应综合考虑环境与经济发展，对生态安全建立体系化的法律制度，在可持续发展战略下实施各项政策，应有完善的环境事件预案。并制定符合科学依据的国家和地方环境标准，建立检测制度，依托信息公布制度发布环境公报，对建设项目严格遵守环境影响评价制度，并通过区域性合作机制解决区域性生态安全问题。

资源利用人的生产、经营行为，应该严格遵守法律法规规定，建设项

① 《国务院机构职能转变方案》（2013年3月14日），（九）加强基础性制度建设；（十）加强依法行政。

目进行环境影响评价，制定防治措施，企业的排污应该进行申报，并按照国家、地方的总量和浓度标准进行排污。公民诸如燃烧秸秆、生活垃圾堆放、生活污水排放、对森林资源的滥伐、土壤滥施化肥等行为，因为也可能影响生态安全，当然应纳入行政监管的内容之列。行政监管的方式包括：（1）普及生态安全教育。作为社会的组成人员，环境影响每个个体，污染也存在每个个体周围，提高公民生态安全意识，对减少日常生活垃圾及其处理，进行科学知识和生态安全义务的普及教育，将广大公民拉入生态安全义务承担与履行活动中，鼓励他们对任何危害环境和生态安全的生产、生活行为进行监督、举报。

（2）环境行政许可与准入。对资源利益的分配、工业“三废”的排放，以及生活固废的处理等，都需要政府进行干预，具体表现在行政许可与准入层面。目前，我国发达地区和落后地区出现的不同标准的行政许可行为，比如，在发达地区禁止高能耗工业企业，可能在落后地区还能取得环境许可，并进行生产经营活动，这些不同的环境资源利用的许可条件，必然导致高污染企业向西部或者经济相对不发达的地区转移；对于我国《环境保护法》中采取的环境容量管理制度，[①]要探索新的准入标准，以及与生态安全即“生态文明建设”要求相符合的准入条件，或者通过“排污权交易”，解决污染物的总量控制目标。

（3）行政检查监督，促进企业自身进行信息公开。我国《环境保护法》第55条规定：“重点排污单位应当如实向社会公开其主要污染物的名称、排放方式、排放浓度和总量、超标排放情况，以及防治污染设施的建

① 我国《环境保护法》第29条规定，国家在重点生态功能区、生态环境敏感区和脆弱区等区域划定生态保护红线，实行严格保护。各级人民政府对具有代表性的各种类型的自然生态系统区域，珍稀、濒危的野生动植物自然分布区域，重要的水源涵养区域，具有重大科学文化价值的地质构造、著名溶洞和化石分布区、冰川、火山、温泉等自然遗迹，以及人文遗迹、古树名木，应当采取措施予以保护，严禁破坏。

设和运行情况，接受社会监督。”同时，其第 24 条规定，县级以上政府环境保护主管部门及其委托的环境监察机构和其他负有环境保护监督管理职责的部门，有权对排放污染物的企业事业单位和其他生产经营者进行现场检查。被检查者应当如实反映情况，提供必要的资料。实施现场检查的部门、机构及其工作人员应当为被检查者保守商业秘密。应当说，监管部门的行政检查和企业的环境信息公开，不仅可以加大透明度，促进公众参与，更多的是为了公开信息数据的“绿色化”，使企业积极参与生态安全保护，改变生产方式进行清洁生产。

（4）行政处罚。对于违反法律规定，对生态安全造成或将造成破坏的行为、违法主体进行行政处罚，我国《环境保护法》第 60 条规定，企业事业单位和其他生产经营者超过污染物排放标准或者超过重点污染物排放总量控制指标排放污染物的，县级以上政府环境保护主管部门可以责令其采取限制生产、停产整治等措施；情节严重的，报经有批准权的人民政府批准，责令停业、关闭。

第 62 条规定，违反我国《环境保护法》的规定，重点排污单位不公开或者不如实公开环境信息的，由县级以上地方人民政府环境保护主管部门责令公开，处以罚款，并予以公告。依据我国《环境保护法》第 63 条的规定，尚不构成犯罪的，除依照有关法律法规规定予以处罚外，由县级以上人民政府环境保护主管部门或者其他有关部门将案件移送公安机关，对其直接负责的主管人员和其他直接责任人员，处 10 日以上 15 日以下拘留；情节较轻的，处 5 日以上 10 日以下拘留的行政处罚。当然，这些行政处分和处罚之外，我国《环境保护法》还分别规定了民事责任和刑事责任。[①] 可见，从加强生态安全义务履行的行政监管职责视角来看，环境行政监管对象、内容和方式与生态安全义务的对接和相容，是非常急迫也是

① 我国《环境保护法》第 64~66 条规定了民事责任，第 69 条规定了刑事责任。

非常重要的。

二、完善生态安全执法中的行政处罚制度

（一）环境行政处罚措施的制度扩展

行政处罚，是有行政处罚权的行政机关或其他行政主体，依照法律程序对违反行政法律法规，但尚未构成犯罪的行政相对人，给予法律制裁的行政行为。生态安全行政处罚，则是法律规定的特定行政机关对违反生态安全法律法规，包括地方性生态立法的规定，但是，尚未构成犯罪的企事业单位和个人，给予法律制裁的行政行为。行政处罚的对象，只能是违反行政法律法规尚不构成犯罪的企事业单位和个人，对违法行为严重而构成犯罪的，应当依法追究当事人的刑事责任，不得以给予行政处罚方法免除其刑事责任。生态安全行政处罚，属于行政处罚的一种，但破坏生态环境的行为、后果与普通行政违法行为的不同，导致其主体、要求等具有特殊性。因为生态安全行政处罚属于行政处罚的一种，所以，我国《行政处罚法》完全适用于生态安全执法的行政处罚。我国《环境行政处罚办法》《水行政处罚实施办法》《海洋行政处罚实施办法》等部门规章，都是围绕生态环境行政处罚的具体化规定。

1. 环境行政违法处罚的实施"主体归一"。2010 年 3 月 1 日实施的《环境行政处罚办法》第 14 条规定："县级以上环境保护主管部门在法定职权范围内实施环境行政处罚。经法律、行政法规、地方性法规授权的环境监察机构在授权范围内实施环境行政处罚，适用本办法关于环境保护主管部门的规定。"第 15 条规定："环境保护主管部门可以在其法定职权范围内委托环境监察机构实施行政处罚。……"可见，环境行政违法处罚的主体有两个，即地方政府的各级环保厅局和环境监察机构。依据我国《环境保护法》第 42 条的规定，排放污染物的企业事业单位和其他生产经营者，应

当采取措施，防治在生产建设或者其他活动中产生的废气、废水、废渣、医疗废物、粉尘、恶臭气体、放射性物质，以及噪声、振动、光辐射、电磁辐射等对环境的污染和危害，可见，排污者排放的污染物，涉及大气、水、海洋、土地、矿藏、森林、草原、湿地、野生生物、自然遗迹、人文遗迹、自然保护区、风景名胜区、城市和乡村等环境要素。但是，管理这些环境要素，则涉及我国复杂的行政机构设置和行政权利界分。

根据我国《环境保护法》第10条的规定，国务院环境保护主管部门，对全国环境保护工作实施统一监督管理；县级以上地方政府环境保护主管部门，对本行政区域环境保护工作实施统一监督管理。而县级以上政府有关部门和军队环境保护部门，依照有关法律的规定对资源保护和污染防治等环境保护工作实施监督管理。可见，《环境保护法》将修改前的多部门的管理监督职责，进行了简单化的“归一处理”。[①] 理由是：对环境污染防治实施监督管理的国家机关，包括海洋主管部门如港务监督、渔政渔港监督和各级公安、交通、铁道、民航管理部门，如果加上资源保护监督管理的土地、矿产、林业、水利行政部门等，多头执法的情形非常清晰，不利于环境违法处罚的“主体归一”。

2.生态安全行政处罚的及时性与自由罚。生态安全的要素，涉及大气、水、海洋、土地、矿藏、森林、草原、湿地、野生生物、自然遗迹、人文遗迹、自然保护区、风景名胜区等多方面，我国对不同的生态要素，进行了不同的专门立法或者类型化立法。所以，生态要素的维护或者生态义务

---

① 我国《环境保护法》（1989年12月26日）第7条规定，国务院环境保护行政主管部门，对全国环境保护工作实施统一监督管理。县级以上地方人民政府环境保护行政主管部门，对本辖区的环境保护工作实施统一监督管理。国家海洋行政主管部门、港务监督、渔政渔港监督、军队环境保护部门和各级公安、交通、铁道、民航管理部门，依照有关法律的规定对环境污染防治实施监督管理。县级以上人民政府的土地、矿产、林业、农业、水利行政主管部门，依照有关法律的规定对资源的保护实施监督管理。

履行的监督，涉及生态安全因素的多样性和复杂性，导致其违法后果、处罚标准的不同，因此，需要依据不同的生态安全问题，制定不同的生态安全行政处罚的标准、方法，甚至于时效规则等。在我国，根据我国《行政处罚法》第24条的规定，对当事人的同一个违法行为，不得给予两次以上罚款的行政处罚，这是行政处罚的“一事不再罚原则”。考虑生态安全的违法行为导致后果的长久性，以及违法主体的逐利性等因素，《环境行政处罚办法》第11条规定：“环境保护主管部门实施行政处罚时，应当及时作出责令当事人改正或者限期改正违法行为的行政命令。责令改正期限届满，当事人未按要求改正，违法行为仍处于继续或者连续状态的，可以认定为新的环境违法行为。”该规定实际上就是“一行为不再罚”，而对不按要求改正的行为，被认定为新的环境违法行为的，可以进行新的处罚，就不构成重复处罚。

不过，由于生态安全影响人类基本的生存要素，而生态问题后果的发生具有两面性：一是突发环境事件的紧急性；二是累计污染事件后果的缓慢性，那么，无论哪一种影响生态安全的事件发生后，都需要生态安全执法中行政处罚的及时性，即发现生态安全行政违法行为，立即按照法律、法规作出行政处罚，制止违法主体的进一步生态安全损害行为，将损害结果控制在小范围，防止损害的扩大和次生生态安全问题的发生。如果还产生了新的后果，则应当按照“新的环境违法行为”另行处罚，而该处罚不属于“一行为不再罚”的范畴。需要强调的是，《环境行政处罚办法》第10条规定的环境行政处罚的种类包括：（1）警告；（2）罚款；（3）责令停产整顿；（4）责令停产、停业、关闭；（5）暂扣、吊销许可证或者其他具有许可性质的证件；（6）没收违法所得、没收非法财物；（7）行政拘留；（8）法律、行政法规设定的其他行政处罚种类。而责令改正与连续违法则有相应的认定规范，以及责令改正或者限期改正违法行为的形式等。[①]

在学理上，这些处罚措施可以归纳为：声誉罚、财产罚、行为罚和自由罚4种。不过，从1992年7月7日到1999年7月8日，再到2003年11月3日的《环境保护行政处罚办法》中，“行政拘留”都没有被纳入环境行政处罚中，直到2010年1月19日实施的《环境行政处罚办法》，才设立了对生态违法使用“行政拘留”的自由罚，这有利于对性质非常恶劣的环境违法行为的处罚，可以有效地遏制环境犯罪行为的发生。当然，在环境行政违法行为处罚中，使用频率高的还是财产罚。这涉及几个方面的原因：一是罚款是目前环境法律规定中，最多的一种行政处罚方式，几乎每一个承担行政责任的环境违法行为，都规定罚款这一处罚方式。二是罚款是不需要限定特定主体执行的，只要是有环境管理职责的行政机关都可以实施，而责令停产整顿、责令停业、关闭等处罚的实施主体，是各级政府，而当地的环保部门只有立案调查权和建议权，却不能直接实施。好在，我国《环境保护法》修订后，其第60条规定，企业事业单位和其他生产经营者超过污染物排放标准或者超过重点污染物排放总量控制指标排放污染物的，县级以上政府环境保护主管部门可以责令其采取限制生产、停产整治等措施；情节严重的，报经有批准权的人民政府批准，责令停业、关闭。可见，环保部门的处罚权有所扩大。当然，环保部门还是没有“行政拘留权”，根据我国《治安管理处罚法》第103条的规定，应当实施行政拘留的案件，需要移送公安机关执行，“由作出决定的公安机关送达

---

① 《环境行政处罚办法》第12条规定，根据环境保护法律、行政法规和部门规章，责令改正或者限期改正违法行为的行政命令的具体形式有：（1）责令停止建设；（2）责令停止试生产；（3）责令停止生产或者使用；（4）责令限期建设配套设施；（5）责令重新安装使用；（6）责令限期拆除；（7）责令停止违法行为；（8）责令限期治理；（9）法律、法规或者规章设定的责令改正或者限期改正违法行为的行政命令的其他具体形式。根据《最高人民法院关于行政行为种类和规范行政案件案由》的规定，行政命令不属于行政处罚，所以行政命令不适用行政处罚程序的规定。

拘留所执行”。[①] 三是环境保护与经济发展的矛盾，为促进本地 GDP 的完成，当地对环境违法行为多采用处罚相对较轻的财产罚形式，不直接影响行政相对人的自由和行为能力，作出行政处罚的同时也保护企业的继续运行，这样做，是维持了当地环境违法行为企业的继续违法能力。

（二）环境处罚行政处罚措施不足

行政处罚的目的是维护公共利益和社会秩序，保护公民、法人或其他组织的合法权益，而环境行政处罚的目的，应当是维护生态利益形成的社会秩序，保护公民、法人或其他组织的环境权、生命权、财产权等合法权益。一般而言，生态安全保护的基本目的，整体上肯定是保护生态安全。那么，相应的立法制度设置，也应当以生态权益保护为目的。其中，行政处罚的类型，也应从此出发，根据不同的生态要素，设定和建立环境行政处罚的标准体系，建立多元环境行政处罚方式等。

资料显示，目前我国生态环境执法中存在的主要问题有：一是执法主体的执法权受到地方性立法的限制较多；二是财产罚的制度设计的罚款数额较低；三是环境行政执法人员的专业素质不高和执法职业技能有限；四是整个行政处罚的责任体系设计，没有更好地围绕生态权益保护这一目的来进行；五是环境违法行为的行政处罚方式，不够切合生态安全维护和生态安全战略实现的整体目标。例如，祁连山保护区自 1988 年被列入国家生态保护区名录后，迄今为止 40 年里，祁连山地区的生态破坏问题，不仅没有得到延缓和好转，反而更加严重。早在 2016 年的环保督察中，督察组出具的反馈意见指出，祁连山存有 144 宗探矿权、采矿权，尽管 2014 年 10 月，国务院已明确对祁连山地区的核心区、保护区、缓冲区进行重

---

① 根据我国《治安管理处罚法》第 103 条的规定，对被决定给予行政拘留处罚的人，由作出决定的公安机关送达拘留所执行。问题是，行政拘留的作出与执行，是否必须要分开呢？

新界定，但甘肃省国土资源厅仍违法违规在保护区内审批和延续采矿权9宗，探矿权5宗，其中有3宗处于保护区核心区划内,4宗处于缓冲区划内。大规模无序采矿并探矿活动，造成祁连山地区地表植被破坏、水土流失加剧、地表塌陷等问题十分突出。[①]

面对祁连山保护区如此大面积、长时间的生态安全义务履行的任务，当地尤其是甘肃省政府和各地政府，面对严重的生态痼疾和祁连山保护区的核心区中的居民，没有丝毫迁出的自觉性，加上当地政府和企业只顾经济利益，把生态安全和环境保护当儿戏。2015年9月，环保部会同国家林业局就祁连山保护区生态环境问题，对甘肃省林业厅、张掖市政府进行公开约谈。即使如此，甘肃省政府也没有引起足够重视，约谈整治方案瞒报、漏报31个探采矿项目，生态修复和整治工作进展缓慢，截至2016年年底仍有72处生产设施未按要求清理到位。应当说，祁连山保护区大量的水利发电建筑项目的开发，以及采矿和其他破坏祁连山区生态稳定功能的各种开发项目，不仅导致祁连山所在地水域功能被严重破坏，而且还损害了周边和下游的生态平衡体系，对祁连山整个生态环境的负面影响极为广泛且深远，因此，仅靠短期内的恢复型突击治理与补救，是无法取得立竿见影的效果的。对于祁连山脆弱的生态功能而言，需要使祁连山保护区真正休养生息，假以时日，通过较为长期的系统性恢复治理，以及阶段性的恢复措施系统的全面落实，真正将各种治理任务分解后落到资源管理人、资源利用人和公民等各种主体的身上，然后，再花费大量的人力物力和财力，把祁连山保护区生态功能恢复难度降到最低，方能真正治愈“祁连山生态之伤”。[②]

---

① 参见新华社:《中办国办就甘肃祁连山国家级自然保护区生态环境问题发出通报》，载《人民日报》2017年7月21日，第1版。

② 所谓“祁连山生态之伤”，是作者的归纳，是指祁连山保护区的生态功能确定或者划定，是中央政府站在全国生态安全的高度，对甘肃省及其地方政府加诸的生态安全国家战略型义务，但是，这种国

（三）完善对生态权益具有保护意义的行政处罚措施

完善生态安全执法中的行政处罚措施，应当建立完善的以保护生态权益为目的的行政处罚体制。针对环境行政执法过程中，执法主体缺乏充分的强制执行权导致环保执法权威不高的问题，给予环境保护部门紧急执法权，如对环境造成严重损害，需要紧急进行处理的，赋予环保部门紧急的责令停产整顿、责令停业、关闭的职权，这样不仅能控制损害的扩大，还能提高环境保护部门的执法权威。尤其是针对环境违法罚款不能适应当前环境形势的问题，提高罚款数额，低额的罚款金额对已造成的污染不能完全承担修复所需、不能威慑相对人，而环境违法本身是企业的逐利性导致的，违法成本低企业更愿意违法而不是改进技术，促进清洁生产，承担生态安全保护义务，应该根据科学及经济发展等因素规定罚款数额。

此外，作为最靠近企业的基层地方环保部门，其享有的环境执法权少，执法人员素质低，且罚款数额受限，不能及时有效地行使行政处罚权，制止环境违法行为，控制违法后果的扩大。因此，应提高基层执法者的生态环境方面法律等素质，赋予基层环境保护部门一定的紧急执法权。行政处罚标准应该根据生态要素、地区经济发展与治理来制定，应在以保护生态利益为主的同时，对相对人起到处罚和威慑作用。加大信息公开力度，加强环境保护教育，促进各界的环境保护意识，与此同时，将企业的环境违法行为公开，有利于社会的监督。区域生态环境保护义务的履行，是一个地方政府必须坚决扛起的生态文明建设的政治责任，是牢固树

家战略型义务却没有得到甘肃省的积极响应（理由是甘肃省在祁连山保护区的生态安全保护中，只有义务而权利或者利益补偿不足，因而，必然陷入消极应付或“上有政策下有对策”的状态），从而，在生态保护立法、生态环境执法和生态义务履行等方面，形成全方位的央地政府利益冲突的局面。

立“四个意识”[①]的政治问题。因此，加强生态环境执法，严格事前事中事后监管，严厉打击各类生态环境违纪违规和违法犯罪行为，特别是要抓住破坏生态环境的典型案例不放，严肃查处、公开曝光，让破坏生态环境者付出代价，[②]是控制地方政府违纪违法行为的人为致灾性的关键所在。

三、落实对生态安全管理人的行政问责机制

（一）生态安全管理人的行政责任

我国行政问责机制的建立始于“非典”期间，2003 年中央启动行政问责后，地方也相继颁发相关法规，其中四川、重庆、北京、大连、广州等地出台了针对部门行政首长、行政机关及其工作人员、法律、法规授权行使行政权力和受行政机关依法委托履行行政管理职能的组织及其工作人员的行政过错进行问责的暂行规定和办法。2004 年重庆市出台《政府部门行政首长问责暂行办法》、2005 年成都市出台《成都市行政首长问责暂行办法》规定对 22 种情形要问责行政首长、2011 年北京出台《北京市行政问责办法》对行政人员规定了严格的行政问责机制。这些规定的出台，有利于追究责任主体的行政责任，但到目前为止，全国性的统一政策措施或法规却仍未出台，缺乏一部统一的《行政问责法》。行政问责是指对各级有行政职权的、从事公务的人员因不履行、违法履行、不当履行行政职责，导致国家利益、公共利益或者公民、法人和其他组织的合法权益受到损害，或者造成不良影响的追究责任的制度。行政问责是保证行政管理正常运行，

---

① 2016 年 1 月 29 日，习近平总书记主持召开中央政治局会议，对加强党的领导提出明确要求，强调只有增强政治意识、大局意识、核心意识、看齐意识，自觉在思想上、政治上、行动上与党中央保持高度一致，才能使我们党更加团结统一、坚强有力，始终成为中国特色社会主义事业的坚强领导核心。

② 新华社:《中办国办就甘肃祁连山国家级自然保护区生态环境问题发出通报》，载《人民日报》2017 年 7 月 21 日，第 1 版。

对行政权力、行政管理的一种监督机制，也是行政责任的一种形式。

生态安全管理人的行政责任，是指生态安全管理人作为生态安全的行政主体，其违反生态安全法律规范的行为应当承担的否定性的法律后果。行政主体是指依法享有国家的行政权力，以自己的名义实施行政管理活动，并独立承担由此产生的法律责任的组织。[①] 根据我国《行政法》《环境保护法》《环境处罚办法》等的规定，我国的行政主体包括法律授权行政主体和委托的行政主体，我国《环境保护法》第7条对行政主体作出了具体规定，从广义上说生态安全管理人的行政责任，还应当包括从事公务的工作人员的行政责任。

生态管理人享有法定的生态安全行政职权，承担行政职责，其应当对滥用职权和不承担职责的行政违法行为承担生态安全行政责任。行政主体对违法行为承担行政责任的条件有：（1）具有行政违法行为；[②]（2）行政主体的违法行为尚未构成犯罪；（3）法定的行政主体违法行为相应的行政责任。是否要求具有违法行为的危害后果，根据我国《环境保护法》的规定，环境保护监督管理人员滥用职权、玩忽职守、徇私舞弊的由其所在单位或者上级主管机关给予行政处分，并未将危害后果作为行政责任承担的必要条件，但另外一些法律法规则将产生危害后果作为承担责任的必要条件，如我国《海洋环境保护法》规定造成海洋环境污染损害的，依法给予行政处分。

有权追究资源管理人行政责任的主体包括权力机关、人民法院和行政机关，权力机关与行政机关确认和追究的行政法律责任的范围可以是抽象的环境行政行为，也可以是具体的环境行政行为，人民法院仅能就管理人所做的具体行政行为进行审查。承担行政责任的主体因为包括行政主体

---

① 参见张步洪：《中国行政法学前沿问题报告》，中国法制出版社1999年版，第157页。

② 蔡守秋在《环境资源法教程》中，将行政违法行为归纳为：行政失职；行政越权；行政滥用职权；事实依据错误；适法错误；违反法定程序；行政侵权；等等。

和行政工作人员，所以资源管理人的生态安全责任形式也不尽相同。根据我国有关法律规定，生态安全管理人承担行政法律责任的形式一般包括通报批评、赔礼道歉、承认错误、恢复名誉、消除影响、返还权益、恢复原状、停止违法行为、履行职务、撤销违法的行政行为、纠正不当的行政行为和行政赔偿。[①]由此可见，生态安全管理人的行政责任在主体和内容上，可能广于行政问责机制。

（二）生态安全管理人行政问责机制主体和内容

违反相关法律、法规或纪律的国家公务人员，应当按规定接受所在单位或上级主管机关给予的惩戒性制裁，即行政处分，我国《公务员法》规定，按照法定程序可以采取的6种处分方式为：警告、记过、记大过、降级、撤职、开除。行政处分对象为公务员，即依法履行公职、纳入国家行政编制、由国家财政负担工资福利的工作人员，没有首长或责任人负责制的含义，而对行政问责，就更针对责任人，如成都出台的《成都市行政首长问责暂行办法》。相比较而言，生态安全管理人行政问责机制更强调行政行为作出后的互动性，即在现代民主政治条件下，行政问责主体按照法定的程序和规则，强制性地要求政府官员就其行政决策、行政行为和行政结果进行解释、正当性辩护和接受失责的惩罚的制度。[②]所以，生态安全管理人行政问责机制，在实践操作中更多的是下级对上级的责任承担机制，责任形式严重为引咎辞职、辞退。

根据《宪法》规定，人民代表大会产生的行政机关、审判机关、检察机关要对人民代表大会负责，受它监督，公民有向有关国家机关提出申诉、控告或者检举的权利。《成都市行政首长问责暂行办法》中规定

① 参见蔡守秋：《环境资源法教程》，高等教育出版社2008年版，第375页。

② 参见田侠：《行政问责机制研究》，中共中央党校2009年博士学位论文，第17页。

的行政问责机制的启动方式有:(1)公民、法人和其他组织的举报、申诉;(2)领导和上级机关的指示、批示;(3)人大代表、政协委员提出的问责建议;(4)市人民政府常务会议组成人员提出的问责建议;(5)市监察局、审计局、安全生产监督管理局、政府法制办公室、信访办公室、目标督察办公室等提出的问责建议;(6)司法机关提出的问责建议;(7)工作检查或考核评定中发现有应当问责的情形;(8)舆论监督的事实与建议;(9)其他渠道获取的问责信息。行政问责主体可以根据问责启动主体确定由权力机关、公民社会、司法机关和政府机构内部几大部分组成。问责对象,因为没有同一的法律规定,对象一般应为包括首长在内的,拥有执法权的行政机关的公务员。对生态安全管理人的行政问责适用于行政行为决策、执行即后期监督的问责,能对全国生态安全义务履行起全方位的保障作用。

(三)生态安全管理人行政问责机制的适用与完善

目前,生态安全管理人管理职责实施受限的原因,是执法能力不足、追求经济利益、执法权受限等,所以,对生态安全管理人的行政问责以及决策者、执行者和监督者的问责机制,是严禁以行代刑或者罚不当责宗旨的体现。具体考虑是:首先,由于我国没有统一的行政问责法律,且目前行政问责主体主要还是行政机关内部上级对下级的问责,所以导致对于问责主体的缺失,使多主体对于行政行为违法发生,难以合力找到问责发力点,且缺少法律规定,问责的启动更多地依赖于上级意志、当时的价值取向等,使应然的问责主体,却并未真正发挥其问责作用,表明问责机制有缺陷。应当通过统一立法,比如,我国新颁行的《监察法》,[①] 建立完

---

① 2018年3月20日,第十三届全国人大第一次会议通过了《中华人民共和国监察法》,该法共九章69条,于2018年3月20日公布施行。

善的生态安全管理人问责机制，确立行政问责机制启动主体、程序、内容等。其次，问责事项规定也不明，我国问责发生起因多为公共安全事故，问责对象也多为事故管理发生单位的领导人，常忽略行政不作为给公民生活带来的损害，如生态影响评价制度中的不作为，可能导致的重点生态安全事故，因害怕作为的损害，而选择不作为，这一类行政行为更应该受到行政问责。生态安全管理人具有管理权责，应该通过积极的作为，改善生态环境、保护生态安全。因此有必要将生态安全管理事务的决策者、执行者、监督者纳入其中，规定详细的问责事项，以保障问责及时有效执行。再次，透明性不强，行政问责应该公开透明，一是保证问责对象的抗辩申诉、救济权利；二是促进公众参与，接受公众监督。当前的行政问责机制，在问责过程中对两方面的公开透明都不重视，使问责的公正性受到质疑，应保障问责对象的抗辩权和公民的参与权，对问责机制的切实公正进行信息公开，加大政府行为的透明度。最后，管理主体的权责不平衡、对于问责后果处理措施不力。各地的问责办法大多规定，根据行政行为的违法程度行政问责方式多为：责令作出书面检查、责令道歉、通报批评、行政告诫、停职检查、调离工作岗位、责令辞去领导职务、免职。而我国存在对问责对象接受处罚后的复出规定不明确，复出程序不公开问题。应建立问责机制中的权责统一原则，享受不同权力的主体，应该承担不同的责任，上级机关、领导人应当起到决策管理作用，对自己及下级的行为起监督、制约作用，承担不利责任。再者就是保证问责机制的公开透明问题，主要包括：无论是问责启动、问责结束后的结果还是责任主体在公务系统的再次录用情况等，且对应当承担刑事责任的应当移送司法机关，不能因行政责任的承担而免除刑事责任的追究。特别是某些违法企业或者受罚单位的负责人的再次任用，一定要通过公开透明，解决其罚当其过，以及干部任用纪律的公开性问题。

2012 年 1 月至 2013 年 2 月，江苏泰州 6 家化工企业，在明知相关公司无危险废物处理资质的情况下，仍以每吨 20 ～ 100 元不等的价格，将近 2.6 万吨废盐酸、废硫酸交由这些公司处理。之后，这些公司偷偷将污染废物排进当地两条河流中，结果导致水体严重污染，造成重大的环境损失、损害和危害。其实早在 2012 年 8 月，环境执法人员对 6 被告之一、泰兴市申龙化工有限公司偷排废酸的行为就开具了 35 万元的罚单，但是该公司并未就此收手。参与案件调查的一名工作人员表示，目前环境违法成本太低，除进入刑事司法程序追究刑事责任以外，绝大部分由行政执法机关追究行政责任，但现实中“交了罚款就算不违法”、“以罚代刑”或者“以行代刑”的情况仍然存在。受地方保护主义影响，当地政府与企业有着千丝万缕的联系，很多时候，污染严重的企业都是当地招商引资过来的，也是当地的纳税大户。环保部门进行行政处罚时，也会遭到各种阻力，这也是环境污染违法犯罪多发的原因之一。①

第三节 生态安全义务履行的司法保障

对生态安全的保护，人类意识到应从预防为主的措施进行，但是，生态安全事故具有其独特的长期性、潜伏性、广泛性等特点，其影响范围广，涉及不同的生态要素、可能造成的后果不仅是生命财产安全，更可能是当地的社会稳定问题。自 1996 年以来，环境群体性事件一直保持年均 29% 的增速。全国人大常委、中国环境科学学会副理事长杨朝飞认为，重特大环境事件高发频发是有原因的。自 2005 年以来，环保部直接接报处置的事件共 927 起，重特大事件 72 起，其中，2011 年重大事件比上年同

---

① 参见尹有文:《泰州 6 企业被判赔 1.6 亿环境修复费》，载《现代快报》，http: //news.hexun.com/2014-09-12/168408924.html，最后访问日期：2018 年 3 月 10 日。

期增长120%，特别是重金属和危险化学品突发环境事件呈高发态势。目前，由于我国环境信息公开制度尚不健全，相关法律规范不明确，有关规定过于原则抽象，可操作性不强，难以满足公众需求。所以，公众参与是解决环境问题不可替代的力量。为此，我国应当建立完善的公众参与机制，完善环境立法、重点项目环评等的听证制度；探索社区环境圆桌对话机制，建立政府、企业、公众定期沟通、平等对话、协商解决的平台。资料显示，"十一五"期间，全国环境信访30多万件，行政复议2614件，相比之下，行政诉讼只有980件，刑事诉讼只有30件。杨朝飞认为，环保官司难打是环保问题的主要成因之一。据调查，真正通过司法诉讼渠道解决的环境纠纷不足1%。一方面，群众遇到环境纠纷，宁愿选择信访或举报投诉等途径解决，而不愿选择司法途径；另一方面，司法部门也不愿意受理环境纠纷案件。所以，他强调，环保官司之所以难打，源于缺乏具体可操作的环境污染损害鉴定评估技术规范和管理机制；环境公共利益损失的索赔，缺乏法律支撑，例如2005～2012年先后发生的松花江污染事故、大连海岸油污染事故、福建汀江污染事件、广西龙江镉污染事件等，至今均未被追究环境公共利益的损失赔偿。杨朝飞建议，建立环境公益诉讼制度；在现行《侵权责任法》的基础上，制定单行的环境损害赔偿法，将环境和生态系统的公益损害与公民的私益损害，列入赔偿范围。①

所以，在预防为主的生态安全义务履行措施之外，还应建立紧急预案，更需要生态安全义务履行的司法保障。司法是生态安全保护的最后一道屏障，资源管理人、资源利用人、公民的生态安全义务履行与否、履行是否合法都在法律的调控范围内，若发生生态安全违法行为，环保部门的行政介入仍不能妥善解决，从而保护生态安全，那么，司法救济就是生态安全执法的最后保证了。例如，2011～2012年，戴卫国、姚雪元等人买

① 参见王姝:《环境群体事件年均递增29%》，载《新京报》2012年10月27日，第A5版。

来危险品运输车辆、船舶，以从事废酸销售的名义，与泰兴经济开发区的多家化工企业联系，将企业产生的废酸直接倒入内河，由企业付费。这些运输废酸的船舶，都经过改装，一船2吨重的废酸8分钟就能倒完。短短几个月的时间，几人将两万余吨的废酸直接倾倒进泰运河、古马干河，导致水体污染严重。2013年2月，这伙人在向古马干河倾倒废酸时，被环保部门现场抓获。2014年8月，泰兴市法院经审理，对戴卫国等14人因犯环境污染罪处有期徒刑5年9个月至2年3个月，并处罚金16万～41万元。针对此案的民事赔偿部分，2014年9月10日庭审中，泰州市环保联合会称，江苏常隆农化有限公司、泰兴锦汇化工有限公司、江苏施美康药业股份有限公司、泰兴市申龙化工有限公司、泰兴市富安化工有限公司、泰兴市臻庆化工有限公司非法处置危险废物，导致河流受到严重污染，损害了生态环境的安全，危害了公众身体健康和正常的生产生活需要，应当承担环境污染损害的赔偿责任，请求法院判定这6家企业共计赔偿1.65亿余元。法院查明，在2012年1月至2013年2月，6被告违反法律规定，将产生的25,934.795吨废酸，提供给无危险废物处理资质的主体偷排于如泰运河、古马干河，导致水体严重污染。经评估确定，这些废酸造成的环境污染损害，修复费用为1.6亿余元。经过10多小时庭审后，法院当庭判决，6家化工企业赔偿环境修复费用160,666,745.11元，用于泰兴地区的环境修复。资料显示，1.6亿元是环境公益诉讼获得的最高民事赔偿案件之一。如果由行政机关执法和裁决，数额不可能这么大，而法院可以按照实际损失来判决。相比之下，司法的力量比行政裁决的力量更大。这种方法或能解决环境违法成本太低的问题。①

① 参见尹有文:《泰州6企业被判赔1.6亿环境修复费》，载《现代快报》，http：//news.hexun.com/2014-09-12/168408924.html，最后访问日期：2018年3月10日。

一、明确生态安全诉讼的诉讼性质

（一）生态安全诉讼同时具有公益性与私利性

生态安全诉讼，同时具有公益性特征和私利性特征。生态安全问题的发生，伴随生态环境、公私财产和生命安全受损。生态安全具有公共利益特点，意味着社会公众是直接的受害者，且它的受损影响对象具有不确定性、损害的潜伏性，所以针对生态利益提起的生态安全诉讼具有公益性特点。而一般的生态安全纠纷，如因为企业的违法行为，给公民人身、财产遭受损失引起的纠纷或者企业对环保组织的具体行政行为不服提起的诉讼，因为对象、损害的确定性，使生态安全诉讼在具有公益性的同时也具有私利性特点。

例如，2017年3月中旬，许绪忠等6人在无危险废物经营许可证的情况下，在湖南湘潭县一村庄开办了1家无名称的金属提炼厂，并请人负责日常经营管理。2017年3月至6月，该提炼厂以长沙能远金属材料有限公司的名义，从广东先导稀材股份有限公司非法购买44吨多含镉工业废渣，在未办理行政许可和环评手续的情况下，擅自利用自制设备从废渣中提炼锌镉合金。钟锡先等人明知对方无危险废物处置资质，仍将公司产生的含镉工业废渣提供给金属提炼厂非法冶炼。提炼厂将废渣直接堆放在无防渗漏措施的厂内地面上，将生产过程中产生的废气、废渣进行随意处置。特别是在2017年5月29日下午，因生产设备故障造成大量含镉红色烟尘外泄，导致周边村民身体不适以及周边地区环境遭受严重污染。2017年6月24日，湘潭市环境监察支队对现场进行勘验检查，并委托湘潭市环境保护监测站进行检测。经检测，土壤中镉含量严重超标，认定对周边生态环境已经造成严重污染。此后，湘潭县检察院以广东先导稀材股份有限公司违法提供危险废物和许绪忠等人违法利用、处置有毒有害危险废物的行为造成周边土壤受到严重污染，威胁到周边居民的生命财产安全，损害了社会公共利益为由，提起了刑事附带民事公益诉讼。

2018 年 2 月 8 日，此案在湘潭法院开庭审理，湘潭县检察院指派检察员周浪、潘道平出庭支持公诉，公益诉讼机关湘潭县人民检察院指派龙婧婧、胡颖以公益诉讼人的身份出庭支持公益诉讼。庭审中，公益诉讼人运用多媒体示证方式，针对各被告非法提供、利用、处置危险废物的行为对环境造成的破坏和社会公共利益受到的损害，以及应当承担的民事侵权责任等争议焦点进行了举证、质证、辩论。同时，向法庭全方位还原了案发后公益诉讼人调取的现场原貌和起诉前后现场对比图。当日，湘潭法院作出一审判决，认定各被告人犯污染环境罪，当庭判决有期徒刑 1 年到拘役 6 个月不等，没收违法所得，上缴国库。同时，认定上述被告人及广东先导稀材股份有限公司的侵权行为侵害了社会公共利益，依法判令上述被告共同对其在湘潭的金属提炼厂附近环境损害进行修复，恢复原状（此案审理期间，已履行完毕），对寄存于环保公司的 27.65 吨危险废物依法委托有资质的第三方进行处置，消除危险。这起由检察机关对环境资源案件提起的公益诉讼，法院根据“谁污染，谁修复”的原则判决被告修复生态环境，改变了过去“企业污染、群众受害、政府埋单”的状况，是当地法院坚持恢复性司法理念，将办案和生态修复并重的一种实践。① 这起非法提炼镉废渣污染环境，6 人获刑的环境污染刑事附带民事公益诉讼案件，是湖南省首起由检察机关提起的生态环境领域刑事附带民事公益诉讼案件，其公益性和私利性产生竞合。在这类案件中，受害者不见得愿意或者具备起诉维权的动机或者能力，因此必须以生态环境领域刑事附带民事公益诉讼案件的形式，实现公益性和私利性竞合后的共赢。显然，各地法院应当

① 参见虢灿等:《湖南首例破坏生态环境公益诉讼案宣判，非法提炼镉废渣 6 人获刑》，载《三湘都市报·华声在线》，http://hunan.voc.com.cn/article/201802/201802091006361623.html，最后访问日期：2018 年 3 月 10 日。

强化与检察机关、公安机关、环境执法部门的协调联动机制，形成环境司法与行政执法保护环境公共利益的共治合力。

（二）生态安全案件类型

生态安全义务履行的主体前面已经讨论过了，有资源管理人、资源利用人、公民，那么对应主体的特征、生态安全利益，生态安全破坏后的损害程度、法律标准、法律责任分类等，在生态安全义务履行的司法保障中，违法主体可能承担生态安全行政责任、民事责任、刑事责任。生态安全司法救济要依照我国现行有关生态安全法律法规，包括《民法通则》《民法总则》《侵权责任法》《环境保护法》《刑法》《监察法》等实体法，以及《民事诉讼法》《行政诉讼法》《刑事诉讼法》《仲裁法》等程序法规定进行。根据诉讼内容和形式，涉及生态安全的案件，包括生态安全行政诉讼、生态安全民事诉讼、生态安全刑事诉讼等诉讼案件，今后是否会有生态仲裁纠纷案件，尚需进一步研究。

生态安全行政诉讼案件，是指个人、法人或其他组织认为国家机关作出的有关生态安全行政行为侵犯其合法权益而向法院提起的行政诉讼。行政诉讼涉及的是行政相对人与行政主体之间的法律关系处理，是对行政行为的司法审查，是对相对人的司法救济方式。我国《环境保护法》（1998年12月26日）第40条规定："当事人对行政处罚不服的，可以在接到处罚通知之日起15日内，向作出处罚决定的机关的上一级机关申请复议；对复议决定不服的，可以在接到复议通知之日起15日内，向人民法院起诉。当事人也可以在接到处罚通知之日起15日内，直接向人民法院起诉。"不过，这一"温和"的规定，在2014年4月24日我国《环境保护法》修订后，被废止。我国《环境保护法》第68条规定了环境违法后引咎辞职方面的行政处罚。[①]我国《行政诉讼法》第12条[②]对可诉的行政行为作出了肯定规定，其第13条规定并列出了4种不可诉的行政行为，并对行政诉讼的管辖、程序等作出了规定，保证行政诉讼的进行。依照法律规定，个人、法人或其他组织对环保组织的具体行政行为能够提起行政诉讼。如果当事人逾期不申请复议，也不向人民法院起诉，又不履行处罚决定的，作出处罚决定的机关可申请人民法院强制执行。

生态安全民事诉讼案件，是指民事主体因生态安全义务人不履行或者违法履行其义务，而人身、财产等民事权益遭受侵害时，依据民事诉讼法提起的民事诉讼。民事主体要遵循我国民事诉讼的规定，按照程序规定进

---

① 我国《环境保护法》第68条规定，地方各级政府、县级以上政府环境保护主管部门和其他负有环境保护监督管理职责的部门有下列行为之一的，对直接负责的主管人员和其他直接责任人员给予记过、记大过或者降级处分；造成严重后果的，给予撤职或者开除处分，其主要负责人应当引咎辞职：（1）不符合行政许可条件准予行政许可的；（2）对环境违法行为进行包庇的；（3）依法应当作出责令停业、关闭的决定而未作出的；（4）对超标排放污染物、采用逃避监管的方式排放污染物、造成环境事故以及不落实生态保护措施造成生态破坏等行为，发现或者接到举报未及时查处的；（5）违反本法规定，查封、扣押企业事业单位和其他生产经营者的设施、设备的；（6）篡改、伪造或者指使篡改、伪造监测数据的；（7）应当依法公开环境信息而未公开的；（8）将征收的排污费截留、挤占或者挪作他用的；（9）法律法规规定的其他违法行为。

② 我国《行政诉讼法》第12条规定，法院受理公民、法人或者其他组织提起的下列诉讼：（1）对行政拘留、暂扣或者吊销许可证和执照、责令停产停业、没收违法所得、没收非法财物、罚款、警告等行政处罚不服的；（2）对限制人身自由或者对财产的查封、扣押、冻结等行政强制措施和行政强制执行不服的；（3）申请行政许可，行政机关拒绝或者在法定期限内不予答复，或者对行政机关作出的有关行政许可的其他决定不服的；（4）对行政机关作出的关于确认土地、矿藏、水流、森林、山岭、草原、荒地、滩涂、海域等自然资源的所有权或者使用权的决定不服的；（5）对征收、征用决定及其补偿决定不服的；（6）申请行政机关履行保护人身权、财产权等合法权益的法定职责，行政机关拒绝履行或者不予答复的；（7）认为行政机关侵犯其经营自主权或者农村土地承包经营权、农村土地经营权的；（8）认为行政机关滥用行政权力排除或者限制竞争的；（9）认为行政机关违法集资、摊派费用或者违法要求履行其他义务的；（10）认为行政机关没有依法支付抚恤金、最低生活保障待遇或者社会保险待遇的；（11）认为行政机关不依法履行、未按照约定履行或者违法变更、解除政府特许经营协议、土地房屋征收补偿协议等协议的；（12）认为行政机关侵犯其他人身权、财产权等合法权益的。除前款规定外，法院受理法律、法规规定可以提起诉讼的其他行政案件。

行民事诉讼活动，追究执行民事责任。我国《民事诉讼法》第55条第1款规定："对污染环境、侵害众多消费者合法权益等损害社会公共利益的行为，法律规定的机关和有关组织可以向人民法院提起诉讼。"该条被众多学者认为是对起诉资格的放松，对环境公益诉讼的发展具有推动意义。根据我国《侵权责任法》第65～68条的规定，民事环境侵权适用无过错责任原则，污染者应当就法律规定的不承担责任或者减轻责任的情形及其行为与损害之间不存在因果关系承担举证责任。与此同时，根据我国《环境保护法》第64条的规定，环境民事侵权案件，依照我国《侵权责任法》的有关规定。其第65条则规定，环境影响评价机构、环境监测机构以及从事环境监测设备和防治污染设施维护、运营的机构，在有关环境服务活动中弄虚作假，对造成的环境污染和生态破坏负有责任的，除依照有关法律法规规定予以处罚外，还应当与造成环境污染和生态破坏的其他责任者承担连带责任。根据我国《海洋环境保护法》第83条的规定，违反该法第49条"海洋工程建设项目，不得使用含超标准放射性物质或者易溶出有毒有害物质的材料"的规定，使用含超标准放射性物质或者易溶出有毒有害物质材料的，由海洋行政主管部门处5万元以下的罚款，并责令其停止该建设项目的运行，直到消除污染危害。这是新类型的民事案件。

生态安全刑事诉讼案件，生态安全义务人因违反法律，造成或可能造成生态安全破坏、公私财产严重损失或者人身伤亡的严重后果构成犯罪的，依据规定追究其刑事责任的诉讼活动。我国《刑法修正案（十）》于2017年11月4日通过后，《刑法》第六章"妨害社会管理秩序罪"中第六节"破坏环境资源保护罪"共设立9条关于环境犯罪规定，即（1）第338条重大污染环境事故罪。（2）第339条第1款非法处置进口的固体废物罪、第2款擅自进口固体废物罪。（3）第340条非法捕捞水产品罪。（4）第341条第1款非法猎捕、杀害珍贵、濒危野生动物罪；非法收购、运输、出售珍贵、濒危野生动物、珍贵、濒危野生动物制品罪。第2款非法狩猎罪。（5）第342条非法占用农用地罪。（6）第343条第1款非法采矿罪、第2款破坏性采矿罪。（7）第344条非法采伐、毁坏国家重点保护植物罪；非法收购、运输、加工、出售国家重点保护植物、国家重点保护植物罪。（8）第345条第1款盗伐林木罪、第2款滥伐林木罪、第3款非法收购、运输盗伐、滥伐的林木罪等，共12款罪名。在前述罪名中，还没有直接规定或者带有“生态”字样的罪名。我国有关环境的法律法规中，也规定了对构成犯罪的要移送追究刑事责任。对应破坏生态安全的刑事责任主要使用自由刑和财产刑，[①] 其具体罪名和罪行的确定，则依据我国《刑法》的前述规定处置。

（三）影响生态安全义务履行的司法因素

1. 环保部门的强制执行力的缺失。从目前的生态安全义务履行监督保障机制看，环保机关是主要的生态安全义务管理机关，承担着基层的生态环境保护，但法律赋予其的行政执法权中，却没有强制执行权。对涉嫌违法依法责令停产整顿、责令停业、关闭的案件，环境保护主管部门只有向人民政府提起建议权。这必然导致行政处罚的执行率低，环境保护主管部门的权威性不强。

依据我国《行政处罚法》《环境行政处罚办法》的规定，当事人逾期不申请行政复议、不提起行政诉讼，又不履行处罚决定的，由作出处罚决定的环境保护主管部门申请人民法院强制执行，而环境保护主管部门申请强制执行的时间是处罚决定已作出的60天后，加之，法院的审查处罚决定期间，违法人的生态违法行为一直在继续，对生态安全的破坏和公民人

① 我国《环境保护法》第69条规定，违反本法规定，构成犯罪的，依法追究刑事责任。我国《海洋环境保护法》第90条第3款规定，对严重污染海洋环境、破坏海洋生态，构成犯罪的，依法追究刑事责任。第93条规定，海洋环境监督管理人员滥用职权、玩忽职守、徇私舞弊，造成海洋环境污染损害的，依法给予行政处分；构成犯罪的，依法追究刑事责任。

身、财产的损害也可能一直在持续，危害后果在扩大。法院对环保部门申请强制执行的处罚决定执行不力，这里的“执法不力”不仅是指不执行，还包括不及时执行。2007 年《全国环境统计公报》显示，环境违法案件查处立案 129,911 件，结案 99,820 件，全国结案率为 76.84%，2008 ～ 2011 年的统计只显示了环境违法案件查处立案数，未公布结案件数。2015 年，我国突发环境事件次数 330 次，其中，特别重大环境事件 0 次；重大环境事件 3 次；较大环境事件 5 次；一般环境事件 322 次。2015 年，全国环境保护部门受理的行政复议案件数 701 件、行政处罚案件 102,084 件、备案地方环境标准 38 件、电话 / 网络投诉 164.7 万件（电话 / 网络投诉办结 149.2 万件，占 90.59%）、来信 161.1 件、来访 48,010 批次 /104,323 人、来信来访办结 161,252 件。[①] 可见，受理、办理和结案的数字都在上升，但是，环保部门的执行力不足的局面，并没有根本改观。

2. 生态安全诉讼受理难。大量应进入诉讼程序的生态安全行政案件、民事案件、刑事案件因起诉条件、地方政策等问题，无法进入到诉讼程序中。我国《行政诉讼法》对受理条件的规定是对有直接利害关系的具体行政行为而提起诉讼的；我国《民事诉讼法》对原告的规定也是有利害关系，而对污染环境一类损害社会公共利益的行为，法律规定的机关和有关组织可以向法院提起诉讼。所谓直接利害关系对原告资格进行的限制，是指生态安全受损的利害关系，不是一般意义上的直接利害关系，如大气污染对人类造成的健康危害，不能够以肉眼的直接危害体现，其具有潜伏性，甚至对污染范围内的生态环境造成破坏，再间接影响人类等其他生物的生命健康权，而我国《民事诉讼法》的规定，因为没有配套法律的衔接性规定，使司法适用过程中，发生了不知具体的机关和组织为何的窘境。

① 参见环保部《全国环境统计公报（2015 年）》（2017 年 2 月 23 日），七、环境管理；（八）信访与法制。

我国在环境犯罪中没有危险犯的规定，使未造成明显后果的违法行为，大多以行政处罚处理，《全国环境统计公报》数据显示，环境犯罪案件的数量是：2007 年 3 起、2008 年 2 起、2009 年 3 起、2010 年 11 起。从 2007 年到 2010 年，全国法院共审理作出判决环境犯罪案件 19 起，但 2007 年到 2010 年《全国环境统计公报》统计的全国特大、重大环境污染事件发生情况 30 起，依据 2013 年以前旧的最高人民法院的司法解释，即 2006 年最高人民法院发布的《关于审理环境污染刑事案件具体应用法律若干问题的解释》，对照 2006 年《国家突发环境事件应急预案》，理论上重大、特大都应该是构成重大环境污染事故罪，但不知何种原因，应该追究的刑事责任并未追究。

3. 生态安全义务履行中地方政府失权。在中央政府颁行的《生态文明体制改革总体方案》（以下简称《生态改革方案》）中规定：坚持自然资源资产的公有性质，创新产权制度，落实所有权，区分自然资源资产所有者权利和管理者权力，合理划分中央地方事权和监管职责，保障全体人民分享全民所有自然资源资产收益。构建归属清晰、权责明确、监管有效的自然资源资产产权制度，着力解决自然资源所有者不到位、所有权边界模糊等问题。构建以空间规划为基础、以用途管制为主要手段的国土空间开发保护制度，着力解决因无序开发、过度开发、分散开发导致的优质耕地和生态空间占用过多、生态破坏、环境污染等问题。[①] 这是解决央地政府事权冲突的重要规则依据。

然而，《祁连山条例》第 10 条第 2 款只规定，禁止在保护区内进行狩猎、垦荒、烧荒等活动，与《保护区条例》第 26 条“禁止在自然保护区内进行砍伐、放牧、狩猎、捕捞、采药、开垦、烧荒、开矿、采石、挖沙等活动”的规定，相差太大。《祁连山条例》中这 3 类禁止行为是近年来

---

① 参见《生态文明体制改革总体方案》，一、生态文明体制改革的总体要求，（三）生态文明体制改革的原则，（四）生态文明体制改革的目标。

发生频次少、基本已得到控制的事项，而《保护区条例》其他 7 类违法行为，恰恰是近年来频繁发生且对生态环境破坏明显的事项。2013 年 5 月修订的《甘肃省矿产资源勘查开采审批管理办法》，违法允许在祁连山保护区的实验区进行矿产开采；而《甘肃省煤炭行业化解过剩产能实现脱困发展实施方案》则违规将祁连山保护区内 11 处煤矿予以保留。祁连山保护区内到 2015 年 9 月 25 日前无休止探矿采矿、“掠夺性”放牧、旅游开发项目未批先建、小水电项目陆续上马等行为，导致祁连山生态已不堪重负，一些局部破坏已不可逆转。[①] 也就是说，甘肃省的地方下位法的立法，实际上废止了国家上位法的约束力。

还有，林业部《森林和野生动物类型自然保护区管理办法》（1985 年 6 月 21 日国务院批准，1985 年 7 月 6 日林业部发布，以下简称《森林保护区办法》）第 14 条的规定，也存在上下级管理职权在祁连山保护区的冲突。即自然保护区内的居民，在不破坏自然资源的前提下，从事种植、养殖业，也可以承包自然保护区组织的劳务或保护管理任务，以增加经济收入。这条规定为祁连山保护区的区域生态环境治理义务的不履行，提供了上位规则空间。资料显示，由于历史的原因，祁连山保护区内到 2017 年 7 月底前还有居民 57,421 户、229,661 人，存栏大小牲畜 156.2 万头。其中，核心区居民就有 844 户、1877 人，存栏牲畜 9.8 万头（只）；而缓冲区居民 1767 户、5815 人，存栏牲畜 29.3 万头（只）；实验区居民 54,810 户、221,969 人，存栏牲畜 117.1 万头（只）。这些人群和牲畜长期生活在保护区内，主要从事畜牧业和农业生产，而且生活、生产用地与林区互相交错，保护难免损害这些保护区内居住的居民利益。尤其是祁连山保护区内人口增长过快，如天祝县境内，林区农业人口由 1950 年的 1.2 万人

① 参见刁凡超：《祁连山局部破坏已不可逆：环保部将约谈张掖市》，载澎湃新闻，http://news.qq.com/a/20150925/042076.htm，最后访问日期：2017 年 6 月 26 日。

增至2017年7月6万人，农田已插入林间空地，给护林工作带来了相当大的难度。还有，祁连山保护区现有林权证所标注的林业用地面积只有68.19万公顷，仅占保护区总面积的25.7%，大部分土地为非林业用地，存在林草“一地两证——林权证、草原证并存”现象，造成林业用地和草地权属不清，造林、封山育林难以实施，森林资源扩展没有空间等诸多问题。[①]也就是说，如何准确判断自然保护区内的居民，其从事种植、养殖业或者劳务和保护管理等活动，是不会破坏自然资源的活动，《森林保护区办法》似乎留下了很大的想象空间和机动余地。

2006年10月26日，《国家级自然保护区监督检查办法》（以下简称《保护区督查办法》）第7条规定，国务院环境保护行政主管部门组织对国家级自然保护区的建设和管理状况进行定期评估，国务院环境保护行政主管部门组织成立国家级自然保护区评估委员会，对国家级自然保护区的建设和管理状况进行定期评估，并根据评估结果提出整改建议。对每个国家级自然保护区的建设和管理状况的定期评估，每5年不少于1次。为此，2015年9月，环保部与国家林业局联合约谈张掖市政府、甘肃省林业厅和甘肃祁连山国家级自然保护区管理局等部门主要负责人，并要求其限期整改。2016年11月30日～12月30日，中央第七环保督察组对甘肃省开展的督察发现，祁连山生态破坏问题依然严重。2017年1月，央视对祁连山生态保护中存在的水电站生态用水下泄不符合规范、企业违规排污等问题进行的报道，引起张掖市委、市政府高度重视，张掖市及相关县区纪委对24名责任人员进行了责任追究。但是，这些均没有引起甘肃省政府的高度重视，其约谈整治方案瞒报、漏报31个探采矿项目，生态修复和整治工作进展缓慢，截至2016年年底仍有72处生产设施未按要求清理到位。

① 参见刘志广：《祁连山生态严重破坏，甘肃将冰川纳入保护区》，载 http://news.sohu.com/20070727/n251269960.shtml，最后访问日期：2017年7月23日。

2017年2月12日～3月3日，由党中央、国务院有关部门组成中央督查组就此开展祁连山保护区的专项督查。

从区域生态环境管理的角度来看，地方政府的发改委、环保、国土、水利、林业等诸多部门，都是生态环境保护系统中的一环，只有每个部门做好自己的工作，严守自己的底线，环境保护才能整体有效，否则就可能出现严重违法的情形。在祁连山事件中，甘肃省国土厅在国务院批复甘肃祁连山国家级自然保护区划界后，仍违法违规延续、变更或审批14宗矿权；甘肃省发改委在项目核准和验收工作中，以国土、环保、林业等部门前置审批作为"挡箭牌"，违法违规核准、验收保护区内非法建设项目。甘肃省其他有关部门也没有严守自己的底线，共同构成了地方政府群体性职能失守，是地方政府失权的直观表现。也就是说，地方环境立法不得抛开上位法和党中央、国务院的大政方针率性而为，不得用地方立法来"保护"违法开发或片面发展的行为。[①] 可以肯定，在这种不遵守法律法规的地方政府辖区内，生态安全义务履行的司法活动，根本不会有丝毫的进展，祁连山事件本身就是一个典型样本。

二、确定生态安全诉讼参与人的法律地位

（一）放宽生态安全诉讼的原告资格

生态安全问题日趋严重，迫切需要改善现有生态安全司法制度，确保公民等诉讼主体能够获得诉权，并在诉讼中按照法律行使自己的权利，最后，才对法院判决有执行的全面保障。我们知道法律具有滞后性特点，其需要跟随时代进行改革，满足时代需求，生态安全问题随着科学技术的发展和环境意识的提高，国家对生态安全法律的更新与及时修订也势在必

① 参见贺震：《地方立法不能太任性》，载《中国环境报》2017年7月25日，第3版。

行，需要不断更新以解决当前生态安全问题，程序法上也需要改进，扩大原告资格、保障每个诉讼主体的权利、加强法律执行力等。生态安全诉讼的原告是合法的利益代表主体，确定适格的主体是建立生态安全诉讼的核心。

生态安全强调整体性安全，包括整体的生态以及大气、水、土壤三大环境介质的整体性安全。在我国，大气、水、土壤等生态要素都是公共财产，宪法规定为全民所有，其影响的对象非常广泛。这些生态要素的流动性和生态的整体性又扩大了可能出现的生态问题，具体到受害对象时，个人、单位、团体、国家很难直接成为其直接利害关系人，需要特定的时间、特定的空间与行为指向，我们才能将其认定为受害对象。如果按照传统诉讼法对原告资格的规定，将会造成受害人的权利得不到有效救济，违法行为者也得不到及时的处罚。为增强对生态安全的保护力度，加大对生态安全破坏的惩处力度，保护受害者权益，应放宽生态安全诉讼的原告资格。国际上，许多国家都放宽了环境诉讼的原告资格，如美国为应对环境保护制定《清洁水法》以保障公民诉讼，规定任何人都可以向环境污染者提起诉讼。

我国《民事诉讼法》第55条第1款规定："对污染环境、侵害众多消费者合法权益等损害社会公共利益的行为，法律规定的机关和有关组织可以向人民法院提起诉讼。"我国《环境保护法》第6条第1款规定："一切单位和个人都有保护环境的义务。"有关具体生态要素的单行法如我国《大气污染防治法》等也作出了类似规定。我国《海洋环境保护法》规定由依照本法规定行使海洋环境监督管理权的部门代表国家对责任者提出损害赔偿要求。可以看出，我国在环境原告资格问题上，也在逐步放宽，但具体适用上却仍存在问题。

对于单位、个人的检举、控告权理解不同，有学者认为，这里的检举和控告权不能等同于起诉权，也学者认为，是包括向法院提起诉讼的权利。而对于法律规定的机关和有关组织对环境污染问题向法院提起诉讼的规定，那么这里的“机关和有关组织”作何理解也存在偏差，检察机关和环保部门是否有法定诉权？除我国《民事诉讼法》《海洋环境保护法》中规定了由依照本法规定行使公益诉讼、海洋环境监督管理权的部门，代表国家对责任者提出损害赔偿要求，无其他相关法律对“有关机关和组织”作出详细规定。

在实践中，全国各地检察机关或环保部门提起环境公益诉讼案件不少，也有环保组织提起诉讼，但笔者认为，应该从立法上确定什么样的机关和组织具有生态安全的原告资格，对于受害的单位、个人检举和控告权行使的方式要有明确规定。原告资格需要放开，但也需要法律防止滥诉的规定，可以规定一定的诉讼前置程序，但主要的是能保障生态安全受害人有起诉资格，能通过诉讼保护权利，不应该通过私力救济造成群体性事件。

（二）对生态安全受害人的精神救济

2011 年 5 月 30 日，环保部发布《关于开展环境污染损害鉴定评估工作的若干意见》（以下简称《损害鉴定意见》），以及《环境污染损害数额计算推荐方法》。《损害鉴定意见》规定，全面完整的环境污染损害评估范围包括：人身损害、财产损害、生态环境资源损害、应急处置费用、调查评估费用、污染修复费用、事故影响损害和其他应当纳入评估范围内的损害。同时，按照《环境污染损害数额计算推荐方法》，环境污染事故和事件，造成人身伤残的特别损害、造成死亡的特别损害的费用，都可以进行鉴定评估。

生态安全被害人，是指合法权益遭受到污染环境犯罪行为的直接侵害，并参与到刑事诉讼中的自然人、机关、团体、企事业单位等，它不仅包括公诉案件中的被害人，也包括自诉案件中的被害人和附带民事诉讼中的环境污染被害人。在我国目前的法律制度下，生态安全被害人必须通过刑事附带民事诉讼程序主张损害赔偿，在追究被告人刑事责任的同时，附带解决因被告人的环境犯罪行为而遭受的物资损失的赔偿问题。我国《刑事诉讼法》规定了刑事附带民事诉讼制度，其中第101条规定：“被害人由于被告人的犯罪行为而遭受物质损失的，在刑事诉讼过程中，有权提起附带民事诉讼。”2000年12月4日《最高人民法院关于刑事附带民事诉讼范围问题的规定》第2条对“物质损失”的含义进行了解释：“……物质损失，是指被害人因犯罪行为已经遭受的实际损失和必然遭受的损失。”2002年7月20日最高人民法院出台《关于人民法院是否受理刑事案件被害人提起精神损害赔偿民事诉讼问题的批复》规定：“对于刑事案件被害人由于被告人的犯罪行为而遭受精神损失提起的附带民事诉讼，或者在该刑事案件审结以后，被害人另行提起精神损害赔偿民事诉讼的，人民法院不予受理。”依此规定，只有当环境污染被害人因犯罪行为而遭受物质损失时，才有权提起附带民事诉讼，而且排除间接经济损失和精神损害赔偿的可能性。

公诉机关作为国家利益尤其是公共环境利益的代表者，对于被告给环境、生态带来的损害，应该提起相应的附带民事赔偿，用于后期的治理和修复，并应该有告知生态安全被害人可以提起附带民事赔偿的义务，保证其的损害能得到赔偿，如果某案件的污染属于可以流动的污染，又要影响到相邻行政区域内的民众，那么相关受害人也可以起诉等。生态安全犯罪被告人不但对被害人的物质利益造成损失，由此给被害人造成的精神损害也是客观存在的，表现为精神痛苦和精神利益的丧失或减损，甚至精神痛苦要远远超过物质损失。在笔者看来，对于生态安全的附带民事赔偿的精神损害赔偿，可以确定精神损害赔偿范围、适用条件、数额等，来给予受害人适当的赔偿。

（三）对生态安全被告的权利和责任的完善

生态安全诉讼中的被告不仅有应诉的义务，法律也应保障其在诉讼中的权利。在生态安全诉讼中，由于损害的认定具有很强的技术性和专业性，侵权法规定为无过错责任，以及举证责任倒置，即因污染环境造成损害的，污染者应当承担侵权责任，而且应当就法律规定的不承担责任或者减轻责任的情形及其行为与损害之间不存在因果关系承担举证责任。我国《行政诉讼法》第 8 条规定："当事人在行政诉讼中的法律地位平等"；我国《民事诉讼法》第 8 条规定："民事诉讼当事人有平等的诉讼权利。人民法院审理民事案件，应当保障和便利当事人行使诉讼权利，对当事人在适用法律上一律平等。"而我国《刑事诉讼法》第 6 条则规定："人民法院、人民检察院和公安机关进行刑事诉讼，必须依靠群众，必须以事实为根据，以法律为准绳。对于一切公民，在适用法律上一律平等，在法律面前，不允许有任何特权。"由此可见，法律要求给予被告平等的地位，保障其在诉讼中的权利。

在生态安全行政诉讼中，生态安全的行政执法机关不因是国家权力机关而享有特权，原被告双方应在法律规定范围内进行举证、辩论。生态安全民事诉讼中，被告也可提起反诉，对于因原告故意诉讼导致的损失可以提起赔偿，法院应平等适用法律。生态安全刑事诉讼中，因公诉机关的权力滥用导致被告人身、财产受损的，被告可以提起国家赔偿。法院对原被告双方应该平等适用法律，保证被告的抗辩权，对恶意诉讼的应追究法律责任，被告可以提起赔偿诉讼。

生态安全损害的难以逆转、生态价值的不可度量，决定了对生态损害的责任承担方式：一是对还未造成损失的，应停止侵害，并进行名誉惩罚，可以增设资格刑，永久取缔其进入一定行业的资格；二是对于已经造成损害后果的，应以恢复生态为主，并应承担赔偿损失的责任。被告支付的赔偿金应该在扣除诉讼成本和受害人损失后，对受损的生态利益进行赔偿，对当下甚至长期恢复需要的金额进行核算，纳入被告赔偿范围，并建立惩罚性赔偿。

三、生态安全公益诉讼制度的完善与创新

（一）环境公益诉讼的法律规定

马克思曾经说："只有维护公共秩序、公共安全、公共利益，才能有自己的利益"。[①]公益诉讼，起源于罗马法，罗马法对其进行了私益诉讼和公益诉讼的区分。其中，私益诉讼是以保护个人权利的诉讼，仅由特定人才能提起；以保护社会公益为目的，除法律有特别规定者外，凡市民均可提起的诉讼为公益诉讼。英美法系和大陆法系都有关于公益诉讼的法律规定。美国作为现代公益诉讼制度比较健全的国家，针对欺骗美国政府索取钱财的行为，制定了《反欺骗政府法》，为个人和公司提起诉讼提供了法律依据，为禁止行业竞争、垄断、企业兼并等行为制定了《谢尔曼反托拉斯法案》，创设了新型诉讼，为应对环境保护制定《清洁水法》，以保障公民诉讼等。英国也规定了为倡导公众权利，由法务长官代替公众提起诉讼的制度。在日本，公益诉讼称为民众诉讼，指"请求纠正国家或者公共团体机关的不符合法规的行为的诉讼，并且是以作为选举人的资格或者其他与自己在法律上的利益无关的资格提起的诉讼"。[②]

生态环境利益具有整体性，大气、水、土壤等环境要素，都不能进行分割，人类共同享有整体环境，其受益人具有广泛性，当生态受到损害时，受到损害的也是全人类。环境公益诉讼则是保障人类共有的环境权益，学界对环境公益诉讼的定义也有所不同，有学者将其定义为"任何人

① 《马克思恩格斯全集》（第 2 卷），人民出版社 1972 年版，第 609 页。

② 颜运秋：《公益诉讼理念研究》，中国检察出版社 2002 年版，第 127 页。

基于行为人的不法行为致使公共环境权利受到损害或有损害之虞时依法提起的诉讼。”[①]有的学者定义为“由于行政机关或其他公共权力机构、公司、企业或其他组织及个人的违法作为或不作为，使环境公共利益遭受侵害或有侵害之虞时，法律允许公民或团体为维护环境公共利益而提起的请求判令其停止环境损害行为、赔偿环境公益损失的诉讼”。[②]

笔者认为，生态安全公益诉讼，是指为维护生态环境公益，法律允许无直接利害关系人，追究损害环境的个人、单位法律责任而向法院提起诉讼的活动。在我国现有的法律规范中，也对公益诉讼有规定，破坏海洋环境并“给国家照成损失的”，我国《海洋环境保护法》规定由依照本法规定行使海洋环境监督管理权的部门代表国家对责任者提出损害赔偿要求。针对污染环境、侵害众多消费者合法权益等损害社会公共利益的行为，我国《民事诉讼法》规定，由法律规定的机关和有关组织可以向人民法院提起诉讼。各地也有对环境公益诉讼的提起，如2010年昆明市环保局以公益诉讼人身份、检察院支持起诉昆明三农公司、羊甫公司环境污染侵权导致村庄地下水污染严重，村民、牲畜饮水困难，解决嵩明县杨林镇大树营村的水环境污染问题。环境具有整体性、其损害具有广泛性，环境损害的发生后，需要长久、持续的补救才能恢复，需要消耗大量的人力、物力和财力，甚至有的损害无法进行挽救。环境公益诉讼发挥了预防作用、监督作用、保护等作用。环境公益诉讼的提起不以发生实质性损害为受理要件，对于预防环境损害，消灭潜在大规模环境污染，保护环境公共利益有积极作用。在行政执法不严的情况下，提起环境诉讼不仅鼓励社会对执法环境行政行为的监督，促进公众参与，还可以发挥法院在环境公益诉讼补救中的积极作用。

---

① 齐树洁、郑贤宇：《构建我国公益诉讼制度的思考》，载《河南省政法管理干部学院学报》2005年第1期。

② 颜运秋：《公益诉讼理念研究》，中国检察出版社2002年版，第17页。

（二）生态安全公益诉讼制度存在的问题

1. 有关机关和组织规定不明确。我国《民事诉讼法》中规定“法律规定的有关机关和组织”有权对污染环境等破坏社会公共利益的行为进行诉讼。除了我国《海洋环境保护法》中规定了由依照本法规定行使海洋环境监督管理权的部门代表国家对责任者提出损害赔偿要求外，无其他相关法律对“有关机关和组织”作出详细规定。

在实践中，全国各地检察机关提起环境公益诉讼案件不少，包括2003年山东省乐陵市检察院起诉一起环境公益诉讼案件，2008年贵州省贵阳市清镇市检察院、2011年浙江省平湖市检察院以原告身份提起环境公益诉讼案件等，但各界对于检察机关提起环境公益诉讼的资格仍有异议，而环保部门提起的环境公益诉讼的数量也不少，而现今由于没有后续法律规定哪些机关和团体尤其是生态环境部门是否可以提起环境公益诉讼，给实践中的操作带来阻碍，也是对这些机关团体的职责忽视，使在发生环境污染案件后职责与公益诉讼职能承担机关和团体之间的原告资格和顺序混乱，不利于环境公益诉讼的提起，以及环境污染案件的解决。

2. 公民无环境公益诉讼起诉权，公众参与环境公益诉讼难。在美国、印度等国确定了公民的环境公益诉权，其中美国规定任何个人、任何组织、检察官都可以提起环境公益诉讼，印度则规定任何个人和任何社会团体都有权提起环境公益诉讼。在我国以往在环境公益诉讼的理论研究中，学者对于公民是否享有环境公益诉讼原告资格存在异议，支持者认为，公民应当享有环境公益诉讼起诉资格，作为广泛的社会主体，公民个人无疑是社会公共利益的最佳捍卫者和保护者。① 建立公众参与机制，有利于发挥社会团体的作用，鼓励公众参与环境保护工作，检举和揭发各种

① 参见吉萌：《环境公益诉讼原告资格研究》，厦门大学2009年硕士学位论文。

违反环境保护法律法规的行为。[①] 反对者认为，公民个人起诉环境污染企业的能力不足，加上公民缺乏民告官的勇气和信心，权利保障机制和补偿机制空白等因素，使中国公民个人作为公益诉讼的直接原告的条件尚不成熟。[②]2012 年通过了修订的《民事诉讼法》，其中规定的有权提起公益诉讼的为“法律规定的有关机关、有关组织”，虽然突破了“直接利害关系人”的约束，但还是没有将公民纳入诉权范围内。公众对此表示失望，法律对于他们的公益诉讼资格的不确认，使他们无法提起诉讼，也难以参与环境公益诉讼，保护环境公益。

3. 行政机关本身执法权与其公益诉权关系规定不明。“环境保护是国家的一项职责”是我国宪法的原则，我国宪法规定了自然资源的国家所有权，即全民所有，根据“环境公共财产”论和“公共委托”理论，国家受全体共有人——国民的委托行使环境管理权，承担保护环境和维持生态平衡的义务。法律规定的有关机关行使日常的环境监督管理权，对违反环境法律法规，污染环境和破坏生态平衡的行为进行监督管理，并行使相应的行政处罚权。目前有关环境公益诉讼的法律，仅对公益诉讼的范围以及起诉主体做出了规定，但对何时才能对环境污染与资源破坏行为提起诉讼，环境保护行政部门作为行政执法机关，其行政执法地位与其公益诉讼起诉人身份有无先后顺序，在遇到其不积极主动履行行政职责，等行政相对人环境违法后再提起公益诉讼，这就容易导致职责冲突，影响其执法能力。

4. 诉讼费用以及鉴定评估费用数额过高阻碍诉讼提起。原告方为公共利益提起环境公益诉讼，其资产或财产都是有限的。环境污染发生后，造成损害的范围大，需要长时间的环境治理工作，被告应承担的赔偿和治理

---

① 参见常纪文:《我国环境公益诉讼立法存在的问题及其对策——美国判例法的新近发展及其借鉴经验》，载《现代法学》2007 年第 5 期。

② 潘佳:《论公民个人和环保部门不宜作为环境公益诉讼的直接原告》，载《齐齐哈尔大学学报》(哲学社会科学版) 2012 年第 5 期。

费用数额较大，环境公益诉讼提起的诉讼请求数额较大，导致相应的需要缴纳的诉讼费数额也较大，对于提起环境公益诉讼的原告来说，他们是为公益提起诉讼，对于诉讼利益所得不享有所有权，大额的诉讼费用易影响提起公益诉讼的信心。2007 年国务院颁布的《诉讼费用交纳办法》规定了诉讼费用的免交和减交，但环境公益诉讼中的诉讼费用问题并未纳入免交和减交范围。环境污染案件立案后，对于污染程度、损失、后续治理所需时间、财力等都需要具有科学背景的专业鉴定评估机构进行全面的鉴定评估，所需的鉴定费用对于原告方来说也是十分巨大的。高额的诉讼费用、鉴定评估费用等易导致原告不敢起诉，成为环境公益诉讼的绊脚石，继而最终损害公众利益。

5. 诉讼后果的承担。通过诉讼解决纠纷，法院的判决结果可能有利于原告，也可能有利于被告，这取决于事实和法律规定。根据传统诉讼法理论，诉讼后果由诉讼当事人承担，诉讼利益归于诉讼请求一方即原告所有。但是环境公益诉讼的原告是为了社会公益提起诉讼，且其提起的诉讼请求是根据受损的环境及因环境污染受损的受害利益数额等事实，显然诉讼利益不应该归于原告，那么原告也不应当承担败诉后果。诉讼结果有利于被告时，当因为原告的起诉或其他诉讼中行为其权益损害如经济利益，他的合法权益应当如何保障，法律规定了提起环境公益诉讼的原告为“有关机关和团体”，那么，被告的受损利益又应当如何保障，其应向谁提出反向诉讼请求，要求保护其合法权益，也有待明确。

（三）完善生态安全公益诉讼

最高人民检察院在对 2017 年以来督办案件及新闻媒体披露、社会各界关注的有关问题的梳理中，发现 33 件破坏生态环境公益诉讼案件线索。2018 年 2 月 22 日，最高人民检察院民事行政检察厅下发通知，决定对 33 件破坏生态环境公益诉讼案件线索予以挂牌督办。被挂牌督办的 33 件案件线索，分别发案于河北、山西、吉林、江西、河南、海南、贵州、陕西、甘肃、青海、新疆共 11 个省、自治区，涉及水、大气、固体废弃物、土壤等多种类型的环境污染，给当地自然环境和居民生活带来不利影响。通知要求，对于挂牌督办的案件线索，各地要切实加大办案力度，层层抓落实，件件有结果。对于工作进展缓慢、成效不大的，上级机构要重点督促。各级检察机关要加强内外沟通协调，发挥保护公益合力。通知指出，通过办理社会公众反映强烈、社会各界高度关注的案件，扩大公益诉讼制度的社会影响力，增强公益保护效果。各级检察机关要主动加强和环保、国土等行政机关的沟通协调，充分发挥检察建议作用，增强行政机关纠正违法行为的主动性；加强和法院的沟通协调，对办案程序、法律适用等相关问题达成共识，共同推进公益保护工作。① 显然，这是我国党政监察体制改革之后，最高人民检察院向社会发出"完善生态安全公益诉讼"的明确信号。

1. 完善生态安全公益诉讼的基本规则。对于环境公益诉讼的立案，我国《民事诉讼法》第 55 条、我国《环境保护法》第 58 条中有规定，但案件的具体审理方式、举证责任等却无规定，除在诉讼法中对公益诉讼应采取的诉讼程序进行了原则规定外，对于环境公益诉讼的立案范围、原告资格做出了比较具体的规定。对于环境公益诉讼范围，应扩大解释，随着科技的进步，环境污染的形式多样，范围越来越广，后果更加严重，对诉讼范围应进行详细规定，不仅包括污染行为还有生态损坏，这有利于诉讼当事人及法院对案件整体把握。对于原告，何为法律规定的"有关机关和组织"也应做出详细规定，如在环境保护基本法中进行举例和概括列举原告范围，在具体的如我国《大气污染防治法》《海洋环境保护法》《水污染防治法》中，对可以提起诉讼的原告资格再做出详细规定，避免"有关机关和组织"以及"环境保护主管部门和有关社会团体"之间，因不清楚其原

---

① 参见孙莹：《最高检挂牌督办 33 件破坏生态环境公益诉讼案件线索》，载央广网，http：//finance.ifeng.com/a/20180222/15992830_0.shtml，最后访问日期：2018 年 3 月 10 日。

告资格而放弃公益诉讼的职责。

2. 诉权顺序及诉讼原告顺序问题。法律规定的“有关机关和组织”有权提起环境公益诉讼，但对其诉权顺序未做规定，这不利于提起诉讼实现环境保护的及时性。而且，行政机关本身享有行政执法权，在法律赋予其原告资格时，不对其权力顺序行使做出规定，这对于行政机关的行政权力行使效力尤其是职责履行，必然会造成不利影响。在环境污染案件发生后，应当是行政机关的行政执法权优先，当行政执法都还不能阻止污染企业的违法行为，以及对损害环境进行补偿时，才能提起环境公益诉讼。若不考虑生态环境部门行政执法权之间的位阶与区分关系，就贸然提起环境公益诉讼，会使社会公众对于行政执法权的效力产生理解或者解读上的负面影响，也不利于其他机关对国家事务进行管理、监督。诉讼原告资格的顺序，法律应当作出具体规定，法律规定生态环境部门行使行政职责，包括对环境违法行为给予行政处罚的“有关机关”在专业知识、技术能力方面优于“有关组织”，其原告资格应当是“有关机关”优先；法律规定的“有关机关”中，对于社会普遍认可的检察机关和行政机关的诉权优先问题，则应当是行政机关优先，检察机关作为法律规定的监督机关，可以在行政机关提起的环境公益诉讼中，以支持起诉人身份参与诉讼，行政机关不作为的，检察机关则当然拥有取代行政机关第一顺序的原告资格。

3. 完善有关诉讼费用、鉴定评估费用和后果承担的法律规定。前文已经述及：目前为了社会公益而提起的环境公益诉讼存在的问题，因为环境污染的恢复和赔偿需要大额资金，那么，相应的诉讼费用也会大，还包括巨额的鉴定评估费用的垫支也阻碍原告提起诉讼。为鼓励、支持公益诉讼，法律应当规定公益诉讼所需的诉讼费用、鉴定评估费用由败诉的被告承担，或者设立专项的环境公益诉讼基金，当原告败诉时，上述费用由该基金支付。当然，由于原告的故意滥诉导致的败诉，可以追究原告的法律责任。在诉讼后果的承担上，诉讼利益归属于社会，除去赔偿给受害人的款项纳入环境保护专项基金，用于后期的环境治理如何使用，也需要明确；对于因诉讼，侵犯被告合法权益的应当承担赔偿责任所涉及的赔偿费用负担，也应明确。法律应保障所有人的合法权益，被告可以提起其胜诉后的利益损害赔偿之诉，对于原告方无故意的应考虑由国家赔偿，而原告的故意滥诉行为，法律则应规定其应承担相应的法律责任。这样一来，环境公益诉讼制度才算比较完满了。

4. 信息公开和加强公众参与。2008 年 5 月施行的《环境信息公开办法》第 4 条规定，环保部门应当遵循公正、公平、便民、客观的原则，及时、准确地公开政府环境信息。企业应当按照自愿公开与强制性公开相结合的原则，及时、准确地公开企业环境信息。环境信息的获取，是公众得以进行环境保护的第一步，在法律没有规定公民的环境公益诉权时，环境信息公开能够让公众了解自己赖以生存的环境的现实状况、企业的排污情况、污染范围、污染治理的情况等信息，有利于维护公民、法人和其他组织获取环境信息的权益，推动公众参与环境保护，监督政府及企业环保工作，为“有关机关和组织”提供诉讼证据。当然，公民个人的检举行为，也是原告的环境公益诉讼证据获取来源。

2014 年 12 月 15 日，环保部发布的《企业事业单位环境信息公开办法》（2015 年 1 月 1 日施行）中规定，为维护公民、法人和其他组织依法享有获取环境信息的权利，促进企业事业单位如实向社会公开环境信息，推动公众参与和监督环境保护，根据我国《环境保护法》《企业信息公示暂行条例》[①] 等有关法律法规，制定本办法（第 1 条）；企业事业单位应当按照

① 国务院《企业信息公示暂行条例》（2014 年 7 月 23 日通过，2014 年 10 月 1 日施行）第 2 条规定，本条例中所称企业信息，是指在工商行政管理部门登记的企业从事生产经营活动过程中形成的信息，以及政府部门在履行职责过程中产生的能够反映企业状况的信息。因此，企业生产经营管理活动中产生的环境信息，当然属于企业信息范畴了。

强制公开和自愿公开相结合的原则，及时、如实地公开其环境信息（第3条）；环境保护主管部门应当建立健全指导、监督企业事业单位环境信息公开工作制度。企业事业单位应当建立健全本单位环境信息公开制度，指定机构负责本单位环境信息公开日常工作（第4条）；设区的市级人民政府环境保护主管部门应当于每年3月底前确定本行政区域内重点排污单位名录，[①]并通过政府网站、报刊、广播、电视等便于公众知晓的方式公布。环境保护主管部门确定重点排污单位名录时，应当综合考虑本行政区域的环境容量、重点污染物排放总量控制指标的要求，以及企业事业单位排放污染物的种类、数量和浓度等因素（第7条）；重点排污单位应当在环境保护主管部门公布重点排污单位名录后90日内公开该办法第9条规定的环境信息；[②]环境信息有新生成或者发生变更情形的，重点排污单位应当自环境信息生成或者变更之日起30日内予以公开。法律、法规另有规定的，从其规定（第11条）；国家鼓励企业事业单位自愿公开有利于保护生态、

① 环保部《企业事业单位环境信息公开办法》第8条规定，具备下列条件之一的企业事业单位，应当列入重点排污单位名录：（1）被设区的市级以上政府环境保护主管部门确定为重点监控企业的；（2）具有试验、分析、检测等功能的化学、医药、生物类省级重点以上实验室、二级以上医院、污染物集中处置单位等污染物排放行为引起社会广泛关注的或者可能对环境敏感区造成较大影响的；（3）3年内发生较大以上突发环境事件或者因环境污染问题造成重大社会影响的；（4）其他有必要列入的情形。第9条规定，重点排污单位应当公开下列信息：（1）基础信息，包括单位名称、组织机构代码、法定代表人、生产地址、联系方式，以及生产经营和管理服务的主要内容、产品及规模；（2）排污信息，包括主要污染物及特征污染物的名称、排放方式、排放口数量和分布情况、排放浓度和总量、超标情况，以及执行的污染物排放标准、核定的排放总量；（3）防治污染设施的建设和运行情况；（4）建设项目环境影响评价及其他环境保护行政许可情况；（5）突发环境事件应急预案；（6）其他应当公开的环境信息。列入国家重点监控企业名单的重点排污单位还应当公开其环境自行监测方案。

② 环保部《企业事业单位环境信息公开办法》第16条规定，重点排污单位违反本办法规定，有下列行为之一的，由县级以上环保部门根据我国《环境保护法》的规定责令公开，处3万元以下罚款，并予以公告：（1）不公开或者不按照本办法第9条规定的内容公开环境信息的；（2）不按照本办法第10条规定的方式公开环境信息的；（3）不按照本办法第11条规定的时限公开环境信息的；（4）公开内容不真实、弄虚作假的。法律、法规另有规定的，从其规定。

防治污染、履行社会环境责任的相关信息（第 13 条）；环境保护主管部门应当宣传和引导公众监督企业事业单位环境信息公开工作。公民、法人和其他组织发现重点排污单位未依法公开环境信息的，有权向环境保护主管部门举报。接受举报的环境保护主管部门应当对举报人的相关信息予以保密，保护举报人的合法权益（第 15 条）。

（四）生态安全公益诉讼制度的机制创新

2018 年 2 月 28 日，《中共中央关于深化党和国家机构改革的决定》发布，该决定对于生态安全公益诉讼的机制，主要是一种思路或者指导思想上的创新。主要体现在以下几个方面：（1）实行最严格的生态环境保护制度，构建政府为主导、企业为主体、社会组织和公众共同参与的环境治理体系，为生态文明建设提供制度保障。（2）设立国有自然资源资产管理和自然生态监管机构，完善生态环境管理制度，统一行使全民所有自然资源资产所有者职责，统一行使所有国土空间用途管制和生态保护修复职责，统一行使监管城乡各类污染排放和行政执法职责。强化国土空间规划对各专项规划的指导约束作用，推进“多规合一”，实现土地利用规划、城乡规划等有机融合。（3）健全公共服务体系，推进基本公共服务均等化、普惠化、便捷化，推进城乡区域基本公共服务制度统一。政府职能部门要把工作重心从单纯注重本行业本系统公共事业发展转向更多创造公平机会和公正环境，促进公共资源向基层延伸、向农村覆盖、向边远地区和生活困难群众倾斜，促进全社会受益机会和权利均等。（4）加强、优化、统筹国家应急能力建设，构建统一领导、权责一致、权威高效的国家应急能力体系，提高保障生产安全、维护公共安全、防灾减灾救灾等方面能力，确保人民生命财产安全和社会稳定。（5）改变重审批轻监管的行政管理方式，把更多行政资源从事前审批转到加强事中事后监管上来。创新监管方式，全面推进“双随机、一公开”[①]和“互联网+监管”，加快推进政府监管信息共享，切实提高透明度，加强对涉及人民生命财产安全领域的监管，主动服务新技术新产业新业态新模式发展，提高监管执法效能。（6）精干设置各级政府部门及其内设机构，科学配置权力，减少机构数量，简化中间层次，推行扁平化管理，形成自上而下的高效率组织体系。明确责任，严格绩效管理和行政问责，加强日常工作考核，建立健全奖优惩劣的制度。（7）打破“信息孤岛”，统一明确各部门信息共享的种类、标准、范围、流程，加快推进部门政务信息联通共用。[②]应当说，《中共中央关于深化党和国家机构改革的决定》为生态安全公益诉讼的机制创新，提供了切实的保证。也就是说，在实行最严格的生态环境保护制度，构建政府为主导、企业为主体、社会组织和公众共同参与的环境治理体系，完善生态环境管理制度，统一行使监管城乡各类污染排放和行政执法职责，加强、优化、统筹国家应急能力建设，构建统一领导、权责一致、权威高效的国家应急能力体系，提高保障生产安全、维护公共安全、防灾减灾救灾等方面能力，创新监管方式，推进“双随机、一公开”和“互联网＋监管”，加快推进政府监管信息共享，打破“信息孤岛”等方面，形成“法治＋致灾

① “双随机、一公开”是一种行政机关事中事后监管领域建立健全随机抽查机制，形成统一的市场监管信息平台，探索推进跨部门跨行业联合随机抽查的放管服改革中，“推广随机抽查、规范事中事后监管”的转变政府职能的一种监管模式。即建立随机抽取检查对象、随机选派执法检查人员的“双随机”抽查机制，严格限制监管部门自由裁量权。建立健全市场主体名录库和执法检查人员名录库，通过摇号等方式，从市场主体名录库中随机抽取检查对象，从执法检查人员名录库中随机选派执法检查人员。推广运用电子化手段，对“双随机”抽查做到全程留痕，实现责任可追溯。实施随机抽查事项公开、程序公开、结果公开，实行“阳光执法”，保障市场主体权利平等、机会平等、规则平等。参见《国务院办公厅关于推广随机抽查规范事中事后监管的通知》（国办发〔2015〕58 号，2015 年 7 月 29 日），一、总体要求；二、大力推广随机抽查监管；（二）建立“双随机”抽查机制。

② 《中共中央关于深化党和国家机构改革的决定》（2018 年 2 月 28 日），四、优化政府机构设置和职能配置；（四）改革自然资源和生态环境管理体制，（五）完善公共服务管理体制，（六）强化事中事后监管，（七）提高行政效率。

性控制”机制的合力。

第四节 人的生态致灾性后果的法律分配

人的生态致灾性后果即因为人的致灾性，对生态安全造成危害人身、财产安全，或给社会秩序造成损害的不良后果的属性。人的生态致灾性后果，一般由生态受损地的人们即居民承担，包括当地的生态破坏、环境污染，当地人的人身健康受损等。但是，考虑到人在生态中的行为、国家管理政策、生态因素的流动性等因素，生态灾害不一定由当地居民承担。可以借助市场的选择、国家的调控、人的积极行动，将人的生态致灾性后果在生态灾区与其他区域之间进行协调，在灾民、其他人与国家之间分配，将可能造成的生态灾害后果分散承受。

由于生态具有整体性，为构建高效、协调、可持续的国土空间开发格局，2010 年 12 月 21 日国务院印发《国家主体功能区规划》，指出：我国生态类型多样，森林、湿地、草原、荒漠、海洋等生态系统均有分布。但生态脆弱区域面积广大，脆弱因素复杂。中度以上生态脆弱区域占全国陆地国土空间的 55%，其中极度脆弱区域占 9.7%，重度脆弱区域占 19.8%，中度脆弱区域占 25.5%。脆弱的生态环境，使大规模高强度的工业化城镇化开发只能在适宜开发的有限区域集中展开。[①] 不同区域生态环境的承载能力不同，按照开放方式将我国分为优化开发区域、重点开发区域、限制开发区域、禁止开发区域。那么，国家通过规划对不同的生态功能区的界定和确立，是否便意味着：根据主体功能不同划分，其开发方式不同、保

---

① 国务院《全国主体功能区规划》(2010 年 12 月 21 日)，第一章规划背景——认识我们变化着的家园，第二节综合评价。

护内容不同、发展首要任务不同、国家支持重点不同。在宏观上和整体上，国家追求的是到2020年功能区布局形成时，经济发展、资源利用、污染防治、生态与国土管理都能达到协调、可持续发展。而不同的主体功能区或者生态功能区之间，因为开发方式不同，则人的致灾性或者致灾因子的时空聚合特点不同，应该如何平衡或者进行人的生态致灾性结果的再分配呢？为推进功能区规划、约束不符合规划的开发行为，需要建立体系化的人的生态致灾性结果的再分配机制，运用法律机制分配人的生态致灾性产生的一切后果。

其实，早在2007年7月26日，国务院发布的《关于编制全国主体功能区规划的意见》（国发〔2007〕21号文）强调：推进形成主体功能区是从全局利益出发，谋求国家和人民的整体利益、长远利益的最大化，要做到局部服从全局，全局兼顾局部。要处理好主体功能与其他功能的关系，即主体功能区要突出主要功能和主导作用，同时不排斥其他辅助或附属功能。优化开发和重点开发区域的主体功能是集聚经济和人口，但其中也要有生态区、农业区、旅游休闲区等；限制开发区域的主体功能是保护生态环境，但在生态和资源环境可承受的范围内也可以发展特色产业，适度开发矿产资源。即（1）处理好行政区与主体功能区的关系。编制主体功能区规划，需要打破行政区界限，改变完全按行政区制定区域政策和绩效评价的方法，同时，主体功能区规划的实施，也需要依托一定层级的行政区。（2）处理好各类主体功能区之间的关系。各类主体功能区之间要分工协作，相互促进。优化开发区域要通过向重点开发区域转移产业，减轻人口、资源大规模跨区域流动和生态环境的压力；重点开发区域要促进产业集群发展，增强承接限制开发和禁止开发区域超载人口的能力；限制开发、禁止开发区域要通过生态建设和环境保护，提高生态环境承载能力，逐步成为全国或区域性的生态屏障和自然文化保护区域。（3）处理好保持稳定与动态调整的关系。主体功能区一经确定，不能随意更改。禁止开发区域要严格依法保护；限制开发区域要坚持保护优先，逐步扩大范围；重点开发区域可根据经济社会发展和资源环境承载能力的变化，适时调整为优化开发区域。[①]可见，这个《关于编制全国主体功能区规划的意见》已经为功能区划定后，人的生态致灾性结果的再分配机制提供了方向，即在生态和资源环境可承受的范围内也可以发展特色产业，适度开发矿产资源，以及生态区、农业区、旅游休闲区等的协调，其中"度"的把握虽然很难，但是，是可以做到的。在各类主体功能区之间要分工协作，相互促进的内容中，当然就包括了人的生态致灾性后果的时空分配与转嫁、转移等问题。

一、发达地区对落后地区的生态补偿：平衡发展思路

（一）行政区对口排污权交易市场机制的协调

生态补偿机制有利于引导政府和市场主体自觉履行生态安全义务。生态补偿制度法律化始于 1998 年 4 月 29 日修改的《森林法》，其第 8 条规定："……（六）建立林业基金制度。国家设立森林生态效益补偿基金，用于提供生态效益的防护林和特种用途林的森林资源、林木的营造、抚育、保护和管理。森林生态效益补偿基金必须专款专用，不得挪作他用……"这与后来出台的天然林禁伐制度，在林木交易限制层面，具有高度契合性。国务院于 2002 年 12 月 14 日出台《退耕还林条例》，其第四章对资金和粮食补助等作出了详细规定。[②]我国的《水污染防治法》《水土保持法》《防沙治沙法》等也对生态补偿机制作出了规定。我国主体功能区规划，为保证生态平衡，区域之间根据生态容量进行不同的开发，也会使地区经济的

---

① 《国务院关于编制全国主体功能区规划的意见》（国发〔2007〕21 号，2007 年 7 月 26 日），二、编制全国主体功能区规划的指导思想和原则，（二）主要原则。

② 《退耕还林条例》，第 35~46 条。

发展产生差异，发达地区因为早前的工业开发或者后续的未来发展，对生态的致灾性后果也会影响其他地区，特别是落后地区的生态环境，作为限制开发和紧张开发的落后地区的经济、生态同时造成影响。为维护生态的协调、平衡和可持续发展，也要开展发达地区对落后地区的生态补偿。

按照生态容量对全国进行主体功能区规划，为鼓励实现落后地区的生态安全政策，降低发达地区的生态灾害发生，可以在行政区之间进行对口排污权交易。排污权交易，即在一定区域内，通常通过排污许可证发放，在排污总量不超过允许排放量的前提下，内部污染源之间通过货币交换方式，交换排污量，促进污染主体减少排放，保护生态环境。行政区对口排污权交易，也是生态补偿的一个形式。即在满足国家排污规定的前提下，包括国家的总量控制和浓度控制标准，国家按照规划区的生态容量，对行政区进行排污许可，行政区之间通过货币交易，调剂排污量，从而达到生态保护的目的。

建立行政区对口排污权交易市场机制，首先，要有完善的排污权交易制度和健全的市场，以行政区为主体，国家作为管理者进行监督、管理，但要充分发挥市场经济的能动性。其次，是国家作为生态安全的管理义务人，对生态应做全面调控，在已划分主体功能区之外，还需进行科学的环境监测和生态状况的总结，对已有的生态问题和未来要到达的生态目标进行规划，以作出科学的国家生态状况公报，并对各行政区的生态容量进行统计，确定各行政区的排污总量标准，发放行政区排污许可证。再次，行政区应该根据国家标准，制定地区功能区规划，行政区排污总量标准，以便在国家规定范围内，减少污染排放。行政区之间建立起排污权交易市场，通过排污权交易，进行协调开发，这样的交易在鼓励本行政区污染主体改善环境同时也可以获得财政收入，进行生态补偿。最后，国家在保证排污权交易的市场主体进行自由交易的同时，也要担负起监督的义务，国家的环保部门具有检测环境的技术和设备，对行政区对口排污权是否按照规定进行，行政区排污总量是否符合标准都要监督，对违反规定进行的交易要进行责任追究，防止行政区对口排污交易市场机制的虚设以及污染的加剧。

（二）发达地区对落后地区的财政转移支付

所谓财政转移支付，是为协调区域经济发展，实现地区基本公共服务能力均等化的一种再分配方式，一种财政资金转移或财政平衡制度。在我国，财政转移支付，有中央对地方的纵向、地方政府之间的横向以及纵向与横向的混合转移之分，这里的发达地区对落后地区的财政转移支付，是指横向的财政转移支付。对于生态法律后果分配的财政转移支付，这里主要阐述发达地区生态税收对落后地区的转移支付。

生态税，是指国家依法对排放污染物、开发利用资源的资源利用人征收的税。按照征收对象的不同，生态税可分为对环境进行排污损害者征收环境税和对资源利用者征收资源税。1920 年，英国经济学家庇古出版的《福利经济学》一书中，已经开始系统地研究环境与税收的理论问题，主张征收污染费，进行资源适度配置。法国与 1969 年就开始征收森林砍伐税，美国于 20 世纪 70 年代开征二氧化硫税，德国、日本、意大利也都开征了污染性税收。我国的生态税中暂时没有关于环境税的规定，只有资源税，而且界定的范围也比较窄，主要是矿产资源税。国务院 1993 年发布的《资源税暂行条例》中要求对法律规定的矿产品或者生产盐开采进行纳税，2011 年国务院对上述条例进行了修订，国家财政部、国家财政税务总局于 2011 年公布了《中华人民共和国资源税暂行条例实施细则》，对实施资源税征收进行了详细规定，通过划分税权，将税收按照税种划分为中央税、地方税（有时还有中央、地方共享税）两大税类进行管理，而形成的一种新的财政管理体制。资源税成为地方政府征收、管理、分配的一种税收。

笔者认为，为加快经济转型，税收作为调整社会经济活动的一大手段，针对目前环境形势的严重状况，应加快制定生态税征收制度，包括制定环境税征收，扩大资源税征收范围。我国生态税的征收背景已成熟，我国幅员辽阔，资源分布不均且人均占有量低，经济快速发展带来的环境问题已经实际影响每个人的生活，据悉财政部、税务总局、环保部已开始制定环境税征收方案，但何时能公布实施还不得而知。环境税也可与资源税一并纳入地方税收，这样一来有利于政府积极进行环境监督，二来生态税也成为环境保护资金的一大来源。将生态税作为发达地区对落后地区的财政转移支付有这样的考虑：落后地区，或者是限制开发、禁止开发区承担着更多的环境保护责任，提供着对发达地区或开发地区的优良生态环境产品，那么其应当从发达地区获得财政收入，作为稳定经济发展，降低地区经济差异主要途径。生态税转移支付也应成为生态补偿的一种方式，生态税的征收对象就因开发利用资源、排污造成环境损害，通过生态税进行社会资源调整的目的就是进行利益平衡，那么发达地区与落后地区的调整也需要生态税来帮助实现。在具体操作上，国家可根据主体功能区规划，以及不同行政区的资源利用、排污情况进行考量，确定一个生态税转移支付的标准，不能强制性地大范围、不加限制地进行转移支付。另外，生态税利用税收杠杆促进生态环境优化，就是在进行当地的生态安全保护目的之外，对落后地区进行生态补偿，调动落后地区的生态安全保护积极性，以保证生态公平。

当然，现在我国《环境保护税法》已经生效，这个法律是“为了保护和改善环境，减少污染物排放，推进生态文明建设”而制定的。2017年12月25日，国务院《环境保护税法实施条例》颁行，其第6条规定，纳税人有下列情形之一的，以其当期应税固体废物的产生量作为固体废物的排放量：（1）非法倾倒应税固体废物；（2）进行虚假纳税申报。第7条规定，应税大气污染物、水污染物的计税依据，按照污染物排放量折合的污染当量数确定。纳税人有下列情形之一的，以其当期应税大气污染物、水污染物的产生量作为污染物的排放量：（1）未依法安装使用污染物自动监测设备或者未将污染物自动监测设备与环境保护主管部门的监控设备联网；（2）损毁或者擅自移动、改变污染物自动监测设备；（3）篡改、伪造污染物监测数据；（4）通过暗管、渗井、渗坑、灌注或者稀释排放以及不正常运行防治污染设施等方式违法排放应税污染物；（5）进行虚假纳税申报。第8条规定，从两个以上排放口排放应税污染物的，对每一排放口排放的应税污染物分别计算征收环境保护税；纳税人持有排污许可证的，其污染物排放口按照排污许可证载明的污染物排放口确定。不过，实事求是地说，《环境保护税法》还不能等同于"生态税法"，理由是，因为生产经营活动而污染环境，当然应该缴纳环境保护税。但是，利用生态资源的资源利用人和公民，以及重点用能单位等，在使用生态资源的时候，也应当承担生态税的纳税义务，这似乎也是天经地义的。

（三）向发达地区企业征收生态补偿费

向发达地区企业征收生态补偿费，与企业承担社会责任的立法有关。一般认为，企业社会责任概念早于1923年英国学者Oliver Sheldon在美国进行企业管理考察时提出。企业社会责任，是指作为社会经济组织的企业，所应承担的经济、法律、伦理、慈善及其他相关责任。企业在利用生态资源，将其转换成社会性物质的生产、将产品进行流通都不可避免地利用到各类生态因素，对生态环境造成破坏及污染，根据受益者付费原则，企业当然应承担起相应的生态环境责任。

企业生态环境责任，是指企业遵守国家有关生态环境的法律法规要求，遵循可持续发展战略，在生产经营过程中最大限度地对生态环境进行保护，做好预防措施，对可能造成的损害进行补偿，对已造成的生态损害进行治理、赔偿，促进生态环境与经济社会的可持续发展。发达地区企业，在这里指《全国主体功能区规划》划分的具备较强的经济基础、综合实力较强的优化开发区域以及重点开发区域的经济组织。这些区域往往呈现人口集中、经济发达、生态环境资源人均占有量低、生态环境状况不好的特点；而企业在这些区域又享有广泛的消费者、交通便利等优势，当然此区域的企业如果不受约束的排污必然造成重大生态环境污染威胁，一旦发生生态环境事故，其污染范围及损害对象广，损害也比欠发达地区要大，所以发达地区的企业应当承担更大的生态环境责任，国家应对其征收生态补偿费。

企业环境责任具有强制性与非强制性结合的特点，[①] 对发达地区企业征收生态补偿费，应当是企业的强制性生态环境责任，国家应对发达地区的生态补偿费标准、征收对象、补偿对象、法律责任进行规定，即发达地区企业根据企业规模、企业对环境造成的损害程度、企业对清洁生产和清洁流通中的经济投入情况，缴纳的生态补偿费的补偿对象，可以通过法律如“对口援建”机制进行区域对口补偿，发达地区征收的企业生态补偿费补偿给欠发达地区，而欠发达地区也是根据其规模、对生态环境保护的投入等情况获得一定程度的生态补偿。不同地域企业的区别性生态环境责任应该体现出其差异性，不应盲目地要求承担相同的责任，阻碍企业发展，而是应该科学制定标准，营造企业经济与生态环境的可持续发展。

二、国家和社会对生态灾区的生态救济

（一）国家的生态救济政策

救济，是社会保障的主要内容之一。而生态救济，即国家和社会以多种方式对生态灾区灾民进行援助，对生态灾区进行生态修复。生态灾区的生态救济，包括国家和社会提供技术手段、资金、劳务进行援助。但不是

---

① 参见韩利琳：《企业环境责任法律问题研究：以低碳经济为视角》，法律出版社 2013 年版，第 23 页。

全部的生态损害后果都能通过救济进行转嫁，根据人为因素在造成生态灾害中的作用不同，可分为自然灾害灾区、自然人为灾害灾区、人为自然灾害灾区、纯人为灾害灾区等。不同类型的灾区救济不同，也就是能通过救济进行转嫁灾害的后果，也只是部分的物质性损害后果。

这里的纯自然灾害灾区，是指灾区灾害的发生没有人为因素，因台风等自然因素造成的纯自然灾害。自然灾害灾区的后果多为生态利益的损害，因为没有人为影响，自然灾害灾区首先不需要追究资源利用人的法律责任，甚至还可能因不可抗力而免责，这里的法律后果承担，主要是作为资源管理人的国家，对象是生态环境。自 20 世纪 90 年代初以来，人们认识到环境损害救济中，只解决环境侵权损害赔偿问题，而对与生态损害有关的其他损害置之不理，这是有违公正的，于是在民事侵权救济领域发展了纯经济损失理论，以期解决环境侵权损害之外的那一部分损害。但是，生态损害救济由此注定不能走一般私法救济的道路。生态损害救济的特征主要有：（1）公法性。如在“塔斯曼海”溢油案件[①]中，请求海洋环境容量损失赔偿、海洋生态服务功能损失赔偿的主体并不是海洋环境或海洋生态本身，而是由国家海洋局基于生态共同利益的保护授权地方政府提出，“塔斯曼海”溢油案从判例角度，奠定了国家海洋局代表国家行使生态索赔权的法律地位。（2）补偿性。各国对生态损害的主要的救济方式是消除危险、补偿或修复生态环境、赔偿损失。生态损害救济具有很突出的补偿性，《德

① 2002 年 11 月 23 日凌晨，马耳他籍“塔斯曼海”油轮与中国沿海船舶“顺凯 1 号”在天津海域发生碰撞，造成“塔斯曼海”轮大量原油泄漏，给邻近海域的海洋生态资源造成巨大损失。2004 年 12 月 30 日下午 4 时，天津海事法院对“塔斯曼海”轮案中最后两个案件依法做出判决，判令被告“塔斯曼海”轮船东及伦敦汽船船东互保协会连带赔偿原告天津市海洋局海洋生态损失近千万元；赔偿天津市渔政渔港监督管理处渔业资源损失 1500 余万元。加上先期判令二被告赔偿遭受损失的 1490 名渔民和养殖户的 1700 余万元，此次索赔案的最终数额共计 4200 余万元。至此，“塔斯曼海”轮溢油索赔案所涉 10 个个案一审全部审结。天津市海事局作为我国海洋行政管理部门，为维护海洋生态环境进行涉外索赔，在国内尚属首次。

国环境责任法》规定，如果加害人由于无知而损害了一个自身价值微小但极具生态价值的物，权利人可以要求加害人恢复原状，即使这笔费用超出物本身的价值。《苏州市生态补偿条例》第3～4条规定，生态补偿是指主要通过财政转移支付方式，对因承担生态环境保护责任使经济发展受到一定限制的区域内的有关组织和个人给予补偿的活动；生态补偿应当遵循政府主导、社会参与、权责一致、突出重点、统筹兼顾、逐步推进的原则。[①]该条所表达的就是补偿性。（3）国际趋同性。保护生态环境是全球共同的义务与责任。因此对生态损害的救济表现出很明显的国际趋同性，即有损害就必然有赔偿，在一个国家或区域取得的成功经验，可以很容易被另一个国家或地区借鉴或直接采纳。美国墨西哥湾原油泄漏事件发生后，引起国际社会的高度关注，很多国家向美国运送了相关设备及技术人员，以帮助美国尽快处理污染问题。"塔斯曼海"溢油案中的油污生态损害、墨西哥湾的油污损害等事故灾难性后果，需要有极其完备的应急机制，才能有效地预防海洋生态损害的进一步扩大。不是所有的生态损害都是可以得到有效救济的，不可逆转的生态损害是存在的。[②]由此而言，国家的生态救济政策中，必须在体系化的基础上，高度重视生态补偿这种积极的国家政策的导向作用。唯有积极和自觉、主动，才能推开生态救济政策的大门。

（二）自然人为灾害与人为自然灾害灾区救助

自然人为灾害灾区，是指灾区灾害的发生多为自然因素，人为因素占小部分。而人为自然灾害灾区的灾害发生，同时包括人为的自然因素，但人为因素影响占主要部分。如泥石流发生地区有企业生产，若企业做好了

---

① 《苏州市生态补偿条例》（2014年4月28日）第8条规定，生态补偿范围包括下列生态功能区域：（1）水稻田；（2）生态公益林；（3）重要湿地；（4）集中式饮用水水源保护区；（5）风景名胜区；（6）市、县级市（区）政府确定的其他区域。

② 参见杨群芳：《论生态损害的救济及其特征》，载《学术交流》2011年第12期。

排污设施，即使发生自然灾害，在自然作用力下的污染物泄漏少部分也是可控制的，这样的灾区是自然人为灾区；但企业的不作为或者不当作为，使得在自然作用下污染加重，造成不可控的生态损害，则成为人为自然灾害灾区。在作者看来，中央政府或者地方政府对自然人为灾害与人为自然灾害灾区救助，只会有因为灾情大小而带来的救助等级，即投入救助资源多少的差异，而没有是否包含人为因素的严格区分，或者纯粹的人为事故的追究责任的根本差异。确实，在我国目前，对于人为事故，是严肃、严格和严厉的“三严式”查处的。而纯粹的自然灾害鲜有追究灾区有责者的法律责任的。但是，在生态安全义务赋予或者国家生态功能区划定之后，如果还要坚持在生态灾害发生后，以是否有人为因素来进行自然人为灾害与人为自然灾害灾区救助，尤其是善后处理的话，对我国生态文明的建设是非常不利的。

例如，2008 年 9 月 8 日 7：50，山西襄汾县新塔矿业有限公司（以下简称新塔公司）尾矿库发生特别重大溃坝事故，库内约 19 万立方米的尾砂浆体倾盆而泻，吞没了下游的宿舍区、集贸市场和办公楼等设施，波及范围约 35 公顷（合计 525 亩），最远影响距离约 2.5 公里。造成 277 人死亡、4 人失踪、33 人受伤，先后投入各种资金 1.2 亿元。事故发生后，在国务院、省委、省政府、临汾市委、市政府直接领导下，组织各路抢险大军，先后投入抢险机械 510 多台次，参加现场抢险人员 10,800 余人次，动用周边 5 个县的抢险力量，奋战 6 天 6 夜，方才完成抢险救援任务。这起尾矿库溃坝特别重大事故，其实就是典型的人为自然灾害型灾难。其主要原因是:（1）非法生产形成重大安全隐患。[①] 新塔公司在高额利润的驱动下，铤而走险，置地方政府的严令于不顾，在没有办理各种安全生产许可手续，

① 2007 年 7 月至事故发生前，当地政府及有关部门多次向新塔公司下达执法文书，要求停止一切非法生产活动。但直至事故发生，该公司仍未停止非法生产，并在公安部门查获其非法使用民爆物品后，围攻、打伤民警，堵住派出所大门，切断水电气，砸坏办公设施。

没有安全保障的条件下，2007 年 9 月，擅自在停用的 980 沟尾矿库上筑坝放矿，冒险投入，非法生产，将洗井水排入尾矿库，对库体底部的泥沙长期浸泡，致使沙体松软，承受力降低。

（2）尾矿库设计不合理，存在不稳定性。该尾矿库坝体由大量泥沙堆积而成，尾矿堆坝的下游坡比为 1∶1.3 至 1∶1.4，并且已废弃多年。自 2008 年年初以来，尾矿坝子坝脚多次出现渗水现象，新塔公司采取在子坝外坡用黄土贴坡的方法防止渗水并加大坝坡宽度，并用塑料膜铺于沉积滩面上，阻止尾矿水外渗，使库内水边线直逼坝前，无法形成干滩。加之该库处于坡度较大的山沟内，与下游形成较大落差，势能较大，整个坝体稳定性较差。

（3）地方政府和职能部门监管不力。事故发生前，尾矿坝总坝高约 50.7 米，总库容约 36.8 万立方米，储存尾砂约 29.4 万立方米。市、县、乡政府及相关部门打击非法违法生产行为态度不坚决，措施不得力；基层安监部门安全隐患排查不细，安全监管工作不到位，督促整改措施不落实等。① 襄汾尾矿库重大溃坝灾区，作为典型的人为自然灾害的灾区，其人的致灾性反思，那就是：新塔公司的非法生产 + 尾矿库的自然特征 + 当地政府的作为不力 = 溃坝灾难，这个公式说明：事故灾难这类人为自然灾害仍然属于灾害范畴，而不是纯粹的重大责任事故范畴。这样说，不是对事故当中被追究责任的 113 人叫屈，而是强调安全生产责任大于天，生产安全的实现，需要对生产管理者、生产参与者和公民，尤其是资源利用人和公民的头脑中，深深植入“法治—致灾性控制”的生态安全法律意识。

事实上，自然人为灾害的灾区与人为自然灾害的灾区，其因人为因素所占比例的不同，对责任追究的主体及责任范围也不同，但都存在国家

---

①《山西省襄汾县新塔矿业公司“9·8”特别重大尾矿库溃坝事故调查报告》(2015 年 2 月 2 日)，一、事故企业基本情况；二、事故发生经过及抢险救援情况。

的监管责任和资源利用人的法律责任。在我国，这种包含大量人为因素的责任事故并不列入灾害范畴。这在中央政府的处置层面，似乎已经形成了惯例。但是，笔者认为，这其实是我国对灾害、自然灾害和人为灾害的概念，或者发生原因等在理念上发生的偏差造成的。本来灾害或者灾难，无论其具体原因是什么，对于承灾体而言，其作用的后果即致灾后果是不会有任何差别的。由此而言，所带来的“法治—致灾性控制”模式也没有本质的区别。那么，在灾害学上，同属灾害即以是否包含人为因素，界分的自然灾害、自然人为灾害、人为自然灾害和人为灾害的区分，在灾区应急和灾区救助层面的区分并不大，人为地割裂这些灾害类型的划分，是有害无益的。

国家承担对自然灾害灾区、自然人为灾害灾区、人为自然灾害灾区和人为灾害灾区的治理，恢复生态环境的义务，以灾区政府采取具体措施和行动为主。其他行政区政府及社会对灾区进行生态救济，改善灾区，救助灾民为辅。至于人为灾害灾区或者纯人为因素导致灾害的灾区，是指没有自然因素的影响，生态灾害的发生，全是因为人类行为而造成的灾区。如企业不按照排污许可证要求进行排污，或者没有排污许可证而将生产的“三废”直接排放到大气、水流、土壤中，这里资源利用人将承担完全的法律责任，资源管理人如未尽到监督管理义务，也将追究法律责任。当然，国家和社会也要为人为灾区提供生态救济，积极恢复生态环境，对这类灾区的灾民提供必需的生活用品和急需的医疗、生产资料等救助。人为灾区的灾区与灾民救助，从宏观角度来看，与纯粹的自然灾害灾区是没有差异的。

国家和社会对生态灾区的救济，一般而言，多数情况下只是部分的物质救助，可以提供树苗进行环境修复，对灾民进行经济帮助，提高医疗救助医治因灾害导致的健康损伤，但是，对灾害后果的分担只是部分分担，根本不能全部进行转嫁。尤其是，灾区灾民的精神损失，只能由灾民自己承担，国家和社会提供的医疗救助中可包括精神医疗救助，但损害后果的承担不会因救助而归零。这种现象，笔者将其称为“灾害损失不能全部救助转嫁现象”。这种现象就是说，在发生任何带有生态损害结果的灾区，无论是自然灾害、自然人为灾害、人为自然灾害还是人为灾害，其实站在承灾体的角度，后果并没有什么不同；而站在“法治—致灾性控制”视角，只是投入的防灾减灾救灾的物质资源、制度资源或者人力资源有多有少而已，投入的相应资源多，防灾效果必然明显；继而，在灾后处理层面，是否追究责任人的法律责任，并不会因为对责任人法律责任的追究，会有丝毫影响生态损害的后果形成的实际结果，也就是说，国家和社会对生态灾区的救济，客观上，不会对承灾体影响的大小、多少或者轻重发生任何的改变。

三、重要生态功能保障区的生态保险

（一）生态保险对生态压力的部分化解

生态保险是被保险人因生产、经营过程中造成水、大气、土地等生态因素污染，依法应当承担的赔偿责任作为保险对象的保险，又可称为环境责任保险或者“绿色保险”。生态保险应属于责任保险范畴，具体是指因被保险人的生产、经营活动中的意外或者非故意行为，造成生态环境污染、生态破坏，而应当承担的生态污染治理、环境修复以及赔偿责任为标的的责任保险。生态保险法律关系包括被保险人、保险人与第三人。这里的被保险人，是指因为自身的生产、经营可能造成生态环境污染与破坏的企业、单位；第三人是指因为被保险人的不当行为引发的环境危害而产生人身、财产受损，对被保险人享有赔偿请求权的人。

生态环境污染与破坏的后果不仅有生态权益本身受损，还包括他人的财产损失甚至人身伤亡。因为生态环境破坏中的一般损坏，也都具有侵害范围广阔、危害程度深、索赔力度大的特点，与此同时，在企业造成生态环境破坏后，受害人需要的赔偿往往难以及时实现，甚至可能因为造成的损害范围广、受害人多而无力承担赔偿责任后宣告破产，受害人可能只能自己承担伤害后果。生态保险的出现，正是为了对危害后果、损失进行转嫁，分散风险，保护各方利益。综合考虑全国生态形势，笔者在征文中，对各地进行了生态评价及功能区划分，依照《中央对地方重点生态功能区转移支付办法》(以下简称《生态转移支付办法》)，[①]重点生态功能区包括：《全国主体功能区规划》中限制开发区（重点生态功能区）和禁止开发区、青海三江源自然保护区、南水北调中线水源地保护区、海南国际旅游岛中部山区生态保护核心区等生态功能重要区域所属县，以及生态保护较好的省市等。采用中央对地方重点生态功能区转移支付的方法，目的是维护国家生态安全，引导地方政府加强生态环境保护力度，提高国家重点生态功能区所在地政府基本公共服务保障能力，促进经济社会可持续发展，中央财政在均衡性转移支付项下，设立国家重点生态功能区转移支付资金。但是，不是“国家重点生态功能区转移支付基金”，其中的原因作者无法准确知悉。这种“转移支付资金”在《生态转移支付办法》中的基本原则是：（1）公平公正，公开透明。贯彻民主理财理念，补助范围的确定、转移支付分配、资金使用与绩效考评等具体办法，由财政部会同中央有关部门并广泛征求地方意见后研究制定。转移支付办法和分配结果公开。（2）重点突出，分类处理。根据国务院《全国主体功能区规划》，考虑中央财政承受能力，适当扩大转移支付范围，逐步加大转移支付力度。（3）注重激励，强化约束。实施绩效考评机制，对生态环境保护较好和重点民生领域保障力度较大的地区给予适当奖励；对因非不可抗拒因素而生态环境状况恶

① 《国家重点生态功能区转移支付办法》对环境保护部制定的《全国生态功能区划》中其他国家生态功能区，给予引导性补助。不享受中央均衡性转移支付省市的国家重点生态功能区暂不纳入补助范围。

化，以及公共服务水平相对下降的地区予以适当处罚。[①] 这个《生态转移支付办法》名称经常变化，每年发布1次，中央财政根据绩效考核情况对转移支付范围进行动态调整。2017年的生态转移支付支持范围包括：（1）限制开发的国家重点生态功能区所属县（县级市、市辖区、旗）和国家级禁止开发区域，以及京津冀协同发展、"两屏三带"、[②] 海南国际旅游岛等生态功能重要区域所属重点生态县域；（2）国家生态文明试验区、国家公园体制试点地区等试点示范和重大生态工程建设地区；（3）选聘建档立卡人员为生态护林员的地区。[③]

应当说，重点生态功能区的生态价值高，如若出现生态污染，不仅是地方性的生态安全受损，还将损害到国家的生态安全平衡。所以，在重点生态功能保障区除了中央政府对地方政府的生态转移支付资金外，似乎应当建立生态保险基金，形成"生态两金"格局。所谓生态保险基金，是减轻各方生态环境压力，同时利于保护生态安全的重要经济手段。但是，除了三江源生态保护基金会、阿拉善生态基金会、长江生态保护基金会等不多的公益性及基金组织外，国家并没有专门的生态保险机制。相比之下，国家设立的"中央生态效益补偿基金"，是对重点公益林管护者发生的营造、抚育、保护和管理支出，给予一定补助的专项资金。这个生态补偿基金的补偿范围，为国家林业局公布的重点公益林林地中的有林地，以及荒漠化和水土流失严重地区的疏林地、灌木林地、灌丛地等。2004年中央政府将先期拿出20亿元人民币，对全国4亿亩的重点公益林进行森林生态

---

① 财政部《国家重点生态功能区转移支付办法》（财预〔2011〕428号，2011年7月19日），一、基本原则。

② "两屏三带"，是指全国主体功能区规划中确定的，我国以青藏高原生态屏障、黄土高原川滇生态屏障，东北森林带、北方防沙带和南方丘陵土地带，以及大江大河重要水系为骨架，以其他国家重点生态功能区为重要支撑，以点状分布的国家禁止开发区域为重要组成部分的生态安全战略格局。

③ 财政部《中央对地方重点生态功能区转移支付办法》（财预〔2017〕126号，2017年8月2日），第2条。

效益补偿。中央财政补偿基金平均标准为每年每亩5元，其中4.75元用于国有林业单位、集体和个人的管护等开支；0.25元由省级财政部门列支，用于省级林业主管部门组织开展的重点公益林管护情况检查验收、跨重点公益林区域开设防火隔离带等森林火灾预防，以及维护林区道路的开支。重点公益林所有者或经营者为个人的，中央财政补偿基金支付给个人，由个人按照合同规定承担森林防火、林业有害生物防治、补植、抚育等管护责任。重点公益林所有者或经营者为林场、苗圃、自然保护区等国有林业单位或村集体、集体林场的，中央财政补偿基金的管护开支范围是：对重点公益林管护人员购买劳务、建立森林资源档案、森林防火、林业有害生物防治、补植、抚育以及其他相关支出。[①] 不过，这个中央财政的“森林生态效益补偿基金”，也不是生态保险层面的费用投入。在《国务院办公厅关于健全生态保护补偿机制的意见》（2016年4月28日）之后的今天，探索如何完善生态保险开展的可操作规则及其模式，应当是当务之急了。

（二）生态保险责任的国内立法

我国的生态保险责任起步较晚。早在20世纪70年代末，为了遏制日益严重的工业污染，美国首先推出了环境责任保险产品，随后环境责任保险制度在英国、瑞典、德国、意大利、芬兰等国以不同模式迅速发展，如今在这些国家，环境责任保险制度日趋成熟和完善。西方国家的环境责任保险制度可分为以美国为代表，即采取强制责任保险为原则的制度，其强制保险制度主要适用于有毒物质和废弃物的处理、处置可能引发的损害赔偿责任；以法国、英国为代表，即采取任意责任保险为主，即法律和政府一般无权强制企业投保，投保与否取决于投保人的自愿，但在法律有特别规定的情况下实行强制责任保险；以德国为代表，即采取强制责任保险与

---

① 财政部《中央财政森林生态效益补偿基金管理办法》（2007年3月15日），第4~5条。

财务保证或担保相结合的环境责任保险制度，对某些特别危险设施的经营人要求强制保险。

我国环境责任保险制度构建尚不完善还处在初级阶段，有关制度还是散见于个别法律法规、部委规章中，如我国《海洋环境保护法》第 66 条规定，国家完善并实施船舶油污损害民事赔偿责任制度；按照船舶油污损害赔偿责任由船东和货主共同承担风险的原则，建立船舶油污保险、油污损害赔偿基金制度，具体办法由国务院规定。《福建省海洋环境保护条例》第 30 条第 2 项规定，在港内从事油料补给和残油、污油水接收处理的船舶，应当依法办理油污损害民事责任保险。2007 年 12 月 4 日，原国家环保部总局为加快建立环境污染责任保险制度，进一步健全我国环境污染风险管理制度，印发《关于环境污染责任保险工作的指导意见》，要求各地认识环境污染责任保险的意义、公布开展活动的指导原则和工作目标、要求切实提高工作支持和保障水平逐步建立和完善环境污染责任保险制度。2010 年 11 月 30 日，四川省环境保护厅、中国保险监督管理委员会四川监管局发布《关于环境污染责任保险工作的实施意见》，明确首先在石油化工企业，危险废物处置企业，生产、经营、储存、运输、使用危险化学品企业，以及容易发生环境污染事故的行业和处于环境敏感区的重污染企业开展保险试点。然后，逐步向钢铁生产、有色金属冶炼、电镀、机械制造、制药、制革、印染、造纸、酿造等行业推进，突出重点、先易后难地开展环境污染责任保险工作。但环境责任保险即生态保险，一直在我国立法中整体上属于空白，我国《环境保护法》等基本立法体系中，也尚未纳入环境责任保险。

我国生态保险制度的立法缺失，导致生态损害的利益巨大、生态损害后果的危害极广。目前，多地的环境责任保险试点工作的推进受阻，以及生态保险的发展缓慢以及仍不完善，都体现了我国需要对生态保险转变观念，中央政府和地方政府应当上下协同，以及各级地方政府应当开展地地合作与协助，从而推动生态保险的专门性立法，尽早纳入国家立法规划。

（三）生态保险立法的生态意义

生态保险立法，实为生态安全义务履行的生态损害或损失承担，提供物质和经济保障的。确定生态保险制度具有以下积极意义：（1）减轻污染者负担和政府的环境压力。生态保险的保险标的就是被保险人即企业应当承担的侵权赔偿，被保险的投保目的是基于避免赔偿金额大影响自身发展，具有损失转嫁的目的，政府作为生态安全管理人，在生态损害发生后，因为企业的无力承担或难以确定责任，往往成为后的责任人，所有的受害者都期望政府承担后的责任，而政府动用的资金补偿来源于社会税收，这样的灾害转嫁是不公平的，违反污染者付费的原则。

（2）及时对受害人进行损害补偿，在生态污染造成的大范围损害下，企业的赔偿能力有限，且侵权损害认定难及赔偿程序冗长，而受害人又急需资金对生命财产损害进行及时救助，保险制度的建立，不必担心赔偿能力有限，甚至在受害人众多的情况下，保险公司能集体赔付。

（3）体现污染者付费原则，加强污染预防监督。参与生态保险的都是可能造成生态环境污染的企业，保险基金大部分来源于企业的保费，体现了污染者付费原则，而企业能否参保，以及出现污染后能否顺利得到保险公司的赔付，需要保险公司对投保人资格进行确认，企业为了分散风险，会积极进行生产设施改革，而因其故意行为，当然不能得到赔付。而保险公司可以根据企业的排污设施、每年的污染排放量进行等级划分，如果多年都未发生污染事故，以及污染事故的大小进行费率浮动，也能起到对投保企业的行为监督作用。①

（4）充分体现“四个有利于”，即有利于引入第三方参与环境管理，

① 参见韩利琳：《中国西部生态环境安全风险防范法律制度研究》，科学出版社2009年版，第206页。

降低企业经营风险；有利于加强污染事故的处置，维护污染受害者合法权益；有利于保险业参与辅助社会管理，发挥保险机制的社会服务功能；有利于减轻政府负担，稳定社会经济秩序。①

生态保险以环境污染责任保险面貌出现时，是以企业发生污染事故对第三者造成的损害依法应承担的赔偿责任为标的的保险。面对我国一些地区排污总量居高不下，表明生态环境部门对一些企业环保意识及管理措施仍监管不到位，长期积淀的环境问题在一定程度上仍未得到根本解决，潜在的环境风险较大。各级政府和商业保险经营的营利法人即保险公司，要充分认识开展生态的重要意义，主要是各级政府的属地生态保护义务和保险公司的生态保障责任，采取一切可能的和切实可行的措施，推动当地生态保险工作的顺利开展。在我国，笔者认为，应当建立起强制责任保险为主，任意保险为辅的生态保险模式，并架构先期重点选择环境危害大、最易发生污染事故和损失容易确定的行业、企业和地区，率先开展环境污染责任保险工作；现阶段环境污染责任保险的承保标的以突发、意外事故所造成的环境污染直接损失为主。逐步建立配套的标准和法规制度；逐步完善环境污染责任保险一系列制度。②在此，开展生态保险，需要有良好的法治导向和政策支持。③

① 四川省环保厅《关于环境污染责任保险工作的实施意见》（2010年11月30日），一、充分认识开展环境污染责任保险的重大意义。

② 国家环境保护总局《关于环境污染责任保险工作的指导意见》（环发〔2007〕189号，2007年12月4日），二、开展环境污染责任保险工作的指导原则与工作目标。

③ 环保部统计数据显示，2014年湖南省共有412家企业投保了环责险。然而，2014年4月24日，我国《环境保护法》修订通过后，并没有对环境污染责任险进行强制性规定，只是表述为“国家鼓励投保环境污染责任保险”。这给了很多企业一个“理由”，“环保法都没有强制我们上保险，只是鼓励，环保部和保监会的文件凭什么可以强制？”于是，2015年湖南省很多企业纷纷退保，最终只有18家进行了投保。参见赵晨熙：《环境污染强制责任险仍需上位法支持》，载《法治周末》，http://news.hexun.com/2017-06-27/189816189.html，最后访问日期：2018年3月11日。

四、国际碳汇交易与生态援助制度

（一）全球生态环境责任及承担人

作为一个统一的生态系统，地球上的人类做出的任何活动，对生态环境资源产生的影响都不限于只发生在自己国家的国土范围内，这样相应的影响都会相互作用，扩散作用会产生全球性的生态环境效应。各个国家在保障本国国民生命财产安全的义务下，对本国生态环境具有保护责任，全球性的生态环境效应影响下，环境当然为共同关注事项，各国具有全球性的生态环境责任，地球上的每一个国家超越传统的国际关系而形成一种更为广泛而深刻的新型关系——国际环境资源保护关系。[①]1982 年的《联合国海洋法公约》、1985 年的《保护臭氧层公约》、1992 年的《里约宣言》和 2015 年的《巴黎协定》等国际文件，都在文件中表明生态环境保护是一个国际性的活动，需要各国共同合作采取有效措施进行生态环境保护。尤其是，《巴黎协定》规定，缔约方确立关于提高适应能力、加强抗御力和减少对气候变化的脆弱性的全球适应目标，以促进可持续发展，并确保在第 2 条所述气温目标方面采取适当的适应对策。同时，各缔约方认识到，适应是所有各方面临的全球挑战，具有地方、次国家、国家、区域和国际层面，它是为保护人民、生计和生态系统而采取的气候变化长期全球应对措施的关键组成部分和促进因素，也要考虑到对气候变化不利影响特别脆弱的发展中国家迫在眉睫的需要。[②]可见，《巴黎协定》的各个缔约方，就是全球生态环境责任的具体承担人，它们有义务把这种国际责任转换成国家责任和国内责任。

生态环境法在国际生态环境责任方面的原则，主要有：一是生态环境

---

① 吕忠梅:《环境法新视野》，中国政法大学出版社 2007 年版，第 159 页。

②《巴黎协定》(2015 年 12 月 12 日)，第 7 条第 1 款、第 2 款。

与资源的国家主权原则。即对自己国家领空、领海、领土内的生态环境资源具有排他性的使用权利，但这样的环境资源主权原则不是完全意义上的排他，须加以限制以防止污染损害他国。《人类环境宣言》第21条规定，按照联合国宪章和国际法原则，各国有自己的环境政策开发自己资源的主权；并且有责任保证在它们管辖或控制之内活动，不致损害其他国家的或在国家管辖范围以外地区的环境。

二是国际合作原则。即在解决生态环境资源问题，对其进行生态保护领域方面，国际社会采取协调一致的合作，共同努力，相互支持，在资源利用与污染物处理措施上进行科学技术的交流，实现全球生态环境保护的目的。如《人类环境宣言》第20条规定必须促进各国，特别是发展中国家的国内和国际范围内从事有关环境问题的科学研究及其发展。

三是共同但有区别责任原则。该原则是1992年联合国环境与发展大会所确定的国际环境合作原则，是指由于地球生态系统的整体性和导致全球环境退化的各种不同因素，全国对保护全球环境负有共同的但是又有区别的原则。① 即所有国家在生态环境方面都有负有共同的保护责任，但责任的大小根据本国的发展对环境造成的压力、国家的技术与资金资源不同而承担的责任有所差别。

四是人类命运共同体② 原则。即世界各国在追求本国利益时兼顾他国

---

① 参见王曦:《国际环境法》，法律出版社1998年版，第112页。

② 即中国政府认为，不同制度、不同类型、不同发展阶段的国家相互依存、利益交融，形成“你中有我，我中有你”的命运共同体。人类再也承受不起世界大战了，大国全面冲突对抗只会造成两败俱伤。国际社会应该超越国际关系中陈旧的“零和博弈”，超越危险的冷战、热战思维，超越曾把人类一次次拖入对抗和战乱的老路。要以命运共同体的新视角，以同舟共济、合作共赢的新理念，寻求多元文明交流互鉴的新局面，寻求人类共同利益和共同价值的新内涵，寻求各国合作应对多样化挑战和实现包容性发展的新道路。要和平，不要战争；要发展，不要停滞；要对话，不要对抗；要理解，不要隔阂，乃大势所趋、人心所向。参见国新办《中国的和平发展》(2011年9月6日)，四、中国和平发展是历史的必然选择。

的合理关切，在谋求本国发展中促进各国共同发展的原则。人类只有一个地球，各国共处一个世界，要在倡导“人类命运共同体”意识的前提下，在地球生态保护层面，开展全方位的合作与协助的原则。2011年9月6日，国务院新闻办发布《中国的和平发展》白皮书，提出要以“命运共同体”的新视角，寻求人类共同利益和共同价值的新内涵。

人类命运共同体这一全球价值观，包含相互依存的国际权利观、共同利益观、可持续发展观和全球治理观。中国倡导构建人类命运共同体，为全球治理体系变革贡献更多中国智慧。“构建人类命运共同体”，是我们对美好世界的向往和追求。它是中国对世界未来的信念，也是中国对世界的责任。人类社会在发展过程中，肆意利用自然资源，造成了难以弥补的生态创伤。这种生态创伤就是生态灾害或者生态环境责任承担人的修复责任。对于我们而言，不能吃祖宗饭、断子孙路，用破坏性方式搞发展。“绿水青山就是金山银山”。我们应该遵循天人合一、道法自然的理念，寻求保护生态环境，永续发展之路。[①] 这才是生态环境责任承担人应有的态度。

（二）国际碳汇交易制度

碳汇交易，是基于1992年各国签署的《联合国气候变化框架公约》，以及随后制定的《京都议定书》对各国分配二氧化碳排放指标的规定，创设的在国家之间进行的碳排放配额交易。具体表现在发达国家向发展中国家购买碳排放指标，发展中国家通过减少排放或者投资森林吸收二氧化碳，将多余的碳排放指标转卖给需要的国家，以减少国际社会对其要求的减排任务，体现了通过市场机制进行国际的生态补偿。

2005年1月，欧盟排放贸易计划（EUTES）正式运行，欧盟是世界

---

① 习近平:《共担时代责任，共促全球发展——在世界经济论坛2017年年会开幕式上的主旨演讲》（2017年1月17日），载《人民日报》2017年1月18日，第3版。

上大的强制性碳市场，该市场的参与者包括来自超过 27 个欧盟成员国的 1 万余家高耗能企业。在《京都议定书》的清洁发展机制下，中国已建立了多个项目试点，并和世界上十多个发达国家签订了碳减排合同。四川西北部退化土地的再造林项目，于 2009 年 11 月在成都交易，计划在理县、茂县、北川、青川、平武 5 个县的 21 个乡镇 28 个村的部分退化土地上建立多功能人工林 2251.8 公顷。该项目严格按照清洁发展机制（CDM），得到了我国国家发改委的认可，也成功在联合国应对气候变化框架公约（UNFCCC）下的清洁发展机制执行理事会（CDM–EB）成功注册，最终通过了第三方核查，以每吨不低于 5 美元的价格，向香港低碳亚洲公司出售了约 46 万吨二氧化碳减排当量，实现碳汇收益超过 230 万美元，这是四川省完成的首笔林业碳汇交易，也是我国第二个森林碳汇项目。

2018 年 1 月 18 日，内蒙古大兴安岭重点国有林管理局林业碳汇国际核证碳减排标准（VCS）项目碳汇交易签约，内蒙古向浙江华衍投资管理有限公司出售 VCS 项目中金额为 80 万元的碳汇权益。这是继 2017 年 12 月完成首笔金额为 40 万元的林业碳汇交易后，内蒙古大兴安岭林区在 1 个月内完成的第二笔碳汇交易。至此，碳汇交易额突破百万元。内蒙古大兴安岭重点国有林区是我国最大的国有林区，这次 80 万元的碳汇权益交易成功，标志着林区逐步探索出了一条生态效益转化为经济效益的重要途径。[①] 从 2011 年，我国开始试点以碳排放权交易推动实现减排目标，并相继设立了深圳、上海、北京、天津、重庆、广东、湖北 7 个碳交易试点。2014 年 12 月 10 日，国家发改委发布《碳排放权交易管理暂行办法》，第 3 ～ 4 条规定，碳排放权交易，是指交易主体按照本办法开展的排放配额和国家核证自愿减排量的交易活动。碳排放权交易坚持政府引导与市场运作相结合，遵循公开、公平、公正和诚信原则。

① 参见吴勇：《我国最大国有林区碳汇交易额超百万》，载《人民日报》2018 年 1 月 19 日，第 15 版。

研究报告显示，我国碳交易市场履约呈现五大特点：（1）一次履约率不断提高，整体接近99%的履约率。（2）履约期间量价齐升现象明显，2014～2016年，试点地区碳交易市场履约期最明显的共同特点就是市场成交量激增、交易价格出现不同程度的上涨，并伴随较大的波动。（3）推迟履约行为普遍。2016年，除天津和广东外，其他试点均出现了不同程度的推迟履约行为。（4）均允许使用CCER[①]进行抵销。（5）对未履约企业均设有惩罚机制等。[②]显而易见，我国碳排放权交易市场，问题多多。好在，我国试点碳市场配额分配中，取得的重要借鉴与不足是：（1）覆盖范围逐步扩大，但MRV体系[③]的建设相对滞后；（2）配额总量确定考虑因素充分，但碳强度下降目标导致总量发放过多；（3）配额分配中行业差异性考虑不足；（4）"历史法"导致碳配额发放过多，而标杆值设定缺少数据支撑；（5）碳市场未来发展的不确定性高；（6）拍卖比例过低；（7）制度建设尚不完善。由此，对于全国统一碳的市场建设，从区域发展层面，学者提出了四点政策建议：（1）在全国统一分配标准之上，通过其他方式解决地区发展的差异性；（2）需要避免由于配额分配带来的地区发展不均衡问题；（3）需要建立动态的配额调整机制；（4）尽快建立相关配套管理机制。[④]所以，我国应当高度重视碳排放权交易市场的法治建设，也就是说，全国碳排放权交易市场的建立，以及基于生态文明建设的目标，迈出碳减排就是

① CCER是中国经核证的减排量即核定自愿减排量机制，英文为Chinese Certified Emission Reduction，即中国的CER，CER是清洁发展机制（CDM）中经核证的减排量。在项目时称为某某CCER项目；而在涉及量的时候，说项目产生xx吨的CCERs。换句话说，CCER是一种机制，而CCERs代表在这种机制下，产生的自愿减排量。

② 参见孙永平：《中国碳排放权交易报告（2017）》，社会科学文献出版社2017年版，第23~24页。

③ MRV是Monitoring（监测）、Reporting（报告）与Verification（核查）的缩写。可监测、可报告、可核查，是国际社会对温室气体排放和减排监测的基本要求，在这里，MRV是碳排放检测核算－报告－核查体系的英文缩写。

④ 参见孙永平：《中国碳排放权交易报告（2017）》，社会科学文献出版社2017年版，第252~255页。

中国政府履行《巴黎协定》确定的国家生态义务，是我国生态文明建设发展的第一步。

2017 年 12 月 19 日，我国兑现对国际社会的减排承诺，正式启动全国碳排放权交易体系。启动全国碳排放交易体系、建设全国碳排放权交易市场，是利用市场机制控制和减少温室气体排放、推动绿色低碳发展的一项重大制度创新实践。资料显示，2013 年以来，碳排放权交易在北京、天津、上海、重庆、湖北、广东和深圳等地试点，累计配额成交量超过 2 亿吨二氧化碳当量，成交额约 46 亿元人民币。[①] 有分析认为，我国碳市场未来的交易额有可能达到 3 万亿元，“十三五”期间，我国绿色融资需求将超过 14 万亿元。这是我国碳排放权交易市场，融入国际碳汇交易制度建设重要举措。

（三）国际生态援助制度

国际援助，是指国际组织或外国政府对他国提供资金、物品进行无偿援助的行为。国际援助多发生在发达国家对发展中国家，是指对这些欠发达、不发达地区进行援助，或者发生在非灾国家对灾害发生国家提供紧急的人力、物力援助。联合国为改善世界各国的贫富不均的状况，自 1961 年起相继提出了四个“联合国发展十年”计划，成立于 20 世纪 60 年代中期的联合国的辅助机构——联合国开发计划署及联合国贸易和发展会议，对此也做了大量有益的工作。直到 20 世纪 70 年代，国际援助主要还是集中

---

① 2017 年 12 月 19 日，国家发改委召开“全国碳排放权交易体系启动工作电视电话会议”宣布，以发电行业为突破口，全国碳排放权交易体系正式启动，并部署全面落实《全国碳排放权交易市场建设方案（发电行业）》。会后，国家发改委与北京、天津、上海、江苏、福建、湖北、广东、重庆、深圳 9 省市政府，共同签署全国碳排放权注册登记系统和交易系统建设和运维工作的合作原则协议。参见刘红霞：《我国启动全国碳排放权交易体系》，载新华网，http：//www.xinhuanet.com/2017-12/19/c_1122136788.htm，最后访问日期：2018 年 3 月 11 日。

在经济领域，但到了 80 年代就开始扩展到社会发展领域，尤其是多边和双边的技术援助项目。随着发展，各种超国家的、跨地区的、次区域的、纵向横向的非政府组织（NGO）在国际援助中扮演着越来越重要的角色。国家援助应扩展到生态援助方面，因为各国的经济、技术发展的不同，特别是落后地区的生态环境安全比其他地区更容易受到破坏，为保证这些地区积极进行生态安全保护，资金的需要和科技的投入比他国更迫切，对生态援助体现了国家社会对生态环境的全球化的重视，是人的致灾性后果的一种转嫁、分散，是为了保护我们共同家园的必然行为。第 16 届“有害气体排放记录国家大会”上，与会者肯定吉尔吉斯斯坦在减少使用破坏臭氧层物质方面做出的努力。吉尔吉斯斯坦同二氧化硫排放记录执行机构达成协议，吉尔吉斯斯坦在 2005 年将获得 30 万美元用于替代农业生产中会破坏臭氧层的材料，有害气体排放记录多方基金会把对吉尔吉斯斯坦的援助，又增加了 10.5 万美元。[①]

生态环境问题是一个全球化的、整体性的亟待各国参与解决的问题，生态援助不限于一国对一国的经济、技术援助，可以扩展到一国对一地区，一地区对一地区（国家不同），多主体的参与对生态环境的改善百利而无一弊，联合国有关组织呼吁有技术和资金的国家及组织积极参与到国际生态援助中来。相信在我国“人类命运共同体”理念的感召下，会把生态援助的国家政策，与“一带一路”倡议相结合，推向全世界。

① 谷维:《吉尔吉斯斯坦获得生态援助》，载《中亚信息》2005 年第 1 期。

第八章　地方政府生态义务履行与人的致灾性经济控制

通过立法确定管理者生态安全义务资金投入职责、建立我国管理者生态安全义务履行的资金投入机制、不履行生态安全义务资金投入的法律责任，以保障生态安全义务履行的经济需求，是非常必要的。党的十八大报告中指出，要大力“推进生态文明建设，把生态文明建设放在突出地位，融入经济建设、政治建设、文化建设、社会建设各方面和全过程，努力建设美丽中国，实现中华民族永续发展”。

党的十九大报告对过去五年生态安全义务履行的总结是，我国生态文明制度体系加快形成，主体功能区制度逐步健全，国家公园体制试点积极推进。全面节约资源有效推进，能源资源消耗强度大幅下降。重大生态保护和修复工程进展顺利，森林覆盖率持续提高。生态环境治理明显加强，环境状况得到改善。引导应对气候变化国际合作，成为全球生态文明建设的重要参与者、贡献者、引领者。[①]但是，在新时代下，要明确全面深化改革的总目标，是完善和发展中国特色社会主义制度、推进国家治理体系和治理能力现代化。更要明确全面推进依法治国的总目标，则是建设中国

① 习近平：《决胜全面建成小康社会，夺取新时代中国特色社会主义伟大胜利》（十九大报告，2017 年 10 月 18 日），一、过去五年的工作和历史性变革。

特色社会主义法治体系、建设社会主义法治国家。在我国全面深化改革的总目标与全面推进依法治国的总目标中，国家治理体系和治理能力的现代化，最终指向的是法治体系和法治国家治理能力的快速提升，尤其是地方政府在生态文明建设中，履行生态安全义务的自觉性、积极性和效率性的快速提升。

我国总体上实现小康，全面建成小康社会新任务实现过程中，我国人民美好生活的需要日益广泛，不仅对物质文化生活提出了更高要求，而且在民主、法治、公平、正义、安全、环境等方面的要求日益增长。我国突出的新矛盾是，中国特色社会主义进入新时代，我国社会主要矛盾已经转化为人民日益增长的美好生活需要和不平衡不充分的发展之间的矛盾。包括在生态文明建设方面的发展不平衡不充分，已经成为满足人民日益增长的美好生活需要的主要制约因素。所以，必须认识到，我国社会主要矛盾的变化是关系全局的历史性变化，对国家和政府的工作提出了许多新要求。我们要在继续推动发展的基础上，着力解决好发展不平衡不充分问题，大力提升发展质量和效益，强化地方政府履行生态安全义务履行的积极性、主动性和有效性，更好地满足人民在经济、政治、文化、社会、生态等方面日益增长的需要，更好地推动人的全面发展、社会的全面进步。

笔者认为，地方各级政府有义务和责任承担好国家生态功能区赋予给地方政府的生态安全职责，而中央政府则有义务和责任，通过各种经济、行政和法律的手段，协调与衔接好央地政府之间的经济保障关系，坚持人与自然和谐共生的理念，克服一切央地政府之间的生态安全义务履行的障碍。也就是说，建设生态文明是中华民族永续发展的千年大计。必须树立和践行“绿水青山就是金山银山”的理念，坚持节约资源和保护环境的基本国策，像对待生命一样对待生态环境，统筹山水林田湖草系统治理，实行最严格的生态环境保护制度，形成绿色发展方式和生活方式，坚定走生产发展、生活富裕、生态良好的文明发展道路，建设美丽中国，为人民创造良好生产生活环境，为全球生态安全作出贡献。[①] 这就要求地方政府，要从属地管理责任上，深刻理解国家生态功能区划定和责任赋予的重要性，真正做到把履行生态安全义务变成一种自觉性、积极性和效率性的行政活动过程。

中央政府应当本着坚持推动构建人类命运共同体的行政理念，积极协调央地政府、地地政府在生态安全义务履行层面的关系。也就是说，中国人民的梦想同各国人民的梦想息息相通，实现中国梦离不开和平的国际环境和稳定的国际秩序。必须统筹国内国际两个大局，矢志不渝走和平发展道路、奉行互利共赢的开放战略，坚持正确义利观，树立共同、综合、合作、可持续的新安全观，谋求开放创新、包容互惠的发展前景，促进和而不同、兼收并蓄的文明交流，构筑尊崇自然、绿色发展的生态体系，始终做世界和平的建设者、全球发展的贡献者、国际秩序的维护者。[②] 在作者看来，做世界和平的建设者容易，央地政府都很容易做到。但是，要做全球发展尤其是绿色发展层面的贡献者，就需要各级地方政府克服地方保护主义，或者地方利益至上主义，认真做好在央地政府、地地政府的生态安全义务履行协调中的合作者、配合者和协调者工作，积极履行《巴黎协定》和各种国家生态功能区法律法规等赋予的地方政府义务，成为国际秩序尤其是绿色发展秩序的积极维护者。

为了实现科学开发、经济平衡发展，本着“绿水青山就是金山银山”的理念，实现生态文明建设的新跨越，就需要中央政府、地方政府在生态

① 习近平：《决胜全面建成小康社会，夺取新时代中国特色社会主义伟大胜利》（十九大报告，2017年10月18日），三、新时代中国特色社会主义思想和基本方略；（九）坚持人与自然和谐共生。

② 习近平：《决胜全面建成小康社会，夺取新时代中国特色社会主义伟大胜利》（十九大报告，2017年10月18日），三、新时代中国特色社会主义思想和基本方略；（十三）坚持推动构建人类命运共同体。

安全义务履行方面，持续不断地投入资金，提供经济保障。也就是说，中央政府和各级地方政府作为生态安全的管理者，对我国生态安全负有监督、管理职责，当然，也有生态安全义务履行的经济保障的法定义务。而这种义务，换一个角度，恰恰就是人的致灾性有效、合作和配合控制的职责所在。

第一节 地方政府资源管理者的生态义务履行投入职责

2018 年 3 月 13 日，十三届全国人大一次会议第四次全体会议上，国务委员王勇受国务院委托，根据十九届三中全会《深化党和国家机构改革方案》，就《国务院机构改革方案》向大会作说明，其中，与生态安全义务有关的主要内容有：（1）组建“自然资源部”。为统一行使全民所有自然资源资产所有者职责，统一行使所有国土空间用途管制和生态保护修复职责，着力解决自然资源所有者不到位、空间规划重叠等问题，实现山水林田湖草整体保护、系统修复、综合治理，方案提出，将国土资源部的职责，国家发展和改革委员会的组织编制主体功能区规划职责，住房和城乡建设部的城乡规划管理职责，水利部的水资源调查和确权登记管理职责，农业部的草原资源调查和确权登记管理职责，国家林业局的森林、湿地等资源调查和确权登记管理职责，国家海洋局的职责，国家测绘地理信息局的职责整合，组建自然资源部，作为国务院组成部门。自然资源部对外保留国家海洋局牌子。其主要职责是：对自然资源开发利用和保护进行监管，建立空间规划体系并监督实施，履行全民所有各类自然资源资产所有者职责，统一调查和确权登记，建立自然资源有偿使用制度，负责测绘和地质勘查行业管理等。改革后，不再保留国土资源部、国家海洋局、国家测绘地理信息局。

（2）组建“生态环境部”。保护环境是我国的基本国策。为整合分散的生态环境保护职责，统一行使生态和城乡各类污染排放监管与行政执法职责，加强环境污染治理，保障国家生态安全，建设美丽中国，方案提出，将环境保护部的职责，国家发展和改革委员会的应对气候变化和减排职责，国土资源部的监督防止地下水污染职责，水利部的编制水功能区划、排污口设置管理、流域水环境保护职责，农业部的监督指导农业面源污染治理职责，国家海洋局的海洋环境保护职责，国务院南水北调工程建设委员会办公室的南水北调工程项目区环境保护职责整合，组建生态环境部，作为国务院组成部门。生态环境部对外保留国家核安全局牌子。其主要职责是：制定并组织实施生态环境政策、规划和标准，统一负责生态环境监测和执法工作，监督管理污染防治、核与辐射安全，组织开展中央环境保护督察等。同时，不再保留环境保护部。

（3）组建“应急管理部”。我国是灾害多发频发的国家，为防范化解重特大安全风险，健全公共安全体系，整合优化应急力量和资源，推动形成统一指挥、专常兼备、反应灵敏、上下联动、平战结合的中国特色应急管理体制，提高防灾减灾救灾能力，确保人民群众生命财产安全和社会稳定，方案提出，将国家安全生产监督管理总局的职责，国务院办公厅的应急管理职责，公安部的消防管理职责，民政部的救灾职责，国土资源部的地质灾害防治、水利部的水旱灾害防治、农业部的草原防火、国家林业局的森林防火相关职责，中国地震局的震灾应急救援职责以及国家防汛抗旱总指挥部、国家减灾委员会、国务院抗震救灾指挥部、国家森林防火指挥部的职责整合，组建应急管理部，作为国务院组成部门。其主要职责是：组织编制国家应急总体预案和规划，指导各地区各部门应对突发事件工作，推动应急预案体系建设和预案演练。建立灾情报告系统并统一发布灾情，统筹应急力量建设和物资储备并在救灾时统一调度，组织灾害救助体系建设，指导安全生产类、自然灾害类应急救援，承担国家应对特别重大灾害指挥部工作。指导火灾、水旱灾害、地质灾害等防治。负责安全生产综合监督管理和工矿商贸行业安全生产监督管理等。公安消防部队、武警森林部队转制后，与安全生产等应急救援队伍一并作为综合性常备应急骨干力量，由应急管理部管理，实行专门管理和政策保障，制定符合其自身特点的职务职级序列和管理办法，提高职业荣誉感，保持有生力量和战斗力。

需要说明的是，按照分级负责的原则，一般性灾害由地方各级政府负责，应急管理部代表中央统一响应支援；发生特别重大灾害时，应急管理部作为指挥部，协助中央指定的负责同志组织应急处置工作，保证政令畅通、指挥有效。应急管理部要处理好防灾和救灾的关系，明确与相关部门和地方各自职责分工，建立协调配合机制。考虑到中国地震局、国家煤矿安全监察局与防灾救灾联系紧密，划由应急管理部管理。与此同时，不再保留国家安全生产监督管理总局。

在笔者看来，国务院新的三个部即自然资源部、生态环境部和应急管理部，是我国生态安全义务的前端、终端和末端的承担机构。即自然资源部是统一行使所有国土空间用途管制，生态保护修复职责，着力解决自然资源所有者不到位、空间规划重叠等问题，从而实现我国各级山水林田湖草整体保护、系统修复、综合治理的部门。而生态环境部是整合现有国务院各部委分散的生态环境保护职责，统一行使生态和城乡各类污染排放监管与行政执法职责，加强环境污染治理，保障国家生态安全，建设美丽中国。至于“应急管理部”，则基于防范化解重特大安全风险，健全公共安全体系，整合优化应急力量和资源，推动形成统一指挥、专常兼备、反应灵敏、上下联动、平战结合的中国特色应急管理体制，实现提高防灾减灾救灾能力，确保人民群众生命财产安全和社会稳定的任务。显然，在资源管理者的生态资金投入职责及分解上，必须认真仔细地研读新三部的职责。

一、地方政府生态安全义务的改革型转变

（一）国务院职能局的改革型组建

笔者认为，在国务院本次机构改革过程中，除了新组建三部委外，还在国务院其他部门中组建新的职能机构：（1）组建国家粮食和物资储备局。为加强国家储备的统筹规划，构建统一的国家物资储备体系，强化中央储备粮棉的监督管理，提升国家储备应对突发事件的能力，方案提出，将国家粮食局的职责，国家发展和改革委员会的组织实施国家战略物资收储、轮换和管理，管理国家粮食、棉花和食糖储备等职责，以及民政部、商务部、国家能源局等部门的组织实施战略和应急储备物资收储、轮换和日常管理职责整合，组建国家粮食和物资储备局，由国家发展和改革委员会管理。其主要职责是：根据国家储备总体发展规划和品种目录，组织实施国家战略和应急储备物资的收储、轮换、管理，统一负责储备基础设施的建设与管理，对管理的政府储备、企业储备以及储备政策落实情况进行监督检查，负责粮食流通行业管理和中央储备粮棉行政管理等。同时，不再保留国家粮食局。

（2）组建国家林业和草原局。为加大生态系统保护力度，统筹森林、草原、湿地监督管理，加快建立以国家公园为主体的自然保护地体系，保障国家生态安全，方案提出，将国家林业局的职责，农业部的草原监督管理职责，以及国土资源部、住房和城乡建设部、水利部、农业部、国家海洋局等部门的自然保护区、风景名胜区、自然遗产、地质公园等管理职责整合，组建国家林业和草原局，由自然资源部管理。国家林业和草原局加挂国家公园管理局牌子。其主要职责是：监督管理森林、草原、湿地、荒

漠和陆生野生动植物资源开发利用和保护，组织生态保护和修复，开展造林绿化工作，管理国家公园等各类自然保护地等。然后，不再保留国家林业局。

（3）改革国税地税征管体制。将省级和省级以下国税地税机构合并，具体承担所辖区域内的各项税收、非税收入征管等职责。国税地税机构合并后，实行以国家税务总局为主与省（区、市）人民政府双重领导管理体制。可见，在此次的机构改革实施工作中，中央政府和各级地方政府在生态安全义务不变的前提下，要认真贯彻落实党的十九大和十九届二中、三中全会精神，把思想和行动统一到党中央关于深化党和国家机构改革的决策部署上来，增强“四个意识”，坚定“四个自信”，坚决维护党中央权威和集中统一领导，精心组织，周密部署。尤其是，各级地方政府也要根据国务院部委机构改革方案，进行地方各级政府的职能机构改革和调整，抓紧建立工作机制，制定配套措施，排出时间表，逐项抓好落实。要把深化机构改革同简政放权、放管结合、优化服务结合起来，无论是新组建的部门，还是职责调整的部门，都必须进一步转变职能，提高工作效能。①

（二）中央政府生态安全职责的明晰化

笔者认为，此次国务院机构改革中，中央政府和地方各级政府的资源管理者的职责界分，已经清晰。从职能部门的角度看，无论怎么变化，自然资源管理所有者的到位，意味着地方各级政府必然更加重视辖区内或者属地下的国有自然资源的保护工作，然后，把生态安全义务与自然资源安全统一起来。至于“生态环境部”这个名称本身，即已经把“生态”放到

① 按照《国务院机构改革方案》的要求，地方政府各部门主要负责同志要亲自抓、抓到位，认真进行地方政府的职能机构和部门的设置调整与改革，做好思想政治工作，严肃改革纪律，确保机构、职责、队伍等按要求及时调整到位，确保思想不乱、工作不断、队伍不散、干劲不减。

了过去“环保部”之前，足以证明生态文明建设的任务，必然会分解成各级地方政府的主要工作任务。然后，在发生各种各样的特大、重大或者一般生态灾害事件时，由“应急管理部”督促各级地方政府职能部门，认真严格地履行其职责。当然，“国家林业和草原局”的组建，会为我国森林自然的保护，提供更有效的职能空间。而国家粮食和物资储备局的设立，表面上与生态安全义务无关，但是，当天然林保护、退耕还林和生态安全义务履行，与粮食、物资等形式表现出来的中央政府生态职责联系起来的时候，这个国务院的职能型局的作用，就不容小觑了。至于改革国税地税征管体制后，省级和省级以下国税地税机构合并的效果，从各项税收、非税收入征管职责履行层面，在大数据的分享和中央政府对地方各级政府的财政支持层面，也是具有重要意义的。

（三）中央政府消极补偿与地方政府话语权缺失

所谓中央政府的消极补偿，是指中央政府基于自己的宏观考量，对全国生态功能区的划定，有自己的取舍，然后，根据中央政府的职能给予省级地方政府相应的财政补偿或者补助或者以财政转移支付的方式，给予地方政府一定的经济帮助或扶持或支持的情形。在这种消极补偿中，主要强调中央政府根据自己的判断，不会与省级地方政府协商，从而根据自己的安排与意愿主观地发放地方财政补贴。理论上，一个经济活动的主体对其所处的经济环境的影响方向和作用结果具有两面性，即分为外部经济和外部不经济。那些能为社会和其他个人带来收益或能使社会和个人降低成本支出的外部影响，称为外部经济或外溢型效应，它是对个人或社会有利的外部性；而那些能够引起社会和其他个人成本增加或导致收益减少的外部影响，称为外部不经济，它是对个人或社会不利的。如果外部性的影响，会造成私人成本和社会成本之间，或私人收益和社会收益之间的不一致，这种私人与社会成本和收益差别尽管会相互影响，却没有得到相应的补偿，因此，容易造成市场失灵。

外溢性的影响方向和作用结果，具有两面性。按照福利经济学的观点，除非社会上的外部经济效果与外部不经济效果正好相互抵销，否则，外溢性的存在使得帕累托最后状态不可能达到，从而也不能达到个人和社会的最大福利。外溢性理论告诉人们：可以根据外部性的影响方向与影响程度的不同，人们可以制定相应的经济措施或者方案，以消除外溢性对成本和收益差别的消极影响。也就是说，中央政府带有一定随意性的生态安全补偿资金的投入和发放，对实现资源的最优配置和收入分配的公平合理化，有时候看起来是勉为其难的。尤其是，当中央政府只出台政策，没有具体的资金或者经济措施和手段配套时，甲地方政府便会因为甲之外其他地方政府获得相应的补贴，而产生消极的溢出效应。这当中，地方政府中省级政府缺乏对中央政府生态安全义务与职责履行的话语权，往往是导致央地政府生态安全义务职责冲突的根本原因。

解决生态环境的区域外溢性，考虑地方生态安全及经济的不均等，结合主体功能区规划建立横向转移支付必不可少，作为供给主体为地区生态环境建设长期以来的财政供给机制的缺位做出补偿，就需要通过各级政府的财政投资和其他财政手段的运用，加大对该地区生态环境建设的供给，修复被破坏的生态环境，保证生态环境向有力方向发展，稳定生态环境整体性的安全。像京冀两地建立的横向转移支付都是经过多年的磨合而成功的少数案例，多数地方政府在横向转移支付问题上未建立起共识且取得项目的建立。生态补偿的横向财政转移支付资金来源于地方政府，且此项目的推动也是地方政府，要建立起生态补偿的横向转移支付，就需要解决谁支付、支付对象、支付资金、资金管理、法律责任等几个问题，可通过立法确认生态补偿横向财政转移支付制度。

二、纵向的中央财政生态义务转移支付职责

（一）中央政府的资源管理人生态义务

生态要素具有流动性以及聚合性，生态安全的影响也就具有了空间流转性，环境污染与破坏不再局限于污染区，可能扩大到其他区域，甚至其他行政区，所以生态安全的保护应当是共同积极的作为。生态具有自净能力，在其承载范围内，可以承受、容纳与净化人类社会活动产生的生态压力和污染物。生态环境与生态资源一样，都是一种资源，因为过往人类活动对环境的破坏小，生态环境可以自净，未对生态及人类生命、财产造成不可逆的损失，加之生态的公共性，人类未意识到生态安全的重要性，未对这一资源进行妥善的保护。随着经济的发展，物质水平与精神要求的提高，人们开始意识到环境的重要性，并认识到生态资源的稀缺，而这种稀缺性，也是体现了生态的经济价值。生态的价值就要求对生态环境与资源的利用要有补偿、报偿或回报，在享受良好生态环境与利用资源获取经济收入的同时，对生态建设进行投入，以维护、改善、修复生态环境，为可持续发展提供生态潜力。

政府作为生态安全管理者，对我国生态安全方面负有监督、管理职责，当然也有义务进行资金投入。宪法规定除法律规定为集体所有的森林和山岭、草原、荒地、滩涂等自然资源由国家所有，国家在对这些自然资源进行利用，享有所有权的同时也需要进行生态价值补偿，对生态安全进行保护。国家也进行了全国主体功能区划分，对不同区域的资源的利用、开发进行了规定与必要限制。值得再次强调的是，党的十八大报告中指出，要大力“推进生态文明建设，把生态文明建设放在突出地位，融入经济建设、政治建设、文化建设、社会建设各方面和全过程，努力建设美丽中国，实现中华民族永续发展”。而党的十九大报告则要求“必须树立和

践行绿水青山就是金山银山的理念”，“实行最严格的生态环境保护制度”，为实现科学开发、经济平衡发展以及生态文明，需要管理者给予资金保障。

应当说，1994年我国实行分税制体制改革后才从西方引进了转移支付的概念。其中，纵向财政转移支付是指中央政府向地方政府通过税收返还、原体制补助、专项补助、过渡期转移支付补助、各项结算补助和其他补助的方式来调整经济的不协调状况。纵向财政转移支付又分为一般转移支付（无条件拨款）和专项转移支付（有条件拨款）。生态环境与资源的公共物品性，需要政府作为资源管理人来承担相应的公共政策制定、执法监督、管理治理等职责。作为资源管理人，政府的作为能够对生态环境与资源起到良好的保护作用，引导资源利用人与其他公民的生活、生产生态化，这对于我国建设和发展生态文明至关重要，因此政府必须担负起主导和推动生态文明建设和发展的责任。中央政府相对于地方政府而言，是最高国家行政机关，统一负责地方政府工作，管理国家国防、外交、经济等事项。

中央政府对我国生态进行宏观的管理，规定具体的生态安全政策、协调处理地方政府的生态安全状况及问题。中央政府的生态安全义务中就包括资金投入，生态安全保护工作的前期预防性保护、中期的治理性保护、后期的恢复性保护都需要大量的资金投入。作为资源管理人的中央政府，在对全国生态安全进行监管和负责，特别是在划定主体功能区后，对国土的开发利用进行区域性划分后，重点考虑的是各地的生态状况，为了生态安全的保护，就应当承担起财政转移支付的职责。

（二）中央财政转移支付下退耕还林还草政策实施效果

中央财政转移支付作为公共财政的一个重要内容，在实行分税制改革后，地区经济发展不均衡。尽管转移支付就是为满足地方最基本公共产品的生产成本，解决地方政府收支不均衡，满足各地公民都能享受均等的教育、卫生医疗及生态安全等公共服务的制度。但是，我国目前在为实现特定生态安全目标，制定实施一些生态安全保护工程过程中，中央政府对地方政府实施中央财政转移支付的过程中还存在一些不尽如人意之处，主要是相关政策实施的效果需要实际核查等。应当说，这对地方政府履行生态安全义务是存在消极影响的。

下面以退耕还林还草工程政策的四川实施为例，加以说明。1998 年夏秋之际，长江中上游地区发生态历史上罕见的特大洪水灾害。1998 年 8 月 20 日，四川省政府在全国率先作出重要决定，[①] 从 9 月 1 日起，在阿坝、甘孜、凉山和攀枝花、乐山和雅安三州两地一市，施行天然林自预案保护工程，禁止采伐天然林，关闭工程区内木材交易市场。不久，又将这一禁伐令扩大到全省范围内。1999 年 10 月，为了建设长江上游生态屏障，四川省政府再次决定两年内在 120 个县（市）完成 300 万亩退耕还林试点任务。[②] 实施天然林资源保护工程后，四川省从 1998 年 9 月 1 日到 2010 年，每年造林 14 万公顷，封山育林 69 万公顷，森林抚育 28 万公顷。中央和地方政府投入森林管护事业费 1.98 亿元，生态公益林建设资金 6.92 亿元。[③] 问题是，当四川省全面启动退耕还林政策 3 年间，仅仅投入 8.9 亿元。于四川省的生态产品供给的数量而言，显然过少了。

1999 年，国务院出台中央政府“退耕还林（还草）”政策，并先后在四川、陕西等地开展试点工作，到 2002 年国务院颁布《退耕还林条例》，将退耕还林工作纳入法制化管理。《退耕还林条例》要求退耕还林必须坚

---

① 1998 年 8 月 20 日，四川省人民政府颁布的是《关于禁止采伐天然林，实施天然林资源保护工程的布告》。

② 参见邓绍辉：《四川省实施天然林资源保护工程和退耕还林工程》，载《当代中国史研究》2000 年第 5 期。

③ 李代勋：《落实护林措施，保护生态环境》，载《四川日报》1998 年 8 月 28 日，第 1 版。

持生态优先，规定了退耕还林的原则、规划、补偿资金和粮食标准、法律责任等。1999～2007年，国家已累计安排退耕还林工程建设任务3.85亿亩，其中退耕地造林1.39亿亩、荒山荒地造林2.26亿亩、封山育林0.2亿亩。[①]相关中央财政转移支付资金也已经到位，随着退耕还林政策补助的陆续到期，到2007年8月9日，国务院又印发《国务院关于完善退耕还林政策的通知》，继续对退耕农户进行直接补助，并安排专项资金巩固退耕还林成果。2008～2011年，中央财政累计安排巩固退耕还林成果专项资金约336亿元。2017年，四川全省继续停止天然林商业性采伐，对18,252.5万亩国有林、8267.52万亩集体和个人所有公益林，实行常年有效管护，对10,144.82万亩公益林实施森林生态效益补偿，对2678.33万亩集体和个人所有天然商品林实施停伐管护。全年共完成公益林建设45万亩，国有中幼林抚育115.3万亩，均为年度计划任务的100%。2017年，四川全省共到位中央和省天保工程建设资金414,385.4万元，其中：中央预算内资金7300万元，中央财政专项资金382,016.4万元，四川省级财政专项资金25,069万元。[②]可见，中央政府的资金支持力度很强，是整个天保工程建设资金的主要部分。

同时，为了应对我国过度放牧而导致的天然草场退化、沙化、荒漠化等生态环境问题，2003年，国务院决定启动退牧还草工程。这项退牧还草政策，在内蒙古、四川、青海等8省区和新疆生产建设兵团实施。国家发展改革委、国家粮食局等8部门联合下发《退牧还草和禁牧舍饲陈化粮供应监管暂行办法》，到2011年累计安排草原围栏建设任务7.78亿亩，配套实施重度退化草原补播1.86亿亩，中央投入资金209亿元，惠及181个

① 参见《退耕还林工程进展情况》，载发改委网，http://www.ndrc.gov.cn/zjgx/t20080620_219015.htm，最后访问日期：2018年3月28日。

② 参见张竞：《四川省2017年天保工程二期实施效果显著》，载四川省林业厅网，http://www.sc.gov.cn/10462/10464/10797/2018/1/3/10442031.shtml，最后访问日期：2018年3月15日。

县（团场）、90多万农牧户。工程实施后，工程区生态环境明显改善。根据2010年农业部的监测结果，工程区平均植被覆盖率为71%，比非工程区高出12个百分点，草群高度、鲜草产量和可食性鲜草产量分别比非工程区高出37.9%、43.9%和49.1%。生物多样性、群落均匀性、饱和持水量、土壤有机质含量均有提高，草原涵养水源、防止水土流失、防风固沙等生态功能增强。到2016年，退牧还草政策已覆盖到内蒙古、辽宁、吉林、黑龙江、四川、贵州、云南、西藏、陕西、甘肃、青海、宁夏、新疆等省（自治区）及新疆生产建设兵团的大部分草原地区。截至2015年年底，国家累计安排草原围栏任务10.53亿亩（禁牧3.91亿亩、休牧5.85亿亩、轮牧0.77亿亩），退化草原补播2.78亿亩，人工饲草地建设734.5万亩、舍饲棚圈建设46.45万户，黑土滩、毒害草和已垦草原治理40万亩，岩溶地区草地治理640万亩。①

退牧还草政策实施之初，建设内容只有围栏和补播两项，青藏高原地区围栏投资标准为每亩25元，其他地区为每亩20元，中央预算内投资补助70%，地方配套30%；补播草种费每亩中央补助10元；前期工作费按围栏投资的1%安排。同时，中央财政安排饲料粮补助，解决禁牧休牧后饲料不足的问题。2011年，为推动畜牧业发展方式转变，巩固退牧还草工程成果，国家调整完善退牧还草政策，增加了人工饲草地和舍饲棚圈两项建设内容；围栏投资标准未作调整，中央预算内投资补助比例从70%提高到80%，退化草原补播草种费中央投资补助从每亩10元提高到20元；扩大了前期工作经费计算基数、提高了计提比率。同时，国家出台草原生态

① 《全国草原保护建设利用总体规划》将西藏自治区38个县列入退牧还草工程实施范围。从2004年起，国家开始给西藏自治区安排退牧还草任务。截至2015年年底，国家累计安排西藏草原围栏建设任务11,361万亩，退化草原补播3497万亩，配套安排人工饲草地建设4万亩、舍饲棚圈建设7万户。

保护补助奖励政策，饲料粮补助转为禁牧补助和草畜平衡奖励。①但是，祁连山自然保护区所发生的央地政府，在保护区财政支持互动上的不一致，以及地方政府的不配合问题，说明央地政府在退耕还林还草政策实施层面，缺乏有效配合，充分证明地方政府生态安全义务履行经济保障的系统性，以及央地政府协助、配合的重要性。

（三）退耕还林还草工程政策的后续困境

为解决生态功能区划落实造成的发展不平衡不充分的问题，尤其是个别地方在发展过程中的生态破坏问题，国家实施了退耕还林还草政策，以恢复生态安全，为此，中央对实施退耕还林还草政策的地方进行了财政转移支付。应当说，中央的财政资金对地方的生态措施落实，确实起到了激励作用，也确实改善了相关地区的生态环境，全国的水土流失、草原退化等问题得到了有效控制就是明证。但是，就目前的纵向生态转移支付而言，其实施过程中最大的问题，是信息透明度差，退耕还林还草政策落实的相关工作，审计监督的公开资料很难查到，或者基本上都是新闻报道性材料，或者只是学者的论文性材料，缺乏系统的退耕还林还草工程与政策实施的总结性或者报告性总结材料，使中央政府投入巨额资金的退耕还林还草工程的实施，缺少了全国人民知情权保障和全面监督型参与的这一重要环节。即便是带有生态安全义务的具体政策的落实和实施，也仍然存在亟待解决的问题，包括政策效用的公众知情路径，中央部门有义务公开地方政府在财政支付转移之后的政策实施，中央部

---

① 2016年，全国两会期间，《关于推动西藏草原生态保护补助奖励机制政策扩大面积和退牧还草工程提高标准的建议》（第6762号），全国人大交由财政部和国家发展改革委分别办理，涉及国家发展改革委职能的事项，国家发展改革委给予了答复。参见国家发展改革委《对十二届全国人大四次会议第6762号建议的答复》，载 http://zfxxgk.ndrc.gov.cn/PublicItemView.aspx?ItemID=%7b808494b4-ddce-44fa-9d21-65c30e43f222%7d，最后访问日期：2018年3月15日。

委必须专项向国务院、全国人大报告退耕还林还草政策等的投入效用，等等。

比如，在新一轮退耕还林还草工程实施过程中，在2018年新一轮国务院机构改革过程中，就需要解决许多创新性、衔接性和日常性的问题。2011年8月[①]以后，继续安排退牧还草任务。经国务院同意的《全国草原保护建设利用总体规划》提出，279个退牧还草工程实施县（旗、团场）共需治理退化草原23.76亿亩，截至2011年8月尚有约16亿亩退化草原需要治理。“十二五”时期，继续安排退牧还草围栏建设任务5亿亩，配套实施退化草原补播改良任务1.5亿亩，根据各地的实际情况配套建设一定规模的人工饲草地和舍饲棚圈。完善补助政策，巩固退牧还草成果，从2011年起，适当提高中央投资补助比例和标准。围栏建设中央投资补助比例由现行的70%提高到80%，地方配套由30%调整为20%，取消县及县以下资金配套。青藏高原地区围栏建设每亩中央投资补助由17.5元提高到20元，其他地区由14元提高到16元。补播草种费每亩中央投资补助由10元提高到20元。人工饲草地建设每亩中央投资补助160元，主要用于草种购置、草地整理、机械设备购置及贮草设施建设等。舍饲棚圈建设每户中央投资补助3000元，主要用于建筑材料购置等。按照围栏建设、补播草种费、人工饲草地和舍饲棚圈建设中央投资总额的2%安排退牧还草工程前期工作费。[②]但是，中央政府对国家新一轮退耕还林还草工程实施的工作安排中，就没有列举西藏自治区的还林还草任务，见表8-1。

---

① 2011年8月22日，国家发改委、农业部、财政部印发《关于完善退牧还草政策的意见》（发改西部〔2011〕1856号文），强调：（1）适当调整建设内容，强化配套措施；（2）完善补助政策，巩固退牧还草成果；（3）加强组织领导，保证工程顺利实施。

② 从2011年起，不再安排饲料粮补助，在工程区内全面实施草原生态保护补助奖励机制。对实行禁牧封育的草原，中央财政按照每亩每年补助6元的测算标准对牧民给予禁牧补助，5年为一个补助周期；对禁牧区域以外实行休牧、轮牧的草原，中央财政对未超载的牧民，按照每亩每年1.5元的测算标准给予草畜平衡奖励。

表 8-1 2014 年退耕还林还草工程实施名单

单位：万亩

省区	年度任务			备注
	小计	还林	还草	
总计	1510	1335	175	—
内蒙古	106	51	55	—
安徽	3	3	—	—
湖北	28	26	2	向十堰市等丹江口库区倾斜
湖南	8	8	—	—
重庆	100	100	—	—
四川	54	50	4	—
贵州	473	473	—	重点向毕节市倾斜
云南	200	160	40	重点向鲁甸地震灾区、怒江州倾斜
陕西	60	60	—	适当向适宜种植油用牡丹、文冠果的地区倾斜
甘肃	242	220	22	—
青海	14	14	—	—
宁夏	17	15	2	—
新疆	185	135	50	—
新疆建设兵团	20	20	—	—

在表 8-1 中，显然没有列入西藏自治区。2014 年 8 月 2 日，为解决我国严重的水土流失和风沙危害，增加森林资源及应对全球气候变化，国务院批准实施《新一轮退耕还林还草总体方案》。[①] 在《新一轮退耕还林还草总体方案》中规定，严重沙化耕地，在国家有关部门进一步制定严重沙化耕地标准后，河北、山西、内蒙古、辽宁、吉林、黑龙江、河南、西藏、

① 国家发展改革委等《关于印发新一轮退耕还林还草总体方案的通知》（发改西部〔2014〕1772 号，2014 年 8 月 2 日）。

陕西、甘肃、宁夏、新疆（含新疆建设兵团）、青海等省（区）再依据核定规模确定退耕范围。2014 年全国安排退耕还林还草任务 500 万亩，重点安排在 25 度以上坡耕地集中地区。在新一轮的退耕还林还草政策实施中，中央根据退耕还林还草面积将补助资金拨付给省级政府。补助资金按以下标准测算：退耕还林每亩补助 1500 元，其中，财政部通过专项资金安排现金补助 1200 元、国家发展改革委通过中央预算内投资安排种苗造林费 300 元；退耕还草每亩补助 800 元，其中，财政部通过专项资金安排现金补助 680 元、国家发展改革委通过中央预算内投资安排种苗种草费 120 元。中央安排的退耕还林补助资金分三次下达给省级政府，每亩第 1 年 800 元（其中，种苗造林费 300 元）、第 3 年 300 元、第 5 年 400 元；退耕还草补助资金分两次下达，每亩第 1 年 500 元（其中，种苗种草费 120 元）、第 3 年 300 元。省级政府可在不低于中央补助标准的基础上自主确定兑现给退耕农民的具体补助标准和分次数额。地方提高标准超出中央补助规模部分，由地方财政自行负担。地方各级政府有关政策宣传、作业设计、技术指导、检查验收、政策兑现、确权发证、档案管理等工作所需经费，主要由省级财政承担，中央财政给予适当补助。[①]

《新一轮退耕还林还草总体方案》提出，到 2020 年，将我国具备条件的坡耕地和严重沙化耕地约 4240 万亩退耕还林还草。2015 年 9 月 25 日，国家发展改革委办公厅等 5 部门发布《关于加快落实新一轮退耕还林还草任务的通知》（发改办西部〔2015〕2502 号文），要求各级地方政府及有关部门充分认识新一轮退耕还林还草的重大意义，切实加强领导，落实责任，精心组织，并及时研究解决项目实施中出现的问题，确保新一轮退耕还林还草顺利推进、取得实效。并强调《新一轮退耕还林还草总体方案》中严格限定在 25 度以上坡耕地、严重沙化耕地和重要水源地 15 ～ 25 度

① 参见《新一轮退耕还林还草总体方案》（2014 年 8 月 2 日），三、补助政策。

坡耕地。加快2014年、2015年任务落实进度，各地可在优先安排25度以上坡耕地退耕还林还草的基础上，根据实际情况，在不突破《新一轮退耕还林还草总体方案》中确定的各省（区、市）各地类退耕控制规模的前提下，统筹安排25度以上坡耕地、严重沙化耕地、丹江口库区和三峡库区15～25度坡耕地退耕还林还草。2015年12月31日，财政部等8部门发布《关于扩大新一轮退耕还林还草规模的通知》（财农〔2015〕258号文），强调要及时拨付新一轮退耕还林还草补助资金。国家按退耕还林每亩补助1500元（其中中央财政专项资金安排现金补助1200元、国家发展改革委安排种苗造林费300元）、退耕还草每亩补助1000元（其中中央财政专项资金安排现金补助850元、国家发展改革委安排种苗种草费150元）。中央安排的退耕还林补助资金分三次下达给省级人民政府，每亩第一年800元（其中种苗造林费300元）、第三年300元、第五年400元；退耕还草补助资金分两次下达，每亩第一年600元（其中种苗种草费150元）、第三年400元。各地要及时拨付中央下达的新一轮退耕还林还草补助资金。[①]

2016年5月27日，国家发展改革委等5部委发布《关于下达2016年退耕还林还草年度任务的通知》（发改西部〔2016〕1138号文），规定2016年退耕还林还草实施范围限定在25度以上坡耕地，严重沙化耕地，三峡库区、丹江口库区及上游地区15～25度非基本农田坡耕地。各地可在不突破本省（区、市）各地类退耕控制规模的前提下，统筹安排本年度建设任务。优先安排基础工作扎实、前期任务完成好的地方，争取集中连片，并向贫困地区、革命老区倾斜。

2017年5月，国务院批准国家林业局等部门提出的要进一步扩大退耕还林还草规模的请示，同意调减云南等18个省（区）3700万亩陡坡耕地

① 参见财政部等《关于扩大新一轮退耕还林还草规模的通知》（财农〔2015〕258号，2015年12月31日）。

基本农田用于退耕还林还草，从而使新一轮退耕还林还草总规模扩大了近1倍。此外，中央政府将新一轮退耕还林种苗费每亩补助标准从300元提高到400元。此前，中央财政对退耕还林每亩补助5年计1500元，其中，现金补助1200元、种苗造林费300元。国家林业局指出，2017年全国安排退耕还林还草任务1230万亩，其中还林1110万亩，[①]至此，自2014年开始的新一轮退耕还林总规模将扩大到近8000万亩。[②]

应该说，中央政府的退耕还林还草政策及其落实与实施的措施，是可行的。后续存在以下问题：（1）后期管护问题。退耕还林还草、天然生态林资源保护、退牧还草后，对林地、草地的管护工作极其重要。中央政府对生态安全提供财政投入，地方政府进行协调实施后的成果需要建立专门的管护队伍进行监管，如果没有监管，地方居民再次将工程成果破坏，进行开发、放牧，那么资金投入对生态的改善只是一时的；没有护林看管、保护，在自然条件或人为条件（森林火灾）的影响下，生态安全问题必然出现。（2）政策实施期满后验收和成效巩固。退耕还林政策周期一般为5～8年，退牧还草的执行期限为5年，天然林保护工程目前分3期。当新一轮退耕还林还草政策期满后，中央不再进行补偿，退耕的农民、牧民的生计、利益得不到保障，就可能进行又一轮的开耕、放牧、砍伐树木进行利益获取，新一轮的生态破坏就会再一次发生。（3）地方政府生态保护

① 国家发展改革委、国家林业局、农业部联合下达给四川省2017年新一轮退耕还林还草中央预算内投资计划18,750万元，建设内容包括退耕还林45万亩、退耕还草5万亩。按照四川省财政厅、林业厅分别下发的《关于提前下达2018年森林生态效益补偿资金的通知》（川财农〔2017〕230号）、《关于提前下达2018年省级财政林业生态保护恢复资金的通知》（川财农〔2017〕232号）文件，四川省2018年天保工程二期省级财政配套资金25,069万元，其中，省级集体和个人所有公益林生态效益补偿资金12,636万元，省社保局省级统筹部分重点森工离退休人员养老保险定额补助费8475.4万元，国有林业单位退休人员省级基本医疗保险定额补助费3957.6万元。

② 陈溯：《中国提高退耕还林补贴，新一轮退耕还林规模扩至近8000万亩》，载中新社网，http：//news.cnr.cn/native/gd/20170724/t20170724_523865943.shtml，最后访问日期：2018年3月15日。

的积极性不高。对以上的生态政策，中央实行的专项财政转移支付，支付的条件是地方政府进行生态保护，并达到中央制定的目标条件。需要地方政府的积极配合，对本行政区域的需要进行生态维护的规划和补偿发放。但是作为生态受益者，地方政府承担着为退耕农户、还草牧民寻找其他生计的责任，还承担着监督、管护的责任。但是在地区经济与环境的矛盾中，地方政府生态保护往往不积极，为追求地方经济的增长，而进行违法开发，甚至于采取炸山平地等措施，造成生态破坏更有甚者竟然有给山涂上绿色，以应付应对检查验收的。

所以说，即便中央政府的政策和措施再好再到位，也还需要央地政府之间的密切合作与衔接。地方政府应把中央政府退耕还林还草的重大决策、政策和措施的实际贯彻落实，当成重大任务来完成。绝不可以应付了事或者欺上瞒下，或者采取不负责任的态度。现在看来，信息公示、进度报告和常规性检查监督，尤其是“两随机，一公开”对于地方政府生态安全义务的履行而言，是极其重要的。

三、横向的地方财政转移支付职责

（一）地方政府的资源管理人的生态义务

生态环境的公共物品性，使其具有显著的跨区域性，同时具备地方性和全国性。如果不进行生态环境保护，地方性的生态环境风险将演变成区域性的生态环境风险甚至全国性的生态环境风险。这里的横向区域性生态环境风险的影响包括在同一行政区内部的区域性生态环境与跨行政区的区域生态环境。作用于全国范围的生态服务由中央提供生态补偿无可厚非，但生态环境也提供着区域性的生态服务，理应由地方政府承担财政支出进行生态保护。

地方政府应当承担资源管理人的生态义务，对生态环境进行保护、对资源利用人行为进行监督，作为享受了生态服务的对象，自然要对生态服务提供区进行生态补偿。地方政府，尤其是开发区政府，因对生态资源的开发利用，对生态环境造成了损害，加之其区域内适合城市开放吸引来更多的人口，从而对生态资源的利用需求也不断扩大，故需要承担的生态义务也应加大，包括对生态供给区、下游地区进行生态补偿的义务。

2018 年 3 月 13 日，全国两会期间，四川人大代表团提交了《关于加快建设健全长江经济带生态补偿与保护长效机制的建议》（以下简称《经济带生态补偿建议》）等 12 件建议。这个《经济带生态补偿建议》是对 2018 年 2 月 13 日《财政部关于建立健全长江经济带生态补偿与保护长效机制的指导意见》（财预〔2018〕19 号，以下简称《经济带生态补偿意见》）的落实，也是对作者在第一章所提川沪对口支援合作见解的深化。

（二）区域的横向财政转移支付的必要性

在我国，中央财政对退耕还林还草、天然林保护等生态建设工程、安排重点流域水污染治理、京津冀地区及周边地区雾霾治理等环保工程，通过纵向财政转移支付，仅 1999 年到 2009 年的累计投入就高达上万亿元资金。从各方面看来，中央的纵向转移支付对生态环境的改善有积极作用，但是，单一的纵向财政转移支付，对地方政府在生态安全层面义务的履行，由于对象特殊和“两随机，一公开”落实不到位，存在明显的不足与缺陷。

这种央地政府的纵向财政转移支付，首先，往往针对的是特定区域的特定生态环境，补偿的覆盖范围有限；其次，就目前的实施情况看，补偿标准低、期限短，对限制开发或禁止开发的贫困地区的生态补偿有限；再次，纵向支付对地方政府实际情况的考量不够全面，中央对地方的情况了解不够细致，对地方政府资金利用情况和生态保护情况的监督有限；最后，财政转移支付未与国家划定的生态主体功能区相结合，未对限制开发和禁止开发区进行充分的生态补偿，重点开发区和优化开发区的生态责任未体现出来，不能协调各主体之间的生态效益，也未调动彼此的生态安全保护的积极性。

我国已经进行生态主体功能区规划，因此，建立起与生态功能区生态补偿的横向财政转移支付具有重要意义。横向财政转移支付更能体现生态服务价值的市场性，利用者负担资金，供给者更自觉地将资金用于生态环境保护，因为这是其获得生态补偿的条件；对解决、协调有生态效益联系的同一行政区或不同行政区的区域性政府的生态问题更直接、明确；且资金来源于生态利用区，减轻了中央的财政压力，更好地体现了“谁利用，谁补偿”的原则。尤其是，横向财政转移支付的支付与获得对象应当根据功能区划分，以及区域生态服务系统提供区域与供给区域进行确定，对于区域性生态服务的受益者呈现出隶属于不同行政区或者同一行政区的不同级别政府，因此，对于享受生态服务后的生态补偿给付，横向财政转移支付应包括同一行政区内的生态补偿和跨行政区的生态补偿。

（三）区域横向财政转移支付的制度改进

横向转移支付的对象为地方各级政府，生态效益收益的地方政府进行财政支付，支出生态补偿资金，而生态效益的生产地政府则有机会获得这一部分资金，但是这笔资金的用途不是为了平衡财政，而是考虑地方生态付出，减少该地方对生态的支出压力。我国，目前开始了一些区域间的横向财政转移支付的探索，但是仍限于地方政府的自发性探索阶段，在横向财政转移支付制度上没有一个规范性的管理办法。为保证为北京提供清洁、安全的水源，位于上游的张家口、承德地区压缩取缔了一大批污染和高用水项目，作出了巨大的经济牺牲，2005 年 10 月 11 日，北京市和河北省两地签署了《北京市人民政府河北省人民政府关于加强经济与社会发展合作备忘录》，由北京市对河北省尤其是水源区提供生态补偿，北京市还安排水资源环境治理合作资金，支持密云、官厅两水库上游张家口、承德地区治理水环境污染、发展节水产业等。

在《经济带生态补偿意见》中，财政部将上海、江苏、浙江、安徽、江西、湖北、湖南、重庆、四川、云南、贵州等省（市）纳入横向生态补偿的主体范围，要求全面贯彻落实党的十九大精神，积极发挥财政在国家治理中的基础和重要支柱作用，按照党中央、国务院关于长江经济带[①]生态环境保护的决策部署，推动长江流域生态保护和治理，建立健全长江经济带生态补偿与保护长效机制。长江经济带发展，理念要先进，坚持生态优先、绿色发展，把生态环境保护摆上优先地位，一切经济活动以不破坏生态环境为前提，共抓大保护，不搞大开发。思路要明确，建立硬约束，长江生态环境只能优化、不能恶化。[②]这就意味着长江经济带上生态补偿与保护长效机制的各方主体，首先要认识到流域整体性保护不足，生态系统破碎化，生态系统服务功能退化趋势的严重性，加上污染物排放量大，风险隐患多，饮用水安全保障压力大，部分区域发展与保护矛盾突出，环境污染形势严峻，区域发展不平衡，水生态环境污染严重，水生态安全形势异常严峻的根源所在。因此，各个主体都应当思考其自身应当承担的生态安全义务，贯彻“山水林田湖是一个生命共同体”的理念，承担分区保护职责，对上游区的若尔盖湿地、三峡库区、川滇森林、秦巴山地等重点生态功能区进行区域共建；在重庆、四川、贵州、云南等5省市开展公益林建设；加强川西北草原保护和合理利用，推进草原禁牧休牧轮牧，实现草畜平衡，促进草原休养生息；加强云南、贵州、四川、重庆等上游地区的

① 长江经济带覆盖上海、江苏、浙江、安徽、江西、湖北、湖南、重庆、四川、贵州、云南共11省市，面积约205万平方公里，人口和生产总值均超过全国的40%，是我国的经济重心所在、活力所在，也是中华民族永续发展的重要支撑。该地区历经多年开发建设，传统的经济发展方式仍未根本转变，生态环境状况形势严峻。

②《长江经济带生态环境保护规划》（2017年7月18日），前言。

坡耕地水土流失治理；推动制定长江经济带统一的限制、禁止、淘汰类产业目录，加强对高耗水、高污染、高排放工业项目新增产能的协同控制；在长江流域严格执行船舶污染物排放标准；研究建立规划环评会商机制，将流域上下游地区意见作为相关地区重大开发利用规划环评编制和审查的重要参考依据；重大石化、化工、有色、钢铁、水泥项目环评以及重大水利水电等规划环评，应实施省际会商；探索建立跨省界重大生态环境损害赔偿制度；推进水权、碳排放权、排污权交易，推行环境污染第三方治理；推进省际间环境信息共享。①

笔者认为，在中央政府号召 11 省市政府共同出资建立长江环境保护治理基金、长江湿地保护基金背景下，既要发挥政府资金撬动作用，吸引社会资本投入，实现市场化运作、滚动增值。采取债权和股权相结合的方式，重点支持环境污染治理、退田还湖、疏浚清淤、水域和植被恢复、湿地建设和保护、水土流失治理等项目融资，降低融资成本与融资难度。同时，还要推进生态保护与补偿的措施落实，也就是加大重点生态功能区、生态保护红线、森林、湿地等生态保护补偿力度。按照“谁受益，谁补偿”的原则，探索上中下游开发地区、受益地区与生态保护地区横向生态保护补偿机制试点。继续推进新安江等流域生态保护补偿试点工作，根据跨界断面水质达标状况制定补偿标准，促进地方政府落实行政区域水污染防治责任。探索多元化补偿方式，将生态保护补偿与精准脱贫有机结合，通过资金补助、发展优势产业、人才培训、共建园区等方式，对因加强生态保护付出发展代价的地区实施补偿。② 在这方面，上海市之于四川省就具有川沪合作的天然优势。

---

① 参见《长江经济带生态环境保护规划》(2017 年 7 月 18 日)，八、创新大保护的生态环保机制政策，推动区域协同联动；(一) 健全生态环境协同保护机制。

② 参见《长江经济带生态环境保护规划》(2017 年 7 月 18 日)，八、创新大保护的生态环保机制政策，推动区域协同联动；(二) 创新上中下游共抓大保护路径。

四、地方政府的生态安全保障财政预算

（一）地方政府的经济发展冲动与生态环境的压力

地方政府作为生态安全的保障主体具有得天独厚的优势，原因是地方政府是国家生态安全政策与地方生态安全形势的连接桥梁，它了解本行政区的生态安全形势，是国家生态政策的实施者，同时具备知晓为何要进行生态保护、生态环境当前形势、公民生态意识、生态政策实施中的优劣势等条件。但当前的地方政府生态安全意识不强，是地方政府生态管理不作为的根本原因。地方政府认为生态安全的保障与地区经济的发展存在相交的矛盾点，生态环境与资源的公共性，使地方政府不愿意主动承担生态安全保护义务，而各行政区的经济发展水平不均衡，也导致彼此推卸生态安全责任。

虽然，2006 年 7 月 7 日体现科学发展观要求的《地方党政领导班子和领导干部综合考核评价试行办法》[①] 出台，要求体现可持续发展，对领导干部考核的思想有重大改变，但对地方官员的政绩评价仍重视 GDP 增长，地方政府在追求地方 GDP 增长过程中，重视生态环境的经济价值而忽略其生态价值，“先污染，后治理”的错误意识一直存在，对生态资源的不合理开发，对高能耗、高排放企业因为企业在税收、带动地方经济、就业等方面的贡献而选择性忽略其污染问题。我国《环境保护法》第 6 条规定，地方各级政府对本行政区的环境质量负责，但法律对地方政府违规、违法行为的追责机制不完善，可追究的责任人、责任类型不明确，加之生态环

---

① 2009 年 7 月 16 日，中共中央组织部以中组发〔2009〕13 号印发《地方党政领导班子和领导干部综合考核评价办法（试行）》。该办法分总则、民主推荐、民主测评、民意调查、个别谈话、实绩分析、综合评价、结果运用、组织实施、附则 10 章 46 条，自发布之日施行。2006 年 7 月 7 日，中共中央组织部印发的《体现科学发展观要求的地方党政领导班子和领导干部综合考核评价试行办法》（中组发〔2006〕14 号）予以废止。

境问题是“慢性病”，如大气污染、土壤污染对人类的生命、财产的损害需要长时间作用后，或者长时间反应后才能显现出来。地方政府对生态政策的决定、执行领导对生态安全的危害抱有侥幸心理，故在在位期间积极开展经济发展，忽略生态安全保护与治理。这也体现行政权力运行的奖惩未摆脱以经济发展为评价标准以及对权力监督的失利。

除了地方政府的生态安全保障意识不强外，地方环境行政部门的行政权范围受限也是导致地方政府生态安全保护职责承担不力的一个重要原因。我国环境行政部门的行政权力范围，在行政处罚、执行上都有一定限制，即使是经过2018年的机构改革，成立“生态环境部”后，生态环境部对企业的违法行为是否能够有效控制，尚待验证。由于我国各地的企业，长期受制于地方政府领导的直接或者间接干涉，而对生态安全保护不到位。地方生态环境部门，尽管是一个具有行政权力的国家机关，承担着监督、保护、公开生态环境的多项职责，但是，它的行政权威和行政效能因为地方政府及其领导的不断干预而受限，表明地方政府对生态安全保护职责承担不力。所以，《地方党政领导班子和领导干部综合考核评价办法（试行）》的出台与生效就是非常必要的。

（二）地方政府可持续发展生态观下的经济抉择

地方政府要改变发展意识或者发展观，坚持可持续发展战略，即经济发展与生态保护并重。国家在重视生态建设，进行生态保护决策的同时也应当建立科学的绩效考评机制，重视生态绩效。地方政府要用科学的、可持续的眼光发展本行政区经济，重视生态价值。地方政府的经济抉择，要体现国家主体功能区规划，调整完善财政、投资、产业、土地、农业、人口、环境等相关地方规划，各功能区都要重视生态安全，其中优化开发区和重点开发区并不是以经济发展为主，而主要是考虑到该区的经济基础、生态环境承载能力、发展潜力，其仍承担着生态安全保护义务。特别是那些被确定为生态功能区的地方政府，既要认识到生态功能区的发展限制与压力，又要意识到生态功能区生态义务承担与履行的重要性。

地方政府要利用其“桥梁”优势，根据国家对生态安全的大的方针政策，对本行政区的生态环境安全进行实地研究，探索本行政区的生态安全保障措施。除了可能接受的国家纵向生态补偿资金外，自己的财政投入也必不可少，纵向资金的单一、有限，横向资金目前未建立国家性的规定，需要区域政府进行协调都对地方政府的生态安全财政投入提出了要求。地方政府为可持续发展，不仅要在政策上对生态安全进行保护，也要投入资金进行前期的预防、监测，中期的监督，后期的治理、修复，并积极探索横向经济补偿机制建立健全的必要性与可能性，探索相关的合作路子。

（三）地方政府对生态安全保障的财政预算

地方政府对生态安全保障进行的财政预算应当结合本行政区的生态环境承载能力、经济发展的生态环境污染与资源利用情况，制定一个稳定的生态环境所需投入计划。应建立起生态财政资金的管理机构、监督机构，对财政预算资金的来源、对象、使用范围、责任进行规定并监督、公开。地方政府对生态安全保障的财政预算，笔者认为，应当包括应用于本行政区的生态财政资金投入和区域内的横向财政转移资金，本行政区的生态财政资金投入包括行政区内部的生态管理与行政区内部的不同区域之间的生态补偿资金。对内部的生态补偿，由其共同的上级政府及省、自治区、直辖市的政府对生态补偿机制任务进行确定，上级政府进行协调，鼓励下级各政府之间进行生态服务价值的市场配置，核定生态效益指标，为确定生态补偿标准提供依据。

2005 年 5 月 31 日，中共杭州市委办公厅、杭州市人民政府办公厅发布《关于建立健全生态补偿机制的若干意见》（市委办〔2005〕8 号，以下简称《杭州生态补偿意见》)。2005年6月3日，杭州市发布《中共杭州市委、杭州市人民政府关于加快推进杭州生态市建设的若干意见》(市委〔2005〕12号，以下简称《杭州生态市意见》)，提出生态补偿机制的为促进市域经济社会与资源环境协调发展的基本内涵和坚持保护者受益、损害者付费、受益者补偿、政府主导、市场参与、公平公开、权责一致等基本原则。《杭州生态市意见》提出建立健全生态补偿的公共财政制度，包括:(1)整合优化财政补助结构。进一步整合现有市级财政转移支付和补助资金，将生态市建设、环保补助、城建县（市）补助、工业企业技术改造财政资助、农村改厕经费、财政支农资金、扶贫帮困、造田改地、水利建设、农村改水10项专项资金纳入生态补偿专项资金之中，形成聚合效应。(2)加大生态补偿投入，从2005年起，市财政在原有10项生态补偿政策方面已安排1.5亿元资金的基础上，再新增5000万元，使专项资金规模达到2亿元。(3)加强地方专项资金配套。各区、县（市）应当根据生态补偿的要求和本意见精神，加快建立配套的生态补偿专项资金并制定使用管理办法。配套资金应优先扶持市级生态补偿资金投向的重点领域和项目，并在促进本地区的重要生态功能区和欠发达地区的共同发展方面发挥积极作用。(4)加强地方专项资金配套。各区、县（市）应当根据生态补偿的要求和本意见精神，加快建立配套的生态补偿专项资金并制定使用管理办法。配套资金应优先扶持市级生态补偿资金投向的重点领域和项目，并在促进本地区的重要生态功能区和欠发达地区的共同发展方面发挥积极作用。

2011年1月5日，中共杭州市委、杭州市人民政府发布《关于推进生态型城市建设的若干意见》；2016年7月11日，中共杭州市委再发布《关于全面提升杭州城市国际化水平的若干意见》，提出杭州市要提升生态环境质量。持续推进治污水、防洪水、排涝水、保供水、抓节水的“五水共治”，推进海绵城市建设，到2020年前全面消除黑臭河和地表水劣V类断面；强化饮用水源安全保障，扎实推进千岛湖配供水工程。严格控制煤炭消费总量，统筹推进燃煤烟气、工业废气、车船尾气、餐饮排气、扬尘灰气的“五气共治”，实现 PM2.5 浓度持续下降、空气质量优良天数比率大幅提升。加快装配式建筑发展，推进建筑工业化，减少建筑垃圾和扬尘污染。统筹推进生活固废、建筑固废、污泥固废、有害固废、再生固废的“五废共治”，合理布局并加快固废收集、运输、处置和利用设施建设，深化落实生活垃圾“三化四分”。深化“两路两侧”“四边三化”工作，实施小城镇综合整治行动，深入推进城乡环境综合整治。开展“城市增绿”行动，推广屋顶绿化和垂直绿化，加强对废弃矿山、湿地的环境治理和生态修复。深入实施工业、建筑、交通等重点节能工程，大力推广和应用新能源汽车，开展低碳社区、低碳园区等试点示范。①

与此同时，杭州市要完善生态文明制度。推进建设用地和用能权、碳排放权、排污权、用水权等资源要素交易，实施能源和水资源消耗、建设用地使用等总量和强度双控管理。建立健全环境承载力预警体系，完善对重点生态功能区的生态补偿机制。完善环境信用评价制度，探索建立环境污染责任保险制度。探索生态文明绩效评价和责任追究制度，建立生态环境损害责任终身追究制。②可见，从《杭州生态补偿意见》开始，一个地方政府只要高度重视生态义务的承担与履行，那么，中央政府的生态功能区规划和相关的生态政策包括退耕还林还草政策的落地和落实，都是大有可为的。如果加上横向生态补偿机制的实施，那么，地方各级政府的生态安全保障，是一定能够实现的。

---

①《中共杭州市委关于全面提升杭州城市国际化水平的若干意见》（2016 年 7 月 11 日），六、加快形成一流生态宜居环境。

② 同上。

第二节 地方政府资源管理生态义务履行的投入机制

在笔者看来，地方政府作为自愿管理人时，其生态义务的承担与履行，也是有条件的。那就是，财政投入机制的建立和健全。除了中央政府的转移支付政策外，地方政府的投入匹配也是极为重要的。也就是说，生态义务的承担与履行，从投入机制的角度来看，即是人力资源、物质资源和制度资源的综合投入。这一点，与营利法人的生产经营管理过程，依赖企业生产经营和管理的人力资源、物质资源和制度资源一样，“巧妇难为无米之炊”，如果中央政府只是一味地制定政策或者发布政策，给地方政府设定生态义务，而不能同时进行投入的政策跟进，那么，当地方政府力所不能时，便开始消极对待中央政府的生态功能区划国家政策。

因此，就人的致灾性而言，如果央地政府的政策上下不匹配，或者上下不能有效协调，那么，中央政府的生态义务即使强行赋予地方政府，也可能因为资金和经济能力不济而落空。从这一点上说，祁连山自然保护区事件最深刻的教训，就是央地政府在生态补偿和财政支付转移政策，尤其是中央政府特殊的财政支持政策不济，导致了甘肃省地方政府对于国家生态功能区化的怠慢和带有应不为的乱作为，持续了很长的时间。所以，重视人的致灾性控制的经济保障，就是从财政投入角度，把生态义务履行放在首位，是以生态义务承担与履行的经济投入作为条件的。在这里，笔者要特别强调的是，人的致灾性在来源上，除了法律上的强制力不足，外效力强制不能转化成内效力强制固然是根本原因，但是，经济利益上的非均衡化中，中央政府调剂经济投入，或者沿着惯性思维，中央政府从事的非持续性并逐步加大投入力度的理性型的财政投入保障机制的缺乏，是一种内在动力层面上的原因。换句话说，当义务主体因为经济利益的得失与投入能力差异，变得心理或者意识上觉得非常不公平的时候，地方主义和小团体主义思想，必然会冒头。这个时候，无论是单个个体，还是各级地方政府，因为经济利益的得失失衡，不履行法定的生态义务，其行为的致灾性也就当然不可避免了。

一、重点生态安全功能区财政补贴与投入保障机制

（一）大规模生态建设工程和专项治理计划范围外的投入

所谓重点生态功能区，在《全国主体功能区规划》中就是指限制开发区与禁止开放区，是指在涵养水源、保持水土、调蓄洪水、防风固沙、维系生物多样性等方面具有重要作用的区域，需要国家和地方共同管理，并予以重点保护和限制开发的区域。经综合评价，该规划划定的限制开发区，包括大小兴安岭森林生态功能区等 25 个国家重点生态功能区地区，总面积约 386 万平方公里，占全国陆地国土面积的 40.2%。这个重点生态功能区，在 2008 年年底时总人口约 1.1 亿人，占全国总人口的 8.5%；禁止开发区域共 1443 处，总面积约 120 万平方公里，占全国陆地国土面积的 12.5%。针对 25 个国家限制开发的重点生态功能区，根据不同生态功能类型，包括水源涵养型、水土保持型、防风固沙型和生物多样性维护型四种，将禁止开发区分为国家级自然保护区、世界文化自然遗产、国家级风景名胜区、国家森林公园、国家地质公园类型。再对不同类型的生态功能区的综合生态环境现状、特点进行评价，确定其发展方向，制定可行性禁止性行为规范。

对水源涵养型、水土保持型、防风固沙型和生物多样性维护型四种类型的重点生态功能区，我国因地制宜地制定了大规模的生态建设工程和专项治理计划等。包括对水源涵养型、水土保持型和防沙固沙型推进天然林草保护、退耕还林、退牧还草工程、水土流失综合防治工程、防沙治沙重

点工程等，以及对生物多样性维护型区扩大天然林保护范围、建立自然保护区等措施。对禁止开发区，引导人口转移，对生态旅游开发提出在生态环境承载能力范围内，实现污染物“零排放”等要求，以提高环境质量。重点生态功能区是保障国家生态安全的重要区域，是人与自然和谐相处的示范区，对其的划定是国家对生态安全的迫切要求，也使国家与地方政府开展的生态、经济活动都能在生态安全的保护范围内，进行可持续发展，在当前生态安全形势下，对于平衡国家生态环境、保护生态安全有着重要意义。显然，重点生态功能区中央政府的转移支付是必要的，其支持的范围也是有明确的界定的。①作者需要强调的是，在大规模生态建设工程和专项治理计划范围内的投入，固然必须保证，当然也非常重要。但是，大规模生态建设工程和专项治理计划范围外的投入，同样也是控制人的致灾性所不可缺少的。

（二）生态功能区自身的环境与经济利益平衡机制

重点生态功能区，限制进行大规模高强度的工业化城镇化开发，甚至有的区域禁止进行工业化城镇化开发，这样的划分和发展限制，必然面临地区居民收入下降，保护资金短缺，最终体现为地方保护与发展的矛盾。重点生态功能区多出在经济不发达地区，由于地方保护区的建立，当地以自然资源为发展依托的居民，丧失了经济来源，生活水平下降，如在天然林禁伐地区，林农依靠木材与林下植物的经济收入受限；退牧还草地区的牧民，因放牧地区的减少，所养牛羊自然减少，经济收入必将下降；退耕

① 财政部《中央对地方重点生态功能区转移支付办法》（2017 年 8 月 2 日）第 2 条规定，转移支付支持范围包括:（1）限制开发的国家重点生态功能区所属县（县级市、市辖区、旗）和国家级禁止开发区域，以及京津冀协同发展、“两屏三带”、海南国际旅游岛等生态功能重要区域所属重点生态县域；（2）国家生态文明试验区、国家公园体制试点地区等试点示范和重大生态工程建设地区；（3）选聘建档立卡人员为生态护林员的地区。中央财政根据绩效考核情况对转移支付范围进行动态调整。

还林地区的农民，特别是无外出劳动能力的老人与妇女，因为耕地面积的减少，其世代依靠的经济收入受到限制。

确实，国家退耕还林还草等中央政策中带有经济补偿措施，但是，这些措施往往补偿范围有限，标准偏低，有的时候，还需要地方政府进行资金匹配。加之，有些地方本来经济就不发达，结果中央政府的好政策，在个别地方出现适用后产生负效应，比如，广西金秀县在1998年全面实行林木禁伐后出现严重的返贫现象，就是一例。[①]经济的不发达，经济补偿的不得力，使提供生态产品的重点生态功能区缺乏充足的保护资金。重点生态功能区多为具有特色的生态环境，因为多种原因成为贫困和落后地区，而生态功能区的划定又使其失去工业发展等经济发展机会，在全国生态安全的目标下被规定为其他地区甚至全国提供良好的生态服务功能以及生态产品。这样一来，在多种政策的共同作用下，地区经济发展不平衡不充分的矛盾更加突出，产生生态保护与经济社会发展的内在矛盾。

在全国范围内，建立生态功能区的环境与经济的利益平衡机制，是实现生态安全保护与共同发展的迫切需求，更是生态义务与生态安全职责均衡化分配与履行的需要。生态安全利益因为需要大量投入而具有经济有偿性，如果不进行大量投入，则必然转化为资源利用人和公民的个体或者群体致灾性，所以，必须将生态产品及生态安全服务转化成一种经济补偿机制。既然，国家主导对重点生态功能区进行财政补贴，那么，中央政府保障对生态功能区的地方政府这种资源管理人及居民进行生态补偿，对生态产品的消费者进行收费，实行“谁利用，谁补偿；谁污染，谁治理”原

---

① 广西大瑶山自然保护区的金秀县，在1998年全面实行林木禁伐之后，林农依靠木材和林下经济植物的收入大幅度下降，出现严重返贫现象。该县1999年贫困人口为9844人，到2003年贫困人口增加到55,811人，占全县人口的37%。参见佚名:《环保部建议开征生态补偿费，政府协调机制缺失待解》，载《21世纪经济报道》，http://news.163.com/10/0505/00/65SLPE0H00014AED.html，最后访问日期：2018年3月15日。

则，是生态产品供给的持续性所必需的。换句话说，生态产品不是一次性产品，而是以生态功能区的生态功能维持为条件的，这种生态产品需要大量的、长期的和可持续性的投入。所以，唯有大量的、长期的和可持续性的积极投入，认真地考量生态功能区自身的环境与经济利益平衡能力与机制，并想方设法筹集并投入资金，才能构成生态产品获取的可持续性，也才能有效地以经济的力量，遏制资源利用人和公民的个体或者群体致灾。

（三）生态安全功能区财政补贴与投入保障机制的央地、地地政府共建

中央政府对地方政府国家重点生态功能区的转移支付，在《2012 年中央对地方国家重点生态功能区转移支付办法》中规定的转移资金对象适用的范围包括：（1）《全国主体功能区规划》中限制开发的国家重点生态功能区所属县（县级市、市辖区、旗）和禁止开发区域；（2）青海三江源自然保护区、南水北调中线水源地保护区、海南国际旅游岛中部山区生态保护核心区等生态功能重要区域所属县；（3）对环境保护部制定的《全国生态功能区划》中不在上述范围内的其他重要生态功能区域所属县给予引导性补助，对开展生态文明示范工程试点的市、县给予工作经费补助，对生态环境保护较好的地区给予奖励性补助等。

例如，2013 年 10 月 29 日，国家重点生态功能区 2012 年中央财政转移支付资金“理县甘堡生态功能区水土保持综合治理项目”在理县甘堡乡正式启动。项目总投资 2099 万元，项目涉及甘堡乡、杂谷脑镇、朴头乡、通化乡 4 个乡镇 11 个行政村，工程综合治理水土流失面积 11.36 平方公里。项目区总面积 343.93 平方公里，现状水土流失面积 70.28 平方公里，占项目区总面积的 20.43%，工程综合治理面积 11.36 平方公里。共计实施坡改梯工程 5.68 公顷，新建取水建筑物 1 处、新建蓄水池 8 口；敷设 DN50PE 管 5198 米和 DN32PE 管 11271 米；新建生产道路 3649 米；沟道治理 2212

米；整治农渠 1525 米；新建排导槽 270 米；营造水保林 48.15 公顷、新建林带挡土坎 5514 米；配套移动水泵 2 套；封禁治理面积 1082.18 公顷。该项目于 2013 年 10 月开工建设，2014 年 9 月完工，10 月 22 日项目顺利完工并通过验收。①

应当说，理县甘堡生态功能区水土保持综合治理项目，在中央政府财政支持下，历时 1 年顺利完工并通过验收，是生态安全功能区财政补贴与投入保障机制的央地政府共建的产物。但是，这是一个不多的个案，从生态功能区的划定角度看，理县甘堡生态功能区水土保持综合治理项目，只是众多的项目中的一个。因此，地地政府共建才是扩大这类项目或者维持生态安全功能区财政补贴与投入保障机制不断发挥作用的关键所在，比如，建立长江流域上下游间的地地政府之间的生态补偿机制。按照中央引导、自主协商的原则，鼓励相关省（市）建立省内流域上下游之间、不同主体功能区之间的生态补偿机制，在有条件的地区推动开展省（市）际间流域上下游生态补偿试点，推动上中下游协同发展、东中西部互动合作。中央对省级行政区域内建立生态补偿机制的省份，以及流域内邻近省（市）间建立生态补偿机制的省份，给予引导性奖励。同时，对参照中央做法建立省以下生态环保责任共担机制较好的地区，通过转移支付给予适当奖励。②这样一来，地方政府可以在上下游合作过程中，享受到提供生态产品的经济补偿和利益优待，从而对自身的生态产品生产能力的提升大有裨益。

---

① 参见理县政府办:《理县甘堡生态功能区水土保持综合治理项目完工通过验收》，载阿坝州门户网，http: //www.abazhou.gov.cn/jrab/gxdt/201410/t20141024_1035141.html，最后访问日期：2018 年 3 月 15 日。

② 财政部《关于建立健全长江经济带生态补偿与保护长效机制的指导意见》(财预〔2018〕19 号，2018 年 2 月 13 日)，三、地方财政抓好工作落实;(四)建立流域上下游间生态补偿机制。

二、生态产品受益区对供给区生态补偿的地地政府均衡发展扶持义务

（一）地地政府均衡发展的扶持义务来源

生态系统能为我们提供各种直接和间接的效益，比如提供人们赖以生存的大气、水等，也为我们的生产经营提供森林、矿产、海洋等资源，生态系统具有自净能力，在其承载范围内，有对有毒有害物质的降解、稀释和消除，继而维护生物多样性等基本功能。但是，人类过往的生产方式粗放，生活方式奢侈浪费或者肆意挥霍，导致资源的利用率低、污染物处理能力低，以及人们对环境的保护意识不强，对生态的破坏与污染远远超过自然界的自净能力，对人类的生存和发展造成了严重威胁，降低了生态产品的服务价值。由此而言，对地地政府在生态安全义务承担分配和履行物质保证层面，进行合作、扶持和互助义务的研究，就是保证生态系统服务价值功能不断实现的可持续性。这种持续性，同时也是地地政府之间，生态产品供给上扶持发展、均衡发展和可持续发展义务的根源所在。

生态系统的服务价值，因为生态涉及的范围广、人们对财产权的认识理解的限制，使生态服务价值的评估，虽然各国都在进行研究，但是，人们对其的认识还不够深入。人们可以理解生态资源能提供的实在的物质性利益，但是，对单一生态因子及整体的生态系统为人类提供的气候、环境、美感的享受等却认同度很低。应当说，这些服务功能是人类能够实际享受到或者感受到的。现在，对它进行研究是希望通过学理性、数据性客观的感知，让人类从法理上认识生态产品，建立起生态利益获得的有偿性、对价性和契约性的理性模式，以避免人类对环境造成不可修复的损害，影响未来的可持续发展。

各个主体功能区的自然条件的不同、生态因子也会有空间特点，导致生态系统服务提供的种类及数量也存在差异。加之各区域的经济与社会

发展具有差异性，对生态系统服务的方式、种类需要也不尽相同。换句话说，生态产品的内涵和外延，也会有所差别。国务院在发布《全国主体功能区规划》时，对国土空间开发进行的不同划分，也是考虑生态功能的空间差异性，为解决国土开发中存在的问题，坚持可持续发展战略。而这种可持续战略的支持，是地方政府之间在考虑生态系统的空间差异、确保生态系统整体性平衡及可持续性时，中央政府必须按照开发方式，分为优化开发区域、重点开发区域、限制开发区域和禁止开发区域；然后，再按开发的内容，分为城市化地区、农产品主产区和重点生态功能区等。这样的划分，有利于不同生态功能区在其生态系统最优下，提供不同产品，实现主体的区域功能。同时，也便于地地政府判断所谓的生态产品，或者生态系统服务或者生态系统服务价值是什么，在哪儿，为什么要进行相应的合作或者地地政府之间的保护—发展均衡化或者地方政府之间的生态补偿合作了。也就是说，在地地政府均衡发展的扶持义务来源明确后，地地政府之间的生态产品的时空交换概念也就形成了。

（二）生态受益后的生态补偿主体不只是中央政府

国家划定主体功能区，必然对不同的生态功能区实施不同的国家政策和措施，以保证生态功能区的划分意义及生态安全。但是，主体功能及其产品带来的收益，也因为国家不同的政策措施或者各种限制而有所不同。实施上，生态供给区包括划分后的限制开发区和禁止开发区，为保障中华民族的永续发展、国家农产品安全、自然文化资源安全，生态供给区必须要放弃部分或者全部的工业化城镇开发，这种放弃或者舍弃，并非是生态供给区自愿的。因为，它必然会影响本地经济社会的发展，会对当地居民生活水平、社会发展和文化提升等，产生相当的不利限制或者影响。但是，生态环境的公共性，生态产品的公益性或者生态价值的经济外部性，要求生态安全的公平享有、负担的共同分担和经济成本的分摊，并且，实现生态环境的外部不经济性内部化，由此而言，生态产品享有后的生态经济补偿，作为一项法律制度，是必不可少的。

在我国，生态安全受益区，即经济的优化或者重点开发区，由于大力发展经济，对环境造成损害，享受了生态安全利益，当然应当承担生态功能区即限制开发区或者禁止开发区不能开发和发展的部分后果，这便是承担生态安全补偿义务的内在机制。换句话说，作出生态产品贡献、放弃经济发展的生态供给区，因为失去了经济社会发展的机会，尤其是这样的生态功能区内的空间资源，无法发展或者依法放弃发展，因而，其不发展或者不能发展的消极后果，当然需要进行时空性转嫁。于是，这些地区当然就有获得生态补偿的权利了。这种权利，客观地说，是一种均衡发展权或者充分发展权的时空分割或者让渡。从全社会均衡发展的角度看，这种生态功能区发展权的生态产品型出让，有利于实现生态安全的公平分享、分担和均衡化，对促进产业结构改革，提高人们对生态安全保护的积极性，是非常重要的。生态功能区与非生态功能区的区域互动机制，就有了产生的需求和土壤。

早在 2007 年 8 月 24 日，国家环保总局发布的《关于开展生态补偿试点工作的指导意见》（环发〔2007〕130 号，以下简称《生态补偿试点意见》）第三部分“探索建立重点领域的生态补偿机制”中，就规定了加快建立自然保护区生态补偿机制、探索建立重要生态功能区生态补偿机制、推动建立矿产资源开发的生态补偿机制和推动建立矿产资源开发的生态补偿机制 4 个方面的试点。意见提出，建立健全重要生态功能区的协调管理与投入机制。加强与有关地方和部门的协调，加强饮用水源区等重要生态功能区域的生态保护与建设，配合有关部门推动生态保护与建设资金、项目的整合与规范，支持重要生态功能区的生态环境保护与恢复，并对区域生态功能重要、生态保护建设任务重而经济发展受到制约的地区给予扶持和补偿。积极配合有关部门，推进重要生态功能区财税政策和管理政策改革，加大对重要生态功能区的财政转移支付力度。开展重要生态功能区生态补偿标准核算研究，建立重要生态功能区生态补偿标准核算方法体系。[①]然而，10多年过去了，这个与有关地方和部门协调后的完善政府投入机制，尤其是生态功能区补偿机制，并没有顺利建设起来。也就是说，那种生态受益后，把生态补偿主体限定在中央政府的想法、看法或者观点，是不正确的，是不符合《生态补偿试点意见》中的“谁开发，谁保护；谁破坏，谁恢复；谁受益，谁补偿；谁污染，谁付费”的生态补偿原则的。

（三）长江流域上下游生态补偿机制的地方合作能力

纵观我国生态补偿政策的出台和实施，在森林、草原、流域和水资源、矿产资源开发、海洋以及重点生态功能区等领域，都取得了一定的积极进展和初步成效。但是，因为缺乏诸如长江流域上下游生态补偿制度或者机制，而导致迄今为止，并没有形成有效的生态补偿法律制度。

学者认为，生态补偿看上去很美，但是，由于缺乏中央政府协调机制，许多重要跨界流域和生态功能区的生态补偿机制无法建立，一般是上游地区反映强烈，下游尽量回避；对矿产资源开发的生态补偿问题，个别地方以收费或押金制度简单替代生态补偿机制，免除了开发者治理和恢复生态环境的责任。主体功能区和自然保护区考虑进去后，流域应该也要建立生态补偿机制，浙江有些小流域，涉及两个县，省一级出面即可协商解决，但涉及多个省的则需要中央政府协调。为此，建议在国务院下设立生态补偿委员会，负责前述事务的协调管理，生态补偿工作量比较大的省市，应当设置相应的工作机构。[②]

资料显示，2010年4月底，我国《生态补偿条例》草案的起草领导小

---

① 国家环保总局《关于开展生态补偿试点工作的指导意见》，（八）探索建立重要生态功能区生态补偿机制。

② 参见佚名：《环保部建议开征生态补偿费，政府协调机制缺失待解》，载《21世纪经济报道》，http://news.163.com/10/0505/00/65SLPE0H00014AED.html，最后访问日期：2018年3月15日。

组、工作小组和专家咨询委员会均告成立。但是，直到2018年3月，也没有见到《生态补偿条例》草案面世。环保部曾划分出1458个对保障国家生态安全具有重要作用的生态功能区，约占国土面积的22%，人口的11%，包括水源涵养区、土壤保持区、防风固沙区、生物多样性保护区和洪水调蓄区等。《生态补偿条例》的起草由国家发改委西部司牵头，意味着这个条例的起草，将推动东部向西部地区的生态扶贫。生态补偿的特点，一个是受益者付费，得到补偿的应该是保护者；另一个是破坏者付费，得到收益的是受害者。比如三江源头水源保护好了，全国人民都受益，但是，三江源地区的经济会受到一些消极影响，这时候就应该由中央政府出面补偿。[①] 同时，受益地区的地方政府也应当参与这种生态补偿，形成上下游的生态补偿机制。在这里，生态补偿中补偿者与被补偿者之间的合作能力，就是非常重要的。

三、生态税收机制能否取代生态补偿机制

（一）生态税不能解决生态补偿机制的构建

生态税又被称为环境税、绿色税。生态税收制度可追溯到1920年经济学家庇古的庇古税，其在《福利经济学》一书中指出排放废物属于外部性，要通过征税弥补排污者生产的私人成本和社会成本之间的差距，以使两者相等。国际上，20世纪90年代末开始征收生态税，分别为了对污染物排放征收的生态税，如二氧化硫税、固体废物税等，还有对资源征收的生态税，如森林砍伐税、矿产资源税等。[②] 我国没有广义上的生态税制度，

---

① 参见佚名：《环保部建议开征生态补偿费，政府协调机制缺失待解》，载《21世纪经济报道》，http://news.163.com/10/0505/00/65SLPE0H00014AED.html，最后访问日期：2018年3月15日。

② 美国于20世纪70年代开始征收二氧化硫税，并制定了《二氧化硫税法案》；1984年意大利开征废物垃圾处置税；1969年法国开征森林砍伐税；1993年，国务院发布《中华人民共和国资源税暂行条例》，开始对矿产品和生产盐的单位和个人，开征资源税。

只有资源税、燃油税的规定，而且资源税的征收范围窄，仅为土地税及对矿产品和生产盐的单位个人征收，燃油税的目的不是环境保护，改善生态，而是为公路养护。我们这里对生态税收机制的讨论是希望我国建立起以生态保护为目的的多元生态税，包括对污染物征收及资源利用的税收机制。

生态环境资源不属于无主物。在我国，大气、水、土壤等环境介质，大多是人民的共同财产，由国务院代表国家行使所有权，通过管理与监督措施进行生态安全保护。国家有权通过征收生态税进行生态管理，对环境造成污染、利用资源的企业和个人有纳税义务，调整生态产品借给区与消费区之间生态权益平等化。国家与资源利用人之间建立起征收生态税的权利与义务关系，为生态税提供了法学理论基础。生态税就是充分利用市场机制，用价格来全面调控社会的经济行为，即人们会切实地感受到环保行为对费用支出的影响，从而会自发地不断寻求总成本趋于最低的环保手段。开征生态税，实际上遵循的是经济学上的“污染者支付原则”。对污染环境者征税，征税所得用来防治污染，改善环境或者增加对公民的福利支出，生态税已经成为国际上越来越多国家可持续发展的重要经济工具之一。不过，生态税只是一个税种，所征收来的税款即使全部用来改善环境，也并非能够发挥生态补偿机制构建的作用。之所以这样说，一方面，是因为我国生态税 2018 年 1 月 1 日才开始征收，征收的税款累积有一个漫长的过程；另一方面，生态税不能直接取代生态补偿机制。也就是说，笔者认为我国生态税的起征点较低、税目不多，纳税人的人数虽然可能比较多，但是，税收征收过程可能比较艰难和漫长。不能指望一个生态税成为国家生态补偿价值的全部，即不能将生态税作为全部生态补偿资金的唯一来源，更不能指望生态税解决生态补偿机制的构建问题。

（二）生态补偿机制的结构性构建

我国生态环境保护资金供应，经历了由国家财政支出的单一拨款的计划经济时期、从 1979 年开始试点的改为银行贷款的时期，以及 1996 年开始的投融资体制时期。过去环境保护污染治理的投资，基本上来源于国家财政的所谓“八条”投资渠道，即基本建设项目“三同时”的环境保护投资、更新改造投资中的环境保护投资、城市基础设施建设中的环境保护投资、排污收费补助用于污染治理的资金部分、综合利用利润留成用于污染治理的投资、银行和金融机构贷款用于污染治理的投资、污染治理专项基金和环境保护部门自身建设投资。市场经济的逐步发展，使原有的一些投资渠道受限，甚至失去效力，导致难以满足环境保护的资金需求，环境保护资金出现缺口。为了提高环境保护投入，随着经济体制与投融资机制改革的深入，环境保护投融资机制正发生着结构性变革，出现多元化多渠道的格局。即环境保护投资主体有政府、企业、个人和非官方机构，投融资方式和渠道进一步拓展和扩宽。近年来，又新增了若干环保投融资渠道，包括政府预算、国债环保投资、环保基金、政府借贷、“BOT”① 的融资运作方式、环保税收优惠、污染治理设施的市场化运营、各界环保捐赠、试点排污权交易等。

那么，为什么生态补偿机制却只有中央政府的财政支付转移、地方政府的匹配资金，而很少有地地政府的合作投入，以及企业、个人的投入呢？事实上，我国生态产业投融资的数额限制，尤其是生态产品上市和交易不足，导致我国生态环境保护事业的投资虽然逐渐在增大，但是，生态环境尤其是大气环境恶劣的状况未根本改善，甚至个别地方还出现持续恶化的趋势，严重影响了生态产业投资的信心。例如，2013 年 1 月以后，连续 6 年京津冀地区反复出现的雾霾天气；2013 年 6 月，四川环保世纪行活动组织委员会全体会议在成都举行，尽管 8 项重点项目投资达 62.05 亿元

① BOT 即为私人资本参与基础设施建设，向社会提供公共服务的一种特殊的投资方式，包括 Build（建设）—Operate（运营）—Transfer（交付）。

防治重点区域的大气污染，加上2013年10月，中央投入50亿元用于治理京津冀地区及周边地区大气污染，但是，2013年年底，全国大部分城市都出现雾霾天气，影响范围广、危害大。特别是，我国环境污染治理的投资，主要集中在城市环境基础设施和企业污染防治两个领域，二者约占投资总量的70%以上，①结构极其不合理。对环境管理部门的建设、跨区域环境综合治理、生态环境保护与改善、重大治理项目投资较少，尤其是生态功能区保护的投资，就更少了。从这个层面看，我国的生态补偿机制构建，还处在初期阶段或者初级状态，生态补偿机制的结构性构建缺失，意味着我国生态补偿机制的不足与人的致灾性呈正相关关系。

（三）生态补偿机制结构性构建中的央地政府和地地政府法治能力

其实，早在环保总局的《生态补偿试点意见》中，就已经考虑到构建地地政府之间的法治能力了，其中的主要规定有:（1）建立流域生态补偿标准体系。各地应当确保出境水质达到考核目标，根据出入境水质状况确定横向赔偿和补偿标准。重点流域跨省界断面水质标准，依据国家《"十一五"水污染物总量削减目标责任书》确定；其他流域跨界断面水质标准，参照有关区域发展规划和重点流域跨界断面水质标准，并结合区域生态用水需求评估确定。补偿标准应当依照实际水质与目标水质标准的差距，根据环境治理成本并结合当地经济社会发展状况确定。积极维护饮水安全，研究各类饮用水源区建设项目和水电开发项目对区域生态环境和当地群众生产生活用水质量的影响，开展饮用水源区生态补偿标准研究。（2）促进合作，推动建立流域生态保护共建共享机制。搭建有助于建立流域生态补偿机制的政府管理平台，促进流域上下游地区协作，采取

---

① 参见王珺红:《中国环保产业投融资机制及效应研究》，中国海洋大学2008年硕士学位论文，第126页。

资金、技术援助和经贸合作等措施，支持上游地区开展生态保护和污染防治工作，引导上游地区积极发展循环经济和生态经济，限制发展高耗能、重污染的产业。引导下游地区企业吸收上游地区富余劳动力。支持流域上下游地区政府达成基于水量分配和水质控制的环境合作协议。试点地区要积极探索当地居民土地入股等补偿方式，支持生态保护成本的直接负担者分享水电开发收益等流域生态保护带来的经济效益。（3）推动建立专项资金。加强与有关各方协调，多渠道筹集资金，建立促进跨行政区的流域水环境保护的专项资金，重点用于流域上游地区的环境污染治理与生态保护恢复补偿，并兼顾上游突发环境事件对下游造成污染的赔偿。建立专项资金的申请、使用、效益评估与考核制度，促进全流域共同参与流域水环境保护。①

非常遗憾的是，环保总局在《生态补偿试点意见》中的这些构想，因为央地政府和地地政府之间的生态义务分配、承担和履行的能力不足，直接影响到流域生态补偿标准体系、流域生态保护共建共享机制和跨行政区的流域水环境保护专项资金等的建立，其构想并没有顺利地全部变成社会现实。因此，到了长江经济带生态补偿与保护长效机制建设时期，中央政府给出的方案是:（1）统筹加大生态保护补偿投入力度。省级财政部门要完善省对下均衡性、重点生态功能区等一般性转移支付资金管理办法，不断加大对长江沿岸、径流区及重点水源区域的支持。省以下各级财政部门要加强对涉及生态环保等领域相关专项转移支付资金的管理，引导各责任部门协调政策目标、明确任务职责、统筹管理办法、规范绩效考核，形成合力明显增加对长江经济带生态保护的投入。探索建立长江流域生态保护和治理方面专项转移支付资金整合机制。对相关中央专项转移支付的结转资金，地方可以制定更加严格的资金统筹办法，切实提高财政资金使用效

① 国家环保总局《关于开展生态补偿试点工作的指导意见》,（十）推动建立流域水环境保护的生态补偿机制。

益。（2）因地制宜突出资金安排重点。省以下各级财政部门要紧密结合本地区的功能定位，集中财力保障长江经济带生态保护的重点任务。水源径流地区要以山水林田湖草为有机整体，重点实施森林和湿地保护修复、脆弱湖泊综合治理和水生物多样性保护工程，增强水源涵养、水土保持、水质修复等生态系统服务功能。排放消耗地区要以工业污染、农业面源污染、城镇污水垃圾处置为重点，构建源头控污、系统截污、全面治污相结合的水环境治理体系。工业化城镇化集中地区要加快产业转型升级，优化水资源配置，强化饮用水水源保护，推动节水型社会建设，满足生态系统完整健康的用水需求。对河岸周边、生态保护红线区及其他环境敏感区域内落后产能排放整改或搬迁关停要给予一定政策性资金支持。（3）健全绩效管理激励约束机制。省级财政部门要积极配合相关部门，推动建立有针对性的生态质量考核及生态文明建设目标评价考核体系，综合反映各地生态环境保护的成效。考核结果与重点生态功能区转移支付及相关专项转移支付资金分配明显挂钩，对考核评价结果优秀的地区增加补助额度；对生态环境质量变差、发生重大环境污染事件、主要污染物排放超标、实行产业准入负面清单不力和生态扶贫工作成效不佳的地区，根据实际情况对转移支付资金予以扣减。（4）完善财力与生态保护责任相适应的省以下财政体制。省级财政部门要结合环境保护税、资源税等税制改革，充分发挥税收调节机制，科学界定税目，合理制定税率，夯实地方税源基础，形成生态环保的稳定投入机制。推进生态环保领域财政事权和支出责任划分改革，明确省以下流域治理和环保的支出责任分担机制，对跨市县的流域要在市县间合理界定权责关系，充分调动市县积极性。（5）充分引导发挥市场作用。各级财政部门要积极推动建立政府引导、市场运作、社会参与的多元化投融资机制，鼓励和引导社会力量积极参与长江经济带生态保护建设。研究实行绿色信贷、环境污染责任保险政策，探索排污权抵押等融资模式，稳定生态环保 PPP 项目收入来源及预期，加大政府购买服务力度，鼓励符合条件的企业和机构参与中长期投资建设。探索推广节能、流域水环境、湿地、碳排放权交易、排污权交易和水权交易等生态补偿试点经验，推行环境污染第三方治理，吸引和撬动更多社会资本进入生态文明建设领域。①

应当说，这个建立健全长江经济带生态补偿与保护长效机制的意见，其层次不可谓不高，但是，因为刚刚出台，能否达到全面贯彻落实党的十九大精神，在央地政府和地地政府法治能力层面上观察，仍尚需拭目以待。笔者强调，坚持新发展理念，统筹推进“五位一体”总体布局和协调推进“四个全面”战略布局，在践行“绿水青山就是金山银山理念”中，把修复长江生态环境摆在压倒性位置，推动形成“共抓大保护，不搞大开发”的工作格局，加强顶层设计，创新体制机制，方能促进长江经济带生态环境质量全面改善②的目标实现。

第三节　人的致灾性的经济控制及投入不足的法律责任

生态优先，绿色发展。这是长江经济带生态补偿与保护长效机制建设的基本原则之一。对于人的致灾性而言，恰恰是与生态优先，绿色发展相反而行的。在我国，生态优先，首先要统筹兼顾，在央地政府和地地政府之间有序推进，把政府进行生态安全义务履行的经济投入保障，作为第一义务。然后，以建立健全和完善全流域、多方位的生态补偿和保护长效体

---

① 财政部《关于建立健全长江经济带生态补偿与保护长效机制的指导意见》（财预〔2018〕19号，2018年2月13日），三、地方财政抓好工作落实。

② 同上。

系为目标，优先支持解决严重污染水体、重要水域、重点城镇生态治理等迫切问题，着力提升各个生态功能区的生态修复能力。以长江经济带上游区为例，则要逐步发挥山水林田湖草的综合生态效益，在生态大保护中，构建生态补偿、生态保护和可持续发展之间的良性互动关系。基于这种良性互动关系的构建，才能强化宏观与系统的保护，推动长江经济带上游区生态补偿机制的高质量形成。

事实上，中央财政对长江流域生态补偿与保护制度设计，并完善转移支付办法，加大支持力度，建立健全激励引导机制，正在发挥其重要作用。与此同时，地方政府要采取有效措施，积极推动建立与相邻省份及省内地地政府合作的长江流域生态补偿与保护的长效机制。并以生态环境质量改善为核心，根据生态功能类型和重要性实施精准考核，强化资金分配与生态保护成效挂钩机制。让保护环境的地方不吃亏、能受益、更有获得感，充分调动市县级政府加强生态补偿机制建设的积极性、主动性和创造性，用生态补偿制度的切实有效落地，切实保护生态环境。到2020年，长江流域保护和治理多元化投入机制将更加完善，上下联动协同治理的工作格局将更加健全，中央对地方、流域上下游间生态补偿效益将更加凸显，为长江经济带生态文明建设和区域协调发展提供重要的财力支撑和制度保障。

由此，中央财政加大政策支持的具体措施是：（1）增加均衡性转移支付分配的生态权重。中央财政增加生态环保相关因素的分配权重，加大对长江经济带相关省（市）地方政府开展生态保护、污染治理、控制减少排放等带来的财政减收增支的财力补偿，进一步发挥均衡性转移支付对长江经济带生态补偿和保护的促进作用，确保地方政府不因生态保护增加投入或限制开发降低基本公共服务水平。（2）加大重点生态功能区转移支付对长江经济带的直接补偿。增加重点生态功能区转移支付预算安排，调整重点生态功能区转移支付分配结构，完善县域生态质量考核评价体系，加大对长江经济带的直接生态补偿，重点向禁止开发区、限制开发区和上游地区倾斜，提高长江经济带生态功能重要地区的生态保护和民生改善能力。（3）实施长江经济带生态保护修复奖励政策。支持流域内上下游邻近省级政府间建立水质保护责任机制，鼓励省级行政区域内建立流域横向生态保护责任机制，引导长江经济带地方政府落实好流域保护和治理任务，对相关工作开展成效显著的省市给予奖励，进一步调动地方政府积极性。（4）加大专项对长江经济带的支持力度。在支持开展森林资源培育、天然林停伐管护、湿地保护、生态移民搬迁、节能环保等方面，中央财政将结合生态保护任务，通过林业改革发展资金、林业生态保护恢复资金、节能减排补助资金等向长江经济带予以重点倾斜。把实施重大生态修复工程作为推动长江经济带发展项目的优先选项，中央财政将加大对长江经济带防护林体系建设、水土流失及岩溶地区石漠化治理等工程的支持力度。①

笔者认为，归根结底中央财政的政策支持，或者地地政府之间的配合、协助与合作，就其本质而言，实际上都是为了控制人的致灾性，是人的致灾性的经济控制手段或者方法。依此思路观察，如果中央政府在生态补偿机制上，对地方政府生态义务履行上不能持续性高强度投入，实际上就是激发地方政府不当行为的致灾性，或者资源管理人的致灾性，继而资源使用人和公民的致灾性也会因无相应的控制而无序释放。因此，经济投入就是控制人的致灾性的手段，或者以经济手段控制人的致灾性。唯此，才能凸显地方政府生态义务履行与人的致灾性经济控制的内在逻辑来。

我国《民法通则》《侵权责任法》《民事诉讼法》对环境侵权的民事责任追究原则、责任形式、诉讼程序、诉讼时效以及生态环境公益诉讼等内容进行了规定；我国《刑法》第六章第六节对“破坏环境资源罪”进行了

① 财政部《关于建立健全长江经济带生态补偿与保护长效机制的指导意见》（财预〔2018〕19号，2018年2月13日），二、中央财政加大政策支持。

规定，对于环境特殊主体犯罪也可以通过渎职罪、贪污贿赂罪进行追究，《刑事诉讼法》对诉讼程序、管辖权等进行了细致规定;《行政处罚法》《公务员法》等对生态环境的行政责任及行政处罚、处分方式进行了规定,《行政诉讼法》等也进行了规定。但目前中国的法律体系中，未涉及关于不履行生态安全义务资金投入的民事、行政、刑事法律责任，这影响到生态安全保护的资金的投入、监督、使用、管理，对生态安全保护的维持也十分不利。我国应当将资金投入义务法律化，对不履行生态安全义务资金投入的法律责任进行规定，追究违法主体的民事、刑事、行政法律责任，完善有关生态安全保护的各项法律体系。

一、资源管理者生态投入的行政职责

（一）资源管理者投入职责的构成

我国《宪法》在第26条规定了政府在生态环境保护方面的责任，国家作为资源管理人的生态安全权利、义务，根据权责统一的原则，管理者在生态安全保护中的不作为、不当作为应被追究法律责任。我国《环境保护法》以及专门性环境保护法律规范、政府部门规章，环境保护地方性法规及规章等，都对政府应当承担的生态责任进行了规定。应当说，资源管理者唯有进行积极充分而有效的投入，才是履行法定投入义务的表现。也只有这样，才能保障资源管理者的经济投入、物力投入和人力投入等，形成人的致灾性控制的合力。我国加入《气候变化框架公约》《生物多样性公约》《京都议定书》等国际文件，也是我国认可政府作为管理者应当承担生态职责的一种表现。这里讲的行政法律责任，是不履行资金投入职责的行政法律责任。

对内资料显示，2017年我国国土绿化成绩突出，全国共完成造林736.2万公顷，森林抚育830.2万公顷。应当说，这些成绩的取得，表明我国全民义务植树扎实推进，各级领导率先垂范，尽责形式进一步创新丰富。各地开展了多类主题突出、形式多样、内容丰富的义务植树活动。同时，林业生态工程稳步实施。全国国有天然林均纳入天然林保护范围，对天保工程外有天然林资源分布的16个省区市的部分集体和个人所有商品林实行停奖政策，基本实现天然林保护政策全覆盖。京津风沙源治理工程完成造林18.5万公顷、工程固沙0.7万公顷。重点推广"两行一带""草方格固沙""封造结合"等治理模式，成效显著。与此同时，我国乡村绿化建设步伐加快，各地采取多种措施，加大乡村绿化力度，乡村绿化覆盖率进一步提高，绿化水平不断提升，改善了农村地区人居环境。防沙治沙稳步推进，全国共完成沙化土地治理面积221.3万公顷。森林质量精准提升向纵深发展，林木种苗、竹藤花卉与森林公园建设持续向好，森林、草原资源保护全面加强。①

可见，就国土绿化方面的资源管理者投入职责而言，是在各级政府重视其生态职责的基础上，在资源管理者投入政策下，由"义务植树+奖励政策+专项治理"等具体构成。即由投入工时、投入资金和各种专项工程项目的人力、物力和制度构成。这些投入，最终转化为2017年国土绿化方面的成效。②那么，针对不同的生态环境资源，则各级政府尤其是地方政府的资源管理者的投入职责是不同的，但是，基本上还是摆脱不了这样的职责构成模式。

资源管理者不履行生态安全资金投入的行政责任，是指生态安全保护

① 参见刘羊旸等:《2017年——全国完成造林730余万公顷》，载《人民日报》2018年3月12日，第4版。

② 北京市启动新一轮百万亩平原造林工程。山西省实施吕梁山生态脆弱区综合治理等四大重点工程。内蒙古自治区完成重点区域绿化面积12.6万公顷。湖北省开展绿满荆楚行动，完成造林16.9万公顷。广东省新建生态景观林带693.7公里，新建森林公园165个、湿地公园34个。新疆实施伊犁河谷百万亩生态经济林建设和生态修复工程等。参见全国绿化委办:《2017年中国国土绿化状况公报》(2018年3月11日)，三、林业生态工程稳步实施。载《人民日报》2018年3月13日，第17版。

行政主体违反有关生态安全义务资金投入的法律、法规、规章、制度等，应承担的否定性的法律后果。在我国，生态安全保护的行政主体，从中央到地方的各级政府都包括在内，包括职权行政主体和授权主体，从广义上理解，还应包括行政主体的工作人员的行政法律责任。资源管理者不履行生态安全资金投入法律责任的构成要件包括：（1）责任主体。具有法定的生态安全资金投入行政职责，并有法定责任能力的行政主体及其工作人员。（2）客观方面。包括违法行为、危害后果和两者的因果关系。[①]资源管理者投入不足行为，在这里主要是指不履行生态安全资金投入行为，表现为不按照规定投入、少投入、滥用资金的未违法行为；至于“危害后果”则是如祁连山事件中的自然保护区的核心区中，竟然有人居住，违法项目很多处，而因果关系是指资源管理者的违法行为和生态安全危害后果之间，存在直接和间接的联系。（3）主观方面。行为人主观上具有故意或过失也是承担行政责任的必要条件。[②]（4）责任客体。即资源管理者不履行生态安全资金投入职责所侵害的生态法律制度保护的对象，包括生态环境安全与生态环境管理秩序，等等。

笔者认为，考虑到生态安全具有特殊性，生态环境破坏和资源滥用的危害后果具有潜伏性、危害后果极大，甚至具有不可逆性。加之，资金投入与否涉及的危害后果，首先就表现为资金未投入，所以，从资源管理者不投入行为以不投入、少投入或者晚投入等作出后，就已经构成了一定的危害后果。综合考虑，法律应当规定可以不要求有直接危害后果，作为资源管理者承担不履行生态安全资金投入的行政责任的条件，不考虑因果关系的认定。其次，在资源管理人不履行生态安全资金投入行政责任的主观过错方面，应该根据主体的不同而有区别，对于资金投入的决策和实施的行政机关，只要不履行投资义务的违法行为就视为主观违法，就应当承

① 参见蔡守秋：《环境资源法教程》，高等教育出版社 2004 年版，第 374 页。

② 参见金瑞林、汪劲：《20 世纪环境法学研究评述》，北京大学出版社 2003 年版，第 267 页。

担行政责任，而对于行政主体工作人员，要求主观上有故意或者重大过失的，才承担行政责任。

（二）资源管理者投入职责的形式

学者认为，要从根本上解决发展中的深层次矛盾和问题，就必须对机构和体制进行调整完善。而2018年的国务院政府机构改革，不是事权从中央到地方物理上的搬迁，而是把事权交给市场，处理好政府与市场的关系，厘清中央和地方各自的职责。[①] 同时，必须坚持优化协同高效的原则，才能将央地政府以及地地政府之间的资源管理者的投入职责等协同关系协调好。其中，“优化”就是要科学合理、权责一致，“协同”就是要有统有分、有主有次，高效就是要履职到位、流程通畅。还有，必须坚持问题导向，聚焦发展所需、基层所盼、民心所向，优化各级政府机构的设置和职能配置，坚持一类事项原则上由一个部门统筹、一件事情原则上由一个部门负责，加强相关机构配合联动，避免政出多门、责任不明、推诿扯皮，下决心破除制约改革发展的体制机制弊端，使各级政府机构设置更加科学、职能更加优化、权责更加协同、监督监管更加有力、运行更加高效。[②]

特别是，要改革自然资源和生态环境管理的体制，实行最严格的生态环境保护制度，构建政府为主导、企业为主体、社会组织和公众共同参与的环境治理体系，为生态文明建设提供制度保障。因此，国家设立国有自然资源资产管理和自然生态监管机构，目的就是要在生态环境管理制度上实现“三统一”，即统一行使全民所有自然资源资产所有者职责，统一行使所有国土空间用途管制和生态保护修复职责，统一行使监管城乡各类污染排放和行政执法职责，其本质便是在资源管理者投入职责层面，保证各

① 参见彭飞:《打通体制机制“任督”二脉》，载《人民日报》2018年3月14日，第9版。

②《中共中央关于深化党和国家机构改革的决定》(2018年2月28日)，二、深化党和国家机构改革的指导思想、目标、原则。

级政府的资源管理者投资义务与生态安全义务的契合。所以，要强化国土空间规划对各专项规划的指导约束作用，推进“多规合一”，实现土地利用规划、城乡规划等有机融合。尤其是，全面推进强化资源管理者投资职责履行的事中事后监管。改变重审批轻监管的行政管理方式，把资源管理者投入职责监管从事前审批转到加强事中事后监管上来，全面推进“双随机、一公开”和“互联网＋监管”，加快推进政府监管信息共享，切实提高透明度，提高监管执法效能。①

资源管理者投入职责的构成包括：（1）筹集投入资金；（2）资金投入；（3）投入效果考核。资源管理者最重要的投入职责之一，是分解其投资管理职责。如对跨区域、跨流域、多元化的生态补偿机制的效果考核，上游为了保护好生态，付出很多努力，使自己失去很多传统意义上获利开发的机会；那么，下游地区享受了生态红利，比如得到优质的水，但并没有因此给上游足够的补偿。那么，上游的资源管理者，就应当寻求流域的上中下游，以省为单位和多省联动，探索生态补偿转移支付的合作路径。如果各方组建的联合机构对出境断面水质监测，流域内约定好当水质达到Ⅲ类水标准一旦达标，则中游、下游地区要按比例给上游一定的支付补偿。但是，如果没有达标，则不能支付约定的补偿。所以，高质量的绿色发展对生态环境保护的体制机制，尤其是投入职责的履行提出了更高的要求。

在我国，要加强自然生态空间的用途管制，这对资源管理者而言，就是把我国生态红线、资源利用上限等生态保护举措和资源管理者的生态安全义务，紧密联系在一起，对哪些地方能做何种开发、开发到何种程度、哪些地方禁止开发，都会有明确的管理或约束规范。加强自然生态空间用途管制，应在规划上做好顶层设计，并监督指导各地落实。而对于“推行

①《中共中央关于深化党和国家机构改革的决定》（2018年2月28日），四、优化政府机构设置和职能配置。

生态环境损害赔偿制度”，在计算和方法上还需要更加完善。但是这些办法，是从无到有干出来的，在实践经验上还需不断优化，才能构建相对完善的生态环境法制保障。特别是，要通过加强资源管理者的投入职责，强化生态环境保护，就必须强化森林、湿地、流域、农田、城市五大生态系统建设的长期投入，构筑生态屏障。一方面，是增加社会化投入，通过引导鼓励工商企业、社会团体以承包荒山、认养绿地等形式进行投资，开展生态旅游、休闲养生为目的的森林生态园建设；另一方面，则要持续加大人力资源的投入，把生态优势转化为发展优势，引导当地公众发展林下经济、观光农业等，带动乡村旅游，打造田园综合体，让绿水青山变成金山银山，[①] 从而以资源管理者投资效益的提升，逐步形成良好吸引资源投资并发挥效用的氛围。

（三）资源管理者生态投入职责的履行能力

资源管理者生态投入职责的履行能力是指资源管理者生态投入职责的意识、自觉去做和认真实施的一种引动力。而这种能力的建设，在新一轮政府机构改革中，要从中央到地方运行顺畅、充满活力、令行禁止的工作体系的构建入手，科学设置央地政府和地地政府的事权，理顺央地政府的职责关系，更好发挥央地政府两个积极性。中央政府要加强宏观事务管理，地方各级政府在保证中央政府令行禁止前提下，管理好本地区管辖之下的各项事务。也就是说，要合理设置和配置各层级政府机构及其职能，尤其是资源管理者的生态投入职能。赋予省级及以下政府机构更多的自主权；增强地方的治理能力，把直接面向基层、量大面广、由地方实施更为便捷有效的资源投入等经济社会管理事项，下放给地方。[②]2018年3月7日，

① 参见邱超奕等:《把好生态化作发展优势》，载《人民日报》2018年3月15日，第12版。

②《中共中央关于深化党和国家机构改革的决定》(2018年2月28日)，六、合理设置地方机构。

习近平同志在参加十三届全国人大一次会议广东代表团审议时指出，发展是第一要务，人才是第一资源，创新是第一动力；强起来要靠创新，创新要靠人才。人才是实现民族振兴、赢得国际竞争主动的战略资源，让第一资源激发第一动力。[①] 因此，地方政府承担和履行资源管理者的生态投入者职责时，要重视其履行能力的提升因素即第一资源人才的利用，第一动力即投入创新机制，然后把生态补偿机制的构建作为第一要务。

笔者认为，西部地区作为我国重要的生态安全屏障区域，早在"十二五"时期，按照"谁开发，谁保护；谁受益，谁补偿"的原则，加快建立生态补偿机制，研究制定国家《生态补偿条例》，实现生态补偿的制度化和法制化。巩固和发展退耕还林、退牧还草成果，加快编制退化草地治理等重点草原生态保护工程规划，继续推进天然林保护、京津风沙源治理、石漠化综合治理和防护林体系建设，稳步推进生态移民，深入开展生态文明示范工程试点。继续推进重点流域和区域水污染防治，严格饮用水水源地保护，提高饮用水水质达标率，确保饮用水安全，建立健全工业污染防控体系，推进固体废弃物综合利用及污染防治，大力推进农村环境综合治理，加强农业面源污染治理等。为此，国家引进外资招商的优势产业目录，几经修改和调整，2004 年 7 月 23 日，国务院批准《中西部地区外商投资优势产业目录》（2004 年修订），2004 年 9 月 1 日施行，2013 年 5 月 9 日再次经过国务院批准后，《中西部地区外商投资优势产业目录》（2013 年修订）于 2013 年 6 月 10 日施行，其中西部地区外商投资优势产业目录的变化，说明了地处西部的四川、贵州、云南、西藏、重庆、陕西和甘肃的 7 省市区[②] 的地方政府的生态职责承担，尤其是在生态投入职责履行方面的任务，依然非常繁重（见表 8–2）。

① 参见李金华：《让第一资源激发第一动力》，载《人民日报》2018 年 3 月 13 日，第 7 版。

② 西部地区除了这 7 个省市区外，还有宁夏、内蒙古、新疆、青海和广西 5 个省市区，此外，还有恩施土家族苗族自治州、湘西土家族苗族自治州、延边朝鲜族自治州。

表 8-2 西部 7 省市区外商投资优势产业比较

省（市、区）	中西部地区外商投资优势产业目录（2004 年修订）2004 年 7 月 23 日批准，2004 年 9 月 1 日施行	中西部地区外商投资优势产业目录（2013 年修订）2013 年 5 月 9 日批准，2013 年 6 月 10 日施行
四川省	（1）退耕还林还草、天然林保护等国家重点生态工程后续产业开发； （2）节水灌溉技术开发及应用； （3）稀土深加工及应用产品生产； （4）高产优质蚕桑基地建设及丝绸产品加工； （5）苎麻纺织品及制品生产	（1）红薯及非粮作物加工和副产物综合利用； （2）生猪、肉牛、肉羊、小家禽畜（含高原畜产品）饲养和深加工； （3）退耕还林还草、天然林保护等国家重点生态工程后续产业开发； （4）节水灌溉和旱作节水技术、保护性耕作技术开发与应用； （5）葡萄酒及特色水果酿酒
贵州省	（1）退耕还林还草、天然林保护等国家重点生态工程后续产业开发； （2）节水灌溉技术开发及应用； （3）煤炭加工应用技术开发和产品生产； （4）马铃薯、魔芋等产品深加工； （5）特色食用资源开发	（1）退耕还林还草、天然林保护等国家重点生态工程后续产业开发； （2）节水灌溉和旱作节水技术开发与应用； （3）马铃薯、魔芋等产品深加工； （4）畜禽、辣椒、苦荞、山药、核桃深加工； （5）高档棉、毛、麻、丝、化纤的纺织、针织及服装加工生产
云南省	（1）优质桑、蚕的种植、养殖及产品的开发生产； （2）退耕还林还草、天然林保护等国家重点生态工程后续产业开发； （3）节水灌溉技术开发及应用； （4）煤炭加工应用技术开发和产品生产； （5）特色食用资源开发	（1）退耕还林还草、天然林保护等国家重点生态工程后续产业开发； （2）节水灌溉和旱作节水技术开发与应用； （3）铜、锌有色金属精深加工（限于合资、合作）； （4）特色食用资源开发及应用； （5）符合生态与环保要求的亚麻加工、开发及副产品综合利用
西藏自治区	（1）高原生态特色农牧业产业化经营、蔬菜基地、商品粮油基地、禽类养殖基地及草场建设； （2）退耕还林还草、天然林保护等国家重点生态工程后续产业开发； （3）农畜产品加工； （4）节水灌溉技术开发及应用； （5）硼砂、硼镁石开采，加工（限于合资、合作）	（1）退耕还林还草、天然林保护等国家重点生态工程后续产业开发； （2）节水灌溉和旱作节水技术开发与应用； （3）盐湖资源的开发利用（中方控股）； （4）饮用天然矿泉水生产（中方控股）； （5）牛羊绒、皮革产品深加工及藏毯生产

续表

省（市、区）	中西部地区外商投资优势产业目录（2004年修订）2004年7月23日批准，2004年9月1日施行	中西部地区外商投资优势产业目录（2013年修订）2013年5月9日批准，2013年6月10日施行
重庆市[①]	（1）天然香料的种植和加工； （2）退耕还林还草、天然林保护等国家重点生态工程后续产业开发； （3）高产优质蚕桑基地建设； （4）节水灌溉技术开发及应用； （5）苎麻纺织品及制品生产	（1）动植物优良品种选育、繁育、保种、开发及产品深加工； （2）退耕还林还草、天然林保护等国家重点生态工程后续产业开发； （3）节水灌溉技术开发及应用； （4）高档棉、毛、麻、丝、化纤的纺织、针织及服装加工生产； （5）天然气下游化工产品的生产和开发
陕西省[②]	（1）粮食、马铃薯、棉花、油料种子开发生产（中方控股）； （2）退耕还林还草、天然林保护等国家重点生态工程后续产业开发； （3）节水灌溉技术开发及应用； （4）煤炭加工应用技术开发和产品生产； （5）优质酿酒葡萄基地建设及优质葡萄酒酿制	（1）退耕还林还草、天然林保护、水源地保护等国家重点生态工程后续产业开发； （2）节水灌溉和旱作节水技术、保护性耕作技术开发与应用； （3）高档棉、毛、麻、丝、化纤的纺织、针织及服装加工生产； （4）动植物药材资源开发、保护和可持续利用； （5）天然气下游化工产品的生产与开发
甘肃省[③]	（1）退耕还林还草、天然林保护等国家重点生态工程后续产业开发； （2）节水灌溉技术开发及应用； （3）马铃薯产品深加工； （4）优质酿酒葡萄基地建设及优质葡萄酒酿制； （5）优质啤酒原料种植、加工	（1）节水灌溉和旱作节水技术、保护性耕作技术开发与应用； （2）瓜果、蔬菜、花卉种子的开发生产（中方控股）； （3）优质酿酒葡萄基地建设； （4）优质啤酒原料种植、加工； （5）天然气下游化工产品生产和开发

在表8-2中，四川省《中西部地区外商投资优势产业目录（2013年修订）》（以下简称《优势产业2013版》）将《优势产业2004版》中（1）退耕

① 重庆市（1）列入《外商投资产业指导目录》限制类和禁止类的除外；（5）列入《天然气利用政策》限制类和禁止类的除外。

② 陕西省（4）列入《外商投资产业指导目录》限制类、禁止类的除外；（5）列入《天然气利用政策》限制类和禁止类的除外。

③ 甘肃省（5）列入《天然气利用政策》限制类和禁止类的除外。

还林还草、天然林保护等国家重点生态工程后续产业开发;(2)节水灌溉技术开发及应用;(3)稀土深加工及应用产品生产;(4)高产优质蚕桑基地建设及丝绸产品加工;(5)苎麻纺织品及制品生产等调整成《优势产业》(2013版):(1)红薯及非粮作物加工和副产物综合利用;(2)生猪、肉牛、肉羊、小家禽畜(含高原畜产品)饲养和深加工;(3)退耕还林还草、天然林保护等国家重点生态工程后续产业开发;(4)节水灌溉和旱作节水技术、保护性耕作技术开发与应用;(5)葡萄酒及特色水果酿酒等最具有参考价值。

笔者认为,根据表8-2的提示,这7个西部省市区如何进一步提升自己的资源管理者生态投入职责的履行能力,才是最为根本的。也就是说,无论招商引资的优势产业如何变化,或者是否列入《优势产业》(2013版)目录中,当地政府尤其是省级以下的市县政府一定要充分意识到,不能指望外商成为本地生态安全的拯救者。外来投资者固然可以带来所需要的优势产业投资,但是,并不等于本地政府的资源管理者的投入能力就能得到很快的提升。实事求是地说,一个地方资源管理者生态投入职责的履行能力的有效提升,除了优势产业的投资环境或者条件外,关键还是资源管理者自己的生态投入的融资能力。

二、资源利用人与公民的资金投入义务

(一)资源利用人的资金投入义务履行动力不足

资料显示,甘肃省作为我国西部退耕还林还草的重点省份之一,在国家的粮食补助和现金补贴的政策支持下,比较顺利地完成了国家的退耕任务。2000年实行退耕政策以后,2007年退耕还林即达到2423.3万亩,工程实施涉及全省156万农户、660万农村人口,累计发放粮款补助52.9亿元,全省退耕农户户均受益3400元,人均受益800多元。另据统计,甘肃全

省累计建成林产品基地132万亩、农产品基地111万亩、暖棚96万平方米，完成补置补造任务107万亩，2010年时，退耕农户家庭收入达到1.73万元。但是，由于农户的政策依赖性强，作为资源利用人之一种，在退耕还林后，农户收入的很大一部分来自国家的政策性补贴，而退耕还林后续产业的效益却很有限，由此导致农民发展后续产业的积极性不高。还有，各方投入的资金不足，依然是制约甘肃省退耕还林还草后续产业发展的"瓶颈"。在甘肃省辖区，农林产业基地建设投入大、周期长，如乔木林需要20～30年，林果林也需要3～5年的抚育管护，才能逐步发挥效益，其间的投资过大，而国家巩固退耕还林成果的专项资金的投入又有限，如果加上地方配套资金，特别是区县配套部分落实不力或者其他不能及时到位的情况普遍存在，[①]那么，资源管理者与资源利用人的资金投入都不足，很容易导致生态安全义务履行的落空。

截至2017年12月31日，中央财政累计投入435亿元，支持13.8万个建制村开展环境整治，近2亿农村人口受益。但是，这种农村环境整治后的维持和进一步投入，还需要大量的资金予以支持。事实上，以农村环境整治为代表的资源利用人资金投入义务履行动力不足问题，不仅是一个生态安全义务设置的机制问题，而且，也是一个人的致灾性控制的制度能力，或者说是对"人的致灾性经济控制"必要性的认识问题。例如，我国目前全国省市县乡四级河长有32万多名，这些河长就有义务推进地方环境责任的落实、水利与环保工作更好地合作，推动河湖水域岸线保护利用和管理工作，并将更好地保障最严格水资源管理制度落实到位。从这个意义上看，河长制或者河长们作为水资源生态安全保护义务的投资承担者，是最适合要求他们为所谓的"资源利用人的资金投入义务履行动力不足"埋单的主体。

---

① 参见李含琳:《甘肃省退耕还林还草后产业开发的成功模式》，载《发展》2012年第3期。

（二）区域性生态产品利用者的“埋单义务”：生态环境损害赔偿

在我国，要改革完善生态环境管理制度，首先要加强自然生态空间的用途管制，推行生态环境损害赔偿制度，完善生态补偿机制，以更加有效的制度保护生态环境，并以制度的力量督促区域性生态产品利用者承担“埋单义务”，即主动、积极地履行生态产品的生态补偿义务。以广西来宾市金秀瑶族自治县为例，金秀县属于国定贫困县，同时，也是国家重点生态功能区和珠江流域重要的水源地。目前，金秀县可得到的生态补偿金额与金秀大瑶山森林产生的社会生态效益，严重不匹配。经测算，金秀大瑶山森林每年的社会生态效益为49.8亿元。但是，2017年全年金秀县获得的补偿资金仅为1963.2万元，这当中的差距为数十倍。应当说，国家退耕还林政策对于金秀县而言，不仅需要提高公益林管护补偿标准，而且需要加快研究完善受益区生态补偿长效制度。根据“谁受益，谁补偿”原则，研究出台珠江、西江流域下游受益区生态补偿制度。每年生态保护区受益地区，必须按一定比例向退耕还林区支付生态环境资源利用补偿费。此外，加大中央财政转移支付力度，使有劳动能力的部分贫困人口转为护林员等生态保护人员，以增加林农生活补助。①

2017年，我国天然林资源保护工程造林26万公顷，累计下达新一轮退耕还林还草任务282.7万公顷，京津风沙源治理工程造林固沙19万多公顷，三北及长江流域等重点防护林体系工程造林99万公顷。同时，启动黄土高原山西省、甘肃省泾渭河流域和辽宁省辽西北山地3个百万亩防护林基地建设项目，百万亩防护林基地总数达到11个。全面完成河北张家口坝上地区退化防护林改造试点任务8万多公顷，加快推进《全国沿海防护林体系建设工程规划（2016—2025年）》实施，完成国家储备林建设任

① 参见郝洪等：《为了共同家园更美丽》，载《人民日报》2018年3月14日，第4版。

务 68 万公顷。全国各地启动实施一大批造林绿化工程，比如北京启动新一轮百万亩平原造林工程，山西实施吕梁山生态脆弱区综合治理、环京津冀生态屏障建设、通道沿线荒山绿化和重要水源地治理四大重点工程。[①]

建筑垃圾资源化利用，这个问题笔者已关注多年。每年我国产生建筑垃圾总量超过 15 亿吨，绝大部分采用露天堆放或填埋方式处理，污染了土壤、地下水等环境。如果将我国 95% 的建筑垃圾建材化，可创造万亿元产值。但是，迄今为止我国仍未全面将建筑垃圾问题纳入城市规划，对监管建筑垃圾流向，尽快完善建筑垃圾再生建材的质量标准体系，尤其是建筑垃圾的生态环境损害赔偿义务及其履行，尚未有具体和细致的规范。

（三）《生态补偿条例》出台与政府义务履行的急迫性

《生态补偿条例》作为立法项目，曾在 2010 年 4 月启动，但是，8 年过去后，这个《生态补偿条例》担负国家强制性要求对生态资源、环境开发利用，必须补偿、维护生态平衡的法规，为什么依然难产。这大抵《生态补偿条例》必须要明确实施生态补偿的基本原则、主要领域、补偿办法，确定生态产品相关利益主体之间的权利义务、投入保障和义务履行措施，并以此为依据，进一步细化操作规范，成为流域、森林、草原、湿地、矿产资源等各领域生态补偿的具体实施细则。其中，生态补偿投入利益的保障，是核心难点。

应当说，生态补偿从我国建立生态环境补偿政策体系上，迈出的第一步是 1998 年我国修改《森林法》时提出，国家设立森林生态效益补偿基金，用于提供生态效益的防护林和特种用途林的森林资源、林木的营造、抚育、保护和管理；2002 年国务院出台《退耕还林条例》，对退耕还林资

---

① 参见顾仲阳：《推进国土绿化，扮靓绿水青山——专访全国绿化委员会副主任、国家林业局局长张建龙》，载《人民日报》2018 年 3 月 13 日，第 6 版。

金和粮食补助等举措，作出明文规定；2008年我国修订《水污染防治法》时，首次对水环境生态保护补偿机制，以法律条款作出明确规定。[①] 但是，这条规定过于原则，没有具体的投入保障措施和义务主体投入不足的责任条款。2010年我国《水土保持法》修订时，在第31～32、57条有了进一步规定：（1）国家多渠道筹集资金，将水土保持生态效益补偿纳入国家生态效益补偿制度；（2）在山区、丘陵区、风沙区以及水土保持规划确定的容易发生水土流失的其他区域开办生产建设项目或从事其他生产建设活动，损坏水土保持设施、地貌植被，不能恢复原有水土保持功能的，应当缴纳水土保持补偿费；（3）违反本法规定，拒不缴纳水土保持补偿费的，由县级以上政府水行政主管部门责令限期缴纳；逾期不缴纳的，自滞纳之日起按日加收5‰的滞纳金，可以处应缴水土保持补偿费3倍以下的罚款。可见，这个立法，进一步丰富了生态补偿义务的具体内容。

由此，2010年国务院将研究制定《生态补偿条例》列入立法计划。成立由国家发改委、财政部、国土资源部、水利部、环保部、林业局等11个部门和单位组成的条例起草小组，开展立法工作。各地区各部门也按照中央统一部署，积极探索建立生态补偿机制，逐步建立生态补偿的政策体系。但是，尽管生态补偿试点实践已经开展了多年，建立生态补偿法律制度仍是一项艰巨而复杂的系统工程，涉及各个方面的关系，事关不同主体利益。加上，各地各部门政策规定较为分散和笼统，同时，补偿领域和主客体不够明确，方式比较单一，资金渠道少，省际之间的补偿方式尚在探索之中。因此，立法条件还不成熟，要循序渐进。建议先由国务院颁布条例，条件成熟后再制定法律。为此，当时的环保部的观点认为，应当先易后难，强化试点，从单一要素补偿、分类补偿着手，再向综合性补偿拓

① 我国《水污染防治法》第7条规定，国家通过财政转移支付等方式，建立健全对位于饮用水水源保护区区域和江河、湖泊、水库上游地区的水环境生态保护补偿机制。

展。逐步出台行业生态补偿办法和综合的补偿条例，中央和地方各级财政要加大对技术和管理基础较扎实的流域等专项生态补偿的支持和投入，努力形成一套分工明确又相互衔接的生态补偿政策和法律制度。2013 年 3 月，十二届全国人大一次会议期间，曹克坚等 30 位代表提出议案，建议制定生态补偿法。[①]2013 年 4 月，全国人大常委会审议了《国务院关于生态补偿机制建设工作情况报告》，审议意见认为，目前我国面临资源约束趋紧、环境污染严重、生态系统退化的严峻形势，人民群众反映强烈。党的十八大提出大力推进生态文明建设，强调保护生态环境必须依靠制度。生态补偿机制建设工作是生态文明建设的一个重要方面、一种重要手段。要推动生态补偿的法制化、制度化和规范化。建议国务院有关部门抓紧工作，在认真研究采纳代表议案建议的基础上，抓紧完成生态补偿条例的起草工作。[②]

此后，地方性生态立法如雨后春笋，截至 2017 年 12 月 27 日，有效的地方生态立法共有 106 部，[③]最早的是 1997 年 9 月 3 日《丰宁满族自治县坝上生态农业工程管理条例》；[④]最晚的是 2017 年 1 月 11 日《山西省汾

---

① 议案提出，建立和完善生态补偿机制，是推进生态文明建设的一项重要措施，是社会主义市场经济条件下有效保护资源环境的重要途径，是统筹区域协调发展的重要方面。通过国家立法，形成生态补偿法律，依法强化生态补偿工作，对于统筹区域科学协调发展，推动地区富裕生态屏障建设，加快国家生态文明和全面小康社会建设步伐具有十分重要的意义。

② 参见申罡:《生态补偿条例草稿已经形成》，载《中国人物》，http: //news.china.com.cn/2014lianghui/2014-03/03/content_31652523.htm，最后访问日期：2018 年 3 月 17 日。

③ 如果加上纠正的 7 部，失效的 7 部，则有 120 部地方立法。相比之下，中央立法只有 4 部，其中，部委规章 3 部、司法解释 1 个。

④ 严格说来，最早的地方生态立法是 1995 年 3 月 25 日《广州市开采矿产资源恢复自然生态保证金管理办法》。2004 年 6 月 1 日，《广州市开采石矿粘土矿自然生态环境治理保证金管理办法》(2004 年 7 月 1 日施行) 将《广州市开采矿产资源恢复自然生态保证金管理办法》废止。而《丰宁满族自治县坝上生态农业工程管理条例》在 1997 年 3 月 28 日丰宁满族自治县第三届人民代表大会第七次会议通过；1997 年 9 月 3 日河北省第八届人民代表大会常务委员会第二十八次会议批准生效，共 18 条。

河流域[①]生态修复与保护条例》(2017年3月1日施行)。应当说，生态补偿立法的积极性就应当在地方。但是，笔者非常遗憾地看到，这些地方立法当中，只是表彰了一种地方立法的迫切性和积极性，却没有看到任何地方立法中的地地政府合作的主动性和自觉性。

三、人的致灾性经济控制的突破

(一)地方政府生态补偿投入多种义务及其立法

2012年，我国有27个省(区、市)建立了省级财政森林生态效益补偿基金，用于支持国家级公益林和地方公益林保护，资金规模达51亿元。例如，山东省省级财政安排专项资金，同时组织市、县财政分别对省、市、县级生态公益林进行补偿，形成了中央、省、市、县四级联动的补偿机制。广东省由省、市、县按比例筹集公益林补偿资金。福建省从江河下游地区筹集资金，用于对上游地区森林生态效益补偿。各地对地方公益林的补偿标准，东部地区明显高于中央对国家级公益林补偿标准，西部地区则大多低于中央补偿标准。北京市对生态公益林每亩每年补助40元，并建立了护林员补助制度，每人每月补助480元。内蒙古自治区多渠道筹集国家草原生态保护奖补配套资金，2011年，自治区、盟(市)和旗(县)三级财政落实配套资金10.3亿元，并根据草原承载能力，核定了2689万个羊单位[②]的减畜任务，分三年完成。甘肃省将该省草原分为青藏高原区、黄土高原区和荒漠草原区，实行差别化的禁牧补助和草畜平衡奖励政策，将减畜任务分解到县、乡、村和牧户，层层签订草畜平衡及减畜责任书。

---

① 《山西省汾河流域生态修复与保护条例》第2条规定，本条例所称汾河流域，是指汾河干流及其支流汇水面积内的水域和陆域，以及出露带在流域范围内的岩溶泉域、跨流域向汾河补水的水源和输水工程沿线管理范围。

② 羊单位，是指牲畜的计算单位。在草原或草原承载能力核算时，常常使用羊单位进行具体计量。

2010 年，青海省在三江源试验区率先开展草原生态管护公益岗位试点，从业人员 3 万多人，每人每年补助 1.2 万元；省财政支持建立了三江源保护发展基金。

同时，在湿地保护方面，各级地方政府加大财政补助力度，逐步将重要湿地纳入生态补偿范围。例如，天津市安排专项资金，对古海岸与湿地国家级自然保护区内集体或个人长期委托管理的土地进行经济补偿；山东省对实施退耕（渔）还湿区域内的农民给予补偿，并对农民转产转业给予支持；黑龙江省、广东省每年各安排 1000 万元资金，专项用于湿地生态效益补偿试点；苏州市将重点生态湿地村、水源地村纳入补偿范围，对因保护生态环境造成的经济损失给予补偿。另外，在流域和水源地方面，在中央财政支持重点流域生态补偿试点的同时，各地积极开展流域横向水生态补偿实践探索，形成了多种补偿模式。例如，浙江省在全省 8 大水系开展流域生态补偿试点，对水系源头所在市、县进行生态环保财力转移支付，成为全国第一个实施省内全流域生态补偿的省份。江西省安排专项资金，对“五河一湖”（赣江、抚河、信江、饶河、修河和鄱阳湖）及东江源头保护区进行生态补偿，补偿资金的 20% 按保护区面积分配，80% 按出境水质分配，出境水质劣于Ⅱ类标准时取消该补偿资金。江苏省在太湖流域、湖北省在汉江流域、福建省在闽江流域分别开展了流域生态补偿，断面水质超标时由上游给予下游补偿，断面水质指标值优于控制指标时由下游给予上游补偿。北京市安排专项资金，支持密云水库上游河北省张家口市、承德市实施“稻改旱”工程，在周边有关市（县）实施 100 万亩水源林建设工程。天津市安排专项资金用于引滦水源保护工程。①

在生态地方立法方面，《汾河生态条例》堪称典范。其具体规定是：

① 参见徐绍史:《国务院关于生态补偿机制建设工作情况的报告——2013 年 4 月 23 日在第十二届全国人民代表大会常务委员会第二次会议上》，载中国人大网，http：//www.npc.gov.cn/npc/xinwen/2013-04/26/content_1793568.htm，最后访问日期：2018 年 3 月 17 日。

（1）县级以上政府应当将汾河流域生态修复与保护工作，纳入国民经济和社会发展规划，建立专项资金，逐步增加财政资金投入，并组织实施（第5条）。（2）县级以上政府应当加强汾河流域生态修复与保护工作的组织领导，建立健全汾河流域生态修复与保护工作机制，协调和解决汾河流域生态修复与保护中的重大问题。各级政府应当按照国家规定设立河长，实行河长负责制，逐级落实本行政区域生态修复与保护责任。县级以上政府有关部门按照各自职责，负责汾河流域生态修复与保护的相关工作（第6条）。（3）汾河流域生态修复与保护实行目标责任制。汾河流域生态修复与保护目标任务应当逐年分解落实，其完成情况应当纳入政府及其有关部门年度目标责任考核内容，考核结果向社会公布（第7条）。（4）县级以上人民政府应当坚持自然修复与人工修复相结合，统筹规划，实行山、水、林、田、湖综合治理，提高汾河流域生态环境承载能力（第16条）。（5）优化水资源配置，兼顾上下游、左右岸和有关地区之间的利益，推进河湖连通，实现多源互补，恢复流域生态功能。优先配置、使用地表水和再生水，合理利用外调水，有效涵养和保护地下水。适时开展人工增雨作业，有效利用空中水资源，促进汾河流域生态自然修复（第17条）。（6）恢复汾河流域水域和湿地，在确保防洪安全的前提下，增强河道及其两侧调蓄水功能，科学利用洪水资源。在汾河干流河道内建闸蓄水，两侧低洼地带和古水域恢复具有调蓄功能的湖泊、湿地、缓洪洼淀，增加地下水补给，提高汾河流域防洪标准和洪水利用能力（第18条）。（7）县级以上政府应当加大资金投入，加强对汾河源头的生态修复与保护。县级以上政府应当对汾河源头、主要支流源头、岩溶泉域重点保护区，实施科学造林、种草，实行封山育林，提高植被覆盖率；有计划地实施移民搬迁，依法关停破坏水资源、污染水环境的企业等措施，促进生态自然修复（第22条）。（8）县级以上政府及其有关部门应当将占用的河滩地、古水域恢复为湿地，逐步增加林地、湿地、水域面积，优化土地利用结构（第23条）。

（9）在水土流失严重的地区应当加大植树种草力度，增加高郁闭度森林水源涵养区，减少水土流失。在黄土沟壑区，以小流域为单元建设淤地坝工程，减少泥沙进入河流；在山区、丘陵区对坡耕地逐步实行坡改梯，25 度以上坡耕地退耕还林，合理利用土地资源（第 24 条）。应当说，山西省在生态投入方面的立法，确实是走在了全国的前列。

进入新时代，地方立法要有新气象新作为，在这里，“新”的关键点就是地方立法要实现从“有法可依”向“良法善治”的跨越。① 也就是说，地方立法必须围绕立法精细化有所创新，使立法在质量上升级。② 实现地方立法由“有法可依”向“良法善治”的跨越，虽然是一项十分艰巨的任务，但只要各方形成共识，持续共同努力，就一定能够逐步完成，进而实现地方立法“多立良法，少立空法，不立恶法”的目标。③ 有人认为，地方立法包括生态补偿立法的精细化、质量升级主要是：（1）立项上要“小而少”；（2）法规文本上要“少而精”；（3）规范设计上要“精而灵”。④ 现在的问题是，全国各级地方政府，对这种精到的见解或者看法，是否愿意

① 截至目前，我国有法律 260 部、行政法规 750 多部、地方性法规 1 万余部，还有大量的部门和政府规章，从静态的法律体系到动态的法治体系都已经基本健全，应该说，有法可依问题已经基本解决了。习近平总书记指出：“人民群众对立法的期盼，已经不是有没有，而是好不好、管用不管用、能不能解决实际问题；不是什么法都能治国，不是什么法都能治好国；越是强调法治，越是要提高立法质量。”所以，党的十八届四中全会决定强调，“法律是治国之重器，良法是善治之前提”。

② 党的十九届一中全会上，习近平总书记强调，各项工作都要“专业化、专门化和精细化”，不能“一般化、大呼隆、粗放型”。要立地方良法，第一步就是要实现由粗放型立法向精细化立法升级。

③ 参见张民：《地方立法如何体现新作为》，载《人民日报》2018 年 3 月 13 日，第 19 版。

④ 所谓“小”，就是地方立法选项的切口要小，不能太宏大，不能太空泛，要尽量减少与国家立法同口径的立法。要坚持解决立法不到位问题的立法导向，不能将执法不到位问题作为立法问题来解决。所谓“少”，就是不搞立法数量攀比，更不搞应景式立法政绩工程，尽量立那些解决问题所需又条件比较成熟的法规。所谓“少而精”，是指开门见山，直奔主题，有几条写几条，哪条有用就写哪条，尽量不重复上位法，尽量不搞湮没立法主题的“大而全”“小而全”的文本。所谓“精而灵”，就是要尽量减少空泛规定，避免制度、规范“缺胳膊少腿”，要尽量让制度安排和规范设计精准，让法规“有牙有齿”，进而实现有效、管用的目标。

学习和通过实践，把它变成生态补偿立法的宝典来使用。

（二）中央政府生态补偿投入增长的保障

据统计，中央财政安排的生态补偿资金总额从2001年的23亿元增加到2012年的约780亿元，累计约2500亿元。其中，中央森林生态效益补偿资金从2001年的10亿元增加到2012年的133亿元，累计安排549亿元；草原生态奖励补助资金从2011年的136亿元增加到2012年的150亿元，累计安排286亿元；矿山地质环境专项资金从2003年的1.7亿元增加到2012年的47亿元，累计安排237亿元；水土保持补助资金从2001年的13亿元增加到2012年的54亿元，累计安排269亿元；国家重点生态功能区转移支付从2008年的61亿元增加到2012年的371亿元，累计安排1101亿元。财政部会同海洋局从2010年开始，利用中央分成海域使用金38.8亿元，开展海洋保护区和生态脆弱区的整治修复。近年来，中央财政还对湿地保护和流域水环境保护给予了适当补助。①

在我国，随着工业化、城镇化快速发展，资源约束趋紧、环境污染严重、生态系统退化的形势将更加严峻，所以，必须进一步加快央地政府生态补偿长效机制建立的进程，为推动生态环境质量改善，推进生态文明建设作出贡献。

（1）切实加大生态补偿投入力度。中央财政将在均衡性转移支付中，考虑不同区域生态功能因素和支出成本差异，通过提高转移支付系数等方式，加大对重点生态功能区特别是中西部重点生态功能区的转移支付力度。归并规范现有生态环保方面的专项资金，完善资金分配办法，重点支持国家重点生态功能区生态保护和恢复，鼓励跨省流域、区域开展生态补

---

① 参见徐绍史：《国务院关于生态补偿机制建设工作情况的报告——2013年4月23日在第十二届全国人民代表大会常务委员会第二次会议上》，载中国人大网，http://www.npc.gov.cn/npc/xinwen/2013-04/26/content_1793568.htm，最后访问日期：2018年3月17日。

偿试点。完善矿山环境治理恢复责任机制，加大矿山地质环境治理和生态恢复保证金征收力度。完善森林、草原、水、海洋等各种资源费征收管理办法，加大各种资源费中用于生态补偿的比重。推进煤炭等资源税从价计征改革，研究扩大资源税征收范围，适当调整税负水平。适时开征环境税。加大水土保持生态效益补偿资金的筹集力度。

（2）进一步明确受益者和保护者的权责。生态补偿的支付主体是生态受益者，以及代表受益者的各级人民政府。中央政府主要负责国家重点生态功能区、重要生态区域、大型废旧矿区和跨省流域的生态补偿；地方各级政府主要负责本辖区内重点生态功能区、重要生态区域、废旧矿区、集中饮用水水源地及流域海域的生态补偿。将生态补偿列入各级政府预算，切实履行支付义务，确保补偿资金及时足额发放。引导企业、社会团体、非政府组织等各类受益主体履行生态补偿义务，督促生态损害者切实履行治理修复责任。督促受偿者切实履行生态保护建设责任，保证生态产品的供给和质量。加强对生态补偿资金使用和权责落实的监督管理。

（3）积极开展多元化补偿方式探索和试点工作。充分运用经济手段和法律手段，探索多元化生态补偿方式。搭建协商平台，完善支持政策，引导和鼓励开发地区、受益地区与生态保护地区、流域上游与下游通过自愿协商建立横向补偿关系，采取资金补助、对口协作、产业转移、人才培训、共建园区等方式实施横向生态补偿。积极运用碳汇交易、排污权交易、水权交易、生态产品服务标志等补偿方式，探索市场化补偿模式，拓宽资金渠道。在东江、九龙江、赤水河、滦河、东江湖等开展流域和水资源生态补偿试点，在水土流失严重地区、重要蓄滞洪区开展水生态补偿试点。加快推进祁连山等 7 个生态补偿示范区建设。在天津、山东、浙江、福建、广东等省市开展海洋生态补偿试点；在西北地区开展沙化土地封禁保护补助试点；在山西、内蒙古、陕西、新疆等省（自治区）的生态脆弱区开展矿产资源开发生态补偿试点；在中东部地区典型煤矿塌陷区建立土地复垦示范区；在具备条件的地区开展耕地及土壤生态补偿试点；在云南、四川、贵州、新疆等省（自治区）开展风景名胜区生态补偿试点。

（4）健全配套制度体系。进一步深化产权制度改革，明确界定林权、草原承包经营权、矿山开采权、水权，完善产权登记制度。加快建立生态补偿标准体系，根据各领域、不同类型地区的特点，完善测算方法，分别制定生态补偿标准，并逐步加大补偿力度。切实加强监测能力建设，健全重点生态功能区、跨省流域断面水量水质国家重点监控点位和自动监测网络，制定和完善监测评估指标体系，及时提供动态监测评估信息。逐步建立生态补偿统计信息发布制度，抓紧建立生态补偿效益评估机制，积极培育生态服务评估机构。将生态补偿机制建设工作成效纳入地方政府的绩效考核。强化科技支撑，开展生态补偿理论和实践重大课题研究。

（5）加快出台生态补偿政策法规。通过完善政策和立法，建立健全生态补偿长效机制。加快研究起草我国《生态补偿条例》，把地方生态补偿立法的经验和模式，进行归纳总结，然后，尽可能全部吸收到《生态补偿条例》草案之中。明确生态补偿的基本原则、主要领域、补偿范围、补偿对象、资金来源、补偿标准、相关利益主体的权利义务、考核评估办法、责任追究等，争取早日出台。鼓励各地出台规范性文件或地方法规，不断推进生态补偿的制度化和法制化。

（6）建立部级协调机制。建立由发展改革委、自然资源部、生态环境部和财政部等部门组成的部际协调机制，加强对生态补偿工作的指导、协调和监督，研究解决生态补偿机制建设工作中的重大问题。加强对生态补偿资金分配使用的监督考核，加大对重点领域和区域生态补偿特别是试点工作的指导协调。指导各地按照中央的总体部署，严格资金使用管理，强化监督检查，确保生态补偿政策落到实处。

（7）提升全社会生态补偿意识。这种意识的提升，必然使“谁开发，谁保护；谁受益，谁补偿”的意识深入人心，是生态补偿机制建立和真正发挥作用的社会基础。进一步加强生态补偿宣传教育力度，使各级领导干部确立提供生态公共产品也是发展的理念，使生态保护者和生态受益者以履行义务为荣、以逃避责任为耻，自觉抵制不良行为；引导全社会树立生态产品有价、保护生态人人有责的思想，营造珍惜环境、保护生态的好氛围。在大力推进生态补偿工作的同时，国家还应继续实施天然林保护、退耕还林、退牧还草、青海三江源自然保护区等重点生态建设工程，加强荒漠化、石漠化、水土流失综合治理，强化重点流域和区域水污染防治，使生态补偿、生态建设和环境综合治理得到同步推进。[①]

（三）地地合作共创人的致灾性控制生态合作机制

笔者认为，当下，我国不但生态补偿的力度要进一步加强，而且关键的是地地政府之间应当形成一种共创合作机制。在生态补偿层面，这种地地政府之间的生态合作机制，实际上就是人的致灾性经济控制领域的有效合作。要解决的问题主要有：（1）补偿范围偏窄。现有生态补偿主要集中在森林、草原、矿产资源开发等领域，流域、湿地、海洋等生态补偿尚处于起步阶段，耕地及土壤生态补偿尚未纳入工作范畴。

（2）补偿标准普遍偏低。地方反映，集体所有国家级公益林现行补偿标准仍然偏低；随着牛羊肉价格的上涨，草畜平衡补助不足以弥补生产成本增加和减畜的经济损失。此外，有的领域补偿标准过于笼统，不适应不同生态区域的实际情况。

（3）补偿资金来源渠道和补偿方式单一。补偿资金主要依靠中央财政转移支付，而地方政府和企事业单位投入、优惠贷款、社会捐赠等其他渠道明显缺失。除资金补助外，产业扶持、技术援助、人才支持、就业培

---

① 参见徐绍史:《国务院关于生态补偿机制建设工作情况的报告——2013年4月23日在第十二届全国人民代表大会常务委员会第二次会议上》，载中国人大网，http://www.npc.gov.cn/npc/xinwen/2013-04/26/content_1793568.htm，最后访问日期：2018年3月17日。

训等补偿方式未得到应有的重视。此外，随着转移支付补偿资金渠道的增多，生态建设、环境综合治理和生态补偿资金的关系需要进一步厘清。

（4）生态受益者的权责落实不到位，即对生态保护者合理补偿不到位。重点生态区的公众为保护生态环境做出了很大贡献，但由于多种原因，还存在保护成本较高、补偿偏低的现象。除了标准偏低和有的地方未及时足额拨付补偿资金外，一些地方还没有把生态区域、生态保护者的底数摸清楚，不能有效实施生态补偿全覆盖，也是影响保护者积极性的原因之一。尤其是，生态保护者的责任不到位。补偿资金与保护责任挂钩不紧密，尽管投入了补偿资金，但有的地方仍然存在生态保护效果不佳的问题，甚至在个别地方还存在一边享受生态补偿，一边破坏生态的现象。①

（5）补偿资金支付和管理办法不完善。有的地方补偿资金没有及时足额发放，有的甚至出现挤占、挪用补偿资金现象。生态受益者履行补偿义务的意识不强。面对这样的行为，有些地方立法没有具体的处理处置措施。

（6）多元化补偿方式尚未形成。最近几年，一些地方开展的横向生态补偿实践仍处于探索过程中，实施效果还有待观察，一些有条件的地方还尚未实施。横向生态补偿发展不足的主要原因是，在国家和地方层面，尚缺乏横向生态补偿的法律依据和政策规范；开发地区、受益地区与生态保护地区、流域上游地区与下游地区之间缺乏有效的协商平台和机制。资源税改革尚未覆盖煤炭等主要矿产品种，环境税尚在研究论证过程中，制约了生态补偿资金筹集。碳汇交易、排污权交易、水权交易等市场化补偿方式仍处于探索阶段。②

---

① 生态产品作为公共产品，生态受益者普遍存在免费消费心理，缺乏补偿意识，因此需要加强宣传和引导。

② 参见徐绍史:《国务院关于生态补偿机制建设工作情况的报告——2013 年 4 月 23 日在第十二届全国人民代表大会常务委员会第二次会议上》，载中国人大网，http：//www.npc.gov.cn/npc/xinwen/2013-04/26/content_1793568.htm，最后访问日期：2018 年 3 月 17 日。

应当说，我国生态补偿地地政府合作的机制缺乏，必然导致政策法规建设的滞后。我国没有生态补偿的专门立法，现有涉及生态补偿的法律规定分散在多部法律之中，缺乏系统性和可操作性。尽管有关部门出台了一些生态补偿的政策文件和部门规章，但其权威性和约束性不够。各级地地政府在现有法律法规框架下，不仅存在有法不依、执法不严的现象，而且关键是缺乏地地政府之间合作协助与携手解决生态补偿长效机制建立和完善的意识与动力。在我国，生态补偿机制在央地政府的纵向机制，以及地地政府之间的横向配合协助机制，都还没有从长效机制角度建立或者确立起来。尽管，“谁开发，谁保护；谁受益，谁补偿”的利益调节原则，已经明确和具体化，但是生态补偿的利益性亟须大量投入，人的致灾性的分散性，加上生态产品的公共性，决定了全局性的生态补偿格局要真正形成的话，还需要各方付出长期而艰苦、不懈的努力。

第九章 人的致灾性的法治能力体系控制

党的十八大以来，以习近平同志为核心的党中央励精图治、攻坚克难，统筹推进“五位一体”总体布局、协调推进“四个全面”[①]战略布局，推动党和国家事业取得了历史性成就、发生了历史性变革，引领中国特色社会主义进入新时代。[②]这也意味着，人的致灾性的法律控制、经济控制相结合，发展到了国家法治能力体系建设的新阶段，即“人控制”即“人的致灾性”法治能力控制的系统化建设与提升阶段。

在这里，我国西部大开发战略中，西部区域可持续发展和区域空间结构演变的关键，是正确处理区域发展与生态安全矛盾问题。[③]比如，在“人控制”不足即法治能力体系不足，也没有制定《长江保护条例》或《长江法》背景下，长江流域生态安全问题，就直接影响我国社会经济的整体可持续发展，国家在长江源区、金沙江段、长江上游段、长江中游段和长江下游段的生态投入与补偿，存在入不敷出的明显矛盾，为此建

---

① 2014年12月在江苏调研时则将“三个全面”上升到了“四个全面”，要“协调推进全面建成小康社会、全面深化改革、全面推进依法治国、全面从严治党，推动改革开放和社会主义现代化建设迈上新台阶”，新增加“全面从严治党”。在这次江苏调研时将“全面从严治党”加入“四个全面”中时，习近平特别采用了“大气候和小气候”的比喻，从严治党是全党的共同任务，需要大气候，也需要小气候。各级党组织要主动思考、主动作为，通过营造良好小气候促进大气候进一步形成。

② 参见刘卫兵等:《“四个全面”：战略布局创未来》，载《人民日报》（海外版）2018年3月18日，第8版。

③ 参见李康:《西部大开发中的生态安全问题》，载《环境科学研究》2001年第1期。

立公众积极参与机制迫在眉睫。[①]我国七大河流水质量保护立法情况，见表 9-1。

表 9-1　我国河流立法情况

单位：千米，个

河流名称	河流长度	中央立法	地方立法	跨流域立法
长江	6300	5 条例 +6 部门规章 /11	22	6
黄河	5464	1 条例 +2 部门规章 /3	14	5
松花江	2308	0	6	2
珠江	2214	1 部门规章 /1	2	0
辽河	1390	0	4	3
海河	1090	0	1	0
淮河	1000	1 条例 +1 部门规章 /2	4	3
小计	19766	7 条例 +10 部门规章 /17	53	19

通过表 9-1 中可以看出，我国七大河流的中央立法包括部门规章共 17 个，而地方立法则为 53 个，跨流域立法的 19 个，占 35.85%。相比之下，我国四大污染防治法的构成，在其立法思想上，存在结构不匹配，体系不完善，法律法规效用不佳等生态安全方面的法律能力不足的问题。具体体现在：（1）立法数量偏少，即缺少《生态安全法》《土壤污染防治法》等法律，《长江生态条例》《黄河生态条例》等法规缺失。（2）法律法规的结构失衡，地方立法的数量远远多于中央立法，而且中央立法在行政法规和部门规章层面，其结构也是失衡的。（3）央地立法的衔接度不足，即中央立法与地方立法的配合与衔接不好，比如，大气污染防治立法，中央只有 1 个法律，地方有 64 个有效立法，比例为 1∶64。但是，雾霾依然持续性频繁发生；相比之下，水污染立法的比例为 4 ∶ 37，海洋环境立法比例为 25 ∶ 37，土地法层面央地立法的比例是 42 ∶ 442，这显然是不合

① 虞孝感：《长江流域生态安全问题及建议》，载《自然资源学报》2002 年第 3 期。

理的。（4）央地法律法规的效用，均显不足。例如，我国自然灾害形势仍然复杂严峻，防灾减灾救灾体制机制有待完善，灾害信息共享和防灾减灾救灾资源统筹不足，重救灾轻减灾思想还比较普遍，一些地方城市高风险、农村不设防的状况尚未根本改变。（5）法治能力体系建设“缺环”即我国缺少从总体上高屋建瓴的构建我国各级政府依法治理生态危机方面的生态安全问题能力的立法及协调机制，尤其是，我国央地立法冲突和地方省级政府与中央政府的法治能力协调，还有横向区域合作协调能力的体系化问题，尚未纳入国家的法治能力建设的视野。笔者对中国人大网“法律法规库”中，中央和地方的大气、水、海洋污染防治立法基本情况，进行整理，其基本情况归纳见表 9–2。

表 9–2　央地四大环境介质立法情况比较

单位：个

防治法名称	国家法律	行政法规	地方立法	部门规章
大气污染防治	中华人民共和国大气污染防治法 /1	0	64	0
水污染防治	中华人民共和国水污染防治法 /1	3	47	1
海洋污染防治	中华人民共和国海洋环境保护法 /1	11	37	14
土地污染防治	中华人民共和国农村土地承包法 中华人民共和国土地管理法 中华人民共和国农村土地承包经营纠纷调解仲裁法 /3	8	442	34
小计	法律 6	22	590	49

其中，使用“海洋污染”关键词检索，有法律 0 个，行政法规 4 个，地方法规 0 个，部门规章 2 个，总数为 6 个。可见，海洋污染问题，在立法层面尚没有引起高度重视。在“土地污染”关键词下，无条目显示。在“土地”关键词下，有法律 3 个，行政法规 8 个，地方法规 442 个，部委规章 34 个，还有司法解释 29 个，共计 516 个之多。然而，却没有名为《土

壤污染防治法》的立法出现。[①]相比于我国七大江河的水质量立法，我国的大气、水、海洋和土地等的生态安全立法意识尚未形成，其法治能力体系可归纳为零。这也就意味着，人的致灾性在海洋生态安全义务履行层面的超低控制性。

在学术文献检索和搜检中，曲格平先生从生态系统结构与功能出发，认为生态安全具有四个特征：（1）生态系统整体性；（2）生态破坏后不可逆性；（3）生态恢复长期性；（4）生态安全全球性。[②]由此，可以将法治理念贯彻到生态安全保护领域，构建生态安全权利，制定生态安全保障立法，建立适应性环境法律规制体系至关重要。[③]可见，生态安全法治能力体系化建设问题，尽管是非常重要的重大理论与实践问题，但是，纳入国家安全战略却缺乏应有的能力体系的战略支持。尤其是，生态安全的国家法治能力体系化建设，也就是以人的致灾性的“人控制”即法治能力体系，尚未检索到相关资料。

2018年3月15日，《国务院机构改革方案》由十三届全国人大一次会议审议通过。改革后，国务院正部级机构减少8个，副部级机构减少7个，除国务院办公厅外，国务院设置组成部门26个。[④]在这里，国务院机构的大幅度调整与改革，是职责转变的需要。应当说，国务院机构改革，是“人控制”即法治能力体系建设的整合的开始。

---

① 《中华人民共和国土壤污染防治法》颁行于2018年8月31日，于2019年1月1日生效。共七章99条，在本书草稿成文时，确实未检索到该法。

② 参见沈茂英：《生态安全问题研究进展与展望》，载《四川林勘设计》2011年第3期。

③ 参见马波：《生态安全法治保障论》，载《河北法学》2013年第5期。

④ 1982年之后，国务院机构一共集中进行过7次改革：（1）1982年，国务院所属部委由52个裁并为42个；（2）1988年，国务院部委由原来的45个减为41个；（3）1993年，国务院原有组成部门由42个调整为41个；（4）1998年，国务院组成部门由40个精简为29个；（5）2003年，除国务院办公厅外，国务院设置组成部门28个；（6）2008年，除国务院办公厅外，国务院设置组成部门27个；（7）2013年，除国务院办公厅外，国务院设置组成部门25个。

在这次国务院机构改革方案通过后，26 个部委行署中 3 个部在人的致灾性的“人控制”即法治能力体系控制视野里，按照通力合作的原则，国务院部委行署系列里，其（14）自然资源部、（15）生态环境部和（24）应急管理部这 3 个“组建的部”，在资源管理者、资源利用者和公民生态安全事件的应急等层面，都是具有划时代意义的。

笔者期望的是，我国在人的致灾性控制即“人控制”层面，应更重视央地政府各部门职能的认真、严格和积极的履行，而不是更多地制定法律法规。事实表明，那种一提到“法治”就想到立法，或者如同每年 3 月全国“两会”上，某些全国人大代表、全国政协委员在税收问题上，总是喜欢提出提高个税起征点的问题一样，是非常肤浅的。这类问题的实质，只会让个税的纳税人不断减少，对于国家的税收安全并不利。但是，某些全国人大代表、全国政协委员这样的奇葩认识或者提案、建议，总是让人觉得不是抓住我国税制的本质，希望让它改得更加公平合理，把税负公平不是定点在普税制，而是高收入者纳税身上，是对税负公平原则的曲解。

笔者认为，我国生态安全战略的重心，已经不是去架构宏观意义上的全国生态功能区或搞各种生态区功能规划，或者再去制定“三个十条”或者立个什么生态法之类，而是在我国现有的社会主义市场经济法律体制之下，如何重构央地政府、地地政府的生态法治的行政能力，提升其法治能力这样一个增强政府效能的核心问题。换句话说，单纯的生态立法不能解决央地政府、地地政府生态安全战略层面的生态义务划分与承担、履行与监督问题，所以，本课题的研究重心已经不应当再放在立法问题上。尽管，在生态文明建设层面，全国人大和国务院法律法规，以及各级地方法规的立改废任务，依然非常艰巨和繁重，但是，祁连山自然保护区事件中，地方政府可以地方立法对抗中央层面立法的罕见事实告诉人们：法治能力的养成包括央地政府的生态义务的职能合理划分，以及地地政府之间生态义务的横向合作与配合、协调的能力问题，似乎更加重要和急迫，应是目前的第一位的问题。正因如此，笔者将本课题原来的“第九章　生态安全影响评价制度的建立”和“第十章　生态补偿法律制度的建立和完善的内容和结构”全部舍弃，改成现在的“第九章 人的致灾性的法治能力体系控制”。这是重大的结构调整，也是研究思路和目标的修正，这种调整带来的研究困难和时间的压力自然不小。

进行结构即研究思路和目标重大调整的理由有三点：（1）2017年国务院机构改革中，我国的生态文明建设，成为自然资源部、生态环境部和应急管理部3个部的重要职责；（2）中央政府职能部门生态安全义务的重大调整，意味着央地政府、地地政府生态义务的结构性变化，这种变化是未来5年“人的致灾性”控制即“人控制”的核心；（3）这次国务院的机构改革，在放管服理念之下，以提升央地政府、地地政府及其职能部门的行政效能为改革目标，而生态安全评价与生态补偿问题方面的职能改进，本质上即是为法治能力的提升奠定良好的基础。因此，在明确了资源管理者、生态利用者等主体及其职能之后，其间的职能配合与生态安全职责的合作机制，才是未来生态安全战略的重心之所在。由是言之，第九章的重大调整是自然而然更是必然的选择。

第一节　自然资源部：生态补偿长效机制的构建责任担当

根据党的十九大和十九届三中全会部署，深化党和国家机构改革的总体要求是：全面贯彻党的十九大精神，坚持以马克思列宁主义、毛泽东思想、邓小平理论、“三个代表”重要思想、科学发展观、习近平新时代中国特色社会主义思想为指导，适应新时代中国特色社会主义发展要求，坚持稳中求进工作总基调，坚持正确改革方向，坚持以人民为中心，坚持全面依法治国，以加强党的全面领导为统领，以国家治理体系和治理能力现代化为导向，以推进党和国家机构职能优化协同高效为着力点，改革机构设置，优化职能配置，深化转职能、转方式、转作风，提高效率效能，为决胜全面建成小康社会、开启全面建设社会主义现代化国家新征程、实现中华民族伟大复兴的中国梦提供有力制度保障。深化国务院机构改革，要着眼于转变政府职能，坚决破除制约使市场在资源配置中起决定性作用、更好发挥政府作用的体制机制弊端，围绕推动高质量发展，建设现代化经济体系，加强和完善政府经济调节、市场监管、社会管理、公共服务、生态环境保护职能，结合新的时代条件和实践要求，着力推进重点领域和关键环节的机构职能优化和调整，构建起职责明确、依法行政的政府治理体系，提高政府执行力，建设人民满意的服务型政府。为此，组建自然资源部。

对于组建自然资源部，国务委员王勇的理由说明是：为统一行使全民所有自然资源资产所有者职责，统一行使所有国土空间用途管制和生态保护修复职责，着力解决自然资源所有者不到位、空间规划重叠等问题，实现山水林田湖草整体保护、系统修复、综合治理。其主要职责是，对自然资源开发利用和保护进行监管，建立空间规划体系并监督实施，履行全民所有各类自然资源资产所有者职责，统一调查和确权登记，建立自然资源有偿使用制度，负责测绘和地质勘查行业管理等。不再保留国土资源部、国家海洋局、国家测绘地理信息局。①

应当说，组建“自然资源部”让自然资源开发利用和保护更可持续，其主要目的是解决自然资源所有者不到位、空间规划重叠等问题，实现山

① 王勇:《关于国务院机构改革方案的说明——2018 年 3 月 13 日在第十三届全国人民代表大会第 1 次会议上》，载《人民日报》2018 年 3 月 14 日，第 5 版。

水林田湖草整体保护、系统修复、综合治理。其主要职责，是对自然资源开发利用和保护进行监管，建立空间规划体系并监督实施，履行全民所有各类自然资源资产所有者职责。与此同时，组建国家林业和草原局让国家生态安全更有保障。那就是国家林业与草原局的主要目的，是为加大生态系统保护力度，统筹森林、草原、湿地监督管理，加快建立以国家公园为主体的自然保护地体系，保障国家生态安全。它的主要职责，是监督管理森林、草原、湿地、荒漠和陆生野生动植物资源开发利用和保护，组织生态保护和修复，开展造林绿化工作，管理国家公园等各类自然保护地等。从人的致灾性“人控制”的角度看，自然资源部的核心功能，将是生态补偿长效体制的构架责任的实际担当者。

一、自然资源管理者与生态补偿的公共品属性

（一）自然资源部与自然资源管理者责任担当

在我国，第一自然资源是国土资源。而国土资源的管理职责，是由国土资源部承担保护与合理利用土地资源、矿产资源、海洋资源等自然资源的责任。承担规范国土资源管理秩序的责任。承担优化配置国土资源的责任。负责规范国土资源权属管理。承担全国耕地保护的责任，确保规划确定的耕地保有量和基本农田面积不减少。承担及时准确提供全国土地利用各种数据的责任。承担节约集约利用土地资源的责任。承担规范国土资源市场秩序的责任。负责矿产资源开发的管理。负责管理地质勘查行业和矿产资源储量。承担地质环境保护的责任。承担地质灾害预防和治理的责任。依法征收资源收益，规范、监督资金使用，拟订土地、矿产资源参与经济调控的政策措施。推进国土资源科技进步。开展对外合作与交流。承办国务院交办的其他事项。根据十一届全国人民代表大会第一次会议批准的《国务院机构改革方案》和《国务院关于机构设置的通知》(国发〔2008〕11号文)，

设立国土资源部，为国务院组成部门。[①]

在这里，国土资源部职责的履行及其实现需要全面了解其职责。其主要职责是：（1）承担保护与合理利用土地资源、矿产资源、海洋资源等自然资源的责任。组织拟订国土资源发展规划和战略，开展国土资源经济形势分析，研究提出国土资源供需总量平衡的政策建议，参与国家宏观经济运行、区域协调、城乡统筹的研究并拟订涉及国土资源的调控政策和措施。编制并组织实施国土规划，制定并组织实施国土资源领域资源节约集约利用和循环经济的政策措施。

（2）承担规范国土资源管理秩序的责任。起草国土资源法律法规草案，制定部门规章并监督实施，制定地质环境保护的政策、规章，制定国土资源调查评价技术规程，拟订国土资源开发利用标准。指导地方国土资源行政执法工作，调查处理国土资源重大违法案件。

（3）承担优化配置国土资源的责任。编制和组织实施土地利用总体规划、土地利用年度计划、土地整理复垦开发规划和其他专项规划、计划。指导和审核地方土地利用总体规划、矿产资源规划，组织编制矿产资源、海洋资源、地质勘查和地质环境等规划以及地质灾害防治、矿山环境保护等其他有关的专项规划并监督检查规划执行情况。参与报国务院审批的涉及土地、矿产的相关规划的审核。

---

① 国土资源部职责调整：（1）取消已由国务院公布取消的行政审批事项；（2）取消相关职业技能鉴定、颁证职责；（3）将科技成果转化具体实施的职责交给事业单位和社会中介组织；（4）将土地评估、矿业权评估、矿产资源储量评审机构和人员资质认定职责交给行业协会；（5）加强土地供需调控和总量平衡，落实最严格的土地管理制度。加强国土规划、土地利用总体规划的整体控制作用。加强矿产资源规划和合理开发利用管理，强化资源回采率和资源综合利用率的监管。国土资源部机关行政编制为 366 名（含两委人员编制 12 名、援派机动编制 2 名、离退休干部工作人员编制 43 名）。其中：部长 1 名（兼任国家土地总督察）、副部长 4 名（其中 1 名副部长兼任国家土地副总督察），专职国家土地副总督察（副部长级）1 名，司局级领导职数 57 名（含总规划师 1 名、总工程师 1 名、机关党委专职副书记 1 名、离退休干部局领导职数 3 名）。

（4）负责规范国土资源权属管理。依法保护土地资源、矿产资源、海洋资源等自然资源所有者和使用者的合法权益，组织承办和调处重大权属纠纷，指导土地确权，承担各类土地登记资料的收集、整理、共享和汇交管理，提供社会查询服务。

（5）承担全国耕地保护的责任，确保规划确定的耕地保有量和基本农田面积不减少。牵头拟订并实施耕地保护政策，组织实施基本农田保护，监督占用耕地补偿制度执行情况。指导未利用土地开发、土地整理、土地复垦和耕地开发的监督工作。组织实施土地用途管制、农用地转用和土地征收征用，承担报国务院审批的各类用地的审核、报批工作。

（6）承担及时准确提供全国土地利用各种数据的责任。制定地籍管理办法，组织土地资源调查、地籍调查、土地统计和动态监测，组织国家重大土地调查专项，指导地方地籍调查、登记和土地分等定级工作。

（7）承担节约集约利用土地资源的责任。拟订并实施土地开发利用标准，管理和监督城乡建设用地供应、政府土地储备、土地开发和节约集约利用。拟订并按规定组织实施土地使用权出让、租赁、作价出资、转让等管理办法，建立基准地价、标定地价等政府公示地价制度，会同农业部门监督管理农村集体建设用地使用权的流转。制定禁止和限制供地目录、划拨用地目录等，承担报国务院审批的改制企业的国有土地资产的处置。

（8）承担规范国土资源市场秩序的责任。监测土地市场和建设用地利用情况，监管地价，规范和监管矿业权市场，组织对矿业权人勘查、开采活动进行监督管理，规范和监管国土资源相关社会中介组织和行为，依法查处违法行为。

（9）负责矿产资源开发的管理，依法管理矿业权的审批登记发证和转让审批登记，负责国家规划矿区、对国民经济具有重要价值的矿区的管理，承担保护性开采的特定矿种、优势矿产的开采总量控制及相关管理工作，组织编制实施矿业权设置方案。

（10）负责管理地质勘查行业和矿产资源储量，组织实施全国地质调查评价、矿产资源勘查，管理中央级地质勘查项目，组织实施国家重大地质勘查专项，管理地质勘查资质、地质资料、地质勘查成果，统一管理中央公益性地质调查和战略性矿产勘查工作。

（11）承担地质环境保护的责任。组织实施矿山地质环境保护，监督管理古生物化石、地质遗迹、矿业遗迹等重要保护区、保护地，依法管理水文地质、工程地质、环境地质勘查和评价工作，监测、监督防止地下水过量开采和污染，承担城市地质、农业地质、旅游地质的勘查、评价工作。

（12）承担地质灾害预防和治理的责任。指导应急处置，组织、协调、指导和监督地质灾害防治工作，制订并组织实施重大地质灾害等国土资源突发事件应急预案。

（13）依法征收资源收益，规范、监督资金使用，拟订土地、矿产资源参与经济调控的政策措施。依法组织土地、矿产资源专项收入的征管，配合有关部门拟订收益分配制度，配合有关部门指导、监督全国土地整理复垦开发资金的收取和使用。参与管理土地、矿产等资源性资产，参与管理国家出资形成的矿业权权益，负责有关资金、基金的预算和财务、资产管理与监督。

（14）推进国土资源科技进步，组织制定、实施国土资源科技发展和人才培养战略、规划和计划，组织实施重大科技专项，推进国土资源信息化和信息资料的公共服务。

（15）开展对外合作与交流，拟订对外合作勘查、开采矿产资源政策并组织实施，组织协调境外矿产资源勘查，参与开发工作，依法审批矿产资源对外合作区块，监督对外合作勘查开采行为。

（16）承办国务院交办的其他事项。其内设机构有 15 个：办公厅、政策法规司、调控和监测司、规划司、[①]财务司、耕地保护司、地籍管理司、土地利用管理司、地质勘查司、矿产开发管理司、[②]矿产资源储量司、地质环境司、执法监察局、科技与国际合作司和人事司。

就国土资源管理职责而言，国务院设立国家土地总督察，细化或具体化国家对土地违法行为的监督。为此，授权国家土地总督察对各省、自治区、直辖市，以及计划单列市人民政府土地利用和管理情况进行监督检查，落实耕地保护目标责任制，监督国家土地调控政策的实施。国家土地总督察对国务院负责。委托国土资源部组织实施国家土地督察制度，向地方派驻9个国家土地督察局。尤其是，在国土资源部设立国家土地总督察办公室（正局级）。主要职责是：组织协调国家土地督察机构的日常工作，

---

① 国土资源部该3个司的职责是：（1）政策法规司的职责是：组织起草国土资源管理的法律法规草案，协调部内有关法律法规和规章的起草工作，承担机关有关规范性文件的合法性审核工作，推进国土资源行业依法行政；承担有关软科学项目的立项和管理工作；承担行政复议、行政应诉的有关工作。（2）调控和监测司的职责是：组织起草国土资源管理的法律法规草案，协调部内有关法律法规和规章的起草工作，承担机关有关规范性文件的合法性审核工作，推进国土资源行业依法行政；承担有关软科学项目的立项和管理工作；承担行政复议、行政应诉的有关工作。（3）规划司的职责是：编制实施国土、土地利用、矿产资源、地质环境等综合规划，组织编制资源调查评价、勘查、开发、整理、复垦等专项规划；依法指导和审核国土资源相关规划；编制管理土地利用计划和国土资源调查评价计划；承担基本建设及重大专项投资管理和建设项目用地预审工作，研究有关国土资源的区域、城乡统筹协调、综合利用和循环经济政策措施。

② 国土资源部该3个司的职责是：（1）土地利用管理司职责是：承担城乡建设用地和土地市场管理工作；规范土地使用权出让、租赁、作价出资和转让行为；拟订并实施土地供应、土地价格、土地资产和土地储备管理政策；拟订并实施土地开发利用标准；承担节约集约用地评价和建设用地分等定级工作，组织实施基准地价、标定地价等地价制度，对土地市场和地价实施动态监测。（2）地质勘查司职责是：组织矿产资源、海洋资源调查评价；编制地质勘查规划并监督检查执行情况；管理中央级地质勘查项目，组织实施国家重大地质勘查专项；管理地质勘查行业，管理地质勘查资质；组织拟订能源矿产资源战略、政策和规划，承担石油、天然气、煤层气和放射性矿产资源探矿权、采矿权管理，以及对外合作区块的审核和监督管理。（3）矿产开发管理司职责是：承担矿业权审批登记发证的管理工作；组织划定国家规划矿区，编制实施矿业权设置方案；承担矿产资源保护和保护性开采特定矿种的管理事项，下达开采总量控制指标；管理矿业权市场；监管矿产资源勘查、开采活动；调处重大矿业权权属纠纷。

拟订相关政策法规和工作规则。协调派驻地方的国家土地督察局及其人员的派驻工作，研究提出人员考核的意见。指导和监督检查国家土地督察局的工作，对土地违法违规问题提出处理意见，承担责令限期整改的具体工作。组织调查研究并提出加强土地管理的政策建议。国家土地督察机构行政编制 360 名，在国土资源部机关行政编制总额外单列。国土资源部管理国家海洋局、国家测绘地理信息局，管理中国地质调查局。[①]还承担河道采砂管理的职责分工工作，即长江宜宾以下干流河道采砂管理体制按《长江河道采砂管理条例》的规定执行。其他河道采砂管理的职责分工是：国土资源部对保障河道内砂石资源合理开发利用负责，水利部对河道采砂影响防洪安全、河势稳定、堤防安全负责，交通运输部对河道采砂影响通航安全负责。由水利部牵头，会同国土资源部、交通运输部等部门，负责河道采砂监督管理工作，统一编制河道采砂规划和计划。河道采砂的水上执法监管，要充分发挥交通运输部门执法机构的作用。[②]

实事求是地讲，国土资源部的所有职责当中，无法直接推演出人的致灾性法律控制即“人控制”国土灾害（包括但不限于水土流失、土壤污染和海洋灾害等）的职能，因此，此次国务院机构改革中，将国家发展和改革委员会等机构的职责整合，变成国有自然资源、国土资源和国土空间等全面利用中，各类致灾因子“人控制”的职能承担和履行者。从这个意义上看，国土资源部 + 国家林业和草原局的自然资源管理模式，更能体现国家对自然资源开发利用和保护的监管职责，建立空间规划体系并监督实施。同时，履行全民所有各类自然资源资产所有者职责，统一调查和确权登记，建立自然资源有偿使用制度，负责测绘和地质勘查行业管理，加大生态系统保护力度，统筹森林、草原、湿地监督管理，加快建立以国家公

① 中国地质调查局承担统一部署和组织实施国家基础性、公益性、战略性地质和矿产勘查的职责。

②《国土资源部三定方案》，载《国土资源部》，http：//www.mlr.gov.cn/bbgk/sdfa/200710/t20071009_653424.htm，最后访问日期：2018 年 3 月 18 日。

园为主体的自然保护地体系，保障国家生态安全，把资源管理者的管理职责与各种致灾因子的控制，有效地结合起来。

（二）自然资源利用的生态补偿起源及内涵

在我国，生态补偿概念首先被提出，其实并非在法学领域。早在 1987 年，福建林业学者张诚谦在研究有偿利用可更新资源所采用的方式时，提出了“生态补偿”一词。而后环境科学、环境经济学、生态学等多门学科的学者都从自身独特的研究视角对生态补偿进行过定义，在这些自然学科中，李文华院士对生态补偿进行过最简洁在笔者看来却又是最具概括性的定义，即“生态补偿就是从利用资源所得到的经济收益中提取一部分资金并以物质或能量的方式归还生态系统，以维持生态系统的物质、能量、输入、输出的动态平衡”。[①] 法律制度中的生态补偿，侧重于从公平、权利与义务的角度进行界定。正如汪劲教授指出的，“法学视角下的生态补偿定义应当关注对不同主体之间发生的、以生态保护为内容的社会关系、利益关系或法律关系的调整。因而，相对具体的主体特征、主体间的权利义务关系内容才是生态补偿法学定义的核心要素”。[②] 为了恢复、维护、改善生态环境服务功能，调整相关利益者（保护者、破坏者和牺牲者、受益者）的利益分配关系，实现社会的公平和正义，由国家、政府或生态环境受益者依法对因环境资源使用或生态环境保护做出贡献者和利益受损者予以经济和非经济形式的补偿的法律行为。

生态补偿的本质应当是对因保护生态系统及其功能而造成人的经济损失和社会发展机会损失进行补偿，是通过解决人的和谐发展问题来解决生态保护问题的一种机制和方法。生态补偿是不同于生态损害赔偿的一种制

---

① 李文华、刘某承：《关于中国生态补偿机制建设的几点思考》，载《资源科学》2010 年第 5 期。

② 汪劲：《论生态补偿的概念——以〈生态补偿条例〉草案的立法解释为背景》，载《中国地质大学学报》（社会科学版）2014 年第 1 期。

度安排，生态损害赔偿是在法学界被广泛关注的一项概念，它是指因为违法行为造成生态破坏后果后所应当承担的责任，而生态补偿是在合法行为给自然生态造成损害的情形下而适用的制度。“补偿”和“赔偿”是必须在法学界被区分的一对概念，资源利用人的行为合法，就意味着其利用资源的行为通常已经经过审核批准，甚至已缴纳相关费用，而资源利用人的行为违法，就意味着资源利用人可能存在违规操作，合法在一般情况下承担的是“补偿”责任，“违法”则承担的是“赔偿”责任。

值得注意的是，这里的合法违法不能当然地与环境侵权行为中的合法行为画等号，大家都知道，环境侵权行为是一种特殊的侵权行为，合法排污仍然有可能导致侵权责任的成立，而生态补偿制度中的合法利用资源行为更多的是从经济法的角度出发，强调生态补偿的制度定位应当不同于生态损害赔偿制度，而主要关注于合法开发利用自然资源的行为，即通过经济手段来确保这些合法开发利用自然资源的主体采取措施保护我们共同的环境。生态补偿法律制度的原则，可以通过 12 个字来概括，即“谁保护，谁受益；谁受益，谁付费”，也有学者将其概括为“保护者受益，受益者付费”。“受益”是指得到环境保护的利益，这里的利益是指环境功能性价值的对价，环境功能性价值（或者环境生态利益）是“保护”的直接成果，这种成果作为“环境公益”被其他人享用。相比其他人，保护者事实上额外承担了创造“环境公益”的特殊义务，其他人为其享用的环境功能性价值给付的对价，就是“保护者”的“受益”。“保护者受益”原则是指为环境生态的保护和可持续发展提供维护性服务的个人、企业或其他组织获得环境生态的价值性利益的原则。保护者即环境功能性价值的创作者，如森林营造者、生态林管护者、退耕还林（草）的实施者等。

“受益者”指环境功能性价值（或环境生态利益）的享用者，“付费”是指对其所获环境生态利益的价值给付。由于“受益者”所获环境生态利益，是基于他人的环境功能性价值创造的成果，因而对获自于他人劳动成果的利益进行价值补偿，就构成“受益者付费”的原则。“受益者付费”原则是指获得环境功能性价值的个人、企业或其他组织对其所获利益进行价值支付的原则。

（三）自然资源利用的生态补偿资金及来源

关于生态补偿资金的来源一直是生态补偿制度中学者普遍讨论的一个问题，在2014年4月24日我国《环境保护法》修订后，这个问题似乎在现行法层面有了一个比较明确的规制，我国《环境保护法》第31条第1款规定，国家建立健全生态保护补偿制度，不仅将学界一直讨论的“生态保护”以“生态保护补偿”为基本表述确定了下来，并且在第2款和第3款规定了“国家加大对生态保护地区的财政转移支付力度。有关地方人民政府应当落实生态保护补偿资金，确保其用于生态保护补偿”“国家指导受益地区和生态保护地区人民政府通过协商或者按照市场规则进行生态保护补偿”。

前文已经述及，政府主导的生态补偿资金来源可以分为直接支付和转移支付两种。直接支付即政府直接将财政资金支付给实施生态保护的主体，其性质属于政府补贴；转移支付又分为统筹转移和区际转移支付两种类型。[①] 从我国《环境保护法》修订后的表述中即可发现，财政转移支付即转移支付在我国现阶段的生态补偿中应得到进一步的重视，同时还需要加强对生态补偿资金的绩效管理，保证资金的实际用途确实是用来补偿“生态保护者”的。目前，我国政府主导的生态补偿资金主要来源于以下3个方面：（1）税收。资源环境税以资源开发利用和环境行为为征税对象，能够通过税收价格杠杆内部化生态受益者的成本，具有生态补偿功

① 参见吴越：《国外生态补偿的理论与实践——发达国家实施重点生态功能区生态补偿的经验及启示》，载《环境保护》2014年第12期。

能。[①]2011 年 11 月，我国在资源税改革中，新增了焦煤、稀土矿等课税对象，将财政部未列举的非金属矿原矿和有色金属原矿征税权下放到了地方政府，收紧了矿产资源保护网的密度。资源税是税收中生态补偿性特征最明显的税种，而同时，在消费税中，木制一次性筷子、实木地板等税目，以及城建税、耕地占用税等都具有一定的生态补偿性。（2）生态补偿收费。如森林植被恢复费、绿化费、土地复垦费、水土保持设施补偿费、水生野生动物资源保护费、陆生野生动物资源保护管理费等。（3）生态保证金。矿山地质环境治理恢复保证金是目前我国唯一一项生态保证金，其原则包括“企业所有、政府监管、专户储存、专款专用”。即政府对保证金负有监督代管权，如果矿山业主未履行环境治理责任，则保证金将纳入同级预算管理。[②]

诚然，在我国现阶段，政府主导的生态补偿机制，作为长效机制在央地政府和地地政府之间，还没有有效建构起来。而市场主导生态补偿资金的来源，则较为有限。例如，“绿色产品”等生态保护产品的认证和监管、排放许可证交易市场等，都因为“人控制”即法治能力建设的不足，在作为资源利用者那里，还没有形成强有力的自然资源中生态产品利用的补偿观念，我国的生态补偿机制完善缺乏基本的意识基础。加上，我国在自然资源立法方面，虽然长期坚持有偿利用的法律原则，但是，这是一种积极使用然后使用者付费或者有偿使用的制度设计，使用者要想获得使用利益，付费是基本的成本和代价。但是，生态产品的公共性尤其是公益性，让资源保护者受限制而让利用者获利是一种消极的利益交换，很多人不承认或者不接受生态产品的这种成本分担或者分摊的合理性，因而，生态补偿的实现，如果想借助法律法规进行规制，其运行适用的范围比较有限，

① 参见卢洪友等:《生态补偿的财政政策研究》，载《环境保护》2014 年第 5 期。

② 同上。

尤其是效果更有限。

在现代社会中，生态的保护者与受益者之间，生态补偿的矛盾与冲突问题，不一致是生态保护面临的最大难题。而最大的难题是，生态功能区或者生态保护区由于负有保护生态的义务或者生态功能实现，即生态安全保障的义务，其在经济发展的自然资源利用方面的权利必然受到更多的限制或者制约，导致生态保护区的政府和社会公众，必然以牺牲本地经济发展为代价，而为整个社会提供更适宜的生态产品。相反，工业发达的地区则往往以高排放、高污染和高资源消耗等，获得经济、社会和文化迅速发展的利益。这种生态产品的不可直接交易性或者可变现性，决定了获得生态产品便宜的利用者，如果不支付任何代价或者分摊成本，其发展成果本身带有的“人的致灾性”就不能得到任何有效的控制。正因如此，自然资源部组建后，必须从生态补偿机制架构的理念上，寻求职责的突破口。因为，通过传统的“污染者付费原则”显然是无法达到生态产品受益补偿的平衡的，只能重新引入一个新的观点，即“保护者受益”与“受益者付费”理论，生态补偿长效机制就是对实现“保护者受益”与“受益者付费”的最好阐释。

二、自然资源部转变职能与克服生态补偿制度建构的障碍

（一）自然资源管理职能转变与“人控制”效用增强

这次的国务院机构改革方案中，自然资源部作为第一个组建的部门，其职责改革的目标：（1）自然资源管理的职责统一；（2）国土空间规划、功能规划和发展规划衔接；（3）自然资源利用、使用和保护的协调。继而，让自然资源管理层面的生态安全义务，以资源管理者的身份，得到切实有效的履行，由之使自然资源利用领域“人的致灾性”在“人控制”层面，得到有效的体现。

事实上，我国的自然资源管理职责，被划分为：（1）国家发展和改革

委员会组织编制主体功能区规划职责；（2）住房和城乡建设部承担城乡规划管理职责；（3）水利部分享水资源调查和确权登记管理职责；（4）农业部承担草原资源调查和确权登记管理职责；（5）国家林业局享有森林、湿地等资源调查和确权登记管理职责；（6）国家海洋局承担专门管理海洋资源的职责；（7）国家测绘地理信息局专司信息调查的职责等。这些职责的分化或者分割、分享时，表面上看，不可能会发挥着导致"人的致灾性"即资源利用者在利用各种自然资源时，肯定要支付高昂的使用成本的作用。但是，同时，这些自然资源利用者也可以利用各个部门之间的职能划分形成的合力不足，互相掣肘或者"人控制"的缝隙，而肆意妄为从而大获其利。也就是说，政府自然资源职能部门过多，必然造成"人的致灾性"控制层面的漏洞。比如，从十一届三中全会算起到2018年3月，改革开放过去了40年，生态产品的概念尚不能进入国人的思维，成为一个基本概念，这大抵与当年在探矿权、采矿权、国有土地使用权、海域使用权和土地承包经营权等物权概念进入市场时，相关职能部门缺乏应有的市场化孵育职责有关。

换句话说，在国土资源部之外，国家发改委、住建部、水利部、农业部、国家林业局、国家海洋局、国家测绘地理信息局，以及机构调整过程中的国家计划委、国家经济委、石油部、煤炭部、水利电力部、城乡建设环境保护部、矿产资源部、能源部、农牧渔业部、农垦部、国家粮食储备局、国家能源委、国家环境保护总局、国家能源局等，其功能的不断、过快地变化，虽然是经济体制改革造成的，但是，对于自然资源利用过程中的基本制度早在我国《宪法》1988年、1993年修改过后基本稳定的情况下，相关职能部门的自然资源管理职能依然频繁变动，就令人深思了。①

① 笔者认为，我国自然资源管理机构的频繁调整和部委名称过多变化，恰恰反映的是我国自然资源管理体制、机制和法制的不成熟。为此，笔者希望通过2018年3月《国务院机构改革方案》的实施，在2018年12月31日前顺利实现"人控制"层面的自然资源管理机构职责的"8.0版"（这是第8次国务院机构改革，故为8.0版）。

2018年3月的《国务院机构改革方案》本身，即自然资源管理体制本身，在政府职能尤其是在人的致灾性“人控制”机制或者国家法治能力提升的大背景下，需要系统提升的必然结果。也就是说，自然资源部的正式转入运行，既要整合原国土资源部的职责，又要仔细整合国家发改委、住建部、水利部、农业部、国家林业局、国家海洋局、国家测绘地理信息局7个部委局的职责，显然这是一个非常艰巨的任务。不过，笔者坚信，自然资源部在承担自然资源统一管理职责，国土空间规划、功能规划和发展规划等规划衔接，以及自然资源利用、使用和保护的协调，包括自然资源无偿利用、有偿使用和生态产品利用的长效补偿机制建设方面，肯定会有创新性举措。由此而言，对于自然资源使用者的法定义务、约定义务和生态义务等，界分其内涵，划定其范围，建构强有力的央地政府、地地政府之间协调合作的生态补偿机制。唯其如此，自然资源部的组建才会名至实归。

（二）生态补偿央地政府补偿机制不协调与多元筹资机制缺失

生态补偿的方法和途径有很多，按照补偿方式的不同，可以分为资金补偿、实物补偿、政策补偿和智力补偿；按照实施主体和运作机制的差异，可以分为政府补偿和市场补偿，等等。问题是，生态补偿的逻辑前提是，对生态产品公共性的认识和对生态公共产品利用后付费机制的认同。在这里，政府补偿机制，是指由政府或其他公共机构出面提供或筹措资金为生态服务支付报酬的公共财政补偿机制。[①] 政府补偿机制，主要是央地政府的协调型补偿机制，以国家或上级政府为实施和补偿主体，以区域、下级政府或农牧民为补偿对象，以国家生态安全、社会稳定、区域协调发展等为目标，以财政补贴、政策倾斜、项目实施、税费改革和人才技术投

---

① 何承耕：《地理学视角的生态补偿理论和应用研究》，中国环境科学出版社2013年版。

入等为手段的补偿方式。所以，生态补偿中，政府补偿主要以财政支付转移、差异性的区域政策、生态项目实施、环境税费制度为内容。这是目前世界上应用最广泛的一种生态补偿模式，也是当前我国进行生态补偿的主要形式。这一模式普遍适用于市场基础设施条件较差，法律政策体系不够健全的国家。在此国情的束缚下，由政府对生态效益的提供者进行生态补偿几乎是唯一有效的办法，即中央政府唱独角戏式地单独通过财政支付转移方式补偿地方政府。

在我国，财政支付转移，是中央政府进行生态补偿的最主要方式。财政支付转移于 1994 年启动实施，主要用于解决地方收支不平衡，保障落后地区的公共服务能力。财政支付转移的主要方式有税收返还、专项转移支付和财力转移支付。其中，税收返还不具有公共调节功能，难以用于生态补偿；专项转移支付是向基本建设、社会保障、农业和教育等领域的特定用途转移，用途由政府管理部门决定；财力转移支付是向贫困地区进行的资金转移，由地方政府决定资金用途。[①]利用财政转移支付进行生态补偿时，一方面，要在财力转移支付中增加生态补偿所占的比例；另一方面，要整合现有的专项转移支付，增加生态补偿类别，或在与生态环境有关的专项转移支付中增加生态补偿的支出科目。现在的问题是，我国生态补偿筹资方式单一，也就是在央地政府协调模式中，主要是中央政府对地方政府进行转移支付。中央财政专项资金，是生态补偿资金的主要来源，地方各级财政纵向筹资体系实际上尚未完全建立起来，尤其是，区域间横向资金筹措补偿机制依然缺失，借助市场筹资机制扩大建设资金来源，难度非常大。这样一来，所谓的生态补偿机制也就成了中央政府“在唱独角戏”。

① 参见韦贵红:《我国森林生态补偿立法存在的问题与对策》，载《北京林业大学学报》(社会科学版) 2011 年第 12 期。

单一的中央政府的生态补偿资金筹措机制，在很大程度上削弱了生态补偿成果巩固的可持续性。资料显示，到2005年年底时，中央政府共投入1030亿元，仅2004年财政专项资金就达164.97亿元，占中央财政专项资金总额的76.2%，主要用于退耕农户的粮食补助和生活费补助。从2008年开始，国家加大退耕还林工程区域巩固成果专项支出，使整个工程整体开支规模迅速扩大，在全国生态环境建设资金总预算额度内，退耕还林工程资金在整个林业建设投资中的所占比重过大，势必对其他林业生态补偿工程项目资金的分配带来影响。在森林生态效益补偿方面，补偿主要用于天然林保护、退耕还林和生态林建设的补助，没有实现对当地农民经济损失的全额补偿，也没有体现生态受益者应当给予补偿的原则。

不过，过去5年里，我国的中央政府和各级地方政府，都在树立"绿水青山就是金山银山"理念的引导下，以前所未有的决心和力度加强生态环境保护。重拳整治大气污染，重点地区细颗粒物（PM2.5）平均浓度下降30%以上。加强散煤治理，推进重点行业节能减排，71%的煤电机组实现了超低排放。优化能源结构，煤炭消费比重下降8.1个百分点，清洁能源消费比重提高6.3个百分点。提高燃油品质，淘汰黄标车和老旧车2000多万辆。加强重点流域海域水污染防治，化肥农药使用量实现"零增长"。推进重大生态保护和修复工程，扩大退耕还林还草还湿，加强荒漠化、石漠化、水土流失综合治理。开展中央环保督察，严肃查处违法案件。积极推动《巴黎协定》签署生效，我国在应对全球气候变化中发挥了重要作用。[①]

生态补偿央地政府补偿机制不协调与多元筹资机制缺失问题，需要通过建立生态补偿资金多元筹措机制，加以有效克服。具体包括：第一，国家预算行为，主要是指在编制年度预算、中期发展目标和长远规划时，将

① 李克强：《政府工作报告——2018年3月5日在第十三届全国人民代表大会第1次会议上》，一、过去五年工作回顾；（八）坚持人与自然和谐发展，着力治理环境污染，生态文明建设取得明显成效。

一定比例的中央财政预算和省级财政预算作为补偿资金的来源之一，加以统筹考虑。第二，发行国债。国家可以借鉴发达国家的成功经验，通过适度发行生态资源补偿债券，面向国内外发行生态特种国债，吸收社会的消费资金、闲散资金等，有偿筹措国家生态补偿基金或者中央生态资源补偿基金。第三，由央地政府和地地政府根据生态补偿长效机制的要求，指定有关部门主持设立生态补偿基金。补偿基金的来源，可以采用国家预算拨款、发行生态股票、社会机构投资、个体捐赠、接受国际机构捐赠等方式。补偿基金建立后，按照市场化方式运作，参与证券市场的流通，实现基金增值。第四，征收生态补偿税。根据产品或服务消费项目与森林资源关系的远近确定征税对象，对那些依赖森林资源的存在或森林产品的经济活动征收所得税或消费税，例如水库、火力发电站、自来水厂、风景旅游区等营业单位；也可以采取环境损益法确定征税对象，对那些生态环境影响较大的行业或产品征税生态税，如开矿、采油、采煤、大型基础建设工程等。第五，针对生态产品受益者履行生态补偿义务不积极和消极逃避的现实情况，设立国家生态补偿调剂基金。通过向生态保护区域外的社会公众每人每月征收 3 ～ 5 元的生态补偿费的形式，按照征收对象为 8 亿人次计算，每年可以征集到 288 亿元的生态补偿费，5 年可以达到 1440 亿元的规模。[①]在我国，社会主义国家和制度的优越性，在让社会公众有更多的获得感、幸福感的时候，每年让生态产品利用区域的社会公众支付 36 ～ 60 元的成本，交纳公民生态补偿费，对于多元筹资机制，以及央地政府、地地政府之间生态补偿长效机制的形成和协调推进，具有至关重要的意义。

---

① 如果每人每月 5 元，则每年 60 元，每年全国应为 480 亿元，5 年累积 2400 亿元的规模。公民生态补偿费是作者的一种理论设想，其方法论依据是：（1）积少成多；（2）基于生态产品的公益性；（3）通过征收公民生态补偿费，培养公民作为大气、水、土壤和海洋等公共资源利用者的“节约资源，保护环境”意识。

（三）自然资源部对生态补偿制度建构障碍的排除

站在制度效用的角度分析，完善我国的主体功能区制度，建立生态文明绩效考评和责任追究制度，推行河长制、湖长制，开展省级以下环保机构垂直管理制度改革试点等，都是非常必要而务实的。尤其是，要确保生态环境质量总体改善，以健全生态文明体制为导向，改革完善生态环境管理制度，自然资源部要大力加强自然生态空间用途管制，与生态环境部协调，推行生态环境损害赔偿制度，完善生态补偿机制，以更加有效的制度保护生态环境。[①] 比如，要推进污染防治取得更大成效，巩固蓝天保卫战成果，2018 年全国二氧化硫、氮氧化物排放量要下降 3%，重点地区细颗粒物（PM2.5）浓度继续下降，那么，就要推动钢铁等行业超低排放改造，提高污染排放标准，实行限期达标。同时，开展柴油货车超标排放专项治理；深入推进水、土壤污染防治，2018 年化学需氧量、氨氮排放量要下降 2%；实施重点流域和海域综合治理，全面整治黑臭水体。加大污水处理设施建设力度，完善收费政策。严禁"洋垃圾"入境；加强生态系统保护和修复，全面划定生态保护红线，完成造林 1 亿亩以上，耕地轮作休耕试点面积增加到 3000 万亩，扩大湿地保护和恢复范围，深化国家公园体制改革试点，严控填海造地，严格环境执法，要携手行动，实现建设天蓝、地绿、水清美丽中国的目标。[②]

对于自然资源部而言，其基本职能是保护自然资源的管理安全。这种

---

① 李克强：《政府工作报告——2018 年 3 月 5 日在第十三届全国人民代表大会第 1 次会议上》，三、对 2018 年政府工作的建议；（三）深化基础性关键领域改革。以改革开放 40 周年为重要契机，推动改革取得新突破，不断解放和发展社会生产力。

② 李克强：《政府工作报告——2018 年 3 月 5 日在第十三届全国人民代表大会第 1 次会议上》，三、对 2018 年政府工作的建议；（四）坚决打好三大攻坚战。要围绕完成年度攻坚任务，明确各方责任，强化政策保障，把各项工作做实做好。

管理安全，一方面，就是国家自然资源安全即生态保护，那就是国家主权下的大气、水、海洋、土地、矿藏、森林、草原、湿地等天然资源的合法利用和使用；另一方面，自然资源利用者应当是生态补偿义务的承担者，也是生态安全义务的履行者，而这种义务的履行，需要自然资源部成为生态补偿制度构建障碍的排除者。即无论是通过政府主导还是市场调控进行的生态补偿，都是为了达到保护生态地区环境的目的。自然资源、环境容量等具有稀缺性、效用性、价值性，随着地球人口的不断增长以及经济开发活动的增加，自然资源会变得更加稀缺。"受益者付费"更直观的表述其实是"生态消费者付费"，即享受到以保护者牺牲经济发展为代价而换取的环境利益的生态消费者应当支付一定的对价以弥补保护者失去的发展机会，同时换取保护者对保护环境利益更大的积极性。因此，要作为生态补偿制度构建障碍的排除者，就是做到:（1）"生态消费者付费"理念的传递与宣传。这一点，应该是自然资源部全面运行起来之后，大力做好的一项职责性工作。（2）推动公民生态补偿费机制的形成。这是一件做不好要挨骂，做好了功德无量的职责性工作，需要认真细致扎实的前期调研，并拿出具有可行性的方案。（3）推动央地政府纵向补偿和地地政府之间横向长效补偿机制的形成。

生态补偿是生态制度中独具特色的一种机制。正如有学者所说，生态补偿是通过一定的政策、法律手段让生态产品的消费者支付相应的费用，生态产品的生产、提供者获得相应的报酬，通过制度创新解决好生态投资者的合理回报，激励人们从事生态环境保护投资并使生态资本增值。生态补偿是生态效益的补偿，是通过制度设计来实现对生态产品（服务）提供者所付成本、丧失的机会予以补偿。[①]值得注意的是，生态补偿并非一种独立的经济机制，而是生态经济的"副产品"，是生态经济中的重要制度。

---

① 参见郭升选:《生态补偿的经济学解释》，载《西安财经学院学报》2006 年第 6 期。

在所有的国家法律制度中，很难找到像生态补偿制度这样集生态意义、经济意义与法律意义于一身的生态法律制度，使自然资源使用者或生态受益人在合法利用自然资源、有偿使用自然资源的过程中，对自然资源所有权人或对生态保护付出代价者支付相应的费用。这种支付费用，体现了一种生态正义或者生态公平。[①]也就是说，社会正义在生态领域的拓展和延伸，就是生态正义。在某种意义上说，生态正义也是一种新的社会正义，它强调生态权益的享有与相应义务的承担要平等、公正。[②]就退耕还林工程而言，这是政府通过行政政策强制性地将土地利用方式进行转变的一种行为，从短期看，政府给予农户一定经济补助，农民在利益机制的驱使下对退耕林抱以一定热情。从工程补偿资金直接发放的效果来看，补偿资金可以在一定程度上缓解退耕农户当前的经济困难，维持农户家庭原有生活水平的功效。然而从根本上解决退耕农户的生计必须着力解决农民自身的发展能力。现有补偿采取直接分配方式，农民获取补偿资金后用途各不相同，有的用于生活消费，有的则投向生产领域，基本上没有形成农户自己的产业，难以实现生态补偿的初衷。生态补偿资金的单一分配方式，使资金分散，不利于形成资金规模优势实现生态和经济的可持续发展。此外，各地天然林保护工程和生态公益林补偿政策的实施普遍存在资金使用不合理的问题。资料显示，两项政策所筹集的资金主要用于林业系统的人员工资、基础设施建设和基本日常开支，真正用于生态保护与修复的资金少之又少，生态补偿专项资金与行政机关运作费用的混淆是一个值得反思的问题。

① 生态正义是指个人或社会集团的行为符合生态平衡原理，符合生物多样性原则，符合世界人民保护环境的愿望和全球意识，符合“只有一个地球”的全球共同利益，特别是符合为子孙万代保护环境的可持续发展观。

② 参见孟献丽等:《社会正义到生态正义——戴维·佩珀生态主义思想研究》，载《国外社会科学》2017 年第 1 期。

我国确认自然资源部统一行使全民所有自然资源资产所有者职责，统一行使所有国土空间用途管制和生态保护修复职责，着力解决自然资源所有者不到位、空间规划重叠等问题，实现山水林田湖草整体保护、系统修复、综合治理，那么，过去国土资源部的职责，以及国家发改委、住建部、水利部、农业部、国家林业局、国家海洋局，以及国家测绘地理信息局、国家林业局的职责有效整合后，其主要任务就是要在尽可能短的时间内，形成排除生态补偿长效制度建构障碍的方案，然后，在该方案生效后，把这个长效机制的建设抓好、抓实、抓细。

三、生态补偿长效机制的构建责任担当

（一）自然资源部的生态补偿长效机制图景

法治是治国理政的基本方式，依法治国是中国共产党领导人民治理国家的基本方略。党的十八大以来，以习近平同志为核心的党中央加快推进中国特色社会主义法治体系建设，社会主义法治权威逐步树立，遵法守法成为全体人民的共同追求和自觉行动。截至2017年9月，十二届全国人大及其常委会共制定法律22件，修改法律110件次；截至2017年8月，国务院修改行政法规125部；截至2017年10月，全国22个省（市、区）的138个城市开展综合执法改革试点；截至2017年10月，已有17个省级政府和23个较大的市政府出台规范重大行政决策程序的规章。2012～2016年，人民群众对社会治安的满意度从87.55%跃升至91.99%。2018年3月5日，李克强总理在《政府工作报告》指出，2017年共提请全国人大常委会制定修订法律95部，制定修订行政法规195部，修改废止一大批部门规章。政府工作要“全面推进依宪施政、依法行政”，要“严格遵守宪法法律，加快建设法治政府，把政府活动全面纳入法治轨道”。全面依法治国的总目标，是建设中国特色社会主义法治体系，建设社会主义法治国

家。作为“四个全面”战略布局的重要内容之一，全面依法治国与全面建成小康社会、全面深化改革、全面从严治党一道，确立了新形势下党和国家各项工作的战略目标和战略举措，是实现“两个一百年”奋斗目标、实现中华民族伟大复兴的中国梦的理论指导和实践指南，并为全面建成小康社会、实现中华民族伟大复兴中国梦提供了坚实的制度保障。在环境保护、生态补偿等方面进一步强化立法，执法的力度进一步得到加强，法治建设是国际社会判断中国社会现代性、稳定性和可交往性的主要指标之一。[①]

笔者认为，在自然资源部成为我国资源管理者之后，自然资源部的生态补偿长效机制图景，是可以预期的。那就是，在自然资源部职能确定后，国土资源部的全部管理职责，加上国家发改委的“组织编制主体功能区规划职责”、“住房和城乡建设部”的“城乡规划管理职责”、“水利部”的“水资源调查和确权登记管理职责”、“农业部”的“草原资源调查和确权登记管理职责”、“国家林业局”的“森林、湿地等资源调查和确权登记管理职责”、“国家海洋局”职责、“国家测绘地理信息局”职责等，整合后的自然资源部的主要职责包括:（1）对自然资源开发利用和保护进行监管;（2）建立空间规划体系并监督实施;（3）履行全民所有各类自然资源资产所有者职责;（4）统一调查和确权登记;（5）建立自然资源有偿使用制度;（6）负责测绘和地质勘查行业管理等。这样一来，新组建的自然资源部统一了功能区规划、自然资源确权等职责，把自然资源的管理和监督职能整合在一起，是一个巨大的进步，有利于追究生态资源破坏的法律责任。[②]从1984年9月29日，我国制定《森林法》开始，自然资源立法，在

① 参见张慧中等:《法治中国行稳致远——国际社会积极评价中国坚持全面依法治国》，载《人民日报》2018年3月18日，第12版。

② 生态环境受到破坏后，首先要明确这个资源的所有权究竟是谁的。往往权利人不明确，究竟是省级，还是市或县级管理，谁来保护不明确，就出现“谁都有责任，又谁都没责任”的现象。这次自然资源确权职责统一到自然资源部，有利于追责。

《草原法》（1985 年 6 月 18 日）、《渔业法》（1986 年 1 月 20 日）、《矿产资源法》（1986 年 3 月 19 日）、《土地管理法》（1986 年 6 月 25 日）、《水法》（1988 年 1 月 21 日）、《野生动物保护法》（1988 年 11 月 8 日）、《煤炭法》（1996 年 8 月 29 日）、《气象法》（1999 年 10 月 31 日）、《海域使用管理法》（2001 年 10 月 27 日）、《畜牧法》（2005 年 12 月 29 日）、《海岛保护法》（2009 年 12 月 26 日）和《深海海底区域资源勘探开发法》（2016 年 2 月 26 日）等方面，取得了长足进步。以 A 地方政府作为具有生态补偿上下协调能力、区域协调能力的代表，然后架构中央政府与地方政府 A、地方政府 B、地方政府 C、地方政府 D 等之间的补偿传导模式，见图 9-1。

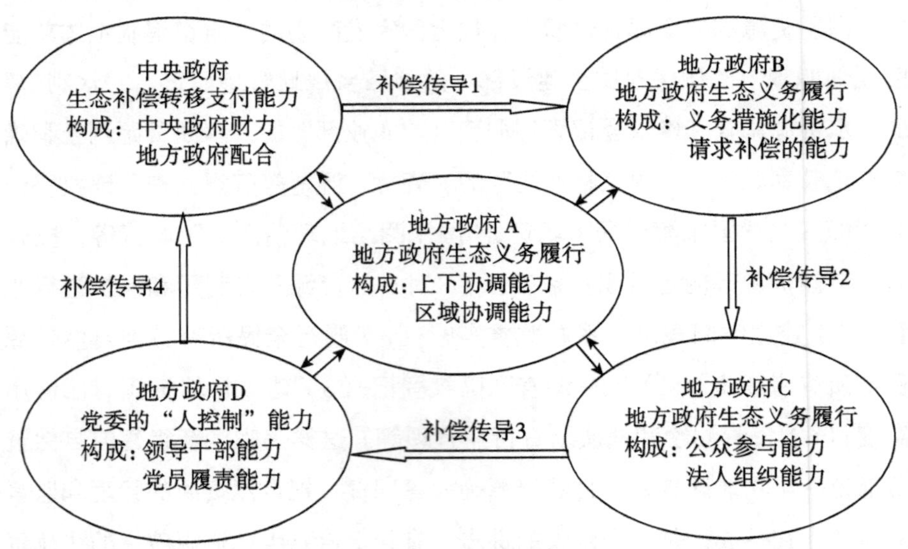

图 9-1　央地政府与地地政府生态补偿传导

在图 9-1 中，中央政府之所以在图的左上方，是因为这个生态补偿机制是由中央政府发起的。与此相对应，在地方政府 A、地方政府 B、地方政府 C、地方政府 D 中，地方政府 A 被设定为生态产品提供者即生态资源保护者，而地方政府 B、地方政府 C、地方政府 D 等，被设定为生态产品利用者。于是，中央政府与地方政府 A 之间，必然会发生双向的补偿传导作用，即地方政府生态义务履行构成：上下协调能力（央地协调能力）、区域协调能力（地地政府协调能力）。在以地方政府A为生态产品提供者的内圈中，中央政府和地方政府B、地方政府C、地方政府D等，都与地方政府A有生态产品的利用与补偿传递的双向关系。而在其外圈，则中央政府除了向地方政府A进行补偿传导外，还要向地方政府B、地方政府C、地方政府D进行补偿传导1、补偿传导2、补偿传导3、补偿传导4这样的远端生态补偿能力传递，即要求地方政府B、地方政府C、地方政府D向地方政府A进行生态补偿。而补偿传导4，属于图上央地补偿传导的回馈路线。这种回馈路线，在央地政府的“一对多模式”下，必然是“多对一模式”，即中央政府与地方政府A、地方政府B、地方政府C、地方政府D等之间的对应性回馈关系。

（二）自然资源部的生态补偿“合作协调职能论”

笔者在生态安全义务履行机制研究过程中，归纳出了“合作协调职能论”。所谓“合作协调职能论”，是指央地政府之间和地地政府之间，就生态补偿等事项以其职能、职责为相互合作的中心，在一定的牵头单位或者机构的号召下，密切配合和紧密合作从而实现某种工作目标的职能协调的工作机制。在自然资源部履行生态补偿机制架构职能过程中，必须以“合作协调职能论”为基础，解构和分解法治能力体系构成，形成生态安全合作基础。探索解决央地冲突、地地冲突的法制路径，形成提升各级政府生态安全法治能力的良性机制。

根据党的十九大“加快生态文明体制改革”的法治能力目标，在新时代、新思想、新矛盾和新目标的历史语境下，以各级政府生态安全“法治能力体系”结构性建设为切入点，自然资源部要通过自身和地方各级政府生态安全法治能力体系建设，促进我国生态安全沿着生态补偿体系建设的道路，探索“生态安全”与全面依法治国的内在联系。在纵向上，构成经验发掘、方法创新、政策措施的理论与实践完善路径，以问题为导向，形成发现问题、研究问题、解决问题的线性逻辑关系。在这方面，自然资源部要本着生态补偿“人控制”即生态补偿法治能力体系建设基础的理论原理，包括：（1）合作协调职能论，把握好生态安全法治能力体系建设；（2）政府合作协调论，本着自己的职责和职能，开展生态补偿长效机制的综合协调；（3）区域协调与央地协调，并通过部门牵头或者合作方式，在我国《生态补偿条例》的制定过程中，立足法治能力融合论，消解央地法际冲突与地地法际冲突。

把生态补偿央地政府合作和地地政府之间的协调作为工作目标，是自然资源部推进国家治理体系和治理能力现代化、实现国家生态文明建设的必然要求，对促进经济社会可持续发展、加快生态文明体制改革具有深远影响。尤其是，各级政府的生态补偿长效机制构建的法治能力体系化提升问题，一方面，是党的十九大提出“坚持人与自然和谐共生”。建设生态文明是中华民族永续发展的千年大计。必须树立和践行“绿水青山就是金山银山”的理念，坚持节约资源和保护环境的基本国策，像对待生命一样对待生态环境，统筹山水林田湖草系统治理，实行最严格的生态环境保护制度，形成绿色发展方式和生活方式，坚定走生产发展、生活富裕、生态良好的文明发展道路，建设美丽中国，为人民创造良好生产生活环境，为全球生态安全作出贡献。另一方面，这些年我国开展了一批重大生态保护与建设工程，取得了较为显著的成效。然而，部分工程建设在顶层设计上缺乏系统性和整体性，以“末端治理”为主，存在“头痛医头、脚痛医脚”的应急性特征。国家生态安全本身就是一项重大的系统性工程，必须在国家层面注重顶层设计。要针对关键问题，整合现有各类制度资源，构建生态补偿、经济发展和民生改善的地地政府协调联动机制，发挥人力、物力、资金使用的最大效率，实现生态安全效益的最大化。为此，要解决的关键性问题，是自然资源部在生态补偿“合作协调职能论”指导下，尽力协调各级地方政府进入地地政府之间的生态补偿机制，即“人控制”法治能力体系化提升之中。这种机制，具体分解为三个层次:（1）通过完善立法解决各级政府生态安全职责、义务和责任具体化的界分，从而弥补我国缺少《生态安全法》《土壤污染防治法》《长江生态条例》《黄河生态条例》等上位法律法规所带来的地方各级政府职责不明、义务不清和责任无法追究问题。（2）通过梳理中央立法、地方立法和区域立法中，存在的法际冲突和制度、政策与措施的不协调和矛盾之处，探索和寻找“合作协调职能论”背景下的“人控制”与环境评价的压力、状态、响应（Pressure-State-Response,PSR）模型下生态立法效用的耗竭与提升机制，寻找“前端治理”和结构性变革的立法路径。（3）通过属地主义或者属地管理为主与法治能力体系之间的内在契合关系，对生态安全的第二主体、第三主体的生态安全意识、能力和日常行为的“绿色化”、“生态化”和“节约化”等进行系统研究，进而有效整合各类资源利用者的生态补偿意识、能力，寻求“人控制”法治能力提升的基本路径。

（三）我国《生态补偿条例》立法目标及实现

目前，我国中央有关部委及地方有关政府出台的生态补偿的政策等，还未上升到法律法规层面，生态补偿功能机制缺乏权威性和强制性。也就是说，生态补偿从中央到地方一直处于试点探索阶段，对重点生态功能区的重要性、生态保护成效、投入与收益等因素的分配权重，未能体现权利义务和责任、职责的对应性，以致生态产品可以被无偿消费，生态保护效果不佳。比如，生态补偿与经营杉木等用材林收入存在巨大收益反差，不能弥补农民的投入成本。森林生态效益补偿基金每亩不足10元的补偿标准，显然与林农的付出和期望相去甚远。个别地区开展的横向生态补偿实践，也只处于探索过程中，如新安江流域的生态补偿缺乏法律法规依据，受益地区和保护区之间有效的协商平台和机制也不健全，限制了横向生态补偿工作的深入开展。

党的十九大报告号召“建立市场化、多元化生态补偿机制”，科学制定生态保护者和受益者的权利义务边界，加快整合国家各类生态保护补偿资金，设立生态补偿国家专项基金，大幅提高国家重点生态功能区和生态保护红线区的生态补偿标准，实施利益性生态补偿，让生态功能区干部群众感觉到“保护生态不吃亏”。在国家补偿的基础上，进一步完善地方生态补偿制度，实行以政府主导公共财政投入补偿为主、社会各方为辅的补偿原则，逐步推进形成政府主导、社会参与、利益共享的生态补偿新机制，① 实在是迫在眉睫。

虽然，早在2010年，国务院就已将研究制定《生态补偿条例》列入立法计划。之后，由国家发改委牵头，会同财政部、国土资源部、环境保护部、住房和城乡建设部、水利部、农业部、国家税务总局、国家林业局、国家统计局、国家海洋局10个部门共同组成起草领导小组和工作小组，组织起草了《生态补偿条例》；全国人大环资委也于2013年表示，《生态补偿条例》草稿已经形成并处于广泛征求意见阶段。但是，几年之后，这个《生态补偿条例》还是未见进一步的立法动静。应当说，国务院及其部委围绕生态补偿立法进行了大量的准备工作，为我国生态补偿立法工作积累了相当的经验，为立法草案的出台和进一步成为法规奠定了良好的基础。

尤其是，我国生态补偿的地方立法，为制定中央政府的《生态补偿条例》做好了铺垫。例如，由财政部和环境保护部牵头组织、每年安排补偿资金5亿元的全国首个跨省流域生态补偿机制试点，2011年在新安江启动实施。安徽省黄山市是新安江流域上游的水源涵养区，浙江省杭州市是流

① 参见李朝民：《完善生态补偿制度应加快立法》，载中国农业新闻网，http://www.tdzyw.com/2018/0313/53172.html，最后访问日期：2018年3月18日。

域下游的受益区。各方约定，只要安徽出境水质达标，下游的浙江省每年补偿安徽1亿元。试点后，新安江的水质连年达标，表明基于跨界水质的流域生态补偿机制在新安江取得了一定效果，促进了流域治理。除了新安江流域以外，青海三江源流域、江苏太湖流域等多个流域均实行了生态补偿机制并收获了较好的环境效益。①

国际上，生态补偿的经验和事例，也是非常丰富的。（1）欧盟。1992年欧盟实行生态标签制度，获得生态标签的产品，需保证从设计、生产、销售及处理的每一个环节都不会对生态环境带来危害。申请生态标签的生产商负有向欧盟各成员国指定的管理机构提出申请，完成规定的测试程序，提交规定的测试数据符合欧盟环保标准的义务。但由于绿色产品比普通产品价格高出20%～30%，消费者实际上对生态标签的生产商进行了间接补偿。这个全市场化生态服务付费机制，在欧盟得以成功运行。（2）法国。20世纪80年代，法国毕雷矿泉水公司为了保持产品水源地水质，与当地农民签订协议，公司向农民支付特别高数额和特别长时间（18～30年）的补偿，让农民采取控制奶牛场规模，减少杀虫剂使用，放弃谷物种植以及改进对牲畜粪便的处理等方法来减轻农业生产对河流产生

① 随着雾霾问题引发社会广泛关注，各地政府逐步开始探索建立空气质量生态补偿制度，山东省和湖北省人民政府印发了专门针对环境空气质量生态补偿的暂行办法，省内各城市也相继制定了具体实施细则。为了加强对重点生态地区公益林和重要水源地的保护，海南省2008年出台了《海南省人民政府关于建立完善中部山区生态补偿机制的试行办法》，对中部地区的核心保护区、禁止和限制开发区，国家级生态功能保护区海拔300米以上的生态公益林和重要水源地区域生态补偿机制进行了积极探索。针对湿地系统的保护问题，武汉市政府于2013年出台了《武汉市湿地自然保护区生态补偿暂行办法》，对湿地系统生态补偿立法进行了有益探索，为其他省份有效保护湿地资源、维护湿地生态系统安全提供了有效的参考模式。生活垃圾处理属于城市管理中一个比较突出的问题，为此，广州市人民政府于2012年出台了《广州市生活垃圾终端处理设施区域生态补偿暂行办法》，南京市人民政府于2014年出台了《南京市生活垃圾大型中转和处置设施生态补偿暂行办法》，对城市生活垃圾的清洁处理及生态保护进行了实践。此外，部分地区根据自身的生态环境状况就农田及生物多样性等环境要素制定了专门的生态补偿实施办法。

的污染，同时给农民提供技术支持和承担购进新的农业设备的相关费用。（3）英国。为长久保护英国北约克摩尔斯国家公园中典型的英格兰农村风光和生态，1985年，英国通过了北约克摩尔斯农业计划。英国政府向私有土地主购买生态服务，农场主和国家公园主管机关按照自愿参与原则达成协议，接受协议的农场主履行约定的义务，英国政府对接受协议的农场主进行费用补偿。90%的私有农场主被纳入其中，这一计划的实施成功地保留了英国传统农业的独特景观。（4）澳大利亚。为应对新北威尔士地区土地盐渍化问题，引入"下游灌溉者为流域上游造林付费"的生态补偿计划。生态服务提供方与生态服务需求方签订协议，由生态服务需求方支付费用用于其上游植树造林，并在付费的标准上进行了开创性尝试。通过对测量方法进行设计，将过去难以量化的生态服务的数量和价值以计量的方式加以显现，以便于生态服务的实际交易。（5）德国。在易北河整治过程中，德国和捷克达成协议，成立由8个小组组成的双边合作组织，包括行动计划组、监测小组、研究小组、沿海保护小组、灾害组、水文小组、公众小组和法律政策小组，分别负责相关工作。德国拿出生态补偿金给捷克双方交界处的污水处理厂，同时对捷克进行适度补偿。这个实践方案分工明确且落实效果明显，现在易北河水质已大大改善。（6）哥斯达黎加。为保护生态，哥斯达黎加从1979年起开始根据《森林法》（1996年）的规定设立国家森林基金，专门负责管理和实施森林生态效益补偿制度。这项制度就基金的主要来源、申请程序、支付程序、基金使用者的权利义务等方面进行了详细的规定。这项生态补偿制度历时近20年，取得了很大成功，哥斯达黎加的森林覆盖率在十几年时间里提高了26%。[①]

笔者认为，自然资源部投入职责运营之后，应当承担起我国《生态补

① 参见童克难等：《生态补偿立法时机成熟》，载《中国环境报》，http：//www.cenews.com.cn/sylm/hjyw/201603/t20160309_803074.htm，最后访问日期：2018年3月18日。

偿条例》的立法职责。理由是，2010年4月启动到11月时，我国《生态补偿条例》草案成形，这个草案由国家发改委牵头，现在国家发改委"组织编制主体功能区规划"的职责已经转移到了自然资源部，从自然资源管理者的身份来看，自然资源部是名副其实的《生态补偿条例》立法的牵头人或者召集者。地方各级政府在完成生态补偿机制建构时，表现出来的能力有大有小、有强有弱、有快有慢，但是，在地方政府已经有106个"生态补偿条例"的立法成果之后，中央政府必须积极行动，绝不可以做生态补偿条例的掣肘者。目前，在106 ∶ 0（地方106个法规：0中央法律法规）这样的格局下，笔者认为，自然资源部开始履行职责后的第一件大事，就是把我国《生态补偿条例》顺利完成，确定时间表，然后争取在最短的时间内，完成这个严肃的立法任务。

应当说，我国中央给政府的《生态补偿条例》立法任务的完成，不仅需要自然资源部积极履行职责的意识，更需要实现这个目标所必需的主客观条件：第一，主观上是否高度重视；第二，是否具备调控各种资源尤其是地方政府参与生态补偿的手段；第三，立法的方法和技术路线是否得当；第四，有无具体的保障措施；第五，督促力度和责任追究力度的大小。所以，对于自然资源部来说，其"人的致灾性"的"人控制"即法治能力的高低，就是中央政府运用生态补偿的法治手段和措施，保证生态安全目标顺利实现的素质即元认知能力、[①] 创造能力结合而成的特殊能力。中央政府组成的部委局法治能力的强弱、高低和大小，直接影响和决定着我国生态补偿制度未来的走向。

① 元认知能力，即对认知的认知能力。是个体对自己的认知加工过程的自我觉察、自我反省、自我评价与自我调节的一种能力。

第二节 生态环境部：生态安全的守护者与“人控制”责任者

2018年国务院机构改革中，基于保护环境是我国的基本国策，建设生态文明是我国作为生态安全的国际建设者、分担者和参与者职责的重要体现的宗旨，组建自然资源部、生态环境部和应急管理部3个部，3机构的生态文明职能划分是：自然资源部主管资源利用，属于资源管理者型生态义务或者生态安全职责承担者；生态环境部是环境污染即第二环境问题（这也是中端问题）的排污管理者，其职责是排污权交易型生态义务或者生态安全职责承担者；应急管理部是生态应急也就是生态安全领域发生各种自然灾害、城市灾害、环境灾害和人为灾害后，承担应急责任的主体。这种3个部主管生态安全的国家机关职能配置，应当说是相当完美的。这3个部的外在制度构建容易，而其配合型职责的措施化和可执行性，则需要所谓的“磨合”才能完成。即3个部在生态义务和生态安全保障上的配合型职责的措施化和可执行化的完全整合，具有相当的难度。

笔者认为，自然资源部、生态环境部和应急管理部在生态安全义务划分和配置方面，应当内外一致，而不是外观看上去“很美”的形式主义的东西。环境保护部在我国虽几经调整和重设，但其职责、职能和具体部门的职务等“三职设置”变动过大，使制度效用的外化并不理想。环境保护部存续期间，我国大气、水、土地和土壤、海洋等基本环境问题，普遍呈现发生、重化和日积月累式增长的态势，环境保护部在三条战线上“作战”：一是与中央各部委之间环境职责的“职能整合战”；二是与各种重大污染项目责任者的“污染项目督查战”；三是与地方政府的“环境利益地方化约谈战”，这导致了环境保护部全面出击，全力奋战和“超”全勤即加班加点做事，但是，效果并不尽如人意。

为整合分散的生态环境保护职责，统一行使生态和城乡各类污染排放监管与行政执法职责，加强环境污染治理，保障国家生态安全，建设美丽中国，这次国务院机构改革方案的提出，让笔者不得不重复强调的是，将环境保护部的职责，国家发展和改革委员会的应对气候变化和减排职责，国土资源部的监督防止地下水污染职责，水利部的编制水功能区划、排污口设置管理、流域水环境保护职责，农业部的监督指导农业面源污染治理职责，国家海洋局的海洋环境保护职责，国务院南水北调工程建设委员会办公室的南水北调工程项目区环境保护职责整合，组建生态环境部作为国务院组成部门，[①] 试图让生态文明建设的“五位一体”战略变成这个新组建部的新职责。同时，生态环境部对外保留国家核安全局牌子，[②] 也担当核安全国家职责。生态环境部的核心职责是：让水更清，天更蓝，中国更美丽；制定并组织实施生态环境政策、规划和标准，统一负责生态环境监测和执法工作，监督管理污染防治、核与辐射安全，组织开展中央环境保护督察等。由此可见，这次改革的目的，是将环境保护部这个“末端治理者”，通过职能整合，以生态环境部的名分，完成前端设计者和污染防治者二者合一的职能目标。应当说，生态环境部和环境保护部的职责转换，按照《国务院机构改革方案》的要求，是可以预期的。生态环境部作为我国自然资源和环境资源的所有者与管理者职能系统分开后，作为重要的国家生态资源和环境资源的双重管理者，同时也是生态安全“人控制”法治能力的提供者，在未来5年、10年或20年、50年，其履责的压力将非常巨大。

---

① 参见王勇:《关于国务院机构改革方案的说明——2018年3月13日在第十三届全国人民代表大会第1次会议上》，载《人民日报》2018年3月14日，第5版。

② 国家核安全局的主要职责是：制定并组织实施生态环境政策、规划和标准，统一负责生态环境监测和执法工作，监督管理污染防治、核与辐射安全，组织开展中央环境保护督察等。不再保留环境保护部。

一、从环境保护部到生态环境部的蜕变

（一）环境保护部职责的局限与提升限制

要实现环境保护部职责向生态环境部的蜕变，需要对相关职责认真审视。根据环境保护部的资料，其职责主要包括:（1）负责建立健全环境保护基本制度。拟订并组织实施国家环境保护政策、规划，起草法律法规草案，制定部门规章。组织编制环境功能区划，组织制定各类环境保护标准、基准和技术规范，组织拟订并监督实施重点区域、流域污染防治规划和饮用水水源地环境保护规划，按国家要求会同有关部门拟订重点海域污染防治规划，参与制订国家主体功能区划。

（2）负责重大环境问题的统筹协调和监督管理。牵头协调重特大环境污染事故和生态破坏事件的调查处理，指导协调地方政府重特大突发环境事件的应急、预警工作，协调解决有关跨区域环境污染纠纷，统筹协调国家重点流域、区域、海域污染防治工作，指导、协调和监督海洋环境保护工作。

（3）承担落实国家减排目标的责任。组织制定主要污染物排放总量控制和排污许可证制度并监督实施，提出实施总量控制的污染物名称和控制指标，督查、督办、核查各地污染物减排任务完成情况，实施环境保护目标责任制、总量减排考核并公布考核结果。

（4）负责提出环境保护领域固定资产投资规模和方向、国家财政性资金安排的意见，按国务院规定权限，审批、核准国家规划内和年度计划规模内固定资产投资项目，并配合有关部门做好组织实施和监督工作。参与指导和推动循环经济和环保产业发展，参与应对气候变化工作。

（5）承担从源头上预防、控制环境污染和环境破坏的责任。受国务院委托对重大经济和技术政策、发展规划以及重大经济开发计划进行环境影响评价，对涉及环境保护的法律法规草案提出有关环境影响方面的意见，

按国家规定审批重大开发建设区域、项目环境影响评价文件。

（6）负责环境污染防治的监督管理。制定水体、大气、土壤、噪声、光、恶臭、固体废物、化学品、机动车等的污染防治管理制度并组织实施，会同有关部门监督管理饮用水水源地环境保护工作，组织指导城镇和农村的环境综合整治工作。

（7）指导、协调、监督生态保护工作。拟订生态保护规划，组织评估生态环境质量状况，监督对生态环境有影响的自然资源开发利用活动、重要生态环境建设和生态破坏恢复工作。指导、协调、监督各种类型的自然保护区、风景名胜区、森林公园的环境保护工作，协调和监督野生动植物保护、湿地环境保护、荒漠化防治工作。协调指导农村生态环境保护，监督生物技术环境安全，牵头生物物种（含遗传资源）工作，组织协调生物多样性保护。

（8）负责核安全和辐射安全的监督管理。拟订有关政策、规划、标准，参与核事故应急处理，负责辐射环境事故应急处理工作。监督管理核设施安全、放射源安全，监督管理核设施、核技术应用、电磁辐射、伴有放射性矿产资源开发利用中的污染防治。对核材料的管理和民用核安全设备的设计、制造、安装和无损检验活动实施监督管理。

（9）负责环境监测和信息发布。制定环境监测制度和规范，组织实施环境质量监测和污染源监督性监测。组织对环境质量状况进行调查评估、预测预警，组织建设和管理国家环境监测网和全国环境信息网，建立和实行环境质量公告制度，统一发布国家环境综合性报告和重大环境信息。

（10）开展环境保护科技工作，组织环境保护重大科学研究和技术工程示范，推动环境技术管理体系建设。

（11）开展环境保护国际合作交流，研究提出国际环境合作中有关问题的建议，组织协调有关环境保护国际条约的履约工作，参与处理涉外环境保护事务。

（12）组织、指导和协调环境保护宣传教育工作，制定并组织实施环境保护宣传教育纲要，开展生态文明建设和环境友好型社会建设的有关宣传教育工作，推动社会公众和社会组织参与环境保护。

（13）承办国务院交办的其他事项。①

这些职能，总的来说，非常明确。但是，国家发展和改革委员会承担“应对气候变化和减排职责”，国土资源部被分配“监督防止地下水污染职责”，水利部承担“编制水功能区划、排污口设置管理、流域水环境保护职责”，农业部承担“监督指导农业面源污染治理职责”，国家海洋局担负“海洋环境保护职责”，以及国务院南水北调工程建设委员会办公室的南水北调工程项目区环境保护职责等，都与环境保护部无直接关系。如果要整合这类职责，在笔者原来的组建“国家环境管理委员会”思路下，尚有可能。但是，就单纯的环境保护部而言，职能整合与提升是非常困难的。

（二）环境保护部组建为生态环境部职责的“五个打通”

2018年3月17日，十三届全国人大一次会议表决通过了《国务院机构改革方案》，方案明确把环境保护部的全部职责，与其他6个部门相关的职责整合到一起，组建新的生态环境部，统一行使生态和城乡各类污染排放监管与行政执法职责。这个改革，是实现深化改革总目标的一个重大举措，是体现坚持以人民为中心发展思想的一个具体行动，是推进生态环境领域、生态文明建设领域、治理体系现代化和治理能力现代化的一场深刻变革和巨大进步。这一改革充分体现、完全符合习近平新时代中国特色社会主义思想，尤其是总书记生态文明建设重要战略思想。②

---

① 环保部《环境保护部职责》，载环保部网，http：//www.zhb.gov.cn/zjhb/zyzz/，最后访问日期：2018年3月18日。

② 参见李干杰：《环保部就“打好污染防治攻坚战”相关问题答问》，载中国政府网，http：//www.gov.cn/zhuanti/2018qglhzb/live/0317d.htm，最后访问日期：2018年3月18日。

习近平总书记在党的十八大以来有关生态环境保护、生态文明建设作过很多重要的指示、批示、讲话，形成了总书记生态文明建设的重要战略思想。对生态环境部的工作有非常强的指导性和针对性的内容有：（1）生态兴则文明兴、生态衰则文明衰的深邃历史观；（2）人与自然是生命共同体的科学自然观；（3）绿水青山就是金山银山的绿色发展观；（4）良好的生态环境是最普惠民生福祉的基本民生观；（5）统筹山水林田湖草系统治理的整体系统观；（6）实行最严格生态环境保护制度的严密法治观；（7）生态环境保护、生态环境治理需要全社会共同行动的全民行动观；（8）要积极参与全球治理、共建清洁美丽世界的共赢全球观。尤其是其中的整体系统观，就是要统筹山水林田湖草系统治理。①

在我国自然资源和环境资源的所有者、管理者必须要分开，所有者和管理者要相互独立、相互配合、相互监督。长期以来，在我国生态环境保护领域，体制机制方面存在两个很突出的问题：一是职责交叉重复，叠床架屋、九龙治水、多头治理，出了事责任不清楚；二是监管者和所有者没有很好地区分开来，既是运动员又是裁判员，有些裁判员独立出来，他的权威性、有效性也不是很强。这一次的改革方案，很好地解决了这两个问题。从所有者方面来讲，已经完全打通了，山水林田湖草都统一起来。生态环境部的组建从监管者的角度，把这6个要素统一起来，形成“五个打通”，把原来分散的污染防治和生态保护职责统一起来，具体为：（1）打通了地上和地下；（2）打通了岸上和水里；（3）打通了陆地和海洋；（4）打通

---

① 2018年3月5日，习近平总书记在参加内蒙古代表团的审议时，再次强调了这一点。他说，要加强生态环境保护建设，统筹山水林田湖草治理。2013年十八届三中全会审议通过深化改革的决定，总书记当时在说明中就特别强调，生态文明体制改革一定要符合生态的系统性，表达了人与自然是一个生命共同体的理念。人的命脉在田，田的命脉在水，水的命脉在山，山的命脉在土，土的命脉在树。如果种树的只管种树，治水的只管治水，护田的只管护田，就很容易顾此失彼，生态就难免会遭到系统性破坏。

了城市和农村;（5）打通了一氧化碳和二氧化碳。也就是统一了大气污染防治和气候变化应对。从这个意义上来讲，新的生态环境部不仅仅只保留了环境保护部的职责，还有比较大的变化，[①]那就是体现了“人控制”职能的法治能力层面的构想。

应当说，在这里环境保护部作为一个过去的旧机构其职责的终结，是被新组建的“生态环境部”全部吸收的。根据习近平总书记的生态环境保护、生态文明建设的战略思想，国家生态安全战略或者国家生态义务的承担与履行，人的致灾性“人控制”职能建设的总目标，是通过生态环境部的组建加以有效整合的。尤其是在“五个打通”层面，新上任的生态环境部李干杰部长对此形象生动的职责描述或者职能转表述，具有创新型履责的意义。

（三）“五个打通”与“人控制”法治能力提升

到2020年全面建成小康社会，是党和国家向全国人民作出的庄严承诺。在全面建成小康社会的整体框架内，生态环境无疑是一块明显的短板，因此，习近平总书记强调，小康全面不全面，生态环境质量是关键。为了尽快补齐补好这块短板，党的十九大将“污染防治攻坚战”列为决胜全面建成小康社会的三大攻坚战之一。2017年12月中央经济工作会议就此作出了部署，提出了要求。2018年3月5日，李克强总理在《政府工作报告》中，特别强调要坚决打好这场攻坚战，推进污染防治取得更大成效。因此，“五个打通”之后，再开展环境污染防治的攻坚战，相信生态环境部会更有力量和信心。

新组建的生态环境部“污染防治攻坚战”的基本思路，概括为“三个

---

① 参见李干杰:《环保部就“打好污染防治攻坚战”相关问题答问》，载中国政府网，http://www.gov.cn/zhuanti/2018qglhzb/live/0317d.htm，最后访问日期：2018年3月18日。

三”。第一个“三”，是围绕三类目标，其中，第一类就是生态环境质量改善的目标，主要包括大气方面的比如优良天数比例、PM2.5下降比例，水方面的好于Ⅲ类水体比例，劣Ⅴ类水体比例；第二类目标，是主要污染物总量减排的目标，主要包括大气方面的二氧化硫、氮氧化物，水方面的化学需氧量和氨氮；第三类目标，是环境风险管控目标，主要包括农用地风险管控目标和城市建设用地风险管控目标。第二个“三”，突出三大领域。这三大领域就是社会各界非常关心的大气、水和土壤。大气方面，要抓紧制定发布下一阶段《大气污染防治行动计划》，坚决打赢蓝天保卫战；水方面，要深入推进现在还在实施的、2015年4月发布的《水污染防治行动计划》，就是“水十条”，坚决打好碧水保卫战；全面实施2016年5月发布的《土壤污染防治行动计划》，扎实推进净土保卫战。第三个“三”，是强化三个基础。这三个基础在大的生态环境保护概念上讲，应该说都是非常重要的工作，但是，就污染防治来讲，三个基础主要是基础性的、保障性的，所以就是要强化三个保障：（1）绿色发展方式保障。就是积极推动形成绿色发展方式和生活方式，因为这是根本，如果我们的发展方式、生活方式不绿色，那么，污染防治攻坚战要打好是很难的，甚至是做不到的。（2）生态保护和修复保障。要加快加大生态系统保护和修复的力度，对污染防治来讲，生态系统服务功能强弱是至关重要的。（3）治理体系和治理能力保障。加快形成生态环境治理体系的现代化和治理能力的现代化，就是要进一步改革完善生态环境管理的体制，通过改革释放出更多的动能和红利，来支撑保障污染攻坚战取得更大更好的成效。[①]

总的来讲，环境污染防治攻坚战的思路就是“三个三”，围绕三类目标，突出三大领域，强化三大基础。党的十八大以来为了向环境污染宣

① 参见李干杰：《环保部就“打好污染防治攻坚战”相关问题答问》，载中国政府网，http：//www.gov.cn/zhuanti/2018qglhzb/live/0317d.htm，最后访问日期：2018年3月18日。

战，打好污染防治这场战役，中央政府先后制定出台三个行动计划，即“大气十条”、“水十条”和“土十条”。五年来的实践充分证明，“三个十条”的方向、路径、举措、目标、任务都是科学合理的，针对性、有效性都是非常强的。正因如此，过去五年才有这么好的成效。面向到2021年的未来三年，要打好这场环境污染防治攻坚战，关键是沿着前面五年的路子继续往前走，继续“照单抓药”，并且，坚持把这个“药”吃下去，尽管这副“药”有点涩，也有点苦，但却是良“药”，效果理想，必须坚持做下去。总之，未来一定要加快进度、加大力度、狠抓落实，努力使我国的生态环境质量得到进一步的改善，让老百姓的安全感、获得感、幸福感更强。①

可见，“五个打通”之后，至少作为一个新组建设立的生态环境部，它的职责分为原环境保护部的整体职能，继续履行是不存在重大障碍的。而6个部门整合而来的职责，主要是统筹山水林田湖草系统治理的职能，整合到了生态环境部，加上气候变化的应对职能从国家发改委整合到生态资源部后，其人的致灾性“人控制”法治能力的提升，也成为一个极其重要的任务。

二、生态环境部的职能：“人控制”提升的路径

（一）大气污染防治5年计划实施的经验

在我国，“大气十条”是2013年9月发布的，它是环境保护历史上一个非常重要的文件。这是首次经过中央政治局常委会和国务院常务会审议通过的重要文件。它是中央政府坚决向污染宣战，开展污染系统治理的首个行动计划。它的方向、路径、举措、目标、任务都是科学合理的，有着

① 参见李干杰：《环保部就“打好污染防治攻坚战”相关问题答问》，载中国政府网：http：//www.gov.cn/zhuanti/2018qglhzb/live/0317d.htm，最后访问日期：2018年3月18日。

很强的针对性、可行性，对于“大气十条”的效果，2017 年年底以来媒体的报道，总体上充分肯定，社会公众认为确确实实见到了不错的成效。具体体现在以下几个方面。

1. 大气环境质量得到明显的改善和提升。“大气十条”有 5 大目标，第一大目标是全国 338 个地级城市 PM10 平均浓度要下降 10%；第二个目标是京津冀作为第一大重点区域，PM2.5 平均浓度要下降 25%；第三大目标是长三角区域 PM2.5 浓度要下降 20%；第四大目标是珠三角区域 PM2.5 平均浓度要下降 15%；第五大目标是“京 60”，就是北京市 PM2.5 要达到 60 微克 / 立方米左右的改善目标。5 年下来，5 大目标不仅全部实现，而且是超额实现。全国 338 个城市 PM10 下降了 22.7%，京津冀 PM2.5 下降了 39.6%，长三角和珠三角分别下降了 34.3%、27.7%，“京 60”不仅仅是达到了 60 微克 / 立方米，而且是低于 60，达到了 58 微克 / 立方米。这里，有两个标志性的成绩：（1）珠三角作为一个重点区域整体达标，并且，是连续三年低于 35 微克 / 立方米；（2）北京市 PM2.5 达到 58 微克 / 立方米，不仅仅降到 60，还低于 60 微克 / 立方米，这是具有标志性意义的。

2. 有力推动了重点领域结构优化。推动了重点领域结构优化，尤其是产业、能源和交通结构这三大领域，有了突出成效。5 年中，淘汰落后产能，化解过剩产能，在钢铁和煤炭两个领域进步是非常大的，成绩也是非常显著的。李克强总理在《政府工作报告》中，给出了具体的数据，钢铁是 1.7 亿吨以上，煤炭是 8 亿吨以上，燃煤火电机组实施超低排放改造，达到 7 亿千瓦，占比达到了 71%。5 年里，淘汰了燃煤的小锅炉 20 多万台，还淘汰了黄标车、老旧车 2000 多万辆。另外，一些重点区域采取一些特殊的有效举措，比如，京津冀及周边“2+26”城市范围内，煤改气、煤改电完成 470 多万户，这些都是过去想干而一直没干成的，现在在 5 年的时间内把这些都干成了，确确实实为改进环境质量发挥了很重要的支撑作用。

3. 大气污染防治新的机制基本形成。（1）开展环保督察、专项督查、专项巡查，实施量化刚性问责等机制，使“党政同责”“一岗双责”要求落到了实处，全社会都行动了起来。（2）在重点区域建立联防联控机制，共同应对重污染天气，也达到了比较好的成效，还有，我们在强化科技支撑方面，也建立了机制。比如，2017 年开始实施的重污染天气成因与治理攻关专项科研机制的正式建立，发挥了很好的作用。在投资方面，初步建立了政府、企业、社会各方共同努力、共同参与、共同支持的投资机制。过去 5 年里，仅中央财政在大气污染治理方面整个投入就超过 600 亿元，达到 633 亿元，确确实实效果是明显的。

不过，这些成效还只是表面的成果，还不是相应机制已经完善的必然产物。尚不足以证明我国大气污染防治的“人控制”机制，即由生态环境部主导的大气污染攻坚战就形成了良好的大气污染物排放的有效控制机制。即大气污染人的致灾性控制，已经建立起强有力的“人控制”也就是政府治理之下的控制大气污染行为，尤其是污染物随便排放、超标排放，以及不愿意为生态产品承担生态补偿责任的长效机制。[①]

（二）2018 年 3 月“两会”期间多轮雾霾天窘境

“两会”前后的北京，连续几轮重污染天气：“两会”之前两轮，2 月 26 ～ 28 日，3 月 2 ～ 4 日；“两会”期间一轮，3 月 9 ～ 14 日、15 日，连续 6 天、7 天。3 月 9 ～ 14 日这一轮，原来预测是 2 个中度、4 个重度污染天气，其中，有一天还是严重污染，经过努力，变成了 1 个良、1 个轻、2 个中、2 个重污染天气，尽管仍然不理想，但是，采取的措施还是见到了成效。这一轮的天气从气象条件来讲是很不利的，尤其是强逆温。专家

① 参见李干杰：《环保部就“打好污染防治攻坚战”相关问题答问》，载中国政府网，http：//www.gov.cn/zhuanti/2018qglhzb/live/0317d.htm，最后访问日期：2018 年 3 月 18 日。

的分析是：这次逆温是近 20 年以来，也是 21 世纪以来最强的一次，时间比较长、范围也比较大。所谓逆温就是上面的温度比底下高，在 1500 米的高空，温度是 15~16 摄氏度、17~18 摄氏度，甚至更高，而底下没有那么高，尤其是夜晚，导致污染物扩散不出去，边界程度越压越低，像一个压缩饼干一样。在非常不利、非常糟糕的气象条件下，实现了 PM2.5 实际低浓度，就是得益于过去这几年，尤其是 2017 年以来治本的一些措施，治标的一些措施，确实具有针对性，取得了效果。专家估计，治本措施，三大结构的调整，产业、能源和运输结构调整，贡献率要占到 20% 多，甚至 30%。采取的治标措施，在重污染天气期间，各地采取预警应急，也有将近 15% 的贡献，以上几项措施加起来就使我们这一轮重污染天气本来应该是比较严重的，但实际上没有那么严重，减少了 1/3 以上。可见，取得的成效是实实在在的，并且在这个过程中，有关部门也积累和探索了一些好的做法和经验。这些做法和经验，完全符合我国的国情，符合我国的体制特点，符合事物本身的内在规律。实践证明，这一套办法还是有效的，未来只要坚持下去，就一定能够做得更好。当然要做得更好，需要大家共同的努力。大气污染治理既要打攻坚战，也要打持久战，污染的形成不是一天两天，要解决也绝非一夜之间，需要付出更多艰苦卓绝的努力，绝不是吹个号、打个冲锋就能够一劳永逸的，需要长期、持之以恒地坚持下去，只要坚持下去，目标是能够实现的。①

当然，短短不到 20 天内，北京就遭遇了三轮重污染天气，足以给人们以警醒：大气污染防治，任重道远。总体上来讲，目前，我国还处在“靠天吃饭”状态，天帮忙，大家的日子就好过一点，天不帮忙，雾霾就比较严重。要走出这个“靠天吃饭”的阶段，还有很长的路要走，也因此

① 参见李干杰：《环保部就“打好污染防治攻坚战”相关问题答问》，载中国政府网，http: //www.gov.cn/zhuanti/2018qglhzb/live/0317d.htm，最后访问日期：2018 年 3 月 18 日。

需要在过去的基础上，下更大的功夫，来狠抓落实。否则的话，“大气十条”治理雾霾的目标就很难实现。

（三）“蓝天计划”大气污染控制任务与环境督察机制

生态环境部正在研究“三年作战计划”，称为“蓝天保卫战三年作战计划”（以下简称“蓝天计划”）。在“十三五”生态环境保护规划里，已经有了一些整体目标设定，“蓝天计划”将以此为基础，进一步研究深化，有些目标保持不变，有些目标可能会适当提高。比如说，优良天数的比例是80%，要达到这个目标是比较难的，需要付出艰苦的努力。应当说，PM2.5的下降比例确定的是未达标城市以5年为基点，当时是262个城市，要下降18%，但实际上2016年、2017年两年因为力度比较大，效果也比较好，已经大大超过序时进度，两年已经完成15.8%。[①]在这个基础上加点码，肯定会达到目标要求。

2017年，中央环保督察实现了全覆盖，取得的成效得到了普遍认可，但是，社会公众还是有两方面的担心：一方面是担心督察会是一阵风的现象，另一方面是怕有一些地方因为担心督察而直接对企业进行“一刀切”的治理。在机构改革方案中，明确了中央环保督察是今后生态环境部的重要职能。事实上，中央环保督察的成果，被概括为“百姓点赞、中央肯定、地方支持、解决问题”。2016年、2017年两年下来环境保护部一共开展了四批中央环保督察，收到了很好的效果。其中特别明显、特别突出的，就是通过中央环保督察解决了一大批老百姓身边突出的大约8万件环境问题。这8万件环境问题，是老百姓身边引起很多的矛盾和纠纷的起因，通过中央环保督察得到了很好解决，同时，还推动解决了很多其他相关问

① 参见李干杰：《环保部就“打好污染防治攻坚战”相关问题答问》，载中国政府网，http://www.gov.cn/zhuanti/2018qglhzb/live/0317d.htm，最后访问日期：2018年3月18日。

题。那么，中央环保督察的整改成效能不能得到维持呢？其实包括作者在内的社会公众更多关注的是中央环保督察报告里开出的整改单子及其要求是不是真正得到落实？也就是说，中央环保督察整改报告带着问题清单，问题再大、再难，都是必须要整改和具体落实的。由于上了这个中央环保督察整改清单的，一是问题比较大，二是处理或者整改比较难，各界都很关心。中央环保督察是总书记亲自倡导、亲自推动的生态文明建设领域的一项重大制度改革，是在总书记亲自关心、指导、领导下进行的。因此，在制度设计时就非常注重这一点，就是要么不抓，要抓就一抓到底，以钉钉子的精神，要么不咬，咬住了就不松口。现在看起来成效还不错，主要体现在几个方面：（1）第一责任者高度重视。各地党委和政府对中央环保督察工作高度重视，31 个省市区都成立了督察整改领导小组，其中，18 个省市区由党政两个一把手来担任组长，其他的要么是由党委一把手，要么是由政府一把手担任组长。应该说，一把手亲自抓就为中央环保督察整改并落到实处，提供了一个重要的保障和支撑。（2）解决问题数量众多。这两年的中央环境督查确确实实解决了很多突出问题，即有 2147 项整改任务，到 2018 年 2 月底为止，已经完成了 998 项，占比将近 47%。其他整改任务，正在有序推进中。（3）环境责任落实。在中央环保督察的整改过程中，严格督察问责、追责问责。追责问责在整个中央环保督察中有三个层次：第一层次是在进驻期间边督边改的过程中督察问责，各地都进行了发布。统计数据显示，四批下来追责大概有 1.8 万多人，数量比较大。第二层次是随着督察报告一起下去的，是将相关处理追责意见移交给地方，要求追责有关党政领导干部，到 2018 年 2 月底第一批、第二批已经基本结束，第三批、第四批正在进行。其中，第一批已经向媒体发布了相关结果，一共追责了 1100 人。其中厅局级 130 人，正厅级 24 人。第二批即将发布，这一批力度更大，一共是 1048 人，总数稍微少一点，因为一共是 7 个省，第一批是 8 个省，厅局级是 162 人，其中省部级 3 人，正厅级 56

人。第三个层次是在整改期间又发现有新问题，也是立即严肃进行追责问责。（4）建构完善长效机制。中央环保督察以后，各地结合实际情况，在相关的一些工作领域建章立制约330多件，平均每个省份10多件。同时，各地还按照中央的模式建立起省以下的环保督察机制，资料显示，已有26个省份建立并且实施了省级环保督察，就是国家督省、省督市县，也见到了很好的实效。

关于“一刀切”的问题，所谓“一刀切”指的是不分青红皂白，不分是违法还是合法，一竿子打下去，一律进行关停。企业有污染环境的违法行为，该处理的还得处理。但是不分青红皂白，不分好坏地“一刀切”，在四批中央环保督察过程中，个别地方确实出现过类似的问题，但出现问题以后及时进行了纠正。未来，绝不允许平常不作为、到时候又来乱作为的“一刀切”，绝不允许这样的乱作为损害影响中央环保督察的大局。为此，将来不仅仅要及时纠偏，还会及时追责问责，并且会严厉严肃地追责问责，发现一起严查一起。在新的生态环境部职责中，其中非常明确的一项职能就是开展中央环保督察。2018年，新履责的生态环境部将把2018年中央环保督察，以及后期的中央环保督察继续开展好、发展好。李干杰部长在2018年几项规划是:（1）准备开展第一轮中央环保督察“回头看”。社会公众关心的列入中央环保督察单子上的问题，整改得如何，生态环境部要“回头看”。（2）结合“回头看”，要针对一些地区、一些省份突出的环境问题，开展专项督察，把“回头看”和专项督察尽可能结合到一起。比如，某个省大气方面问题比较突出，就在开展“回头看”的同时，把大气污染的治理作为一个专项来同时开展督察；哪个省如果水方面有问题，那就开展一个水专项督察；有一些省可能是在生态保护方面、自然保护区建设和管理方面存在严重问题，就把生态方面作为一个重点开展专项督察。（3）研究完善有关中央环保督察的相关规定、制度，推动这项督察进一步法治化、规范化，使将来能够作为一个长效机制，平稳健康发展下去。(4)加强对省一级开展环保督察的指导和督促。现在，有 26 个省的环境督察开展起来了，生态环境部的目标是 2018 年各省份的地方环保督察机制都能够全部建立，并且，能够实现所有地级市环保督察全覆盖。[①]

(四)“绿盾 2017 行动”与祁连山事件的反思

2017 年 6 月，中办、国办发布《关于甘肃祁连山国家级自然保护区生态环境问题督查处理情况及其教训的通报》(以下简称《祁连山查处通报》)，在我国生态环境保护历史上具有非常重要的意义，甚至是标志性意义。《祁连山查处通报》对生态环境违法重视程度之高，处罚力度之大，产生震撼之强，影响范围之广，都是前所未有的。两办《祁连山查处通报》发布后，环境保护部按照中央的要求，按照两办的精神，迅即会同其他部门，包括国土、水利、农业、林业、海洋和中科院，组织开展了专项行动，称“绿盾 2017 国家级自然保护区监督检查专项行动”(以下简称“绿盾 2017 行动”)，这个专项行动也是前所未有的，是历年来所有针对自然保护区的监督检查行动中，检查范围最广、查处问题最多、整改力度最大、追责问责最严的一次监督检查行动，已经取得阶段性成果。在这次专项行动中，排查了 446 个国家级自然保护区，发现了 2.08 万个问题。截至 2017 年 12 月底，国家级自然保护区已经有 463 个(有 17 个是后来批复的，之前开展专项行动的时候是 446 个)，[②] 这 2.08 万个问题已有 1.31 万个问题得到很好的整改。“绿盾 2017 行动”中，关停取缔 2460 家企业，对 1100 多人进行了追责问责。最重要的是，推动地方废止和调整与上位法不一致的地方性法律法规，取得了比较好的成效。当然，在“绿盾 2017 行动”中，也发现还有

---

① 参见李干杰:《环保部就“打好污染防治攻坚战”相关问题答问》，载中国政府网，http://www.gov.cn/zhuanti/2018qglhzb/live/0317d.htm，最后访问日期：2018 年 3 月 18 日。

② 在我国，各级自然保护区有 2750 处，大致占陆域国土面积 14.9%，其中，国家级自然保护区 463 个，大致占比是 10%，这是中华民族永续发展的宝贵财富，必须倍加珍惜，大家都有保护的责任。

不少问题，有些问题还很突出。比如，一些地方重开发轻保护的思想还相当严重，一些地区交办问题整改不彻底，当然有一些问题是历史遗留下来的。

我国的国家级自然保护区，主要是20世纪80年代以后大规模发展起来的。在发展的过程中，在一段时间内，是按照抢救性保护的思路来划定、建设和保护的，一些历史问题难免遗留下来。现在，环境保护部在面对、处理的时候，这些问题也要处理好，历史遗留问题的处理相对来讲难度比较大，处理不好的话，会给后续做好相关工作带来一定的困难。经过这次排查，对这些问题做到了心里有数，也将把监督管理体系进一步健全起来。下一步，生态环境部的工作中，第一，旗帜鲜明地把“绿盾行动”坚持到底，紧紧围绕国家级自然保护区，在具备条件的情况下扩展到省级以下自然保护区，对发现的问题，全部建档立卡，拉条挂账。现在做工作，打攻坚战，就得讲究精准，脱贫攻坚战最重要的一条经验就是建档立卡，现在污染防治攻坚战也要借鉴建档立卡，每个自然保护区是什么问题清清楚楚，交办给谁清清楚楚，并且，不仅仅生态环境部自己要有数，还要向社会公众公开，发挥社会的监督作用、老百姓的监督作用，紧紧盯住，不解决就不收手。第二，加大追责问责的力度。谁造成的问题，就得处理谁，对于问题造成的严重影响，该担责就得担责，该追责就得追责。第三，进一步强化信息公开和公众参与，发挥好公众的作用。因为自然保护区涉及面很广，要把这项工作做好，必须把过去的事情处理好，把现有的问题解决好，以及未来要把它们保护好、建设好，这些都需要全社会的齐心努力。①

可见，生态环境部的职能在大气环境质量改善和提升方面，还不是稳定的。2018年3月“两会”期间多轮雾霾天“围攻”的窘境，以及“蓝天计划”大气污染控制任务，环境督察机制的长久效用，以及“绿盾2017

① 参见李干杰：《环保部就“打好污染防治攻坚战”相关问题答问》，载中国政府网，http：//www.gov.cn/zhuanti/2018qglhzb/live/0317d.htm，最后访问日期：2018年3月18日。

行动”与祁连山事件的反思中，将在“人控制”层面，有进一步提升的具体要求。其路径主要是：把生态文明的理念，转变成法治；与此同时，把生态安全义务或者职责，转变成具体职责行动并坚持不懈地进行下去。

三、生态环境部对法律、法制和法治“牙齿”的维护

（一）我国《环境保护法》的“牙齿”功能

党的十八大以来，在习近平新时代中国特色社会主义思想的科学指引下，我国生态环境保护工作，乃至整个生态文明建设工作决心之大、力度之大、成效之大，前所未有，确实是取得了历史性的成就，发生了历史性变革。但是，我们也清醒地认识到，当前我国面临的形势依然十分严峻，未来还任重道远，必须奋发图强、攻坚克难，努力改善生态环境质量，提供更多的优质生态产品，满足人民群众日益增长的优美生态环境需要。到2018年3月，我国《环境保护法》实施已经有3年时间，当初修法的时候引入了“按日计罚、移送拘留、公益诉讼”等具体规定，在实际工作中也确实发挥了显著作用。

我国《环境保护法》是2014年4月24日全国人大常委会审议通过，2015年1月1日施行，这部号称历史上最严的《环境保护法》实施3年多的实践证明，确实是不虚此名，确实是最严的《环境保护法》，确实是长出了“牙齿”，实施效果整体上很不错。从2016年开始，在2016年、2017年环境保护部分别聘请中国人民大学、中国政法大学和国务院发展研究中心，对我国《环境保护法》修订后的实施情况做了第三方独立评估，结论基本上是一致的，认为这部法执行的力度、遵守的程度、产生的影响，都是我国环保历史上最好的。具体情况是：（1）执法力度不断加大。新《环境保护法》出台后，这几年执法手段、执法规定有了很多的增加，包括“按日计罚，停产限产，查封扣押、移送行政拘留”等，也支撑了环

境保护部执法工作，支撑了执法力度的加强。2017 年相比 2014 年，全国查处的违法案件，2017 年有 23.3 万件，相比 2014 年增加了 180%，2017 年罚款是 115.8 亿元，相比 2014 年增加了 265%。这个数字能够证明，环境执法的力度今非昔比，大大增强。

（2）执法手段不断丰富。一方面，环境执法的行政手段更加多样，包括督企、督政，督企有强化督察、巡查，督政包括环保督察、专项督察，还有约谈、限批、通报、挂牌督办这些手段，这是运用的行政手段。在司法手段运用方面，也是更加顺畅。那就是，充分运用刑事民事等多种司法手段，执法更有成效，在这个过程中，公安部、最高人民法院、最高人民检察院给予了积极配合和大力支持。比如，环境部门移送公安部门的案件，2017 年有两类，一类是行政拘留，另一类是涉嫌环境污染犯罪，分别有 8600 多件和 2700 多件，第一类比 2016 年基本上是翻了番，增加了 112.9%，第二类增加了 35%。另一方面是 2017 年支持相关公益组织，提起 5 起环境民事公益诉讼，从这个角度看，环境执法的手段确实不断丰富。

（3）执法方式不断创新。在执法过程中，广泛应用一些技术手段，包括遥感、在线监控、大数据分析等，来支撑开展执法活动。在京津冀"2+26"城市大气污染防治攻坚行动中，还使用了"热点网格"技术。所谓"热点网格"就是把区域划成 3×3 公里的网格，然后，在这些网格里设置一些监测设备，一旦网格里污染有异常增高，立即派人去进行监督执法。所以，从执法方式上，广泛采用这些新手段，使环境执法的力度和效果都有了很大的增强。

（4）公众参与程度不断提升。公众参与对做好环境执法、做好环境保护来讲是至关重要的，公众参与环境案件、事件和问题的督察，这几年有很大的进步。比如，2017 年环保部通过电话、微信、网络接到的举报就有 17 万件，比 2016 年翻了番，是 2014 年的 3.5 倍。过去，每年只有几万件，1 年也就 3 万多件，最高年份为 3.8 万件，2017 年则很快达到 17 万件，可见公众参与程度不断增强。不仅是积极性大幅提高，而且确实有了畅通的渠道，基本上，环境保护部接到的举报都是有一算一，都要责成当地进行处理，有些重点案件重点问题则都是一盯到底。比如，"2+26"城市大气污染防治中，2017年秋冬季以来所有涉及大气环境的问题举报，环境保护部第一完全向社会公开，第二交办下去的大致有1.3万件，都紧盯不放，不解决问题就不松手不停歇。

（5）执法成效不断显现。这一点，可以从环境质量的改善上看得出来，在企业守法的一些效果上也能够显示出来。从这个意义上来讲，我国《环境保护法》修订实施短短3年，确实是效果很明显，相信将来这个法会发挥更大的效用。

当然，也应当看到，这里面也反映出一些企业守法意识还不够强，超标排放的问题还存在，甚至在一些地方还很突出。还有，从政府的角度来讲，有些责任也没有完全落实到位。因此，只要企业是守法运行，或者都是达标排放污染物的，各地政府承诺的事、计划的事都是落实到位的，那么，环境质量就应该比现在的实际状况好得多。从这个意义来讲，环境保护和环境执法督察未来的空间还很大，未来要做的事还很多，未来一定要按照严格执法、规范执法、精准执法和文明执法的要求，进一步把我国《环境保护法》落实好，也把其他的法律落实好。在过去的5年里，我国环境保护领域法律的修订修改和制定的力度都很大。有很多法律，比如《大气污染防治法》《水污染防治法》《环境影响评价法》都进行了修订，目前，我国《土壤污染防治法》正在制定中，还有新的法律出台，像《环境保护税法》《核安全法》已经出台，都充分反映了新时代、新思想、新要求。[①] 现在如何让我国《环境保护法》的"牙齿"坚硬无比，并更能长

① 参见李干杰：《环保部就"打好污染防治攻坚战"相关问题答问》，载中国政府网，http://www.gov.cn/zhuanti/2018qglhzb/live/0317d.htm，最后访问日期：2018年3月18日。

久地发挥保护生态环境和更好地建设生态文明的良好机制，则是最为关键的问题。

（二）“天蓝、地绿、水清”与“两手发力”

李克强总理在《政府工作报告》提出，建设天蓝、地绿、水清的美丽中国。在“天蓝”上，环境保护部已经做了很多工作，取得了很大的成效。而在“水清”上，2018年“两会”期间，江苏代表团30多位代表联名提出议案为长江水环境保护立法，那么，在水环境治理上的举措及其重点，就是非常值得关注的。应当说，水污染防治和大气污染防治一样，中央政府和社会公众都非常关切。过去的5年里，除了“大气十条”外，“水十条”的制定和实施一直是环境保护部的工作重点。“水十条”在上上下下、方方面面的共同努力下，自2015年4月发布以来，应该说也取得了很明显的成效。在“水十条”发布之前，环境保护部在水污染防治方面也是下了工夫的，也取得了进展。2017年相比2012年，全国地表水的水质情况，好于Ⅲ类水质所占比例提高了6.3个百分点，劣Ⅴ类的水质比例下降了4.1个百分点。长江经济带比全国还要好一些，长江经济带好于Ⅲ类水的比例，比2013年提高了9.1个百分点，劣Ⅴ类降低了6.2个百分点，并且这个势头一直在保持。近两年以来，好于Ⅲ类比例，2017年相比2015年，提高了1.9个百分点。劣Ⅴ类降低了1.4个百分点，由9.7%降到8.3%。大气污染治理难，水的问题要解决起来更难。要把蓝天保卫战打好打赢，同时，也要把水污染防治工作做好，把碧水保卫战这场战役打好打赢。

未来的“12444”目标是:（1）围绕“1个目标”。这个目标，毫无疑问就是水环境质量的改善。

（2）坚持“两手发力”。所谓“两手发力”，是一手抓污染减排，把污染物的总量减下来；另一手是抓扩容，就是抓生态系统的保护和修复，增强生态系统的服务功能，尤其是水生态系统的服务功能，让它有更大的接纳能力和净化能力。

（3）突出“4种水体”。4种水体的问题更为突出，社会公众和全社会更加关注，即第一类水体，是集中饮用水水源地的水体，这是老百姓的水缸，所以，一定要把它当成重中之重搞好；第二类水体，就是黑臭水体，这也是社会公众特别关切的；第三类水体，是劣V类水体；第四类水体，是入江河湖海不达标的排污口水体，大江大河包括海边都有很多排污口，有些是达标的，有些是不达标的。要把这些不达标的水体作为重点，围绕突出这4种水体，倒逼相关的污染治理工作和生态保护工作。

（4）加快“4项整治”。一是工业园区。在这方面，就是要把散乱污企业清理整治好，该改造的改造，该搬迁的搬迁，该关停的关停。另外，对重点行业企业进一步提高排放标准，实行限期达标。二是生活源方面。主要加快建设城乡污染处理设施进度，总体上在这方面进展不错，但也不均衡，有的地方快，有的地方好，有的地方没那么快，没那么好，并且有些设施建设好了以后，运行也不那么好。除了城市之外，把农村的污水处理也要提到重要议事日程。三是农村面源的污染防治和污染整治。首先是种植业要把农药化肥减下来，这些年农药化肥控制得不错，实现了农药化肥使用量零增长，后续还有空间。另外是养殖，尤其是规模化畜禽养殖和水产养殖，对水环境的污染比较重，那么就要把这项工作进一步做好。四是水生态系统的保护和修复。这方面首先是有关湿地要进一步加强保护和修复。其次是河流的生态基本流量的保障，过去对这个问题不够重视，下一步要提到更加重要的议事日程，一定要把它确保好，不管你怎么开发利用，这条河流的生态基本流量得满足，不能不管不顾把一个好好的生命体给破坏掉了。

（5）强化“四个支撑”。第一个支撑，强化执法督察。通过执法督察使污染防治的一些要求、法律法规的规定能落到实处。第二个支撑，强化流域的协调和统筹，上下游、左右岸都要统筹起来，这在大气治理中称联防联控，流域实际上也是各个区域之间相互影响的，也要统筹好、协调好，单打独斗难以解决所有的问题，也有上下游或者流域协调问题。第三个支撑，要强化科技支撑。大气污染防治方面有很大的进展，水污染防治方面后续则要大力加强。第四个支撑，要进一步加强宣传引导。

所以，“水十条”的贯彻实施与我国《水污染防治法》的严格执行是一样的。围绕1个目标、坚持两手发力、突出4种水体、加快4项整治、强化4个支撑，按照这样的思路，生态环境部肯定能把未来几年的水污染防治工作做好。长江经济带在里面是重中之重，习近平总书记一再强调长江经济带一定要坚持生态优先、绿色发展，共抓大保护，不搞大开发。2018年3月10日，习近平总书记在参加重庆代表团审议时，再一次强调这一点，他说，长江经济带不搞大开发、要共抓大保护，来刹住无序开发的情况，实现科学、绿色、可持续的开发。生态环境部的工作，首先强化对于长江经济带的环保督察，其次就是加快划定（实际上已经基本完成）长江经济带的生态保护红线和“三线一单”，最后就是把长江经济带的饮用水水源地作为一个重点，把它做好。经过两年的时间，生态环境部对长江经济带的126个地级以上城市、319处水源地、490个问题，拉条挂账，紧盯不放，基本上整治到位。另外，生态环境部还会把长江经济带的黑臭水体整治作为一个重点，会同财政部等相关部门，推动落实好长江经济带长江上下游地区的生态补偿机制，通过这些工作，把长江这个中华民族的母亲河保护好。①

（三）人类命运共同体与《“一带一路”生态环境保护合作规划》

“一带一路”作为中国的重大倡议，在给沿线国家带来发展机遇的同

① 参见李干杰:《环保部就“打好污染防治攻坚战”相关问题答问》，载中国政府网，http：//www.gov.cn/zhuanti/2018qglhzb/live/0317d.htm，最后访问日期：2018年3月18日。

时，也给一些外媒带来对当地环境造成威胁的质疑。对此，生态环境部必须采取一些针对措施，进一步推动绿色“一带一路”的发展。在党的十九大报告中，习近平总书记特别明确地提出，要构建人类命运共同体，建设持久和平、普遍安全、共同繁荣、开放包容、清洁美丽的世界，要坚持环境友好，保护好人类赖以生存的地球家园。尤其是关于“一带一路”的建设，他多次作出重要批示指示，在多次讲话中予以强调。在2017年5月召开的“一带一路”国际合作高峰论坛上，他就明确指出，要践行绿色发展新理念，倡导绿色、低碳、循环、可持续的生产生活方式，加强生态环保合作，建设生态文明，共同实现2030年可持续发展的目标。在这次会议上也明确提出，中国将设立生态环保大数据服务平台，倡议建立“一带一路”绿色发展国际联盟。

毫无疑问，在“一带一路”建设过程中，作为生态环境部，一定要认真贯彻落实习近平总书记提出的这些理念、要求，实际上“一带一路”也只有走绿色发展之路，才能够行稳致远。总体上来讲，我国的企业、单位践行绿色发展，不仅仅是在“一带一路”实施的过程中，也包括其他的一些境外项目中。总体上，各有关方面还是非常注重和严格执行当地的生态环境保护要求，包括中国的生态环境保护要求的。有很多典型的案例，也取得了比较好的成效，产生了良好的影响。比如，2015年我国交付印度的一个燃煤电厂叫古德罗尔燃煤电厂，当时，印度政府大幅降低燃煤电厂的排放限值，因为印度跟我国一样，排放限值在不断地调整优化，正好在2015年赶上了这次调整，并且，还增加了其他的一些要求。尽管如此，这个项目仍然在2016年获得了印度的环境保护金奖和社会责任铂金奖，这是一个典型的案例。我国企业“走出去”，在环境方面整体上还是很注意的，也有很好的成效和影响。

自“一带一路”倡议实施以来，我国就非常重视，也采取了多项举措，努力服务、支持和保障绿色“一带一路”建设。2017年，环境保护部联合外交部、发改委、商务部，共同制定发布了一个非常重要的文件《关于推进绿色“一带一路”建设的指导意见》(以下简称《绿色“一带一路”意见》)，明确了“一带一路”绿色发展的总体思路、总体要求，此后，又根据《绿色“一带一路”意见》的要求，编制发布了《“一带一路”生态环境保护合作规划》，更加具体规划了一些目标、项目和任务，进一步推动了环保政策法规标准技术与产业的交流合作。与此同时，环境保护部还积极推动一些行业企业签署相应的协议，建立相应的机制，发挥了很好的效果。例如，环境保护部推动建立了“一带一路”环境技术交流与转移中心，实施了绿色丝绸之路使者计划，开展培训、交流、研讨，帮助“一带一路”沿线国家尤其是一些发展中国家提升生态环境保护管理和监管能力水平。包括东南亚的一些国家，非洲的一些国家，都取得了很好的效果，产生了很好的反响。下一步，生态环境部将着力把习近平总书记提出的两件事抓好，即一是绿色“一带一路”生态环保大数据服务平台的建设；二是“一带一路”绿色发展国际联盟的建设，会同相关国家，包括相关国际机构，比如说联合国环境署很有积极性，愿意和我国的环境管理部门一起把这些平台打造好、把这些机制建立好，能够共同努力，推动“一带一路”沿线国家环保水平进一步提升。保障“一带一路”重大战略能够实施好，取得成效，不仅仅是惠及中国人民，也惠及国际上所有相关国家，让大家一起分享“一带一路”绿色发展的成果。①

(四)用法治与洋垃圾作斗争

2017年7月我国出台洋垃圾进口的禁令，以前一些比较依赖我国市场出口垃圾的国家，尤其是一些发达国家，目前确实遇到垃圾处理的困

---

① 参见李干杰:《环保部就“打好污染防治攻坚战”相关问题答问》，载中国政府网，http://www.gov.cn/zhuanti/2018qglhzb/live/0317d.htm，最后访问日期：2018年3月18日。

难。因为我国的洋垃圾禁令来得太突然，导致这些国家的混乱。对此，生态环境部部长李干杰先生认为，首先，限制和禁止固体废物进口是我国政府贯彻落实新发展理念、着力改善生态环境质量、保障国家生态安全和人民群众健康的一个重大举措。同时，也是我国政府享有的应有权利。在20世纪80年代末，国际社会就推出了一个公约，即《控制危险废物越境转移及其处置巴塞尔公约》（以下简称《巴塞尔公约》），我国是该公约的缔约方。《巴塞尔公约》明确规定，充分确认各个国家有权禁止外国危险废物和其他废物进入本国领土，我国当然享有这个权利，也尽到了责任。同时，这个《巴塞尔公约》还规定，各个国家都有义务就近来减量和处理各自危险废物和其他废物，并且在越境转移的时候，一定要确保输入国的环境、公众健康不受到影响和损害。

我国的固体废物进口大致是从20世纪80年代开始的，一开始进口量增加还不算很快，后来进入90年代以后，增加就比较快了。大概20年前，整个进口量在400万～450万吨。但是,20年后，却快速增加到4500万吨，增加了10倍，这个增长的幅度是非常快的。更重要的是随着时间的推移，固体废物进口显示出了越来越多问题，并且，有些是相当突出和严重的问题。具体而言，最突出的一个问题是在废物进口中夹带了很多禁止类的废物，因为我国的固体废物管理制度也是根据《巴塞尔公约》，制定了国内相关法律法规，明确分为非限制类、限制类和禁止进口类，可以进口非限制类和限制类固体废物，但是由于管制不好，夹带了大量的禁止类废物，甚至是洋垃圾进口。更为突出的是，这些废物进来以后，在加工利用过程中，对环境造成了很严重的污染和损害。

2017年7月，环境保护部组织开展打击进口废物加工利用企业环境违法行为专项行动，对全国1792家企业，组织了1700人参加的为期一个月的拉网式排查，结果发现，其中有1074家正好是60%的比例，存在各种各样的违法污染问题。于是，对其中的1072家进行了查处，基本处理完1057家。由此可见，固体废物进口的违法违规程度，在这个领域是非常突出和严重的，由于出口者和进口企业的违法违规，使这些固体废物进口后，整个加工利用过程对国内的环境、对老百姓的健康产生了非常突出和严重的影响。正是因为存在这些突出和严重的环境污染问题，我国政府决定：从2018年开始调整优化进口名录，大幅压减固体废物进口的数量。第一批是调整了四类，后续还会逐步再进行调整。作出这么重大的改革决定，就是禁止洋垃圾入境。

改革固体废物进口管理制度的实施方案，是非常重要、非常必要的，也是完全合理和正当的，作为环境保护部，当然应当按照我国政府的要求，全力以赴狠抓落实，现在来看整体效果还是不错的。由于各种因素的影响，包括市场的好转，也包括听到一些风声，有些企业就抢抓“机遇”，尽快提前大量进口。所以，上半年是量价提升，下半年生态环境部要下很大力气扭转这个势头，全年平衡下来，限制类固体废物进口总量下降了12%，应该说效果还是比较明显的。今后，生态环境部还要坚持下去，落实好我国政府确定的目标和要求。

现在看来，最重要的不仅仅是中国而且包括国外，大家都要把意识和观念统一到《巴塞尔公约》精神上来，也就是说，各个国家都要立足于自己产生的危险废物和其他废物自己来减量、自己来处理、自己来消化，有了这个共识前提，在这个基础上很多事情才会更好理解和解决，也有利于全球绿色低碳循环发展的普及推动，才有利于清洁美丽世界的打造和构建。①

① 参见李干杰：《环保部就“打好污染防治攻坚战”相关问题答问》，载中国政府网，http：//www.gov.cn/zhuanti/2018qglhzb/live/0317d.htm，最后访问日期：2018年3月18日。

第三节　应急管理部：生态灾害应急的法治能力养成

在《国务院机构改革方案》中，新组建的第7个部，是应急管理部。对组建这样一个名称的部门，有关方面的解释是：我国是灾害多发频发的国家，为防范化解重特大安全风险，健全公共安全体系，整合优化应急力量和资源，推动形成统一指挥、专常兼备、反应灵敏、上下联动、平战结合的中国特色应急管理体制，提高防灾减灾救灾能力，确保人民群众生命财产安全和社会稳定。应当说，这个解释和理由，是恰当的。事实上，我国自然灾害多发频发，是世界上自然灾害最严重的国家之一。因此，自然灾害带来的重特大安全风险，是我国社会在经济发展、生态文明建设中会经常遇到的，也是绕不过去的重大安全风险。换句话说，自然灾害带来的安全风险化解，即公共安全体系建设中的建立健全问题，是应急管理部的基础职责。同时，我国的各种应急力量和资源整合，让应急力量和资源形成拳头，就非常必要。因此，必须将下列应急力量和资源，进行系统性职责整合：（1）国家安全生产监督管理总局的职责；（2）国务院办公厅的应急管理职责；（3）公安部的消防管理职责；（4）民政部的救灾职责；（5）国土资源部的地质灾害防治；（6）水利部的水旱灾害防治；（7）农业部的草原防火；（8）国家林业局的森林防火相关职责；（9）中国地震局的震灾应急救援职责；（10）国家防汛抗旱总指挥部；（11）国家减灾委员会；（12）国务院抗震救灾指挥部；（13）国家森林防火指挥部的职责等，进行系统性职责整合，首次组建我国的“应急管理部”作为国务院的组成部门。[①]

① 在笔者看来，应急管理部是由13个部门具有应急管理职能的机构合并而成的。这些部门原来的行政级别、规格和职能配置原则等各不相同，现在要把它们整个在1个应急管理部里，笔者认为，矛盾、冲突尤其是表现在内部职能协调上的不协调肯定会很多。

值得注意的是，这次整合的13个部委局办当中，国家安全生产监督管理总局（以下简称“安监总局”）被放在第一个，具有“定海神针”的导向作用。理由是：“安监总局”的主要职责众多，有17项之多，包括：（1）组织起草安全生产综合性法律法规草案，拟订安全生产政策和规划，指导协调全国安全生产工作，分析和预测全国安全生产形势，发布全国安全生产信息，协调解决安全生产中的重大问题。（2）承担国家安全生产综合监督管理责任，依法行使综合监督管理职权，指导协调、监督检查国务院有关部门和各省、自治区、直辖市人民政府安全生产工作，监督考核并通报安全生产控制指标执行情况，监督事故查处和责任追究落实情况。（3）承担工矿商贸行业安全生产监督管理责任，按照分级、属地原则，依法监督检查工矿商贸生产经营单位贯彻执行安全生产法律法规情况及其安全生产条件和有关设备（特种设备除外）、材料、劳动防护用品的安全生产管理工作，负责监督管理中央管理的工矿商贸企业安全生产工作。（4）承担中央管理的非煤矿矿山企业和危险化学品、烟花爆竹生产企业安全生产准入管理责任，依法组织并指导监督实施安全生产准入制度；负责危险化学品安全监督管理综合工作和烟花爆竹安全生产监督管理工作。（5）承担工矿商贸作业场所（煤矿作业场所除外）职业卫生监督检查责任，负责职业卫生安全许可证的颁发管理工作，组织查处职业危害事故和违法违规行为。（6）制定和发布工矿商贸行业安全生产规章、标准和规程并组织实施，监督检查重大危险源监控和重大事故隐患排查治理工作，依法查处不具备安全生产条件的工矿商贸生产经营单位。（7）负责组织国务院安全生产大检查和专项督查，根据国务院授权，依法组织特别重大事故调查处理和办理结案工作，监督事故查处和责任追究落实情况。（8）负责组织指挥和协调安全生产应急救援工作，综合管理全国生产安全伤亡事故和安全生产行政执法统计分析工作。（9）负责综合监督管理煤矿安全监察工作，拟订煤炭行业管理中涉及安全生产的重大政策，按规定制定煤炭行业规范和标准，指导煤炭企业安全标准化、相关科技发展和煤矿整顿关闭工作，对重大煤炭建设项目提出意见，会同有关部门审核煤矿安全技术改造和瓦斯综合治理与利用项目。（10）负责监督检查职责范围内新建、改建、扩建工程项目的安全设施与主体工程同时设计、同时施工、同时投产使用情况。（11）组织指导并监督特种作业人员（煤矿特种作业人员、特种设备作业人员除外）的考核工作和工矿商贸生产经营单位主要负责人、安全生产管理人员的安全资格（煤矿矿长安全资格除外）考核工作，监督检查工矿商贸生产经营单位安全生产和职业安全培训工作。（12）指导协调全国安全生产检测检验工作，监督管理安全生产社会中介机构和安全评价工作，监督和指导注册安全工程师执业资格考试和注册管理工作。（13）指导协调和监督全国安全生产行政执法工作。（14）组织拟订安全生产科技规划，指导协调安全生产重大科学技术研究和推广工作。（15）组织开展安全生产方面的国际交流与合作。（16）承担国务院安全生产委员会的具体工作。（17）承办国务院交办的其他事项。[①] 应当说，这些职责支撑着安全风险控制的一方天。还有，应急管理部的第一任部长为王玉普先生，他本人就是国家安全生产监督管理总局党组书记、局长，[②] 当部长只是一个身份转换而已。但是，应急管理部所担负的应急职责，远远超出“安监总局”的职责范围。

---

① 《国家安全生产监督管理总局主要职责内设机构和人员编制规定》（国办发〔2008〕91 号，2008 年 7 月 11 日），二、主要职责。

② 王玉普，男，汉族，1956 年 10 月生，辽宁新民人，1982 年 1 月参加工作，中国石油大学（北京）石油天然气工程学院油气田开发工程专业在职研究生毕业，工学博士。2003 年 12 月至 2008 年 3 月，大庆油田有限责任公司董事长、总经理、党委副书记（其间：2007 年 12 月当选中国工程院院士）；2008 年 3 月至 2009 年 8 月，大庆油田有限责任公司（大庆石油管理局）董事长兼总经理（局长）、党委副书记；2009 年 8 月至 2010 年 7 月，黑龙江省副省长；2010 年 7 月至 2013 年 2 月，全国总工会党组书记、副主席、书记处第一书记；2011 年 7 月至 2013 年 6 月国务院振兴东北地区等老工业基地领导小组成员；2014 年 6 月至 2015 年 4 月，中国工程院副院长、党组副书记（正部长级）；2015 年 4 月至 2017 年 9 月，中国石油化工集团公司董事长、党组书记兼中国石油化工股份有限公司董事长；2017 年 9 月起，任国家安全生产监督管理总局党组书记、局长。第十七届中央候补委员，十八届中央委员，十九届中央委员。

一、应急管理部的生态灾害应急职责

（一）生态灾害的防控与应急

所谓生态灾害，是指由于生态系统平衡改变后，给人类社会带来的相关灾害。主要是：水土流失、土地沙化与流沙扩展、森林、草原退化、环境污染等。生态灾害的特征是：重灾迟滞性、重复递增性、生态灾害链等。这些特征中，森林（草原）退化→水土流失→洪灾暴虐→毁坏耕地是一个必然现象。一旦生态灾害发生，应急管理部就应当发挥其积极应对即防控与应急的作用。

根据《中共中央国务院关于推进防灾减灾救灾体制机制改革的意见》（2016年12月19日，以下简称《三灾机制改革意见》）的规定。

加强各种自然灾害管理全过程的综合协调，强化资源统筹和工作协调。完善统筹协调、分工负责的自然灾害管理体制，充分发挥国家减灾委员会对防灾减灾救灾工作的统筹指导和综合协调作用，强化国家减灾委员会办公室在灾情信息管理、综合风险防范、群众生活救助、科普宣传教育、国际交流合作等方面的工作职能和能力建设。充分发挥主要灾种防灾减灾救灾指挥机构的防范部署和应急指挥作用，充分发挥中央有关部门和军队、武警部队在监测预警、能力建设、应急保障、抢险救援、医疗防疫、恢复重建、社会动员等方面的职能作用。建立各级减灾委员会与防汛抗旱指挥部、抗震救灾指挥部、森林防火指挥部等机构之间，以及与军队、武警部队之间的工作协同制度，健全工作规程。探索建立京津冀、长江经济带、珠江三角洲等区域和自然灾害高风险地区在灾情信息、救灾物资、救援力量等方面的区域协同联动制度。统筹谋划城市和农村防灾减灾救灾工作。①

---

①《中共中央国务院关于推进防灾减灾救灾体制机制改革的意见》（2016年12月19日），二、健全统筹协调体制；（三）统筹灾害管理。

需要强调的是，按照分级负责的原则，一般性灾害由地方各级政府负责，应急管理部代表中央统一响应支援；发生特别重大灾害时，应急管理部作为指挥部，协助中央指定的负责同志组织应急处置工作，保证政令畅通、指挥有效。应急管理部要处理好防灾和救灾的关系，明确与相关部门和地方各自职责分工，建立协调配合机制。考虑到中国地震局、国家煤矿安全监察局与防灾救灾联系紧密，划由应急管理部管理。为此，不再保留国家安全生产监督管理总局。

（二）应急管理部如何应对“灾害链”与致灾因子

各种灾害的发生，都是由三大要素组合而发生的，即由致灾因子、孕灾环境与承载体的组合与互相作用而完成。这当中，致灾因子是引发灾害危险的所有因素，包括客观性的因素，即与人为因素无关的地震、洪水、干旱、滑坡、气候变化和各种各样的自然变异因素，以及主观性的人数即与人为因素直接有关的法律制度缺陷、减灾能力过弱、备灾无效，以及人的致灾性、人类社会秩序缺陷，等等。我国地震学家郭增建最早提出了“灾链理论”，即“灾害链就是一系列灾害相继发生的现象”。他指出“灾链”有四种：（1）因果链；（2）同源链；（3）互斥链；（4）偶排链。[①] 文传甲把灾害链定义为“一种灾害启动另一种灾害的现象”，即前一种灾害为启动灾环，后一事件为被动灾环，突出强调前后事件构成灾链单位，以及它们之间具有的关联性。[②] 肖盛燮等认为，灾害链是一个自然的、客观实际存在的综合体系。链内各灾害之间相互渗透、相互作用、相互影响，相互之间以及与环境进行着物质、能量和信息的交换，形成相互联系、相互制约的复杂的反馈系统。他们从系统灾变角度将灾害链定义为：“灾害链是

① 参见郭增建等：《灾害物理学兼论》，载《灾害学》1987 年第 2 期。

② 参见文传甲：《论大气灾害链》，载《灾害学》1994 年第 3 期。

指包括一组灾害元素的一个复合体系，链中诸灾害要素之间和诸灾害子系统之间存在着一系列自行连续发生相应的相互作用，其作用的强度使该组灾害要素具有整体性。”[①]史培军则将灾害链定义为：由某一种致灾因子或生态环境变化引发的一系列灾害现象，并将其划分渗透为串发性灾害链、并发性灾害链两种。[②]可见，面对灾害链理论，应急管理部要做的，就是如何架构防灾减灾救灾的良好机制，把灾害链的研究，作为其行政管理工作之外的重要理论突破口。

所谓致灾因子（natural hazard），是指自然环境中，一切能够引起对人类社会的人员伤亡、财产损失及资源破坏，以及社会秩序混乱等各种自然与人文变异因素，并导致承载体受害、损失或者致害后果的因素或者加害致害因子。对“致灾因子”的理解，应当分解成三部分：（1）致灾；（2）因子；（3）灾害环境。然后，要明确致灾因子与致灾因子的组合，是一种必然现象。在这里，所谓“因子”，是指对某种事物产生影响的元素、因素、成分等，或决定事物成败的原因或条件。在因子和致灾因子之间，强调当致灾因子形成的时候，这种“因子”便是导致灾害的主要因素或者核心因素。例如，1987年冬春两季，在黑龙江的大兴安岭林区，因为当年春季特别干旱少雨，风干物燥，导致整个林区的火线等级升高，这是第一个火灾因子。接着，从5月6日起，连续5个着火点都是因为最初火源是林业工人违反规章制度吸烟，以及违反防火期禁止使用割灌机的规定，违章作业人工火引燃森林，是第二个火灾因子；当时又因为天气干热而刮起8级以上大风，5小时火头推进100公里，让火势迅速蔓延甚至发生“爆燃”，[③]则是第三个火灾因子；在火灾发生初期，林业部和当地林业局的主

① 刘文方、肖盛燮等：《自然灾害链及其断链建在模式分析》，载《岩石力学与工程学报》2006年增刊（1）。

② 参见史培军：《四论灾害系统研究的理论与实践》，载《自然灾害学报》2005年第6期。

③ “爆燃”是炸药迅速燃烧的现象。理论上，一般以亚音速传播的爆炸，称为爆燃。在此处，爆燃是指

要负责同志对护林防火工作很不重视，官僚主义严重，指挥不力，处置失当是第四个火灾因子；而林区防火制度废弛相当严重，防火力量薄弱，专业队伍很不健全。漠河县竟然在 1987 年防火期之前的 3 月，撤销了一个有 76 人的森林警察中队，人为地削弱了专业消防力量。还有，林区的“拌子城”是一大隐患。林区的许多住房都是“板夹泥”结构，到处都是板杖子、木棚子、劈材拌子，平均每户有 30 立方米的木拌子，这些木拌子可供人们做饭取暖烧几年。这次大火所以烧毁了城镇，“拌子城”是个重要的火灾因素。凡此种种，各项致灾因子的组合，终于构成大兴安岭森林火灾的灾难性致灾因子结构，最终导致惨重的经济损失和重大的人员伤亡事故，教训是极其深刻的。

在笔者看来，在灾害链中，启动灾害链的致灾因子组合可能是复杂多样的。一个灾害的降临或者来临，往往是各种致灾因子在时空条件与环境条件等，已经形成了独特的致灾性组合机制的情况下，成为一种必然性的灾难的。揭示一种重要的灾害成灾原理——灾害在各种致灾因子有机构成之后的“倍增效应”。所谓灾害的“倍增效应”，是指由于人类社会的物质财富积累和各种人工设施的大量增加，加剧灾害的蔓延并扩展灾害损害的危害程度的情形。比如，1931 年、1998 ～ 2016 年，时隔几十年时间，武汉市就要陷入城市洪水灾害的泥淖，就是这种“倍增效应”的反复上演的表现形式。2016 年 6 月 30 日～ 7 月 5 日 8:00，武汉市蔡甸区普降大到暴雨，全区累计降雨量达到 382.2 毫米。蔡甸区消泗乡多处民院水位跳涨，超出最高防守能力。7 月 5 日 8 : 00 出现漫溃。结合严峻汛情，武汉市蔡甸区防汛指挥部门决定，紧急转移消泗乡 16932 名群众。蔡甸区 40 多家机关部门紧急动员党员干部 3000 余人，连夜赶赴消泗乡 12 个村，组织群众转移。

森林着火后，林木的大面积燃烧产生了能量转换，引发部分能量转化成动能而引发的可燃物猛烈燃烧的现象。爆燃的产生必须满足三个条件（爆燃三要素）:（1）有燃料和助燃空气积存;（2）燃料和空气混合物达到爆燃浓度;（3）有足够的点火能源。

在这里，对这次武汉灾情的致灾因子归纳为：（1）地理位置或者地形；（2）雨情和水情；（3）梅雨季节；（4）开闸行洪；（5）灾民赈济；（6）河道和行洪区保护；（7）没有霍乱、伤寒、痢疾等疫病；（8）水库和大坝的安全度汛；（9）流域内各省市联合防洪抗洪；等等。

在我国，大气圈的主要致灾因子有29种，包括干旱、台风、暴雨、冰雹、低温、霜冻、冰雪、沙暴、干热风等。因为人对大气环境的干预，向大气中排放各种颗粒物严重超标，导致其人的致灾性在大气环境保护领域被无限放大或者强化。于是，在我国，大气污染作为致灾因子，在20世纪90年代以来，不断地持续增长和发展着。意味着，整个"90年代"[①]在我国大气污染防治的法治能力建设层面，取得的重大成就并不大。90年代伴随着互联网的迅速普及，一方面，在极大地丰富和改善人们生活方式的同时，也为人们的需求升级，对于各种资源包括大气资源"污染需求"，也被大大激发起来。北京市环保局的数据显示，2013年，北京市全年优良天数加起来共有176天，尚不足总天数的一半，重度污染天以上的天气累计有58天，占到全年天数的15.9%，平均每6～7天就有一次重度污染。2013年北京全市PM2.5年均浓度为89.5微克/立方米，超过年均35微克/立方米的国标1.56倍。如此严重的大气质量引起了人们的忧虑和不安。

那么，应急管理部在应对"灾害链"时，就应当把致灾因子作为重要的研究对象，在防灾减灾救灾机制体制和法制这"三职转型"层面，要认真

---

① "90年代"世界大事中，最值得一提的有：（1）1990年，民主德国加入联邦德国，分裂45年的德国统一；（2）1991年1月17日凌晨2：40（巴格达时间），多国部队向伊拉克发起"沙漠风暴行动"，战争以伊拉克失败而告终；（3）1991年12月21日，俄罗斯等11个苏联加盟共和国宣布成立"独立国家联合体"；（4）1991年12月25日，苏联最高苏维埃主席团主席戈尔巴乔夫辞职，苏联解体，美苏两极格局结束，世界形成"一超多强"局面；（5）1992年8月12日，美国、加拿大、墨西哥三国达成北美自由贸易区协定；（6）1994年，卢旺达发生部族大仇杀，至少有50万人被杀害，数百万人流离失所；（7）1997年2月23日，英国科学家威尔马特用母羊胚胎细胞"克隆"成功第一只克隆羊；（8）1999年3月24日，北约向南联盟发动大规模空中打击。

研究应急管理部的职责构成，把自然灾害、自然人为灾害、人为自然灾害和人为灾害等统一到“灾害”这个概念当中，然后，以统一应急的思路，把致灾因子的研究和分解，继而以各种方法给予控制梳理清楚，为职能强化和法治能力提升即“人控制”过程中的法治能力提升，提供强有力的支持。

（三）孕灾环境与应急管理部对北京雾霾孕灾环境的作为

所谓孕灾环境，是指能孕育产生致灾因子的自然环境，它由大气圈、水圈、岩石圈（包括土壤和植被）、生物圈和人类社会圈（物质文化圈）等组成，是致灾因子、灾情产生的重要场所。孕灾环境所构成的综合地球表层环境中，让致害物等致灾因子的聚合，构成一种结构性的背景的情形。所以，孕灾环境不是五圈的简单叠加或者随便的堆积，而是人类社会在生存和发展过程中，各种具有耗散性的物质循环和能量流动及其信息与价值流动过程本身，对承灾体带来灾难性影响或者消极影响作用的一种表述。学者认为，在浙江省台风灾害中，主要成因因子构成在风暴潮灾、风灾和洪涝灾 3 种灾害类型下，是不同的（见表 9-3）。

表 9-3　浙江省台风灾害主要成灾因子构成

灾害类型	诱发因子	素质因子	扩大（孕灾环境）因子
风暴潮灾	台风增水大风	江堤海塘工程质量 排水设施及能力	港湾形状 风浪 台风与天文大潮汛期相遇概率
风灾	大风及持续时间 风的旋转性变化	建筑物、树木、作物等的抗风性能 防风林的结构	地形（风口、风道） 城市电力网与行道树的布局
洪涝灾	暴雨 台风过程 降水	江堤、水库工程质量 水库等蓄水、分洪削峰能力 排水设施和能力 树、作物耐涝性	地形和地势 地质因子 城市功能区的布局 森林植被的蓄水、持水能力 海潮（顶托）

在表9–3中，孕灾环境即台风灾害的扩大因子，在“风暴潮灾”时、“风灾”时和“洪涝灾”中，其孕灾环境因素中是如何展示的。孕灾环境可以分称两类：（1）自然环境。所谓自然环境，是脱离人类社会独立存在的大气圈、水圈、岩石圈（包括土壤和植被）、生物圈等，构成的自然界物质性环境。这种环境包括地形、地貌、水文、气候、植被、土壤和动植物等；（2）社会环境。所谓社会环境，是指人类社会圈（物质文化圈）所构成的独立于自然界的人文环境。包括工矿商贸、各种管线、交通系统、公共场所、人和经济市场等。在这里，自然环境与社会环境的耦合，[①] 在自然灾害领域，构成了孕灾环境。孕灾环境的基本特征有：（1）自然区域差异性；（2）孕灾环境可改善性；（3）孕灾环境复杂性。灾害系统论认为，灾害是由孕灾环境、致灾因子和承灾体相互作用的结果，即灾害（D）是地球表层孕灾环境（E）、致灾因子（H）、承灾体（S）综合作用的产物。其公式是：

$$D=E\cap H\cap S$$

在公式中，H是自然灾害产生的充分条件，S是放大或者缩小灾害的必要条件，E是影响H和S的背景条件。任何一个特定地区的灾害，都是H、E、S综合作用的结果。其中，孕灾环境随着城市建设和发展状况，是可以改变的。例如，南京市江宁开发区成立后城市建设用地增加了10.34倍，水面率下降近50%；全区不透水率达到48.12%，主要建设用地平均不透水率超过70%，这样，城市空间快速增长与洪涝频发之间的影响关系是：城市空间增长直接改变地表不透水面、河流景观等洪涝孕灾环境敏感区，引起汇流过程紊乱和涝灾发生。四川低山丘陵区特有的自然地理条件为滑坡的发生，提供了自然环境层面的孕灾背景。（1）地势西高东低，高程相

---

① 物理学上，耦合指两个或两个以上的体系或两种运动形式之间，通过各种相互作用而彼此影响，以致联合起来的现象。在此处，借用其意，是指两个或两个以上的实体相互依赖于对方的一个量度或者一种现象。

差悬殊，最大相差约2000米，地形起伏较大;（2）沉积岩分布广泛，占到整个区域面积约89%，其中，又以碎屑结构的砾岩、砂岩，泥质结构的泥岩为主;（3）断裂构造分布密集，主要有龙泉山西缘断裂、峨边断裂、西河—美姑断裂等10余条;（4）亚热带季风气候区，夏季多暴雨，导致滑坡活动十分频繁;（5）人口增长速率较快，经济发展水平较高等，该区域为我国滑坡灾害集中人口分布区，滑坡灾害危害严重。四川低山地区发生滑坡即泥石流灾害，只要具备大范围降水或者强降水的条件，就构成了一个完整的孕灾环境致灾因子的结构性组合，即 $D=E\cap H\cap S$，就必然导致泥石流灾害发生。

在我国，大气污染行为是一种致灾行为。说它是致灾行为，是因为过量排放大气污染物，会导致大气污染物产生各种各样的危害，在超出大气环境容量也就是大气质量标准之后，必然成为一种名副其实的致灾因子。早在1979年9月13日，第五届全国人大常委会第十一次会议即原则通过我国《环境保护法（试行）》。《环境保护法（试行）》第1条规定，根据我国《宪法》第11条“国家保护环境和自然资源，防治污染和其他公害”的规定，制定本法。其所要保护15个环境要素中的第1个即“大气”要素（第3条）；积极防治工矿企业和城市生活废气、废水、废渣、粉尘、垃圾、放射性物质等有害物质和噪声、震动、恶臭等对环境的污染和危害（第16条）；一切排烟装置、工业窑炉、机动车辆、船舶等，都要采取有效的消烟除尘措施，有害气体的排放，必须符合国家规定的标准。大力发展和利用煤气、液化石油气、天然气、沼气、太阳能、地热和其他无污染或者少污染的能源。在城市要积极推广区域供热（第19条）；散发有害气体、粉尘的单位，要积极采用密闭的生产设备和生产工艺，并安装通风、吸尘和净化、回收设施（第23条），等等。

1981年3月12日，北京市人民政府颁布《北京市加强炉窑排放烟尘管理暂行办法》（以下简称《北京烟尘办法》），这是我国《环境保护法

（试行）》之后，最早开始通过加强炉窑排放烟尘管理，控制大气污染致灾行为的地方立法。应该说，北京市的地方立法非常前卫。《北京烟尘办法》规定：各种炉窑额定小时烧煤量在150公斤以上的（含150公斤），必须采取机械燃烧方法或消烟除尘效果高于机械燃烧的其他方法，同时配备除尘器（第2条）；炉窑在正常运行情况下，排烟黑度不得超过林格曼[①]1级；在启动、清炉等特殊情况下，排烟黑度超过林格曼2级的时间，在8小时内累计不得超过15分钟，但不得超过林格曼3级（第3条）。北京市既然这么早就开始了救灾进行大气污染的防治工作，那么，几十年后为何雾霾灾害却日益严重呢？试以北京市的雾霾孕灾环境来说明：（1）北京地形地貌：位于华北平原北部（平均海拔43.5米），背靠燕山，山区10200平方千米（海拔1000～1500米），约占总面积的62%，平原6200平方千米，约占总面积的38%。地形呈西北高东南低。西部是太行山脉余脉的西山，北部和东北部是燕山山脉的军都山。两山在南口关沟相交，形成一个向东南展开的半圆形大山弯，人们称为“北京弯”，其所围绕的东南部为小平原即为北京小平原（海拔高度在20～60米），属于华北平原的西北边缘区，东距渤海150公里。

（2）北京气候环境：典型的北温带半湿润大陆性季风气候，夏季高温多雨，冬季寒冷干燥，春、秋短促。全年无霜期180～200天，2007年平均降雨量483.9毫米，是华北地区降雨最多地区之一。降水季节分配很不均匀，全年降水80%集中在夏季6、7、8三个月。

---

① 林格曼，是反映锅炉烟尘黑度（浓度）的一项指标。林格曼烟尘浓度表使用方法：观察者站立在与烟囱距离40米左右的地方，将林格曼图板竖立在距观察者一定距离上，这个距离的大小取决于观察者的视力，一般以15米为好。然后，将烟色与图板的黑度进行对比，从而可以得知烟气的烟尘浓度。林格曼烟尘浓度共有6级，从0至5级。在白色的底上用黑色的小方格表示，白色面积为100%时为0级，黑色面积为20%时为1级，黑色面积为40%时为2级，依次类推，60%为3级，80%为4级，100%为5级。

（3）北京太阳辐射量：全年平均 112 ～ 136 千卡 / 厘米，北京年平均日照时数在 2000 ～ 2800 小时。冬季是一年中日照时数最少季节，月日照不足 200 小时，一般在 170 ～ 190 小时。构成特有的大气“静稳”背景因素。

（4）北京人口数量：2014 年 2151.6 万人；2015 年 2170.5 万人；2016 年 2172.9 万人。[①] 这是人的致灾性“寄托”的根源，北京市域人口密度过大，导致大气的污染物排放量必然超强，很容易就会触碰大气容量和大气质量的“双天花板”。

（5）北京机动车数量：2014 年年末全市机动车拥有量 559.1 万辆，民用汽车 532.4 万辆，增加 13.5 万辆。其中，私人汽车 437.2 万辆，私人汽车中轿车 316.5 万辆，分别增加 10.7 万辆和 5.5 万辆。2015 年年末全市机动车保有量 561.9 万辆，民用汽车 535 万辆，其中，私人汽车 440.3 万辆，私人汽车中轿车 316.5 万辆，与上年末持平，比 2010 年年末增加 40.6 万辆。2016 年年末全市机动车保有量 571.8 万辆，民用汽车 548.4 万辆，其中，私人汽车 452.8 万辆，增加 12.5 万辆；私人汽车中轿车 316.2 万辆，减少 0.3 万辆。2017 年年末，北京全市机动车保有量 590.9 万辆，比 2016 年年末增加 19.2 万辆。民用汽车 563.8 万辆，增加 15.4 万辆。其中，私人汽车 467.2 万辆，增加 14.4 万辆；私人汽车中轿车 311.4 万辆，减少 4.8 万辆。[②]

应当说，这些孕灾环境因素，最终，必然导致北京市的雾霾灾害不会

---

① 2017 年年末，北京全市常住人口 2170.7 万人，比上年末减少 2.2 万人。其中，常住外来人口 794.3 万人，占常住人口的比重为 36.6%。常住人口中，城镇人口 1876.6 万人，占常住人口的比重为 86.5%。常住人口出生率 9.06‰，死亡率 5.30‰，自然增长率 3.76‰。常住人口密度为每平方公里 1323 人，比上年末减少 1 人。2017 年年末北京全市户籍人口 1359.2 万人，比上年末减少 3.7 万人。资料来源：北京市统计局：《北京市 2017 年国民经济和社会发展统计公报》（2018 年 2 月 27 日），一、综合。

② 北京市统计局：《北京市 2017 年国民经济和社会发展统计公报》（2018 年 2 月 27 日），四、交通运输和邮电。

轻易消失。当然，令人高兴的是，2017年北京市在绿色发展方面，取得了令人可喜的成绩：北京全市万元地区生产总值水耗为14.1立方米/万元，按可比价格计算，比上年下降4.63%。规模以上工业能源消费中，天然气和电力所占比重比上年提高4.7个百分点。全市细颗粒物PM2.5年均浓度值为58微克/立方米，下降20.5%。二氧化氮和二氧化硫年均浓度值分别为46微克/立方米和8微克/立方米，分别下降4.2%和20.0%。[①]应急管理部对北京雾霾的孕灾环境的改变、改进和改善，是大有可为的。

二、承灾体的逻辑结构与应急管理部的作为

（一）第一承灾体与应急管理部的应当为或作为

在灾害学上，自然灾害并不是指地震、洪水、火山爆发、森林火灾等极端自然现象本身，而是指这些自然现象对人类社会这个整体性承灾体所造成的危害。也就是说，这些自然现象如果不直接或者间接对人类社会产生危害的话，也就不会被称为“灾害”或者“自然灾害”了。任何灾害的发生，都会以“自然变异—能量释放—承灾体受损—灾害损失”这样一个模式表现出来。这个模式，是笔者在《减轻自然灾害的法律问题研究》一书中，建立起来的一种思维模型，是自然灾害的社会属性一种具体表现（见表9–4）。

表9–4 自然灾害的社会属性

灾害损失	人员伤亡	财产毁损灭失	社会秩序混乱
法律属性	主体消灭	客体消灭	紧急状态
	主体能力受损	客体不能	异常状态

① 北京市统计局：《北京市2017年国民经济和社会发展统计公报》（2018年2月27日），十三、发展质量和效益。

表 9-5　自然变异与人类社会的关系模型

自然变异	地震、洪水、火山爆发、森林火灾，等等		
灾害损失（承灾体）	人员伤亡	财产毁损灭失	社会秩序混乱
法律属性	主体消灭	客体消灭	紧急状态
	主体能力受损	客体不能	异常状态

在表 9-5 中，表现了自然变异与人类社会的关系模型。其中，所谓承灾体，是指直接受到灾害影响和损害的人类社会主体。包括人类本身和社会发展的各个方面，如工业、农业、能源、建筑业、交通、通信、教育、文化、娱乐和各种减灾工程设施以及生产、生活服务设施，还有人们所积累起来的各类财富，等等。理论上，承灾体受致害物加害的程度，除与致灾因子的强度有关外，很大程度上取决于承灾体自身的脆弱性等属性。承受灾害的对象称为承灾体，人类社会以承灾体、受灾体或者受害对象的面目出现。"承灾体"强调人类社会对自然危险这类致灾因子，借助扩张因子产生危害后果的主动型、被动型的承受；而"受灾体"侧重于强调人类社会对自然危险的被动承受，至于"受害对象"之说，则强调人类社会与自然危险这类致灾因子之间，后者是加害源或者致害物，是主动因素即是致灾因子中的第一因素，而人类社会因为其脆弱性、易损性或者危损性的存在，必然会成为受害者，是被动因素即致灾因子中的第二因素。西方学者认为，所有的灾害都可以看作"人为的"（human – made），即因为人类缺乏有效的灾害防范措施，才使各种危险包括自然危险变成了"灾害"。例如，地震只是一种自然危险，这种危险本身极少能够直接导致人畜的伤亡、致残等，地震之所以称为灾害，往往是在人类建造的房屋或者各种设施无法承受地震波的能量作用而倒塌时，才会产生灾难性的危害后果。全世界每年要发生 500 万次地震，而 5 级以上的地震仅占 0.2‰。1949 ～ 1989 年，青海发生过 12 次 4.6 ～ 5.9 级地震，内蒙古发生过 11 次，均无 1 人伤亡。而 1990 年 2 月江苏常熟发生 5.1 级地震，造成直接经济损

失 1.3 亿元，伤亡 26 人的严重后果。可见，像常熟这种在特定地域、特定空间里发生的地震，才构成地震灾害。

于是，当自然危险发生时，人会选择逃跑或者躲避，这种逃避或者躲避便是人的“逃生本能”。这种本能，与“自甘冒险”完全相反。自甘冒险，是指在明知危险存在的情况下，某人主动同意自行承担某种危险行为可能引起的伤害或者受害后果的情形。在这里，“逃生本能”也称为“求生本能”。求生本能是源自于比现在更多风险的远古时代，而且延续至今这样一个更安全的现代世界。“逃生本能”是人在无预警的状况下，面对自然危险出现的生死关头之时，人类的求生本能，可让人们有能力逃过任何劫难或者致灾因子的加害或者致害的能力。比如，当洪水突然来到人们的身边或者人们被滔天洪水包围时，人们自然而然的第一反应就是拼命去抓“救命稻草”，[①] 这种逃生本能本身，说不定真能让某人获得生存的机会。人命是第一承灾体的判断，表明人命在自然危险中具有易损性。人命对自然灾害的易损性，不论是原始性的，即人在自然灾害中立即死亡，还是继发性的，即人在灾害中未立即死亡，而是因灾缺食、少衣或缺乏其他保障慢慢死去，都说明自然危险对人的生命具有非常大的“摧残性”或者毁灭性。

人命的易损性，既来源于人体的肉体结构，也来源于各种建筑物、设施和社会保障措施的缺陷，是无法避免的。人命易损性的无法避免与自然灾害摧残性的结合，使千百万人的生命在一场自然灾害面前显得非常脆

---

① 传说中“救命稻草”的故事是这样的：一次海难之后，一群人当中只有一个人漂到了一个荒岛上，后来这个人获救了，他是这次海难中唯一活下来的人。据说，这个人一直看见他眼前有一根稻草，他一直想去抓到这根稻草，于是拼命去抓，一直在海上漂，就一直抓啊抓啊。最后漂到了荒岛上，也许这个人看见的稻草是幻觉，但是，就是凭借着幻觉的信念，一直支撑着从海上漂到荒岛上。这种精神力量的支撑和信念的坚守，就成为这个“救命稻草”的典故。现在，“救命稻草”成为一个具有贬义的成语了。

弱。在灾害发生后，人命是第一承灾体。在这里，人命（human life），是指人的生命、人的性命或者人的寿命，也可以指人的命运。我国民法上，“人”主要是指自然人，人命就是自然人活着的“有命”、“活命”或者“存命”等状态。人作为地球上的高等动物，人命是其生活能力的表现形式。所以，人命也可以“生命”“寿命”等词语来表达。所谓生命，即人活着或者以有生命形式或者状态存在的一种状态。生命在指称或者表现生物的生命性时，强调“生存”、“生活”或者“生力（生命力）”等状态或者情形，即“人的性命存在的一种状态”。所以，“性命”在先秦古文中，皆作“生”字。而人的生命，在其长度、宽度和高度的“三维向度理论”中，则分解为生命的长度——寿命；生命的宽度——生存的贡献即社会影响度；生命的高度——生活的品质和人的修养的“阳春白雪度”。人命在自然灾害发生时，往往是第一承灾体的判断，其具体表现便是人成为自然灾害中的罹难者。“罹难”，多指人在自然危险发生时，遭受某种肉体或者精神损伤，从而造成生命丧失的情形。“罹难”即遇灾、遇险而死，或者“被害”的意思。“罹难者”是指在自然灾害中遇到危险而死亡的人。例如，唐山大地震中，死亡人数达到24.28万人之多。可见，人命是任何一次自然灾害中的首要承灾体。那么，对于未来可能要发生的任何重大自然灾害，应急管理部的应“当为”职责，就是通过加大防灾投入、强化灾害教育以及防灾减灾救灾的综合机制改革，把防灾尤其是公民的逃生能力演练放到第一位，不断提高对第一承灾体的救援效率。

（二）第二承灾体与应急管理部的可以作为

如果说人在自然危险当中，因为致灾因子的作用而当然具有易损性，即人对于自然危险的脆弱性，但是，人在自然危险演化成自然灾害中，还可以逃命或者逃生方式谋求生存的话，那么，财物以及各种有体建筑物，这类人所支配的法律关系的客体，却连这一点基本的属性都没有。笔者认为，作为自然灾害的第二承灾体，财物或者各种有体建筑物，只能任凭自然危险的致害、加害或者损害等加以蹂躏，从而演绎成自然危险损毁的难免性。如何克服或弱化这种“难免性”，是应急管理部的主要工作职责。

这种难免性，本质上是财物或者各种有体建筑物对于自然危险表现出来的脆弱性、易损性或者危损性。所谓脆弱性，是指“不喜欢波动”的财物或者有体建筑物不能更好应对波动性、随机性、压力等而出现的一种损害性变化的属性。脆弱性不是自然危险本身，而是作为第二承灾体的财物或者各种有体建筑物本身所具有的物质属性，即怕击打、掩埋、撞击和水淹、火烧、砸压等的属性，是财物或者各种有体建筑物不能承受自然危险的结果或者产物。所谓易损性，是指财物或者各种有体建筑物本身的无抗灾性，或称为对于自然危险等致灾因子的容易毁损灭失的属性。这意味着财物尤其是建筑物、构筑物或者各种有形体的建筑设施，对各种自然危险方面的致灾因子，缺乏全面的抗御性或者抗压性。例如，按抵御9度地震设计的建筑物，可以防震抗震，但不一定能防洪、防火；相反，符合防火设计要求或者标准的各种建筑物或者设施，能防火或者符合消防要求，却不一定能防地震，抵御大风或洪水等致灾因子带来的损害。

财物或者各种有体建筑物的易损性，从法律上讲往往是人们不遵守防灾抗灾规则，导致的自然危险作为致灾因子的危害性在财物上的直观表现。例如，1992年1月21日，川西北电网因“污闪”大面积跳闸，给电力部门造成70多万元的损失；而四川化工总厂的经济损失则达到1000万元以上，宝成线全线停运20多个小时。造成这次“污闪”的主要原因，是川西北电网线路绝缘瓷瓶上的碳酸钙尘垢，在浓雾中形成电解液，使高压线路短路跳闸。其中，对川西北电网的输电线路的清扫工作，远远未达到线路的要求则是直接原因。[①] 在电网“污闪”中，电网的易损性被清扫

① 参见《中国减灾报》1992年6月23日，第1版。

工作这些防灾措施未严格落实表现了出来。再如，1985 年 6 月 12 日长江西陵峡新滩镇发生了大滑坡，滑坡区内家园、田园皆毁于一旦，新滩成了长江中的险滩，[①] 人们的家园永远被毁灭了。当滑坡来临时，人们对滑区内的房屋、田地则莫之奈何，只能眼睁睁地看着它们滑入长江之中。不过，当人们撤离时，带走了可以搬走的财产即动产，从而使这些动产免于在这次滑坡灾害中悉数被损毁灭失。又如，天津市自 1985 年以来，施行两期控制地面沉降的计划，虽然使外环线以内的沉降速率由过去的每年 80 毫米以上，降至目前每年 10 毫米以内，但天津市仍在下沉。[②] 所以，通过防灾减灾救灾体系的立法，可以使人们自觉地、有意识地维护财物在灾害状态下的安全，增强抗灾能力，不断扩大财物或者各种有体建筑物的抗损性或者抗逆性，并不断限制其脆弱性。与此同时，应急管理部对工程抗灾、生命线工程建设，以及海绵城市建设的关注与投入更多管理职责，是保证第二承灾体安全的基本条件。

（三）第三承灾体与应急管理部的当必为

灾害发生后，必然对社会环境即社会秩序造成严重的破坏。在这里，“社会环境”是指包括社会心理在内的社会物质环境、社会秩序以及社会文化环境等人类社会。所谓社会物质环境，是以人的物质实体为基本因素的生产资料、生活资料等物质性财产环境。灾害发生后，灾民因灾害而死亡，不单是死者本人的不幸，也是社会的不幸。因为大批灾民的伤亡致残，意味着社会人力资源（也是一种很珍贵的物质财富）的非正常过量快速消耗。且不说灾区政府需要为安葬死者要花人力、物力和财力，仅是死者的创造力丧失，就是社会物质财富的巨大损失。一旦出现灾害毁城或人

---

① 参见《中国减灾报》1992 年 9 月 8 日，第 2 版。

② 参见谢觉民:《围墙因何拆裂?》，载《中国减灾报》1993 年 3 月 17 日，第 3 版。

员的大批死亡，而又超过其人力再生能力，则灾后的重建遇到的第一个困难，便是人力不足。

在致灾因子以致害物作用于人类社会这一过程中时，必然会造成社会秩序混乱，社会功能暂时或局部缺失，从而带来社会财富和价值的损失。于是，社会的易损性问题就是涉及区域人口、社会结构和社会文化等方面的因灾变化的问题，是一个复杂的多种因素相互影响的整体问题。也就是说，自然灾害通过渗透、转化、分解、合成、耦合等过程，呈现出链条式的复杂行为过程，这便形成了所谓的灾害链风险。这种灾害链风险，便是自然灾害风险借助社会物质环境的易损性，即社会的脆弱性——人、复杂的社会系统对自然危险等致灾因子冲击的应对能力和恢复力有限性，在自然灾害即将发生、区域发展差异和灾后恢复重建普遍受到关注的背景下，社会脆弱性最为明显地转化为社会物质环境的破坏性。

例如，汶川大地震后，2008 年 10 月 3 日，北川前农办主任董玉飞自缢身亡；2010 年 4 月 20 日，北川前县委宣传部副部长冯翔自缢身亡；2010 年 5 月 21 日，北川农业局干部魏宏在病中跳楼自尽。对地震之后，连续 3 名干部自杀的事件，时任北川县长经大忠说“他有自己的情感，有自己的逻辑”，但经大忠还是无法接受这 3 位自杀者的选择：“应该有勇气去克服困难，去战胜一些比较为难的事情，包括心理上、情感上的一些事情。”“每当有干部有这种选择，或者感觉有这种想法产生时，我都会觉得伤心。”

可见，自然灾害发生后之后，社会人文环境损伤的严重后果，不仅仅限于此，当人们陷入惊恐状态时，其抗灾、救灾和减灾的能力便受到约束或者限制。而法律规范、禁令发生有效作用的基础，便是社会人文环境的稳定，失去了它，不但再有效的法律措施难以落实，还有可能加剧社会秩序环境、物质环境的混乱。汶川大地震中，羌族文化受到灾难性的破坏，于是采取有效的抢救和保护措施，促进古老的羌族文化健康、持续的发展，便成为一项非常紧迫和重要的灾后重建工作。汶川大地震造成大量羌族人口的伤亡，在羌族人口从数量、质量、结构和分布等方面，都造成了重大的负面影响。不少羌族传统文化传承人在地震中死亡，还有羌族文化依存的生态环境受到破坏，以及大量羌族文物和文史资料遗失和毁坏，许多著名的历史文化遗迹在地震中受到不同程度的损毁。比如，北川在“5·12”汶川大地震中，被埋的国家二级文物 2 件、三级文物 121 件，一般文物 280 余件，以及大量的文字、图片和音像资料。那么，现在汶川大地震给北川人留下的“物权捐献问题”“地震遗址博物馆”功能转型问题，以及北川灾后重建的生态修复问题等，应急管理部是管理还是不予理睬？这是需要认真回答的问题。在笔者看来，北川人在汶川大地震后的 10 年里，心里一直被“物权捐献问题”所困扰，从来没有什么机构或者组织过问过这个问题。现在，应急管理部对这类抢险救灾和灾后重建的遗留问题，应当设计出专门的职能部门和职责，认真地进行善后处理。

三、应急管理部职能的运行整合：“人控制”法治能力升位

（一）从“国际减灾十年”到应急管理部的职能转换

提到“减灾委”“应急办”这些字眼，往往当然会涉及“国际减轻自然灾害十年”（以下简称“国际减灾十年”），即 1987 年 12 月，联合国大会通过决议，将 1990～2000 年定为“国际减少自然灾害十年（IDNDR）”。“国际减灾十年”是由原美国科学院院长弗兰克·普勒斯博士于 1984 年 7 月在第八届世界地震工程会议上提出的。此后，这一计划得到了联合国和国际社会的广泛关注。国际科学联合会理事会（ICSU）、国际大地测量学与地球物理学会（IUGG）、国际地质学学会（IUGG）、国际工程地质学会（IAEG）、国际岩石圈联合会（ICL）等国际组织都表示支持，此外，至少有 17 个国家、地区（包括日本学术会议，加拿大皇家学会等）也作出了

响应，表示出了极大的兴趣和充分的支持。1987 年 12 月，由摩洛哥和日本倡议，几十个国家联名向第 42 届联合国大会提出国际减灾议案，这个议案于 1987 年 12 月 11 日由联大通过，并形成第 42/169 号决议。

联合国在作出“国际减灾十年”的决议后，开展了一系列的准备工作：1988 年 2 月 19 日，联合国新闻署就 169 号决议正式发布消息，并宣布联合国秘书长为执行这一决议决定成立一个“国际减灾十年”的指导委员会，由联合国发展与经济合作总署总干事詹姆·李佩特任主席，联合国救灾署协调员马哈默特·埃塞菲任副主席，副协调员任秘书，其他成员分别由联合国科学与技术发展中心（CSTD）、开发署（UNDP）、环境署（UNEP）、人类居住中心（UNCH8）、粮农组织（FAO）、教科文组织（UNESCO）、国际通讯联盟（ITU）等的高级官员担任。与此同时，联合国秘书长还决定成立一个“特别国际专家小组”（AD-hoc International Expert Group）。聘请“国际减灾十年”创始人——美国科学院院长弗兰克·普勒斯博士主持召集国际著名灾害专家，在 1988 年 3 月 22 ～ 24 日在美国华盛顿集会，研讨如何实现“国际减灾十年”活动的目标，特别是国际专家委员会的性质、任务、组织形式等，并发表了会议纪要，指出特别专家组的任务是：向联合国秘书长提供与减灾十年有关的科学技术和实施方面的建议，制定如何实现“国际减灾十年”活动的计划，并为执行计划提出相应的体制，以发挥联合国的作用。1988 年 12 月 20 日，联合国第 43 届大会就开展“国际减灾十年”活动的内容与规模，作出相应的决议（第 43/203 号决议）。1989 年 7 月，联合国经济及社会理事会作出第 89/99 号决议，建议联合国大会采取行动，为实现“国际减灾十年”活动的目标，制定一个适当的行动纲领，对开展“国际减灾十年”活动作出具体安排。1989 年 12 月，第 44 届联大通过经社理事会《关于国际减轻自然灾害十年的报告》决议案，决定从 1990 ～ 1999 年开展“国际减轻自然灾害十年”活动，宣布“国际减灾十年”活动于 1990 年 1 月 1 日开始，规定每年 10 月第二个星期的星期三为“国际减少自然灾害日”（International Day for Natural Disaster Reduction，IDNDR），中文简称为“国际减灾十年”或“减灾十年”，并于每年以适合减灾十年的目标和目的的方式纪念该国际日等。

1990 年 10 月 10 日（星期三）是第一个“国际减灾十年”日，联大还确认了“国际减灾十年”的国际行动纲领。“国际减灾十年”的国际行动纲领，首先确定了行动的目的和目标。行动的目的是：通过一致的国际行动，特别是在发展中国家，减轻由地震、风灾、海啸、水灾、土崩、火山爆发、森林大火、蚱蜢和蝗虫、旱灾和沙漠化，以及其他自然灾害所造成的人命财产损失和社会经济的失调。其具体目标是：增进每个国家迅速有效地减轻自然灾害的影响的能力，特别注意帮助有此需要的发展中国家设立预警系统和抗灾结构；考虑到各国文化和经济情况的不同，制定利用现有科技知识的适当方针和策略；鼓励各种科学和工艺技术致力于填补知识方面的重点空白点；传播、评价、预测与减轻自然灾害的措施有关的现有技术资料和新技术资料；通过技术援助与技术转让、示范项目、教育和培训等方案来发展评价、预测和减轻自然灾害的措施，并评价这些方案和效力。国际行动纲领要求所有国家的政府都要做到：拟订国家减轻自然灾害方案，特别是发展中国家，将之纳入本国发展方案内；在“国际减灾十年”期间参与一致的国际减轻自然灾害行动，同有关的科技界合作，设立国家委员会；鼓励本国地方行政当局采取适当步骤为实现“国际减灾十年”的宗旨作出贡献；采取适当措施使公众进一步认识减灾的重要性，并通过教育、训练和其他办法，加强社区的备灾能力；注意自然灾害对保健工作的影响，特别是注意减轻医院和保健中心易受损失的活动，以及注意自然灾害对粮食储存设施、避难所和其他社会经济基础设施的影响；鼓励科学和技术机构、金融机构、工业界、基金会和其他有关的非政府组织，支持和充分参与国际社会，包括各国政府、国际组织和非政府组织拟订和执行的各种减灾方案和减灾活动。

第44届联大还通过了《国际减轻自然灾害十年国际行动纲领》，包括：国际减轻自然灾害十年的目的和目标，国家一级须采取的措施；联合国系统须采取的行动；减灾十年期间的组织安排；财政计划及审查等。这个纲领的产生，为在世界范围内的一致减灾活动铺平了道路，至此，“国际减灾十年”活动全面开展。“国际减灾十年”的计划纲要是作为“国际减灾十年”全面减灾计划的骨架，并根据各种自然灾害的共性和防灾减灾措施的共同性制定的。包括7大类技术内容和5个支持活动。其中，7大类技术内容是：（1）确认自然灾害的地区和灾情的评价。根据现有的资料，干旱、洪涝、热带风暴和地震是破坏性最大的灾害。这就必须对一个国家可能遭受的破坏性自然现象进行科学研究。这通常要由学术界或政府的科学机构进行，为此，应加强重要数据的收集。（2）易损性和危险性评估。投入—收益分析这取决于地区对自然灾害的防备水平、结构和系统对灾害的承受能力，以及地区从以前发生的灾害中取得的经验，应首先评估易遭受危害程度的各种因素。灾害和易损性的资料相结合，即可提供对预期损失即灾害风险的估计。它将被用来对减少危险的措施进行投入—收益研究。（3）提高决策者的防灾意识。地方、国家和区域各级实施减轻灾害的措施，是一个关键因素。它不仅取决于自然灾害的威胁和面临危险地区的易受害程度，也取决于灾前干预与灾后救援措施的投入—收益比率。事实上，对自然灾害所造成的实际风险的认识，应与受灾地区的易受害程度所做的科学评估成比例。（4）监测、预报、警报监测和预测。要求安装或扩大观测网，在大多数情况下，由负责确定危险区和评估危险的机构同时进行，如气象、水文和地震机构等。然而，警报的决定和发布必须由负责警报的官方机构来执行。这些机构需要互相衔接，并把科学术语变为大众化的语言。（5）长期预防措施。包括为减轻民房和结构物（如住房、工厂、城市生命线）的易损性可能采取的所有长期和永久性的措施。其中，分为立法和规划方面的非结构性措施和在易受灾地区采用的建筑规范和技术等的结构性措施。（6）短期防灾措施及防灾。对已知的危险，特别是对即将发生的灾害进行预测或预警及短期临时性的防灾行动，可以大大减少人民生命和财产的损失。要使这些行动行之有效，必须使负责监测和预测的科学机构与负责大众安全的官方机构以及志愿组织之间，在各自职能范围内进行密切合作。（7）临灾应急措施。在一些自然灾害发生期间，往往有机会协调各组织之间的行动，采取临灾应急措施，以减缓、改变、减少或减轻这些灾害的破坏影响。例如，震后立即援救可以挽救生命和减少永久性残废，采取一些行动可以减少次生灾害，如火灾和大坝决口造成水害等。科技委员会认为，按照以上 7 类技术内容制订和实施具体防灾计划，并且真正在减少自然灾害损失中有成效，还需要有下列 5 项行动的支持，即教育、培训地方和国家的专家；公众教育与宣传；技术转让；推广经过验证的技术；研究开发新技术和制定新的政策。

"国际减灾十年"的目标之一是鼓励提高国家能力，减少在灾害面前无能为力的状况。"国际减灾十年"还努力加强国际合作，协调一致，努力减少发展中国家因灾造成的生命财产损失、经济破坏和社会混乱。在此期间，联合国于 1994 年 5 月在日本横滨举行了第一届世界减灾会议，① 通过了《横滨声明》和《横滨战略和行动计划》（以下简称《横滨战略》），为会员国制定了防灾、备灾、减灾战略。该会议被称为国际减灾的里程

① 第一次世界减灾大会于 1994 年 5 月 22～ 27 日在日本横滨举办。有 2000 多人出席这次大会，其中包括 140 多个国家的政府代表团及一批国际机构、非政府组织、科技界的代表。中国代表团团长为范宝俊（中国国际减灾十年委员会副主任、民政部副部长），日本为大会主席，中国、哥伦比亚等 25 个国家当选为副主席。会议在横滨市国际会议中心举行。除开幕式、闭幕式外，活动主要有：全体会议（包括主要委员会和区域报告）、技术委员会、科技论文展示、减灾展览和儿童减灾画展等，会后还组织了自愿参加的减灾参观。其中技术委员会讨论的问题包括：（1）易损社区；（2）抗灾结构；（3）灾害对现代社会影响；（4）自然灾害与技术灾害互相影响；（5）减灾中经济与持续发展；（6）预警系统；（7）干旱管理等。

碑,《横滨战略》也被称为减灾领域的国际蓝图。“国际减灾十年”就两项紧迫的任务开展了工作:(1)为“国际减灾十年”活动制定一个目标明确的全面计划纲要;(2)对一批急需执行的重点项目进行评估和论证,以鼓励各国家委员会和资助者将其列入合作与援助方案。执行减轻灾害行动的责任主要是在国家一级。因此,“国际减灾十年”的大部分目标应是国家目标。为了实现这些目标,每个国家必须在以下问题上取得进展:(1)在所有易遭突发性自然灾害的国家,建立国家委员会;(2)建立国家或多国中心,支持研究和开发、改善培训和实施减灾十年的行动和政策;(3)在所有易受灾国家建立和维持一定的研究能力,提供有关自然灾害的数据和情况。

自然灾害是人类生存和发展的巨大障碍。有史以来,自然灾害给人类带来了重大的伤亡和痛苦,人类的生命和财产遭受到巨大的损失。目前,由于人口快速增长和集中即城市化,各种高技术和建设规模的有增无减,人为因素对自然生态的破坏,导致自然灾害对人类世界,特别是发展中国家的潜在威胁日趋严重,已经并将继续成为世界的严重不稳定因素,人类正面临着灾害的严重威胁和挑战。联合国国际减灾署(UNISDR)的报告显示,过去20年全球共有135万人死于同灾害有关的事件。为配合2016年的“国际减灾日”活动,联合国减灾署发表了题为《贫困和死亡:1995年至2015年灾害死亡》的报告。报告对灾害死亡趋势、地震与日益增长的同气候有关的灾害对于各国,特别是中低收入国家所造成的影响进行了分析。这份报告罗列了过去20年中最致命的20起灾害,并对其进行了比较性研究。报告称,共有135万人在过去20年发生的7000多起灾害中死亡。地震和海啸是导致这些灾害的主要元凶,超过一半的灾害与其有关。报告还指出,加勒比海国家海地死于灾害的人数最多,过去20年有将近23万人死亡。其后是印度尼西亚和缅甸,两国死亡人数分别为18.2万人和 13.95 万人。[①] 这种情况充分说明，减轻自然灾害已成为人类面临的一项紧迫任务。

因为自然灾害是不分地域和政治界限的，对工业化国家来说，自然灾害带来的损失在市值上是极高的，但自然灾害造成的最大苦难却更多地落到发展中国家的身上。因为这些国家受到死亡率高和经济损失相对较大的双重打击。当然，历史清楚地表明，世界人民在创造社会财富的同时，与灾害进行着殊死的斗争，在斗争中求得生存与发展，许多事例表明目前人类在科学技术上要完全阻止自然灾害的发生是很难办到的，但各种致灾因子产生的灾难，导致的重大损失并不是不可避免的。于是，就有了以人类的制度力量，抵御、对抗和应对自然灾害和特种人为灾害的力量。这种力量，来自人类社会对灾害成因与灾害危害的认识，还有对减轻灾害损失的技术方法的掌握与运用，与此同时，通过国际上有效的合作与协调一致的努力，完全有可能把人类面临的自然灾害威胁极大程度地减少和降低。现在，将自然灾害看作一个世界性的问题，不仅在科学技术发展层面是可能的，而且，在“国际减灾十年”活动的基础上，借助人类社会制度和全球合作的力量，即一个设想的减轻自然灾害的全球计划，包括在文化上、经济上完全不同国家之间的通力协作，已经通过得到科学技术界普遍而热情的支持，并逐渐具有可能性与现实性。可见，“国际减灾十年”留下来的“国家减灾委”“国务院应急办”的职能，在应急管理部成立后，全部整合了进去。

（二）联合国国际减灾战略与应急管理部的职能衔接

自然灾害是当今世界面临的重大问题之一，严重影响了经济、社会的

① 参见佚名:《联合国减灾署：过去 20 年全球 135 万人死于灾害》，载中国新闻网，http://world.people.com.cn/n1/2016/1013/c1002-28776202.html，最后访问日期：2018 年 1 月 13 日。

可持续发展并威胁着人类的生存。联合国于1987年12月11日确定的20世纪90年代后十年的“国际减灾十年”即IDNDR活动，于1999年落下了帷幕。[①]1999年11月24日，联合国第54届大会通过决议，同意由联合国秘书长提交的实施联合国经济和社会理事会1999/63号决议中，关于对“国际减灾十年”活动的后续行动的安排：“国际减灾十年”活动发展为“国际减灾战略”活动，在《横滨战略和行动计划》[②]的基础上，提高公众认识、加强公众宣传、扩大网络和合作伙伴，加深对灾害因子和各种减灾方法的认识。实施“国际减灾战略”的主要目的，一是能使社区从自然灾害、技术灾害和环境灾害的影响中得到恢复，这样便要减轻造成当代社会和经济易损性的复合性危险；二是通过防御灾害战略与可持续发展活动的结合，从抵御灾害发展到风险管理。

联合国国际减灾战略（United Nations International Strategy for Disaster Reduction，UNISDR）是联合国系统中唯一完全专注于减灾相关事务的实体，由联合国管理减灾事务秘书长的特别代表领导，确保减灾战略行动计划的执行，承担协调联合国系统、区域组织以及有关国家在减轻灾害风

① 所谓“减轻自然灾害”一般是指减轻由潜在的自然灾害可能造成对社会及环境影响的程度，即最大限度地减少人员伤亡和财产损失，使公众的社会和经济结构在灾害中受到的破坏得以减轻到最低程度。从这个意义上看，“国际减灾十年”的目的是达到了的。

② 《横滨战略和行动计划》的全称为《横滨战略和行动计划——建设一个更为安全的世界》，是1994年5月23~27日在日本横滨举行的首届世界减灾大会通过的官方文本。本文件根据联合国大会第56/195号决议第18段和第57/256号决议第4、第5和第7段编写。这两项决议提议对《建立更安全的世界的横滨战略和行动计划》进行审查，并向减少灾害问题世界会议（减灾会议）报告审查结论。本文件来自联合国减少自然灾害机构间工作组分别于2004年5月4~5日和2004年10月7~8日举行的第九届和第十届会议提出的看法。出席2004年5月6日至7日举行的减灾会议筹备委员会第一届会议的政府、国际组织和非政府组织代表提供了补充意见，随后，在2004年10月11~12日举行的筹备委员会第二届会议上这些代表在审议了《建立更安全的世界的横滨战略和行动计划审查报告草稿》[A/CONF.206/PC（Ⅱ）/3]之后，又提出了一些意见。会议秘书处打算通过为不同读者提供不同产品的方式传播反映“横滨审查”过程的综合资料。

险、社会经济与人道主义事务等领域的活动。联合国国际减灾战略是联合国下属的一个减灾机构，成立于2000年，由联合国主管人道主义事务的副秘书长直接领导，它是一个由168个国家、联合国机构、金融机构、民间社会组织、私营部门、媒体、科学学术领域以及普通大众共同参与的全球性机构，其主要目标为减少由于自然致灾因子引发的灾害所造成的伤亡。其秘书处设在日内瓦，在非洲、美洲、亚洲和太平洋地区、欧洲设有几个办公室，在纽约设有一个联络办公室，并为设在神户的恢复平台以及在波恩的早期预警平台提供支持。2001年联大通过第56/195号决议，扩大了联合国国际减灾战略秘书处的职能，将其作为联合国系统的联络机构，协调联合国机构以及区域组织等在减轻灾害风险、社会经济与人道主义事务等领域的活动。

2005年1月18～22日，联合国在日本兵库举行了第二届世界减灾会议，会议通过了《兵库宣言》和《兵库行动框架》，对《横滨战略和行动计划》进行了更新，为2005～2015年全球减灾工作确立了战略目标和行动重点。此次会议有150多个国家和地区的4000多名代表出席。在减灾会议就印度洋海啸问题举行的专题讨论会和特别会议上，来自联合国机构、受灾国和捐助国的代表重点围绕印度洋海啸预警系统建设问题进行了商讨。世界减灾会议组委会发布的一份新闻公报称，各方代表已同意“由联合国负责协调印度洋海啸预警系统的实施”。会议确定了开发自然灾害国际早期预警系统并建设为其服务的全球信息网络系统。《兵库行动框架》呼吁所有国家“开发早期灾害预警系统”“建立并加强各国的减灾管理系统”“开发和更新风险地图以及相关信息，并向决策制定者和普通公众传发”。《兵库行动框架》起草委员会负责人、瑞士人道救援官员马科·费拉里认为，“我认为我们实现了主要目标——在如何着手和促进减灾文化方面达成了一致”。

联合国国际减灾战略的宗旨为：减轻灾害风险和实施兵库行动框架调

动政治资源和财政资源；发展和维护有活力的多攸关方系统；提供减灾相关的信息和指导。其核心职能包括：协调联合国机构和有关各方制定减轻灾害风险政策、报告以及共享信息，为国家、区域以及全球范围的减灾努力提供支持；通过关键指标，如通过两年一次的全球评估报告监测兵库行动框架的实施，组织区域平台，管理全球减灾平台；为《兵库行动框架》优先领域提供政策导向，特别是将减轻灾害风险纳入气候变化适应性；倡导和举办减灾活动及媒体宣传；提供信息服务和实用工具，如虚拟图书馆等，建立包含减灾良好实践、国家情况、大事件等数据库以及电子文档等；推动减轻灾害风险国家多部门协调机制（国家平台）。

2007 年 3 月 1 日，国际减灾战略公布了一套名为"阻止灾难"的电子游戏。"阻止灾难"游戏分为三个难度等级，适合 9 ～ 16 岁的儿童参与。游戏的主要内容是在一个特定的地点拯救生命，这让孩子们觉得很有趣，因此很喜欢这个游戏，目的是让儿童从小就有防灾减灾意识。

联合国国际减灾战略的战略机制中，整体目标为发起和支持全球减灾运动的伙伴关系系统实施联合国国际减灾战略，伙伴关系系统的减灾活动通过《兵库行动框架》得以巩固。国际减灾战略的伙伴关系系统参与者众多，且都在支持各国和社区减灾方面发挥着重要的作用。这些伙伴主要包括：各国政府、政府间或非政府间组织、国际财团、科技机构，专门的网络以及民间机构和私人部门。除此之外，国际减灾战略机制包括：

（1）全球减轻灾害风险平台。自 2007 年开始，全球减轻灾害风险平台作为主要的协调持续地强调减灾的全球论坛，每两年召开一次。对所有国家和国际减灾战略攸关方开放。全球减轻灾害风险平台的主要任务是：评估《兵库行动框架》的实施；增强和提高减灾意识；分享减灾经验和实践；确认现有的差距，以及确认必要的行动加强国家和地方的执行能力。

（2）区域平台。区域减灾平台是体现政府提高协调力和减灾活动执行能力的政治意愿的多攸关方论坛。政府间的合作是区域层面强调减灾风险的关键。区域的政府间机构组织在跟进减轻灾害风险活动和兵库行动框架执行方面承担着日益增强的职责，在非洲、亚太区域、阿拉伯国家、欧洲和美洲转变成了减轻灾害风险的多种攸关方平台，为国家有关机构提供了信息交流和知识分享的机会，并为相关区域的减灾行动确定了前进的方向。国际减灾战略区域平台办公室是为各区域平台提供支持的秘书处。一些主要的区域平台近期的战略和行动有：美洲减轻灾害风险区域平台会议、阿拉伯环境部长理事会、亚洲减轻灾害风险部长级会议、欧洲减轻灾害风险论坛、太平洋灾害风险管理平台会议、非洲减灾部长级会议等。

（3）推动全球减灾。主要包括：第一，协调国际、区域以及国家减灾机制：协调国际减轻灾害风险的一致努力，监督并定期报告《兵库行动框架》的实施情况；管理全球减轻灾害风险平台；协调区域减轻灾害风险平台；协调国家减轻灾害风险平台。

第二，倡导和组织全球减灾运动。遵守联合国“国际减灾日”活动规则，即在1989年12月22日联合国第44/236号决议将每年10月第二个星期三定为“国际减灾日”，1990～1999年国际减灾十年期间每年开展“国际减灾日”活动后，2001年12月21日，联大第56/195号决议继续遵守“国际减灾日”活动宗旨，将其作为促进全球减灾文化的载体。与此同时，颁布“联合国世川减灾奖”。“联合国世川减灾奖”由日本基金会的创会主席Ryoichi Sasakawa先生于1986年设立，旨在奖励在减灾领域或者倡导减灾领域做出积极努力的个人和组织，该奖由国际减灾战略主持评选，并于全球减灾平台会议期间颁布；发起“全球减灾运动”。自2000年开始，联合国国际减灾战略通过发起针对不同的专题发展领域的全球减灾运动，倡导减灾风险，增强社会抵御灾害的能力。联合国国际减灾战略发起的活动旨在增强减轻灾害风险政策建设，对政策制定者和社会产生影响。近年来，这些活动包括“建设具有抗灾能力的城市”与“建立百万安全学校和医院”等。

第三，倡导减灾有关的理念。联合国国际减灾战略倡导加大对减灾领域的投入，保护人员财产免受损失。包括气候变化适应性、加强减灾教育，增加性别在减灾决策过程中的参与等理念。具体包括：①关于气候变化适应性与减灾：二者具有共同的目标，即减少社区风险脆弱性以及坚持可持续发展。联合国国际减灾战略支持高层的一切努力，制定在国际层面连接减轻灾害风险与应对气候变化的具体政策，并指导国家或区域层面的政策和实践，加强各方支持将减灾纳入气候变化的能力。②关于减灾教育：减轻灾害风险与教育是人和机构的一个互动的过程。减轻灾害风险和风险脆弱性即需要人们懂得如何保护好自己的生命和财产安全等。③关于性别与减灾：灾害不仅凸显了女性的脆弱性，还持续增加性别的不平等性。联合国国际减灾战略加大将性别关注和需求纳入减轻灾害风险的努力，通过倡导将性别视角纳入减灾，强调基于性别的差距和失衡，以实现《兵库行动框架》中“实现国家和社区抗灾性，建立将性别视角纳入减灾的伙伴关系”这一总体目标。联合国国际减灾战略还通过开发实用的工具，提供良好实践增加女性的发言权，加强女性在全球、国际以及地方减灾过程中的作用和贡献。④关于千年发展目标与减灾：减轻灾害风险是坚持可持续发展中不可缺少的一部分，也是完成千年发展目标的重要因素。联合国国际减灾战略强调了将减灾纳入千年发展的重要性和必要性，倡导减灾是实现千年发展目标的重要途径。联合国国际减灾战略开发的宣传包中包括了将减灾作为实现千年发展目标的优先事项和实用步骤。

（4）提供减灾信息。联合国国际减灾战略通过提供务实服务和相关工具，为国际社会提供减灾信息，例如 Prevention Web 网站，减灾优良实践的出版物，国家减灾资料等。具体有：①全球减少灾害风险评估报告：联合国国际减灾战略 2009 年出版了具有里程碑意义的《全球减少灾害风险评估报告：气候变化中的风险和贫穷》（GAR）第一版。这是第一份全球报告，对发展中国家低强度广布型风险作了具体评估，对灾害频发国家执行减轻灾害风险框架的进展情况作了综合评估。它提供的强有力证据表明灾害既是贫穷的起因也是贫穷的后果，而气候变化正在加重灾害。它也提供了综合证据表明灾害风险发生的地点、原因和方式，指出如何应对这些风险和成本。② Prevention Web 网站：Prevention Web 网站于 2007 年启用，是减灾信息管理的主要门户网站，满足减灾社区的信息需求，包括开发信息交流工具以促进减灾合作。③减灾术语：联合国国际减灾战略对减轻灾害风险有关术语给出了基本定义，以促进公众、政府以及实践者的一致理解。术语吸纳了不同的国际资源的观点，并欢迎来自各专家以及实践人员的改进建议。④出版物：联合国国际减灾战略与合作伙伴一起，共编发了 200 多种减灾出版物供参考。⑤参与全球的减灾活动：联合国国际减灾战略参与了全球开展的众多减灾活动。⑥图书馆：联合国国际减灾战略图书馆是一个减灾信息库，包含有数量超过 10000 部的出版物、多媒体产品和教育资源。⑦联合国决议与报告：有关联合国减灾职责的一系列联合国大会决议和秘书长报告给予联合国国际减灾战略提供支持。⑧多媒体材料：联合国国际减灾战略还通过 YouTube 网站发布并提供众多减灾多媒体材料。在我国应急管理部设立后，这些由国家减灾委负担的工作职责，将全部转入应急管理部，因此，应急管理部必须做好工作职能全面衔接的准备。

（三）国家减灾委、国务院应急办职能转入应急管理部

应当说，我国政府响应联合国“国际减灾十年”倡议的有力证明，就是 1989 年 4 月 21 日在北京成立的国家级委员会——“中国国际减灾十年委员会”。这个委员会的成立，标志着“国际减灾十年”活动慢慢地走入中国人的生活。也就是说，在“国际减灾十年”活动的感召下，尤其是在 1991 年 6 月的江淮大水灾的震撼当中，作者才以敏锐的意识，感受到了致灾因子和致害物对于自然灾害的孕灾环境的神秘关系，以及人类社会的脆弱性、易损性和人的致灾性之间的逻辑关联。这种启迪和学术智慧的开启，是作者迈入“灾害法学”学科进行开拓和耕耘的理论与实务前提。

事实上，在 1965 ～ 1985 年的 20 年间，世界范围内因为各种自然灾害而死亡的人数达280万人,5000万人无家可归，受影响人口多达8.2亿人，经济损失难以估计。其中，最严重的两次自然灾害是 1970 年孟加拉国洪水灾害，导致 30 万～ 50 万人死亡和 1976 年中国唐山大地震导致 24.2 万人死亡。[①] 如此惨重损失与损害与当时没有专门的灾害应急机构有很大关系。“中国国际减灾十年委员会”成立后，有 32 个部委和协会参加，它的使命是：充分调动各部门做好减灾工作，强化全民减灾意识，依靠科技，做到防灾、抗灾、救灾相结合，减轻自然灾害的损失。甘肃省、河南省、西藏自治区、成都市、西安市等地陆续成立地方一级的“减灾委员会”，制定本地减灾规划，拨专款开展减灾工程建设和研究。[②] 在我国，人口众多导致人的行为诱发的灾害多，按照作用力等于反作用力的规律，人类对自然资源的过量开采，自然界必然以等量的力报复于人类。这是崔乃夫先生《在中国“国际减灾十年”委员会成立会议上的讲话》中对我国自然灾害情况的基本判断之一。[③] 就是这个观点，导向作者形成了“人的致灾性”这个至今没有多少人承认或者认可的学术观点。

我国是一个发展中国家，在 30 年前即 1988 年的时候，我国整个社会物资储备不足，交通运输能力低，经济生活对自然因素的依赖较大，对自然灾害的承受能力比较弱。所以，国家积极响应联合国“国际减灾十年”活动的倡议，成立了“中国国际减灾十年委员会”，在全国范围内持续不断地开展减灾活动，这个活动对增强全民的防灾意识，提高我国防灾减灾救灾工作的水平，具有深远的意义。“中国国际减灾十年委员会”的宗旨为：

---

① 参见姜象鲤:《环境科学技术与“国际减灾十年"》，载《环境科学》1989 年第 5 期。

② 参见孙玉遐:《全面迎接自然灾害的挑战——访“中国国际减灾十年委员会"》，载《瞭望周刊》1990 年第 49 期。

③ 参见崔乃夫:《在中国“国际减灾十年”委员会成立会议上的讲话》，载《灾害学》1989 年第 3 期。

响应联合国倡议，积极开展减灾活动，增强全民、全社会的防灾意识，提高我国防灾、抗灾、救灾工作的水平，减轻自然灾害带来的损失。“减灾十年活动”的目标为:（1）提高灾害评估、预报、预防水平，对一般灾害能做到灾前早知道、早准备;（2）提高紧急抢救水平，在中央建立救灾中心，在全国范围内建立健全灾害情报系统，武装救灾队伍，一旦灾害发生，能够快速做出反应，及时抢救，减少损失;（3）提高救灾工作的水平，灾后，能够在最短的时间内，帮助灾区做出恢复、重建规划，并付诸实施;能迅速调配、合理使用救灾物资，保障灾民的基本生活，以尽快恢复生产，重建家园;（4）建立健全救灾法规，基本上做到依法救灾;（5）建立起各类重大灾害的救灾预案;（6）使全民、全社会的防灾意识有普遍的提高。[①] 成立大会后，“中国国际减灾十年委员会”即着手《中国“国际减灾十年”活动规划》文件的起草工作。作为一个部际协调机构，“中国国际减灾十年委员会”的具体工作从两个方面展开：一是从全局出发，综合、协调各部门、各方面的意见，为国务院当好参谋帮手；二是及时传递国内外的灾害情报，畅通信息，为各部门服务，当好联络员。但需要强调的是，《中华人民共和国减灾规划（1998—2010 年）》这个国家级减灾规划，几经曲折，方于 1998 年 4 月 29 日经国务院批准颁行。而这时，“国际减灾十年”活动，已经接近尾声。

“中国国际减灾十年委员会”开始运行后，到第一次世界减灾大会 1994 年 5 月 22 日召开时，中国政府编写了《中国国家减灾报告》。该报告的组织工作由“中国国际减灾十年委员会”具体负责，1993 年 11 月开始由中国国际减灾十年委员会、国家计委、国家科委、外交部、中国科学院、国家地震局等单位组成起草班子，《中国国家减灾报告》除前言和附

---

① 参见崔乃夫:《在中国“国际减灾十年”委员会成立会议上的讲话》，载《灾害学》1989 年第 3 期。

录外，共有六章：（1）中国减灾事业的历史和现状；（2）中国主要自然灾害及风险评估；（3）中国的减灾建设；（4）中国自然灾害监测与预警；（5）中国减灾的国际合作；（6）中国减灾规划。这个报告，不仅作为“国际减灾十年”活动中期考察和向世界减灾大会提供的正式文件，同时也作为一个纲领性文件，指导和推动我国减灾事业的发展。[①]“国际减灾十年”前五年虽然取得了一些进展，但成果并不理想，关键问题还没有引起各方面，特别是决策者和广大公众的足够重视。为此，《横滨声明》和《横滨战略和行动计划》中新的提法主要是：把减灾的概念扩大，包括了环境和技术灾害，提出减灾与环境结合；鉴于穷人群体生活在多灾的环境中，抗灾能力弱，故提倡减灾与扶贫相结合，强调国际减灾援助要向最不发达、内陆发展中国家和小岛屿发展中国家倾斜；强调加强分区域或区域的减灾合作。[②]

到 1995 年 11 月 22 日，“国际减灾十年”活动开展过半的时候，我国社会仍然存在：（1）重发展、轻减灾的普遍现象；（2）我国减灾工程的建设落后于经济建设；（3）减灾非工程建设还存在薄弱环节等问题。[③]换句话说，“中国国际减灾十年委员会”能够发挥的积极作用，是受到行政效能限制的。比如，我国 2008 年“5·12”汶川大地震的灾害应急与此后发生的一系列重大自然灾害，以及人为灾害事件的事实证明，国家减灾委员会在我国防灾减灾救灾的“一案三制”建设中，发挥的作用还是比较有限的。在“国际减灾十年”活动接近尾声的时候，进行过组成人员的调整。即《国务院办公厅关于调整中国国际减灾十年委员会组成人员的通知》

---

① 参见徐乃璋：《“中华人民共和国减轻自然灾害报告”编写工作圆满完成》，载《中国减灾》1994 年第 1 期。

② 参见王昂生等：《“世界减灾大会”概况》，载《中国减灾》1994 年第 3 期。

③ 参见李贵鲜：《在中国国际减灾十年委员会第六次全体委员会议上的讲话》（1995 年 11 月 22 日），载《中国减灾》1995 年第 4 期。

（国办发〔1998〕106号文），于1998年7月13日发布施行。1999年12月，新的千禧年到来之时，也是"国际减灾十年"活动落幕之时。应当说，"中国国际减灾十年委员会"随着千禧年的到来，也完成了它的阶段性历史使命。2000年10月11日，国务院办公厅发布《关于"中国国际减灾十年委员会"更名为"中国国际减灾委员会"的通知》（国办发〔2000〕68号文）。2005年4月2日，国务院办公厅发布《关于"中国国际减灾委员会"更名为"国家减灾委员会"及调整有关组成人员的通知》（国办发〔2005〕23号文）。文中明确规定国家减灾委员会的具体工作由民政部承担。国家减灾委员会（以下简称"国家减灾委"），从"中国国际减灾十年委员会"更名为"中国国际减灾委员会"之后，2005年4月2日，经国务院批准再次更名为"国家减灾委员会"，其主要任务是：研究制定国家减灾工作的方针、政策和规划，协调开展重大减灾活动，指导地方开展减灾工作，推进减灾国际交流与合作。国家减灾委员会的具体工作由民政部承担。

为进一步加强应急管理工作，全面履行政府职能，根据《国务院关于实施国家突发公共事件总体应急预案的决定》（国发〔2005〕11号）和中编办《关于增设国务院办公厅国务院应急管理办公室的批复》（中央编办复字〔2005〕47号），国务院办公厅设置国务院应急管理办公室（国务院总值班室），承担国务院应急管理的日常工作和国务院总值班工作，履行值守应急、信息汇总和综合协调职能，发挥运转枢纽作用。其具体构成如下。

1. 领导机构。国务院是突发公共事件应急管理工作的最高行政领导机构。在国务院总理领导下，通过国务院常务会议和国家相关突发公共事件应急指挥机构，负责突发公共事件的应急管理工作；必要时，派出国务院工作组指导有关工作。

2. 办事机构。国务院办公厅设国务院应急管理办公室，履行值守应急、信息汇总和综合协调职责，发挥运转枢纽作用。

3. 工作机构。国务院有关部门依据有关法律、行政法规和各自职责，负责相关类别突发公共事件的应急管理工作。具体负责相关类别的突发公共事件专项和部门应急预案的起草与实施，贯彻落实国务院有关决定事项。

4. 地方机构。地方各级人民政府是本行政区域突发公共事件应急管理工作的行政领导机构，负责本行政区域各类突发公共事件的应对工作。

5. 专家组。国务院和各应急管理机构建立各类专业人才库，可以根据实际需要聘请有关专家组成专家组，为应急管理提供决策建议，必要时参加突发公共事件的应急处置工作。

国务院应急管理办公室主要职责为：（1）承担国务院总值班工作，及时掌握和报告国内外相关重大情况和动态，办理向国务院报送的紧急重要事项，保证国务院与各省（区、市）人民政府、国务院各部门联络畅通，指导全国政府系统值班工作；（2）办理国务院有关决定事项，督促落实国务院领导批示、指示，承办国务院应急管理的专题会议、活动和文电等工作；（3）负责协调和督促检查各省（区、市）人民政府、国务院各部门应急管理工作，协调、组织有关方面研究提出国家应急管理的政策、法规和规划建议；（4）负责组织编制国家突发公共事件总体应急预案和审核专项应急预案，协调指导应急预案体系和应急体制、机制、法制建设，指导各省（区、市）人民政府、国务院有关部门应急体系、应急信息平台建设等工作；（5）协助国务院领导处置特别重大突发公共事件，协调指导特别重大和重大突发公共事件的预防预警、应急演练、应急处置、调查评估、信息发布、应急保障和国际救援等工作；（6）组织开展信息调研和宣传培训工作，协调应急管理方面的国际交流与合作；（7）承办国务院领导交办的其他事项。

国务院应急管理办公室主要业务，是主要办理各地区、各部门报送国务院涉及下列业务的文电和有关会务、督查工作等：（1）涉及防汛抗旱、减灾救济、抗震救灾，以及重大地质灾害、重大森林草原火灾及病虫害、沙尘暴及重大生态灾害事件的处置及相关防范业务，重要天气形势和灾害性天气的预警预报等业务;（2）涉及安全生产、交通安全、环境安全、消防安全及人员密集场所事故处置和预防等业务;（3）涉及重大突发疫情、病情处置，重大动物疫情处置，重大食品药品安全事故处置及相关防范等业务;（4）涉及社会治安、反恐怖、群体性事件等重大突发公共事件应急处置和防范业务，涉外重大突发事件的处置等业务。[①] 此后，我国各级政府也成立应急管理办公室。

此外，各种抗灾救灾指挥部也相继设立。所谓抗灾救灾指挥部，是抽象的说法，是指灾害发生后，启动灾害应急预案的同时，预案中由灾区最高行政首长即省长、市长、县长或同级书记担任组长，公安、交通、卫生等职能厅局担任小组成员的政府灾害应急指挥系统。在各种灾害或者突发事件的应急处置运行中，其真正的名称不是“抗洪救灾指挥部”，而是“应急指挥办公室”或者“应急指挥部”。因具体发生的灾害不同而其名称有所不同，如地震的抢险救灾应急指挥部叫“地震救灾指挥部”，而洪水灾害就叫“抗洪救灾指挥部”，等等。抗灾救灾指挥部一般设在当地市政府或交警指挥中心内，镇级以上城市均可设立“应急指挥办公室”。有些经常遭受水灾的城市，常年设有“抗洪救灾办公室”，这种办公室属于市（县、镇）政府的职能部门，也是在当地市（县、镇）政府内办公。

应当说明，各种具体的抗灾救灾指挥部或者“抗灾救灾办公室”等，是一种灾害应急或者突发事件应急的临设机构。其日常的工作，主要由各级政府的应急办负责。一旦发生灾害或者突发事件，随着应急预案的启动，相应的抗灾救灾指挥部便立即进入应急运行状态。例如 2017 年 12 月 12 日，国务院抗震救灾指挥部办公室组织召开“联络员会议”，研究讨论 2018 年度国务院防震减灾工作联席会议的相关材料。国务院抗震救灾指挥

---

① 《国务院办公厅关于设置国务院应急管理办公室（国务院总值班室）的通知》（国办函〔2006〕32 号），2006 年 4 月 10 日。

部办公室主任、中国地震局副局长阴朝民出席会议并讲话。指挥部各成员单位联络员、中国地震局有关部门负责同志参加会议。会议通报了2018年度国务院防震减灾工作联席会议筹备情况和会议相关文件材料的起草情况。中宣部、外交部、发改委等38家指挥部成员单位联络员发言，就继续在资源整合、组织协调、防范部署、督促落实、服务保障等方面履职尽责，加强地震风险防范，全面提升全社会防御地震灾害能力，不断完善抗震救灾组织指挥体系和工作机制，合力推进各级抗震救灾指挥机构的职责作用，指导地方政府落实防灾减灾救灾主体责任，并对完善相关文件材料的内容提出了意见和建议。①

根据《国家地震应急预案》（2012年8月28日修订）第2条“组织体系”的规定，国家抗震救灾指挥机构为“国务院抗震救灾指挥部”，②具体

---

① 参见佚名：《国务院抗震救灾指挥部办公室组织召开指挥部联络员会议》，载中国地震局网，http：//www.sohu.com/a/210245171_543935，最后访问日期：2018年1月15日。

② 鉴于这个指挥部已成为历史，其过去的资料有保留的价值。即2013年5月10日，国务院办公厅发布《关于调整国务院抗震救灾指挥部组成人员的通知》（国办发〔2013〕34号文）称：根据国务院机构设置及人员变动情况和工作需要，国务院决定对国务院抗震救灾指挥部的组成单位和人员进行调整。名单如下：指挥长：汪洋（国务院副总理）；副指挥长：陈建民（地震局局长）、章沁生（解放军副总参谋长）、丁学东（国务院副秘书长）、杜鹰（发展改革委副主任）、姜力（民政部副部长）、刘金国（公安部副部长）等。成员：吴恒权（中央宣传部副部长）、张明（外交部部长助理）、鲁昕（教育部副部长）、王伟中（科技部副部长）、朱宏任（工业和信息化部总工程师）、张苏军（司法部副部长）、余蔚平（财政部部长助理）、汪民（国土资源部副部长）、周建（环境保护部副部长）、郭允冲（住房城乡建设部副部长）、冯正霖（交通运输部副部长）、刘宁（水利部副部长）、高鸿宾（农业部副部长）、姜增伟（商务部副部长）、徐科（卫生计生委副主任）、黄淑和（国资委副主任）、鲁培军（海关总署副署长）、魏传忠（质检总局副局长）、聂辰席（新闻出版广电总局副局长）、王德学（安全监管总局副局长）、祝善忠（旅游局副局长）、华建（港澳办副主任）、李亚飞（台办主任助理）、王国庆（新闻办副主任）、丁仲礼（中科院副院长）、修济刚（地震局副局长）、矫梅燕（气象局副局长）、李劲夫（保监会主席助理）、史玉波（能源局副局长）、胡亚枫（国防科工局副局长）、王宏（海洋局副局长）、闵宜仁（测绘地信局副局长）、夏兴华（民航局副局长）、孙原生（总参谋部应急办主任）、薛国强（武警部队副司令员）、周长奎（共青团中央书记处书记）、胡亚东（中国铁路总公司副总经理）。

负责统一领导、指挥和协调全国抗震救灾工作。国家地震局承担国务院抗震救灾指挥部日常工作。必要时，成立国务院抗震救灾总指挥部，负责统一领导、指挥和协调全国抗震救灾工作；在地震灾区成立现场指挥机构，在国务院抗震救灾指挥机构的领导下开展工作。地方抗震救灾指挥机构即县级以上地方政府抗震救灾指挥部，具体负责统一领导、指挥和协调本行政区域的抗震救灾工作。地方有关部门和单位、当地解放军、武警部队和民兵组织等，按照职责分工，各负其责，密切配合，共同做好抗震救灾工作。

"5·12"汶川大地震发生后，根据抗震救灾的工作需要，国务院抗震救灾总指挥部决定设立9个工作组，分别是抢险救灾组，群众生活组，地震监测组，卫生防疫组，宣传组，生产恢复组，基础设施保障和灾后重建组，水利组，社会治安组。从发展和应急管理部职责转变角度看，将各工作组工作职责、牵头单位和成员单位划分详列如下：（1）抢险救灾组。负责清理灾区现场，搜索营救被困群众和受伤人员，发动基层干部群众开展自救互救，组织救援人员和物资的空运、空投工作。由总参谋部牵头，公安部、安全监管总局（国家安全生产应急救援指挥中心）、地震局、武警部队、成都军区参加。（2）群众生活组。负责制订实施受灾群众救助工作方案以及相应的资金物资保障措施，搞好灾区生活必需品供应，指导有关地区做好因灾倒房群众的紧急安置，保障灾区群众基本生活，保障灾区市场供应，接受和安排国内捐赠、国际援助，处理涉外事务。由民政部牵头，外交部、发展改革委、财政部、住房城乡建设部、农业部、商务部、红十字会参加。（3）地震监测组。负责地震监测和次生灾害防范，调集必要的技术力量和设备，密切监视震情发展，全力做好余震防御；加强对重大地质灾害隐患的监测预警，一旦发生险情及时组织疏散群众；加强河湖水质监测和危险化学品等污染物防控，切实保障核设施运行安全。由地震局牵头，科技部、国土资源部、环境保护部、气象局、国防科工局参加。（4）卫生防疫组。负责医疗救助和卫生防疫，组织医疗救护队伍，调集医疗器械、药品，对受伤人员进行救治；检查、监测灾区饮用水源和食品，防范和控制各种传染病等疫病的暴发流行。由卫生部牵头，发展改革委、农业部、质检总局、食品药品监管局、总后勤部、武警部队参加。（5）宣传组。负责灾情和抗震救灾信息新闻发布、宣传报道的组织工作，做好向国外和港澳台地区通报情况，及时准确发布灾情，加强舆情收集分析，正确引导国内外舆论。由中央宣传部牵头，外交部、广电总局、台办、新闻办、港澳办、地震局参加。（6）生产恢复组。负责帮助群众抓紧开展生产自救，对受灾的工矿商贸和农业损毁情况进行核实，指导制订科学恢复生产方案，积极落实有关扶持资金、物资，开展恢复生产工作。由工业和信息化部牵头，发展改革委、财政部、商务部、人力资源社会保障部、农业部、国资委、安全监管总局、保监会、国防科工局参加。（7）基础设施保障和灾后重建组。负责铁路、公路、桥梁、隧道等交通设施，供电、供水、供气、通信等设施抢修维护；组织调集抢险救援装备，做好储备物资和医药调度，切实保障灾区抢险应急物资供应；协调运力，优先保证应急抢险救援人员和救灾物资的运输需要。负责组织研究拟定灾后重建规划，指导协调灾后重建工作。由发展改革委牵头，工业和信息化部、民政部、财政部、住房城乡建设部、交通运输部、铁道部、农业部、国资委、广电总局、安全监管总局、银监会、电监会、邮政局、民航局、国家电网公司参加。（8）水利组。负责灾区水库安全，河道受灾造成变形的治理，研究解决饮用水水源安全等问题。由水利部牵头，发展改革委、财政部、国土资源部、环境保护部、住房城乡建设部、卫生部、农业部、地震局、气象局、电监会、总参作战部参加。（9）社会治安组。负责协助灾区加强治安管理和安全保卫工作，预防和打击各种违法犯罪活动，维护社会治安，维护道路交通秩序，加强对党政机关、要害部门、金融单位、储备仓库等重要场所的警戒，切实维护社会稳定。由公安部牵头，教育部、司法部、人民银行、银监会、证监会、旅游局、信访局、武警部队参加。由国务院办公厅负责承办国务院抗震救灾总指挥部会议和总指挥、副总指挥召开的专题会议；统一收集、汇总、分析、报送、发布重要信息；负责总指挥部议定事项的督促落实；做好有关地区、部门以及军队、武警等方面重要事项的沟通、联络和协调；完成总指挥部交办的其他事项。

进而言之，应急管理部的运行，不仅仅是国家减灾委、国务院应急办等 13 个部门的职能简单地转入应急管理部，而应当是生态安全战略职能和生态安全义务的“人控制”即国家治理法治能力的有效整合过程。在这个过程中，应急管理部作为国家减灾委、国务院应急办职能在防灾减灾救灾领域的综合体现者，无论是否继续保留国家减灾委、国务院应急办的牌子，其职能只能强化不能弱化，这是毫无疑问的。

（四）自然灾害应急管理与灾后重建研究智库：承接应急管理政府顾问职能

四川大学“自然灾害应急管理与灾后重建研究智库”（以下简称“灾害应急研究智库”），于 2016 年 10 月申报，经过 1 年多时间的初审、复审和最终评审，于 2017 年 11 月 26 日获得最后批准。“灾害应急研究智库”立足于四川大学—香港理工大学灾后重建与管理学院，整合校内优势学科，积极吸纳国内外一流专家，致力于打造国内一流、国际知名的灾害研究新型智库。结合国家应急管理部的设立，“灾害应急研究智库”以研究团队和专业智囊的高水平研究成果，为防灾减灾救灾综合体制与生态安全战略的实施，以及生态安全义务的履行，提供智力支持。目前，“灾害应急研究智库”建设已取得阶段性成果，具体内容如下。

1. 团队成员。“灾害应急研究智库”首席专家：谢和平院士、解洪副主席、彭宗超教授、张利民教授、王建平教授；负责人：柯瑞卿·卡隆基博士；成员有 27 人。

2. 研究成果。在芦山地震应对和灾后重建、康定地震灾损评估等方面都积极为四川省委、省政府和地市政府建言献策；在甘肃岷县地震、云南鲁甸地震、新疆皮县地震、尼泊尔地震，以及九寨沟地震等灾害应急和灾后重建中，为地方政府和中央政府提供智力支持。

3. 近期工作。主要为 2017 年“8・8”九寨沟大地震和四川省内各类自然灾害的应急，提供各种形式的意见和建议，受到各方面的好评。根据党的十九大“新时代要有新作为”的要求，“灾害应急研究智库”拟为四川省在气候变化和减排、雾霾治理和立法工作，开展系列咨询和智力支持。组织学术团队，积极参加“第四次世界减灾大会”，把四川防灾减灾救灾经验推向世界。2021 年，结合《中共中央、国务院关于推进防灾减灾救灾体制机制改革的意见》发布五周年，对四川省建设防灾减灾救灾体制机制进行全方位分析和评估，提出建设性意见和建议。同时，在四川省建设“双一流大学和双一流学科”政策支持下，为四川大学—香港理工大学灾后重建与管理学院“安全科学与减灾”学科建设，提供学术支持，带动四川高校“大学生防灾减灾救灾与应急能力”学科建设，使四川省在大学生防灾减灾救灾与应急能力建设上，走在全国前列。尤其是，系统梳理四川省各级各类防灾减灾救灾应急预案，以及地方立法文件，为全面、系统和卓有成效地开展防灾救灾减灾工作，提供具体的、具有可操作性的和针对性的方案、研究报告和建议等，让“灾害应急研究智库”成为四川省防灾减灾救灾能力提升的核心力量。

另外，通过“灾害应急研究智库”的系统性、及时性和全方位的意见和建议，让四川省委、省政府的防灾减灾救灾综合体制改革，走在全国前列并走向世界，并为四川省委、省政府进行汶川大地震、芦山大地震和九寨沟大地震灾害应急和灾后重建工作总结，提供基础研究资料和报告材料，形成三大灾害大型的应对工作总结成果。在完善四川省各级防灾减灾救灾应急预案基础上，总结灾后对口支援政策与法律措施运用的成果，为地方防灾减灾救灾立法不断完善，提供充分有效的智力服务。

还有立足四川大学—香港理工大学灾后重建与管理学院的“两岸四地防灾减灾与永续发展大学联盟”，在防灾减灾救灾的学术领域，让四川省走向全世界，成为防灾减灾救灾领域的佼佼者。

应当说，有了“灾害应急研究智库”、应急管理部等学术团体和专业行政管理部门，其学术成果与行政权力在生态安全战略和生态安全义务履行层面的有效结合，将会为我国生态文明建设和生态产品的地地横向补偿机制的建设、发展和完善，提供更高水平的研究成果和管理服务成果。

参 考 文 献

一、著作类

（一）中文部分

1. 吕忠梅:《环境法新视野》(修订版)，中国政法大学出版社 2007 年版。

2. 吕忠梅:《超越与保守——可持续发展视野下的环境法创新》，法律出版社 2003 年版。

3. 蔡守秋:《环境资源法教程》，高等教育出版社 2008 年版。

4. 曹明德:《生态法新探》(第 2 版)，人民出版社 2007 年版。

5. 王树义:《俄罗斯生态法》，武汉大学出版社 2001 年版。

6. 马骧聪:《环境资源法》，北京师范大学出版社 1999 年版。

7. 张建伟:《政府环境责任论》，中国环境科学出版社 2008 年版。

8. 刘俊海:《公司的社会责任》，法律出版社 1999 年版。

9. 王建平:《减轻自然灾害的法律问题研究》(修订版)，法律出版社 2008 年版。

10. 秦鹏:《生态消费法研究》，法律出版社 2007 年版。

11. 秦鹏、杜辉:《环境义务规范论》，重庆大学出版社 2013 年版。

12. 金瑞林、汪劲:《20 世纪环境法学研究评述》，北京大学出版社 2003 年版。

13. 汪劲、田忙社:《环境法学》，中国环境科学出版社 2000 年版。

14. 李挚萍:《经济法的生态化》，法律出版社 2003 年版。

15. 沈守愚、孙佑海:《生态法学与生态德学》，中国林业出版社 2010 年版。

16. 汪劲:《环保法治三十年：我们成功了吗——中国环保法治蓝皮书（1979—2010）》，北京大学出版社 2011 年版。

17. 张丽萍、张妙仙:《环境灾害学》，科学出版社 2008 年版。

18. 车安宁等:《灾害学新论》，中共中央党校出版社 2011 年版。

19. 王中伟:《国际可持续发展战略比较研究》，商务印书馆 2000 年版。

20. 景天魁:《环境社会学》，北京师范大学出版社 2010 年版。

21. 郇庆治:《绿色乌托邦：生态主义的社会哲学》，泰山出版社 1998 年版。

22. 廖卫东:《生态领域产权市场制度研究》，经济管理出版社 2004 年版。

23. 高小平:《政府生态管理》，中国社会科学出版社 2007 年版。

24. 唐建荣:《生态经济学》，化学工业出版社 2005 年版。

25. 王人博、程燎原:《法治论》，山东人民出版社 1992 年版。

26. 张贤明:《论政治责任——民主理论的一个视角》，吉林大学出版社 2000 年版。

27. 曲向荣:《环境生态学》，清华大学出版社 2012 年版。

28. 奚洁人:《科学发展观百科辞典》，上海辞书出版社 2007 年版。

29. 蒋明君等:《2011 国际生态安全年度报告》，世界知识出版社 2012 年版。

30. 李保仁等:《迈入 21 世纪的中国经济》（第 2 辑），中国财政经济出版社 2000 年版。

31. 张步洪:《中国行政法学前沿问题报告》，中国法制出版社 1999 年版。

32. 颜运秋:《公益诉讼理念研究》，中国检察出版社 2002 年版。

33. 韩利琳:《企业环境责任法律问题研究：以低碳经济为视角》，法律出版社 2013 年版。

34. 韩利琳:《中国西部生态环境安全风险防范法律制度研究》，科学出版社 2009 年版。

35. 王曦:《国际环境法》，法律出版社 1998 年版。

36. 孙永平:《中国碳排放权交易报告（2017）》，社会科学文献出版社 2017 年版。

37. 何承耕:《地理学视角的生态补偿理论和应用研究》，中国环境出版社 2013 年版。

38.《马克思恩格斯全集》（第 2 卷），人民出版社 1972 年版。

（二）国外部分

1. [美] 戴维·贾丁斯:《环境伦理学》，林官明等译，北京大学出版社 2002 年版。

2. [美] 德内拉·梅多斯、乔根·兰德斯、丹尼斯·梅多斯:《增长的极限》，李涛等译，机械工业出版社 2013 年版。

3. [苏] 彼得梁诺夫索科洛夫:《还自然之魅：对生态运动的思考》，三联书店 2005 年版。

4. [美] 亚伯拉罕·马斯洛:《动机与人格》，许金声等译，中国人民大学出版社 2007 年版。

5. [法] 弗朗索瓦·佩鲁:《新发展观》，华夏出版社 1987 年版。

6. [美] 巴巴拉·沃德、雷内·杜博斯:《只有一个地球》，国外公害资料编译组译，石油工业出版社 1981 年版。

7. [美] 奥尔多·利奥波德:《沙乡年鉴》，侯文惠译，吉林人民出版社 1997 年版。

8. [美] 约翰 · N. 德勒巴克等:《新制度经济学前沿》，张宇燕等译，经济科学出版社 2003 年版。

9. [英] Michael Common, Sigrid Stagl:《生态经济学引论》，金志农等译，高等教育出版社 2012 年版。

10. [美] 亚伯拉罕 · 马斯洛:《动机与人格》，许金声等译，华夏出版社 1987 年版。

11. [美] 纳什:《大自然的权利》，杨通进译，青岛出版社 1999 年版。

12. [美] J.G. 阿巴克尔、G.W. 佛利克等:《美国环境法手册》，文伯屏等译，中国环境科学出版社 1988 年版。

13. [美] 莱斯特 · 布朗:《建设一个持续发展的社会》，祝友三等译，科学技术文献出版社 1984 年版。

14. [美] 罗尔斯顿 · 霍尔姆斯:《环境伦理学》，杨通进译，中国社会科学出版社 2000 年版。

15. [美] 戴维 · 埃伦费尔德:《人道主义的僭妄》，李云龙译，国际文化出版公司 1998 年版。

16. [美] 查德 · 卡尔逊:《寂静的春天》，吕瑞兰译，科学出版社 1979 年版。

17. [美] 施里达斯 · 拉夫尔:《我们的家园：地球》，夏堃堡等译，中国环境科学出版社 1993 年版。

18. [美] 丹尼尔 · A. 科尔曼:《生态政治：建设一个绿色社会》，梅俊杰译，上海世纪出版集团 2006 年版。

19. [美] 亨廷顿、纳尔逊:《难以抉择——发展中国家的政治参与》，汪晓寿等译，华夏出版社 1989 年版。

20. [美] 约翰 · 克莱顿 · 托马斯:《公共决策中的公民参与》，孙柏瑛等译，中国人民大学出版社 2010 年版。

21. Aristotle，The Politics in Basic Works of Aristotle Richard McKeon

（Book1，New York：RandomHouse，1994）.

22. Edward O.Wilson，“ThreatstoBiodiversity”，*Scientific American*，261（September，1989）.

23. Beyond the Limits，Meadowsetal,1992.

24. Howayd R. Bowen, Social Responsibilities of the Businessman, New York：Harper & Row，1953.

25. Carroll.1979; Gallo.1980; Davis.1979; McGuire，1963; Isabelle & David，2002，etc.

26. T.H.Marshall，Class，*Citizenship and Social Development*，Chicago，University of Chicago Press,1964.

27. Ralf Dahrendorf，“Citizenship and Beyond：The Social Dynamics of an Idea”，*Social Research*，1974（41）.

28. Arnstein S.R.，“Aladder of Citizen Participation”，*Journal of the American Institute of Planners*，1969，35（4）.

29. Nancy Roberts，“Public Deliberation in Public Administration”，*American Review of Public Administration*，2004，34（4）.

30. Kingcs，Felteykm & Susebo，“The Question of Particiation：Toward Authentic Public Participation in Public Administration”，*Public Administration Review*，1998（4）.

二、论文类

（一）学术论文

1. 李步云、刘士平：《论法与法律意识》，载《法学研究》2003 年第 4 期。

2. 应松年、薛刚凌：《论行政权》，载《政法论坛》2001 年第 4 期。

3. 蔡守秋:《论政府环境责任的缺陷与健全》，载《河北法学》2008 年第 3 期。

4. 张成福:《责任政府论》，载《中国人民大学学报》2000 年第 2 期。

5. 陈海嵩:《“生态红线”的规范效力与法治化路径——解释论与立法论的双重展开》，载《现代法学》2014 年第 4 期。

6. 李武斌等:《生态义务制的内涵与框架设计》，载《资源科学》2013 年第 1 期。

7. 朱文玉:《我国环境行政许可制度的缺陷及其完善》，载《学术交流》2006 年第 1 期。

8. 茜坤、夏少敏、闫献伟:《论环境行政的公众参与》，载《环境科学与管理》2008 年第 7 期。

9. 吕忠梅:《环境公益诉讼辨析》，载《法商研究》2008 年第 6 期。

10. 沈百鑫:《德国环境法中的司法保护》，载《中国环境法制》2011 年第 1 期。

11. 姜敏:《环境法基本原则与环境行政许可制度构建》，载《中国政法大学学报》2011 年第 4 期。

12. 吴贤静:《生态人的理论蕴涵及其对环境法的意义》，载《法学评论》2010 年第 4 期。

13. 李艳芳:《我国生态安全的现状与法律保障》，载《法商研究》2004 年第 2 期。

14. 刘田田等:《碳标签制度的国际比较及对中国的启示》，载《中国人口 · 资源与环境》2015 年第 5 期（增刊）。

15. 孟献丽等:《社会正义到生态正义——戴维 · 佩珀生态主义思想研究》，载《国外社会科学》2017 年第 1 期。

16. 李文华等:《关于中国生态补偿机制建设的几点思考》，载《资源科学》2010 年第 5 期。

17. 汪劲:《论生态补偿的概念——以〈生态补偿条例〉草案的立法解释为背景》，载《中国地质大学学报》(社会科学版) 2014 年第 1 期。

18. 吴越:《国外生态补偿的理论与实践——发达国家实施重点生态功能区生态补偿的经验及启示》，载《环境保护》2014 年第 12 期。

19. 邓绍辉:《四川省实施天然林资源保护工程和退耕还林工程》，载《当代中国史研究》2000 年第 5 期。

20. 常纪文:《我国环境公益诉讼立法存在的问题及其对策——美国判例法的新近发展及其借鉴经验》，载《现代法学》2007 年第 5 期。

21. 符传博等:《重污染下我国中东部地区 1960—2010 年霾日数的时空变化特征》，载《气候与环境研究》2014 年第 2 期。

22. 尹昌斌等:《环境资源综合管理的基本思路》，载《中国人口·资源与环境》1998 年第 6 期。

23. 董亚男等:《政府角色的主流学派见解与现实抉择》，载《安徽工业大学学报》(社会科学版) 2009 年第 2 期。

24. 石文龙:《国家责任——中国宪法学新的理论支点》，载《上海师范大学学报》(哲学社会科学版) 2008 年第 4 期。

25. 周珂:《生态安全应纳入环境资源法学的调整对象》，载《2001 年全国环境资源法学研讨会论文集》。

26. 周魁一:《防洪减灾观念的理论进展——灾害双重属性概念及其科学哲学基础》，载《自然灾害学报》2004 年第 1 期。

27. 郭增建等:《灾害物理学兼论》，载《灾害学》1987 年第 2 期。

28. 文传甲:《论大气灾害链》，载《灾害学》1994 年第 3 期。

29. 史培军:《四论灾害系统研究的理论与实践》，载《自然灾害学报》2005 年第 6 期。

30. 刘文方等:《自然灾害链及其断链建在模式分析》，载《岩石力学与工程学报》2006 年增刊 1。

31. 姜象鲤:《环境科学技术与“国际减灾十年”》，载《环境科学》1989年第5期。

32. 王建平:《土壤污染致灾性控制的逻辑理路》，载《四川大学学报》2013年第6期。

33. 王建平:《汶川抗震启示：中国还缺一部什么灾难都能管的基本法》，载《南方周末》2009年5月20日。

34. 汪琼:《一种生物中心主义的环境伦理学体系——从泰勒的〈尊重自然〉一书看其环境伦理学思想》，载《浙江学刊》2001年第2期。

35. 汪劲:《论现代环境法的演变与形成》，载《燕园法学文录》2002年。

36. 张孝德等:《从伦敦到北京：中英雾霾治理的比较与反思》，载《学术前沿》2014年第2期。

37. 高怡等:《2013年1月华北地区重雾霾过程及其成因的模拟分析》，载《气候与环境研究》2014年第2期。

38. 张人禾等:《2013年1月中国东部持续性强雾霾天气产生的气象条件分析》，载《中国科学：地球科学》2014年第1期。

39. 孙英:《权利义务新探》，载《中国人民大学学报》1996年第1期。

40. 谭功荣:《问责制：责任政府最基本的实践形式》，载《中共福建省委党校学报》2004年第7期。

41. 单之蔷:《谁偷走了北京人的骄傲？》，载《中国国家地理》2014年第12期。

42. 尹宪志等:《近50年来祁连山气候变化特征研究》，载《高原气象》2009年第1期。

43. 周继柳:《祁连山国家级自然保护区管理现状、存在问题及发展对策》，载《甘肃林业科技》2003年第3期。

44. 杨全生等:《祁连山自然保护区天然林保护工程的成效分析》，载《中南林业科技大学学报》2015年第1期。

45. 李并成:《历史上祁连山区森林的破坏与变迁考》，载《中国历史地理论丛》2000 年第 1 期。

46. 蒋志成等:《生态旅游对祁连山国家级自然保护区景区水体的影响》，载《防护林科技》2016 年第 11 期。

47. 高全喜:《大国、法治国与国家责任》，载《权衡》2006 年第 8 期。

48. 蔡守秋:《论环境权》，载《金陵法律评论》2002 年第 1 期。

49. 陈光伟:《美国的自然资源立法和管理》，载《资源科学》2001 年第 2 期。

50. 陈星等:《生态安全：国内外研究综述》，载《地理科学发展》2005 年第 6 期。

51. 邱耕田、池小芳:《社会稳定离不开生态稳定》，载《福建论坛》（经济社会版）1992 年第 4 期。

52. 汪家权:《生态规划：解决环境危机、摆脱城市困境的根本方法》，载《绿色视野》2009 年第 10 期。

53. 程国栋、张志强、李锐:《西部地区生态环境建设的若干问题与政策建议》，载《地理科学》2000 年第 6 期。

54. 汪劲:《环境影响评价程序之公众参与问题研究——兼论我国〈环境影响评价法〉相关规定的施行》，载《法学评论》2004 年第 2 期。

55. 李爱年等:《中美战略环境影响评价制度的比较研究》，载《时代法学》2004 年第 1 期。

56. 王金锡:《四川西部干旱河谷的生态环境与退耕还林》，载《四川林业科技》2001 年第 1 期。

57. 郑志强:《环境行政执法监督不力迫切要求问责制的完善》，载《中共山西省委党校学报》2010 年第 2 期。

58. 徐尚昆等:《企业社会责任概念范畴的归纳下分析》，载《中国工业经济》2007 年第 5 期。

59. 李珊珊等:《“经济人”与“道德人”的和谐对企业社会责任的指导意义》，载《金融经济》2013 年第 14 期。

60. 郭晟豪等:《“经济人”与“利他主义”的一致与冲突——基于企业慈善角度》，载《对外经贸》2012 年第 3 期。

61. 王广民:《企业的环境安全问题与对策》，载《陕西环境》2000 年第 4 期。

62. 王瑞憧等:《循环经济下企业的环境责任研究》，载《现代农业科技》2009 年第 10 期。

63. 李光华等:《对我国基因安全状况的思考》，载《解放军外国语学院学报》2004 年第 5 期。

64. 张全国等:《生物多样性与生态系统功能：进展与争论》，载《生物多样性》2002 年第 1 期。

65. 于光平等:《企业社会责任：国外理论演进及最新文献述评》，载《广东经济管理学院学报》2006 年第 5 期。

66. 马洪香:《新闻媒体的舆论监督作用》，载《青年记者》2013 年 4 月（中）。

67. 李征等:《论环境侵权的民事赔偿模式——以惩罚性赔偿为视角》，载《江海学刊》2011 年第 4 期。

68. 程亚丽:《生态补偿法律制度构建的基本理论问题探析》，载《安徽农业大学学报》（社会科学版）2011 年第 4 期。

69. 蒋信福:《入世对我国的生态安全的挑战与战略对策》，载《科技进步与对策》2000 年第 9 期。

70. 朱德米:《回顾公民参与研究》，载《同济大学学报》（社会科学版）2009 年第 6 期。

71. 官聪:《基于国家治理中公民参与的价值及路径选择研究》，载《蚌埠学院学报》2017 年第 1 期。

72. 夏晓丽:《当代西方公民参与理论的发展进路与现实困境》，载《行政论坛》2014 年第 4 期。

73. 吴忠海:《从“天人合一”看中国传统文化的价值取向》，载《齐鲁学刊》1999 年第 2 期。

74. 蒋笃君:《公民生态意识教育的价值诉求及路径探析》，载《河南师范大学学报》(哲学社会科学版) 2009 年第 5 期。

75. 齐树洁等:《构建我国公益诉讼制度的思考》，载《河南省政法管理干部学院学报》2005 年第 1 期。

76. 潘佳:《论公民个人和环保部门不宜作为环境公益诉讼的直接原告》，载《齐齐哈尔大学学报》(哲学社会科学版) 2012 年第 5 期。

77. 杨群芳:《论生态损害的救济及其特征》，载《学术交流》2011 年第 12 期。

78. 谷维:《吉尔吉斯斯坦获得生态援助》，载《中亚信息》2005 年第 1 期。

79. 李含琳:《甘肃省退耕还林还草后产业开发的成功模式》，载《发展》2012 年第 3 期。

80. 李康:《西部大开发中的生态安全问题》，载《环境科学研究》2001 年第 1 期。

81. 虞孝感:《长江流域生态安全问题及建议》，载《自然资源学报》2002 年第 3 期。

82. 沈茂英:《生态安全问题研究进展与展望》，载《四川林勘设计》2011 年第 3 期。

83. 马波:《生态安全法治保障论》，载《河北法学》2013 年第 5 期。

84. 卢洪友等:《生态补偿的财政政策研究》，载《环境保护》2014 年第 5 期。

85. 韦贵红:《我国森林生态补偿立法存在的问题与对策》，载《北京林业大学学报》2011 年第 4 期。

86. 郭升选:《生态补偿的经济学解释》，载《西安财经学院学报》2006 年第 6 期。

87. 孙玉遐:《全面迎接自然灾害的挑战——访“中国国际减灾十年委员会”》，载《瞭望周刊》1990 年第 49 期。

88. 崔乃夫:《在中国“国际减灾十年”委员会成立会议上的讲话》，载《灾害学》1989 年第 3 期。

89. 徐乃璋:《“中华人民共和国减轻自然灾害报告”编写工作圆满完成》，载《中国减灾》1994 年第 1 期。

90. 王昂生等:《“世界减灾大会”概况》，载《中国减灾》1994 年第 3 期。

91. 李贵鲜:《在中国国际减灾十年委员会第六次全体委员会议上的讲话》(1995 年 11 月 22 日)，载《中国减灾》1995 年第 4 期。

（二）报刊论文

1. 张永和:《发展权是人类社会的永恒权利》，载《人民日报》2016 年 12 月 20 日。

2. 李禾:《中国“毒地”占耕地两成，治理修复迫在眉睫》，载《科技日报》2012 年 6 月 5 日。

3. 刘宇男:《成都雾霾相当于漂浮着 791.7 吨污染物》，载《四川日报》2013 年 3 月 12 日。

4. 刘诗瑶:《你知道“蓝碳”是什么吗?》，载《人民日报》2017 年 12 月 4 日。

5. 涂露芳:《蓬莱 19−3 油田溢油属于责任事故》，载《北京日报》2011 年 9 月 3 日。

6. 王志刚:《开展环境资源承载力定量分析研究》，载《光明日报》

2013 年 3 月 18 日。

7. 刘勋:《将雾霾纳入气象灾害违法》，载《法制日报》2016 年 12 月 16 日。

8. 申友祥:《依法治国应彻底摒弃“法律工具论”》，载《人民法院报》2014 年 11 月 29 日。

9. 佚名:《最高检督导祁连山环境案：10 个月批捕 16 人》，载《北京青年报》2017 年 11 月 21 日。

10. 蒋朝晖:《昆明推进滇池治理六大工程》，载《中国环境报》2016 年 9 月 28 日。

11. 佚名:《“限塑令”为何作用相当有限》，载《北京晚报》2008 年 6 月 11 日。

12. 王石川:《限塑令为何遭遇尴尬》，载《人民日报》2017 年 6 月 12 日。

13. 陈瑜:《当心微塑料！这是海洋中的“PM2.5”》，载《科技日报》2017 年 9 月 7 日。

14. 张若渔:《构建长江流域水污染跨区域应急机制》，载《法制日报》2014 年 5 月 10 日。

15. 谷树忠等:《实施资源安全战略确保我国国家安全》，载《人民日报》2014 年 4 月 29 日。

16. 新华社:《中办国办就甘肃祁连山国家级自然保护区生态环境问题发出通报》，载《人民日报》2017 年 7 月 21 日。

17. 郄建荣:《生物多样性保护优先区域边界核定完成》，载《法制日报》2017 年 2 月 21 日。

18. 佚名:《以“祁连山之痛”为鉴，以环保问责为剑》，载《新京报》2017 年 7 月 22 日。

19. 贺震:《地方立法不能太任性》，载《中国环境报》2017 年 7 月 25 日。

20. 人民日报评论员:《扛起生态文明建设的政治责任》，载《人民日报》2017 年 7 月 21 日。

21. 林治波、曹树林:《兰州市公开痛斥环境违法并要求公开致歉：兰州石化，功臣缘何变“罪魁”》，载《人民日报》2015 年 1 月 14 日。

22. 武卫政:《乐见“地方不保护”》，载《人民日报》2015 年 1 月 24 日。

23. 刘素宏:《官方回应腾格里沙漠遭污染：可能监管不到位》，载《新京报》2014 年 9 月 7 日。

24. 赵永新:《关注国家生态安全》，载《人民日报》2001 年 2 月 9 日。

25. 马涛:《坚持人与自然和谐共生》，载《学习时报》2018 年 1 月 29 日。

26. 黄敬文:《以环境保护优化经济增长，促进转型发展，提升生活质量》，载《光明日报》2011 年 12 月 21 日。

27. 韩俊杰:《通过“两江四河”流域造林绿化工程规划，西藏筑牢国家生态屏障》，载《人民日报》2015 年 2 月 4 日。

28. 王莉萍等:《着眼生态系统服务功能，发布〈全国生态功能区划〉，中国可持续发展的“地图”》，载《科学时报》2008 年 8 月 13 日。

29. 曹小佳:《四川首度生态划区》，载《华西都市报》2006 年 6 月 15 日。

30. 安人和:《环保局靠排污费养活意味着什么》，载《河北日报》2007 年 8 月 1 日。

31. 尹有文:《泰州 6 企业被判赔 1.6 亿环境修复费》，载《现代快报》2014 年 9 月 12 日。

32. 王姝:《环境群体事件年均递增 29%》，载《新京报》2012 年 10 月 27 日。

33. 赵晨熙:《环境污染强制责任险仍需上位法支持》，载《法治周末》2017 年 6 月 27 日。

34. 吴勇:《我国最大国有林区碳汇交易额超百万》，载《人民日报》2018 年 1 月 19 日。

35. 李代勋:《落实护林措施，保护生态环境》，载《四川日报》1998 年 8 月 28 日。

36. 刘羊旸等:《2017 年——全国完成造林 730 余万公顷》，载《人民日报》2018 年 3 月 12 日。

37. 全国绿化委办:《2017 年中国国土绿化状况公报》(2018 年 3 月 11 日)，载《人民日报》2018 年 3 月 13 日。

38. 彭飞:《打通体制机制“任督”二脉》，载《人民日报》2018 年 3 月 14 日。

39. 邱超奕等:《把好生态化作发展优势》，载《人民日报》2018 年 3 月 15 日。

40. 李金华:《让第一资源激发第一动力》，载《人民日报》2018 年 3 月 13 日。

41. 郝洪等:《为了共同家园更美丽》，载《人民日报》2018 年 3 月 14 日。

42. 顾仲阳:《推进国土绿化，扮靓绿水青山——专访全国绿化委员会副主任、国家林业局局长张建龙》，载《人民日报》2018 年 3 月 13 日。

43. 申罡:《生态补偿条例草稿已经形成》，载《中国人物》2014 年 3 月 3 日。

44. 张民:《地方立法如何体现新作为》，载《人民日报》2018 年 3 月 13 日。

45. 刘卫兵等:《“四个全面”：战略布局创未来》，载《人民日报》(海外版)2018 年 3 月 18 日。

46. 张慧中等:《法治中国行稳致远——国际社会积极评价中国坚持全面依法治国》，载《人民日报》2018 年 3 月 18 日。

47. 童克难等:《生态补偿立法时机成熟》，载《中国环境报》2016 年 3

月 9 日。

48. 王利博:《陕西神木煤炭经济衰退，村民不愿打工种田》，载《中国企业报》2015 年 2 月 3 日。

49. 谢觉民:《围墙因何拆裂？》，载《中国减灾报》1993 年 3 月 17 日。

（三）学位论文

1. 吉萌:《环境公益诉讼原告资格研究》，厦门大学 2009 年硕士学位论文。

2. 王珺红:《中国环保产业投融资机制及效应研究》，中国海洋大学 2008 年硕士学位论文。

3. 田侠:《行政问责机制研究》，中共中央党校 2009 年博士学位论文。

4. 杨华锋:《论环境协同治理——社会治理演进史视角中的环境问题及其应对》，南京农业大学 2011 年博士学位论文。

5. 王顺玲:《生态伦理及生态伦理教育研究》，北京交通大学 2013 年博士学位论文。

6. 陶庭马:《生态危机根源论》，苏州大学 2011 年博士学位论文。

三、法律政策文件类

（一）中央决定与政策意见

1.《中共中央关于全面深化改革若干重大问题的决定》，2013 年 11 月 12 日。

2.《中共中央关于全面推进依法治国若干重大问题的决定》，2014 年 10 月 23 日。

3.《中共中央关于深化党和国家机构改革的决定》，2018 年 2 月 28 日。

4.《全国人民代表大会常务委员会关于在全国各地推开国家监察体制改革试点工作的决定》，2017 年 11 月 4 日。

5.《中共中央国务院关于推进防灾减灾救灾体制机制改革的意见》，2016年12月19日。

6. 中共中央《公民道德建设实施纲要》（中发〔2001〕15号），2001年9月20日。

7.《中共中央、国务院关于加快推进生态文明建设的意见》，2015年4月25日。

8. 中共中央《生态文明体制改革总体方案》，2015年9月11日。

9. 中央文明委《关于深入开展志愿服务活动的意见》（中央文明委〔2008〕6号），2008年10月6日。

10. 中央文明委《关于推进志愿服务制度化的意见》,2014年2月19日。

11. 中共中央组织部《体现科学发展观要求的地方党政领导班子和领导干部综合考核评价试行办法》（中组发〔2006〕14号）,2006年7月7日。

12. 中共中央组织部《地方党政领导班子和领导干部综合考核评价办法（试行）》（中组发〔2009〕13号），2009年7月16日。

13. 全国人大:《关于国务院机构改革方案的决定》，2018年3月17日。

（二）领导人讲话与答记者问

1. 习近平:《共担时代责任，共促全球发展——在世界经济论坛2017年年会开幕式上的主旨演讲》，2017年1月17日。

2. 胡锦涛:《坚定不移沿着中国特色社会主义道路前进，为全面建成小康社会而奋斗》（十八大报告），2012年11月8日。

3. 习近平:《决胜全面建成小康社会，夺取新时代中国特色社会主义伟大胜利》（十九大报告），2017年10月18日。

4. 李克强:《政府工作报告——2018年3月5日在第十三届全国人民代表大会第1次会议上》。

5. 宋平:《关于国务院机构改革方案的说明—— 1988年3月28日在第

七届全国人民代表大会第一次会议上》。

6. 华建敏:《关于国务院机构改革方案的说明——2008年3月11日在第十一届全国人民代表大会第一次会议上》。

7. 徐绍史:《国务院关于生态补偿机制建设工作情况的报告——2013年4月23日在第十二届全国人民代表大会常务委员会第二次会议上》。

8. 王勇:《关于国务院机构改革方案的说明——2018年3月13日在第十三届全国人民代表大会第一次会议上》。

9. 李干杰:《环保部就“打好污染防治攻坚战”相关问题答问》,载《中国政府网》,2018年3月17日。

（三）宪法与法律

（以初次颁布日期列示）

1.《中华人民共和国宪法》,1982年12月4日。

2.《中华人民共和国大气污染防治法》,1987年9月5日。

3.《中华人民共和国水污染防治法》,1984年5月11日。

4.《中华人民共和国环境保护税法》,2016年12月25日。

5.《中华人民共和国清洁生产促进法》,2012年2月29日。

6.《中华人民共和国深海海底区域资源勘探开发法》,2016年2月26日。

7.《中华人民共和国矿产资源法》,1986年3月19日。

8.《中华人民共和国可再生能源法》,2005年2月28日。

9.《中华人民共和国环境保护法（试行）》,1979年9月13日。

10.《中华人民共和国环境保护法》,1989年12月26日。

11.《中华人民共和国固体废物污染环境防治法》,1995年10月30日。

12.《中华人民共和国循环经济促进法》,2008年8月29日。

13.《中华人民共和国节约能源法》,1997年11月1日。

14.《中华人民共和国突发事件应对法》,2007年8月30日。

15.《中华人民共和国国务院组织法》，1982 年 12 月 10 日。

16.《中华人民共和国会计法》，1985 年 1 月 21 日。

17.《中华人民共和国民法总则》，2017 年 3 月 15 日。

18.《中华人民共和国刑法》，1979 年 7 月 1 日。

19.《中华人民共和国民事诉讼法》，1991 年 4 月 9 日。

20.《中华人民共和国行政监察法》，1997 年 5 月 9 日（已废止）。

21.《中华人民共和国监察法》，2018 年 3 月 20 日。

22.《中华人民共和国行政处罚法》，1996 年 3 月 17 日。

23.《中华人民共和国行政诉讼法》，1989 年 4 月 4 日。

24.《中华人民共和国检察官法》，1995 年 2 月 28 日。

25.《中华人民共和国地方各级人大和政府组织法》，1979 年 7 月 1 日。

（四）行政法规

（以初次颁布日期列示）

1.《中华人民共和国河道管理条例》，1988 年 6 月 10 日。

2.《淮河流域水污染防治暂行条例》，1995 年 8 月 8 日。

3.《中华人民共和国自然保护区条例》，1994 年 10 月 9 日。

4.《中华人民共和国野生植物保护条例》，1996 年 9 月 30 日。

5.《中华人民共和国消费税暂行条例》，1993 年 12 月 13 日。

6.《野生药材资源保护管理条例》，1987 年 10 月 30 日。

7.《退耕还林条例》，2002 年 12 月 6 日。

8.《国务院关于落实科学发展观和加强环境保护的决定》（国发〔2005〕39 号），2005 年 12 月 3 日。

9. 国务院《“十三五”生态环境保护规划》，2016 年 11 月 24 日。

10. 国务院《矿产资源勘查区块登记管理办法》，1998 年 2 月 12 日。

11. 国务院《取水许可和水资源费征收管理条例》，2006 年 1 月 24 日。

12.《国务院机构职能转变方案》，2013 年 3 月 14 日。

13. 国务院《企业信息公示暂行条例》，2014 年 7 月 23 日。

14.《国务院办公厅关于推广随机抽查规范事中事后监管的通知》(国办发〔2015〕58 号)，2015 年 7 月 29 日。

15. 国务院《全国主体功能区规划》，2010 年 12 月 21 日。

16.《国务院关于编制全国主体功能区规划的意见》国发〔2007〕21 号，2007 年 7 月 26 日。

（五）部门规章及部门文件

1. 中共中央办公厅、国务院办公厅《关于全面推行河长制的意见》，2012 年 12 月 11 日。

2. 环保部《全国生态保护“十三五”规划纲要》，2016 年 10 月 27 日。

3. 国家海洋局《海洋自然保护区管理办法》，1995 年 5 月 29 日。

4. 农业部《中华人民共和国水生动植物自然保护区管理办法》，1997 年 10 月 17 日。

5. 建设部《城市节约用水管理规定》，1988 年 11 月 30 日。

6. 环保部等《工业企业厂界环境噪声排放标准》，GB 12348—2008。

7. 农业部《农作物种质资源管理办法》，2003 年 7 月 8 日。

8. 商务部《再生资源回收管理办法》，2006 年 5 月 17 日。

9.《中华人民共和国资源税暂行条例实施细则》，2011 年 10 月 28 日。

10. 农业部、国家物价局《黄渤海、东海、南海区渔业资源增殖保护费征收使用暂行办法》，1989 年 10 月 27 日。

11. 国家发改委、环保部《清洁生产审核办法》，2016 年 5 月 16 日。

12. 国家发改委等《公共资源交易平台管理暂行办法》，2016 年 6 月 24 日。

13.《财政部关于加快建立流域上下游横向生态保护补偿机制的指导意

见》(财建〔2016〕928号),2016年12月20日。

14. 环保部《环境保护公众参与办法》,2015年7月2日。

15. 环保部、中科院《全国生态功能区划》,2008年7月18日。

16. 环保部、中科院《全国生态功能区划》(修编版),2015年11月13日。

17. 国务院办公厅《国家突发环境事件应急预案》,2005年5月24日。

18. 国务院《大气污染防治行动计划》,2013年9月10日。

19. 国务院《水污染防治行动计划》,2015年4月2日。

20. 国务院《土壤污染防治行动计划》,2016年5月28日。

21. 环保部《2012中国环境状况公报》,2013年6月5日。

22. 环保部《2016中国环境状况公报》,2017年6月5日。

23. 国家林业局《湿地保护管理规定》,2013年3月28日。

24. 环保部《环境行政处罚办法》,2009年12月30日。

25. 环保部《全国环境统计公报(2015年)》,2017年2月23日。

26. 环保部《企业事业单位环境信息公开办法》,2014年12月15日。

27. 财政部《国家重点生态功能区转移支付办法》(财预〔2011〕428号),2011年7月19日。

28. 财政部《中央对地方重点生态功能区转移支付办法》(财预〔2017〕126号),2017年8月2日。

29. 财政部《中央财政森林生态效益补偿基金管理办法》,2007年3月15日。

30. 国家发改委等《全国生态保护与建设规划(2013—2020年)》(发改农经〔2014〕226号),2014年2月8日。

31. 国家环境保护总局《关于环境污染责任保险工作的指导意见》(环发〔2007〕189号),2007年12月4日。

32.《国家环保总局关于深入贯彻落实〈全国生态环境保护纲要〉的通

知》(环发〔2000〕235号),2000年12月6日。

33.《国家安全生产监督管理总局主要职责内设机构和人员编制规定》(国办发〔2008〕91号),2008年7月11日。

34.《国务院办公厅关于设置国务院应急管理办公室(国务院总值班室)的通知》(国办函〔2006〕32号),2006年4月10日。

35. 国务院办公厅《关于调整国务院抗震救灾指挥部组成人员的通知》(国办发〔2013〕34号),2013年5月10日。

36. 国新办《中国的环境保护》,1996年6月。

37. 国新办《中国21世纪人口与发展》,2000年12月。

38. 国新办《中国的环境保护(1996—2005)》,2006年6月5日。

39. 国新办《中国的法治建设》,2008年2月29日。

40. 国新办《发展权:中国的理念、实践与贡献》,2016年12月1日。

41. 国新办《中国应对气候变化的政策与行动(2011)》,2011年11月。

42. 国新办《中国应对气候变化的政策与行动》,2008年10月29日。

43. 国新办《中国的和平发展》,2011年9月6日。

44.《汶川地震灾后恢复重建对口支援方案》(国办发〔2008〕53号),2008年6月11日。

45.《汶川地震灾后恢复重建总体规划》(国发〔2008〕31号),2008年9月19日。

46. 环保部《京津冀大气污染防治强化措施(2016—2017年)》,2016年6月17日。

47. 环保部《京津冀及周边地区2017—2018年秋冬季大气污染综合治理攻坚行动方案》,2017年8月21日。

48. 农业部《全国草原保护建设利用总体规划》,2007年4月4日。

49. 国家发改委等《关于印发新一轮退耕还林还草总体方案的通知》(发改西部〔2014〕1772号),2014年8月2日。

50. 国家发改委等《新一轮退耕还林还草总体方案》，2014 年 8 月 2 日。

51. 财政部等《关于扩大新一轮退耕还林还草规模的通知》（财农〔2015〕258 号），2015 年 12 月 31 日。

52. 环保部等《长江经济带生态环境保护规划》，2017 年 7 月 18 日。

53. 财政部《中央对地方重点生态功能区转移支付办法》，2017 年 8 月 2 日。

54. 财政部《关于建立健全长江经济带生态补偿与保护长效机制的指导意见》（财预〔2018〕19 号），2018 年 2 月 13 日。

55. 国家环保总局《关于开展生态补偿试点工作的指导意见》，2007 年 8 月 24 日。

56. 商务部《生活必需品市场供应应急管理办法》，2011 年 11 月 7 日。

57. 全国绿化委办《2017 年中国国土绿化状况公报》，2018 年 3 月 11 日。

58. 国家发改委等《外商投资产业指导目录》，2011 年 12 月 24 日。

59. 国家统计局《中华人民共和国 2016 年国民经济和社会发展统计公报》，2017 年 2 月 28 日。

60. 国家统计局《中华人民共和国 2017 年国民经济和社会发展统计公报》，2018 年 2 月 28 日。

61.《最高人民法院关于审理环境民事公益诉讼案件适用法律若干问题的解释》，2014 年 12 月 8 日。

（六）地方法规与地方文件

1.《北京市大气污染防治条例》，2014 年 1 月 22 日。

2.《上海市政府效能建设管理试行办法》，2017 年 5 月 15 日。

3.《沈阳市公众参与环境保护办法》，2005 年 10 月 24 日。

4.《河北省环境保护公众参与条例》，2014 年 11 月 28 日。

5.《陕西省集体矿山企业和个体采矿管理条例》，1988 年 9 月 28 日。

6.《西藏自治区重点陆生野生动物造成公民人身伤害和财产损失补偿暂行办法》，2006 年 1 月 12 日。

7.《云南省陆生野生动物保护条例》，1996 年 11 月 19 日。

8.《重庆市长江三峡库区流域水污染防治条例》，2005 年 5 月 27 日。

9.《甘肃祁连山国家级自然保护区管理条例》，1997 年 9 月 29 日。

10.《甘肃省自然保护区管理条例》，1999 年 9 月 26 日。

11.《中共杭州市委关于全面提升杭州城市国际化水平的若干意见》，2016 年 7 月 11 日。

12.《广州市开采矿产资源恢复自然生态保证金管理办法》，1995 年 3 月 25 日。

13.《广州市开采石矿粘土矿自然生态环境治理保证金管理办法》，2004 年 6 月 1 日。

14.《丰宁满族自治县坝上生态农业工程管理条例》，1997 年 3 月 28 日。

15.《山西省汾河流域生态修复与保护条例》，2017 年 1 月 11 日。

16.《四川省人民政府关于组织实施天然林资源保护二期工程的通知》（川府发〔2011〕21 号），2011 年 7 月 4 日。

17.《四川省生态功能区划》，2013 年 4 月 16 日。

18.《四川省突发环境事件应急预案》（川办函〔2007〕151 号文），2007 年 6 月 8 日。

19. 四川省环保厅《2016 年四川省环境状况公报》，2017 年 5 月 20 日。

20.《苏州市生态补偿条例》，2014 年 4 月 28 日。

21. 四川省环保厅《关于环境污染责任保险工作的实施意见》，2010 年 11 月 30 日。

22. 四川省人民政府《关于禁止采伐天然林，实施天然林资源保护工程的布告》，1998 年 8 月 20 日。

23. 北京市统计局《北京市 2016 年国民经济和社会发展统计公报》，2017 年 2 月 25 日。

24.《余姚市气象灾害应急预案》，2007 年 4 月 3 日。

25.《余姚市防台风应急预案》，2007 年 7 月 16 日。

26.《余姚市自然灾害救助应急预案》，2009 年 10 月 13 日。

27.《黑龙江省消防安全重点单位界定标准》，2007 年 2 月 6 日。

28.《攀枝花市 2013 年环境状况公报》，2014 年 6 月 5 日。

29. 攀枝花市环境保护局《攀枝花市 2016 年环境状况公报》，2017 年 6 月 5 日。

（七）国际文件

1.《横滨战略和行动计划——建设一个更为安全的世界》，1994 年 5 月 23 ～ 27 日。

2. 联合国《人类环境会议宣言》，1972 年 6 月 16 日。

3. 联合国《发展权利宣言》，1986 年 12 月 4 日。

4. 联合国《巴黎协定》，2015 年 12 月 12 日。

5.《大湄公河次区域经济合作计划 GMS 农业部长会议部长联合声明》，2007 年 4 月 9 ～ 10 日。

四、网络资料

1. 王树义:《中国土壤污染防治立法问题探讨》，载中国环境法网，2017 年 2 月 10 日。

2. 钟茂初等:《依据生态承载力重新划分区域》，载光明理论网，2017 年 4 月 12 日。

3. 佚名:《华北地区雾霾形成的原因和治理措施》，载中国清洁门户网，2016 年 2 月 29 日。

4. 李彪等:《环保部：汾渭平原首次纳入大气污染防治重点区域》，载每日经济新闻，2018 年 2 月 5 日。

5. 尹力:《北京发布2018年首个空气重污染橙色预警》，载中国新闻网，2018 年 1 月 12 日。

6. 刘辰瑶:《京津冀 2 月大气重污染日将少于近三年平均》，载中国新闻网，2018 年 2 月 7 日。

7. 彭健:《雾霾不是气象灾害，人祸大于天灾》，载深圳新闻网，2016 年 12 月 21 日。

8. 饶竹青:《中国雾霾治理取得初步成效，仍面临六大挑战》，载人民网（国际频道），2017 年 9 月 29 日。

9. 范思忆:《中国气象局：2017 年全国大气环境明显改善，雾霾日减少幅度为近年最大》，载中国新闻网，2018 年 2 月 11 日。

10. 佚名:《韩国遭遇多日雾霾，韩媒：这些都是来自中国》，载东方头条，2018 年 2 月 10 日。

11. 亢舒:《〈长江经济带发展规划纲要〉出台在即，“一道两廊三群”浮出水面》，载中央政府门户网，2016 年 2 月 16 日。

12. 罗媛:《持续治理 20 年，滇池水污染防治工作取得明显成效》，载中国金融信息网，2016 年 9 月 14 日。

13. 佚名:《昆明经开区打响滇池保护治理攻坚战，3 年计划投入 12.4 亿元》，载昆明信息港，2018 年 2 月 13 日。

14. 佚名:《2017 年北京市机动车保有量达到 600 万以后将不再新发牌照，存量牌照将开放过户买卖》，载北京车牌网，2016 年 4 月 7 日。

15. 王阳:《把雾霾定义为“气象灾害”，不一定有大家想象中那么坏》，载时政新闻，2016 年 12 月 17 日。

16. 佚名:《〈大气污染防治行动计划〉实施情况中期评估报告》，载中央政府门户网，2016 年 7 月 6 日。

17. 新华社:《环保部将对9省区开展“水十条”专项督导》，载新华网，2017 年 9 月 8 日。

18. 周大梅:《环保部水十条督导组检查贵阳市水污染防治行动贯彻执行情况》，载搜狐网，2017 年 9 月 25 日。

19.《环境保护部和国土资源部发布全国土壤污染状况调查公报》，载环境保护部网，2014 年 4 月 17 日。

20. 佚名:《中国这项战略工程影响深远，当下年轻人却少有所闻》，载新浪新闻，2018 年 2 月 18 日。

21.《环保部副部长吴晓青等回答中外记者提问》，载新华网，2014 年 3 月 8 日。

22. 环保部:《〈大气污染防治行动计划〉实施情况中期评估报告》，载中央政府门户网，2016 年 7 月 6 日。

23. 江帆等:《“水十条”考核列全国第一，浙江获亿元奖励》，载浙江在线，2017 年 12 月 4 日。

24. 佚名:《国家环保部公布“水十条”考核结果，浙江居全国首位》，载新蓝网，2017 年 12 月 6 日。

25. 佚名:《河西走廊生态环境破坏严重，“人为因素”是主因》，载新华网，2008 年 6 月 30 日。

26. 李志青:《祁连山生态环境事件背后：环境治理本质问题待解》，载国际节能环保网，2017 年 7 月 25 日。

27. 刁凡超:《祁连山局部破坏已不可逆：环保部将约谈张掖市》，载澎湃新闻，2015 年 9 月 25 日。

28. 刘志广:《祁连山生态严重破坏，甘肃将冰川纳入保护区》，载中国经济网，2007 年 7 月 27 日。

29. 包锐等:《拯救河西走廊——祁连山生态环境恶化严重调查》，载人民网，2008 年 6 月 30 日。

30. 国新办:《〈关于全面推行河长制的意见〉政策解读》，载国新网，2016 年 12 月 12 日。

31. 佚名:《2017 年中国污水处理行业发展现状及发展趋势分析》，载中国产业信息网，2017 年 12 月 6 日。

32.《江山企业界践行生态·绿色·环保倡议和承诺宣言》，载今日江山，2011 年 6 月 3 日。

33. 李禾:《2017 年度中国生态文明建设十件大事公布》，载中国科技网，2018 年 2 月 26 日。

34. 马文英:《2018 年起中国全面禁止象牙贸易》，载中国日报网，2018 年 1 月 2 日。

35. 佚名:《我国将首次拍卖野生动物狩猎权，只对外国人开放》，载海关网，2006 年 8 月 9 日。

36. 张亮:《宁夏腾格里沙漠污染公益诉讼案以调解结案》，载法制网，2017 年 8 月 30 日。

37. 佚名:《最高人民法院发布环境公益诉讼十大典型案例》，载中国环境网，2017 年 3 月 10 日。

38. 张棉棉:《环保部门否认废水直排腾格里，专家认为不负责任》，载中国广播网，2014 年 9 月 7 日。

39. 廉军:《沙漠污染事件的警示意义》，载中国广播网，2014 年 10 月 10 日。

40.《习近平下团组，这些重磅提法释放明确讯息！》，载央视新闻，2018 年 3 月 9 日。

41.《中国工程院院士王浩：中国癌症村数量超过 200 个》，载财经网，2013 年 9 月 17 日。

42. 苏俊:《四川沱江特大水污染案主要事故责任人李俭获刑》，载国际在线网，2005 年 9 月 11 日。

43. 阚枫、尹力:《北京治霾开大罚单，企业露天刷漆被罚 30 万》，载中国新闻网，2014 年 5 月 13 日。

44. 陈相乐:《北京半年内立案处罚 615 家环境违法企业》，载新华能源网，2014 年 9 月 2 日。

45. 陈善荣:《全国环保局长论坛——我国环境安全的管理形式与任务》，载中国环境网，2013 年 10 月 8 日。

46. 孙莹:《最高检挂牌督办 33 件破坏生态环境公益诉讼案件线索》，载央广网，2018 年 2 月 22 日。

47. 刘红霞:《我国启动全国碳排放权交易体系》，载新华网，2017 年 12 月 19 日。

48. 张竞:《四川省 2017 年天保工程二期实施效果显著》，载四川省林业厅网，2018 年 1 月 3 日。

49. 陈溯:《中国提高退耕还林补贴，新一轮退耕还林规模扩至近 8000 万亩》，载中新社网，2017 年 7 月 24 日。

50. 佚名:《环保部建议开征生态补偿费，政府协调机制缺失待解》，载《21 世纪经济报道》，2010 年 5 月 5 日。

51. 理县政府办:《理县甘堡生态功能区水土保持综合治理项目完工通过验收》，载阿坝州门户网，2014 年 10 月 24 日。

52. 李朝民:《完善生态补偿制度应加快立法》，载中国农业新闻网，2018 年 3 月 13 日。

53. 佚名:《联合国减灾署：过去 20 年全球 135 万人死于灾害》，载中国新闻网，2016 年 10 月 13 日。

后　记

2018年3月20日，《中华人民共和国监察法》（以下简称《监察法》）由第十三届全国人民代表大会第一次会议表决通过，同日发布并施行。[①]我国《监察法》第69条明文规定："本法自公布之日起施行。《中华人民共和国行政监察法》同时废止。"由此而言，作者按照《中华人民共和国行政监察法》确定的资源管理者、资源利用者和公民的生态安全权利与义务，结合我国《国家安全法》第30条"国家完善生态环境保护制度体系，加大生态建设和环境保护力度，划定生态保护红线，强化生态风险的预警和防控，妥善处置突发环境事件，保障人民赖以生存发展的大气、水、土壤等自然环境和条件不受威胁和破坏，促进人与自然和谐发展"的规定要求，是履行生态安全义务的重要保障，我国《监察法》发生了如下变化，有必要详列如下。

1. 监察委员会依照法律规定独立行使监察权，不受行政机关、社会团体和个人的干涉。监察机关办理职务违法和职务犯罪案件，应当与审判机关、检察机关、执法部门互相配合，互相制约。监察机关在工作中需要协助的，有关机关和单位应当根据监察机关的要求依法予以协助（第4

① 笔者一直在等待官方文本发布，直到2018年3月21日在《中国人大网》，并在2018年3月27日《人民日报》第1版上看到权威的官方文本。

条)。国家监察工作坚持标本兼治、综合治理，强化监督问责，严厉惩治腐败；深化改革、健全法治，有效制约和监督权力；加强法治教育和道德教育，弘扬中华优秀传统文化，构建不敢腐、不能腐、不想腐的长效机制（第6条）。这意味着在资源管理者层面，必然要强化自然资源的有效管理，强化资源管理者的责任，监察委与审判机关、检察机关、执法部门互相配合，形成制约资源管理者违法的良性国家治理机制。

2. 监察委员会依照我国《监察法》和有关法律规定履行监督、调查、处置职责:（1）对公职人员开展廉政教育，对其依法履职、秉公用权、廉洁从政从业以及道德操守情况进行监督检查。（2）对涉嫌贪污贿赂、滥用职权、玩忽职守、权力“寻租”、利益输送、徇私舞弊以及浪费国家资财等职务违法和职务犯罪进行调查。（3）对违法的公职人员依法作出政务处分决定；对履行职责不力、失职失责的领导人员进行问责；对涉嫌职务犯罪的，将调查结果移送人民检察院依法审查、提起公诉；向监察对象所在单位提出监察建议（第 11 条）。各级监察委员会可以向本级中国共产党机关、国家机关、法律法规授权或者委托管理公共事务的组织和单位以及所管辖的行政区域、国有企业等派驻或者派出监察机构、监察专员。监察机构、监察专员对派驻或者派出它的监察委员会负责（第 12 条）。可见，我国的各级监察委，在履行打击贪污贿赂、滥用职权、玩忽职守、权力“寻租”、利益输送、徇私舞弊以及浪费国家资财等职务违法和职务犯罪职责方面，担负着重要的国家治理责任。也就是说，预防和打击贪污贿赂、滥用职权、玩忽职守、权力“寻租”、利益输送、徇私舞弊以及浪费国家资财等方面的职务违法和职务犯罪，各级监察委要站在第一线，发挥“利剑”作用。

3. 监察机关对下列公职人员和有关人员进行监察:（1）中国共产党机关、人民代表大会及其常务委员会机关、人民政府、监察委员会、人民法院、人民检察院、中国人民政治协商会议各级委员会机关、民主党派机关和工商业联合会机关的公务员，以及参照我国《公务员法》管理的人员；（2）法律、法规授权或者受国家机关依法委托管理公共事务的组织中从事公务的人员；（3）国有企业管理人员；（4）公办的教育、科研、文化、医疗卫生、体育等单位中从事管理的人员；（5）基层群众性自治组织中从事管理的人员；（6）其他依法履行公职的人员（第15条）。[①]可见，对于各级各类资源管理者、资源利用者当中的人员而言，广义上包括领导机关（中国共产党机关）、权力机关（人民代表大会及其常务委员会机关）、本机关（监察委员会）、两院（人民法院、人民检察院）、参政议政机构（中国人民政治协商会议各级委员会机关、民主党派机关和工商业联合会机关），还有各类参照公务员管理的人员，监察机关必然要承担依法进行生态安全义务履行的监督职责。

4. 监察机关调查涉嫌贪污贿赂、失职渎职等严重职务违法或者职务犯罪，根据工作需要，可以依照规定查询、冻结涉案单位和个人的存款、汇款、债券、股票、基金份额等财产。有关单位和个人应当配合。冻结的财产经查明与案件无关的，应当在查明后3日内解除冻结，予以退还（第23条）。监察机关可以对涉嫌职务犯罪的被调查人以及可能隐藏被调查人或者犯罪证据的人的身体、物品、住处和其他有关地方进行搜查。在搜查时，应当出示搜查证，并有被搜查人或者其家属等见证人在场。搜查女性身体，应当由女性工作人员进行。监察机关进行搜查时，可以根据工作需要提请公安机关配合。公安机关应当依法予以协助（第24条）。监察机关

① 我国《行政监察法》规定，国务院监察机关对下列机关和人员实施监察：（1）国务院各部门及其公务员；（2）国务院及国务院各部门任命的其他人员；（3）省、自治区、直辖市人民政府及其领导人员（第15条）。县级以上地方各级人民政府监察机关对下列机关和人员实施监察：（1）本级人民政府各部门及其公务员；（2）本级人民政府及本级人民政府各部门任命的其他人员；（3）下一级人民政府及其领导人员。县、自治县、不设区的市、市辖区人民政府监察机关还对本辖区所属的乡、民族乡、镇人民政府的公务员以及乡、民族乡、镇人民政府任命的其他人员实施监察（第16条）。

在调查过程中，可以调取、查封、扣押用以证明被调查人涉嫌违法犯罪的财物、文件和电子数据等信息。采取调取、查封、扣押措施，应当收集原物原件，会同持有人或者保管人、见证人，当面逐一拍照、登记、编号，开列清单，由在场人员当场核对、签名，并将清单副本交财物、文件的持有人或者保管人。对调取、查封、扣押的财物、文件，监察机关应当设立专用账户、专门场所，确定专门人员妥善保管，严格履行交接、调取手续，定期对账核实，不得毁损或者用于其他目的。对价值不明物品应当及时鉴定，专门封存保管。查封、扣押的财物、文件经查明与案件无关的，应当在查明后 3 日内解除查封、扣押，予以退还（第 25 条）。① 这两条的规定，具体明确了监察委在履行职责过程中，可以采取的法定措施、工作手段和工作程序。其具体规定，比我国《行政监察法》（已作废）没有相关规定的做法，要进步和具有适用性得多。②

5. 监察机关根据监督、调查结果，依法作出如下处置：（1）对有职务

---

① 应当说，这些规定的内容和要求，也是我国《行政监察法》所没有规定的，体现出我国《监察法》立法理念的进步，以及依法监察和“为了深化国家监察体制改革，加强对所有行使公权力的公职人员的监督，实现国家监察全面覆盖，深入开展反腐败工作，推进国家治理体系和治理能力现代化”的立法宗旨。

② 我国《行政监察法》规定，监察机关履行职责，有权采取下列措施：（1）要求被监察的部门和人员提供与监察事项有关的文件、资料、财务账目及其他有关的材料，进行查阅或者予以复制；（2）要求被监察的部门和人员就监察事项涉及的问题作出解释和说明；（3）责令被监察的部门和人员停止违反法律、法规和行政纪律的行为（第 19 条）。监察机关在调查违反行政纪律行为时，可以根据实际情况和需要采取下列措施：（1）暂予扣留、封存可以证明违反行政纪律行为的文件、资料、财务账目及其他有关的材料；（2）责令案件涉嫌单位和涉嫌人员在调查期间不得变卖、转移与案件有关的财物；（3）责令有违反行政纪律嫌疑的人员在指定的时间、地点就调查事项涉及的问题作出解释和说明，但是不得对其实行拘禁或者变相拘禁；（4）建议有关机关暂停有严重违反行政纪律嫌疑的人员执行职务（第 20 条）。监察机关在调查贪污、贿赂、挪用公款等违反行政纪律的行为时，经县级以上监察机关领导人员批准，可以查询案件涉嫌单位和涉嫌人员在银行或者其他金融机构的存款；必要时，可以提请人民法院采取保全措施，依法冻结涉嫌人员在银行或者其他金融机构的存款（第 21 条）。

违法行为但情节较轻的公职人员，按照管理权限，直接或者委托有关机关、人员，进行谈话提醒、批评教育、责令检查，或者予以诫勉；（2）对违法的公职人员依照法定程序作出警告、记过、记大过、降级、撤职、开除等政务处分决定；（3）对不履行或者不正确履行职责负有责任的领导人员，按照管理权限对其直接作出问责决定，或者向有权作出问责决定的机关提出问责建议；（4）对涉嫌职务犯罪的，监察机关经调查认为犯罪事实清楚，证据确实、充分的，制作起诉意见书，连同案卷材料、证据一并移送人民检察院依法审查、提起公诉；（5）对监察对象所在单位廉政建设和履行职责存在的问题等提出监察建议。监察机关经调查，对没有证据证明被调查人存在违法犯罪行为的，应当撤销案件，并通知被调查人所在单位（第45条）。对于生态安全职责与义务的承担者、履行者，在其不实际履行和承担生态安全义务的情况下，作出相应处理也是理所当然的。尤其是，“对不履行或者不正确履行职责负有责任的领导人员，按照管理权限对其直接作出问责决定，或者向有权作出问责决定的机关提出问责建议”的规定，是我国国家治理能力提升的具体标志之一。在这里，生态文明建设与生态产品的利用，生态安全国家战略的实现与生态安全义务的履行，具有内在的关联性。因此，运用国家监察体制，让资源管理者、资源利用者和公民，积极、主动和自觉、有效地承担生态安全职责与履行义务，肯定会起到事半功倍的效用。

图书在版编目(CIP)数据

生态安全义务履行与人的致灾性法律控制 / 王建平等著. -- 北京 : 法律出版社, 2018
ISBN 978-7-5118-8529-6

Ⅰ. ①生… Ⅱ. ①王… Ⅲ. ①生态环境-环境保护法-研究-中国 Ⅳ. ①D922.680.4

中国版本图书馆 CIP 数据核字(2018)第 299110 号

生态安全义务履行与人的致灾性法律控制
SHENGTAI ANQUAN YIWU LÜXING YU RENDE ZHIZAIXING FALÜ KONGZHI

王建平 秦 以 何 跃 李 欢 著

责任编辑 黄琳佳
装帧设计 李 瞻

出版 法律出版社
总发行 中国法律图书有限公司
经销 新华书店
印刷 北京虎彩文化传播有限公司
责任校对 李景美
责任印制 陶 松

编辑统筹 学术·对外出版分社
开本 720 毫米×960 毫米 1/16
印张 56.25
字数 702 千
版本 2018 年 11 月第 1 版
印次 2018 年 11 月第 1 次印刷

法律出版社/北京市丰台区莲花池西里 7 号(100073)
网址/www.lawpress.com.cn
投稿邮箱/info@lawpress.com.cn
举报维权邮箱/jbwq@lawpress.com.cn
销售热线/010-83938336
咨询电话/010-63939796

中国法律图书有限公司/北京市丰台区莲花池西里 7 号(100073)
全国各地中法图分、子公司销售电话:
统一销售客服/400-660-6393
第一法律书店/010-83938334/8335
西安分公司/029-85330678
重庆分公司/023-67453036
上海分公司/021-62071639/1636
深圳分公司/0755-83072995

书号:ISBN 978-7-5118-8529-6
定价:188.00 元
(如有缺页或倒装,中国法律图书有限公司负责退换)

中国法学会后期资助项目文丛

BOOK SERIES FUNDED BY CHINA LAW SOCIETY

1. 《行政程序法典化研究》姜明安 等著
2. 《解读青年马克思的黑格尔法哲学批判》姚远 著
3. 《清代“杀一家三人”律、例辨析》吴杰 著
4. 《中央地方关系中的民主集中制研究》苗泳 著
5. 《证券内幕交易构成要件比较研究》曹理 著
6. 《欧洲婚姻财产法的未来》樊丽君 译
7. 《德国刑法教义学上的客观处罚条件》王钰 著
8. 《结果加重犯的基本原理与认定规则研究》邓毅丞 著
9. 《刑事诉讼中法院职权调查问题研究》林铁军 著
10. 《人民陪审员角色研究》刘方勇 著
11. 《非典型劳动者权益保护研究》班小辉 著
12. 《创新与反垄断——互联网企业滥用行为之法律规制研究》仲春 著
13. 《不得援引国家豁免的商业交易诉讼研究》纪林繁 著
14. 《国家侵权的国际私法问题研究》李华成 著

15.《法律的空间意象性》朱垭梁 著

16.《罗马体育法要论》赵毅 著

17.《〈大清律例〉律目研究》张田田 著

18.《陕派律学家事迹纪年考证》闫晓君 著

19.《论行政法上的意思表示——兼论行政行为构成中的意识要件》田勇军 著

20.《新农村建设中保障农民政治参与权利的制度创新研究》蔡振亚 王为东 著

21.《国家赔偿法研究述评》上官丕亮 主编

22.《个人信息与权利配置——个人信息自决权的反思和出路》刘金瑞 著

23.《从"大陆"走向"混合"的路易斯安那民法典》李宁 著

24.《防控网络恐怖活动立法研究》皮勇 著

25.《背信犯罪：当代社会的白领犯罪》刘荣 译

26.《刑事诉讼中的鉴定意见质证制度研究》王跃 著

27.《互联网规制的国际贸易法律问题研究》孙南翔 著

28.《相关市场界定研究——以技术许可协议为视角》周围 著

29.《外资并购国家安全审查制度的平衡机制研究》杨静 著

30.《司法改革背景下裁判文书说理繁简分流研究》罗灿 著

31.《当代中国法制的政治逻辑》瞿郑龙 著

32.《美国行政法规的司法审查研究》杨蕾 著

33. 《非上市公司股份交易法律问题研究》黄爱学 著

34. 《中国商事立法研究》张保红 著

35. 《日本民事再审事由研究——以判例分析为中心》瞿志文 著

36. 《论民法教义体系与家庭法的对立与融合：现代家庭法的谱系生成》刘征峰 著

37. 《香港与内地刑事法制冲突问题研究》马正楠 著

38. 《刑事程序性法律后果研究》马永平 著

39. 《抢劫罪量刑经验研究》赵学军 著

40. 《生态安全义务履行与人的致灾性法律控制》王建平 著

41. 《税法的分配功能研究》侯卓 著